نمای شهر شیراز در قرن نوزدهم
(الهام از نقاشی ج. بس. بوکینگام)
L. Afnan Samandari 1992

عهد اعلی

زندگانی حضرت باب

مؤلف

ابوالقاسم افنان

همکار و ویراستار

دکتر هما تاج بازیار

ONEWORLD

OXFORD

با نهایت خضوع این مجموعه را به روح پاک و روان مقدّس باباتک

حسن موقر بالیوزی

تقدیم مینمایم

فهرست مندرجات

فهرست تصاویر

تذکرات

۱- مضمون فارسی برخی از آیات یا عبارات عربی کتاب در متن و یا ضمن یادداشتهای آخر هر فصل درج شده است.

۲- در اسناد و مکاتیب هر جا نقص عبارتی به نظر رسیده است، به منظور روشن شدن مفهوم، با اضافه کردن کلمه یا کلمات مناسب در میان هلالین نقیصه برطرف شده است.

۳- در الواح، اسناد، مکاتیب و قسمتهای اقتباس شده از دیگران رویه اصلی در سبک نگارش، املاء و نقطه‌گذاری حفظ شده است؛ ولی در مورد املاء نادرست، شکل درست کلمه میان هلالین قید گردیده است.

۴- در الواح، اسناد و مکاتیب هر جا به دلیل کهنگی کاغذ کلمه یا کلماتی محو شده یا ناخوانا بوده است، سعی شده به جای هر کلمه سه نقطه منظور گردد.

۵- عموماً اصل و رونویس الواح، اسناد و مکاتیبی که به ترتیبی در متن کتاب از تمام یا قسمتی از آنها استفاده شده برای مزید اطلاع خوانندگان، در آخر فصل مربوط آمده است.

۶- هر جا الواح و مکاتیب به خط مبارک حضرت باب یا یکی از کاتبین است به آن اشاره شده است ولی در مورد اشخاص دیگر این تذکر لازم بنظر نرسید.

۷- فهرست الواح، اسناد و مکاتیبی که برای نخستین بار منتشر می‌شوند در ضمیمهٔ ۲ ارائه شده است.

۸- تفسیر سورهٔ یوسف به اسماء احسن القصص و قیوم الاسماء نیز معروف است.

۹- از نبیل مورخ تاریخ نبیل به نامهای ملا محمد زرندی، نبیل زرندی و نبیل اعظم یاد شده است.

۱۰- از حسین خان به صورتهای حسین خان آجودان باشی، نظام‌الدوله و یا صاحب اختیار نام برده شده است.

۱۱- سعی شده القاب و عناوین از جمله کلمات جناب، مرحوم و نظیر آن حذف گردد.

۱۲- توضیحات و مطالب مربوط به شماره‌هایی که در متن آمده است در آخر هر فصل زیر عنوان "یادداشتها" قید شده است.

۱۳- در مورد ذکر تاریخ وقایع سعی شده است که همه یکنواخت و طبق سالهای هجری قمری یا شمسی داده شود اما بناچار و استثنائاً در بعضی موارد تاریخ به سال میلادی ذکر گردیده است.

مقدمه

کتاب حاضر از حیات عنصری حضرت نقطه اولی، شهادت، انتقال عرش اطهر از تبریز به طهران، حفاظت و نگهداری آن ودیعه الهی بمدّت پنجاه سال در شهر مذکور و انتقال و استقرار رمس حضرتش در جبل کرمل بحث و گفتگو نموده و در حدود امکان تعدادی از آثار منزله از قلم آن حضرت را معرفی می کند. علاوه بر این حوادث و اتفاقات مهمّه ای را که در دوره بابیه از بدو بعثت حضرت باب در شیراز تا زمان بعثت و ظهور حضرت بهاءالله در دارالسلام بغداد پیش آمد توضیح داده و به چگونگی حل مشکلات و مسائل ناشی از شهادت حضرت باب و در نتیجه سرگردانی جامعه بابی می پردازد و سرانجام نحوه اعلام موجودیت دیانت بهائی را تشریح می نماید.

نویسنده سعی کرده است که وقایع تاریخی دوره بابیه را با استفاده از نصوص و الواح و تواقیع حضرت باب و مکاتیب و مراسلات باقی مانده از اقوام و بستگان آن حضرت و نیز اسناد به دست آمده از بعضی از معاریف رجال و ابطال آن دوره که خود در متن هر حادثه و اتفاق قرار داشته اند تشریح نماید و از تکرار مطالبی که در کتب سایر مورخین به چشم می خورد احتراز جوید مگر در مواردی که برای توضیح و یا استناد به موضوعی تکرار آن لازم بوده است.

در طول سالهای ۱۳۳۱ تا ۱۳۳۵ هجری شمسی فرصتی به دست آمد که این عبد و برادرم حسن افنان بتوانیم اوراق و مراسلات تجاری و اختصاصی دویست و پنجاه ساله اجداد مادریمان را که در منزل حاج میرزا سید محمد خال اکبر بر روی هم انباشته شده بود مورد مطالعه و کاوش قرار دهیم و از لابلای آن اوراق که لااقل و بدون اغراق متجاوز از ده هزار مکتوب بدع و تازه به زبانهای فارسی و عربی و یا ترکیبی از هر دو بود اسناد و مدارکی مربوط به دوران زندگی حضرت باب تا دوره میثاق به دست آوریم.

آنچه شایان تذکر و توجه است اشاره به این مطلب می باشد که در بیان بعضی از نکات و دقائق در این مجموعه به تعدادی اختلافات کمّی و کیفی برمی خوریم که با نوشته های سایر مورخین دوره بابیه به دلیل عدم دسترسی آنها به اسناد و الواحی که ذکر آنها گذشت وفق نمی دهد.

در سفری که جناب حسن بالیوزی در سال ۱۹۵۵ میلادی به شیراز داشتند موضوع دستیابی به اسناد و مکاتیب تازه مورد توجه ایشان قرار گرفت و در حفظ و نگاهداری آنها تأکید بلیغ فرمودند و بخصوص این نکته را که هنوز بدایت ظهور دو مظهر مقدّسه الهیه است و بسیاری از حقائق تاریخی مهجور مانده است گوشزد نمودند و اضافه کردند که جمع آوری این گونه اسناد زیربنای تألیفات مهمّه و مستندی خواهد شد که تاریخ دوره رسولی امر الهی را به نحوی متین و استوار روشن نماید.

بعدها پس از اینکه جناب بالیوزی طرحی برای تألیف یک دوره نه جلدی از تاریخ امر تهیّه نمودند، در اوایل اقامت این عبد در انگلستان امر فرمودند تا تعدادی از آثار مذکور را همراه با نسخی از الواح و تواقیع حضرت نقطه اولی که در ارض اقدس سوادبرداری شده و نیز بعضی از مکاتیب دیگر که از یزد به دستشان رسیده بود مطالعه و پس از تسوید در اختیارشان بگذارم تا از آنها در تهیّه مجموعهٔ نامبرده استفاده نمایند. جناب بالیوزی بر این نیّت بودند که چهار جلد از این نه مجلد را به وقایع دوره حیات و عظمت ظهور جمال ابهی و بروز آثار آن ظهور مبارک در عالم وجود و قیام و اقدام آن حضرت در ایجاد وحدت عالم انسانی و تعمیم روح اخوت و برادری در بین نژادها و ملل و نحل عالم و وجه امتیاز این ظهور نسبت به سایر ظهورات قبل بر اساس تعالیم سامیه و آثار مقدّسه و نیز ترقی و اعتلاء افکار انسانی در ظل این ظهور و اقدامات عاشقانه و بی سابقه پیروان این شرع قویم در تعمیم و تفهیم آن مبادی عالیه در انحاء عالم اختصاص دهند و سه جلد دیگر را بر همین اساس و منوال در باره ظهور حضرت باب و تحولاتی که در اثر انبعاثات آن ظهور در عالم وجود ظاهر گردیده و تأثیر ابتلائات و شهادت آن حضرت و گروندگان به آن آئین مقدس که با خون خود شجره امرش را سقایه و آبیاری نموده اند تحریر نمایند و دو جلد آخر را در شرح احوال حضرت عبدالبهاء و کلیّاتی در بارهٔ مصائب وارده بر آن حضرت بعلاوه چگونگی حوادث و اتفاقات عظیم و بزرگی که در دوره میثاق در سراسر عالم بوقوع پیوسته است تألیف کنند. متأسفانه از این طرح مهم تنها جلد اول آن به نام: Baha'u'llah the King of Glory مقارن ایام صعود ایشان از چاپ بیرون آمد. آرزویشان این بود که این کتاب را به دست خود بر روی عتبه روضه مبارکه بگذارند و عرض کنند:

چگونه سر ز خجالت برآورم بر دوست   که خدمتی بسزا برنیامد از دستم

این اقدام پس از صعود ایشان به دست رابرت بالیوزی فرزند و وصی ایشان به نیابت از پدر بزرگوارش جامه عمل پوشید و کتاب مذکور به روضه مبارکه برده شد و به بیت العدل اعظم الهی تقدیم گردید. چند سال بعد این کتاب به اسم "بهاءالله شمس حقیقت" بوسیله مینو ثابت درخشانی به زبان فارسی ترجمه و منتشر شد و سرانجام جلد دوم این دوره به اسم: Eminent Baha'is in the Time of Baha'u'llah به کوشش دکتر موژان مؤمن در سال ۱۹۸۵ میلادی انتشار یافت.

جناب بالیوزی پیوسته این عبد را تشویق می فرمودند که شرح احوال منسوبین حضرت باب را بر اساس مکاتیب و اوراق باقیمانده از آنها و خاطره هائی که از بزرگان آن خانواده داشتم و در جائی ذکر نشده و انتشار نیافته است به زبان فارسی بنویسم تا ایشان آن را به زبان انگلیسی برگردانند و به چاپ برسانند. نمونه ای از این اقدام کتاب حرم حضرت باب به اسم خدیجه بیگم است که در سالروز صعود جناب بالیوزی انتشار یافت. به هر حال، بعد از صعود جناب بالیوزی بر آن شدم که با استفاده از مجموعه اسناد و مدارکی که به حضورشان تقدیم شده بود و آثاری که خود در اختیار داشتم یا تهیّه نموده بودم به منظور اجرای نیّت ایشان سه جلد کتاب در باره وقایع و پیشامدهای دوره بابیّه بنگارم. این مجموعه سه جلدی به نام عهد اعلی شامل کتاب حاضر، زندگانی حضرت باب (جلد اول)، حروف حی و بابیان اولیه (جلد دوم) و خاندان حضرت باب (جلد سوم) می باشد.

این عبد توفیق خود را در تهیه و تنظیم مجموعه فوق مدیون الطاف مالانهایه و عنایات مالایحصای بیت العدل اعظم الهی می داند و از راهنمائی های لازم که به جوهر فضل و رأفت کبرای آن مرجع مصون از خطا صورت گرفته است سپاسگزار می باشد.

نهایت امتنان و سپاس خود را از الطاف صمیمانه و برادرانه جناب هوشمند فتح اعظم تقدیم می دارم زیرا پیوسته و لاینقطع و به جمیع وسائل ممکنه این عبد را تشویق و تحریض فرموده کتاب حاضر و کتاب احوال منسوبین حضرت باب را مطالعه و نکات ضروری را متذکر گردیده اند.

لازم می دانم از جناب دکتر محمد افنان که در ارسال اسناد و مدارک ضروری و نیز در خواندن و مطالعه این کتاب بذل مجاهدت نموده و در اصلاح بعضی از مطالب و تذکر پاره ای از نکات مساعدت فرموده اند سپاسگزاری کنم.

محبت بی شائبه مخدوم عزیز جناب سهیل سمندری و نیز سرکار طرازیه خانم سمندری را که یادداشت های خطی مربوط به احوال بابی های اولیه قزوین را در دسترسم گذاشته اند قدر می شناسم.

از مساعدت های بی دریغ جنابان مهندس سعید معتمد و دکتر جان گرنی که با

گشاده‌روئی اسناد و مدارک مورد لزوم را در اختیارم قرار داده‌اند تشکر می‌نمایم.

تشکرات قلبی خود را به حضور دوستان بسیار مهربان جنابان دکتر شاپور راسخ، ریاض خان روحانی، دکتر ایرج پوستچی، دکتر وحید بهمردی، دکتر کامران اقبال، جمال رشیدی و همچنین خانم‌های لیلی ایمن (آهی) و طاهره جوادی که در تهیه مضامین فارسی تعدادی از آثار امری و اسناد و مدارک خارجی یاریم فرموده‌اند تقدیم می‌دارم.

کوشش‌های آقایان جواد و کامران رشیدی در کشف محل سرقت آثار مبارکه حضرت باب موجب نهایت امتنان است.

از یافتن کلماتی برای تشکر و قدردانی از برادرم حسن افنان که سالها در قرائت و نسخه‌برداری از اسناد و مکاتیب و مراسلات قدیمی موجود در خانواده مدد نموده است عاجزم.

از خانم‌ها بهاره سعادت و ناهید صفائی که با حوصله و دقت تمام کار ماشین کردن کتاب را به انجام رسانده‌اند بسیار متشکرم.

زحمات دخترانم مریم و لاله که هر یک به نوبت در تهیه فهرست اعلام کتاب و در ترسیم نقشه‌های شهر شیراز و نمای شهر بوشهر در ایام حضرت باب یاری کرده‌اند شایسته قدردانی است.

در خاتمه از محبت و الطاف همسر مهربان و فداکارم مینو که در تمام سالهای تألیف این مجموعه با نهایت شکیبائی و حوصله معاون و نصیر من بوده است عرض امتنان دارم.

ابوالقاسم افنان

آکسفورد، جولای ۱۹۹۸

فصل اول

شیراز، محل ولادت حضرت باب

بنای شهر

تا آنجا که صاحبان نظر و ارباب تحقیق مطالعه نموده‌اند و تا آنجا که از متون تواریخ و آثار مکشوفه در کاوشهای علمی و باستان‌شناسی برمی‌آید می‌توان به این نتیجه رسید که شهر شیراز قبل از استیلای عرب از جهات مختلف مرکزیتی داشته است.

در تحقیقاتی که در حدود قصر ابونصر واقع در سمت شمال شرقی جلگه شیراز به عمل آمده است مسکوکاتی مربوط به دوران سلطنت اشکانیان و ساسانیان یافت شده که دلیل بر موقعیت شهری شیراز است. در واقع نمی‌توان قبول کرد که در دشت وسیع خوش آب و هوائی که از جمیع جوانب با کوههای نسبتاً مرتفع احاطه شده و دارای موقعیت جغرافیائی و تجاری مناسب، یعنی قرار گرفتن در سر راه شهرهای بزرگ، بوده است شهر مهمّی همانند شهرهای دیگر ایران از جمله استخر، اکباتان و مدائن وجود نداشته است. لیکن می‌توان تصور کرد که در این منطقه ابتدا شهرکی ایجاد شده است که بتدریج موقعیت بهتری پیدا کرده و بصورت شهری بزرگ و بالاخره مرکز ایالت فارس درآمده است. بعضی براین باورند که بانی شهر شیراز پسر طهمورث پیشدادی است که این شهر را بنا نموده و به نام خودش شیراز نامیده است.

همه مورخین بعد از اسلام اعتقاد دارند که محمدیوسف ثقفی در عالم رؤیا مشاهده کرده است که جماعتی از ملائکه کروبین در جلگه شیراز بر زمین فرود آمده‌اند و در حالت تسبیح و تهلیل آن تربت مطهّر را سجده نموده‌اند. محمد روز بعد از استخر به شیراز آمد و در آن مقام که ارواح و اشباح را دیده بود خطی بر زمین کشید و بنای شهر شیراز را طرح کرد. بعضی معتقدند که دیوار شهر را مضلع و برخی دیگر می‌گویند که آن را مستدیر بنا نمود.

مردم شیراز و فارس

اعم از اینکه به روایات مربوط به بنای شهر شیراز و صحت و سقم آن با دیده تردید و استعجاب بنگریم یا ننگریم چیزی که جای تردید باقی نمی‌گذارد احادیث و اخباری است که در باره مردم فارس از رسول اکرم نقل شده است و نیز تفسیر بعضی از آیات قرآن کریم است که مفسرین معتبر شأن نزول آن آیات را به مردم فارس نسبت داده اند. آنچه که جمیع فرق اسلامی در آن متفق القول اند روایت این حدیث است که می فرماید:

" اگر علم در آسمان باشد در دست رجال فارس قرار خواهد گرفت"[1] و علم در عرف انبیاء همان علم الهی و وحی آسمانی است که به قلوب انبیا و مرسلین الهام می شود و از زبان و قلم آنان جاری می گردد.

در کتاب مجمع البیان از قول رسول الله چنین ذکر می شود: "قسم به کسی که جان من در اختیار اوست اگر ایمان در آسمانها باشد به دست رجال فارس خواهد رسید."[2]

ابوالفتوح و بیضاوی که هردو از مفسّرین قرآن مبین می باشند براین عقیده اند که تفسیر آیه پنج از سورة الاسری که نازل شده است: "بر شما برمی انگیزم بندگان جنگجو و نیرومند خود را،"[3] منظور مردم فارس است و همچنین آیه شانزده از سوره فتح "بزودی دعوت می شوید برای جنگ با قومی که شجاع و نیرومندند تا کشته یا تسلیم شوند"[4] را ابوالعباس زرکوب اشاره به مردم شیراز تفسیر می کند.

ابنیه تاریخی شیراز در ادوار مختلفه

به هرحال، بعد از بنای شهر شیراز به مرور ایام متواریان استخر در نواحی قصر ابونصر و قصر شهریار و حدود شیب بازار مستقر شدند و این شهر بتدریج توسعه پیدا کرد و بصورت یکی از مراکز علمی، هنری و سیاسی درآمد بطوریکه بسیاری از ارباب ذوق و هنر، فلاسفه و دانشمندان، اوتاد و پیشوایان مذهبی و نیز شعرائی بنام که صیت شهرتشان در شرق و غرب عالم طنین انداز است از این شهر برخاستند و همچنین بعضی از سلاطین که هنوز آثارشان برجاست به این شهر روی آوردند.

گرچه به علل مختلف و سوانح و رویدادهای بیشمار قسمت مهمّی از آثار آن شهریاران از میان رفته و دستخوش ویرانی و دمار شده است ولی بقایای قصر شاهنشاهی تخت جمشید، حجاریها و نوشته هائی که بر لوحه های سنگی بر سینه کوهها باقی مانده است و همچنین تقسیم بندیهای این استان معروف به کوره گویای تمدن عظیمی است که در دوران پادشاهان هخامنشی و ساسانی و در آن برهه از زمان

نصیب مردم این دیار بوده است.

بعد از سلطه خلفای عباسی و برانداختن حکام عرب از ایران، شیراز در ادوار مختلف مورد توجه بعضی از فرمانروایان قرار گرفت و همین امر سبب ازدیاد جمعیّت و وسعت شهری شیراز شد ولی در بعضی ازمنه بواسطه کشتارهای بیدریغ فاتحان جنگ قسمت عمده ساکنین کشته شدند و در نتیجه شهر کوچک و از وسعتش کاسته گردید. امّا در دوره سلاطین آل بویه وسعت شهر شیراز به نهایت کمال رسید و صاحب جمعیّت زیادی شد.

از آثاری که از اوایل حکومت صفاریان در شیراز باقی مانده است یکی مسجد جامع عتیق از بناهای عمرولیث صفاری است که کوس استقلال نواخت و از زیر سلطه خلیفه عباسی درآمد. او در شیراز به بنای مسجدی همّت گماشت که در وسط آن بنائی به شکل و هندسه بنای کعبه وجود دارد.

حضرت نقطه اولی در توصیف این بنا در باب شانزدهم از واحد چهارم کتاب بیان فارسی می فرمایند: "و در ارض فا مسجدی هست که در وسط آن بنای مثال کعبه شده وضع این نشده الاّ آنکه قبل از ظهور امرالله در ارتفاع بیت در آن ارض الاّ آنکه آیت باشد از برای آن ارض در موهبت الهی از برای آن ارض."

ابن بطوطه جهانگرد مغربی در کتاب معروف خویش که به نام "رحله ابن بطوطه" شهرت دارد در باب این مسجد چنین ذکر می کند: "مسجد بزرگ شیراز به نام مسجد عتیق یکی از بزرگترین و زیباترین مساجد است. صحن بزرگ آن با مرمر فرش شده و تابستانها هر شب صحن آن را می شویند و بزرگان شهر برای برگذاردن (گذاردن) نماز مغرب و عشا در آنجا فراهم می آیند."

از آثار بازمانده دیگر، از خرابه های قصر ابونصر در شمال شرقی جلگه شیراز می توان نام برد که بعضی از حجاریهای آن هنوز باقی است و همچنین از مسجد جامع جدید یا مسجد نو که از بناهای اتابک سعدزنگی در قرن هفتم است و نیز مدفن آبش خاتون زوجه اتابک مذکور که در قسمت جنوب شهر شیراز واقع شده است و بعلاوه از بقاع سیدمیر احمد شاهچراغ و سیدمیرمحمد پسران امام موسی کاظم علیه السلام. از آثار دوران صفوی در شیراز، یکی مدرسه خان است که به همّت امامقلی خان حاکم فارس در زمان سلطنت شاه عباس کبیر بناشد و محل تدریس ملاصدرا فیلسوف معروف بود.

در خلال دوره های مختلف بناهای متعدد دیگر از جمله مدرسه مجدیه محل تدریس شیخ مجدالدین اسماعیل قاضی، بقعه ابوعبدالله خفیف معروف به شیخ کبیر، بقعه شیخ زرکوب و نیز مدرسه شمس الدین سمنانی در جوار روضه شیخ سعدی علیه الرحمة و الرضوان ساخته شد که همه از میان رفته اند و یا متروک گردیده اند.

مسجد عتیق شیراز

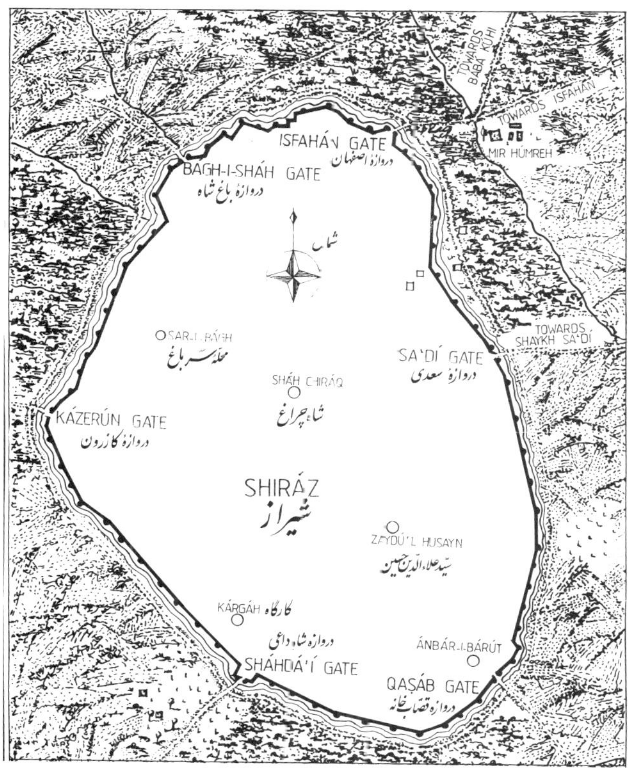

نقشهٔ شهر شیراز قبل از ولادت و در زمان حیات حضرت باب

در دوره سلطنت کریم‌خان زند شهر شیراز محصوره و به شکل قلعه نگهداری می‌شد. از بناهای قدیمی که هنوز پابرجا و باقی مانده‌اند بعضی از ابنیه دوران سلطنت محدود و پرآشوب کریم خان است. این مرد عامی و بیابانگرد با سعه صدر و روشنگرائی موهوبی که داشت با رفتار نیک و آثاری که به جا گذاشت نام خویش را در صفحات تاریخ ایران مخلد و جاوید کرد. اگر چه بغض و کینه‌توزی آقامحمدخان قاجار و اعقابش اکثر بناهای کریم خانی را از میان برد و غالباً ویران و مطمور کرد، لکن آنچه باقی مانده‌است شاهدی است بر عظمت روح و سعه صدر و بلندی همّت کریم خان وکیل.

شیراز از نظر مورخین، جغرافی دانان و جهانگردان

گروهی از جغرافی‌دانان و مورخینی که بعد از اسلام دست به کار تألیف کتابی تازه در باره فارس و شیراز شده‌اند آثار و نشانیهائی از دوران وسعت شهری، ابنیه و قصور سلاطین، باغها، مزارع و قنوات این شهر به دست داده‌اند.

از جغرافی‌دانانی که در این مورد بحث کرده‌اند باید یعقوبی را در قرن سوم و مقدسی، شمس‌الدّین ابو عبدالله محمد ابن احمد صاحب کتاب احسن التقاسیم فی معرفة الاقالیم و نیز مؤلف حدودالعالم را در قرن چهارم هجری به یاد داشت. از مورخین ابوالعباس احمد ابن شهاب الدین ابی‌الخیر معروف به زرکوب صاحب کتاب شیرازنامه معروف و مشهور است.

ابن بلخی در کتاب مفید و جامع خود که در حدود سال پانصد هجری قمری به دستور ابوشجاع محمد ملکشاه سلجوقی در باره اوضاع و احوال تاریخی و جغرافیائی فارس به رشته تحریر کشیده است از محاربه سران لشکر اسلام مانند عثمان بن ابی العاص و ابوموسی اشعری که از کبار صحابه رسول‌الله بوده‌اند یاد می‌نماید. لشکریان عرب بعد از فتوحاتی که در بهبهان، شاپور، کازرون، فیروزآباد و داراب نصیبشان شد و اوضاع و احوال را مساعد دیدند به شیراز روی آوردند و در این دشت با مقاومت سرسختانه و دلیرانه پارسیان روبرو شدند و جنگهای خونینی بین آنان روی داد و تلفات سنگینی بر اعراب وارد شد. ایرانیان با استحکامات جنگی و قلاع استحفاظی که در کوهها و ارتفاعات و تنگه‌ها ایجاد کرده بودند وضع خطرناکی را برای اعراب بوجود آوردند و کشتاری عجیب از عربها نمودند.

در جنگ شیراز چندین نفر از صحابه رسول‌الله، فرماندهان لشکریان عرب، کشته شدند. از آن جمله دولت ابن ابراهیم و منذر ابن قیس بودند. علی‌الخصوص در حدود کوه فهندژ (تنگ سعدی و تنگ سیره‌گان) که جنگ به نهایت شدّت رسید و در اینجا بود که دولت ابن ابراهیم و منذر ابن قیس کشته شدند.

با همه تلاشهائی که شد بالأخره لشکریان ایران منهزم شدند و اعراب غالب از طریق تنگ سعدی و تنگ الله‌اکبر که در آن روزگار راهی کاروانرو بود به استخر دست یافتند.

از جهانگردان شرف‌الدین ابوعبدالله طنجه‌ای معروف به ابن بطوطه صاحب کتاب رحله از مردم مراکش در قرن هشتم هجری دوبار به شیراز سفر کرده و سفرنامه‌ای مشهور و معتبر به زبان عربی نگاشته که به فارسی نیز برگردانده شده است.

از میان اروپائیان توماس هربرت ۶ انگلیسی را باید از پیش کسوتان دانست و بعد از تاورنیه ۷ و شاردن ۸ از فرانسه و برادران شرلی ۹ از انگلیس که همه در آثار خود پای شیراز را به میان کشیده‌اند و بالاخره از پیترو دلاواله ۱۰ تاجر ونیزی که در سال ۱۶۲۱ میلادی، در دوران سلطنت شاه عباس صفوی در ایران و حکومت امامقلی‌خان در فارس به شیراز آمده است، می‌توان نام برد.

دلاواله که نیمه دوم ماه اکتبر سال ۱۶۲۱ میلادی را در شیراز گذرانده می‌نویسد: "شیراز شهری است عظیم و دارای بهترین و بیشترین جمعیّت در میان شهرهای ایران است." وی در سفرنامه خود ۱۱ از تنگ الله‌اکبر و دالان وسیعی که در دروازه شهر بناشده بود تعریف می‌کند و با ظرافتی تمام از صور پهلوانان افسانه‌ای، حیوانهای اهلی و وحشی و کتیبه‌های متعدّد حجاری شده یاد می‌نماید و به بازار، خیابانهای وسیع و پردرخت، بساتین و باغهای پر خضارت و نضارت، نهرهای آب، میادین و نیز قصور امامقلی‌خان ۱۲ سردار شاه‌عباس که در آن موقع والی شهر بود اشاره می‌کند. دلاواله حتی از توصیف نظم و ترتیب دسته موزیکی که عصرها در میدان جلو خان قصر والی مردم را سرگرم می‌کرد فروگذار نمی‌کند. وی از بنای مدرسه خان که تازه کار ساختمان آن تمام و با زیباترین صنایع بدیعه و کاشیکاری تزئین شده بود نام می‌برد و می‌نویسد: "این مدرسه از بهترین مدارسی است که در ایران وجود دارد."

متأسّفانه در حال حاضر از آن همه آبادانی، تنها مدرسه‌خان محل تدریس ملاصدرای شیرازی فیلسوف معروف باقی مانده که متروک است.

دیگر از اروپائیانی که به تفصیل در سفرنامه خود از آبادانی، شکوه و زیبائی شهر شیراز می‌نویسد، سفیر کشور اسپانیا در دربار شاه عباس صفوی به نام دن گارسیا سیلوا فیگروآ ۱۳ است که از سال ۱۶۱۹_۱۶۱۷ میلادی در ایران زندگی می‌کرده است. او در توصیف و تعریف و وسعت و آبادانی شهر شیراز آن چنان داد سخن داده است که حیرت‌آور و حتی تصوّر آن هم مشکل بنظر می‌آید.

توماس مور ۱۴ شاعر ایرلندی که هرگز به ایران نیامده است ولی وصف شیراز و صفا و لطافت هوای آن خطه و دیار را شنیده، از تخت جمشید به اسم چهل منار نام

می برد و از عظمت آن سخن می گوید و نیز از زیادی و زیبائی و فرح افزائی باغهای پر از گل در حوالی رودخانه کر و بند امیر و آوای بلبلان بیشماری که روح انسانی را به اهتزاز درمی آورد صحبت می کند.

اشعار این شاعر دارای همان دقایق و ریزه کاریها و صنایع شعری است که مخصوص روح نشیط و رؤیائی شعرای ایران است. او دیوان اشعار خود را "لاله رخ" نام گذاشته است. ۱۵

سفرنامه نیبور۱۶ جهانگرد آلمانی که در سال **۱۷۶۵** میلادی در دوران کریم خان زند به شیراز سفر کرده است نیز گویای آبادانی، زیبائی و لطافت هوای این شهر است.

به هر حال آنچه در این مقال مورد توجه خاص است، اوضاع و احوال شیراز در زمانی است که با ولادت حضرت باب الله الاعظم، دوران رضاعت، صباوت و ایّام تجارت و سرانجام بعثت آن حضرتِ مقارن می شود. بنابر این به منظور اجتناب از تطویل کلام تنها به اشاره ای در باره شرایط کلی شهر شیراز در ابتدای سلطنت قاجاریه اکتفا نموده و سپس به توضیح وضع شهر از نقطه نظر تقسیمات محلی در دوران حضرت باب می پردازیم و بالأخره ذکری از اوضاع اجتماعی، تجارتی و کشاورزی در آن زمان می نمائیم.

شیراز در ابتدای سلطنت قاجاریه

در نتیجه جنگهای داخلی که طایفه زندیه بر سر جانشینی کریم خان و سلطنت ایران داشتند، سرانجام با قتل لطفعلی خان به کار این دودمان خاتمه داده شد و خرابیهای بسیار بجا ماند.۱۷ دامنه این ویرانیها با بر روی کار آمدن آقامحمدخان قاجار و حمله سبعانه و وحشیانه اش به شهر شیراز به دلیل خصومتی که با طایفه زند داشت توسعه یافت و آثاری که دلیل بر تمدن شهری و پیشرفت های اقتصادی زمان کریم خان بود تقریباً همه منهدم و معدوم گردید و بغیر از چند محله که ناگزیر از حفاظت آنها بودند اثر دیگری باقی نماند.

تمام بناهائی که بستگان و درباریان کریم خان برای خود و خانواده شان بنا کرده بودند به طرفة العینی بکلی ویران گردید و مردمی که از برکت عدالت و جوانمردی وکیل الرعایا در ناز و نعمت بسر می بردند به چنگ دژخیمان و محصلان دیوانی امراء قاجار به ماتم و عزا گرفتار آمدند.

آقا محمدخان پس از تصرف شیراز در برانداختن هواخواهان و طرفداران حکومت زندیه کوشید و جم غفیری را به شمشیر کین مقتول ساخت یا چشم درآورد و یا در دروازه های شهر به گچ گرفت یا سر برید. نوشته اند که وی قریب ده هزار نفر از طوایف عبدالملکی، لک و فیلی را که از وفاداران کریم خان و غالباً در ردیف

سپاهیان خاصه او بودند خانه برانداخت؛ مردان را از دم تیغ گذرانید، زنان و اطفال را اسیر و به دست سپاهیانش سپرد، بطوری که از طایفه عبدالملکی احدی باقی نماند.

آقامحمد خان تصمیم گرفته بود که در شیراز آثار زندیه را از بنیان براندازد ولی با وساطت حاجی ابراهیم اعتمادالدوله که برای روی کار آمدن وی کوشیده و قلعه مستحکم شیراز را تسلیم سپاهیان قاجار نموده بود و از این جهت بر آقا محمدخان حقی داشت، دست از تخریب آن آثار بکشید و در نتیجه عمارت دیوانی، ارگ کریم خانی، مسجد، بازار و حمام وکیل در امان ماند، ولیکن دو ستون سنگی عمارت دیوان خانه و سنگهای مرمر تذهیب شده را از ازاره های ساختمان برکند؛ یا درهای منبت و نفیس آنجا را به طهران حمل کرد که هم اکنون در قصر گلستان برجاست.

آقا محمدخان، به مباشرت جان محمدخان قاجار، دستور داد تا دیوار عظیم و جسیم اطراف شهر و باروی محکم و متین آن را که به قول فرصت الدوله مؤلف کتاب آثار عجم، دو عراده توپ بر دیوارش می غلطید و با هم تصادف نمی کرد، منهدم و ویران سازند.

حاج میرزا حسن فسائی مؤلف فارس نامه ناصری در وقایع سال ۱۲۰۷ هجری قمری در گفتار اول این چنین می گوید: "آقامحمدخان، جان محمدخان قاجار را برای خرابی قلعه شیراز که کریم خان وکیل در چندین سال از گچ و سنگ و آجر ساخته بود، مأمور نمود و از پیرمردان شیرازی شنیدم که چون تیشه بر دیوار قلعه اثر نمی کرد جماعت سنگتراش با آلات و اسبابی که سنگ از کوه جدا می کند آن حصار کوه مانند را خراب نمودند."

آقامحمدخان فرومایگی و قساوت قلب را به آنجا رسانید که بقایای جسد کریم خان را از قبر بدرآورد و به طهران حمل کرد و در دالان در ورودی خانه اش مدفون ساخت که هنگام عبور پا بر آن جسد بگذارد.

به هر حال، با آن تدمیری که بر شهر شیراز وارد آمد و با آن اخذ و عمل های پی در پی که معمول گردید، شیراز آباد و سرسبز به صورت ویرانه ای بیرون آمد که به وصف نیاید. آنچه باقی ماند بازار، مساجد، تکایا و اماکن متبرکه بود که مردم از ترس چوب و شکنجه ولات جابر به آنها پناه می بردند و بست می نشستند و از خانه های مردم آنچه مصون ماند همانا خانه های گلینی بود که ارزش تخریب نداشت.

شیراز در دوران حضرت باب

کوچه ها و خانه ها

قبل از دوره زندیه و در زمان حکومت کریم خان شیراز محصور بود و به شکل قلعه نگهداری می شد و به همین دلیل امکان گسترش آن به نسبت ازدیاد جمعیّت

وجود نداشت، بنابراین خانه‌ها کوچک و کوچه‌ها تنگ و باریک بودند. اغلب خانواده‌های مستطیع و یا اهالی کوچه به منظور محافظت خانه‌های خود، در برابر ناامنی، روی کوچه‌ها طاق می‌زدند و در مدخل آن دروازه و دربند می ساختند و بر این دروازه و دربندها محافظینی می‌گماشتند. چون در آن ایّام سنگفرش معابر، بجز یکی دو مورد که در فارسنامه ناصری به آن اشاره شده است، متداول نبود، این طاقها از یک طرف به نظافت کوچه‌ها بخصوص در هنگام زمستان و بارندگی کمک می‌کرد و از طرف دیگر بدلیل انباشته شدن خاکروبه در زیر آنها سبب کثافت و آلودگی محیط می‌گردید.

در آن زمان رسم بر این بود که مقارن با غروب آفتاب به علامت قطع عبور و مرور که تا قبل از طلوع آفتاب ادامه می‌یافت، طبل می‌نواختند؛ وقتی این طبل که به آن "طبل بگیر و ببند" می‌گفتند به صدا در می‌آمد، دربندها و دروازه‌ها بسته می‌شد. محافظین در بندها و دروازه‌بانان که برای امرار معاش خود از استعانت مالی اهالی کوچه استفاده می‌کردند، مسئولیت حفظ منازل را در برابر دزدیهای شبانه یا غارت و چپاولهای شهری به عهده می‌گرفتند. کلید دروازه ها همیشه در اختیار دروازه‌بانان بود.

بعضی از این طاقها هنوز بر کوچه های شهر قدیمی شیراز وجود دارد و یا آثار آنها بجا مانده است؛ از آن جمله یکی طاق کوچه شمشیرگرهاست که بیت مبارک حضرت اعلی در آن واقع است. طاق قدیمی این کوچه همان طاقی است که تا قبل از احداث خیابانی به منظور تخریب بیت مبارک وجود داشت. در کوچه شمشیرگرها علاوه بر طاقی که ذکر آن رفت چهار طاق دیگر وجود داشته است؛ یک طاق در حوالی حمام کوچه، دو طاق عریض و نسبتاً طویل در آخر کوچه و یک طاق کوتاه در نزدیکی این دو طاق. این طاقها معمولاً با تیرهای چوبی یا با آجر ساخته می‌شدند و مخارج ساختمان آنها از طرف اشخاص سرشناسی که از امکانات مالی بیشتری برخوردار بودند پرداخت و به نام همانها هم نامگذاری می‌گردید. برای نمونه در این مورد، از طاق امامزاده پیر غیب در حوالی حمام گلدسته و مسجد نو، از طاقهای نواب، ذوالریاستین و مغیث در محله میدان شاه، از طاق مشیر که هنوز هم باقی است در محله سنگ سیاه و از طاق میرزا جونی که از بناهای زمان کریم‌خان زند است در مجاورت مسجد جامع عتیق می‌توان نام برد. این وضع یعنی وضع کوچه‌ها و خانه‌ها تا زمان حضرت باب و بعد از آن نیز تا روی کار آمدن دودمان پهلوی به همین منوال باقی بود.

با روی کار آمدن خاندان پهلوی، در زمان سلطنت رضاشاه، در اداره شهرداری(بلدیه) تشکیلات جدیدی بوجود آمد که طی آن اشخاصی به عنوان معتمدین

محلی و به نام "وکیل بلد" برای تنظیف و پاکیزگی شهرها تعیین شدند. بر اساس برنامه تازه‌ای که تهیّه گردید و ضمن اقدامات دیگر تمامی این طاقها هم که بر روی کوچه‌های تنگ و باریک از صد سال پیش وجود داشت خراب و اغلب کوچه‌های گلین سنگفرش شد. اگرچه اجرای این برنامه‌ها و بخصوص خیابان کشی‌های اخیر بنحوی شایسته به نظافت شهر شیراز کمک کرد ولی شکل و صورت قدیمی آن را چنان تغییر داد که قیافه دگرگون شدۀ آن حتی به نظر اهالی و ساکنین هم غریب و بیگانه می‌آید.

حصارها و دروازه ها

قبل از اینکه باروی شهر بوسیله کریم خان زند بنا شود، در اطراف شهر دیواری از خشت و گل وجود داشته است که کریم خان بر روی همان بنای کهنه و قدیمی حصار و دروازه‌های شهر شیراز را با آجر و سنگ بنا نمود و شش دروازه جدید آن را که به جای دوازده دروازه قبلی ایجاد شده بود، مرمت و تعمیر کرد و بر هر دروازه مراقب و مسئولی گماشت که راتبه و حقوق خود را از دولت دریافت می‌کرد. بعلاوه جمعی از سربازان و صاحب منصبان شجاع و دلاور را که لیاقت نگاهداری دروازه ها را داشتند در آن نقاط متمرکز گردانید.

کارستن نیبور۱۸ از مردم کشور آلمان که به سال **۱۷۶۵** میلادی و در دوران سلطنت کریم خان زند از شهر شیراز دیدن کرده است، نقشه‌ای از این شهر ترسیم و در سفرنامه خویش چاپ نموده است. این نقشه بهترین مدرکی است که تصویری نسبتاً دقیق از حدود و موقعیت شهر شیراز قبل از ولادت حضرت باب و در زمان حیات ایشان به دست می‌دهد با این تفاوت که در دوران حکومت حسینعلی میرزا فرمانفرما مجدداً حصاری از خشت بجای حصار کریم خانی که خراب شده بود بنا گردید ولی این حصار هم بعدها بواسطه عدم مراقبت یا وقوع زلزله عمدتاً ویران شده و از میان رفت.

دروازه های شهر شیراز عبارت بوده‌اند از:

۱- دروازه باغ شاه در سمت شمال غرب شیراز در محل میدان شهرداری فعلی و نزدیک به ارگ کریم‌خانی که بعدها خیابان زند در امتداد آن کشیده شد.

۲- دروازه اصفهان در قسمت شمال شرقی شهر شیراز که بلافاصله بعد از بازار نو در امتداد بازار وکیل قرار داشته است.

۳- دروازه سعدی در قسمت شرقی شهر.

۴- دروازه فسا یا قصابخانه به فاصله ششصد یا هفتصد متری در مشرق و جنوب امامزاده سید علاء الدین حسین که بعدها در بیرون آن خانه‌های مسکونی و

دروازه قرآن و نمای شهر شیراز

نمای تأسیسات گمرک بندر بوشهر

بازارچه بنا گردید و به نام "بیرون دروازه" خوانده شد. بازارچه دروازه قصابخانه در حال حاضر به خیابان آستانه تبدیل شده است.

۵- دروازه شاه داعی‌الی الله در سمت جنوب در جوار مقبره شاه داعی‌الی الله و امیر منصور آل مظفر.

٦- دروازه کازرون در مغرب شهر شیراز مجاور امامزاده سیدحاجی غریب.

در بیرون تمام این دروازه‌ها کاروانسراها و دکاکینی برای رفاه کاروانیان وجود داشته است. از جمله زغال فروشی، علافی، خواربار فروشی و نعل‌بندی.

دروازه دیگری در مدخل شمالی شهر شیراز و در دشتهای تنگه الله‌اکبر از دوران قدیم وجود داشته است. این دروازه به اغلب احتمال از زمان حکومت اتابکان فارس به جا مانده است که کریم خان آنرا ترمیم و اطاقی در بالای دروازه بنا کرده است. این دروازه به نام "دروازه قرآن" شهرت دارد زیرا قرآنی که به خط ثلث۱۹ نوشته شده در اطاق بالای دروازه نگاهداری می‌شده است. بنای دروازه قرآن در سال ۱۳۱٦ هجری شمسی در زمان حکومت شاهزاده دولتشاهی خراب و قرآن مذکور به موزه شهر شیراز برده شد. چند سال بعد، در سال ۱۳۲۸ شمسی به همّت محمدحسین ایگار بنائی دیگر که با بنای قبلی مشابهتی نداشت ساخته شد.

بهترین عکسی که از این دروازه، قبل از تعمیرات کریم خان، در دست است عکسی است که بوسیله کورنلیس دوبرون۲۰ در سال ۱۷۰۳ میلادی تهیّه شده و در سفرنامه وی به چاپ رسیده است.

در ایّام کریم خان زند در بیرون تمام دروازه‌های شیراز به فاصله دویست متری دروازه درختهای چنار متعدّد به منظور سایه‌بان برای استراحت کاروانیان کاشته شده بود که غالب آنها تا چندی پیش باقی بود؛ چنارهای دروازه اصفهان در محل نصب مجسمه شیخ سعدی، چنارهای دروازه کازرون، سعدی و باغ شاه از آن جمله‌اند.

در قدیم علاوه بر ساختمان دیوار و دروازه‌ها، رسم بر این بود که به دلایل امنیّتی خندقی هم گرداگرد شهر حفر کنند. مردم اغلب در کنار خندق یعنی خارج از مرکز شهر خانه می‌ساختند. شیرازیها این ناحیه از شهر را "پشت بدنه" می‌گفتند و از اطلاق این اصطلاح منظورشان دیوار شهر بود. خندق اطراف شیراز تا حدود چهل پنجاه سال قبل هنوز باقی بود.

تقسیمات شهری و اداره امور آنها

در دوره زندگانی حضرت باب جمعیّت شیراز بین ۲۵ تا ۳۰ هزار نفر حدس زده شده است که در یازده محله و به همان شیوه‌ای که در دوران صفویه معمول بوده است سکنی داشته‌اند؛ یعنی شهر به پنج محله حیدری خانه در مشرق و پنج محله نعمتی

خانه در مغرب تقسیم می‌شده است. محله یازدهم خاص اجتماع یهودی های شهر بود که نه منسوب به حیدری خانه بود و نه وابستگی به نعمتی خانه داشت.

برای اداره امور شهر هرمحله را کدخدا و کلانتری از اهالی محل سرپرستی و اداره می‌نمود و این سمت نسلاً بعد نسل از اسلاف به اخلاف منتقل می‌شد.

در ایّام حضرت باب کلانتری محلات حیدری خانه را حاجی میرزا علی اکبر قوام‌الملک و سرپرستی محلات نعمتی خانه را میرزا محمدعلی خفرکی ملقب به مشیرالملک به عهده داشتند.

بر حسب رسومی که از دوران صفویه معمول شده بود همه ساله ساکنین این محلات به جان هم می‌افتادند و در خاتمه، این جنگ و جدال تعدادی کشته و ناقص العضو بر جای می‌گذاشت. فارس نامه ناصری ۲۱ می‌نویسد این رسم مبتذل در دوره حکومت فریدون میرزا پسر فرمانفرما از شیراز برافتاد و تاحدی از انقلابات و شورشهای شهری کاسته شد؛ لیکن در ایّام عزاداری ماه محرم باز هم اتفاق می‌افتاد که مردم محلات مختلف با هم درگیری پیدا کنند.

شبه جزیره بوشهر، محل کار و تجارت حضرت باب

شهر بوشهر در حوالی سال ۱۱۵۰ هجری قمری در دوران سلطنت نادرشاه افشار توسط شیخ ناصرخان پسر شیخ بومهیری از اعراب نجد که سمت امیرالبحری کشتیهای ایران را در خلیج فارس داشت بنا شده است. در ناحیه‌ای که شیخ ناصرخان برای بنای بوشهر در نظر گرفت آبادی کوچکی وجود داشت که بنا بر تصمیم وی زیربنای شهر بوشهر شد. در آن زمان در این منطقه یعنی در بیست کیلومتری جنوب این آبادی شهرکی بنام ریشهر قرار داشت که بقایای آن هنوز باقی است و حکایت از شهر بزرگی می‌کند که روزی در قلمرو کشور عیلام و سر راه بحرین بوده است.

بعد از هجوم اعراب و جنگهائی که بین ایرانیان و اعراب در این منطقه روی داد ریشهر رو به ویرانی نهاده از موقعیت شهری آن کاسته شد و فاقد اعتبار گردید.

قدیمی‌ترین اثری که در آن اسمی از بوشهر به چشم می‌خورد، کتاب معجم البلدان تألیف یاقوت حموی است که در حدود قرن هفتم هجری نوشته شده است.

باوجود اینکه موقعیت طبیعی ریشهر از لحاظ پهلوگرفتن کشتی ها و عمق آب دریا بهتر از موقعیت بوشهر است مع‌الوصف شیخ ناصرخان این قسمت از آن جلگه را برای بنای شهر در نظر گرفت؛ چون این منطقه به صورت شبه جزیره‌ای در آب پیش رفته است و از سمت شمال و شرق و غرب به دریا متصل است، در نتیجه برای حفظ و حراست آن از دستبرد گردنکشان و غارتگران از امکانات بیشتری برخوردار است.

شیخ ناصرخان در آن قسمت از جنوب شهر که به خشکی متصل است دیوار و

برج و باروئی محکم و متین بنا کرد و در حدود یکصد و پنجاه خانوار از اعیان و تجار ریشهر را به بوشهر کوچانید و برای رفاه و آسایش آنان اقدام به بنای مسجد، آب انبار، بازار، دکان و کاروانسرا کرد.

بعد از او پسرش شیخ نصر که در آن منطقه حکومت داشت دنباله اقدامات پدر را گرفت و بر تأسیسات شهری و اماکن عام‌المنفعه بیافزود. بعدها تجار میمندی که صاحب مال و منالی شده بودند و نیز حاج محمد محسن شیرازی با بنای چندین کاروانسرا و دکان دیگر رونق بیشتری به آن شهر دادند. اما در حقیقت بنا و آبادی بوشهر مرهون مجاهدت و کوشش شیخ ناصرخان و شیخ نصرخان و اعقاب آنها است که تا سال ۱۲۴۹ هجری قمری در بوشهر حکومت داشته‌اند.

شیخ نصر مردی با اراده و بلند همّت بوده است. او حتی برای رفاه و آسایش تجار بوشهری در شیراز اقدام به بنای کاروانسرائی کرد.

شهر بوشهر در حدود یک متر و بیست سانتی متر از سطح دریا ارتفاع دارد و هوای آن گرم و مرطوب و در فصل تابستان که از اواسط اردیبهشت ماه شروع و تا اوایل مهرماه ادامه دارد اغلب حرارت به ۴۶ درجه سانتی گراد می رسد.

در بوشهر آب شیرین وجود ندارد و آب چاه های اطراف آن همه شور و غیرقابل شرب می باشد. در قدیم الایام، آنان که بضاعت و توانائی داشته‌اند آب مشروب و کارساز خود را از چاه های آب شیرین در منطقه سبزآباد و بهمنی که آبی شیرین و گوارا دارد تأمین می نمودند و آنان که امکاناتشان اجازه نمی داده است از آب انبارهای عمومی داخل شهر استفاده می کرده‌اند. آب مصرف حمامها عموماً از چاههای داخل شهر که همه شور و آلوده به املاح دریائی است، تأمین می شده است.

کوچه های شهر تنگ و تاریک و بدون سنگفرش و هوای آن متعفن و کثیف و آلوده به گرد و غبار بوده است که سبب امراضی مثل تراخم و درد چشم در بین اهالی آن شهر می شده است.

ناخوشی های مسری مثل وبا، طاعون، اسهال خونی، آبله و سل بواسطه آلودگی آب مشروب و عدم رعایت جوانب بهداشت از امراض شایع در آن شهر بشمار می آمده است.

در آن زمان خانه های شهر بوشهر همه از سنگ های فسیلی بنا می شده که معادن آنها در اطراف آن شهر بحد وفور وجود داشته است. ساختمانها معمولاً در دو طبقه ساخته می شده اند؛ ساختمانهائی که دارای سه طبقه باشند بندرت بنا می گردیده است. برای خنک کردن و تهویه و تلطیف هوا در فصل تابستان در بعضی منازل تجار و اعیان بادگیرهائی تعبیه می شده است که بقایای آن هنوز باقی است.

در ایّام توقف حضرت باب در بوشهر، شهر به چهار محله تقسیم می شده؛ به

این ترتیب که بهبهانی‌ها در شمال، دهدشتی ها در قسمت شرق، شنبدی ها که بعدها به کُتی ها شهرت یافتند در قسمت غرب و کازرونی ها یا خشابی ها در مرکز شهر می زیسته اند.

بنای گمرک و تأسیسات مربوط به آن در قسمت شمالی شهر قرار داشته و تجارتخانه ها همه در آن حوالی بوده است.

چون شهر بوشهر از یک طرف در سر راه تجارت با هندوستان و چین و قسمتی از اروپا و افریقا قرار داشت و از طرف دیگر به شهر شیراز مقر سلطنت کریم خان زند نزدیک بود دارای اهمیّت اقتصادی و تجاری شد و به سرعت رو به ترقی گذاشت. در آن برهه از زمان جماعتی از تجار که از امنیتی نسبی برخوردار و تا حدود قابل ملاحظه‌ای از تعدی و تجاوز ارباب قدرت در امان بودند از شهرهای محل سکونت خود به آن شهر رو آوردند.

امنیّت راهها و جلوگیری از چپاول و غارت راهزنان در دوره زندیه نیز عامل مؤثری برای کوشش و فعالیّت تجار مقیم بوشهر در شیراز شد، علی الخصوص بعد از اینکه در سال ۱۷۶۳ میلادی کمپانی هند شرقی بواسطه اجحاف عمال حکومت در بندر عباس شعبه تجارتی خود را به بوشهر انتقال داد. بوشهر قبل از ایجاد راه‌آهن سرتاسری در سال ۱۳۱۷ هجری شمسی و تأسیس تشکیلات بندری در خرمشهر از لحاظ اقتصادی و تجارت دارای اهمیّت بسیار بود.

در سالهائی که حضرت باب در بوشهر تجارت و زندگی می‌کردند بوشهر شهر کوچکی بود که تعداد منازل آن از هشتصد و جمعیّتش از شش هزار نفر تجاوز نمی‌کرد.

متأسفانه در باره صادرات و واردات بوشهر بین سالهای ۱۸۰۰ تا ۱۸۵۰ میلادی ارقام و آمار صحیحی که گویای حجم معاملات در آن سنوات، یعنی ایّام تجارت حضرت باب در بوشهر باشد بدست نیامد. ولی برحسب نوشته‌های مستندی که در بعضی از کتابها مثل فارسنامه ناصری، آثار عجم، گزتی یر۲۲ و یا در دفاتر و صورت حسابهای بعضی از تجار آن زمان بدست آمده است، معلوم و مسلم است که بوشهر شهری پر جنب و جوش، پررونق و مرکز فعالیت و کوشش تجار بوده است. بطور مثال هندوستان کالاهای صادراتی خود را به مقصد ایران و روسیه از طریق همین بندر به این دو کشور می‌فرستاد.

می‌دانیم وسیله حمل و نقل مال‌التجاره در ایّام حضرت باب در خشکی چهارپا و در دریا کشتی های شراعی بوده است. در خشکی به علّت وجود چهار کوه عظیم و گردنه های صعب‌العبور بین راه شیراز و بوشهر وسیله حمل محموله‌ها قاطر یا الاغ بوده است و در دریا کشتی‌هائی که به اسم بَغَلَه نامیده می‌شده‌اند. همانطوری که در

کشتی ناخداها مسئولیّت حفظ و نگاهداری امتعه تجاری را به عهده داشته‌اند، در خشکی این وظیفه به عهده قافله سالارها بوده است که در برابر آن مبلغی به عنوان انعام دریافت می‌کرده‌اند.

در صورت حسابهای حضرت باب بکرات اسم بَغَلَه را می‌بینیم. محقق سخت کوش، احمد اقتداری که تحقیقات و پژوهش‌های بسیاری در تاریخ و جغرافیای خلیج فارس، بحر عمان، اقیانوس هند و دریای چین بعمل آورده و راجع به کشتیرانی در این دریاها چندین کتاب نوشته است، بغَلَه را به شرح زیر تعریف می‌کند:

" بَغَلَه برای سفرهای دور دست در اقیانوس هند مورد استفاده قرار می‌گیرد. قسمت عقب آن پهن و سکان یعنی فرمان آن با ماشُوَه و بلم و بوم فرق دارد، بدین توضیح که سکان ماشوه و بلم و بوم در قسمت عقب کشتی که آن را تَفَر نامند بطور آزاد قرار دارد در صورتی که سُکّان بَغَلَه از سوراخی که در قسمت عقب کشتی تعبیه شده و تا سطحه کشتی امتداد دارد عبور داده می‌شود و قسمت زیادی از سکان این کشتی مخصوصاً وقتی که جهاز بار زیاد داشته باشد در زیر آب قرار می‌گیرد.

سکّان این جهاز تقریباً شباهتی با کشتی های بخاری امروز دارد. در قسمت سینه بغله در منتها الیه برآمدگی بلند سینه جهاز شکل سر و گردن طوطی را نشان می‌دهد که از چوب ساخته شده و بر آن نصب است بطوری که طوطی سر خود را برگردانده و به عقب یعنی به درون جهاز می‌نگرد."

اوضاع اجتماعی، تجارت و کشاورزی ایران در دوران حضرت باب

اوضاع اجتماعی

حکومت ایران از دیر زمان بصورت استبدادی مطلق یا نیمه مطلق اداره می‌شده است و شاه در رأس آن صاحب جان و مال مردم بوده است. قانون به معنای واقع یا وجود نداشته و یا اگر چیزی به این اسم معمول بوده است، شاه خود را بالاتر از آن می‌دانسته و مردم را از حق مسلم خویش در تعیین سرنوشت اقتصادی و سیاسی جامعه محروم می‌ساخته است. در این میان، نقش مؤثر علماء دین را در پیشبرد مقاصد اجتماعی، اقتصادی و سیاسی تحت لوای قوانین شرع نمی‌توان نادیده گرفت. گرچه همیشه میان دولت و علماء دین اختلاف نظر وجود داشته است ولی به این دلیل که علماء و مذهبیّون صاحب نفوذی مؤثر و بی‌چون و چرا در میان تودهٔ مردم بوده‌اند، با کمک آنها اقداماتی را که با منافعشان برخورد کرده است با تمسک به حربهٔ دین و اجرای قوانین شرع کان لم یکن نموده، به امیال و مقاصد خود جامه

عمل می‌پوشانده‌اند. اعمال این رویه گاهی در اوج و گاهی در حضیض ادامه می‌یافت تا نوبت حکومت به صفویه رسید.

می‌دانیم که قبل از روی کار آمدن این دودمان مردم ایران همه یا اکثراً پیرو مذهب تسنّن بودند ولی بعد از اینکه شاه اسمعیل سرسلسله این خاندان در سال ۹۰۷ هجری قمری زمام سلطنت را به دست گرفت مذهب شیعه امامیه را در ایران رواج داد و به مرور ایام اکثریت مردم ایران مذهب شیعه را پذیرفتند و علماء این طریقه بواسطۀ دانشی که داشتند در سلک رجال کشور بیرون آمدند و به دربار سلاطین راه یافتند. یکی از معتبرترین و مهمترین آنها آخوند ملامحمدباقر مجلسی بود که در ترویج مذهب تشیع کوشش فراوان نمود و به نشر اخبار و احادیث از لسان پیغمبر و ائمه اطهار پرداخت و علماء این مذهب را به کمال قدرت رسانید. اما پس از سقوط صفویه و حکمرانی افاغنه که سنّی مذهب بودند نفوذ علمای شیعه از میان رفت و این وضع تا زمان سلطنت کوتاه نادرشاه و کریم خان زند نیز ادامه یافت.

سپس در زمانی که آقامحمدخان در کار تأسیس دودمان قاجاریه بود، تشخیص داد که تسلط علمای دین بر قلوب مردم عامل اساسی در جهت مشروع ساختن سلطنت و حکومت وی خواهد بود. بنابراین آنان را توقیر و احترام کرد و برای استحکام بخشیدن به موقعیت آنها خود نیز به انجام فرائض دین پرداخت و از اینجا نفوذ و سلطه علما را در میان مردم تشویق کرد. بر طبق اسناد و مدارکی که در دست است می‌بینیم که کار این نفوذ و سلطه بدانجا می‌رسد که علمای دین علاوه بر تمتع از جمیع مواهب زندگی، در تمام امور مملکتی رسماً و علناً دخالت می‌کنند و با فتاوی خود دولت را منقاد کرده و عوام الناس را به هر راهی که مصلحتشان ایجاب می‌نماید سوق می‌دهند و بالاتر از آن به منظور استفاده هرچه بیشتر، امکان اندیشه و تفکر را از توده مردم سلب و خرافات و اوهام را در ذهن آنان جایگزین می‌نمایند. از جمله اینکه سواد آموزی را برای طبقه نسوان غیرمجاز دانسته، ازدواج دختران را در سنین نوجوانی ملزم شمرده و به این ترتیب سبب می‌شوند که نیمی از جامعه انسانی فلج و بیهوده ببارآید. آنها به این اصل اساسی که پایه و شالوده حیات اجتماعی هر قوم و ملتی تعلیم و تربیت همه افراد آن است کوچکترین توجهی مبذول نمی‌داشتند و تحصیل علوم را، در مکتب خانه های ابتدائی آن روز، تنها به اولاد ذکور پاره‌ای از خانواده های اعیان که تعدادشان از شمار انگشتان تجاوز نمی‌کرد، اختصاص می‌دادند.

در چنین اوضاع و احوالی که مردم زیر فشار مظالم حکومت و در سخت‌ترین شرایط اقتصادی، اجتماعی و سیاسی روزگار می‌گذراندند و خمودت و جمودت فکری در میان پیروان مذاهب مختلفه اسلام علی الخصوص شیعه امامیه در اوج کمال بود،

شیخ احمد احسائی که از جمله پیروان طریقه اخباری در مذهب شیعه بود با اندیشه‌ای تازه مکتبی به وجود آورد که تا حد زیادی پرده اوهام، خرافه‌پرستی و افکار سخیفه‌ای را که با گذشت قرون و اعصار در معتقدات حزب شیعه رخنه کرده بود بردرید و ابوابی از نواندیشی و دانش‌گرائی در این مذهب ارائه نمود که به مکتب شیخیه شهرت یافت و بعد از او حاج سیدکاظم رشتی اندیشه و افکار استادش را دنبال کرد و به مکتب شیخیه نضجی کامل بخشید و در تنویر افکار نفوس و حاضر کردن پیروان آن مکتب برای قبول ظهور موعود کوشید.

حضرت بهاءالله می‌فرمایند۲۳:

"از صدر اسلام اکثری در بحر اوهام و ظنون مستغرق، بعد از خاتم انبیاء و ائمه طاهرین دو نفس به حق واصل و به طراز آگاهی مزین. مرحوم شیخ و سیدعلیهما بهاءالله الابهی و تأیید بر سیدبشر۲۴ آن دو نفس نمودند انّا کنا معهما و سمعنا منهما ما لا اطلع به الا الله العلیم الخبیر۲۵. بشرف آن دو نفس نفوس مقبله به شطر شین۲۶ توجه نمودند و به مطلع فیض و مشرق علم فائز گشتند و این از فضل آن دو وجود مبارک بود..."

ظهور دیانت بابی و پیدایش افکار نوین و اندیشه‌های تازه‌ای مبنی بر اتحاد و اتفاق و یگانگی در میان جوامع بشری و حفظ حقوق انسانی و برادری و برابری و تعمیم معارف و تسری دانش در سطوح عالی و نیز برابری زن و مرد و سایر احکام و مواضیع که در شریعت بابی به آنها اشاره شده است، افکار بسیاری از طبقات مختلف را که در میان آنها از علمای دین و طلاب و اشراف و تجار گرفته تا مردم کوچه و بازار دیده می‌شد به خود جلب کرد و سبب گروش آنها به حضرت باب گردید. این گروه با حرارتی شدید و تهور و شجاعتی دلیرانه به نشر و تبلیغ آن شریعت پرداختند و در ایقاظ و آگاهی مردم کوشیدند.

با پیشرفت سریع دیانت بابی در ظرف یک مدت کوتاه، علماء پایه‌های قدرت خود را متزلزل دیدند و محسوساً مشاهده نمودند که با نشر این افکار و پیشرفت این دیانت بساط فرمانروائی و سلطه‌جوئی آنان بزودی پیچیده و منطوی می‌گردد و مردم از ربقهٔ اطاعت آنها خارج می‌شوند. از این رو، عموماً در تمام ایران و حتی در قراء و قصبات به مخاصمت و مقاومت با پیروان این شریعت کمر بستند و با تحت فشار قرار دادن حکومت و تسلطی که بر مردم داشتند در امحاء و اعدام و براندازی بابیها سعی وافر نمودند و از هیچ ظلمی در حق آنها فروگذار نکرده و به احدی ابقا ننمودند.

تجارت، حساب و حسابداری

از هنگامی که ایران مورد تاخت و تاز اعراب بادیةالعرب قرار گرفت اساس

اقتصاد این کشور فرو ریخت و بعد از آن نیز بواسطه رویدادها و انقلاب های سیاسی پی در پی و ناپایداری حکومت های ناحیه ای و همچنین اختلافات و خصومتهای داخلی بین فرمانروایان و رجال کشور و علاوه بر آن ناامنی های طولانی در شهرها و طرق و شوارع امر تجارت رونق نمی گرفت. زعمای مملکت و متصدیان امور که صاحب قدرت مطلقه بودند و به ضرب شمشیر و هجوم های وحشیانه فرمان می راندند، اغلب از درک علم اقتصاد و تجارت بی بهره بودند و به جای کوشش در راه توسعه و گسترش امور تجارت و اقتصاد تمامی افکارشان حصر در محافظت و ابقای سلطه و نفوذ خودشان بود. این نابسامانیها تا دوران حکومت صفویه در قرن دهم هجری قمری ادامه پیدا کرد و سبب شد که تجارت ایران تنها به معاملات داخلی فاقد اهمیّت بدل شود.

اشارهٔ دلاواله تاجر ونیزی که در زمان شاه عباس صفوی به ایران آمد می رساند که این کشور در همه امور از جمله تجارت در زمان پادشاه نامبرده در حال توسعه و پیشرفت بوده است. وی نیز می نویسد علاوه بر اجناسی که به توسط برادران شرلی از کشور انگلستان وارد بازارهای ایران می شد، عده ای از افسران و مهندسان هم در بندر میناب به تهیّه کشتی های جنگی اشتغال داشتند و صاحب منصبان انگلیسی در لار به انتظار امامقلی خان فرمانروای فارس بودند تا در معیّت او برای استخلاص جزیره هرمز به میدان جنگ بروند.

متأسفانه قبل از اینکه این اقدامات به نتیجه رضایت بخشی برسد مسئله مرگ شاه عبّاس و افول سلطنت صفویه پیش آمد. شاهزادگانی که بعد از شاه عباس زمام امور کشور را به دست گرفتند، به دلیل خصومتهائی که با یکدیگر داشتند و ایجاد کارشکنی ها و بدتر از همه عاری بودن از فنون کشورداری نه فقط مسبّب وخامت اوضاع اقتصادی و بالاخص تجارت گردیدند بلکه به انقراض سلطنت پهناور صفوی کمک کردند. دنباله این خرابیها در دوران تسلط گردنکشان افغان ادامه یافت و در زمان سلطنت محدود نادرشاه افشار و حکومت افشاریه نیز وضع به همین منوال پیش رفت و مسئولان امور نتوانستند در جهت بهبود اوضاع اقدامی جدی به عمل آورند.

بعد از افشاریه، کریم خان زند سرسلسله خاندان زندیه کوشید تا با اقداماتی همه جانبه به ترمیم خرابیها بپردازد. وی با تقویتی که از تجار صادرکننده ایران می نمود سبب شد که وضع تجارت ایران صورتی تازه به خود بگیرد و در راه پیشرفت قدم بردارد. در همین زمان بود که کمپانی هند شرقی شعبه خود را در بندرعباس افتتاح نمود و سپس به دلیل مزاحمت هائی که حاکم بندرعباس و نیز مردم این شهر در راه انجام امور تجاری آنها ایجاد کردند، محل کار خود را از آنجا به بوشهر که در آن ایّام موقعیت تجاری و گمرکی چندانی نداشت انتقال داد و مورد حمایت کریم

خان قرار گرفت. در نتیجه این اقدام تجارت داخلی ایران بطور اعم و تجارت خارجی بطور اخص وارد مرحله جدیدی شد که تا هنگام مرگ کریم خان ادامه یافت.

کریم خان در زمان حکومت خویش در سمت شرقی بازار وکیل کاروانسرای وسیعی بنا نمود که بعدها به کاروانسرای گمرک مشهور شد. کالاهای وارده در این کاروانسرا تقویم قیمت می‌شد و حقوق گمرکی آنها بعنوان عشور و خراج و به نسبت صدی دو و نیم از اصل قیمت کسر و از صاحب کالا دریافت می‌گردید. حجرات این کاروانسرا بعدها بوسیلهٔ وراث کریم خان به تجار شیرازی از جمله جدّ حضرت اعلی فروخته شد و سالها بعد نیز حاج میرزا ابوالقاسم، پسر عموی خالهای مبارک، حجره دیگری از این گمرک را خریداری کرد که قباله آن هنوز باقی است.

بعد از مرگ کریم خان، هرج و مرج و بیدادگری های اخلاف وی و نیز سرکشی و تجری ایلات و عشایر در راهزنی و سرقت مال‌التجاره ها و چپاول دهات نمی‌توانست در وضع عمومی مردم شهر و بخصوص در اوضاع اقتصادی بی‌تأثیر بماند. از اینرو، بار دیگر بازار تجارت کساد شد و رونق معاملات از دست برفت و داد و ستدها تا مدتی بحال رکود درآمد. نقدینه‌ها، جواهرات و طلا آلات از ترس هجوم یاغیان در زیر خاک مدفون گردید. مالکین با پرتاب قبالهٔ املاک خویش به خانه همسایگان از خود سلب مالکیت کردند و در نتیجه این وقایع ناامنی و قحط و غلا جایگزین امنیّت و کسب و کار شد. دنباله این وضع نابسامان تا انقراض خاندان زندیه و روی کارآمدن حکومت قاجاریه کشیده شد. در سالهای اولیّهٔ حکومت این خاندان برای ترمیم خرابیها نه فقط فعالیّتی صورت نگرفت بلکه بر اذیّت و آزار و اجحاف به مردم افزوده شد، بطوری که باباخان حاکم فارس که بعدها به نام فتحعلی شاه بر اریکه سلطنت نشست به مصادره اموال مردم پرداخت و چنان ستم روا داشت که حتّی گروهی جلای وطن کردند و به هندوستان پناه بردند. امّا در سالهای بعدی و هنگام سلطنت وی بدلیل تغییر شرایط بتدریج بازار کسب و کار رونقی نسبی حاصل نمود و امور گمرکی رواج گرفت؛ ولی در همان حال به منظور ایجاد روابط دوستی و ابراز حسن نیّت نسبت به اتباع و بازرگانان خارجی اعمالی صورت می‌گرفت که با نیّت اصلی دولت ایران مغایر بود یعنی مفاد قراردادهای منعقده فیمابین دولت ایران و دولتهای خارجی را که در آنها رعایت حقوق مالی طرفین الزام‌آور بود نقض می‌کرد؛ بطور مثال در سال ۱۲۲۳ هجری قمری فتحعلیشاه فرمانی به اسم حسینعلی میرزا فرمانفرما که از ۱۲۱۴ به مدّت ۳۶ سال در فارس حکومت کرد و آرامشی نسبی بوجود آورد صادر نمود مبنی بر اینکه خراج اسبهای صادراتی تجار انگلیسی به مقصد هندوستان مطالبه نشود و یا محمدشاه که بر روی صادرات ایران تکیه داشت و می‌خواست به ترتیبی جبران خسارت مالی تجار را بنماید، در عیار مسکوکات طلا و

نقره تغییراتی داد و صدور این دو فلز قیمتی را به هر عنوان ممنوع کرد و بطور چشمگیری موجب کاستن ارزش پول ایران گردید.

از اینها گذشته، عاملی که مسبب رکود بازار تجارت و بالمآل اقتصاد کشور می شد، جنگهای طولانی میان ایران و عثمانی از یک طرف و ایران و روسیه از طرف دیگر بود تا سرانجام این جنگها به پایان رسید و منجر به انعقاد و امضاء عهدنامه گلستان و قرارداد ترکمنچای شد. در قرارداد اخیر به دولت روسیه حق داده شد که در هرکدام از شهرهای ایران که صلاح می دانست نمایندگان تجارتی داشته باشد یا کنسولگری تأسیس نماید و بعلاوه با احراز حق مالکیّت برای اتباع خویش خانه، مسافرخانه و محل کار بسازد. به این ترتیب رابطه تجاری روسیه با ایران تقویت گردید و ایران بصورت بازاری برای آن کشور درآمد.

دولت انگلستان نیز برای بدست آوردن امتیازات مشابه از پا ننشست و با تدابیری که بکار بست اجازه یافت در رشت و تبریز کنسولگری دائر نماید و از طریق بادکوبه و دریای خزر به ایران مال التجاره حمل کند. اعطاء این امتیازات به جائی رسید که عباس میرزا با صدور دستوری از مسئولین امر خواست که حقوق تجارتی انگلستان در شمال ایران رعایت و از آن حمایت شود. در خصوص اهمیتی که دولت انگلستان برای تجارت با ایران قائل بود نامه هائی را که از طرف دولت مذکور به ترتیب به سر هارفورد جونز[۲۷] و سر گور اوزلی[۲۸] بین سالهای **۱۸۰۷** و **۱۸۱۰** میلادی نوشته شده است با مضامینی بصورت زیر می خوانیم:

این کمال رضایت ماست که در خلال اقامت در ایران وسایلی برای فروش زیاد کالاهای انگلیس در ایران پیداکنید و روابط بازرگانی و دادوستد را بین ایران و هند تجدید نمائید و توصیه می کنیم که مخصوصاً در باره موقعیّت ایران از لحاظ فرآورده ها، تجارت، واردات و صادرات خاص آنجا در حدی که امکان پذیر است دقّت و تحقیق کنید و راه افزایش مصرف کالاهای اروپائی از قبیل منسوجات پشمی، فلزات، چینی آلات و غیره را در آنجا معلوم نمائید.

نمونه دیگر:

اگر در نتیجه قرارداد بازرگانی ما و پادشاه ایران لازم است تعدادی از اتباع انگلیس در ایران اقامت گزینند مصلحت این است که شما بلافاصله از شهرهای بزرگ و کوچک ایران که در آنها ایجاد کارخانه ها یا نهادهای دیگر بازرگانی مقرون به صرفه امکان پذیر است اطلاعاتی به دست آورید و برای حفظ امتیازاتی که به بازرگانان ما داده می شود و نیز به منظور رعایت نظم در میان آنان، مأمورین یا کنسولهائی منصوب سازید و به ترتیب کاری کنید که بازرگانی به راه پیشرفت و ترقی افتد و امنیّت برای اتباع ما فراهم شود.[۲۹]

در طول سلطنت پادشاهان اولیّه سلسله قاجار که امر تجارت گسترشی نسبی یافت بنادر جنوبی ایران یعنی بوشهر، بندرلنگه، بندرعباس و چاه بهار دارای موقعیتی خاص و مهّم شدند. از این بنادر بود که کالاهای مصنوع انگلستان و هندوستان وارد و امتعهٔ صادراتی به قصد هندوستان، عراق، سوریه، فلسطین و حتی کشور چین صادر می‌شد. در این میان بوشهر[۳۰] در مرحله اوّل اعتبار و بندر عباس در مرحله دوم قرار داشت. صدور و ورود کالا از بنادر شمالی ایران نیز مورد توجه بود. آ. ک. س. لمبتن[۳۱] در کتاب "سیری در تاریخ ایران بعد از اسلام" صفحات ۹-۲۳۸ آماری به دست می‌دهد که ارقام آن به ترتیب گویای اهمیّت هرکدام از این بنادر می‌باشد.

"صادرات ایران در سال ۱۸۲۱-۱۸۲۰ به پوند انگلیسی:

بندر بوشهر	۳۰۵۰۰۰
بندر بارفروش	۲۱۵۰۰۰
دیگر بنادر گیلان و مازندران	۳۵۰۰۰
بنادر کوچک خلیج فارس	۱۰۰۰۰"

اشیاء و اجناس صادراتی و وارداتی ایران در دوران رونق تجارت با کشورها و مناطق دیگر از جمله انگلستان، شرق افریقا، عثمانی(ترکیه)، هندوستان و چین بین سالهای ۱۸۲۰ تا ۱۸۷۰ میلادی از این قرار بوده است:

صادرات از:

بندر بوشهر

طلا، پنبه، ابریشم خام، قالی، اسب، برنج، حبوبات، خشکبار، شراب، گلاب، گل سرخ، موم، کتیرا، صمغ، انقوزه، توتون، تنباکو و بالأخره تریاک که به صورت رایج‌ترین و پردرآمدترین امتعه تجارتی درآمد.

بندر بصره

ادویه، صمغ، مازو، شال کرمانی، بَرک خراسانی، پوست بره، شتر و اسب.

واردات از:

انگلستان

انواع دارو، آهن، سرب، فولاد، قلع و مس.

شرق افریقا

کنیز و غلام سیاه.

عثمانی (شامل قسمت هائی از جنوب اروپا، شمال افریقا و منطقه وسیعی از آسیا)

خرما، قهوه و بعضی اجناس اروپائی از طریق حلب.

هندوستان

منسوجات بنگالی، چیت هندی، شال کشمیری، پنبه تابیده (ریسمان)، پارچه های زردوزی شده (زری)، و بنارس. ادویه از قبیل فلفل، زنجبیل، هل، میخک، جوز هندی، دارچین، زردچوبه و همچنین چای و قهوه، نیل و خیزران.

چین

چای، ظروف چینی گل مرغی و طلا آلات.

حجم صادرات ایران به روسیه را در سال ۱۸۴۴ میلادی به مبلغ ۲۳۵۷۵۰ پوند انگلیسی و واردات را از آن کشور به ۱۲۶۰۰۰ پوند برآورد کرده اند.

به هرحال، رونق و توسعه تجارت ایران تا اشتغال حضرت باب به این امر و حتی تا زمانی بعد از آن ادامه یافت ولی با وصف این، اغلب ناامنی راهها به سبب قطاع الطریق و سارقین که وسایل حمل و نقل و مال التجاره را به یغما و چپاول می بردند سبب رکود و عقب ماندگی کار تجارت می شد. ناامنی بیشتر در راههائی که محل عبور و مرور ایلات و عشایر بود وجود داشت یعنی اغلب افراد چادرنشین که با ساکنین دهات در مسیر ایل دوستی و رفاقت داشتند با دستیاری یکدیگر راه را بر قافله ها می بستند و مال التجاره آنها را به یغما می بردند. بعضی اوقات مأمورین حکومتی موفق به استرداد مال التجاره ها از چنگ سارقین می شدند ولی استخلاص آنها از دست حاکم ممتنع و محال بود. مکتوبی از حاجی میرزا سیدمحمد، خال اکبر، در دست است که یکی از این موارد را به شرح زیر توضیح می دهد:

"مقادیری قند بوسیله کاروان سیوندی از بوشهر به شیراز حمل کردم در حوالی بوشهر سارقین گرمسیری آنها را به غارت بردند. مسئول کاروان خودش را به بوشهر رسانید در حالی که من در مجلس روضه خوانی حاکم بوشهر بودم. کاروانسالار جریان واقعه را اظهار داشت. من گفتم چه می توان کرد ولی حاکم چندین نفر سوار و تفنگچی های محلی را به سراغ آن طایفه سارق فرستاد و قندها را پس گرفت ولی نه از اصل و نه قیمت آن مال التجاره چیزی به صاحب مال نپرداخت."

علاوه بر این، دزدهای دریائی که اغلب از طرف شیوخ ساکن جزائر خلیج فارس تقویت می شدند، امتعه ای را که از ممالک شمال افریقا، عربستان، هندوستان و چین با کشتی های بادی از نوع بَغَله به بندربوشهر حمل می شد مورد تطاول و غارت قرار می دادند و سرنشینان آنها را می کشتند و یا به اسارت می بردند. این ناامنی های دریائی، سرانجام، در طول زمانی دراز با مداخلهٔ دولت انگلستان و ارسال چندین کشتی جنگی به خلیج فارس پایان پذیرفت و آرامش برقرار گردید.

بهبود شرایط از هرجهت به رونق کار و تجارت حضرت باب و خاندان ایشان کمک کرد. در این حال حاج میرزا سید علی خال اعظم در یکی از حجرات کاروانسرای گمرک شیراز که سالها قبل از ورثهٔ کریم خان زند خریداری شده بود و

بعضی دیگر در بوشهر و جمعی در یزد و بالأخره گروهی در اصفهان، طهران و قزوین به فعالیّت خویش ادامه دادند و در بندرعباس نیز دفتر نمایندگی تأسیس نمودند.

بعد از سال ۱۲۷۰ هجری قمری حاجی میرزا محمدعلی ابن خال اکبر که با حضرت باب تفاوت سنی زیادی نداشت به هندوستان رفت و در بمبئی ساکن شد و در حدود دو سال بعد به هنگ‌کنگ سفر نمود و در شانگهای تجارتخانه وسیعی بنیان نهاد که از آن طریق پارچه‌های حریر، ظروف چینی، نقره، چای و سایر امتعهٔ ساخت آن کشور را به ایران حمل کرد و از این راه منافع کثیره به دست آورد.

همانطور که گفته شد بعد از تسخیر ایران به دست اعراب در تمام شئون کشور تغییراتی حاصل شد که همه امور از جمله امر تجارت و بالمآل مسئله حساب و حسابداری را تحت تأثیر روش آنها قرارداد. بدین معنی که محاسبات دیوانی و سپس نگاهداری حساب بوسیله قاطبه مردم به صورت ارقام سیاقی درآمد و واحد پول دینار نامیده شد. این ترتیب در طول مدّت حکومتهای مختلفه و تا اوایل سلطنت رضاشاه پهلوی باقی ماند. در اوایل دوران حکومت این پادشاه بانک ملی ایران تأسیس گردید و برای نگاهداری حسابها روش اروپائی بکار گرفته شد؛ نام واحد پول که در زمان ناصرالدین شاه از دینار به قران تبدیل یافته بود به ریال تغییر کرد و واحد وزن کیلوگرم خوانده شد.

کشاورزی

کشاورزی سنتی تا اوایل قرن بیستم در ایران رواج داشت و غالب مردم از آن طریق امرار معاش می‌کردند. متأسّفانه، بواسطه فقدان آمار و گزارشهای لازم نه از مقدار اراضی زیر کشت در آن زمان اطلاعات صحیحی در دست است و نه از روابط شهرنشینان، روستائیان و ایلات و عشایر...

در اداره امور کشاورزی سنتی نسق بندی به معنی تنظیم امور زراعی شامل زمین، آب، بذر، وسایل کار و خود کار است که در هر قسمت از ایران روش خاصی داشته است. در منطقه فارس با جزئی تغییراتی درهرکدام از نواحی، به رویه زیر عمل می‌کرده‌اند: مالک صاحب زمین و آب و مسئول تهیّه بذر و زارع عهده‌دار کشت و زرع و فراهم نمودن ابزار کار بوده است. محصول شتوی هنگام خرمن بعد از پرداخت سهم کدخدا، مباشر، دشتبان، دروازه‌بان، نجار، آهنگر و حتی حمامی محل، میان مالک و زارع برحسب تملک عواملی که ذکر شد به نسبت دو سهم مالک و یک سهم زارع تقسیم می‌گردید. در ضمن پرداخت مالیات، مخارج قنات و تقاوی (کمک به زارع از هر لحاظ) به عهده مالک بود.

در بعضی از بلوکات که مزرعه با آب چشمه یا رودخانه آبیاری می‌شد، دوسوم

محصول خالص به زارع و یک سوم به مالک می‌رسید و در بعضی موارد که مالک قسمتی از ابزارکار مثل گاو یا الاغ یا وسایل دیگر را فراهم می‌کرد، پس از پرداخت مخارج اولیّه محصول باقیمانده به نسبت سه و یک میان مالک و زارع تقسیم می‌گردید.

در مورد صیفی کاری که زارع متحمل زحمت بیشتری می‌شد، در تقسیم محصول دو رویه معمول بود. یا سه سهم به مالک و دو سهم به زارع تعلق می‌گرفت و یا به نسبت نصف و نصف که در مورد محصول باغها نیز معمول بود تقسیم می‌شد.

یادداشتها

۱- لوکان العلم فی الثریا لتناوله رجال من فارس.

۲- والذی نفسی بیده لوکان الایمان بالثریا لتناوله رجال من فارس.

۳- بعثنا علیکم عباداً لنا اولی بأس شدید.

۴- ستدعون الی قوم اولی بأس شدید تقاتلونهم او یسلمون.

۵- فارسنامه ناصری، گفتار اول، صفحه ۲۳۷.

6-Thomas Herbert
7- Tavernier
8- Chardin
9-Sherley

10- Pietro Della Valle

۱۱- سفرنامه پیترو دلاواله بوسیلهٔ جان پینکرتن از ایتالیائی به انگلیسی ترجمه شده و در سال ۱۸۱۱ میلادی به چاپ رسیده است و در کتابخانه بادلین Bodleian (آکسفورد انگلستان) ثبت است. قسمتی از این ترجمه را شجاع الدین شفا به فارسی برگردانده و در سال ۱۳۴۸ هجری شمسی بوسیلهٔ بنگاه ترجمه و نشر کتاب در طهران منتشر شده است.

۱۲- امامقلی خان پسر الله‌وردی خان اصلاً اهل گرجستان بوده‌است. این پدر و پسر هر دو از اعاظم سرداران سپاه قزلباش در دوره سلطنت شاه عباس‌کبیر بوده و تمامی منطقه فارس از بهبهان تا بندر عباس همه در تحت اوامر و فرمان آنها بوده است. خاندان بازیار شیرازی و اقتداری لاری از احفاد امامقلی خان که به نام سلطان فارس مشهور بوده است می‌باشند.

13- Don Garcia de Silva y Figueroa

14- Thomas Moore

۱۵- در اینجا قسمتی از یکی از اشعار این دیوان را که در باره بند امیر سروده شده و لیلی ایمن به فارسی برگردانده است می‌خوانیم:

در کنار بند امیر بوته گل سرخی روییده،
و بلبلی همه روز به دورش غزلسراست؛
به هنگام خردسالی نشستن در میان گلها،
و شنیدن آوای مرغان خوش الحان برایم رؤیائی شیرین بود.
آن بوتهٔ گل و نواهای خوش را هرگز فراموش نمی‌کنم،
و چه بسا که هر سال در هنگام شکفتن گلها،
با خود می‌گویم: آیا هنوز هم بلبلی در آنجا نغمه می‌سراید؟
و آیا هنوز در کنار بند امیر گلها همچنان می‌درخشند؟!

نه، گلهائی که بر فراز امواج رود آویخته بودند پژمردند،
ولیکن تا هنوز با طراوت بودند، نوگلانی از میان آنها دست‌چین شدند
و از آنها چکیده عطری گرفته شد که بوی خوش تابستان را به مشام می‌رساند، و
خاطره لذّتی گذران سالهاست که آن عطر را به مشامم می‌رساند؛
و در روح من نیز طراوت آن گلها در کنار بندامیر،
همچنان درخشش خود را حفظ کرده‌اند.

۱۶- سفرنامه نیبور توسط پرویز رجبی به فارسی ترجمه شده است.

۱۷- در ویرانی شهر شیراز و آزار و اذیّت مردم آن نه تنها آقامحمدخان و اعوان وی دخالت مؤثر داشتند بلکه جانشینان خود کریم خان، بی‌رحمی و ستم را به حد اعلای درجه رساندند. از جمله صادق خان برادر ناتنی کریم خان که در وقت مرگ او در بصره حکومت می‌کرد با عجله به شیراز آمد و در به دست آوردن قدرت کوشید. صادق خان و جانشینان دیگر کریم خان هریک بنوبه خود در طول مدّت کوتاه حکومتشان با استفاده از قدرتی که داشتند اموال و زخارف مردم را به یغما بردند. میرزا محمد کلانتر در کتابی که به نام "روزنامه کلانتر" تألیف کرده است، با اشاره به حکومت صادق خان، می‌نویسد: "به تاریخ دوم جمادی‌الاولی به سمت اصفهان روانه شدیم، محصلان بعد از حرکت ما کاری به فقرای شیرازی کردند که احیای مراسم محمودی و چنگیزی به عمل آمد و صدهزار تومان از مردم گرفتند و خود متصرف شدند."

18- Niebuhr, Carsten

۱۹- به طوری که شهرت دارد این قرآن به خط سلطان ابراهیم ابن شاهرخ تیموری پسر امیر تیمور گورکانی حاکم فارس نوشته شده است.

20- Cornelis de Bruyn

۲۱- فارسنامه ناصری، گفتار دوم، صفحه۲۲.

22- Gazetteer

۲۳- برگرفته از لوحی به نام احمد_ مائده آسمانی.

۲۴- به ترتیب منظور، شیخ احمد احسائی، سیدکاظم رشتی و حضرت باب است.

۲۵- مضمون فارسی: ما با آن دو نفر بودیم و از آنها شنیدیم آنچه را که جز خداوند دانا بر آنها آگاه نیست.

۲۶- منظور شیراز است.

27- Sir Harford Jones

پرونده شماره ۶۰\۲ دسامبر ۱۸۰۸ م در PRO.

28- Sir Gore Ouseley

پرونده شماره ۴\۶۰ ژوئیه ۱۸۱۰ م در PRO.
۲۹- ن ک به سیری در تاریخ ایران بعد از اسلام، صفحات ۲۲۷-۲۲۸. عبارات با قدری تعدیل نقل شده اند.
۳۰- چارلز ادوارد دیویس در کتابی که به عنوان پایان نامه دکترای خویش تألیف نموده است، می نویسد؛ بوشهر از نظر اهمیّت تجارتی در اواخر قرن نوزدهم میلادی "کلید ایران" نامیده می شد. امّا در سالهای بعدی یعنی تقریباً از سال ۱۹۳۰ شهرت و ارزش خود را از دست داد.
31- Lambton, A.K.S.

فصل دوم
حیات حضرت باب از ولادت تا ازدواج

مقدمه

می دانیم آنچه از تاریخ حیات حضرت باب در کتب و آثار باقی مانده است همه در باره حوادثی است که بعد از بعثت آن حضرت به وقوع پیوسته و بوسیله مورخین جمع آوری و به رشته تحریر کشیده شده است. متأسفانه تاریخ حیات و زندگی آن حضرت چه در ارتباط با دوران طفولیّت و اوان کودکی و چه بعد از آن یعنی دوران نوجوانی و جوانی و نیز ایّام تجارت در شیراز و بوشهر دقیقاً بررسی نشده و در جائی ضبط نگردیده است.

پرفسور براون[۱] در مکتوب مورخه نوزدهم آپریل **۱۸۹۸** میلادی به موقرالدوله[۲] که از منتسبین حضرت باب بود می نویسد: "امیدوارم بتوانید برایم اطلاعات بیشتری در خصوص نقطه بیان بدست بیاورید تخمین ولادت او، اوایل عمرش، قیافه و چهره و قامتش، و گمان می کنم کسانی باید در شیراز باشند که می توانند او را بخاطر بیاورند. من بسیار بسیار شایقم که تا دیر نشده آنچه بتوانم در خصوص این مرد شریف و بزرگ تحصیل کنم."

مع التأسف منتسبین و آنانی که ایّام زندگانی حضرت باب را درک کرده و برعهده آنان بود که دانستنی ها و مشاهدات خود را به رشته تحریر درآورند و اثری نفیس و مستند از خود به یادگار گذارند، غفلت ورزیده و چیزی در این باره ننوشته اند.

از والد نگارنده این سطور که سالیانی از اواخر ایام زندگانی حرم حضرت باب و اخت حرم، جده خویش، را درک کرده و از فیض ملاقات و اصغاء خاطرات بعضی از متقدّمین دوره بابیه و همکلاسان آن حضرت مستفیض شده یادداشت هائی باقی مانده است که تا حدود قابل ملاحظه ای ما را به مقصود نزدیک می سازد و با اعتماد

می توانیم آنها را در ردیف اسناد تاریخی ضبط نمائیم.

اگرچه این یادداشت ها گویای تمامی وقایع حیات حضرت باب در دوران صباوت و خردسالی و نوجوانی نیست ولی تا آنجا که ما را به وجه امتیاز آن حضرت با سایر مردم در زندگی خانوادگی و اجتماعی آشنا می کند قابل استفاده است.

ولادت،[۳] کودکی و ایّام تحصیل

میرزا علی محمد[۴] معروف به باب پسر آقا میر محمدرضا در لیله اول محرم[۵] سال ۱۲۳۵ هجری قمری مطابق با بیستم اکتبر ۱۸۱۹ میلادی در شیراز چشم به جهان گشود. تولّد مبارک در منزل آقا میرزا علی عموی والده شان اتفاق افتاد.

مادر حضرت باب موسوم به فاطمه بیگم دختر حاج میرزا محمدحسین از سادات حسینی شیراز می باشد. پدر و مادر حضرت باب هر دو از مردم شیراز و نسب آنها به حضرت فاطمه زهرا دختر رسول اکرم می رسد و تا آنجا که تاریخ ثبت کرده است آباء و اجداد ایشان از طرف پدر و مادر همه در سلک تجارت منسلک و در ردیف مردم محترم و از تجار خوشنام و مشهور شیراز بوده اند. حضرت باب در سنین اولیه کودکی والد خویش را از دست داده اند بطوری که ایشان را بخاطر نمی آوردند و در این باب در آیه ۳۹ از سورة الجهاد در کتاب قیوم الاسماء چنین می فرمایند: "اللّهم ربّنا انّ ابی قد مات بالحقّ و لم یرنی علی الکلمة الاکبر فالهمه یا مولای امری فی مقعده مع ملائکة العرش و ثبّته علی الکلمة الاکبر بجودک واکتب اسمه مع الّذین کانوا فی قسطاس الذّکر من حول الباب محمودا."[۶]

حضرت باب در خلقت لاغر اندام و ظریف الجثه بوده و از همان اوان کودکی آثار نباهت و ذکاء از طرز اعمال و رفتارشان معلوم و از سایر اطفال همسن و سال خود ممتاز بوده اند. در دوران رضاعت و شیرخوارگی چون کودکی صبور و آرام بوده اند محبت جمیع اقارب و منتسبین را به خود جلب نموده و حتی بعضی بهانه جوئی ها که از خصائص برخی از کودکان است از ایشان دیده نشده است.

حاجی میرزا سیدعلی (خال اعظم) حضرت باب را در حالی که سن مبارکش به شش سالگی بالغ می شد به مکتب برد و در قهوه اولیاء[۷] واقع در محله بازار مرغ شیراز به شیخ عابد سپرد[۸] که به تعلیم و تدریس ایشان اهتمام ورزد.

ملا فتح الله[۹] در مورد به مکتب گذاشتن حضرت باب اینطور تعریف می کند:[۱۰] شیخ عابد از پیروان طریقه شیخیه بود و در قهوه اولیاء مکتبی داشت که شاگردانش معدود بودند و بغیر از اطفال خانواده های محترم که به نیکنامی

معروف بودند کسی را نمی‌پذیرفت و من در آن اوقات در حدود دوازده سالی داشتم و خلیفه کلاس بودم.

یک روز صبح حاجی میرزا سیدعلی (خال اعظم) که با شیخ عابد رفاقتی داشتند برای سپردن میرزا علی‌محمد به مکتب آمدند و با او از اخلاق و احوال وی صحبت نمودند. ضمن مذاکره اظهار داشتند که اعمال و رفتار او مشابهتی با سایر اطفال ندارد همیشه گوشه‌گیر و صامت است گاهی مغموم و وقتی خوشحال بنظر می‌رسد و مثل سایر اطفال علاقه‌ای به تفریح و بازی از خود نشان نمی‌دهد و بعضی اوقات مطالبی اظهار می‌دارد که موجب حیرت می‌شود فی‌المثل در واقعه خرابی حمام میرزا هادی این طفل در حمام بازار مرغ در کنار من خوابیده بود سراسیمه برخاست و گفت سقف حمام میرزا هادی فرو ریخت و یک زن و سه طفل تلف شدند. طولی نکشید همهمه برخاست و هرکس رقمی از تلفات را اظهار می‌داشت بعد معلوم شد که تعداد تلفات همان عده‌ای بوده است که آن طفل گفته بود. یا اینکه چندی قبل اظهار داشت خواب دیده‌ام در میان زمین و آسمان میزانی معلق است و حضرت امام جعفر صادق در یک کفه ترازو است که به زمین آمده دستی غیبی من را در آن کفه خالی گذاشت آن کفه‌ای که من در آن نشسته بودم به زمین آمد و آن کفه که امام در آن جالس بودند به هوا رفت.

حاج میرزا سیدحسن که یکی از آشنایان من است، گفت شاید این احوال و حالاتی را که ذکر می‌کنید از تأثیر ارواح اجنه و پریان باشد که در وجود او تأثیر کرده و من آقا محمدحسن منجم را به خانه آوردم و با اصطلاحاتی که داشت با رمل و اصطرلاب محاسباتی کرد و گفت مضرتی به طفل وارد نیامده است.

با این احوالی که دارد قصد دارم که او را به مکتب بیاورم تا در نزد شما تلمذ کند. شیخ با گشاده روئی خواهش ایشان را پذیرفت و روزی را تعیین کرد که آن کودک را به مکتب بیاورند."

ملا فتح‌الله می گوید: "من و بعضی دیگر از اطفال که آن صحبت ها را شنیده بودیم به انتظار روز موعود بودیم. در آن روز که حضرت باب را به مکتب آوردند طفلی باریک اندام و ضعیف الجثه بود که قبای سبز رنگی در بر داشت و شب کلاهی از ترمه بر سر و دستش به دست خالویش بود غلامی نیز از پشت سر آنها می‌آمد که بشقابی نقل و قرآنی را بر روی آن در دست داشت که آن را به حضور معلم ما گذاشت. قیافه آن طفل مظلوم و معصوم می‌نمود و چشم‌هائی نافذ داشت که حکایت از توانائی و اراده او می‌کرد.

معلم ما نقل ها را بین شاگردها تقسیم کرد و خودش صرف نمود و به باب خطاب کرد که بگو "بسم الله الرحمن الرحیم." او بدون اینکه لکنتی در زبان داشته

باشد گفت "بسم‌الله الرحمن الرحیم". بعد گفت بگو "هوالفتاح العلیم[۱۱]" باب چیزی نگفت، باز معلم تکرار کرد که بگو " هوالفتاح العلیم" باب سئوال کرد هو چیست؟ معلم گفت "هو" یعنی خدا و تو هنوز طفلی بعد که درس خواندی معنی "هو" را می‌فهمی. معلم ما با اطلاعاتی که از وضع سید باب داشت خیلی با رفق و مدارا با او صحبت می‌کرد. منزل حاج میرزا سیدعلی خالوی باب که با شیخ عابد رفیق و محرم بودند در نزدیکی قهوه اولیاء قرار داشت و بعضی از شبهای جمعه شیخ در منزل ایشان جلسه قرائت قرآن داشت."

حاجی محمدابراهیم اسمعیل بیگ[۱۲] که از تجار معروف شیراز و با ابناء خال‌های حضرت باب مراوده و معاملات تجاری داشت نیز اظهار نموده است که "وقتی سید باب را به مکتب آوردند من در آن مکتب خانه درس می‌خواندم، روزی سید باب در مجاورت من و آقا میرزا محمد رضای مستوفی[۱۳] نشسته بود و کتابش را نگاه می‌کرد و مانند سایر اطفال درسش را با صدای بلند نمی‌خواند و مثل این بود که با کتابش بازی می‌کند گفتم چرا درس نمی‌خوانی جوابم نداد، ولی در پشت سرما دو کودک دیگر کتاب حافظ را می‌خواندند و به این شعر رسیده بودند که:

ترا زکنگره عرش می‌زنند صفیر ندانمت که در این دامگه چه افتادست

فوراً رو به من کرده فرمود جواب شما همین شعر خواجه بود که شنیدید من گفتم آفرین بر شما."

یکی دیگر از محترمین شیراز که در مکتب شیخ عابد با حضرت باب همدرس بوده است حاجی میرزا حسن مستوفی معروف به ریش بلند است. این مرد در سنین کهولت یعنی در حدود هشتاد سالگی شخصاً برای والد نگارنده این سطور تعریف کرده است[۱۴]:

"من با سید باب در مکتب خانه شیخ عابد همدرس و همپایه بودیم او بقدری باهوش بود که بعد از درس معلم احتیاج به تکرار نداشت و همه را آموخته بود. در ظرف چند سالی که با هم بودیم هیچکس چه از نظر نوشتن و چه خواندن به پایه او نرسید و همه می‌گفتند او اعلم علما خواهد شد، ولی حیف و هزار حیف که بواسطه ریاضات شاقه در بوشهر و رفتن به پشت بام در آن هوای گرم و آفتاب سوزان و خواندن دعا برای تسخیر شمس عقلش را از دست داد و اظهار امامت کرد و اگر او به این خیالها نیافتاده بود هیچ کس در عالم به پایه و مقام او نمی‌رسید."

هم او می‌گوید: "در وقت مشق خط شاگردها لوحه آهنی داشتند که بر روی آن می‌نوشتند و مشق خط می‌کردند. سید باب در گوشه‌ای نشسته بود مثل اینکه روی لوحش خط می‌کشید. شیخ معلم به سراغ او رفت که شاید او را تنبیه نماید، دید با خطی بسیار زیبا مشق می‌نویسد. سئوال کرد چه کسی به تو سرمشق

اطاق محلّ ولادت حضرت باب. گوشوارهٔ سمت راست طبقهٔ فوقانی

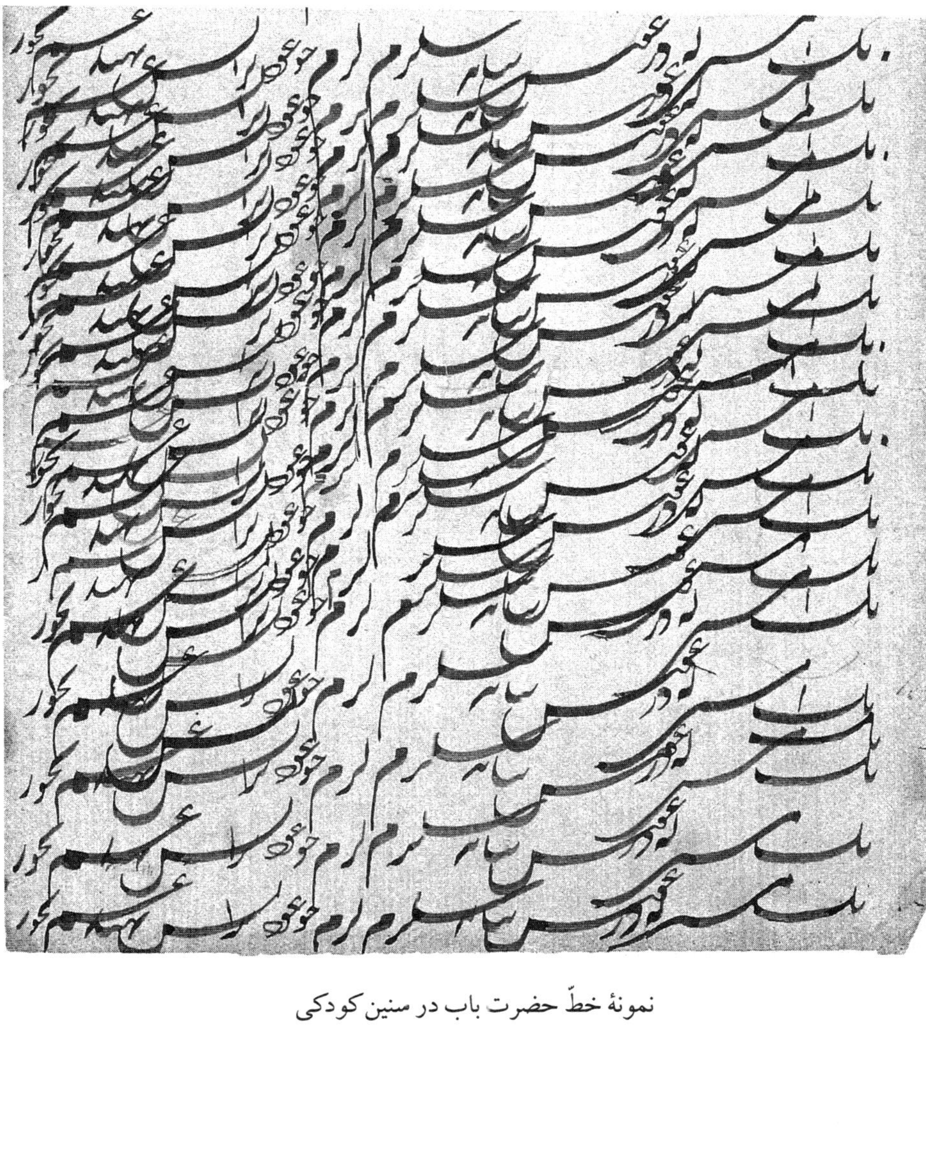

نمونهٔ خطّ حضرت باب در سنین کودکی

می دهد؟ سید جوابی نداد."

باز هم از ملافتح‌الله می شنویم، او نقل می کند:

"روزی که همه اطفال در سر درس حاضر بودند سید باب غایب بود. شیخ به من گفت بروم او را پیدا کنم. به نمازخانه رفتم دیدم در گوشه محراب مشغول نماز است، به معلم خبر دادم نماز می خواند شیخ چیزی نگفت تا اینکه به کلاس آمد شیخ عابد متغیرانه سئوال کرد که تا بحال کجا بودید؟ سید باب با مظلومیتی آمیخته به شرم و حیا فرمود در حضور جدم رسول‌الله بودم. شیخ به اندیشه فرو رفت و چیزی نگفت و شاید از آن سئوال پشیمان شد."

حاج سیدجواد کربلائی که از اعاظم رجال دیانت بهائی است داستانی راجع به دوران طفولیت حضرت باب برای میرزا ابوالفضل گلپایگانی بازگو نموده است که عیناً در این اوراق نقل می شود.

میرزا ابوالفضل می نویسد۱۵ حاج سید جواد "در شیراز در خدمت نقطه اولی جل ذکره در حینی که سن مبارکش هشت نه ساله بود شرفیاب گشتند می فرمود اوّل چیزی که از آن حضرت سبب انجذاب من شد این بود که روزی در شیراز خدمت حضرت خال مشرف بودم، درست بخاطرم نیست کدام خال را می فرمود ولکن ظن غالب این است که مقصودشان مرحوم حاجی میرزا سیدمحمد رحمة‌الله علیه بود. می فرمود در تالاری نشسته و صحبت می داشتیم که از نمازخانه تالار صوت کودکی مسموع بود که به نماز خواندن اشتغال می نمود. لکن اثری از صوت ظاهر می شد که سبب انجذاب و اهتزاز سامع می گشت. پس از قلیل مدّتی دیدم طفلی هشت یا نه ساله از نمازخانه بیرون آمد مرحوم خال فرمود همشیره زاده است و والدشان مرحوم شده است.

روزی دیگر نیز در بیت حضرت خال بودم که دیدم آن حضرت از مکتب مراجعت نموده مشتی کاغذ در دستشان است عرض کردم اینها چیست با صوتی آهسته و رقیق فرمود صفحات مشق من است."

موضوع دیگری که از وقایع دوره مکتب حضرت باب در جمیع تواریخ به قلم مورخین بهائی آمده است موضوع مباحثه حضرت باب با شیخ عابد در حل مشکلی است که در تفسیر "بسم‌الله الرحمن الرحیم"، مصدر جمیع سور قرآن مجید، با تلامیذ بزرگسال خود داشته است.

لازم است خوانندگان این اوراق بدانند که تلامیذ مکتب شیخ عابد را دو دسته از محصلین تشکیل می داده اند: دسته اوّل تلامیذ بزرگسالی که در ردیف طلاب و پیرو مکتب شیخیه بوده اند و درسشان همه روزه قبل از طلوع آفتاب شروع و تا دو ساعت از آفتاب برآمده ادامه داشته است. دسته دوم اطفال خردسالی بوده اند که

کلاس را دو ساعت از آفتاب برآمده شروع و تا یک ساعت به غروب مانده دنبال می کرده اند.

بعد از مباحثات فراوان در حالی که بحث آنها به نتیجه نرسیده بود قرار می گذارند که شیخ به تفاسیر معتبر مراجعه نماید تا روز بعد مجدداً در بارهٔ آن صحبت کنند. در آن وقت حضرت باب به معلمشان فرمودند آن تعابیر و تفاسیری که شما می کردید با حدیث منقول از حضرت امیرالمؤمنین که می فرماید: "کلما فی العالم فی القرآن و کلما فی القرآن فی الحمد وکلما فی الحمد فی البسمله و کلما فی البسمله فی الباء وکلما فی الباء فی النقطة و انا النقطة تحت الباء" ١٦مغایرت دارد. شیخ عابد متعجب ماند و به تلامیذش گفت ما هیچوقت در این مورد بحث نداشته ایم که تصور کنم این طفل طوطی وار این حدیث را آموخته است و خانواده و اقربای او هم از اهل علم نیستند که ظن ببرم که در خانه از بزرگان فامیلش این داستان را شنیده باشد. لذا با کمال حیرت از حضرت باب پرسید شما این حدیث را از کی آموخته اید؟ در جوابش فرمودند:

" فیض روح القدس ار باز مدد فرماید
دیگران هم بکنند آنچه مسیحا می کرد"

شیخ عابد دست حضرت باب را گرفت و به بیت خال برد و به حاج میرزا سیدعلی (خال اعظم) که در منزل بودند سپرد و گفت این طفل احتیاج به تحصیل در مکتب من ندارد١٧. خال متغیر شدند و حضرت باب را توبیخ کردند و تذکر دادند که بکرات و دفعات تذکر داده شده که حرفهائی را که در خانه می زنید در مکتب نگوئید. در این حال شیخ عابد سفارش کرد که قلب این طفل رقیق و حساس است او را به خود واگذارید.

میرزا ابوالفضائل در ضمن یادداشت هائی که به نقل از خاطرات ملاقاتهایش با حاج سیدجواد کربلائی مرقوم داشته اشاره ای به گفتار شیخ عابد از دوران تلمذ حضرت باب در مکتب او دارد.

ابوالفضائل می نویسد١٨:

"این شیخ که در نظر هست که نام او را شیخ عابد می گفتند ولی در خاطر نمانده است که از که شنیدم مرحوم حاجی سید جواد از او در صباوت حضرت اعلی و مراتب نورانیت و متانت و جمال و وقار آن حضرت حکایت ها می نمود. از جمله می فرمود: حالات آن حضرت به وجهی به کودکان شباهت نداشت و به لهو و بازی مایل نبود و جز به درس و مشق در مکتب به امر دیگر مشغول نمی شد. گاهی صبح ها دیرتر به مکتب می آمد و چون حاضر می شد می گفتم چرا دیر آمدی چیزی نمی گفت چند بار بعض همدرسان او را فرستادم او را بیاورند که از وقت درس تعویق

ـیفتد چون می‌آمدند از آن تلمیذ پرسیدم او را به چه کار مشغول دیدی گفت دیدم ـدر زاویه تالار نماز می‌خواند. روزی از خانه آمد پرسیدم کجا بودی آهسته زیر لب گفت خانه جدم بودم چون صبح ها غالباً دیر می‌آمد و معلوم شد کاری جز صلاة ندارد به او گفتم تو کودک نه ساله یا ده ساله هستی و هنوز به بلوغ نرسیده‌ای و به تکالیف مکلّف نیستی برای چه اینهمه نماز می‌خوانی؟ باز آهسته فرمود می‌خواهم مثل جدم بشوم و من امثال این عبارات را حمل بر سادگی کودکان می‌نمودم."

در دنباله این حکایت باز میرزا ابوالفضائل می‌نویسد۱۹:

"و مثل این حکایت را مرحوم آقا سیدمحمد شیرازی که در سرای امیر در طهران سالها سکونت داشت و به شغل صحافی مشغول بود و بیتشان در جوار بیت نقطه اولی بود از شیخ معلم حکایت می‌کرد، می‌فرمود در غالب ایام اعتدال هوا عادت تلامذه این بود که هر هفته یکی از ایشان استاد و تلامیذ را در یوم جمعه برای تفرّج دعوت می‌نمودند صبح می‌رفتند و غروب مراجعت می‌کردند. شیخ معلم گفته بود که در چنین اوقات که غالباً کودکان در باغ جز به تفرّج و بازی اشتغال نمی‌جستند آن حضرت غالباً ایشان را غافل ساخته از آنها کناره می‌گرفت چون از آن حضرت جستجو می‌نمودند می‌دیدند در جای خلوتی در سایه درختان به نماز مشغول است."

شیخ عابد که با هدایت و راهنمائی حضرت وحید و حاج سید جواد به حضرت باب ایمان آورد، شرحی از ایام کودکی آن حضرت یعنی هنگامی که تحت تعلیم او بوده‌اند مرقوم داشته که در خانواده او موجود است ولی اعقاب شیخ نامبرده بواسطه تعصبی که نسبت به دیانت بهائی دارند از ابراز و ارائه آن تابحال خودداری کرده‌اند.

حاج محمد حسن مختاری، یکی از نواده‌های شیخ عابد، از تجار معتبر و خوشنام شیراز و مردی باوقار و تمکین بود. وی که با والد نگارنده ارتباط و دوستی نزدیک داشت بنا به درخواست مشارالیه به منظور شناسائی محل قبر شیخ، مرحوم والد و این جانب را در زیارت قبر شیخ همراهی نمود.

کار و تجارت

سنین عمر حضرت باب بر ده سالی۲۰ بالغ شده بود که مکتب شیخ عابد را ترک گفتند و در شیراز به حجره حاج میرزاسیدعلی (خال اعظم) رفته در زیر نظر ایشان مشغول به کار شدند.

در اوایل شروع به کار حاجی میرزا محمدحسین جد مادری حضرت باب هنوز در قید حیات بود و امور تجاری اولادهای خود را تمشیت می‌داد. بعد از وفات وی در سال ۱۲۵۰ هجری قمری پسرانش در شیراز مجتمع شدند تا ترتیبی در امور

تجارت خویش بدهند.

حاجی میرزا سیدمحمد (خال اکبر) از بوشهر و حاجی میرزا حسنعلی (خال اصغر) از یزد به شیراز آمدند و در نتیجه مشاوره، مذاکرات آنها به اینجا انجامید که هرکدام به محل سابق خود مراجعت کنند و بر همان نهج که در ایام پدرشان معمول بوده متفقاً و مشترکاً به تجارت بپردازند. بنابراین حاجی میرزا سیدمحمد در بوشهر و حاجی میرزا حسنعلی در یزد و حاجی میرزا سیدعلی در شیراز استقرار جستند.

حاجی میرزا سیدحسن عموزاده آنها که در آن وقت در ریعان شباب و جوانی بود و بعدها به افنان کبیر ملقب گردید و در بوشهر با حاجی میرزا سیدمحمد کار می‌کرد، به سرپرستی شعبه‌ای از تجارتخانه آنها به اصفهان رفت.

حضرت باب در حدود پانزده سالی از عمرشان گذشته بود که به همراهی حاجی میرزا سیدمحمد به بوشهر رفتند و در کار تجارت در حدود سرمایه‌ای که از پدرشان به ارث رسیده بود با خال خویش شریک شدند. مدّت توقف حضرت باب در بوشهر به حدود پنج سال رسید که دو سالی از آن را با خال و بقیه را مستقلاً مشغول تجارت بودند.

حضرت باب در قسمتی از مناجاتی که در سن سی سالگی از قلم اعلی نازل شده است به شرح زندگانی خود با مضمونی به صورت زیر چنین اشاره می‌فرمایند۲۱:

" خدایا تو شاهدی که از زمان ولادتم تا سن پانزده سالگی در شیراز اقامت داشته و پس از آن در بندر بوشهر سکنی گرفتم و ضمن اشتغال به امر تجارت از نعمای الهی نیز مرزوق بودم. بعد از این مدّت یک سال را در اراضی مقدسهٔ عتبات عالیات گذرانده و سپس به شیراز برگشتم. در سن بیست و پنج سالگی به عزم زیارت مکه مکرمه و اجرای مناسک حج به آن شهر مقدّس رفته و مدت یک سال در آن حدود زیستم و مجدداً به شیراز مراجعت کردم و از شیراز به اصفهان عزیمت نموده شش ماه از ایام حیات خود را در آن شهر گذرانده و از آنجا به جبل اول (ماکو) تبعید و مدت هفت ماه در آن مکان مسجون بوده‌ام؛ و پس از اتمام دوره سجن ماکو به چهریق (جبل شدید) انتقال یافته‌ام."

حضرت باب پس از تذکر این نکات به حمد و ستایش خداوند یکتا پرداخته می‌فرمایند: در کل حین و قبل حین و بعد حین۲۲ ترا شکر می‌گویم بر هرچه خواستی و هرچه بخواهی و هرچه خواهی خواست."

کالاهای وارداتی و صادراتی که در امر تجارت مورد توجه حضرت باب قرار داشته همه از اجناسی بوده‌اند که به صورتی در زندگی حیاتی مردم نافع بوده است. حضرت باب از تجارت کالاهائی که به ترتیبی سوء استفاده از آنها ممکن بوده است

حجرهٔ محلّ تجارت حضرت باب در بوشهر

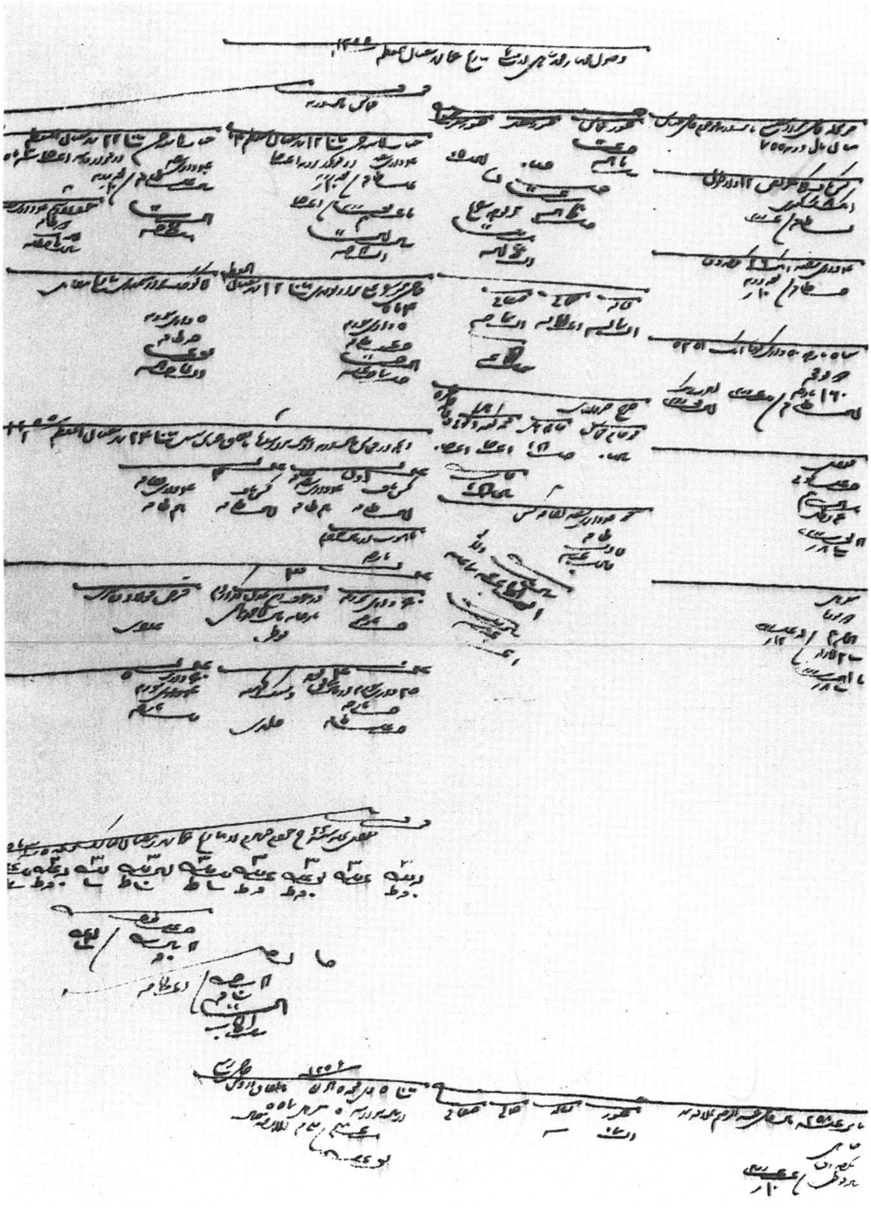

نمونه‌ای از محاسبات تجاری حضرت باب (به خطّ سیاق)

بکلی احتراز داشته‌اند. در هیچ یک از مدارک و صورتحساب های باقی مانده دیده نشده است که فی‌المثل تجارت اسلحه که در آن وقت در ایران رواج داشته است انجام گرفته باشد و یا اینکه در خرید و فروش تریاک و سایر مواد مضره مداخلتی نموده باشند. حتی از تجارت بعضی از امتعه مثل انقوزه و پوست گوسفند که روائح کریهه از آنها استشمام می‌شده است بکلی امتناع می‌ورزیده‌اند، در حالی که تجارت انقوزه در آن روزگار در هندوستان بازار خوبی داشته است.

مال التجاره وارداتی ایشان از هندوستان عبارت بوده است از شکر، چای، قلع، نیل، و ادویه؛ و نیز منسوجات مختلفه از قبیل انواع پارچه های قلمکار برای پرده، لباس زنانه، سفره و امثالهم و همچنین انواع ترمه، زری و پارچه های زربفت؛ بعلاوه پارچه های انگلیسی مثل ماهوت که از طریق هندوستان به ایران می‌آمده و مورد معامله قرار می‌گرفته است یا پارچه های نخی به اسم چیت و جاندانی. اجناس صادراتی عبارت بوده است از گل خشک و گلاب که غالباً در میمند بوسیله حاجی لطفعلی میمندی تهیّه می‌شده است و همچنین فرش و خشکبار مثل مغز بادام و کشمش. علاوه بر آن در بعضی موارد در خرید و فروش اشرفی و مسکوکات طلا نیز دست داشته‌اند.

طرفهای تجارتی حضرت باب چه در هندوستان و چه در ایران همه از طبقه محترمین تجار و به حسن شهرت و صحت عمل زبانزد خلق بوده‌اند؛ از جمله طایفه نمازی و دهدشتی در هندوستان و خالوهای ایشان در ایران. بطوری که از بعضی صورتحساب های باقی مانده مستفاد می‌گردد حضرت باب با تجاری در یزد، اصفهان، کاشان، قزوین و طهران طرف معامله بوده‌اند و همچنین در بعضی اوقات اجناس وارداتی از هندوستان را در بوشهر به فروش می‌رسانده‌اند.

والد نگارنده این سطور ضمن یادداشت هائی۲۳ که از ایّام تشرفش به حضور حضرت عبدالبهاء نموده و نیز در شرح دیداری که با میرزا ابوالفضل گلپایگانی در قاهره داشته است به دو موضوع در این باب اشاره می‌نماید:

اول ـ "در سفری از اسفار که این عبد به ساحت اقدس حضرت عبدالبهاء مشرف بودم به مناسبتی ذکر ایّام توقف و تجارت حضرت اعلی روح ماسواه فداه را در بوشهر می‌فرمودند، فرمودند حضرت اعلی در ایّام توقفشان در بوشهر کارهای غریب می‌کردند و شالوده بیحسابی مردم را بکلی خراب کردند مثلاً تجار بوشهری رسمی داشتند که بعد از ختم هر معامله‌ای در وقت رد و بدل وجه قبض تخفیف می‌خواستند و آن را "دَبِه" می‌گفتند و مبلغی از فروشنده کالا می‌گرفتند. آمدند خدمت حضرت معامله نیلی کردند و مبلغ گزافی خرید کردند پس از ختم معامله که نیل ها را به حجره خودشان انتقال دادند نوبت به پرداخت وجه شد. آمدند دبه نمایند

حضرت قبول نفرمودند و فرمودند معامله کرده‌اید صیغه خوانده‌اید عمل تمام شده و من تخفیف نمی‌دهم اصرار کردند فرمودند مطلب همان است که گفتم، گفتند رسم مملکت است فرمودند خیلی از این رسوم غلط عنقریب تغییر می‌کند. آنچه اصرار کردند قبول نفرمودند تجار باز اصرار کردند فرمودند اگر تنخواه گران است پس بدهید. عرض کردند این دبه و تخفیف رسم این شهر است فرمودند می‌خواهم این رسم را موقوف کنم. عرض کردند جنس خریده شده و حمل به حجره ما شده اگر عودت داده شود اسباب بی‌اعتباری ما فراهم خواهد شد. فرمودند مختارید قبول کنید و دبه ننمائید. باز عرض کردند رسم مملکت است فرمودند این رسم را موقوف می‌کنم.

حضرت عبدالبهاء فرمودند نیل ها را فرستادند آوردند و دبه آنها را قبول نکردند و خیلی از آداب سخیفه آنها را در ایّام تجارت بوشهر ترک دادند. بعد فرمودند طولی نکشید یکی از خالوهای مبارک آمدند بوشهر همان تجار آمدند به خالوی حضرت شکایت کردند که اعتبار ما را فلانی زائل کرد معامله کردیم تخفیف خواستیم قبول نکردند و مال‌التجاره را از حجره ما عودت دادند و این فقره برای تجار وهن بزرگ است شما ایشان را نصیحت کنید که چرا به میل مردم راه نمی روند و رسم معمول را بهم می‌زنند. خال مبارک به حضرت اعلی فرمودند رعایت احوال مردم و رسوم بلدی را بفرمائید. فرمودند حالا هم هرگاه بخواهند معامله کنند و بعد دبه نمایند باز قبول نخواهم کرد. باری آن روز روز خوشی بود حضرت عبدالبهاء ارواح العالمین له الفداء خیلی تبسم فرمودند و مکرر فرمودند که حضرت اعلی قبل از اظهار امر فرمودند خیلی آداب را تغییر خواهم داد."

دوم- از قول میرزا ابوالفضل گلپایگانی می نویسد:

"از جمله حضرت ابوالفضائل اوقاتی که مصر تشریف داشتند و مشغول تألیف کتاب فرائد بودند روزی مذاکره وقایع قبل از اظهار امر و ایّام تجارت حضرت اعلی روح ماسواه فداه را می‌فرمودند و برای این عبد حکایت کردند که خودم از مرحوم حاجی سیدجواد کربلائی شنیدم که فرمودند اوقاتی که حضرت در بوشهر مشغول تجارت بودند من بواسطه آشنائی و دوستی و رفاقتی که با خالوهای ایشان داشتم هروقت به بوشهر یا شیراز می‌رفتم محل سکونت را در منزل آنها قرار می‌دادم. روزی مرحوم حاج میرزا سیدمحمد خال به من فرمودند خواهش دارم شما قدری نصیحت به همشیره‌زاده بفرمائید که پاره‌ای مطالب ننویسند و نگویند که اسباب حسد بعضی مردم بشود چون نمی‌توانند ببینند از جوان تاجر عامی اینگونه بروزات ظاهر می‌شود اسباب حقد و حسد آنها می‌گردد. خیلی اصرار کردند که من ایشان را نصیحت کنم بالأخره جواب ایشان را گفتم عوالم لاهوتی ایشان از عوالم ناسوتی ما خارج است.

پری رو تاب مستوری ندارد در ار بندی سر از روزن برآرد"

قصد عزیمت به اعتاب مقدّسه

حضرت باب در سال ۱۲۵۷ هجری قمری بعد از اینکه طول اقامتشان در بوشهر نزدیک به پنج سال متوالی رسید، به منظور زیارت اعتاب مقدّسه در عراق مصمم به ترک این شهر گردیدند ولی قبل از هرکار جمیع محاسبات شخصی و ابوابجمعی را با هرکس و از هر لحاظ که داشتند مفروغ ساخته و سپس مرفه و فارغ البال قصد و نیّت خودشان را به شیراز مرقوم فرمودند. چون در آن اوقات حاجی میرزا سید محمد (خال اکبر) در شیراز می‌زیستند و تمشیت امور حجره و کارهای تجاری ایشان در بوشهر به عهده حضرت باب بود، حضرت باب از ایشان خواهش نمودند که برای رتق و فتق کارهای تجاری خود به بوشهر معاودت نمایند.

در آن زمان برای خال اکبر مسافرت از شیراز به دو لحاظ میسر نبود اوّل گرفتاری های شغلی و کار ساختمان منزلی که در دست بنا داشتند و دوم ناامنی و اغتشاش راهها و شوارع بطوری که عمال دولت از عهده حفظ نظم و آرامش راهها برنمی‌آمدند و مخصوصاً راه بوشهر از دست راهزنان در امان نبود۲۴. از اینرو خال اکبر از حضرت باب خواستند که مسافرتشان را به عراق به تأخیر بیاندازند تا موانع رفع شود و ایشان بتوانند به بوشهر بروند اما حضرت باب این خواهش را نپذیرفتند و در ماه ربیع‌الاول سال ۱۲۵۷ هجری قمری عازم عراق گردیدند.

از جمله مکاتیبی که از آن ایّام باقی است مکتوبی است به خط حاجی محمدعلی تاجر خاله‌زاده والده حضرت باب. مشارالیه در ضمن اندرزگوئی و صلاح اندیشی لب به نصیحت گشوده به این معنی که اگر چه زیارت اعتاب مقدّسه و تشرف به اماکن متبرکه از آمال و آرزوهای قلبی هر مسلمانی است که به آن فخر و شرف متباهی گردد ولی چون مدّت سفر شما بطول انجامیده و قلب والده شما از این حرمان و هجران سخت متأثر و محزون است اگر برای تسلی خاطر والده در حال حاضر از این مسافرت صرف نظر فرمائید و به شیراز بیائید و موجب تسلیت خاطر و رضای قلبی ایشان شوید اجر این اقدام کمتر از زیارت نیست و برای زیارت اعتاب مقدّسه می‌توانید بعد از حصول ملاقات و دیدار والده و بستگان اقدام نموده و به زیارت کربلا هم مشرف شوید و در آخر نامه تذکر می‌دهد که اگر فی‌الواقع تصمیم به زیارت اعتاب مقدّسه دارید و از عزیمت به شیراز فعلاً منصرف شده‌اید اطلاع دهید تا من هم به بوشهر بیایم و به همراهی شما مشرف شوم.

حضرت باب به این مطالب توجه ننمودند و به خال اکبر مرقوم فرمودند که میقات سفر من فرا رسیده و ناگزیر از مسافرتم. کلید حجره و انبار به دالان‌دار

سپرده شده که تقدیم کند و جمیع محاسبات مفروغ است یکی از شما خالها به بوشهر بیایند و دنباله کارها را بگیرند.

عزیمت به کربلا

وقتی مکتوب حضرت باب مشعر بر عزیمتشان به کربلا به شیراز رسید خالهای حضرت باب علی‌الخصوص حاج میرزا سیدمحمد خال اکبر که مسئولیّت کارهای تجارتخانه بوشهر را به عهده داشت بسیار مشوش و پریشان خاطر گردید و لب به اعتراض گشود و بهر نهج که بود حاجی میرزا سیدعلی (خال اعظم) برادر خود را عاجلاً روانه بوشهر ساخت تا درب حجره را بگشاید و به رتق و فتق امور بپردازد تا موجبی پیش نیاید که سلب اعتبار از آنها بشود.

حاج میرزا سیدعلی در فصل تابستان به بوشهر رفت و بعد از رسیدگی به امور جاری برادرش را مطمئن ساخت که در هیچ موردی جای نگرانی نیست و امور بر محور مطلوب جاری می‌باشد.

مادر حضرت باب که بیش از این تحمل مفارقت و دوری از فرزند خود را نداشت و بیشتر بیم و هراسش از این بود که مبادا مسافرت حضرت باب به کربلا به طول انجامد و در آنجا مشغول تحصیل شوند و وی را مهجور و محروم در شیراز باقی گذارند با اصرار تمام از برادر خود خواست که به کربلا برود و حضرت باب را به شیراز عودت دهد.

از سرگذشت و چگونگی زندگی حضرت باب در مدّت توقف در کربلا اطلاعات کامل و کافی در دست نیست و مکاتیب و مراسلاتی هم از آن اوقات باقی نمانده است که بتوان بر اساس آنها قضاوت نمود. آنچه در دست است اشاره‌ای است که نبیل زرندی۲۵ از قول شیخ حسن زنوزی نقل کرده می‌نویسد:

شیخ حسن تعریف کرد که "پیوسته به خدمت سید مشغول بودم و نهایت تعلق را به او داشتم. یک روز صبح زود ملانوروز که از گماشتگان سید بود مرا از خواب بیدار کرد و گفت دنبال من بیا. من برخاستم و باهم به منزل سید کاظم رفتیم. سید را دیدم لباس‌های خود را پوشیده و عبا به دوش افکنده مثل اینکه می‌خواهد به محلی برود. به من فرمود شخص بزرگواری وارد شده می‌خواهم با تو به دیدن او برویم. هوا متدرجاً روشن می‌شد. به راه افتادیم از کوچه های کربلا گذر کردیم تا به منزلی رسیدیم. جوانی دم در ایستاده بود عمامه سبزی بر سر داشت و چندان آثار لطف و تواضع در سیمای او آشکار بود که به وصف نیاید مثل اینکه انتظار ما را می‌کشید. چون نزدیک شدیم با کمال وقار به طرف ما آمد سید را در آغوش کشید و نهایت محبت و لطف را نسبت به او ابراز فرمود. سید کاظم هم نهایت احترام را

نسبت به آن جوان مراعات کرد. در مقابل او ساکت ایستاده بود و سر بزیر افکنده وارد منزل شدیم از پله ها بالا رفته به اطاقی ورود نمودیم که مقداری گلهای خوشبو در آن موجود و هوا را معطّر نموده بود. جوان ما را به نشستن دعوت کرد سرا پای ما را سرور و نشاط گرفته بود. در وسط اطاق ظرفی مملو از شربت بود و لیوان نقره‌ای پهلوی آن ظرف گذاشته بودند. جوان میزبان لیوان را پر از شربت کرد و به سید کاظم عنایت کرد و فرمود: "وسقاهم ربهم شراباً طهورا".٢٦ سیّد ظرف شربت را از دست جوان گرفت و تا آخرین جرعه سرکشید و چنان سروری در چهره‌اش ظاهر شد که وصف آن ممکن نیست.

میزبان جوان ظرفی از شربت به من عطا فرمود ولی بیانی نفرمود. مذاکرات بین سید و جوان مزبور مدّتی جریان داشت و جوان پیوسته با آیات قرآن جواب سید را می‌فرمود و پس از زمانی برخاستیم. میزبان تا دم در ما را مشایعت کرد و نهایت احترام را نسبت به ما مراعات نمود."

مسیو نیکلای فرانسوی٢٧ داستان ملاقات ملاصادق مقدّس٢٨ را با حضرت باب به این مضمون تعریف می‌کند:

یک روز من وارد روضه سیدالشهداء شدم جوانی را دیدم که در افکار عمیقه غرق شده وضع رفتار و حالت تقدّس و اشکهائی که صادقانه از دو گونه‌اش جاری بود بی‌اختیار مرا مجذوب ساخت و به طرف او رفتم ولی چون میل نداشتم که او را از مراسم عبادت باز دارم در گوشه‌ای نشستم و منتظر خاتمه اوراد و ادعیه او شدم. هرقدر بیشتر متوجه او می‌شدم بیشتر مجذوب حالت حجب و حیای او می‌گردیدم مثل این بود که از او چیزی استنباط می‌کردم که نمی‌توانم آن را بیان کنم.

بالأخره بعد از ختم دعا از روضه سیدالشهداء به صحن آمد. در آن روز من نتوانستم به دنبال او بروم و قصد کردم که روز بعد در همین ساعت مشرف شوم شاید بتوانم آرامش در قلب خود احساس کنم و با او به صحبت بپردازم. روز بعد در همان ساعت به روضه سیدالشهداء آمدم و چنانکه امیدوار بودم او را در همان حال دیدم که در افکار خود غوطه‌ور است. اثری که از ملاقات امروز در قلب خود احساس کردم بیش از روز قبل بود باز منتظر شدم تا ادعیه و مناجاتش تمام شد به طرف او رفتم گفتم اجازه بدهید با شما صحبتی بدارم با اشاره سر امتناع از صحبت کرد.

با تأسف از ضریح مقدّس بیرون آمدم و همینکه چند قدمی دور شدم به طرف من آمد و معذرت خواست که به سئوال من جواب نداده است و اظهار داشت مقام مقدّس جای توجه است و من از خود بیخود بودم و طوری با خوشروئی و ملاطفت این مطلب را بیان نمود که مرا بی‌اختیار مجذوب و مفتون خودش نمود و کدورتی

که چند لحظه قبل در قلب من از او ایجاد شده بود رفع گردید.

من از او خواهش کردم که روز جمعه به منزل من بیاید و علاوه کردم که در آن روز معلم ما سید کاظم نیز من را مفتخر خواهد ساخت و بسیار خرسند می‌شوم که شما هم حضور بهم رسانید و از حضور او استفاده کنید. جواب داد این کمال سعادت است که کسی در حضور برترین بنده خدا حضور بهم رساند.

ملاقات من با سیّد باب روز سه‌شنبه بود و روز جمعه سید کاظم به منزل من آمد و بر حسب معمول تمام شاگردانش با او همراه بودند. روضه‌خوانی شروع شده بود اوّل ملاباقر به منبر رفت و وعظ کرد. بعد از او ملاحسین بشرویه‌ای راجع به شهادت امام حسین صحبت می‌کرد که سیّد علی‌محمد وارد شد. به محض ورود، سیّد کاظم جلو پای او بلند شد و تمام حضار مجلس هم به پیروی از او از جای خود بلند شدند و من خیلی متعجب شدم و تمام اهل مجلس نیز از این احترام متحیر گردیدند، چون عادت استاد ما بر این بود که در وقت وعظ و روضه به اشخاص محترمی هم که وارد می‌شدند، اعتنائی نمی‌نمود.

ملاحسین نیز از این پیش‌آمد غیر منتظر در بالای منبر مبهوت ماند و سخن خودش را قطع کرد و سیّد جوان مثل اینکه ابداً توجهی به این امور نداشت دم در ورودی مجلس بر زمین نشست. سیّد کاظم خواهش کرد که بالاتر جالس شود ولی او نپذیرفت. بعد از اینکه هرکس بجای خود نشست، سیّد کاظم از ملاحسین خواست که از اشعار شیخ احمد احسائی بخواند؛ ملاحسین شروع به خواندن کرد و آن سیّد جوان از استماع آن اشعار بطوری منقلب شد و گریست که تمام اهل مجلس از گریه او به گریه افتادند.

بعد از خاتمه روضه‌خوانی برای حضار چای و شربت آوردند ولی آن جوان از آشامیدن آنها امتناع کرد.

بالأخره سیدکاظم برای رفتن به خانه‌اش از جا برخاست و جمعیّت هم با او رفتند. من ماندم و آن سیّد جوان شیرازی از او خواهش کردم که بالاتر جالس شود او برخاست و به جای سیدکاظم نشست؛ صحبت من با او به طول انجامید زیرا مایل بودم او را به سلک شیخیه دعوت کنم و کوشش زیاد می‌کردم که او اصول و عقاید شیخ احمد و سیّد کاظم را بپذیرد ولی او به همه گوش می‌کرد و یک کلمه جواب نمی‌داد. وی بعد از مدّتی با من وداع کرد و رفت. بعد از سه روز باز او را در ضریح امام حسین دیدم این مرتبه او در صحبت سبقت گرفت و گفت خالوی من به تازگی وارد شده‌اند آیا شما مایل هستید از ایشان ملاقات نمائید؟ به موجب دعوتی که کرده بودند طرف عصر به منزل او رفتم؛ جمعیّت زیادی از شیرازی ها به ملاقات آمده بودند. حاج میرزا سیّدعلی (خال اعظم) من را پهلوی خود نشانید و

خواهرزاده اش (سیّد جوان) در کنار سماور نشسته به میهمانان چای می داد.

در ضمن صحبت با حاج میرزا سیّدعلی دستگیرم شد که او برای زیارت اعتاب مقدّسه و بردن خواهرزاده اش به شیراز به کربلا آمده است.

من از آن جوان که دارای آن مزایای اخلاقی و طهارت نفس و پاکی قلب بود و تمام صفات عالی و کمالات انسانی را در خود جمع داشت تعریف و تمجید بسیار کردم. حاج میرزا سیدعلی جواب داد: فی الواقع او قابل تمجید و لایق تحسین است ولی مطلبی که تاحدی ما را مأیوس ساخته است این است که او با همه فضایلی که دارد از تحصیل امتناع می ورزد و چون مدتی است که در اینجا مقیم شده آمده ام تا او را به شیراز مراجعت دهم.

چون من علاقه مفرطی داشتم که این جوان را به طریقه شیخیه هدایت کنم مدّتی با خالویش به صحبت پرداختم و بالأخره به ایشان قول دادم که اگر اورا در کربلا بگذارند متعهد تحصیل او بشوم.

حاج میرزا سیّدعلی در برابر اصرار من بعد از ختم دوره زیارتش منفرداً مراجعت کرد. ولی من نتوانستم فرصتی حاصل کنم که با سیّد جوان وارد مباحثه تدریس بشوم و خودم را ملامت می کردم و فقط یک روز او را سر درس حاج سیّدکاظم ملاقات کردم و بعد از مدّتی خبر شدم که به شیراز رفته است.۲۹

مراجعت از کربلا به شیراز و ازدواج مبارک

حاج میرزا سیدعلی (خال اعظم) هرچه در کربلا کوشید که حضرت باب را راضی به معاودت به شیراز کند موفق نگردید بالاخره متوسّل به حاجی سیدکاظم رشتی شد و از او خواست تا به حضرت باب توصیه کند که برای رضامندی و تسلی خاطر مادرشان به شیراز مراجعت نمایند.

حاج سیدکاظم این کار را کرد و از حضرت باب خواست که به شیراز عودت کنند و تقاضایش مورد قبول و موافقت حضرت باب قرار گرفت.

خال اعظم برای تمشیت امور و کارهای لازمی که در شیراز داشت در حالیکه هنوز حضرت باب در کربلا متوقف بودند به شیراز آمد و از جمله اقداماتش این بود که بیت مبارک را در کوچه شمشیرگرها تعمیر و خرابی های آن را رفع کند و مهیّای ورود حضرت باب نماید.

حضرت باب در ماه ربیع الاول سال ۱۲۵۸ هجری قمری بعد از هفت سال مباعدت و دوری از والده و جده و اقربای خود به شیراز معاودت نمودند.

والد نگارنده این سطور می نویسد جده ام زهرا بیگم (خواهر حرم حضرت باب) چنین تعریف می نمود:

"بعد از دو ماهی که از مراجعت حضرت باب از سفر کربلا گذشت باز زمزمه سفر آغاز کردند و اظهار تمایل به مراجعت به کربلا فرمودند. این قبیل مطالب و اظهارات که گاهگاهی مورد مذاکره بین والده حضرت و ایشان قرار می‌گرفت، مشارالیها را نگران و مضطرب می‌ساخت. مرحومه دختر عمو۳۰ برای اینکه کاری کند که حضرت باب دیگر خیال سفر در سر نپرورانند و در شیراز پابست به زندگی و مشغول کسب و تجارت گردند با عجله و شتاب اسباب مزاوجت حضرت باب را فراهم آوردند و بکرات می‌فرمودند دیگر بیش از این تحمل مفارقت و دوری از حضور ایشان را ندارم. بنابراین، دختر عموی خویش یعنی خواهرم، خدیجه سلطان بیگم را برای فرزندشان نامزد نمودند."

خدیجه سلطان بیگم حرم حضرت باب دختر آقامیرزا علی عموی مادر حضرت باب می‌باشند. مراسم عقد مزاوجت حضرت باب با خدیجه سلطان بیگم در روز جمعه هیجدهم ماه رجب سال هزار و دویست و پنجاه و هشت هجری قمری در منزل حاجی میرزا سیدعلی (خال اعظم) انجام گرفت.

بطوری که در تاریخ حیات خدیجه بیگم مرقوم است بعد از ازدواج تا بعثت و عزیمت حضرت باب به مکه، زندگی آرام و بی‌دغدغه‌ای را پشت سر گذاشته‌اند و حضرت باب در ظرف آن مدّت در امور تجاری مداخلتی نمی‌نمودند و غالب اوقات صبح را در حجره خال در سرای گمرک می‌گذراندند و به تصفیه محاسبات گذشته در ایّام تجارت در بوشهر اشتغال داشتند و عصرها را معمولاً به گشت و گذار در مزارع گود خزینه در شمال و دروازه کازرون در مغرب شهر می‌پرداختند و یا در مجالس وعظ و روضه حضور بهم می‌رسانیدند و ساعات بعد از غروب آفتاب را در منزل به تلاوت نماز و دعا و تحریر مراسلات و محاسبات یومیّه می‌گذرانیدند.

یادداشتها

۱- در مقدمه‌ای که ادوارد براون بر ترجمهٔ "مقالهٔ شخصی سیّاح" نوشته است می‌خوانیم: "یک روز هفت سالی پیش در میان کتابهای کتابخانه دانشگاه کمبریج می‌گشتم که تازه‌ای در بابت عرفان و تصوف پیدا کنم. در آن موقع بیشتر اوقاتم صرف مطالعه آن موضوع می‌گردید در آن میان چشمم به عنوان کتاب کنت گوبینو ادیان و فلسفه‌های آسیای مرکزی افتاد؛ کتاب را برگرفتم و نگاهی کردم تا ببینم در خصوص صوفیه چیزی در آن هست یا نه و چون دریافتم که فصل مختصری در بابت آنان موجود است، کتاب را با خود به اطاقم آوردم. در یک نگاه سطحی که نخست به محتویات آن کتاب کرده بودم معلومم شده بود که قسمت عمده‌ای از این کتاب در بابت بابیه است. در آن موقع از این حزب هیچ اطلاع معینی نداشتم جز اینکه در تحت تعقیب بسیار شدید واقع شده بودند." ادوارد براون در دنباله این مطالب چنین می‌نویسد: "هنگامی که از آن فصل یأس‌آور به قسمتی از کتاب مربوط به نهضت بابیه توجه کردم قضیه را بکلی دگرگون دیدم. هرکس آن شاهکار تاریخ‌نویسی را خوانده و آن کمال تقریر و تحریر تحقیقات صحیح و دقیق را در هیئت روایتی شوق‌انگیز و محرّک ذوق دیده باشد که انسان می‌تواند در طی درام یا قصه‌ای انتظار برخورد با آن را داشته باشد نه در اثر خامه مورخی، حاجت ندارد تأثیری را که در من نمود توصیف نمایم... من مدّتها بود که بسیار آرزوی دیدار ایران به خاصه شیراز را داشتم و آن میل و آرزو اکنون بسیار فزونی گرفت. امّا قبل از آن می‌خواستم شیراز را دیدار کنم از آن جهت که موطن سعدی و حافظ بود و اکنون بدان سبب می‌خواستم به دیدار شیراز نائل گردم که مسقط الرأس میرزا علی محمد باب بود."

۲- بطوری که از مطالب کتاب "یک سال در میان ایرانیان" برمی‌آید در ایّامی که موقرالدوله در لندن تحصیل می‌کرد با ادوارد براون که او نیز دنبال اکمال تحصیلات خودش در زبان فارسی بود آشنا شد و وقتی که براون در هفدهم مارچ ۱۸۸۸ به شیراز رسید به سابقه دوستی و آشنائی به منزل دوست قدیم خود موقرالدوله رفت و از آنجا راه مطالعات و تحقیقات او در باره دیانت بابی و بهائی شروع شد.

۳- در کتاب قیوم الاسماء (تفسیر سوره یوسف)، سورة السّیناء، آیه ۵ راجع به ایّام کودکی خود می‌فرمایند: "ولقد مننّا علیک فی صغرک من امر الله العلیّ اذ کان الحکم فی امّ الکتاب مقضیّاً."

در همان کتاب سورة الاسم آیه ۳۴ نازل شده است:

"وانّی باذن الله فی صغری قد کنت بالحقّ علی نفسی علی الحقّ القویّ علیماً."

و نیز در همان کتاب سورة الاسم آیه ۳۶:

"و ان شاء الله تبيض عيناى عن الحزن فى كبرى و انّى انا الكظيم بالحق على العالمين جميعاً وهوالله قد كان بكل شيئى عليماً."

۴- در کتاب الفهرست شجره خانوادگی خودشان را به این شرح بیان می‌فرمایند:

"قل انّ اسمی محمد بعد کلمة العلی و ان اسم ابی بعد ذکر محمد کلمة الرضا قد کان فی کتاب الله مسطورا وان اسم جدی فی کتاب الله ابراهیم و ان اسم ابیه بعد کلمة نصرالله فی القران کان مکتوبا."

مضمون فارسی: "بگو بدرستی که اسم من محمد بعد از کلمه علی است (علی محمد) و اسم پدرم رضا بعد از کلمه محمد است (محمدرضا) که در کتاب الهی رقم شده است و نیز اسم جدم در کتاب الله ابراهیم است و اسم پدرش بعد از کلمه نصرالله در قرآن نازل گردیده است (فتح الله که اشاره است به آیه نصر من الله و فتح قریب" در سورهٔ فتح)."

و در تفسیر سوره یوسف در سورة القرابه آیات ۱۳،۱۴، ۱۵ خاندان خود را به شرح ذیل تعریف می‌فرمایند:

" قد سمّیت هذا الذّکر فی الاسمین من نفسی علی الحبیبین من عبدی ولقد سمّیت فی العرش جدّه ابراهیم و اباه اسماً من الحبیبین الاوّلین و امّه فاطمة الطّاهرة حتّی یشهد اولو الالباب فی مطلع الاخیار سرّ الانوار من لدن عزیز غفّار الّذی لا اله الاّ هو وانّ الله کان علی کلّ شیئی قدیراً.

"یا اهل العماء فاستمعوا ندائی من لسان الباب هذا الفتی العربیّ الناطق فی السّیناء علی لحن نقطة الثّناء الله لا اله الاّ هو قد اخزنتک من نقطة البدء فی الاصلاب الطّاهرة الزّکیّة الی هذا الیوم نقطة الختم معهودا."

"الله قد اظهر هذا الغلام فی طائفة من النجباء الاطهار حتّی لا یشکّ احدٌ فی امره الحق علی شیئی بالحق الاکبر و ان الله قد کان علی الحق حکیماً و علیماً."

۵- حضرت باب در مقدمه کتاب الفهرست می‌فرمایند:

"قل یا ایّها الملاء ان اسمعوا حکم بقیّة الله من لدن عبده علیّ حکیم و انّه لعبدٌ قد ولد فی یوم اوّل المحرّم من سنة ۱۲۳۵ و ان الان یوم النّصف من شهر المقدم علی شهر الرّجب من سنة ۱۲۶۱ فی کتاب الله لمسطور."

مضمون فارسی: "بگو ای مردم بشنوید حکم بقیة الله را از طرف بنده او که بزرگ و حکیم است و بدرستی که او بنده‌ای است که در روز اول محرم سال ۱۲۳۵ هجری قمری متولد شده و امروز روز پانزدهم ماه مقدم بر ماه رجب، ماه جمادی الثانی، از سال ۱۲۶۱ می‌باشد که در کتاب الهی مسطور گردیده است."

٦- مضمون فارسی: "ای خدای من پدرم به اراده الهی درگذشت و مرا بر کلمه اکبر (اشاره به مقام ظهور خود) هرگز ندید. در مقامی که او با ملائکه عرش مستقر

است امر مرا به او ابلاغ کن و اسم او را در عداد مؤمنین ثبت فرما."
۷- در صفحه ۴۶۵ کتاب آثار عجم تألیف فرصت‌الدوله آمده است:
"قهوه اولیاء در بازار مرغ واقع شده صحنی دارد وسیع اطرافش طاقهاست که در حقیقت مسجد است و در فضایش قبرستان و دو درب دارد و سه مزار از اشخاص بزرگ آنجاست یکی از آنها شیخی است ملقب به اولیاء، در دالان سمت قبله (جنوب) آن مدفون است شرح احوالش را جائی ندیدم ولی بر لوح مزارش چند شعر است که آن را خود چند روز قبل از آنکه وفات یابد گفته و شعر آخر که مشتمل بر تاریخ است این است:

به یک هفته پیش از وفات اولیاء   خودش گفت حشرش بود با رسول"

این محل را سیدنورالدین هاشمی مجتهد متنفذ شیراز خراب کرد و در سال ۱۳۲۶ هجری شمسی محلی به نام بیت‌العباس به اسم مدرسه درست کرد. این بنا در مسیر خیابان حضرتی که به حوالی شاه چراغ می‌رسد قرار دارد.
۸- شرح حال شیخ عابد را از نظر اهمیتی که شیخ در ارتباط با دوران تحصیل حضرت باب دارد در ضمائم آخر کتاب می‌خوانیم.
۹- ملا فتح‌الله همراه با پدر خود ملا مانده علی خادم مسجد وکیل در روزی که حضرت باب را به مسجد وکیل آوردند تا از دعوی خود برائت حاصل کنند به امر مبارک گرویدند و بعدها در واقعه جنگ طبرسی به مقام شهادت رسیدند.
۱۰- تاریخ امری فارس، خطی.
۱۱- مضمون فارسی: "اوست گشایندهٔ دانا."
۱۲- در کتاب آثار عجم صفحه ۵۵۰ می‌نویسد: "جناب آقا محمدکاظم و آقا محمدخلیل و آقا محمدجعفر خلفان مرحوم حاجی محمد ابراهیم اسمعیل بیگ هریک را از کمال نصیبی است. مرحوم والدشان در علوم ادبیه و عربیه سیّما علم هیئت و حساب عدیم العدیل بود و در هندسه بی‌بدیل." "حاجی محمد ابراهیم به سال ۱۲۹۶ در عرض راه مکه معظمه وفات نموده..."
۱۳- در فارسنامه ناصری گفتار دوم صفحه ۷۳ جزء اعیان محله سرباغ شیراز می‌نویسد: "پسر سیّم میرزا عابد است ممهّد قوانین دوانین راقم رقوم بر دفاتر عز و تمکین سلاله اطیاب میرزا محمدرضا حمزوی وزیر و سررشته‌دار مملکت فارس چندین سال در زمان وزارت حاجی میرزا ابوالحسن خان مشیرالملک طاب ثراه به منصب سررشته‌داری مملکت فارس سرافراز و برقرار بود و از سال ۱۲۹۳ تا سال نود و هفت که زمان حکمرانی حضرت اشرف ارفع امجد والا حاجی معتمدالدوله فرهاد میرزا ادام الله بقائه بود، وزارت مستقله مملکت فارس به میرزای معزی الیه مفوض و مرجوع گردید و باحسن وجوه از عهده لوازم شغل وزارت که تحمل سنگینی بار حکومت است

برآمده و اهل مملکت فارس را به چربی زبان و نرمی قلم و مساهله در حواله جات اقساط دیوانی و رسانیدن وظایف و تخفیفات از خود خشنود و خدای تعالی را راضی داشته نیک‌نامی پایدار را گرفت و منصب بی‌ثبات را گذاشت، پس به شغل استیفا قناعت کرده متمسک به حدیث صحیح "کن بین الناس و لاتکن من الناس" (بین مردم باش و از مردم نباش) گشته به طاعات و عبادات و اذکار و اوراد و تلاوت قرآن عمری را به پایان رسانید."

۱۴- تاریخ امری فارس، خطی.

۱۵- کشف‌الغطاء صفحه ۵۶.

۱۶- مضمون فارسی: "هرچه در عالم است در قرآن است و هرچه در قرآن است در سوره الحمد است و هرچه در الحمد است در بسمله است و هرچه در بسمله است در باء است و هرچه در باء است در نقطه است و من نقطه زیر باء هستم."

۱۷- نبیل زرندی می‌نویسد: ' جناب شیخ عابد حکایت کرده است که من یک روز به حضرت باب گفتم جمله اول قرآن را که بسم‌الله الرحمن الرحیم است تلاوت کنند، فرمودند من تا معنی این جمله را ندانم تلاوت نمی‌کنم من اینطور وانمود کردم که معنی آنرا نمی‌دانم فرمودند من معنی آنرا می‌دانم اگر اجازه می‌فرمائید بگویم آنوقت شروع به بیان فرمودند چه بیان عجیبی بود سراپای مرا حیرت فرو گرفت در تفسیر کلمات الله و رحمن و رحیم مطالبی فرمودند که تا آن وقت نمی‌دانستم و از کسی هم نشنیده بودم هنوز شیرینی گفتار آن حضرت در مخیله من موجود است چارهٔ ندیدم جز اینکه ایشان را نزد خال ببرم و سفارش های لازمه را به ایشان بنمایم که در حفظ این امانت جدّیت فراوان به خرج دهند. به جناب خال گفتم من خود را لایق نمی‌دانم که به این طفل درس بدهم. جناب خال تنها بودند کسی آنجا نبود به ایشان گفتم من این طفل را آوردم که به شما بسپارم. این طفل مثل سایرین نیست، من قوه‌ای در این طفل می‌بینم که جز در حضرت صاحب الزمان در سایرین آن قوه نیست لهذا لازم است خیلی توجه کنید بگذارید در منزل بماند زیرا حقیقتاً احتیاج به معلم ندارد، لکن جناب خال به حضرت باب تأکید کردند که به مکتب برگردند و درس بخوانند و با لهجهٔ ملامت آمیزی به حضرت گفتند مگر به شما نصیحت نکردم که مانند سایر اطفال رفتار کنی و به هرچه معلم می‌گوید گوش بدهی. برای مراعات خاطر خال حضرت باب به مکتب مراجعت کردند." مطالع‌الانوار، صفحه ٦۲.

۱۸- کشف الغطاء، صفحات ۸۴-۸۳.

۱۹- کشف الغطاء، صفحه ۸۴.

۲۰- انّ کلّ ما نزل من یدیه شأن ایام قدرته قبل یوم البلوغ فی کتاب الله لمسطور و لمّا تمّ حکم ایام صغره قد اشرک الناس بامره الا ان الحکم لله و العزة لعبده فی

کل الالواح لمکتوب و انّ بعد حکم الرشد قد قضی من سنّه عشر عدة و بعد ذلک قد اَذنَ الله له بحکم المستسرّ لیعلم الناس حکم کلمة الهاء و الواو* بعد رشده و استعدّوا لیوم ظهور اسم الله الحی القیوم الا انّ ذالک لهو السرّ القدیم... (کتاب لفهرست، خطّی)

* حروف "هاء" و "واو" به حساب حروف تهجی رقم ۱۱ است هاء=۵ و واو=٦ است و این اشاره به سن حضرت باب هنگام رفتن به حجره حاجی میرزا سیدعلی خال اعظم است.

۲۱- حضرت باب با اشاره به ایّام تجارت خویش در بوشهر می‌فرمایند: "یا الهی تَعلم انّ من اول یوم الذی قد خلقتنی مِن ماء محبتک الی ان قضی من عمری خمس و عشر سنة لَقَد کُنتُ فی ارض التی قد شهدت علی خلقی علیها ثم قد اصعدتنی علی جزیرة البحر هنالک اتجرت بآلاء مملکتک و ماقد خصّصتنی من جواهر بدایع عنایتک الی اَن قضی خمسة هنالک قد صعدت الی ارض المقدّسة و قد قضی عنّی حولاً هنالک ثم قد رجعتُ الی ارض التی قد شهدت خلقی علیها و استشهدت فواضلک العلیا و مواهبک العظمی هنالک فلک الحمد علی کل آلائک ولک الشکر علی کل نعمائک ثم قد صعدت الی بیتک الحرام فی حول الخامس بعد العشر الثانی و قد قضی عنّی حولاً هنالک ثم رجعتُ الی ارض الاولی الّتی قد شهدت خلقی هنالک ثم قد صبرتُ هنالک فی سبیل محبتک و استشهدت موارد جودک و عنایتک الی ما قدّرت لی الصعود الیک و التهاجر لدیک فخرجت باذنک من هنالک و قد قضی عنی نصف حول علی ارض الصّاد ثمّ سبعة شهر علی جبل الاول الذی قد نزلت علی فیه ما ینبغی لجلال قدس عطائک و علو فضلک و امتنانک ثم هذا سنة الثلثین حیث لتشهدن علیّ علی ذلک الجبل الشدید و قد قضی حولاً یا الهی لاکونن علیها فلک الحمد یا الهی فی کل حین و قبل حین و بعد حین و لک الشکر یا ربی فی کل شأن و قبل شأن و بعد شأن قد تمت آلائک فی حقی و کملت نعمائک فی شأنی و ما شهدت فی حین الا کلّ فضلک واحسانک و جودک و امتنانک وکرمک و ارتفاعک و سلطانک واعزازک ونورک و ابهائک و ماینبغی لبساط قدس قیومیتک و اجلالک و بساط مجد دیمومیتک و ارتفاعک...". برگرفته از کتاب "منتخبات آیات از آثار حضرت نقطه‌اولی"، فصل هفتم (ادعیه و مناجات)، صفحات ۹-۱۲۸، مؤسسه مطبوعات امری، طهران، ۱۳۴ بدیع.

۲۲- اشاره به سئوال حاج سیدکاظم رشتی از شیخ احمد احسائی در یزد است که در بارهٔ تاریخ ظهور موعود پرسش نمود و شیخ جواب داد: حتماً برای این امر وقتی معین است و برای هر بشارتی زمانی مقرر است که در این مورد مجاز نیستم بصراحه بگویم. زود است که بعد از حین خواهی فهمید.

۲۳- یادداشتهای خطّی میرزا حبیب‌الله افنان.
۲۴- فارسنامه ناصری، گفتار اول، صفحات ۹۷-۲۹۶.
۲۵- مطالع الانوار، صفحات ۳۰-۲۹.
۲٦- سیراب می‌کند خدای ایشان، ایشان را از شراب طهور.
27- Nicolas, A.-L.-M
۲۸- در دیانت بهائی از ملا صادق که بعدها لقب "مقدّس خراسانی" گرفت، به نام "اسم الله الاصدق" نیز نام برده می‌شود. (تذکرة الوفا، صفحه ۱۳).
۲۹- نقل به مضمون از کتاب سیّد علی محمّد معروف به باب، صفحات ۱۹٦-۱۹۲.
۳۰- فاطمه بیگم والده حضرت باب.

فصل سوم
بعثت حضرت باب و مقدمات آن

مقدمه

ملاقات ملاحسین بشروئی با حاج سید محمدباقر شفتی[۱] و میرزا عسکری

یکی از مجتهدین نافذالقول و صاحب عنوان ایران حاج سید محمدباقر شفتی گیلانی معروف به حجة الاسلام است که تحصیلات عالیه خود را در کربلا و نجف به پایان رسانید و از مراجع مهم شیعه در عراق جواز اجتهاد گرفت و مقیم و ساکن اصفهان شد.

حجة الاسلام در سال ۱۲۱۷ هجری قمری به اصفهان سفر کرد و تا آخر ایّام حیات که سنین عمرش از هشتاد می‌گذشت در آن شهر سکونت داشت و در همان جا وفات کرد. او در ظرف مدّت چهل و سه سال زعامتی که در اصفهان داشت صاحب ثروت و مکنتی لایق گشت و در عداد متموّلین و ثروتمندان بزرگ آن زمان به حساب آمد. کتابخانه بسیار نفیس و قیمتی او که مشحون از کتب بی‌شبه و نظیر بود معروف است.

حاج سید محمدباقر از نفوسی بود که اجراء حدود شرعی را در غیاب امام زمان وظیفه حاکم شرع و مجتهد من جاز له الحکم[۲] می‌دانست و معروف است که در اجراء حدود شرعی در اصفهان علاوه بر یکصد و بیست نفر را که با دست خود گردن زده است، احکامی نیز مثل تعزیر و سایر تنبیهات صادر کرده است که به حساب نمی‌آید.[۳]

هنگامی که سید شفتی در اصفهان بر وساده عزّت جالس بود شهر اصفهان از مراکز مهمّه علوم اسلامی بشمار می‌آمد زیرا علماء بزرگ دیگری نیز در اصفهان مقیم بودند که صاحب حوزه های درسی بوده و به کار تدریس طلاب اشتغال

داشته اند.

مکتب شیخیه و فلسفه شیخ احمد احسائی در اصول معاد، معراج، مقام ائمه هدی و امثالهم فصل جدیدی از معارف اسلامی بود که با معتقدات شیعه دوازده امامی اختلافات بیّن و بارز داشت و با نظریه بسیاری از علماء که سر و کارشان منحصراً با مسائل فقهی و ظواهر دین بود و در نتیجه مردمانی متصلب و قشری ببار آمده بودند، مغایرت پیدا می کرد و گاه می شد که تصادم افکار به جنجال و هیاهو می کشید؛ چنانچه در احوال شیخ احمد احسائی می خوانیم که در قزوین ملاتقی برغانی او را تکفیر کرد و در مجلس میهمانی حاکم قزوین از او رو برگردانید.

در اوقاتی که شیخ احسائی در ایران بود سفری هم به اصفهان رفت و در آنجا مورد احترام علماء قرار گرفت و با او به حسن سلوک رفتار کردند و آثارش را منتشر نمودند و در مدح و منقبت او سخن گفتند. از جمله اشخاصی که در ابتدا از شیخ احسائی طرفداری کرد و پیروانش را مورد حمایت قرار داد حجة الاسلام بود. او معتقد بود که شیخ به حقیقت ائمه هدی پی برده است ولی در برهه‌ای از زمان بعد از فوت شیخ احمد از حمایت پیروان مکتب شیخیه دست بکشید.

در مورد اعزام ملاحسین بشروئی برای ملاقات و رفع شبهات حاج سیدمحمدباقر حجة الاسلام از طرف حاج سید کاظم رشتی از زبان نبیل زرندی می خوانیم۴:

"خبر وفات شیخ احمد احسائی باعث اندوه شدید سیدکاظم گردید. از طرفی دشمنان با نهایت شدّت متهاجم شده به مخالفت سید قیام نمودند و به استهزاء و توهین وی پرداختند. سید ابراهیم قزوینی که از علمای شیعه بود مردم را به مخالفت سید تحریک می کرد و نفوسی را واداشت تا به قتل سیدکاظم اقدام نمایند. با وجود این سیدکاظم از انجام وصایای استاد خویش باز نماند و چنین اندیشید که اگر یکی دو نفر از علمای بزرگ ایران را با خود مساعد سازد از معاندت اعداء محفوظ خواهد ماند. از جمله در نظر گرفت که حاجی سید محمدباقر رشتی را که در اصفهان اقامت داشت و نافذالقول بود چون با تعالیم شیخ آشنا بود با خویش همراه کند. برای این منظور در صدد برآمد که از میان شاگردان خود شخصی را انتخاب کند و به اصفهان نزد سید بفرستد. روزی به شاگردان خود فرمود آیا در میان شما کسی هست که با نهایت انقطاع به اصفهان سفر کند و پیام مرا به سیّد محمدباقر رشتی برساند و به او از طرف من بگوید با آنکه در دوره شیخ احمد با او همراه بودی و پیروانش را از شر دشمنان محافظه می نمودی چه شد که پس از وفات شیخ دست از مساعدت برداشتی و شاگردان شیخ را اسیر چنگال دشمنان گذاشتی. هریک از شما که قبول این سفر می نماید باید به خداوند متعال توکل کند و اگر عالم مزبور مشکلی

داشته باشد یا برخی مبهمات سبب عدم مساعدت او گردیده مشکلاتش را حل نماید و او را وادار کند که به صحت تعالیم شیخ اقرار کتبی کند و ابراز مساعدت نماید پس از حصول مقصود از اصفهان به مشهد سفر کند و با میرزا عسکری که بزرگترین دانشمند آن سامان است بهمین رویه رفتار نماید و به جلب مساعدت او هم بپردازد و پس از حصول مرام مراجعت کند.

از میان شاگردان سیدکاظم جز میرزا محیط کرمانی کسی حاضر نشد که این مأموریت مهمّه را به عهده بگیرد. سیدکاظم به او فرمود این دم شیر است به بازی مگیر و چون سایر شاگردان برای این منظور حاضر نشدند سیدکاظم به ملاحسین بشروئی۵ روی آورده فرمودند انجام این مهم منوط به قیام و اقدام تو است. عازم سفر باش و یقین بدان که خداوند منان تو را یاری خواهد کرد و با توفیق همراه و رفیق خواهی بود.

ملاحسین چون این بشنید با نهایت سرور دامن سید ببوسید و قبول مأموریت کرده با انقطاع کامل به جانب اصفهان سفر نمود به محض ورود در شهر بدون اینکه اندک آسایشی کند و گرد سفر از خویش دور نماید یکسر به مجلس درس عالم اصفهان شتافت."

فاضل مازندرانی در باره مسافرت ملاحسین بشروئی به اصفهان و موضوع ملاقاتش با حاج سیدمحمد باقر شفتی می‌نویسد:۶

"چنانکه نوبتی فقهای اصفهان اجماع نموده به مضادت با شیخیه برخاستند و عامه مردم را به مقاومت با آن فئه برانگیختند و نزدیک به آن بود که فتنه عظمی برپا گردد و حاجی سیدمحمد باقر حجة الاسلام مجتهد شهیر مقیم اصفهان که با دست خویش حد شرعی جاری می‌کرد آنان را بدین طریق ساکت و قانع نمود که واقعات مذکور را به حاجی سیدکاظم رئیس الطایفه نویسد تا او خود به اصفهان بیاید و یا دیگری را از جانب خویش مبعوث فرماید و در مجمع فقها صحت عقاید خویش و مطابقتش را با ضروریات مذهب جعفری مدلل سازد. همینکه مکتوب به سید رسید ملاحسین را از کربلا به اصفهان فرستاد و او وحیداً با همان لباس عربی ساده که در بر داشت خود را به اصفهان رسانده در مجامع فقها حاضر شده به نهایت قوّت ایمان و قدرت در فنون علوم و بیان به مناظره و محاجه پرداخت و مباحثات چندی بطول انجامید و در آن ایّام یک روز از هفته را مزدوری نموده معاش یک هفته را فراهم می‌کرد و روزها صائم شده در افطار و سحور قناعت می‌نمود و بالاخره اعتراضات ملاها را بر شیخ و سید جواب گفته همه را ملزم و مفحم ساخت و بین خاص و عام به کثرت علم و فضل و شدّت زهد و ورع اشتهار یافت چندانکه بین انام این سخن متداول شد که آخوندی با پیراهن سرتاسری یعنی پیراهن ساده بلند عربی به اصفهان

آمده کل علماء نامی بلد را مغلوب نمود."

نبیل زرندی در این خصوص چنین نوشت: "که جناب ملاحسین بشرویه در عنفوان جوانی مجلس درس حاج سیدمحمد باقر رشتی را معطل نمود و تا هفت روز در مسائل شیخ اجل احسائی با او گفتگو کرد تا اورا مقر و معترف ساخت و سید محمدباقر گفت که امر بر ما مشتبه شده بود و حق با شما است و بهمین تقریر نوشته پا به مهر از سید گرفته نزد حاجی سید کاظم فرستاد و آن عالم ربانی در بالای منبر ملاحسین را تمجید نمود و اورا مطاع انام و ناصر اسلام خواند و چون فتنه مذکور از اصفهان به خراسان سرایت کرده بود ملاحسین به مشهد شتافته با میرزای عسکری مجتهد متنفذ آنجا نیز مناظره و محاجه کرده غالب آمد و حقیقت مسائل شیخ و سیّد را ثابت نمود."

آگاهی ملاحسین ازصعود حاج سیدکاظم و عزم وی در اجرای وصایای استاد

حاج سیدکاظم رشتی در روز نهم ماه ذی حجه سال ۱۲۵۹ هجری قمری (روز عرفه) به عالم بقا صعود کرد. وی هنگام صعود شصت ساله بود و در کربلا می‌زیست. حضرت باب در مقدمه کتاب تفسیر سوره بقره که قبل از بعثت نازل شده بود، اشاره به خوابی که دیده‌اند فرموده و آن را به صعود سیدرشتی تعبیر می‌فرمایند. مضمون فارسی عبارات نازله از قلم اعلی را در زیر می‌خوانیم۷:

"پاک و مقدّس است خداوندی که احزان را از اقلام ما زدود و با ذکر و ثنا به جنت عدن داخل فرمود. بدرستی که تو می‌دانی در روزی که اراده تحریر این کتاب را نمودم در شب آن روز در عالم رؤیا دیدم که ارض مقدّس (کربلا) به اجزاء خیلی ریز تقسیم شد و به هوا رفت تا اینکه مقابل خانه من فرود آمد و توقف نمود. بعد خبر فوت شخص جلیل دوست و معلمم رحمة الله علیه از آنجا رسید و به تحقیق قبل از شنیدن این خبر بعضی از نفوس را از خوابی که دیده بودم آگاه کردم. صلوات الهی بر او باد. ما از خدا هستیم و به سوی او رجوع می‌کنیم. لا حول و لا قوة الا بالله و حمد و ثنا بر خدای عالمیان باد."

حاج سیدکاظم وقتی درگذشت که هنوز ملاحسین از مسافرتش به اصفهان و مشهد مراجعت نکرده بود. وی در روز اوّل محرم سال ۱۲۶۰ به کربلا رسید و از خبر صعود استادش بسیار محزون و متألم شد و به عزاداری پرداخت.۸ و بعد از انجام مراسم عزاداری درصدد برآمد تا از وصایای حاج سیدکاظم در اواخر ایّام زندگی مستحضر گردد و بداند که زعامت و رهبری پیروان طریقه شیخیه به چه کسی سپرده شده است.

تلامیذ سیّد متّفق القول گفتند که مرحوم سید کسی را به جانشینی خودش

انتخاب نکرد و اظهاراتش این بود که صاحب امر ظاهر خواهدشد و تأکید کرد که پیروان او در کربلا توقف نکنند و به اطراف و اکناف متفرق و منتشر شوند و به دنبال حضرت موعود به هر شهر و دیار سفر کنند و پای مجاهده به میدان طلب گذارند تا صاحب امر را بشناسند و تأکید فرمود که موعود منتظر حی و حاضر و آشکار و ظاهر است باید بکوشید و از خدا بخواهید که پرده اوهام و خرافات را از دیده های شما دور سازد و غشاوه ظنون و شکوک را از ابصار شما مرتفع نماید تا لایق شناسائی او شوید.

ملاحسین که این بیانات را از همقطارهای خود یعنی تلامیذ مرحوم سید شنید گفت پس چرا بیکار نشسته اید و در جستجوی موعود بر نیامده اید و امری به این عظمت را کوچک انگاشته اید؟ آنها در جواب گفتند: ما به قصور و خطای خودمان اعتراف داریم و به شما نهایت اطمینان و اعتماد را داریم حتی اگر شخصاً مدعی مقامی بشوید بی‌چون و چرا اطاعت می‌کنیم. ملاحسین گفت: استغفرالله من در برابر آن مخزن علم الهی غبار راهم و اگر شما به فحوای مطالب و بیانات سید مرحوم آشنائی داشتید هرگز چنین حرفی را به من نمی زدید.

ملاحسین به سراغ ملاحسن گوهر و میرزا محیط کرمانی رفت و آنان را مخاطب ساخت و از آنها پرسید که چرا در اجرای وصایای استادمان تسامح و تغافل روا داشته اید؟ آنها هرکدام به معاذیری متعذر شدند. ملاحسین سایر تلامیذ را تشویق کرد که از پا ننشینند و دست از طلب نکشند تا مقصود را بیابند و خود و برادرش میرزا محمد حسن و خالوزاده اش میرزا محمدباقر از کربلا به کوفه رفتند و در مسجد کوفه معتکف شدند.

ملاحسین مدّت چهل روز در مسجد کوفه به حال مراقبه بود و معتکف گردید. ایّام را به صوم گذراند و لیالی را به دعا و مناجات به درگاه قاضی الحاجات تا آن عقده از برای او مکشوف شود بعد از چهل روز اعتکاف و عبادت به سمت ایران عزیمت نمود.

تقریباً در حدود همین ایام است که حضرت باب در توقیعی خطاب به میرزا محمدعلی حرف حیّ می‌فرمایند: اولین باری که قلب من به الهامات غیبی ملهم گردید و ابواب علم الهی به روی من باز شد در ماه ربیع الاول سال ۱۲۶۰ هجری قمری بود یعنی تقریباً دو ماه قبل از اظهار امر علنی امر مبارک در پنجم جمادی الاولی همان سال. قوله عز شأنه:

"فیا الهی انک لتعلم انّ اول یوم حکمک لی فی الظهور کان فی شهر عین الاول من السنة ۲۶۰ و انّ فی بدء الامر لاما نزل علی فؤادی کلمة بعد من شیئی جری من قلمی کلماتک کمثل فتی یرکب علی فرس القوی و انّ لجامه قد اخذ من

یدیه فمرة یرفعه الی رأس الجبال و مرة ینزله الی ارض الموات بل بعزتک یا الهی اشاهد نفسی فی تلک الایام الماضیة اعظم من ذلک..."

مضمون بیان مبارک چنین است: ای خدای من تو عالمی که اولین بار در ماه ربیع الاول سنه ۱۲۶۰ اراده تو تعلق گرفت که قلب من به الهامات غیبی ملهم گردد. بعد از اینکه وحی الهی بر قلبم حلول کرد همانند سوارکاری که بر اسبی قوی در حرکت باشد زمانی به قلل جبال شامخه باذخه صعود می‌نمودم و گاه از آن ارتفاع بر روی زمین می‌تاختم. قسم به عزّت تو ای خداوند که در آن زمان خود را ارفع و اعظم از این شئون می‌دیدم.

این لوح نسبتاً مفصل شامل اشاراتی است به الهامات غیبی که قبل از اظهار امر به قلب ممرد حضرتش نازل گردیده و سبب شده است که آثاری مثل تفسیر سوره بقره، رساله فاطمیه و ادعیه مخزونه از قلم مبارک در شأن دعوات نازل شود.

عزیمت ملاحسین به شیراز و برخورد او با حضرت باب

هیچ معلوم نیست چه عامل و چه انگیزه‌ای سبب شد تا ملاحسین در پی اجرای وصیت استادش و تحقق بخشیدن به آمالی که در دل داشت راه شیراز را پیش گیرد. در کتاب ظهورالحق به نقل از فاضل هشترودی در کتاب ابواب الهدی آمده است که چون ملاحسین، ملاحسن گوهر را در کربلا لایق جانشینی سیدکاظم تشخیص نداد و خودش را از هر لحاظ اعلم و ازهد و اتقی از او مشاهده کرد به خیال ملاقات حاج محمدکریم خان کرمانی در کرمان که داعیه جانشینی سیدکاظم رشتی را داشت افتاد و در طریق مسافرت به کرمان به شیراز رسید و حضرت باب را ملاقات کرد.

آنچه مسلم و غیر قابل انکار است این است که اراده غالبه و مشیت حاکمه الهیه بر این جاری شده بود که ملاحسین به شیراز برسد و در آن شهر مقصود خود را بیابد.

در نحوه اولین برخورد ملاحسین با حضرت باب در شیراز دو یا سه روایت مختلف ذکر شده است؛ از همه معتبرتر شرحی است که ملامحمد نبیل زرندی از قول آقا میرزا احمد شهید (ملا عبدالکریم قزوینی) در کتاب تاریخ ممتع و جامع خود با مضمونی به صورت زیر نقل می‌نماید:

همینکه ملاحسین دوره اعتکافش در مسجد کوفه به پایان رسید به همراهی دو نفر از بستگانش از مسجد کوفه خارج شدند و شبانه از کربلا گذشتند و بعد از زیارت روضه امیرالمؤمنین علیه السلام در نجف مستقیماً با کشتی از راه دریا عازم بوشهر شدند.

او در راهی که آرزوی قلبش بود قدم برداشت و در بوشهر روائح مسکیه محبوبش را استشمام نمود که سالها در آنجا تجارت می‌فرمود. روائح قدسیه که از انفاس مقدس محبوبش در فضای آن شهر منتشر بود مشام جانش را معطر می‌ساخت. مع الوصف در بوشهر به انتظار نایستاد و مثل این بود که قوهٔ نهانی او را به سمت شیراز جذب می‌کرد. در هنگام ورود به شیراز برادر و خالوزاده‌اش را به مسجد ایلخانی فرستاد و به آنها گفت در آنجا توقف کنند و او برای اداء نماز عصر به آنها ملحق خواهد شد.

هنوز چند ساعتی به غروب مانده بود و ملاحسین در خارج دروازه۹ شهر قدم می‌زد که ناگاه چشمش به جوانی افتاد که سیمائی نورانی داشت و عمامه سبزی بر سرش بود پیش آمد و سلام کرد و با خوشروئی زائد الوصفی مقدم او را به شیراز تهنیت گفت. او ملاحسین را با چنان محبتی در آغوش کشید که گفتی عمری با هم دوست بوده‌اند. ملاحسین از ابتدا تصور می‌کرد که شاید یکی از تلامیذ سیدرشتی باشد که خبر ورود او را به شیراز دریافت داشته و به استقبالش آمده است. آقامیرزا احمد قزوینی شهید که به دفعات داستان ملاقات ملاحسین را با حضرت باب از لسان خود او شنیده است برای من (نبیل) حکایت کرد:

"جوانی را که در خارج دروازه شیراز ملاقات کردم، مرا غرق دریای مهر و محبت خود ساخت و با گرمی از من دعوت کرد که به خانه‌اش بروم و آنجا بیاسایم و رنج سفر را از خود دور کنم. من متعذر شدم که همراهانم ترتیب منزل و محل سکونتم را در شهر داده‌اند و به انتظار مراجعتم هستند. او فرمود آنها را به حفظ الهی بسپار؛ خداوند نگاهدار و نگاهبان آنها است. در حالی که این بیانات را می‌فرمود امر کرد که به دنبالش روان شوم. من که عمیقاً تحت تأثیر نزاکت و حسن رفتار آن جوان ناآشنا قرار گرفته بودم به دنبالش به راه افتادم و از طرز مشی و ملاحت گفتار و شکوه و وقار و نجابتش در آن دیدار غیر منتظره به حیرت بودم.

بزودی ما به در خانه‌ای رسیدیم که آثار سادگی از آن نمایان بود. او دق الباب کرد و غلامی حبشی در را گشود. در حین ورود به خانه فرمود: "ادخلوها بسلام آمنین"۱۰ و فرمود به دنبالش بروم. من تلاوت آن آیه را در حین ورود به اولین خانه‌ای که در شیراز وارد می‌شدم به فال نیک گرفتم.

هوای لطیف این شهر در وجودم اثری ناگفتنی داشت و با خود می‌اندیشیدم که آیا ممکن است در این شهر به مقصود خود برسم؟ این افکار و خیالات من را مشغول می‌داشت از وقتی که وارد این خانه شدم و به دنبال میزبانم به اطاقی که هدایتم فرمود رفتم سرور و خوشحالی زائدالوصفی در من ایجاد شد. ما جالس شدیم و او دستور داد تا آفتابه لگن آوردند تا دست و پایم را از گرد و غبار راه بشویم.

من از حضورش استدعا کردم که اجازه فرماید برای آن کار به اطاق مجاور بروم ولی او نپذیرفت و شخصاً آب ریخت تا دست و پایم را شستم؛ بعد دستور داد شربت آوردند و سپس سماور خواست و شخصاً چای تهیه نمود و به من مرحمت فرمود. از آن همه لطف غریق احسان او شده بودم. بعد برخاستم تا مرخص شوم زیرا وقت نماز عصر می‌رسید و من به همراهانم قول داده بودم که برای اداء صلاة عصر در مسجد ایلخانی به آنها ملحق شوم.

او با محبت و ادب فرمود لابد زمان مراجعت را با کلمه انشاءالله ذکر کرده‌اید حال شاید ارادة الله طوری دیگر جاری شده باشد؛ بنا بر این از خلف وعده ملول نباشید. متانت و وقار او مرا ساکت کرد.

من تجدید وضو کردم و به تلاوت نماز ایستادم و او نیز در کنار من به نماز ایستاد. وقتی که مشغول تلاوت نماز بودم احساس کردم که خیلی سبکبار شده‌ام و آن خلجان روحی که با آن در کشمکش بودم آرام گرفته است. در آن حال دعا می‌کردم که ای خدای من تو شاهدی که برای وصول به آرزوئی که داشته‌ام از هیچ کوشش فروگذار نکرده‌ام ولی هنوز به مقصود نائل نشده‌ام. شهادت می‌دهم به حقانیت کلام تو که وعده تو تخلف پذیر نیست.

آن شب فراموش نشدنی لیله پنجم جمادی الاول سال ۱۲۶۰ هجری قمری بود. نزدیک یک ساعت از شب گذشته بود که میزبان جوان من باب صحبت را باز فرمود و سئوال کرد که بعد از رحلت سیدکاظم جانشین او و مقتدای شما کیست؟ من گفتم: حاج سید کاظم در وقت رحلت از این عالم به شاگردانش توصیه فرموده است که لانه و کاشانه خود را ترک کنند و به اطراف مسافرت نمایند و در هرجا تحقیق و جستجو کنند تا حضرت موعود را بیابند و من در اجرای وصیت او به ایران سفر کرده‌ام و در پی تحقیق هستم. او سئوال فرمود که آیا استاد شما از حضرت موعود نشانی‌هائی به شما داده است من عرض کردم: بلی او باید از سلاله طاهره باشد و از اولاد حضرت فاطمه زهرا، سن او باید از بیست بیشتر و از سی سال کمتر باشد. او باید دارای علم لدنی باشد. او متوسط القامه است و از استعمال دخانیات احتراز دارد و ناقص الخلقه نمی‌باشد. او قدری مکث کرد و بعد با لحنی پر اهتزاز فرمود: مشاهده کن آیا این علامات را در من می‌بینی؟ و بعد او یک یک آن علائم را بر شمرد و با قاطعیت تمام فرمود که آن علائم فرداً فرد و جمیعاً در وجود من جمع است.

من شدیداً به حیرت افتاده بودم و با کمال ادب عرض کردم کسی را که ما به انتظارش هستیم دارای قوه قدسیّه الهیه است و شریعتی را که ظاهر می‌فرماید شرع عظیمی است دارای علائم و مشخصات بسیاری است که باید به منصه ظهور برسد.

بطوری که اغلب اوقات سیدکاظم می فرمود علم من در برابر علمی که من جانب الله به او عنایت شده حکم قطره را دارد و فضل و کمال من در برابر عظمت فضیلت و کمال او مثل ذره ای از غبار است.

هنوز این کلمات از لبهای من خارج نشده بود که خود را در حالتی از اضطراب و پشیمانی ملاحظه کردم بطوری که نه می توانستم آن حالت را پنهان کنم و نه مطلبی اظهار نمایم. من در آن حال خودم را نکوهش و سرزنش می نمودم و با خود گفتم که لحن صحبتم را تغییر دهم و با ملایمت صحبت بدارم و با خدای خود عهد کردم که اگر میزبان من بار دیگر آن موضوع را بیان فرمود من با فروتنی و تواضع عرض کنم که اگر شما خودتان صاحب داعیه هستید من را اطمینان بخشید و از این سرگردانی و خلجانی که در وجود من ایجاد شده نجات دهید و من را رهین عنایات خود فرمائید."

اظهار امر

خلاصة القول ملاحسین می گوید: "از اوّلین قدمی که در سبیل مجاهده و تحقیق برداشتم دو موضوع را دلیل بر صدق دعوی قائم آل محمد قرار دادم:

اوّل رساله ای بود که شخصاً از غوامض باطنیه تعالیم شیخ احمد و سید کاظم تهیّه کرده بودم که هرکس بتواند آن رموز را تبیین فرماید به اطاعتش قیام کنم و موضوع دوم تفسیر سوره مبارکه یوسف بود به گونه ای که از سایر تفاسیر موجود ممتاز باشد.

من قبلاً بطور خصوصی از آقا سیدکاظم خواهش کرده بودم که سوره یوسف۱۱ را تفسیر کنند لیکن ایشان نپذیرفتند و فرمودند این کار از عهده من خارج است. کسی که از من عظیمتر و بعد از من ظاهر خواهد شد به صرافت طبع آن سوره را برای تو تفسیر خواهد کرد که خود دلیلی واضح بر عظمت مقام او خواهد بود.

من غرق این افکار بودم که میزبان بزرگوار من خطاب فرمود که خوب دقّت کنید آن کسی که مقصود آقا سیدکاظم بود کسی جز من نیست. لذا من آن رساله را که قبلاً تهیّه کرده و همراهم بود به او تقدیم کردم و استدعا نمودم که آن مشروحه را با نظر عنایت ملاحظه فرمایند و به ضعف و ناتوانی من به دیده اغماض بنگرند.

او به رأفت کبری مسئول من را اجابت فرمود و آن کتابچه را گشود و نظری اجمالی بر صفحات آن افکند و آن را بست و به من توجه فرموده در ظرف چند دقیقه بر سبیل فطرت مشاکل من را حل فرمود و در مدّتی قلیل بسیاری از آثار ائمه اطهار را بیان فرمود که تا آن وقت در کتب و آثار شیخ احمد و سیدکاظم زیارت ننموده بودم. بیانات او بقدری با قوّت و تأثیر بود که من از عهده بیان آن

خارجم.

بعد فرمود اگر تو میهمان من نبودی کار بر تو سخت و دشوار بود. فضل الهی شامل شد که نجات حاصل نمائی. این در شأن خداوند است که بندگان را بیازماید نه اینکه بندگان بخواهند با موازین مجعوله خداوند را امتحان کنند. آیا اگر من در حل مشکلات تو اقدامی نمی‌کردم نقیصه‌ای در حقیقت مشرقه از علم من بود؟ حاشا و کلا. به حقیقت ذات مقدّس الهی امروز روزی است که باید جمیع ملل و نحل عالم از شرق و غرب قیام نمایند و به جستجو پردازند تا مقصود خود را بیابند. کسی که قیام کند مطمئناً فائز خواهد شد همانطوری که تو قیام کردی و به تجسس پرداختی تا به مقصود رسیدی.

بعد فرمود حال وقت نزول تفسیر سوره یوسف است. قلم برگرفت و با سرعتی حیرت‌آور سورة الملک اولین سوره تفسیر سوره یوسف را نازل فرمود.

آنچه از قلمش نازل می‌شد همه را با لحنی بدیع تغنی می‌فرمود. قلم از سرعت نیافتاده و طرفة العینی مکث نکرد تا سورة الملک بتمامه نازل شد و من از استماع آن لحن ملکوتی که در وقت نزول آیات تغنی می‌فرمود به وجد آمده بودم.

بالأخره بدون اراده از جای برخاستم و اذن مرخصی طلبیدم. او متبسّمانه امر کرد که بنشینم و فرمود اگر با این حال به کوچه روی هرکس تو را ببیند می‌گوید این جوان دیوانه شده است. آن وقت دو ساعت و یازده دقیقه از غروب آفتاب لیله پنجم جمادی‌الاول سال ۱۲۶۰ هجری قمری مطابق با ششم خرداد ماه سال نهنگ بود که شصت و پنج روز از روز نوروز گذشته بود. بعد فرمود: این ساعت و این وقت در آتیه از بزرگترین و اعظم اعیاد محسوب خواهد شد الحمد لله فضل الهی تو را استعانت فرمود و به آرزوی قلبی خود رسیدی و از رحیق مختوم آشامیدی. خوشا به حال کسی که به این فیض فائز شود.

سه ساعت از شب رفته بود که فرمود شام بیاورند. همان خادم حبشی در جلوی روی ما سفره گسترد و غذائی حاضر کرد که جسم و روح مرا تغذیه نمود. در آن وقت در حضور مولایم احساس می‌کردم که از موائد و نعمای بهشتی مرزوق هستم. من نمی‌توانم طرز رفتار صادقانه و آداب و شیم آن غلام حبشی را غیر از تأثیر تربیت و نفوذ اخلاقی آقایش به چیزی دیگر حمل کنم. آن لطف و محبتی را که میزبان بزرگوار من به من ارزانی داشت ممکن نبود که از دیگری بروز کند و همان بزرگواری و محبت و میهمان نوازی که نسبت به من روا داشت مرا کفایت می‌کرد.

من مسحور بیانات آن بزرگوار شده بودم و فراموش کرده بودم که چه پاسی از شب گذشته و جمعی به انتظار من هستند. به ناگاه صدای مؤذن که اذان صبح را می‌گفت مرا بخود آورد.

اطاق محلّ اظهار امر حضرت باب

در آن شب جمیع نعم الهیّه که خداوند ذکرش را در کتاب الهی فرموده در نظرم مجسم بود. آن شب خواب به چشم من نیامد و از آن نغمه روح‌پرور و لحن دلکشی که حضرتش در وقت نزول آیات تغنی فرموده بود لذّت می‌بردم. در وقت تلاوت مناجات بعد از نزول چند آیه می‌شنیدم که می‌فرمود: "سبحان الله رب العرش عما یصفون و سلام علی المرسلین و الحمد لله رب العالمین."[۱۲]

بعد مرا مخاطب قرار داده و مطالبی به این مضمون فرمود: ای اولین کسی که به من ایمان آورده‌ای بدان من باب علم الهی هستم و تو باب‌الباب؛ هیجده نفس باید به طیب خاطر و صرافت طبع من را بشناسند و بدون اینکه کسی آنها را از ظهور من آگاه نماید به حقیقت امرم پی برند. وقتی آن عدّه تکمیل شد یکی از آنها را انتخاب می‌کنم که من را در زیارت مکه و مدینه همراهی کند و در آنجا پیام الهی را به شریف مکه اعلام خواهم کرد و در مراجعت به کوفه می‌آیم و مجدداً در مسجد آن شهر مقدّس امر الهی را اعلان می‌نمایم. بر شما لازم و فرض است که از آنچه دیدید و شنیدید نه به همراهان و نه به دیگری اظهاری ننمائید. در مسجد ایلخانی ساکن شوید و مشغول تدریس گردید و منهم در جمع شما شرکت می‌کنم ولیکن مواظب رفتار خودت با من باش که کسی از ایمان تو باخبر نشود و باید بهمین نهج رفتار کنید تا وقت عزیمت ما به حجاز برسد.

در وقت عزیمت به حجاز وظائف هریک از هیجده نفر تعیین خواهد شد و هرکدام را به اجراء و انجام وظائفی که دارند مأموریت می‌دهم و به آنها تعلیم خواهم داد که کلمة‌الله را به اهلش برسانند. بعد از اینکه این بیانات را فرمود من را تا دم در حیاط بدرقه کرد و خداحافظی نمود."

آیاتی از کتاب قیوم‌الاسماء در باره بعثت

حضرت باب در موضوع بعثت و رسالتی که من عندالله به آن مأمور بودند در کتاب قیوم الاسماء مضامینی به صورت زیر بیان فرموده‌اند[۱۳]:

الف_ سورة الرعد آیه ٦

و بدرستی که ما ذکر (حضرت باب) را فرستادیم تا شما را دعوت نماید به دین خالص. خداوند را عبادت کنید و بدانید که بغیر از خداوند برای شما خدایی نیست. بدرستی که من از طرف خدا آگاهم به چیزهائی که شما حرفی از آن را نمی‌دانید و می‌ترسم که در یوم اکبر که روز فصل (قیامت) است اطاعت نکنید و خداوند بر هر چیزی شاهد است.

ب_ سورة الرعد آیه ۷

بگو ای اهل زمین من ذکر الله اکبر هستم و چاره‌ای ندارم جز اینکه رسالات

خدایم را به شما ابلاغ کنم و شما را پند دهم و سنن نبیین و صدیقین و شهدا را به شما بشناسانم. هرکس ایمان آورد به نفس خودش مربوط است و هرکس هم تکفیر نمود کفرانش به خود او راجع می‌شود. بدرستی که خدای من خدای بر حق و مستغنی از جمیع اهل عالم است.

ج_ سورة الحوریه آیه ۱۰

ای اهل عرش بشنوید ندای خدای خودتان را آن خدایی که نیست خدایی بجز او از لسان این عبد، این جوان عرب، بدرستی که نزد خداوند تعالی بر امر عظیم بدیع است.

د_ سورة المحمد آیه ۲

به تحقیق ما به تو وحی نازل کردیم همان وحی را که بر انبیاء نازل فرمودیم که عبادت نکنند غیر از خداوندی را که جز او خدایی نیست و به تحقیق خداوند عزیز و قدیم است.

ه_ سورة القدر آیه ۸

ای نور چشم سلام برسان به آنها بدرستی که فجر طالع شده است و به مؤمنین بگو آیا صبح در ام الکتاب به اذن الهی نزدیک نیست؟

و_ سورة القدر آیه ۹

ای مؤمنین بدرستی که تین و زیتون (دو کوه است در اراضی مقدّسه) مجتمع شده‌اند در این طور مبین و این همان شهر آباد است به حق و چنین است که در ام الکتاب مرقوم شده است.

خطابه حضرت عبدالبهاء به مناسبت روز بعثت

در میان یادداشتهائی که از بدیع بشروئی باقی مانده است صورت خطابه‌ای است از حضرت عبدالبهاء که به مناسبت روز بعثت حضرت باب ایراد شده است و چون به اغلب احتمال آن نطق مبارکه در جای دیگر به چاپ نرسیده است برای استبصار خوانندگان زینت بخش این اوراق می‌شود. بدیع بشرویی برای نقل نطق مبارک چنین به سخن آغاز می‌نماید:

روز پنجشنبه ۹ مارچ سنه ۱۹۱۶ حیفا

امروز روز بعثت حضرت اعلی و تولد حضرت عبدالبهاء است و هرچند مشکلات از جمیع جهات مستولی و عالم در تحت نیران شدید معذلک اهل بها به ملکوت اعلی متوجه و در هرجا متذکر و از عتبه الهیه سائل که این خونخواری و سختی و شقاوت و جنگ بزودی زائل شود و انوار صلح جلوه کند.

صبح جمیع احبا در بیت مبارک مجتمع و در ظل شجره میثاق به فوز لقا

فائز و اسباب چای و شیرینی مهیّا و حاضر. حضرت محبوبی وارد و پس از اظهار عنایت به جمیع لسان اطهر به این بیانات جاری و متکلم بود. قوله الاحلی:

" امروز روز بسیار مبارکی است متبرّک و متیمّن است. طلوع انوار صبح هدی است و مبداء و منشاء امر الهی است. پرتو اشراق شمس حقیقت است. یوم نفخ فی الصور و نقر فی الناقور است۱۴ وقایع این یوم خیلی عظیم است، ولکن حقیقتش نزد اهل بصیرت معلوم هرچند در نزد خلق شرف این یوم مجهول است ولی نفخه اولی است. در آیه مبارکه قرآن می فرماید و نفخ فی الصور فصعق من فی السموات و من فی الارض۱۵ یومی است که جمیع من فی السموات والارض منصعق شدند یعنی در نزد اهل بصیرت به حقیقت مدهوش گشتند و انسان منصعق بیهوش یعنی محروم از حیات ابدی به چیزی ملتفت نمی شود اما انسان بصیر به حقیقت امر آگاه می شود یعنی آن نفوسی که فائز به حیات ابدیه می گردند ملتفت می شوند که طلوع صبح حقیقت است و نفخه اولی است که از حقایق معنویه روح حیات اخذ گشته و جهان دل و جان مستعد نفخه ثانویه گردیده این است که می فرماید نفخ فیه اُخری فاذا هم قیام ینظرون و اشرقت الارض بنور ربها۱۶ و از نفخه ثانیه حقائق روحانیه و کینونات علویه حیات یابد و از اشراق شمس حقیقت به اهتزاز آید این نفخه ثانیه ظهور جمال قدم من یظهره الله است. باری در آفتاب ملاحظه نمائید که چون صبح طالع می شود قیامت کائنات ارضی است زیرا جمیع ارض به اهتزاز آید و اسرار جمیع کائنات از حیز غیب به حیز شهود آید و آنچه در کمون ارض است ظاهر و آشکار گردد و آنچه در غیب اشجار است نمودار شود ولکن جمیع کائنات باوجودی که به این فیض آفتاب حشر و نشر می شوند و وجودشان از اشراق و طلوع آفتاب است معذلک از این فیض بی خبرند مگر کائنات حیّه که زنده هستند کائنات حیّه ملتفت می شوند که آفتاب طلوع کرده لهذا بدایت این یوم مبارک بدایت قیامت است. نفوسی که حیات ابدیه داشتند ادراک و احساس کردند که امروز حکم خمسین الف سنه دارد۱۷. امروز روزی است که آسمان منطوی شد. امروز روزی است که آفتاب برهم پیچیده گشت. امروز روزی است که قمر منشق شد. امروز روزی است که ستاره ها منتشر شد. امروز روزی است که جبال سیر و حرکت کرد. امروز روزی است که اموات از قبور بیرون آمد. حشر شد نشر گردید. میزان منصوب شد. صراط ممدود گشت. اسرار ارضی ظاهر و هویدا گردید. ابواب جنّت مفتوح شد. شعله جحیم برافروخت. اینها جمیع علائم یوم قیامت است. حضرت اعلی می فرماید که در یک دقیقه این وقایع واقع گشت. در طرفة العینی خمسین الف سنه منقضی شد و جمیع این وقایع ظاهر گشت زیرا اینها وقایع معنویه است نه وقایع جسمانیه. این است که حضرت نقطه اولی روحی له الفداء می فرماید" تالله قد اتت الساعة و انشق القمر و کل

فی حشر مستمر"۱۸ سبحان الله این شرائط قیامت جمیعش به نص مبارک حضرت اعلی روحی له الفداء در طرفة العینی گذشت یعنی پنجاه هزار سال در یک دقیقه منقضی شد و جمیع این وقایع عظمی و شروط یوم قیامت مجری گردید. با وجود این اهل بیان می‌گویند که شرط ظهور من یظهره‌الله این است که باید دو هزار سال بگذرد چون دوهزار سال نگذشته است پس جمال مبارک بر حق نیستند. نفوسی که خود مقر و معترفند که پنجاه‌هزار سال در طرفة العینی گذشت و وقایع عظیمه قیامت تحقق یافت انکار می‌کنند که نمی‌شود عدد مستغاث۱۹ در نوزده سال منقضی شود فاعتبروا یا اولی الابصار. ببینید که بی‌انصافی به چه درجه است و نادانی تا چه حد و خداوند در صریح قرآن می‌فرماید که دو نفخه پی در پی است و حضرت اعلی روحی له الفداء جمیع حجبات خلق را خرق فرمودند و از برای ظهور من یظهره‌الله شرطی قرار ندادند و فرمودند اگر امروز ظاهر شود فانَا اول العابدین و به نص صریح می‌فرماید: ایاک ایاک ان تحتجب بالواحد البیانی او بما نزل فی البیان۲۰. با وجود این اهل بیان می‌گویند که در بیان ذکر مستغاث است و واحد بیان ذات مقدّس حضرت اعلی و هیجده حروف حی است می‌فرماید به واحد بیانی از من یظهره‌الله محتجب مشو. حال اهل بیان به مرآت از شمس حقیقت محتجب شده اند. انتهی."

اشارات حضرت ولی امرالله در باره لیله بعثت

حضرت ولی‌امرالله در باره لیله بعثت در لوح قرن، صفحات ۹ و ۱۰ میفرمایند: "یا لیلة القدس علیک من التّحیّات اکملها و ابهاها و من الصّلوات اطیبها و ازکیها یا قرّة عین الابداع و غرّة ایّام الله و مطلع العصر الاعزّ الاکرم و مبدأ القرن المبارک الافخم بحلولک فتح باب الاعظم علی وجه العالم و ظهر السّرّ الاکتم و سطع النور الاقدم و امتدّ الصّراط الاقوم و عبقت روائح الرّوح علی کلّ الامم بذکرک استفرح الخلیل فی قلبه و استبشر الکلیم فی ذاته و استجذب الرّوح بکلّیّته و اهتزّ الحبیب طرباً فی نفسه و سبّح و هلّل اهل ملاء العالین من الکرّوبین و القدّیسین و الملائکة المقرّبین بک انارت الارضون و السّموات و فیک بعثت اللّیالی و منک استضاء الایّام و حولک طافت لیلة القدر و بظهورک ابتسم ثغر الوجود و تشهق طاووس الاحدیّة فی قطب الجنان و دلع دیک العرش حول حرم الکبریاء و تموّج البحر الاحمر و ظهر جمال الورد و کشف النّقاب عن جمال المعشوق بشأن تحیّرت افئدة النّبیّین و المرسلین طوبی الف طوبی لمن عرف شأنک و حفظ حرمتک و شهد آثارک و استفاض من فیوضاتک و افتخر باسرارک و اقرّ و اعترف بسلطانک و مقامک المتعظّم المتعزّز المتعالی المشعشع المقدّس الباذخ الفرید."

یادداشتها

۱- شفت یکی از دهات شهرستان رشت در شمال ایران است.
۲- کسی که اجازه صدور حکم اجتهاد دارد.
۳- شرح حال رجال ایران، جلد سوم، صفحه ۳۰۶.
۴- مطالع الانوار، صفحات ۴-۲۳.
۵- در کتاب دلائل سبعه صفحات ۵۴ و ۵۵ قلم اعلی در موضوع ملاقات باب الباب و سیدمحمد باقر شفتی خطاب به شخصی که این رساله به افتخارش نازل شده به این بیان ناطق است: "تو خود اول مؤمن را می‌شناسی که اکثری از علمای شیخیه و سیّدیه بل طوائف دیگر مقر بر علم و فضل او بودند حتی طفل‌های اصفهان هم در وقتی که وارد شدم می‌گفتند که یک طلبه پیراهن چاک آمد از قبل سید و عالم کبیر آن ارض را که محمد باقر نام بوده به دلیل و برهان الزام کرد حال این یکی از ادلاء این ظهور است که بعد از فوت مرفوع سید رفع‌الله درجته اکثر علما را دقت نموده و نیافت حق را الاّ در نزد صاحب حق و به این سبب به موهبهٔ مستوهب شد که غبطه آن را خلق اولین و آخرین الی یوم القیامه دارند."
۶- ظهور الحق، جلد سوم، صفحه ۱۱۴.
۷- متن عربی رؤیای حضرت باب، نقل از مقدمه تفسیر سوره بقره (سوره دوم قرآن مجید): "سبحانک اللّهمّ الّذی ارفع من اقلامنا الحزن و تدخلنا فی جنّة العدن بالثّناء اللّهمّ انّک لتعلم فی یوم الّذی اردت انشاء ذلک الکتاب قد رأیت فی لیلتها بان ارض المقدّسة قد صارت ذرّة ذرّة و رفعت فی الهواء حتی جائت کلها تلقاء بیتی ثم استقامت ثم جاء خبر فوت الجلیل العالم الخلیل معلّمی رحمة الله علیه من هنالک و قد اخبرت بعض الناس قبل الخبر بنومی فصلی‌الله علیه بجوده انّا لله و انّا الیه راجعون و لا حول و لا قوّة الاّ بالله ان الحمد لله ربّ العالمین."
۸- The Dawn-Breakers، صفحه ۴۷ و همچنین کتاب حضرت نقطه اولی، صفحه ۱۰۹.
۹- دروازه کازرون واقع در مغرب شیراز.
۱۰- مضمون فارسی: "داخل شوید، به سلامت و در پناه خدا."
۱۱- در کتاب تاریخ جدید تألیف میرزا حسین همدانی از قول ملاحسین می‌نویسد: "روزی منفرداً شرفیاب خدمت مرحوم سید شدم در کتابخانه تشریف داشتند سئوال نمودم که چرا سوره یوسف را در قرآن احسن القصص خوانده و نامیده اند فرمودند: در این عصر و اوان موقع بیان سرّ آن نیست و این فقره مکنون خاطرم بود تا اینکه یک روز بدون اظهار و ابراز این جانب فرمودند خاطرت هست که از مرحوم سید سئوال نمودی که بچه جهت سورهٔ یوسف را احسن القصص نامیده اند جواب فرمودند

که این حال وقت بیان این مطلب نیست ولکن اکنون موقع بیان جهت آن است که تفسیری در نهایت فصاحت و بلاغت اظهار فرمودند بنحوی که بالمره مبهوت گردیدم و عقل سلیم را از درک و ادراک معانی اسرار آن بیانات عالیه عاجز و لایعلم دیدم."

۱۲- مضمون فارسی: "پاک و منزه است خداوند از وصف ممکنات و سلام بر پیامبران و شکر خداوند عالمیان را."

۱۳- الف- "و انّا نحن قد ارسلنا الذّکر لیدعوکم الی الدّین الخالص اعبدوا الله ربّکم ما لکم من اله غیره انّی اعلم من الله ما لا تعلمون انتم بعضاً من حرفه و اخاف علیکم من یوم الاکبر یوم الفصل و انّ الله علی کل شیئی شهیدا."

ب- "قل یا اهل الارض انّی ذکر الله الاکبر و ما علیّ الاّ ان ابلّغکم رسالات ربّی و انصح لکم و اعرّفکم سنن النّبیّین و الصّدّیقین و الشّهداء بالحقّ فمن آمن فلنفسه و من کفر فلنفسه و انّ ربّی هو الله الحقّ و قد کان بالحقّ عن العالمین غنیّاً."

ج- "یا اهل العرش اسمعوا نداء ربکم الله الذی لا اله الاّ هو بالحق الاکبر من لسان العبد هذا الفتی العربیّ الذی قد کان عند الله العلیّ علی الامر العظیم بدیعاً."

د- "و انّا نحن قد اوحینا الیک بما اوحی الله علی النّبیّین الاّ تعبدوا الاّ الله الّذی لا اله الاّ هو و هو الله قد کان عزیزاً قدیما."

ه- "یا قرّة العین سلّم علیهم فان الفجر قد طلعت و قل للمؤمنین الیس الصبح فی امّ الکتاب قد کان بالحقّ قریباً."

و- "یا ایّها المؤمنون انّ التّین و الزّیتون قد جمع فی ذلک الطور المبین و انّ هذا لهو البلد المعمور بالحقّ و کذلک قد کان فی امّ الکتاب مکتوبا."

۱۴- ناظر به آیه شماره ۸ از سوره المدثر در قرآن مجید. مضمون فارسی: "روزی که دمیده شد در صور و ناقور."

۱۵- قرآن مجید: سوره الزمّر، آیه ٦٨. مضمون فارسی: "در صور دمیده شد و هرچه در زمین و آسمانها بود مدهوش گشت."

١٦- قرآن مجید: سوره الزّمر، آیه های ٦٨ و ٦٩. مضمون فارسی: " و بار دیگر در صور دمیده و قیامت دیده شد و زمین به نور پروردگار خود روشن شد."

۱۷- پنجاه هزار سال.

۱۸- این آیه را حضرت باب از قرآن مجید (سورة القمر، آیات ۱ و ۲) شاهد مثال آورده اند. مضمون فارسی: "وقت مقرر (اشاره به طول روز قیامت است) رسید و ماه آسمان شکافته شد و کل مخلوق در روز حشر مجتمع شدند."

۱۹- معادل با ۲۰۰۱ سال.

۲۰- مضمون فارسی: " بترسید، بترسید از اینکه به واحد بیانی و آنچه در بیان نازل شده محتجب شوید."

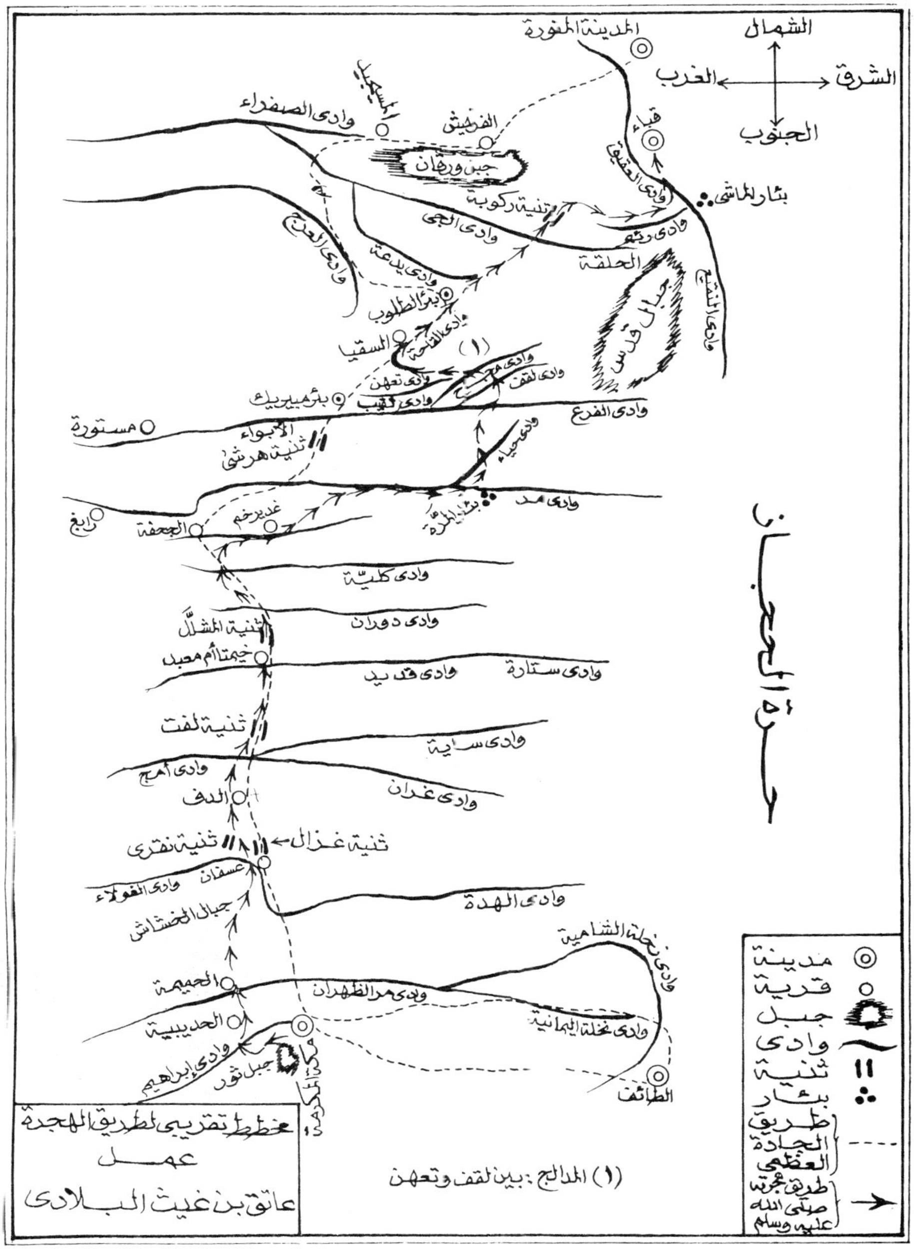

مسیر حرکت حضرت باب از مکّه به مدینه

فصل چهارم
اسفار مبارکه بعد از بعثت

وداع حضرت باب با حروف حی و قرار ملاقات بعدی

بعد از اینکه آخرین مؤتمر بابی در حضور حضرت باب و هفده نفر از حروف حی در شیراز در منزل خال اعظم خاتمه پذیرفت و فرامین تبلیغی حضرت نقطه اولی به هریک از حروف حی ابلاغ شد و وظائف و تکالیف آنها مشخص و معلوم گردید شیراز را بتدریج ترک نمودند و به هر راهی که مأمور بودند قدم گذاشتند. حضرت باب نیز به قصد زیارت مکه معظمه و انجام فرائض حج بدان صوب روانه شدند.[۱]

حضرت شوقی ربانی، ولی امر دیانت بهائی شرح وداع حضرت باب با حروف حی و شأن و مقام آنها را اینطور بیان فرموده اند:[۲]

"این حروف بیانیه که در الواح و آثار منزله به حروف اولیّه منبعث از نقطه اولی و مکمن اسرار الهی و عیون ساریه از منبع فیض رحمانی موصوف و در قرآن مجید به بیان "و جاء ربک و الملک صفاً صفا"[۳] منعوت گردیده اند و حضرت اعلی آنان را در کتاب مستطاب بیان به مقام اقرب اسماء... الی الله[۴] ستوده و آن نفوس مقدّسه را انوار ساطعه از فجر حقیقت که لم یزل و لایزال نزد عرش حق ساجد بوده و هستند خطاب فرموده اند و در مکاشفات یوحنا به پیران که در حضور خدا بر تخت های خود جالس و به جامه های سفید آراسته و به اکلیلی از طلا مکلل می باشند مذکور شده اند قبل از تشتت در بلاد به محضر مبارک حضرت اعلی احضار شدند و آن وجود مقدّس در حین تودیع هریک را بشطری مأمور و به وظیفه ای مخصوص جهت ابلاغ کلمة الله منصوب فرمودند و بعضی را اجازه معاودت به اوطان خویش عنایت نمودند تا در همان دیار به تبشیر امر پروردگار پردازند در این شرفیابی هیکل مبارک عظمت مقام و اهمیّت مسئولیت آن جنود مجنده را خاطر

نشان ساختند و امر فرمودند که به نهایت حکمت و اعتدال ناس را به شریعۀ ربانیه دعوت نمایند."

نبیل زرندی نیز موضوع وصایا و نصایح حضرت باب را به حروف حی به تفصیل ذکر کرده و چنین می‌نویسد:

"... شما حروف اولیّه هستید که از نقطه اولی منشعب شده‌اید. شما چشمه‌های آب حیاتید که از منبع ظهور الهی جاری گشته‌اید از خداوند بخواهید که شما را حفظ نماید تا آمال دنیوی و شئون جهان، طهارت و انقطاع شما را تیره و آلوده نکند... اینک در طول و عرض جهان پراکنده شوید و با قدم ثابت و قلب بی‌آلایش راه را برای آمدن روز خدا مهیّا و مسطح کنید. به ضعف و عجز خود نظر نکنید به قدرت و عظمت خداوند مقتدر و توانای خود ناظر باشید."

حضرت باب مخصوصاً به حروف حی تأکید فرمودند که در وقت تبلیغ و انتشار امر و اعلان آثار منزله از قلم ایشان اسمی از آن حضرت به میان نیاورند تا وقت معلوم و مقرر برسد. پس قرار ملاقات بعدی با حروف حی در کوفه گذاشته شد. به این ترتیب که حضرت باب بعد از مسافرت مکه، به عتبات آمده و سایرین نیز به ایشان ملحق گردند. سپس از کوفه علم امر را مرتفع سازند.

عزیمت به مکه معظمه و اظهار امر علنی

حضرت باب در روز بیست و ششم شعبان سال ۱۲۶۰ هجری قمری مطابق با دهم سپتامبر ۱۸۴۴ میلادی به نیّت زیارت مکه همراه با قدوس و غلام خود، مبارک، از شیراز عازم بوشهر شدند و در روز ششم رمضان به آن شهر رسیدند و در نوزدهم همان ماه با کشتی شراعی معروف به "ثلث" از بوشهر به سمت جده عزیمت فرمودند.

در آن کشتی عده‌ای از حجاج شیرازی به قیادت شیخ ابوهاشم پسر شیخ مفید و برادر شیخ ابوتراب امام جمعه که از اعدا عدو حضرت باب محسوب می‌شد، سفر می‌کردند.

دلیل دشمنی و عداوت این شیخ بی‌مایه و کم‌سواد از یک طرف حسد به خاطر شیوۀ رفتار و زهد و ورعی بود که حضرت باب پیش از سن بلوغ و هنگام تجارت نشان داده و توجه گروهی را به خود جلب کرده بودند و از طرف دیگر نزول صحیفه مخزونه و تفسیر سوره بقره قبل از بعثت بود که به دست علماء رسیده و آن را به یک نوع بلند پروازی از جانب ایشان تعبیر نموده بودند. نزول این دو اثر چنان حس حسادت و کینه‌توزی ملاها را برانگیخته بود که تاب تحمل و مقاومت را از آنها سلب کرده به تحریک و اغوای مردم وادارشان ساخته بود. یکی دیگر از دلایل

اصلی عداوت و حسادت شیخ ابوهاشم نسبت به حضرت باب، خطبه کنگانیه بود که با فصاحت کامل و به زبان عربی در کشتی و هنگام ورود به کنگان نازل گردید. ازدحام در سطح آن کشتی کوچک که حامل حضرت باب و سایر مسافرین بود موقعیت مناسبی برای شیخ ابوهاشم فراهم می کرد تا بهتر بتواند همراهان خویش را بشوراند و از هر جسارت و اهانتی نسبت به حضرت باب فروگذار ننماید. بالأخره کار بی حرمتی های او و همراهانش به آنجا رسید که ناخدای کشتی مصمم شد دستور دهد تا وی را غرق نمایند. پدر نگارنده این سطور از قول مرحوم حاجی ابوالحسن بزاز شیرازی[6] که او هم به مکه سفر می کرد و در آن کشتی بود و بعدها بابی و بالأخره بهائی شد می نویسد:

"روزی مرحوم حاج ابوالحسن اعلی الله مقامه ذکر مسافرت خودشان را برای این عبد حکایت می فرمود که اوقاتی که خدمت حضرت در کشتی بودم، رُکّاب زیاد بودند و اغلب ضد بودند از جمله شیخ ابوهاشم که خیلی لساناً و یداً اذیت می کرد و جسارت به حضرت می نمود. آزار و اذیّت او به قسمی شده بود که کپیتان جهاز بعضی اوقات می آمد و اورا نصیحت می کرد که چرا اینقدر سید مظلوم را اذیّت می کنی باز دست بردار نبود تا روزی با کپیتان بنای مناقشه را می گذارد و فحاشی می نماید کپیتان هم در نهایت غضب و تغیّر ایستاده بود و عجله به انداختن شیخ به دریا می نمود. حضرت تشریف فرما شدند و شفاعت فرمودند کپیتان قبول نمی کرد و سخت نهیب می کند که این ملعون را به دریا بیاندازید حضرت ملاحظه می فرمایند که الآن شیخ را به دریا خواهند انداخت خودشان را بروی شیخ می اندازند و شیخ را محکم می گیرند و از کپیتان درخواست می کنند که این دفعه تقصیرات شیخ را به من ببخشید. کپیتان از شفاعت و مظلومیّت حضرت رقت آورده قبول می نماید بعد عرض می کند این ملعون شما را بیش از همه کس اذیّت می کند شما باید قاعدتاً بیش از همه کس راضی به عدم او باشید چرا ممانعت می فرمائید می فرمایند اینها ستم به خودشان می کنند ما باید از اعمال آنها غمض عین نمائیم حاجی می فرمودند این مظلومیّت مبارک و شفاعت از شیخ سبب شد که جمعی از اهل کشتی حالشان تغییر کرد و از عداوت و ضدیّتی که داشتند عاری و بری شدند."

به هر حال صدماتی که از طرف شیخ ابوهاشم و همراهانش در آن سفر بر حضرت باب وارد شد بسیار ملال آور و حزن انگیز بوده است بطوری که در ضمن یکی از خطب مبارکه می فرمایند:

"فسبحان الله الذی قد قضی فی سبیل سیره ما قد قضی لکل الابواب من قبل و رأی فی سبیل الله کل الاذی من اهل الشرک و الشک تلک سنة الله قد خلت من قبل و ما اجد لسنة الله فی شأن من بعض الشیئی تحویلا.[7]"

اما با تمام مصاعب وارده در طی این سفر حضرت باب تفاسیری بر سور قرآن کریم که بالغ بر هفتاد هزار بیت[۸] می‌شده است نازل فرمودند که همه را جناب قدوس نوشته است ولی متأسفانه آن آثار نفیسه بواسطه مصاعب و گرفتاری‌هائی که پیوسته مابه الابتلاء آن حضرت و پیروانش بود از میان رفته است.

نبیل اعظم می‌نویسد: "از حاجی ابوالحسن شیرازی که در آن فلک نجات از شاربین آب حیات بود شنیدم که از یوم ورود به سفینه از بوشهر تا یوم خروج آن از جده که قریب به دو ماه امتداد یافت هر وقت از روز و شب که چشم من به آن دو نیر اعلی منور می‌شد ایشان را در تقریر و حضرت قدوس را در تحریر مشغول دیدم و در اوقاتی که از شدّت تلاطم امواج ارکان ناخدا و یارانش در اضطراب و ارتحال بود آن دو نور خدا در کمال بشاشت و ابتهال به تقریر و تحریر آیات مَلِک بهاج مانند سراج وهاج اشتغال داشتند."

اصولاً در آن سفر حضرت باب دچار گرفتاری های گوناگون بوده و از هرجهت صدمات و ابتلائات بر ایشان مستولی بوده است. بطوری که در این خصوص می‌فرمایند:[۹]

"چنانچه خود در سفر مکه دیدم که نفسی خرج های کلیه می‌نمود و از رفیق خود که هم منزل او بود بقدر یک فنجان آب از او مضایقه می‌نمود در کشتی بواسطه آنکه عزیز بود. چنانچه خود من از بوشهر تا مسقط که ۱۲ روز طول کشید چون میسر نشد که آب بردارند به مدنی[۱۰] گذرانده مراقب خود باشید که در هیچ حال بر هیچ نفسی حزن وارد نیاید."

بالأخره بعد از اینکه حضرت باب فاصله بین بوشهر و جده را با کشتی شراعی طی نمودند در شب اول ماه ذی حجه مطابق با ۱۵ دسامبر ۱۸۴۴ میلادی به جده رسیدند.

از جده تا مکه را حضرت باب بر شتر سوار بودند و جناب قدوس مهار شتر را بر دست داشت و پیاده قدم بر می‌داشت. مناسک حج بر رسم معمول انجام پذیرفت، از جمله چون در اجراء مناسک حج امر به ذبح شتر، گاو یا گوسفند در راه خدا شده است، حضرت باب به پیروی از این فرمان دستور فرمودند ۱۹ گوسفند به این ترتیب ذبح شود: نه گوسفند به نام خودشان، هفت گوسفند به نام قدوس و سه گوسفند به نام مبارک غلام ایشان.

در مکه حضرت باب با میرزا محیط کرمانی[۱۱] و سید علی کرمانی که هر دو در زمره تلامیذ سید رشتی بودند ملاقات نمودند. این دو با حضرت باب از سفر قبل که به کربلا رفته بودند سابقه دوستی داشتند. مرحوم حاجی ابوالحسن گفته است در وقتی که حضرت باب با میرزا محیط سرگرم صحبت بودند حضور داشتم. وی

می گوید:۱۲ "حضرت باب بعد از مباحثات زیاد حلقه کعبه را گرفتند و سه مرتبه با لحن مرتفع فرمودند، انی انا القائم الذی کنتم به تنتظرون۱۳. از این بیان میرزا محیط به وحشت افتاد و رنگ بر رخسارش نماند و تمام وقت در صدد بود که از حضرت باب تجنب جوید. به او فرمودند که اگر شکی در قلب خود داری حاضرم مباهله کنم. گفت در اینجا جمعیّت مردم زیاد هستند و مجال مذاکره نیست وعده ملاقات را در مدینه می گذاریم و سئوالهائی دارم که جواب می خواهم. حضرت باب قبول کردند."

حضرت باب در جواب اسئله او در بین راه مکه و مدینه رساله‌ای مرقوم داشته اند که به رسالۀ بین الحرمین۱۴ شهرت یافته است. در این رساله حضرت باب خطاب به میرزا محیط کرمانی می‌فرمایند برای شناسایی خداوند باید از تمام تعلقات و حتی وجود خودمان بگذریم و سپس در ادامه کلام می گویند:

ای محیط آیا در شب پانزدهم ماه ذی حجه سه ساعت از شب گذشته در مسجد الحرام روبروی خانه کعبه در سمت غربی، جلو منبر به تو نگفتم که دعوی مرا قبول کن و با من در نزدیکی حجر الاسود مباهله کن؟.. تا خدا بین ما به حق حکم کند. آیا دفعه دیگر در مسجد الحرام مابین منبر و مقام روبروی خانه کعبه به تو نگفتم که با من مباهله کن؟... آیا در بیت مکه (کعبه) سه مرتبه همین گفتار را تکرار نکردم و تو به امر الهی توجه ننمودی؟ خداوند بر آنچه می گویم شاهد است.

میرزا محیط نیز از اشخاصی بود که بعد از فوت سید رشتی مدعی مقام جانشینی او شد و خودش را بابی از ابواب و شیعه کامل و مقدم بر سایر تلامیذ مکتب شیخیه می دانست و با شیخ حسن گوهر و حاجی محمد کریم خان کرمانی که آن دو نیز مدعی مقام جانشینی بودند سر سازش نداشت.

او در امور داخلی خانواده مرحوم سید دخالت می کرد. چنانچه وسوسه های او سبب شد که حرم سید رشتی که قصد داشت به همراهی حضرت طاهره به زیارت مکه معظمه مشرف شود منصرف گردد و در نتیجه آنان بواسطه حیل و تزویر او از فیض زیارت مکه و طواف کعبه محروم ماندند.

در یادداشت های بدیع بشروئی شرحی راجع به احوال میرزا محیط فوق الذکر از زبان حضرت عبدالبهاء به این صورت نقل شده است:

روز پنجشنبه **۱۷** جون **۱۹۱۵**

از مسافرخانه جوار مقام اعلی و کوه خدا به آستان مبارک طلعت مقصود توجه نموده بعد از غروب احضار فرموده از جمله بیانات مبارکه این بود:

"وقتی که جمال مبارک در بغداد بودند میرزا محیط مشهور شیخی آمد به بغداد یعنی بعنوان زیارت کاظمین، کیوان میرزائی بود پسر رضاقلی میرزا نوه

فرمانفرمای شیراز[15] که پسر فتحعلیشاه بود. این کیوان میرزا به حضور مبارک مشرف می‌شد. رفت میرزا محیط پیش کیوان میرزا و به او تکلیف کرد که برو به حضور مبارک عرض کن که من می‌خواهم به حضور مبارک مشرف شوم لکن به شرط اینکه هیچکس خبردار نشود جز تو کسی نداند حتی نفوسی که در اطراف مبارک هستند از خدام و غیر خدام و منتسبین نباید بدانند. باید فقط تو بدانی و می‌خواهم نصف شب مشرف شوم پس از کاظمین می‌آیم به بغداد و به خانه تو و نصف شب با تو مشرف می‌شوم به این شروط. کیوان میرزا آمد و حضور مبارک عرض کرد که میرزا محیط می‌خواهد مشرف شود ولکن به این شروط. فرمودند به میرزا محیط بگو که من در سفر کردستان غزلی گفتم از جمله ابیات آن غزل این است:

گرخیال جان همی هستت بدل اینجا میا　　ور نثار جان و دل داری بیا و هم بیار
رسم ره این است گر وصل بها داری طلب　　ورنباشی مرد این ره دورشوزحمت میار

رفت کیوان میرزا به او گفت. نیامد، دورشد. روز ثانی سوار شد یکسر رو به کربلا رفت روز سوم تب و سرسام کرد و شب هفتم مرد. میان این جواب مبارک و مردن میرزا محیط یک هفته طول کشید."

حضرت باب در خطبه جده که حاوی شرح مسافرتشان از شیراز به مکه و مدینه و مراجعت از مدینه تا مسقط می‌باشد به صدمات وارده و موضوع سرقت آثار منزله اشاره فرموده‌اند. حضرت باب صراحتاً می‌فرمایند که در روز بیست و ششم ماه شعبان سال ۱۲۶۰ هجری قمری از شیراز حرکت فرموده و روز ششم ماه رمضان که لیلة‌القدر در آن شهر واقع شده به بوشهر رسیده‌اند. حضرتش در روز نوزدهم همان ماه با کشتی مشهور به ثلث به صوب مکه عزیمت فرموده و پس از ورود به جده به سمت مکّه حرکت نموده در روز اول ذی‌حجه به این شهر ورود فرموده‌اند. هیکل مبارک پس از اجرای مناسک حج به جانب مدینه عزیمت نموده و روز هفتم ماه محرم ۱۲۶۱ هجری قمری به آن شهر وارد شده و بیست و هفت روز از ماههای محرم و صفر را در مدینه اقامت کرده‌اند. حضرت باب روز چهارم صفر به سمت جده حرکت نموده و پس از دوازده روز به آن شهر که از طرف ایشان به ارض حوا تسمیه شده، رسیده‌اند. مدّت توقف حضرت باب در این شهر به سه روز بالغ گردیده و سرانجام در روز چهاردهم[16] ماه صفر به سوی مسقط رهسپار گشته‌اند در حالیکه خداوند بزرگ را برای توفیقی که عنایت نموده است سپاس می‌گزارند. در مورد سرقت آثار منزله با شکر به درگاه باری تعالی می‌فرمایند که از دست مشرکین همان بر ایشان وارد شده که بر جمیع ابواب قبل و تصریح می‌فرمایند که این سنت و رویه خداوندی است که در آن تبدیلی راه ندارد و اراده‌اش تغییر ناپذیر

است. حضرت باب می‌فرمایند حتی در منزل سوم در اراضی بین مکه و مدینه در شب اول محرم سنه ۱۲۶۱ هجری قمری تمام آثار منزله در طول راه به سرقت رفت.

در تاریخ نبیل زرندی در بارهٔ سرقت آثار منزله چنین می آید:

"علی الصباح که برای نماز نزدیک چاهی[۱۷] منزل نمودند و بار گشودند ناگاه یک عرب بدوی چون آتش پردود از بادیه خروج نمود و خورجینی را که مملو از کلمات و آیات مالک اسماء و صفات بود درربود تا غلام حبشی عازم شد که او را تعقیب نماید و چون تیر شهاب جفت ترابش سازد و ادعیه وحی مسترقه را از چنگ شیاطین سارقه برباید طلعت اعلی که در تعقیب نماز بودند اشاره فرمودند که مرو واگذار و چون از تعقیب نماز پرداختند غلام را به نوازش شاهانه بنواختند که اجرت با خدا است و جزای خیرت با خالق شاه و گدا اگر چه آن بدوی از چنگ تو جان سالم بدر نمی‌برد ولیکن باید آن کلمات که در آن خورجین است به یاری آن عرب به اماکنی برسد که اسباب ظاهره برای ابلاغ و ارسال آنها موجود نبود که ما بتوانیم آن کلمات را به آن اماکن برسانیم بسیار خوش واقع و بجا بود و آن غلام را با این کلمات شادکام فرمودند و از آن به بعد هروقت این گونه امور رخ می‌نمود این کلام را تکرار می‌فرمودند که "بعد ماکان الامور بالقضاء الحزن لماذا."[۱۸]

مراجعت از مکه به مسقط از طریق مدینه و جده

گذشته از اینکه حضرت باب در مکه به علماء شیخیه و پیروان آن مکتب امر الهی را اعلان کردند در مراجعت از جده به مسقط نیز به مسافرین کشتی که اغلب ایرانی بودند امرالله را ابلاغ فرمودند و با همه کس اتمام حجت نمودند. در این مقام می‌فرمایند: "وکذلک قد کان حکم الله لاهل السفینة الاّ نفساً منهم انه قد آمن بآیاتنا و کان من المتقین."[۱۹]

این خبر یعنی اظهار امر حضرت باب بهترین ره‌آوردی بود که هرکس به موطنش به ارمغان می‌برد.

ورود به مسقط

حضرت باب بعد از ورود به مسقط طی مرقومهٔ زیر که به حاجی میرزا حسنعلی خال اصغر مرقوم داشته‌اند شرح مسافرت خود را به مکه و مدینه تا ورود به مسقط اعلام فرموده از ایشان خواسته‌اند که مدلول آن را به بستگان و اقوامشان در شیراز ابلاغ نمایند.

"بعرض عالی می‌رساند که هرگاه از طریق مرحمت جویای احوال حقیر باشید

لله الحمد و المنة حال تحریر که یوم بیست (و) سیم شهر ربیع الثانی است از سفر بیت الله رجوع به ارض مسقط نموده الحمد لله کما هو اهله صحت جسمانی برقرار است و با کمال خوبی الی الان گذشته است یوم اول ذی حجه مشرف به بیت الله شدم و بیست (و) هفت یوم در آن ارض مقدّسه ساکن بودم و از قبل صاحبان حول بیت طواف می‌نمودم خداوند عالم از فضل و رحمت خود قبول فرماید و بعد از خروج از بلد مکه از سبیل برّ مشرف به ارض مدینه طیبه صلوات الله علی ساکنها شده و به مثل وقوف در مکه در این ارض مقدّس توقف نموده و در حضور حضرت رسول صلی الله علیه و آله و ائمه اطهار سلام الله علیهم ذکر سلام از قبل صاحبان مذکور شده امیدوار به فضل و احسان موالی خود هستم که از سبیل کرم و جود رد نفرموده باشند. خداوند عالم همه عباد را به چنین فیض کبری مشرف فرماید خطوط مفصل به جهت بوشهر نوشته فرستادم هرگاه این خط انشاءالله تعالی زود رسید شیراز و بوشهر را اخبار فرموده باشید و جواب را مرقوم فرموده ارسال فرمایید که ورود بوشهر انشاءالله تعالی برسد و خط جوف را به میرزا محمد یزدی[۲۰] که شاگرد مرحوم حاجی سیدکاظم اعلی الله مقامه بودن برسانید و هرگاه بعد از مطالعه برسانید اولا (اولی) خواهد بود والسلام علیکم و رحمة الله و برکاته."

دلایل اقامت در مسقط

حضرت نقطه اولی در یکی از توقیعات به تاریخ مسافرتهای خویش از هنگام عزیمت از شیراز تا مراجعت از مکه اشاره می‌فرمایند. در نتیجه مدلل است که در اوایل ماه ربیع الاول سال ۱۲۶۱ هجری قمری از مکه به مسقط رسیده و تصمیم گرفته اند که به مقتضیاتی چند مدتی را در آن شهر توقف نمایند و سپس به صوب کربلا رهسپار شوند.

اوّل، به منظور ابلاغ امر به شیخ سلیمان عالم معروف و مجتهد نافذالقول مسقط که پیرو طریقه تسنن بود ولی شیخ نامبرده استکبار کرد و تصدیق امرالهی را ننمود. حضرت باب در سورة لعلما خطاب به علماء اسلام در شأن او می‌فرمایند، قوله تعالی:

"و لقد نزل ذکر الله ارض مسقط و بلّغ حکم الله الی رجل منهم لعلّه یتذکّر بآیاتنا و کان من المهتدین قل اتّبع هواه من بعد ماقد تلی آیاتنا و انّه فی حکم الکتاب لمن المعتدین."[۲۱]

دوم، برای تهیّه مقدمات و تمهیداتی جهت استخلاص ملاعلی بسطامی که در زندان نجیب پاشا در بغداد بود.

حضرت نقطهٔ اولی هنوز در حجاز بودند که خبر گرفتاری ملاّ علی بسطامی به

الدّف در وادی خلیص. محلّ سرقت آثار منزله از قلم حضرت باب

سلطان عبدالمجید خلیفهٔ آل عثمان

اطلاعشان رسید و از همان روز در صدد استخلاص و نجات آن نفس نفیس از چنگال ملاهای پرتدلیس و حاکم بغداد برآمدند و چون به مسقط رسیدند فرصت مناسبتری برای مکاتبه با اولیای امور ایران و عثمانی به دست آوردند. بنابراین، در آنجا از ملا حسن گوهر که خودش را زعیم طایفه شیخیه و جانشین سید رشتی می‌دانست خواستند که لوح نازله از قلم اعلی را که خطاب به سلطان عبدالمجید[22] خلیفهٔ آل عثمان بود به توسط نجیب‌پاشا حاکم بغداد به خلیفه برساند. بعلاوه از شخص وی خواستند که برای استخلاص ملا علی از زندان نجیب پاشا اقدام کند. متأسفانه اقداماتی که معمول شد مؤثر واقع نگردید یعنی ملا حسن بجای کوشش برای استخلاص ملا علی حکم قتل او و تکفیر حضرت باب را امضاء کرد و بعلاوه معلوم نیست لوح مزبور را که به صورت دادخواهی به نام مجید پاشا ارسال فرموده بودند به دست مجید پاشا رساند یا خیر؟

همانطوری که قبلاً در مکتوب خال اصغر مطالعه کردیم اشاره به مکاتیب مفصلی شده است که به بوشهر و شیراز مرقوم فرموده‌اند. از جملهٔ این مکاتیب که در میان اسناد باقی مانده از خال اکبر در دست است، سه لوح وجود دارد که دو لوح آن به اعزاز شخص خال و لوح سوم به اعزاز شیخ سلمان امام جمعه وقت بوشهر و برادرزادهٔ شیخ حسن آل عصفور است.[23] به اغلب احتمال لوح شیخ سلمان همان لوحی است که جناب خال از تسلیم آن خودداری فرموده‌اند.

علاوه بر اینها، حضرت باب در مکه نیز الواح مختلفی به نام بعضی از نفوس نازل فرمودند که یکی از آنها لوحی خطاب به شریف سلیمان، شریف مکه، است. این لوح به توسط ملا محمدعلی قدوس به دست شریف مکه رسید.

عزیمت از مسقط به بوشهر

نشر اکاذیب بوسیله زوار شیرازی در بوشهر

هنوز حضرت باب در راه بازگشت از حجاز بودند که بعضی از حجاج شیرازی در ماه صفر ۱۲۶۱ به بوشهر رسیدند. این حجاج که در مکه در قسمتی از مباحثات حضرت باب با بعضی از علما حضور داشتند و یا شاهد اظهار امر به میرزا محیط و حاج سیدعلی کرمانی در جلوخانه کعبه بودند، به نشر پاره‌ای اکاذیب و ترهات پرداختند و تا آنجا که می‌توانستند و امکان داشت به تخدیش افکار نفوس قیام کردند. شیخ ابوهاشم[24] برادر شیخ ابوتراب امام جمعه شیراز که قبلاً شرح خصومت و مخالفتش را با حضرت باب از زبان مرحوم حاج ابوالحسن شیرازی خواندیم در میان این گروه بود. او در روز ورودش به بوشهر به مسجد جامع رفت و بدون توجه و اعتناء به شیخ سلمان امام جمعه بوشهر و جانشین شیخ حسن آل عصفور به عرشه

منبر رفت و زبان به یاوه گشود و به تحریک و اغوای مردم بوشهر پرداخت و مردم را برانگیخت که در وقت ورود حضرت باب به بوشهر بلوای عام کنند و نسبت به آن حضرت توهین و تحقیر روا دارند. شیخ سلمان آل عصفور که بتازگی به مقام امامت جمعه شهر بوشهر ارتقاء یافته و قبلاً نیز رساله فقهیه حضرت باب را که به مرحوم شیخ حسن داده بودند مطالعه کرده بود در مقام اعتراض برآمد و از حضرت باب و خالوهای ایشان جانبداری کرد.

شیخ سلمان آمدن شیخ ابوهاشم را به مسجد و اینکه بدون اعتنا به وی بر بالای منبر رفته و نسبت به حضرت باب تا آن حد تهمت زده و اهانت روا داشته است، وهنی عظیم شمرد و بی‌محابا به منبر رفت و دروغ‌ها و اتهامات شیخ هاشم را یک‌یک برشمرد و در موضوع پاکدامنی و صداقت و شرافت و محبت و مماشات حضرت باب با جمهور مردم بوشهر داد سخن داد و سیادت و اصالت و نجابت آن حضرت و خالهای ایشان و مرحوم حاجی میرزا محمد حسین جد حضرت باب را برشمرد و لب به تعریف و تمجید گشود و غائله‌ای را که شیخ ابوهاشم می‌خواست در مراجعت حضرت باب به بوشهر به راه اندازد مرتفع ساخت.

شیخ که از اقداماتش در بوشهر طرفی نبسته بود، سرخورده با کمال یأس و خذلان راهی شیراز شد و در شیراز قبل از ورود حضرت باب به اغوای علماء پرداخت و آنان و حتی حاکم فارس را مهیّای مزاحمت و مبارزه با حضرت باب نمود.

ورود و اقامت در بوشهر

بعد از ارسال الواحی که به اعزاز خال اکبر و شیخ سلمان در مسقط نازل شده و با توجه به آنچه که در بوشهر پیش آمده بود و اخبار درست و نادرستی که اقوام و نزدیکان خال از شیراز می‌نوشتند معلوم بود که ارباب نفوذ و علی‌الخصوص ملاها می‌کوشیدند تا از هر لحاظ عرصه را بر حضرت باب تنگ کنند و با ایشان از در مخالفت درآیند. از اینرو حاجی میرزا سیدمحمدخال تصمیم گرفت که ورود حضرت باب را از انظار مردم بوشهر مخفی نموده و تا آنجا که ممکن است ایشان را در آن شهر نگاه دارد تا آرامش ایجاد گردد و موقعیت برای رفتنشان به شیراز مناسب شود. ولی این تدبیرها مؤثر واقع نشد و موضوع ورود حضرت باب به بوشهر انتشار یافت. بعضی از تجار به حکم سوابق دوستی و آشنائی با خال اکبر و احترام به دوستی با ایشان، از حضرت باب در منزل خال دیدن کردند لیکن از شایعاتی که در مورد دعوی ایشان زبانزد خلق بود مطلبی به میان نیاوردند.

حضرت باب در روز بعد از ورودشان به بوشهر چندین لوح مرقوم فرمودند: از جمله رساله خصائل سبع به اعزاز حاج میرزا سید علی خال اعظم و لوحی به اعزاز

ملاصادق مقدّس که به توسط جناب قدوس به شیراز ارسال نمودند. در آن لوح ملا صادق مقدّس را مأمور فرموده اند که در مسجد جوار بیت مبارک بشارت ظهور حضرت باب را به گوش قریب و بعید برساند و در اقامه اذان بعد از اداء شهادتین بگوید: "اشهد انّ علیاً قبل نبیل باب بقیة الله۲۵". علاوه بر این دو، لوح محمدشاه است که به طهران فرستاده شد و در آن حضرت باب هم ادعای خودشان را به اطلاع وی رسانیدند و هم استدعای استخلاص ملاعلی بسطامی را از حبس نجیب پاشا نمودند.

حاجی میرزا سید محمد خال نیز ورود حضرت باب را به بوشهر ضمن نامه ای به مادر و همشیره اش، والده حضرت باب، اطلاع داده است. وی می نویسد:

"یا خیر الحافظین بنظر انور صاحبه معظمه والده و همشیره سلمهما الله تعالی مشرف باد.

هو

بعرض مقدّس عالیه می رساند که اولاً چشم شما و حقیر و همگی روشن بحمدالله و المنة به سلامت در کمال عافیت جناب والا جناب حاجی وارد بشرف خدمت ایشان مشرف شده در خدمت ایشان هستم مصلحت در این است که چندی در این جا توقف فرموده بعد تشریف آورده باشند انشاءالله عنقریب است که تشریف فرمای آن صوب می شوند خاطر شریف جمع دارید از مسقط شرحی قلمی فرموده بودند بصاحبه همشیره هم علاحده (علیحده) نگاشته، اگر چه بعد از ورود خودشان رسید سر کاغذ را که باز نمودم ملتفت به اینکه به صاحبه همشیره جانم نوشته اند نه بودم (نبودم) دو کلمه علاحده بنام همشیره آقا میرزا ابوالقاسم بود آن را فرستادم حال که ملتفت شدم بصاحبه همشیره ام علاحده نوشته اند فرستادم همه را مطالعه فرموده چشم همگی روشن الحق وجود فائض الجود جناب ایشان چشم روشنی دنیا و آخرت است مایه افتخار همه ما ها الحمد لله ثم الحمد لله و المنة لله انشاءالله در امر ایشان بر یقین بوده شکی و شبهۀ از حرف مردم به دل راه نداده باشید و از هیچ نقلی هم خوف و واهمه نداشته باشید که خداوند عالم حافظ و ناصر ایشان است زیاده عرضی ندارم بی نهایت خودم شائق خدمت هستم و التماس دعا دارم و السلام علیکم و رحمة الله و برکاته.

نورچشمان همگی بعرض سلام مصدع هستن (هستند) عرض می نمایند چشم شما روشن والده نورچشمان عرض سلام می رساند بصاحبۀ همشیره ام عرض می کند جای من خالی است که به والده آقامیرزا ابوالقاسم بگویم الحمدلله که خجالت ندارم دامادی دارید که در عالم مثل ندارد کل اهل عالم باید اطاعت ایشان را نمایند."

الواح، اسناد و مکاتیب

الواح نازله از مسقط

۱- خطبه جدّه (قسمتی که در شرح مسافرت به مکه و مدینه و مراجعت تا مسقط نازل شده است)

۲- مکتوب حضرت باب به حاج میرزا حسنعلی، خال اصغر

۳- لوح به اعزاز ملا حسن گوهر

۴- لوح به اعزاز سلطان عبدالمجید - سلطان آل عثمان

۵- لوح به اعزاز خال اکبر

۶- لوح به اعزاز خال اکبر

۷- لوح به اعزاز شیخ سلمان آل عصفور

الواح نازله از بوشهر

۱- رسالهٔ خصائل سبعه (ضمن نامهٔ ملا عبدالکریم قزوینی به خال اعظم آمده است)

۲- لوح به اعزاز ملا صادق مقدس

۳- لوح خطاب به محمد شاه قاجار

الواح و مکاتیب دیگر:

۱- لوح به اعزاز شریف سلیمان (شریف مکه)

۲- مکتوب خال اکبر به والده و همشیره (والده حضرت باب)

۳- کتاب العلماء

الواح نازله از مسقط

۱- خطبه جده (رونويس قسمتی كه در شرح مسافرت به مكه و مدينه و مراجعت تا مسقط نازل شده است)

"... قد اسرى كلمة عبده من ارض مولده فی السنة الستين بعد المأتين و الالف عن الهجرة المقدسة يوم السادس من العشر الثالث عن الشهر المقدم علی شهر الله الحرام الذی نزل فيه القرآن و ابلغه الی جزيرة البحر فی اليوم السادس من الشهر الحرام شهر رمضان الذی قد قضی القدر فيها علی حكم الله فی ليلة منها علی خير من الف شهر من دونها و لقد ارفعه بجوده علی الفلک المسماة بالثلث المسخّر فوق الماء يوم التاسع من العشر الثانی عن الشهر الحرام شهر الله الذی قد فرض فيه الصيام و ابلغه الی ام القری بيت الله الحرام فی يوم الاول من الشهر الحرام شهرالله الذی قد قضی فيه حكم الحج لاهل الاسلام و تمّ فيه السعی بين الصفاء و المروة و ماقدر فی الطواف و القيام و قد قضی فيه حكم مناسک العُمرة و الحج فی يوم الثالث من العشر الثانی من هذا الشهر الحرام ثمّ قد امسكه فی البيت الحرام الی يوم السّابع من العشر الثّالث هذا الشّهر المقدّم لشهر الحرام ثمّ قد اصعده الی بلد حبيبه محمد رسول الله صلی الله عليه و آله و خاتم النبيّين من مضی هذا اليوم الی يوم السابع من سنة احدی و ستّين بعد المأتين و الالف من الهجرة المقدسة من الشهر الحرام شهر الله الذی قد قتل فيه التسبيح و التهليل بقتل كلمة التكبير و التمجيد ابی عبدالله الحسين عليه السلام فللّه الحمد و الكبرياء بما قد احفظه فی حرم القدس سبعة و عشرين يوماً من الشهرين العظام و له المجد و العظمة فی اول الصعود فی اليوم الرابع من الشهر الآخر بعد شهر الله الحرام من لدی اوليائه الی كل الخلق بابلاغ كلمه القطع و العجز من معرفة آل الله سلام الله عليهم فی منتهی المنع و له الجلال و الجمال من يوم الخروج الی يوم الوقوف بارض جدّه صلواة الله علی ساكنها من غير وصف و لا عدّة بما قد قضی اثنی عشر يوماً فی السبيل كمثل حكم النزول من حرم الجليل الی عين السلسبيل و قد قضی حكم الكتاب بالوقوف فی ارض حوّاء ثلاثة يوماً معدودا.

فسبحان الله و الحمد لله الذی قد اذن لعبده يوم الرابع من العشر الثانی من شهر الذی قد طلع بعد شهر الحرام للركوب علی الفلک المسخّر فوق الماء سفينة التی قد ركبت فيها فی يوم الصعود الی بيت الله الحرام فللّه الحمد شعشعانياً متلامعاً متقدساً بتقديس الله و فضله علی كل الخلق انّه لا اله الا هو رب العزة علی الخلق اجمعين و له الحمد و الكبريا كما هو اهله بثناء يفضل علی كل شيئی كفضل الله لنفسه انه لا اله الا هو ليس كمثله شيئی و هو العلیّ الكبير.

فسبحان الله الاحد القيّوم الفرد المعبود الذی قد انطق ذكره يوم الركوب بحمد نفسه و

ذکر سبیل صعوده الی زیارة نبیّه و مظاهر قدرته محمّد و آله معدن العظمة فی منتهی امره و فضله لیعلم کل نفس بعلم ایام صعوده حکم القدر و سرّها و لیخرج کل ذی روح من ایّام سیره حکم العرش و الکرسی و سیر الافلاک فی ملاء الاسماء و الصفات حتی لیدخل الکل بیت الله الحرام بالآیات الغراء النازلة علی تلک الالواح البیضاء و لیسجدن فی المسجد کما قد فعلوه اول مرة و لیتبروا ما علوا تتبیرا...

فسبحان الله الذی قد قضی فی سبیل سیره ما قد قضی لکل الابواب من قبل و رأی فی سبیل الله کل الاذی من اهل الشرک و الشک تلک سنة الله قد خلت من قبل و ما اجد لسنّة الله فی شأن من بعض الشیئی تحویلا و لن تجدوا لحکم فی بعض من الحروف تبدیلا حتی قد سرق السارق فی ارض الحرمین فی منزل الثالث کل ما کتب الله فی السبیل له لیلة الاول من السنة الاول احدی و ستین بعد المأتین و الالف من الشهر الثانی بعد شهر الحج و ان ذلک حکم من سنّة الاولین و ما اجد لشأن الله فی بعض من الحکم تحویلا."

۲- مکتوب حضرت باب به خال اصغر (خط مبارک)

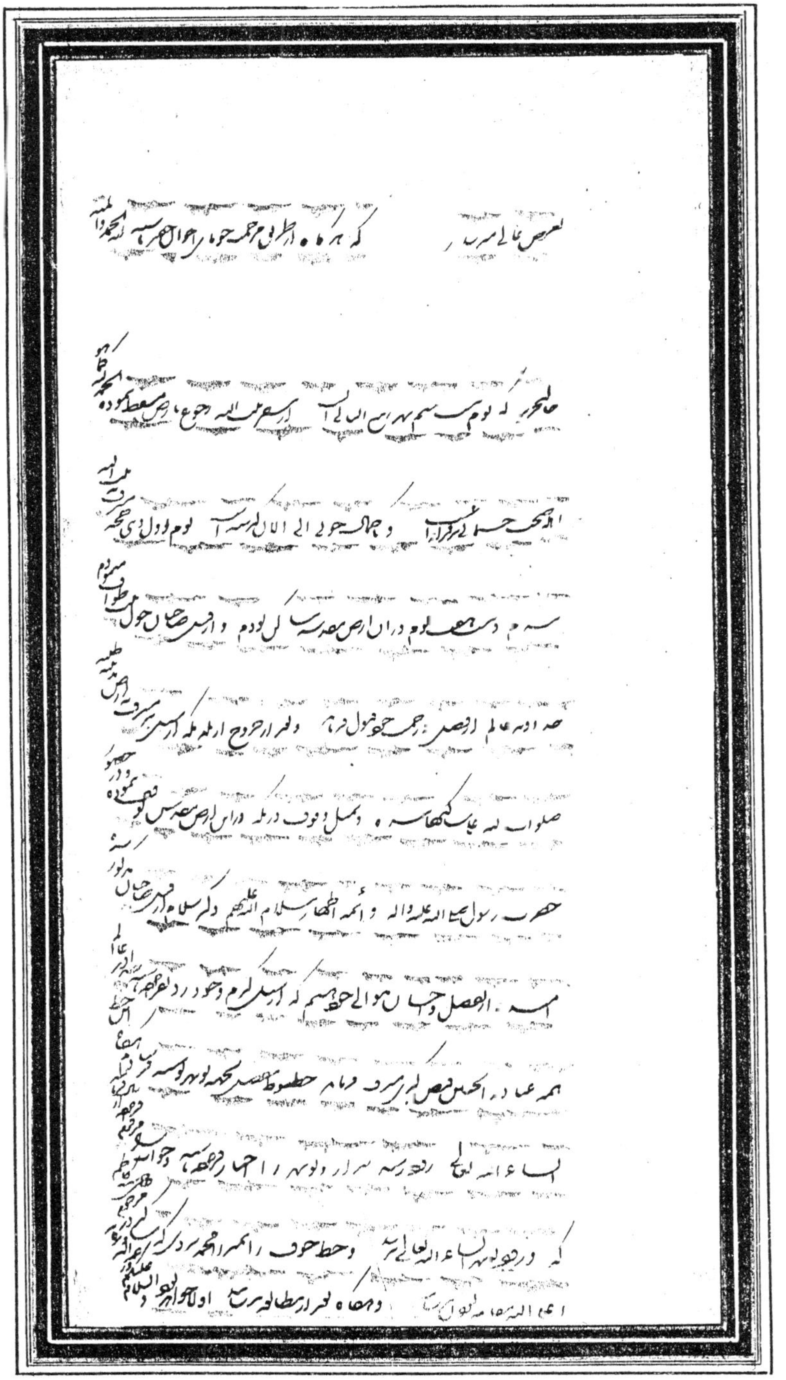

۳- رونویس لوح به اعزاز ملاّ حسن گوهر

الخط لملا حسن الملقب بگوهر

بسم الله الرحمن الرحيم

طه ما نزّلنا الكتاب من قبل الاّ تذكرة لمن شاء ان يؤمن بآيات ربّک و كان من الساجدين اقرء كتاب ربک لا مبدّل فی حكمی و استغفر لذنبک لتكونن من المفلحين انّ الّذين اتّبعوا آيات الله فاولئک هم المفلحون و انّ الّذين اتّبعوا اهوائهم فی حكم الله فاولئک هم الظالمون و لقد فتنّا الخلق اجمعهم و مايؤمن بآيات الله الاّ من السابقين فئة قليلاً و ان اولئک هم فی كتاب الله لسابقون و انّ الّذين قالوا فی آياتنا بعضاً من القول فاولئک فی كتاب الله لمشركون... يا ايّها الرّجل قد اكتسبت فی ايام الله اعمال التی لم يصدر من ذی علم فما لک و الاذی لشيعتنا الضعفاء ان اتّق الله و ارجع الی حكمه فانّی انا الجواد الحليم و لقد نزّلنا كتاباً الی حاكم البغداد فی جنب ورقتک هذه اقرء كتاب الله بين يديه و امُره ان يرسلها الی ملک الروم فانه لكتاب حق من بقية الله امام عدل مبين و ان كنت فی خوف من حكم الله بلّغ اليه كتابی مختوماً لتكوننّ من الناصرين لمكتوب... ولقد فرضنا فی ذالک الكتاب لمن يؤمن بآيات ربک ان يخرج من بيته مهاجراً الی بلد الذكر صراط الله العزيز الحميد... ولقد نزّلنا حكم ماسئل المحيط فی صحيفة الحرمين قل اقرء حكم ما نزل من طرف ربک لتكونن من الفائزين... بلّغ مثل تلک الورقتين لمن علی تلک الارض من العلماء لعلهم يتذكّرون وكانوا من المهتدين.

فيا ايها المحيط بلّغ حكم ربک بالعدل فانّ اليوم حكم النصر للمؤمنين لمكتوب... و ارسل بمثل تلک الآيات الی العبد الذی قد ارسلته بالحق الی الناس و ان اليوم علی كلمة الناس فی حبس البغداد لمشهود بلّغ سلام الذكر عليه فانّ الله يعلم مقرّک و مستقرّک و انّه لا اله الاّ هو يجزی يوم القيامة لكلّ نفس بالحق و انه لعزيز حكيم ان اصبر يا ايها الرسول و لا تخف فی سبيل ربّک من احد فان الحكم ليقضی و ان الكل فی حشر بديع الينا ليبعثون.

الا يا ايّها الگوهر فی البيت عظّم اهل البيت من باب المقدم۲۶ فانّ حقّ الله لعدل و كل له مسلمون سلّم منّی عليهنّ و قل انّ الله قد احبّ من النّساء مؤمنات صابرات ان اتّقين الله فانّ الله سميع عليم و انّا قد وعدنا الخلق ليوم العدل و انّا قد بيّنّا الامر ليخرج الذين فی قلوبهم شکّ من امر الله و كان بالحكم لكلّ نفس من يوم الاذن لمسطور... بلّغ حكم الله جهرة و اخرج من بيتک مهاجراً الی بلد الامن لعهد بقية الله امام حق كريم.

۴- رونویس لوح به اعزاز سلطان عبدالمجید

لوزیر بغداد لیرسله الی مجید پاشا

بسم الله الرحمن الرحیم

سبحان الذی ینزل الکتاب علی من یشاء من عباده و انه لا اله الاّ هو لغنیّ حمید... و ان ذلک الکتاب حکم من الله لمن علی الارض ان اخرجوا من دیارکم لعهد بقیة الله امام حی مبین و انه لکتابٌ لا ریب فیه قد نزل من لدن عبده علیّ حکیم... اقرء کتاب ربک یا ایها المجید بحکم ربک فی کتابٍ حفیظ ان اعلم ان الله یعلم ما فی السموات و ما فی الارض و ما کنت فی حکم الرسول لذو ظلم عظیم... ولقد نزّلنا کتاباً الی الملوک لیعلموا حکم البدع من لدن بقیة الله امام عدل قویم و اذا نزل الکتاب الیک ان احضر اولی العلم بین یدیک ثم قل من ذکرالله اتلوا کتاب الله بالعدل ثم انصفوا بین یدی الله فی احکامه فان الله یحکم یوم القیمة بین الکل بالقسط و انه لا اله الاّ هو لخبیر علیم... یا ایها الملاء من اهل الروم ان اتقوا الله ربکم الرحمن فی هذا الحکم و انه لحقٌ مثل ما انتم فی عهد الله لتوقنون... و ان آیة ممّا نزّلنا الآن الیک یعدل فی کتاب الله آیات النبیین و ما من بعد کل الخلق من حجج الله لیسئلون و لقد بلّغنا حکم ربک فی ام القری و من حولها فی ثلث کتاب من آیات الحق... و ارسل بمثل ذلک الکتاب الی الملک و کل شطر من الارض بمداد الذهب لتکوننّ من الناصرین لمکتوب... یا ایها الرجل قد اتبعت الشیطان فی حکم حبس رسول الذکر بعد ما لا تقرء من کتابنا حرفاً بدیعاً... و ان الرسول فی تلک الارض عبد ضعیف ولکن ان اعلم انّا نحن مرسلوه و انّا نحن علی کل شیئی لغالبون و انّا نحن علی کل شیئی لشاهدون و انّا نحن علی کل شیئی باذن الله لقادرون."

۵- لوح به اعزاز خال اکبر (خط مبارک)

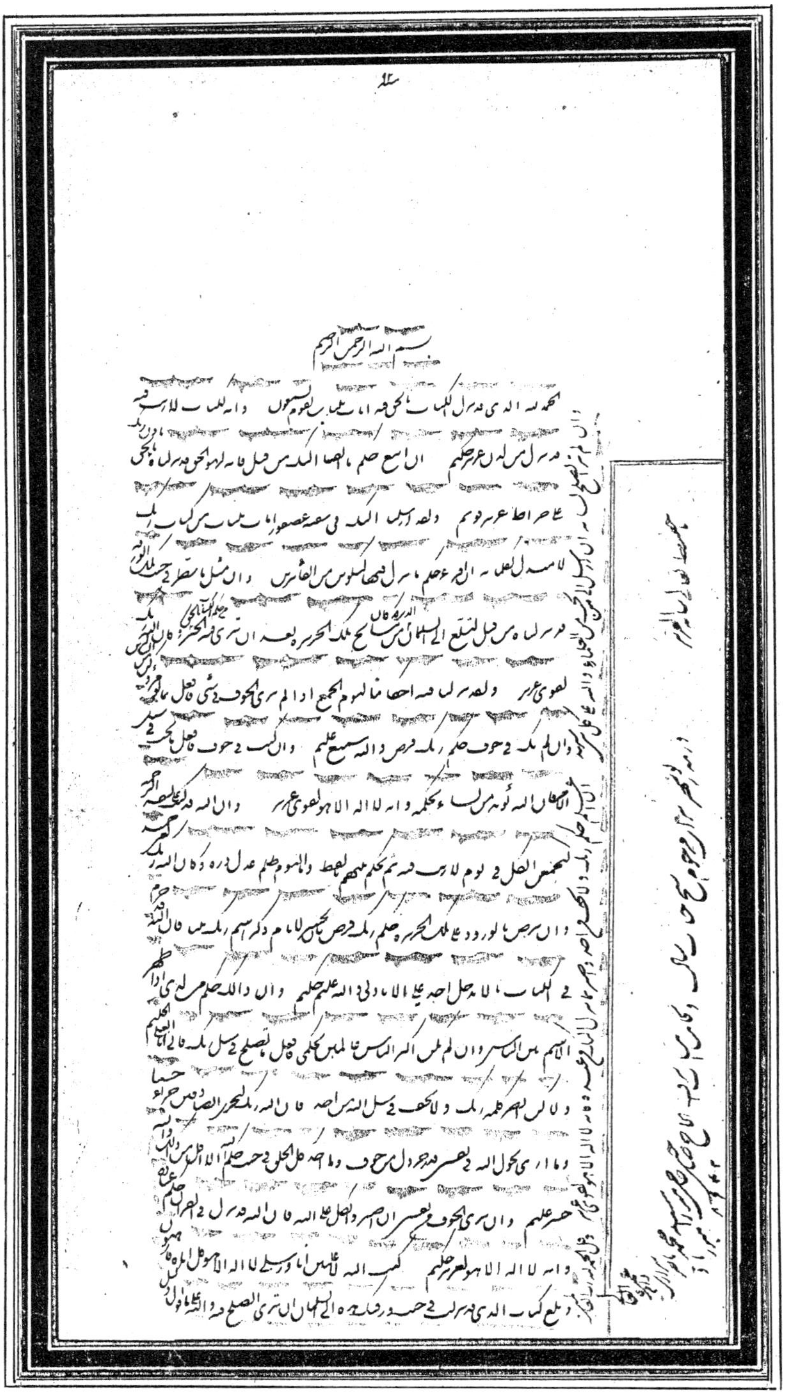

رونویس لوح به اعزاز خال اکبر

یا حفیظ تعالی شأنه العزیز در بندر بوشهر سرای مرحوم شیخ جناب سیادت و نجابت انتساب اشرف الحاج صاحبی حاجی میرزا سید محمد تاجر شیرازی دام عمره العالی

۸۶۴۲ منوّر باد.۲۷

سید ۹۲

بسم الله الرحمن الرحیم

الحمدلله الذی قد نزل الکتاب بالحق فیه آیات بینات لقوم یسمعون و انه لکتاب لا ریب فیه قد نزل من لدن عزیز حکیم. ان اتبع حکم ما القینا الیک من قبل فانه لهو الحق قد نزّلناه باذن ربّک بالحق علی صراط عزیز قویم. و لقد ارسلنا الیک فی سفینة عصفور آیات بینات من کتاب ربک لا مبدّل لکلماته ان اقرء حکم ما نزل فیها لتکوننّ من الفائزین. و ان مثل ما سطّر فی جنب تلک الورقة قد نزلناه من قبل لتبلّغ الی السلمان الذی قد کان من مشایخ تلک الجزیرة بعد ان تری فیه الخیر من حکم الکتاب بالحق و کان الله ربک لقوی عزیز. ولقد نزلنا فیه احکاماً لیوم الجمع اذا لم تری الخوف فی شیئی فافعل بما تؤمر و کن من الشاکرین و ان لم تک فی خوف حکم ربک فرض والله سمیع علیم. و ان کنت فی خوف فافعل ما تحب فی سبیل الامر فان الله یؤید من یشاء بحکمه و انه لا اله الاّ هو لقوی عزیز. و انّ الله قد کتب علی نفسه الرحمة لیجمعنّ الکل فی یوم لا ریب فیه ثم یحکم بینهم بالقسط و ما الیوم ظلم عدل ذرة و کان الله ربک لغنی حمید. و ان ترض بالورود علی تلک الجزیرة حکم ربک فرض بان تختیر (تختار) لایّام ذکر اسم ربک بیتاً فان الله قد حرم فی الکتاب بالاّ یدخل احدٌ علیّ الاّ باذنی و الله علیم حکیم وان ذلک حکم من لدی اذا ظهر الاسم بین الناس و ان لم یکن اکثر الناس عالمین بحکمی فافعل ما تصلح فی سبیل ربک فانی انا العلی الحکیم ولاکن انصر کلمة ربک و لاتخف فی سبیل الله من احد فان الله ربک لیجزی الصادقین جزاء حسیبا و ما اری بحول الله فی نفسی قدر خردل من خوف و ما اجد کل الخلق فی جنب حکم الله الاّ اقل من ذلک والله خبیر علیم و ان تری الخوف من نفسی ان اصبر و اتّکل علی الله فان الله قد نزل فی القرآن حکم عباده و انه لا اله الاّ هو لعزیز حکیم کتب الله لاغلبنّ انا و رسلی لا اله الاّ هو قل ایّاه فارهبون و بلّغ کتاب الذی قد نزلت فی جنب ورقتک هذه الی السلمان ان تری الصلح فیه و الله علی ما اقول وکیل و ان لم تر الصلح لشأنه ان ارسل الی من تحبّ من العلماء والله علی کل شیئی شهید. ان اعلم حکم ربک و لا تخف من احد و اصبر بما نزل الیک من عنده فانه لا اله الاّ هو لقوی عزیز و قل الحمد لله رب العالمین.

٦- لوح به اعزاز خال اکبر (خط مبارک)

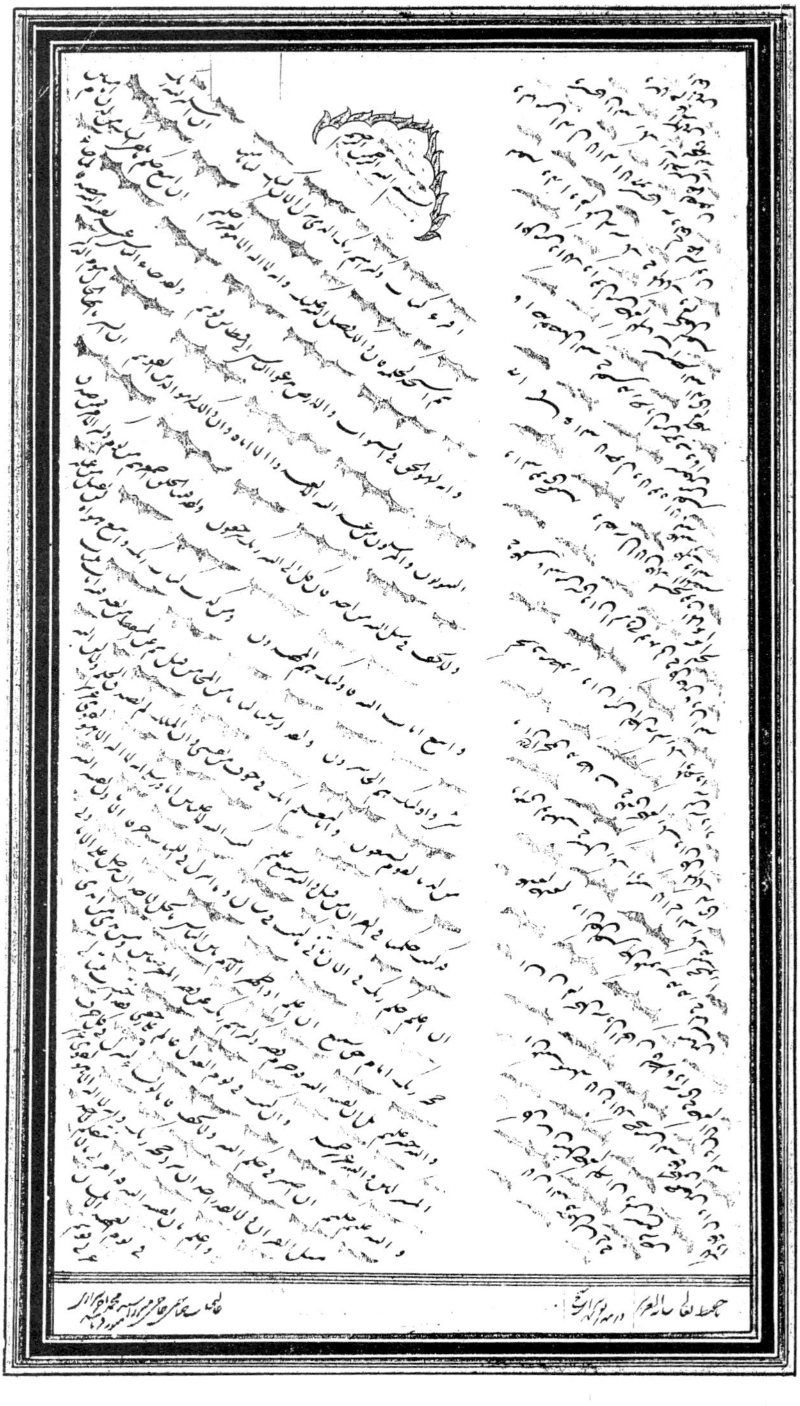

رونویس لوح به اعزاز خال اکبر

یا حفیظ تعالی شأنه العزیز در بندر بوشهر سرای شیخ عالی جناب صاحبی حاجی میرزا سیّد محمد تاجر شیرازی منوّر فرمایند.

بسم الله الرحمن الرحیم

اقرء کتاب ذکر اسم ربک الذی ینزل الآن الیک کتاباً مبینا ان اشکر الله ربک ثم اسجد لحکمه فانّ ذلک فضل الله علیک و انه لا اله الاّ هو لعزیز حکیم. ان اتبع حکم ما نلقی الیک من لدن امام مبین و انه لهو الحق فی السموات و الارض یدعوا الناس الی قسطاس قویم. و لقد جاء الناس عبد بقیة الله مصدقاً لما جاء النبویون (النبیون) و المرسلون من عند الله الاّ تعبدوا الاّ ایّاه و انّ ذلک لهو الدین القویم ان ابشر یا ایّها الخال بیوم الذکر و لا تخف فی سبیل الله من احد فانّ کلّ الی الله ربّک یرجعون و لقد فتنّا الخلق اجمعهم من یوم ذکر الامر فمن صدق و اتبع آیات الله فاولئک هم المهتدون و من کذب کتاب ربک و اتبع هواه لن یقبل من عمله شیئی و اولئک هم الخاسرون. و لقد ارسلنا کتاباً من المخا من قبل ثم عن المسقط من بعد فیه آیات بینات من لدنا لقوم یسمعون و انا لنعلم انک فی خوف من نفسی و ان الملک لم یصدق الحکم ولاکن الله قد کتب حکمنا فی القرآن من قبل و الله سمیع علیم کتب الله لاغلبنّ انا و رسلی انه لا اله الاّ هو لقوی عزیز ان اعلم حکم ربک فی الآن بانّی ما کنت فی شأن و ما انزل فی الکتاب حرفاً الاّ باذن بقیة الله حجة ربک امام حق سمیع ان اعلم اذا ظهر الاسم بین الناس ما یحل لاحد ان یدخل علیّ الاّ باذنی و الله خبیر علیم قل ان بقیة الله قد حرم وجه ذکر اسم ربک عن وجه المعرضین و مس یدی من ایدی المشرکین و الله عزیز حمید و ان کنت فی یوم العدل عالم علی رجعی فقد اختیرت (اخترت) بیتاً لی و الله علیم حکیم ان اصبر فی حکم الله و لاتخف فانا لو نشاء لننزل فی کل حرف مثل القرآن و لا یقدر احد ان یرد حجة ربک و انه لا اله الاّ هو لقوی عزیز و اعلم بان بقیة الله قد امرنی بالاّ نتکلّم لاحد فی یوم العهد الاّ بلسان عربی قویم لان الله قد جعل لسانی فی کل شأن مثل حکم القرآن و لمن سمع فرض ان یکتب بمثله لان ذلک حجة من الله علی الخلق اجمعین و ان علی ذلک الشأن لم یحل نزول الخان فانظر ماذا تری فی حکم الآن و الله علیم حکیم. و ان لکل نفس اجل مکتوب قد قدر فی کتاب مبین و انّنی لو قتلت فی سبیل ربّک او مت انّی الی الله ربّک قد کنت محشوراً و ان روح الحق قد طاف فی قلبی بحکم ربک و ان کل الملک لدیّ کحرف مسطور و ان آمن الکل بذکر ربک او یکفروا به لن یزداد فی علمی بالله من شیئی و ان الروح یؤیدنی فی کل حین باذن الله و الله قوی حمید و لقد نزل الآن فلک المسخّر فوق الماء یمّ البحر هذا ما شاء الله لا حول و لا قوة الاّ بالله علیه توکلت و الیه المصیر ما اجد بفضل

الله فی نفسی قدر خردل من خوف و ما استعین من نفس اقل من ذلک و اقول من حکم الکتاب استغفر الله الذی لم یتّخذ لنفسه ولدا و لم یکن له شریک فی الملک و لم یجعل لنفسه ولیاً من الذل لا اله الاّ هو سبحانه و تعالی عما یشرکون و سبحان الله ربک رب العرش عما یصفون و سلام علی المرسلین و الحمد لله رب العالمین.

۷- لوح به اعزاز شیخ سلمان آل عصفور (خط مبارک)

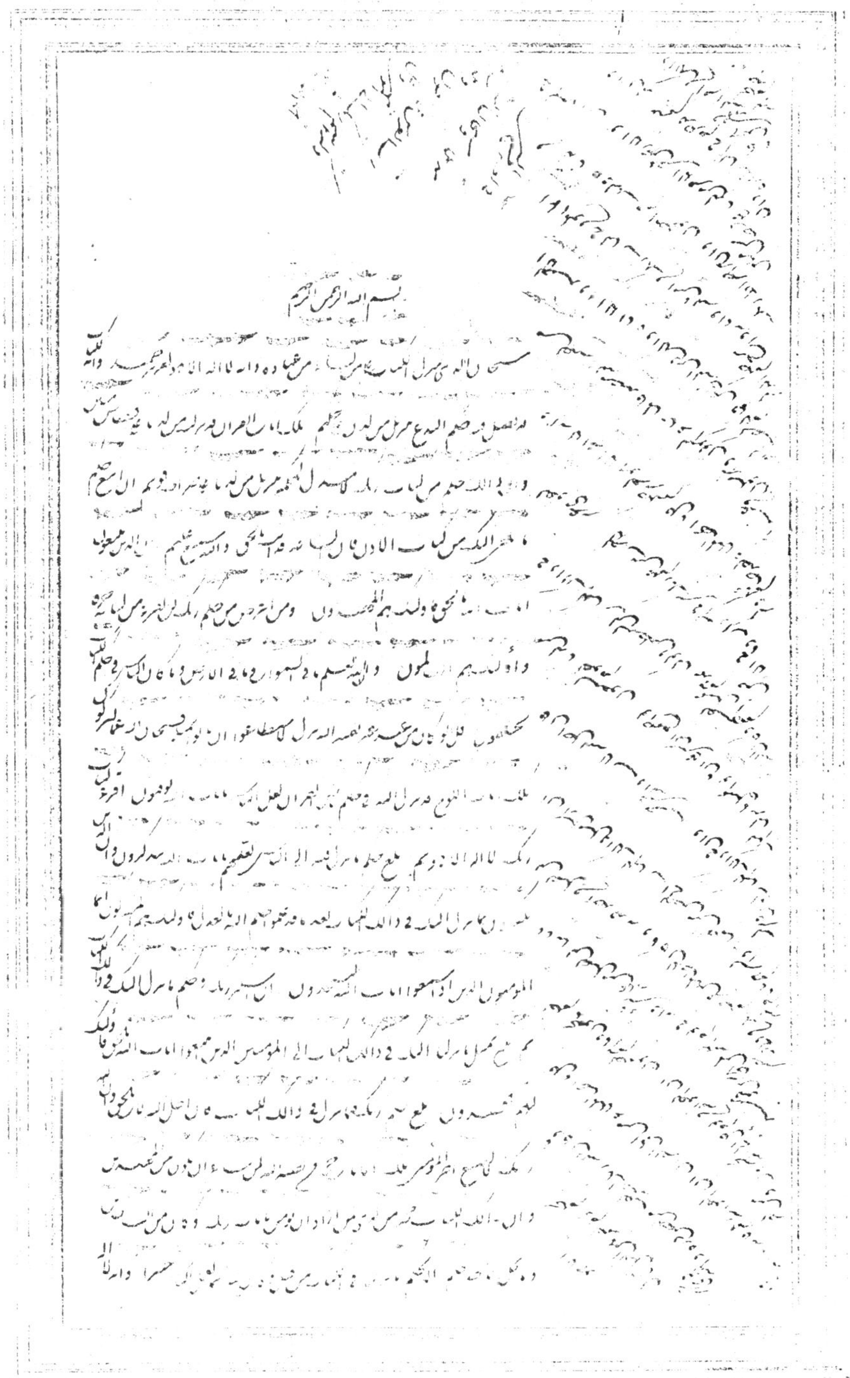

رونويس لوح به اعزاز شيخ سلمان آل عصفور

بسم الله الرحمن الرحيم

سبحان الذى ينزل الكتاب على من يشاء من عباده و انه لا اله الاّ هو لعزيز حميد و انه لكتاب قد فصل فيه حكم البدع تنزيل من لدن على حكيم تلك آيات القرآن قد نزلت من لدنا على قسطاس مبين و ان ذلک حکم من کتاب ربک لا مبدّل لحکمه تنزيل من لدنا على صراط قويم ان اتبع حکم ما نلقى اليک من کتاب الاذن فانّ السّاعة قد اتت بالحق والله سميع عليم انّ الذين يتبعون آيات الله بالحق فاولئک هم المهتدون و من اعرض من حکم ربک لن يقرء من کتابه حرفاً و اولئک هم الظالمون و انّ الله يعلم ما فى السموات و ما فى الارض و ما کان الناس فى حکم الکتاب يختلفون قل لو کان من عند غير بقية الله نزل لاستطاعوا ان يأتوا بمثله فسبحان الله عما يشرکون تلک آيات اللوح قد نزل الله فى حکم باطن القرآن لعل الناس بآيات الله يوقنون اقرء کتاب ربک لا اله الاّ هو ثم بلّغ حکم ما نزل فيه الى الناس لعلّهم بآيات الله يتذکرون و ان الذين يکفرون بما نزل اليک فى ذلک الکتاب بعد ما قد علموا حکم الله بالعدل فاولئک هم المشرکون انما المؤمنون الذين اذا سمعوا آيات الله ليسجدون. ان اشکر ربک فى حکم ما نزل اليک فى ذلک الکتاب ثمّ بلّغ بمثل ما نزلنا اليک فى ذلک الکتاب الى المؤمنين الذين اتبعوا آيات الله بالحق فاولئک لهم المهتدون بلّغ حکم ربّک فيما نزل فى ذلک الکتاب فان اجل الله لآت بالحق و ان الله ربّک لا يضيع اجر المؤمنين تلک الآيات حجة من بقية الله لمن شاء ان يکون من المهتدين. و ان ذلک الکتاب حجة من لدىّ لمن اراد ان يؤمن بآيات ربک و کان من الساجدين و ما يحل لاحد حکم الاّ يحکم ما نزلنا فى الکتاب من قبل و کان الله بما يعمل النّاس خبيرا و انه لا اله الاّ هو يحکم يوم القيمة بين الکل بالعدل و ما کان الله ربک ليظلم نفساً من بعض ذرة والله قوىٌ عزيز.

قل يا ايها الملاء من اهل القرآن ان اتقوا الله ربکم فانه لا اله الاّ هو يعلم ما تخفون و ما انتم تعلنون ان اتقوا الله من يوم کل الى الله يحشرون و من کفر بآياتنا لن يقبل من عمله شيئى و انّه فى يوم القيمة لمن الخاسرين فيومئذ لن يقبل من احد فدية و ما کان للظالمين من حکم ربک من ولىّ و لا نصير.

ان ارسل مثل ذلک الکتاب الى بعض من العلماء و ابشرهم بايّام الله فان اجل الله لآت والله غنى حميد و انّ فى ذلک الکتاب آيات قد نزلت من لدنا لقوم يسمعون لو اجتمع الناس على ان يأتوا بمثل ما نزلنا اليک فى ذلک الکتاب لن يستطيعن ولو کنا نمدهم بمثل انفسهم و کان الله لقوى عزيز لا يعزب من علم ربک شيئى فى السموات و ما فى الارض و انه لا اله الاّ هو لعزيز حکيم قل يا ايها الملاء لقد

جائکم ذکر من بقیة الله مصدقاً لما جاء النبویون (النبیون) و المرسلون من عند الله الاّ تعبدوا الاّ ایاه ذلک دین الله الخالص فما لکم کیف لا تشعرون انما المؤمن فی کتاب ربک من آمن بالله و آیاته و اتّبع حکم الذکر من لدنا فاولئک هم المصلحون و ان هذا صراط ربک فی السموات و الارض یلقی الامر من لدنا علی قسطاس مبین و انّ کلمة الاسم قد حرم فی الکتاب ذکره و ان ذلک من امرالله قد قضی بالحق قل ما اجد لحکم الله فی بعض من الشیئی تبدیلا و سبحان الله ربّک ربّ العرش عما یصفون و بلّغ سلام ذکر اسم ربک الی المؤمنین و قل الحمد لله ربّ العالمین.

الواح و مکاتیب از بوشهر

۱- رساله خصائل سبعه به خطّ ملا عبدالکریم قزوینی (با علامت ستاره در دو طرف آن مشخص شده است)

لوح خصائل سبعه که به لوح شعائر سبعه نیز معروف است به اعزاز حاجی میرزا سید علی خال اعظم نازل و در ضمن مکتوبی به خطّ ملا عبدالکریم قزوینی نوشته شده است:

رونویس:

"بسم الله العلی العظیم تعالی ذکره الکریم

الامر الاول من الشعائر السبعة هو حمل الدائرة المنیعة المبارکة

و الثانی منها ترک الغلیان فانّه عمل الخان و نفخ الشیطان

و الثالث منها شرب ورق الصین المحبوب عند اهل الیقین

و الرابع ذکر الرکن المستسرّ فی الاذان بعد شهادة الولایة لخلفاء الرحمن

و الخامس منها السجدة علی التّربة الحسینیّة علی صاحبها آلاف الثناء و التحیة بالانف والجبین

و السادس قرائة الزیارة الجامعة التی انشأها صلی الله علیه بلفظه المبارک فی کل جمعة و عید و کل یوم متبرک و لیل سعید

و السابع منها التختم بخاتم العقیق الابیض المنقوش علیه لا اله الاّ الله محمد رسول الله ص ع علیّ ولی الله ص ع ۲۷۳ تمت و السلام علی من عمل بهذه الامور و یمشی بالنور فی اللیل الألیل الدیجور."

مضمون فارسی:

"بنام خدایی که بزرگ و عظیم است و ذکر او عالی و کریم است

حکم اول از شعائر هفتگانه حمل دعای حفظ است (دعای مخصوصی که حضرت باب نازل فرموده و بصورت دایره آن را مرقوم نموده اند).

حکم دوم ترک استعمال غلیان است که آن را به عنوان نفخ الشیطان ذکر کرده اند.

حکم سوم نوشیدن ورقة الصین (چای چین) است.

حکم چهارم ذکر عبارت "اشهد ن علیاً قبل نبیل باب بقیة الله" در اذان است.

حکم پنجم سجده بر مهر تربت امام حسین علیه السلام است.

حکم ششم قرائت "زیارت جامعه" در روزهای جمعه و لیالی و ایّام متبرکه.

حکم هفتم پوشیدن انگشتر با نگین عقیق سفید که عبارت "لا اله الاّ الله محمد رسول الله علیّ ولی الله ۲۷۳" بر آن نقش شده باشد.

۲- رونویس لوح به اعزاز ملا صادق مقدّس

بسم الله الرحمن الرحیم

الم ذکر ذکرالله للورقة الصفراء عن یمین الطور لا اله الاّ هو قل ایای فاخرجون و لقد نزلنا الیک کتاباً من قبل فیه آیات بینات من لدنا لقوم یسمعون ولقد سمعنا الیوم انک بعد مقرک فی تلک الارض قد اتبعت اهواء الذین لا یعلمون حکم بقیة الله من لدن عبده علی حکیم و ما بلغت حکم الله جهرة من خوف ما کان الناس فی آیات الله ینصتون ان اقرء آیاتنا فی کل یوم بین الناس من دون قدر خردل من خوف فان امرالله لحق مثل ما کان الناس ینطقون و لقد کتبنا للمؤمنین ان اذکروا ذکر الله فی الاذان بحکم ما نزلنا فی کتاب الملوک ان ارفعوا حکم الله جهرةً لعلکم تفلحون.

یا ایها الرجل صلّ فی المسجد الذی نزّل الآیات من ربک فیه و ادرس بآیاتنا فیه بالعدل لتکونن من الفائزین و انه اول بیت نزّل فیه الکتاب و ان فیه قد آمنوا رجال ارض المقدسة و ان اولئک هم السابقون و انه لمسجد قد اسس من حکم ربک بالعدل و کان فی الاوّل بیت الیهود و ان الآن ارض المقدسة فی کتاب الله لمسطور و لقد نزّلنا کتاباً الی بلد الکرمان ان ارسل حین النزول و ما کتبت من آیاتنا البدیعة لتکونن من الشاهدین لمکتوب. بلغ ذلک الحکم من لدیّ فانّه حکم عدل من لدن امام مبین و لقد فرضنا لاثنین نفس من علماء تلک البلد ان یخرجا بحکم بقیة الله الی تلک الجزیرة لنأمر حکم الله علیهما و لیکونا من الناصرین فی کتاب الله لمکتوب قل لاکبرهما ان اخرجا لامر الله لتکونا من الفائزین لمسطور. و ان اول من یخرج من بیته مهاجراً الیّ یدخل یوم القیامة قبل الناس فی جنات کریم و اقرء ذلک الکتاب فی کل یوم علی المنبر بلسان القرآن ذی حزن فصیح و اکتب الی شیعتنا بان یخرجوا من مساکنهم لعهد الله علی صراط الله العزیز الحمید و ارسل کل الیوم شأن من احکام البلد لنحکم فیهم بالعدل و کان الله ربک لسمیع علیم و ان الیوم حکم العلماء کمثل کل الناس لاتبدیل لحکم الله و کل علینا یعرضون قل امحوا کل الکتب و ادرسوا بین الناس بآیاتنا و اکتبوا ما نزل من یدی بالمداد الذهب لتکونن من المتقین لمکتوب و قل للعلماء ان اتقوا الله و لاتعرضوا من امرنا فانّ الحکم قد نزل فی شأن المعرضین بمثل ما نزل فی شأن ابی لهب و امرأته و ان الناس لیقرئون من بعد احکامکم و انتم لا تشعرون و قل الحمد لله رب العالمین...

٣- رونویس لوح خطاب به محمد شاه قاجار

الخط من بوشهر الی سلطان العجم

و انّ الله ربّک لا اله الاّ هو لقویّ حفیظ اقرء یا ایها الملک کتاب ربّک لتکوننّ من الفائزین

بسم الله الرحمن الرحیم

اقرء کتاب ذکر اسم ربّک الّذی لا اله الاّ هو العلیّ الکبیر و انّه لکتاب لا ریب فیه قد نزّل من لدن امام مبین و انه لهو الحق فی السموات و الارض یدعو النّاس الی دین الله الخالص من حکم قسطاس قویم و انه لهو السرّ فی صحف النبیین و المرسلین یتلو آیات ربّک عن شجرة السیناء ان لا اله الاّ هو قل ایّای فارهبون و انه لهو الامر فی کلمة الروح یدعو الناس بحکم ربک لشأن یوم لا ریب فیه و کل فی ذلک الیوم علی الله یعرضون و انه ورقة مبارکة عن الشجرة البیضاء ثم الصفراء ثم الحمراء یتلو کتاب ربک فی کلّ شأن لا اله الاّ هو ایای فاتقون و ان مثل نور ربک فی کتاب الله کقمص شمس فی کل وجهه عبید قد استقر علی عرش یاقوت حمراء قد طاف فی حولها رجال قد رقت وجوههم کوجه الزجاجة البیضاء هل تحکی الوجوه دون الوجه سبحانه و تعالی ما یدعو نفساً منهم الاّ من نفسه کذلک قد ارسل الله النبیین و المرسلین لامره الا ان الحکم لله فی کل شأن و کل الیه یرجعون و لقد ارسلنا الیک من قبل کتاب ربک لا مبدّل لحکمه و لن یجد الناس فی ذلک الیوم من دون ذکر اسم الله ملتحدا. انما المؤمنون الذین آمنوا بالله و آیاته و اتبعوا آیات البدع من لدنا علی صراط قویم و من یعرض من کتاب ربه بعد ما قد علم آیاتنا علی الحق فاولئک هم الظالمون و ان الله ربک لن یقبل من احد عملاً من یوم الذی سمع حرفاً من آیاتنا الاّ ان یؤمن بعبدنا و کان من الساجدین و لقد کفر الذین قالوا ان کلمة الله یأخذ تلک الآیات من احرف القرآن قل سبحان الله و تعالی عما یشرکون قل لو نشاء لننزّل فی کل شیئی قد احاط علم ربک مثل قرآن الاول من دون فکر و لاسکون قلم الم تعلم ان الله ربک قد کان علی کل شیئی مقتدرا و انّ حرفاً مما ینزل من یدی الذکر لم یعدل آیات الاولین فما لهؤلاء القوم لا یؤمنون بآیات الله قلیلا فایّ آیة اکبر من آیات القرآن الّذی قد نزّل من لدن عزیز حکیم و لو اجتمع الکل علی ان یأتوا بمثل آیة ممّا نزّلنا الیک فی کتابک هذا لن یستطیعنّ و لن یقدرنّ ولو کنّا نمدّهم بمثل انفسهم بما لا نفاد له من الامر الا ان ذلک لهو الحق الیقین و کفی بالله و من نزّل الآیات من لدیه علیّ شهیدا. یا ایها الملک ان اتبع حکم ربک ثم اشهد فی آیاتی کلمة العدل لتکونن من الفائزین ثم اسجد لله ربک مما نزلنا الیک من عنده لتکونن من الموقنین و ان الله ربک قد شاء ان یؤمن الروم و اکثر اهل الارض بآیاته ان انصر دین الله لتکونن یوم القیمة لمن المنتصرین ان اعلم

يا ايها الملک اننی فتی عجمی من طائفة عدل التجار امی علی شأن لم یحط بعلمه احد قد اختارنی الحق لحکمه و انه لا اله الاّ هو لقوی عزیز قل ما کنت مفتریاً علی الحق و ما کنت بدعاً من الابواب و ما کنت عن العالمین بعیداً و ان الله قد منعنی عن کل شیئی یعمل فیه عمل الشیطان و ما کنت فی شأن الاّ باذن بقیة الله مولای و ان ذلک الکتاب الذی نزلنا الآن الیک یکفی لدی الحجة اهل السموات و الارض و الله سمیع علیم و لو نزّل الله القرآن آیة واحدة فما لاحد ان یقول فیها حرفاً الاّ ان یؤمن به و کان من الساجدین و اذا ورد علیک کتاب ربک هذا فأمر ان یحضر الموحّدین مقر عزتک ثم قل هذا کتاب من ذکر الله نزّل الیّ ان استطعتم بمثل آیة منه فأتونی و ان لم تقدروا و لن تفعلوا فاعلموا ان کلمة الله حق و انه لعلی صراط مستقیم. یا ایها الملک ان اعرف حکم الله ثم اعلم ان کل الملک فی یدی مولای کمثل خاتم فی یدیک یقلّبه کیف یشاء کما یشاء و لا مردّ لامر الله و الله قوی عزیز ان استقم علی الملک بالعدل من حکم ربک فی الکتاب فان کلمة الله ما اراد ملک الدنیا و لا الآخرة و لا حکم الفتوی مثل علماء الحق والله شهید علیم قل اننی اردت الله ربک وحده لا اله الاّ هو الحی القدیم بلی قد احب ان تنصر ذکرالله لیؤمننّ شرق الارض و غربها بآیات ربک و کانوا من المهتدین و انّ حکم حرف مما ینزل من لدیّ لم یعدل ملک الآخرة و الاولی لانه تنزیل من عزیز حکیم.

ولقد رجع ذکرالله باذن ربک من بلد الحرام و انه قد اراد ارض المقدسة فانظر ماذا تری فی شأن ذکرالله علی الارض المقدسة فی ملک الروم والله عزیز حمید ولقد سمعنا الیوم ان الرسول قد حبس فی البغداد ان اطلبه من قریب فانه لعلیّ عزیز و ان لم تری الشأن فیها نرید عرش الله فی ملکک ان ارسل حکم الجواب فانه لمن النازلین قریبا ولقد نزلنا کتاباً الیک لتأمر ان یکتب بمثل ما نزّلنا فیه بالمداد الذهب علی خط نسخ کریم ثم ترسل کتاب ربک الی ملک الروم ثم الی کل الملوک لنعلم ایّ طائفة منهم قد صدّقوا حکم الله و ایّ طائفة منهم کذّبوا ثم نحکم بینهم بالقسط و ما کان الله لیظلم نفساً من بعض ذرة والله قوی حکیم یا ایها الملک عزّز رسل عبد الله ثم وقّرهم فانهم فی حکم الکتاب لمن المقربین الاولین لمسطور وان حکم ربک فرض اجب ذکر الله فی حکم ذلک الکتاب بایدی اهل ملکک من قریب و سبحان الله ربک رب السموات و العرش عما یصفون و سلام علی المرسلین و الحمد لله رب العالمین.

الواح و مکاتیب دیگر

۱- رونویس لوح به اعزاز شریف سلیمان (شریف مکه) که در مکه نازل و بوسیله قدوس تسلیم شده است.

الخطّ الی شریف سلیمان

بسم الله الرحمن الرحیم

ان هذا کتاب قد نزلت باذن ربک من لدن علی حکیم و انه لعلی صراط الله فی السموات و الارض ینزل الآیات بلسان عربی مبین ان اتبع ما القی الیک من کتاب ربک انه لا اله الاّ هو یهدی من یشاء بامره و کان الله ربک علی کل شیئی شهیدا ذلک من انباء الغیب نوحیک لکنت علی هدی ربک و لتکوننّ من الشاکرین و ان ذکر اسم ربّک ینزل الیک لوحاً بدیعاً. هذا کتاب ربّک اتل المؤمنین و ابلغ کتاب ربک الی المشرکین لعل الناس بآیات الله یؤمنون هذا حکم الله لاهل مکة و حاضریها الاّ تشرکوا بعبادة ربّهم احدا و کانو فی دین الله لمن المهتدین قل یا اهل المکة ان اتقوا الله و اعلموا ان حجة ربکم قد نزل الی عبده الواحاً من کتاب حفیظ لعل الناس یؤمنون بالله و بآیاته و کانوا علی صراط قویم قل من آمن بالله و آیاته فقد اهتدی و من ضل فانما یضل لنفسه و کان الله بما تعملون خبیرا و من کفر بآیات هذا الکتاب لن یقبل الله من عمله شیئی و قد کان فی ضلال مبین و لن یجد لنفسه فی یوم الفصل من ولی و لا نصیر. قل یا اهل مکة آمنوا بالله و آیاته و اتبعوا حکم الکتاب ان کنتم ایّاه تعبدون هو الذی لا اله الاّ هو قد خلق کل شیئی بامره و کل الیه یحشرون قل لو اجتمع الناس علی ان یأتوا بمثل هذا الکتاب لن یستطیعن و لن یقدرن ولو کنا نمدّهم عدل انفسهم و کفی بالله شاهداً و نصیراً قل للذین یکفرون بآیات الله هاتوا برهانکم ان کنتم فی دین الله صادقین و ان لم تقدروا و لن تقدروا فآمنوا بحجة ربکم و آیاته و افعلوا الخیر لعلی هذا الصراط لعلکم تفلحون اتقوا الله الاّ ینسینّک الشیطن حکم ربک فان اجل الله لآت و کان الله علی کل شیئی شهیدا. قل یا اهل مکة هذا حکم الله فی کتابه فاتبعوا ان کنتم ایاه تعبدون و ان ربک قد نزل الآیات لقوم یعقلون و ما وجدنا اکثر الناس مؤمنین بآیات ربک الاّ و قد وجدناهم بآیات الله لمستهزئین اولئک هم اصحاب النار فی کتاب ربک و ما یشهد الله للظالمین الاّ نفورا و انا نحن قد جعلنا بینک و بین الذین لا یؤمنون بالآخرة بک حجاباً مستورا. هذا حکم الله فی کتابک قل فمن شاء اتّخذ الی الله سبیلا و ما تشاؤن الاّ ان یشاء الله و کان الله علی کل شیئی قدیرا و ان ربک قد فصل الآیات لقوم یسمعون و ان الله یعلم غیب السموات و الارض و ما کنتم فیه تختلفون و ان ربک یفصل بین الکل بالقسط و ما کان الله لیظلم علی نفس من بعض ذرة و کفی بالله للمؤمنین حسیبا و یسئلونک من هو قل ای و ربی و انه لهو

الحق يهديكم الى صراط عزيز حميد كذلک قد فصلنا الآيات فی لوح حفيظ و ما يتذکر بآيات الله الاّ من شاء ربک انه لا اله الاّ هو علی ما يشاء قدير و لذلک قد نزّلنا الآيات لاولی الالباب منکم لتکونن علی هدی و کتاب مبين و انّ ذکر اسم ربک قد نزل فی المدينة کتاباً علی اهلها ليعلم الناس انه علی کل شيئی قدير و کفی بحجة ذکر اسم ربک هذا الکتاب و کفی الله للمؤمنين نصيرا و سبحان الله ربّک رب العرش عما يصفون و سلام علی المرسلين و الحمدلله رب العالمين.

۲- نامه خال اکبر خطاب به والده و همشیره

[illegible]

۳- رونویس کتاب العلماء

هذا کتاب الی العلماء

بسم الله الرّحمن الرّحیم

الحمد لله الذی ینزّل الکتاب علی من یشاء من عباده انّه لا اله الاّ هو لغنی حمید و انّه لکتاب لا ریب فیه قد فصّل فی حکم باطن القرآن تنزیل من لدن علیّ حکیم و انّ ذلک الکتاب حجة من بقیة الله لمن اراد ان یؤمن بآیات ربّه و کان من المؤمنین قل انّ بقیة الله حجة ربّک لا یعزب من علمه شیئی و له ما فی السموات و الارض و انّ المؤمنین فی حکم الکتاب له خاشعون ان اتّقوا الله یا اهل الفرقان ثمّ اعلموا انّ حجّة الله بالغة علیکم بعد ما سمعتم آیة من لدن عبدنا علیّ حکیم ولقد ارسلنا الیکم من قبل کتاباً فیه آیات بیّنات من لدنّا لقوم یعقلون و انّه لکتاب قد نزل فی حکم باطن القرآن من لدنّا علی صراط قویم و ما یشهد الله لاکثرکم الاّ کلمة الشّرک فسوف یحکم الله یوم القیمة بینکم بالعدل فیومئذ لن تجدوا لانفسکم من ولیّ و لا ظهیر ولقد کفر الّذین من قبلکم بآیاتنا فاخذناهم بما کسبت ایدیهم علی غیر الحق جزاء بما کانوا یکذبون انّ الذین اتّبعوا آیات الذکر من لدنّا فاولئک هم المهتدون وما من نفس قد سمع حکم البدع و یعرض عن حکم ربّه الاّ و یحشر یوم القیمة فی تابوت من حدید لن یستطیع یومئذ بشیئی من الامر وکان من حکم ربّک فی عذاب الیم ولقد فرضنا فی الکتاب من قبل ان اتبعوا آیات الله من لدی الذکر ان کنتم ایّاه تعبدون و مایحلّ لاحد منکم حکماً الاّ بحکم ما نزلنا فی الکتاب من قبل و من اعرض عن حکم ربّه فانّه یوم القیمة لمن الخاسرین ازعمتم ان تکفروا بآیات الله من لدی الذّکر انتم علی دین فسبحان الله عمّا یشرکون انّما الدین فی کتاب الله من آمن بالله و بآیاته و اتّبع حکم البدع فاولئک هم المهتدون ان اتّقوا الله یا اهل الفرقان و اتبعوا حکم الله من لدی الذّکر لعلّکم ترحمون انما الدین فی کتاب ربّک هذا صراط الله فی السموات و الارض یلقی الامر من لدنّا علی قسطاس مبین و مامن عبد منکم قد آمن بالله و بالقرآن و ما نزّل فیه من عند الله ویعمل کل الخیر ثمّ یکفر بحرف من آیاتنا الاّ و کان جزائه جهنّم بئس المقعد فی حرّ نار قدیم ان اتقوا الله یا معشر العلماء من یوم کلّ الی الله یحشرون و ان کفر نفس منکم بآیات الذکر ما نحکم له فی الکتاب بایّام ربّک ولنعذّبنّه یوم القیمة بکفر النّاس اجمعهم جزاء لشرکه بالله العلیّ الحمید ان اتّقوا الله یا اهل الملاء فانّا ما نرید بتلک الآیات الاّ ان یؤمن من الذین کفروا باسمائنا من قبل فما لکم کیف لا تشعرون قلیلاً اتریدون ان تفسدوا فی دین الله بغیر علم من لدنّا بعد ما انتم بآیات الله لتوقنون ویلکم یا ایّها الملاء کیف تکفرون بما ینزل من لدیّ علی قلب عبدی بعد ما انتم بآیات القرآن لتؤمنون اعجبتم ان یبعث الله نفساً من انفسکم لحکمه و

ينزل عليه الكتاب و الآيات ليذكركم بايام الله بعد ما انتم فى كل حين من فضل الله لتسئلون فلمّا جائكم ذكر الله بآيات الله من لدنا قد كذّبوا فريقاً منكم ثم استهزؤا فريفريقاً منكم بما يلقى الشّيطان فى انفسهم فويل لهم و ما كانوا من الدّين بئس ما اتبعت اهوائهم و ساء ما يحكمون قل يا ايها الملاء من اهل الفرقان ان تتّقوا الله بالعدل ثمّ ما اجاب احد منكم بقية الله فما الحكم بينكم و بين قوم الخوارج فهل كانوا فى اعمالهم على دين ويكفروا يوم المصحف بحكم القرآن فما لكم كيف تكفرون بآيات الله جهرة من حيث لاتشعرون ان اتقواالله يا اهل الكتاب و لا تكذّبوا عبدنا فانّه لعلى صراط مستقيم ان اسئلوا من طائفة العدل بينكم هل قرء هذا الذّكر بعد حكم الرشد عند احد من علمائكم بعضاً من القول فتعالى الله عمّا يصفون ان اعملوا يا اهل الملاء حكم الذّكر من لدىّ فانّ الرّوح قد ايده فى كلّ شأن باذن الله و انّه لا اله الاّ هو لقوى عزيز فلمّا بلغ سنّ هذا الفتى الى حكم فرض العلم قد بلغناه الى جزيرة البحر لسنة محمد رسول الله من قبله و ما تلا من سبيل علمكم لدى احد منكم و انّه لامّىّ على هذا الشأن و اعجمى على هذا الصراط و احمدىّ من ذريّة رسول الله فى حكم لوح حفيظ و يشهد كلّ ذى عقل ان مثل تلك الآيات مانزل الاّ من الله العزيز الحكيم و انّ كلمة المشركين فى حكم ما نزل اليک بان الذكر يأخذ احرف القرآن و ينزل الآيات على لسان عربى قويم فو ربّک انّهم قد كذّبوا على الله وافتروا بآياتنا بما يلقى الشّيطان فى انفسهم و اولئک هم الفاسقون ولو شاء الذّكر لينزل فى كلّشيئى مثل آيت القرآن و انّ الله ربّک لسميع عليم ان اسئلوا يا اهل الفرقان من كلمة الله فى كلّ ما تحبّون فى سبيل الامر ان ينزل الحكم عليكم مثل شأن القرآن فمن بعد يومكم هذا بآيات الله لا تكذّبون و انّ الذين يقولون فى آياتنا كذبا فاولئک هم اصحاب النّار فى كتاب مبين و انّ المستهزئين بمثلهم قد كانوا من اصحاب الجحيم و من قال فى حرف حرف القرآن فاولئک هم المشركون و ان مثل خلق الحروف عند الله كمثل خلق انفسكم لامبدّل لآياته و لن يجد المعرضون فى ذلک اليوم من دون ذكر اسم الله شاهداً و نصيرا ان اصبر يا ذكر الله و لا تحزن من كلمة المشركين فانّ الاعراب قد قالوا من قبل فى القرآن بمثل ما قال فى آيات ربّک اصحاب القرآن ما هذا الاّ ساطير الاوّلين و ان بعضهم قد كذبوا شأن الله فى آياته و قالوا ماكانت تلک الآيات الاّ من قصص الاوّلين و ان بعضهم قد افتروا فى آياتنا بانّ كلمة سجّيل فى القرآن اعجمى قل سبحان الله عما يشركون و ما تجد اكثر اهل الفرقان اثبت علماً فى حكم الفصاحة منهم قتلهم الله بئس ما افتدت به انفسهم فى صراط ربّک و قد ساؤا فى آياتنا ما كانوا يحكمون و ان سنّة الله قد قضت فى حكم ذكر الله بالحق قل و ما اجد لحكم الله فى بعض من الحرف تبديلاً قل يا ايها الملاء من اهل الفرقان ان اتّقوا الله و لا تفرّقوا من امر الله و اتبعوا حكم الله

بالعدل و ادعوا الذين يكفرون باسمائنا بتلک الآیات فان الله یؤیّد من یشاء بنصره و الله قویّ حکیم فما لکم کیف تکذبون بآیاتنا فی الکتاب من قبل بعد ما انتم علی حکم البدع لتعجبون ولو نزل الله القرآن آیة واحدة فهل یبدل الحکم بعدما قد نزل من الآیات کثیرة فتعالی الله عما یفترون قل یا اهل الفرقان فهل تجدون فی الکتاب من قبل آیة بدیعة فما لکم کیف تکفرون بالله و لا تشعرون ولو نزل الله علی موسی آیة وحدة من دون تسع آیات بینات فهل کان حجة بالغة علی قومه قل ای و ربّی لو نزّل من الله آیة واحدة لن یرد الحکم بعد ما نزل من لدیه کثیرا الم تقرئوا کلمة القرآن لا نفرق بین احد من رسله و الله سمیع علیم ان اعلموا ان حکم هذا العبد کمثل حکم الابواب من قبل قد ارسلناه الیکم بآیات بینات لواجتمع النّاس علی ان یأتوا بمثل آیة مما ینزل الرّوح الیه لن یستطیعنّ و لن یقدرنّ ولو کان الکلّ علی البعض ظهیرا و ما نزّل الله آیة الاّ اکبر من اختها و انّه لیعلم ما فی السموات و ما فی الارض لا اله الاّ هو فانّی تصرفون ان اعملوا یا اهل الکتاب حکم الله ولقد جائکم ذکر الله من لدنا مصدقاً لما جاء به النبیّون و المرسلون من عند الله من قبل فان ذلک لهو الحق المبین ولقد بلغ ذلک الکتاب حکم بقیة الله لکل شیئی فمن شاء ان یؤمن قد شاء الله ربّک له و من شاء ان یکفر ان حجة الله بالغة علی النّاس اجمعین قل یا اهل الکتاب ان کنتم فی ریب من حکم الله فارضوا بحکم ما نزّل فی القرآن من قبل نبتهل فنجعل لعنة الله علی الکاذبین و ان لم تفعلوا و لن تؤمنوا قد نزّل الله حکم الخالص بیننا و بینکم لکم دینکم و لی دین. ولقد نزّلنا فی کتاب الحرمین حکم ذکر الله عند الکعبة فی المسجد الحرام فمن شاء ان یباهل انّ رسل ذکر الله قد کانوا فی بعض البلاد کثیرا ان اقرؤا ممّا نزّلنا فی ذلک الکتاب الی الّذی قداجاب امرنا فانّه فی حکم اللوح لمن الصادقین ثمّ اتلوا کتاب الرّوح التی قد نزلناه علی البحر فی رجع الذکر فی سبعمأة سورة محکمة آیات بینات باطن القرآن تنزیل من لدن علیّ حکیم یا اهل القرآن قد اکتسبتم فی ایام الله ما لم یعمل احد قبلکم قد جائکم رسل ذکرالله من لدنّا بآیات بینات فی حکم باطن القرآن و صحیفة مکنونة من سبیل اهل البیان فقد اعرضتم من آیات الله جهرة و آذیتم رسل ذکرالله بغیر الحق بعد ما کنتم بظن انفسکم فی دین الله لصادقین. بئس ما اکتسبت ایدیکم فی ایّام الله و ساء ما انتم تعملون و لن یقبل الله من احد عملاً بعد ما سمع هذا الامر من عند بقیة الله الاّ ان یؤمن بآیاته و کان من الخاشعین و ان عمل بعد جهاده فی الارض فقد فرض له فی الکتاب ان یقضی بمثل ما قد عمل الاّ ان یعفو عنه الذکر فانّه لغنی کریم فهل نزّلنا فی الکتاب حکماً دون ما نزل الله فی القرآن من قبل کیف لا تشعرون بلی قد نزلنا فی الکتاب بعضاً من آیات باطن القرآن و انتم من قبل ذلک حرفاً منه فی کتاب الله لا تدرسون فما لکم یا اهل

الفرقان هل حرّم فی الکتاب حکماً ما حل فی حکم القرآن من قبل ام حرّم فی القرآن و نحلّ لکم فی الکتاب من بعد فما لکم کیف لا تؤمنون و ما نزّل فی الکتاب حرفاً الاّ باذن الله وکفی بالله و من عنده حکم القرآن علی حکم ذلک الکتاب شهیداً و انّ کلمة الوحی فی الکتاب کمثل ما قد نزل فی القرآن من قبل و اوحینا الی موسی و من معه اجمعین و مثل ذلک ما اوحینا الی امّ موسی ثم الی النحل و کذلک قد فصلنا الآیات لاولی الالباب منکم کمن کان علی عهد الله فی یقین مبین قل لا یعلم تأویل ما نزلنا فی الکتاب الاّ الله و من شآء انّه لا اله الاّ هو لقویّ عزیز و من یاوّل حرفاً من آیاتنا بغیر حکم ما نزل الله فی القرآن من قبل فاولئک هم الخاسرون و من عرف کلمة الله و لم ینصره حین البأس کمن اعرض عن حجة ربّه حسین بن علیّ علی الارض المقدسة و اولئک هم الکافرون و انّ الذین یشاققن الذکر من بعد ما تبیّن لهم الهدی فاولئک هم الظّالمون و انّ الذین یفسدون فی حکم کلمة البدع کمن یقتل نبیّاً من اولی العزم بایدیه و اولئک هم المشرکون و من اهان بامر الله فی حکم ما قد سمع آیات الله بالحق فاولئک هم الفاسقون. یا اهل القرآن ان اتّبعوا حکم الله ثمّ بلّغوا مثل ذلک الکتاب الی کلّ نفس قد آمن بالله و کلماته و کان من المسلمین ان اتقوا الله یا اهل الکتاب من یوم الفصل فانّکم ملاقوه واتبعوا آیات الله بالحق ثمّ اجهدوا فی سبیل الله بتلک الآیات علی حکم ما نزّل فی القرآن من قبل لعلّکم ترحمون ولقد فرض فی حکم الکتاب للذین یتبعون آیاتنا ان یتلوا ذلک الکتاب فی کلّ شأن لیثبت قلوب المؤمنین علی صراط عزیز حمید و انّ الله ربّک یوصی عباده المؤمنین بان یجمعوا علی الحکم ثمّ یجاهدوا فی سبیل الله بالحکمة و الکلمة المحکمة و کانوا علی صراط قویم ان اتقوا الله یا اهل الفرقان فیما تشاؤن فانّ الله یعلم ما فی السّموات و ما فی الارض و ما کان النّاس فی حکم الکتاب یختلفون ان اتقوا الله و استغفروا ربکم ثمّ ارجعوا الی حکم الله من لدی الذّکر لعلّکم ترحمون ولقد فصلنا فی الکتاب من قبل احکام کلشیئی فما یؤمن بآیاتنا الاّ من السّابقین قلیلا و انّ الله قد اذهب من عبدنا کلمة الشیطان وما یأذن الله له بحکم الاّ بشأن کلمة الآیات لئلاّ یقول نفس فی احکامه بعضاً من القول و کلّ اتاه طائعین الا آیة من آیات ما نزلنا تعدل فی کتاب الله کلّ ما انتم تریدون و ما انتم من بعد ستسئلون ولقد نزل ذکر الله ارض مسقط و بلغ حکم الله الی رجل منهم لعلّه یتذکر بآیاتنا و کان من المهتدین قد اتبع هواه من بعد ما قد تلی آیاتنا وانّه فی حکم الکتاب من المعتدین قل ما نری اهل الکتاب فیها الاّ من قوم بور جاهلین و کذلک قد کان حکم الله لاهل السفینة الاّ نفساً منهم انه قد آمن بآیاتنا و کان من المتّقین فسوف ینسخ الله ما یلقی الشیطان فی انفس المؤمنین و یثبت افئدتهم بآیاتنا و یهدیهم الی صراط علیّ قویم ولقد کفر الذین قالوا انّ کلمة الله یأخذ من

القرآن آیاته قل یا ایها الملاء ان اتقوا الله واتوا بسورة من مثله ان کنتم علی اخذ الآیات من امّ الکتاب لقادرین قل لو شئنا لننزّل فی کلّ حرف مثل آیات القرآن و انّ الله ربّک لقوی عزیز ولقد فرض فی الکتاب لمن وجد تلک الآیات علی اسم محمّد رسول الله و خاتم النبیّین ان یکتبها بالمداد الذّهب ثم ان یبلغها الی من لا یعلم حکمه و ان حکم ربّک فی الکتاب لمستقر و ما من عبد قد قرء ذلک الکتاب و اتبع آیاته و تفیض من الدمع عینیه الاّ و قد کتب اسمه فی صحف الابرار و سبحان الله ربّک ربّ السموات و العرش عما یصفون و سلام علی المرسلین و الحمد لله ربّ العالمین.

یادداشتها

۱- The Dawn-Breakers صفحات ۹۶-۹۲ و نیز مطالع الانوار، صفحات ۷۸-۷۴.
۲- قرن بدیع، جلد اول، صفحات ۸۳-۸۱.
۳- قرآن مجید، سورة الفجر آیه ۲۲ مضمون فارسی: و خدای تو آمد و فرشتگان صف به صف حاضر بودند.
۴- نزدیکترین نامها به خداوند.
۵- مطالع الانوار، صفحات ۷۷-۷۶.
۶- شرح حال حاجی ابوالحسن بزاز شیرازی و چند نفر دیگر از کسانی را که در سفر مکه به زیارت حضرت باب نائل شده و اغلب به شرف ایمان نیز فائز گشته‌اند در ضمائم آخر کتاب می‌خوانیم.
۷- مضمون فارسی: ... در طول راه بر من گذشت آنچه که بر ابواب قبل از من گذشته بود و در راه خدا تمام آزار و اذیتهای اهل شرک و شک را دیدم. این سنت الهی است که از قبل وجود داشته است. سنت الهی تحول پذیر نیست.
۸- معمولاً سی حرف با احتساب اعراب و چهل حرف بدون آن معادل با یک بیت است.
۹- بیان فارسی، باب شانزدهم، واحد چهارم، صفحه ۱۴۳.
۱۰- لیموی شیرین.
۱۱- میرزا محیط از مردم کرمان و از تلامیذ مشهور و طراز اول مکتب حاج سیدکاظم رشتی بود. در اوقاتی که حضرت باب در کربلا حضور داشتند با میرزا محیط محشور و مربوط بوده‌اند. در ضمن آثاری که باقی مانده است لوحی است خطاب به مرحوم حاجی سیدجواد کربلائی که اشاره به شخص مذکور نموده ابلاغ تحیت و سلام بوسیله حاج سیدجواد به مشارالیه می‌نمایند: "و دیگر ابلاغ سلامهائی که فرموده بودید به احباب رسانیده سرکار معظم آخند (آخوند) ملاعبدالخالق هم تشریف داشتند ابلاغ نموده از لسان حقیر هم عرض عبودیت بسرکار روحی فداه و احباب باصفا خصوصاً جناب مستطاب قبله واقعی میرزا محیط منوط به مرحمت عالی است اخوان سرکار را هم بعرض اخلاص مصدعم و در هر حال ملتمس زیارت و دعایم یا لیت کنا معکم فافوز فوزاً عظیما و پیوسته حقائق حالات را با ارجاع خدمات اشاره فرمایند مورخ ۲۸ رمضان المبارک ۱۲۵۹."
۱۲- تاریخ امری فارس، نسخه خطی.
۱۳- مضمون فارسی: من همان قائمی هستم که منتظر او هستید.
۱۴- قسمتی از متن عربی رساله بین الحرمین:
" اللّهمّ انّی اشهدک بما قلت فی المسجد الحرام عند الکعبة بیتک الحرام علی

السائل تلک الآیات بما قد نزّلت علی حبیبک محمد صلی الله علیه و آله فی القرآن من قبل و ان حاجّوک فقل تعالوا ندع ابنائنا و ابنائکم و نسائنا و نسائکم و انفسنا و انفسکم ثم نبتهل فنجعل لعنة الله علی الکاذبین فبحقک الذی لا اله الا انت لم یقبل من عبدک و کفی بالله شهیدا. فیا ایها السائل المحیط الم اقل لک فی المسجد الحرام تلقاء الکعبة من شطر رکن الغربی علی محلک مقدم المنبر فی اللیلة النصف من الشهر الحرام شهر الحج بعد ما قد مضت من اول اللیل ثلث ساعات اقبل دعائی و قم تباهل معی لدی الرکن عند حجر الاسود علی شأن الذی کنت عن قبل اهل الارض اجمعهم منکراً لعهدی حتی یحکم الله بیننا بالحق والله علی ما اقول خبیر ثم الم اقل لک مرة اخری تلک الکلمة فی المسجد الحرام بین المنبر و المقام تلقاء وجه الکعبة والله علی ما اقول وکیل ثم الم اقل لک فی بیت مکّة مقعد الصدق تلک الکلمة ثلاث کرّات و انک لم تشعر بامرالله والله علی ما اقول شهید."

۱۵- حسینعلی میرزا فرمانفرما حاکم مقتدر فارس در زمان سلطنت فتحعلیشاه که بعد از جلوس محمدشاه داعیه سلطنت داشت. به همراهی برادرش حسنعلی میرزا شجاع السلطنه حاکم کرمان بر علیه محمدشاه قیام کرد. وی در ماه فوریه ۱۸۳۵ با اردوی دولتی که به فرماندهی منوچهرخان معتمدالدوله و کلنل لیندزی بتیون (Lindesay Bethune) برای سرکوبی او به سمت فارس می‌آمدند در حوالی ایزدخواست تلاقی کرده و شکست خورد و به شیراز فرار کرد. معتمدالدوله او را در شیراز دستگیر کرد و به طهران فرستاد. او و برادرش شجاع السلطنه به اردبیل تبعید شدند ولی فرمانفرما در بین راه فوت کرد. از او سه پسر به اسامی رضاقلی میرزا، نجفعلی میرزا و تیمور میرزا باقی ماندند که به بغداد فرار کردند و در آنجا جان سالم بدر بردند. کیوان میرزا پسر رضاقلی میرزاست.

۱۶- با توجه به تاریخهائی که حضرت باب ذکر فرموده‌اند، روز حرکتشان از جده به مسقط بایستی روز نوزدهم ماه صفر باشد در حالیکه در لوح جده روز چهاردهم ثبت شده است. به احتمال قوی این اختلاف حاصل اشتباه نسخه برداران است که به جای کلمه تاسع (نه) کلمه رابع (چهار) نوشته‌اند.

۱۷- در هیچیک از آثار حضرت باب و یا در تاریخهای دیانت بابی و بهائی اسم دقیق محل سرقت خورجین محتوی آثار مبارکه ذکر نشده ولی محل سرقت در منزل سوم بعد از مکه مشخص گردیده است. در کتابی که عاتق بن غیث البلادی در توصیف و تعریف هجرت رسول الله به اسم علی طریق الهجرة تألیف نموده در صفحات ۳۰ و ۷۶ می‌نویسد که آن طرق و شوارع تا قبل از ایجاد راههای اتومبیل رو هنوز به همان صورتی که در عهد رسول الله معمول بوده است باقی و مورد

استفاده کاروانهائی که از مکه به مدینه مسافرت می کرده اند قرار می گرفته است. اما بعد از ایجاد راههای فعلی آن طرق متروک مانده و به عنوان راههای مسافرتی رفت و آمدی در آنها صورت نمی گیرد. با تحقیقاتی که یکی از امناء اصدقاء نموده اند منزل ثالث بعد از مکه در مکانی به اسم الدف در وادی خُلیص واقع است که تا مکه ۱۰۱ کیلومتر فاصله دارد و محتملاً این واحه همان محلی است که در لوح مبارک به آن اشاره شده است.

۱۸- مضمون فارسی: هنگامی که امور به قضای الهی است حزن برای چه؟

۱۹- مضمون فارسی: و چنین بود حکم خداوند بر اهل کشتی بجز یک نفر از آنها. همانا که او ایمان آورد به آیت ما و از پرهیزگاران شد.

۲۰- میرزا محمد یزدی معروف به روضه خوان، یکی از حروف حیّ است.

۲۱- مضمون فارسی: به تحقیق ذکرالله (حضرت باب) به ارض مسقط وارد شد و حکم الهی را به یکی از رجال آنها ابلاغ کرد تا شاید به آیات ما متوجه شود و رستگار گردد. به تحقیق بعد از تلاوت آیات ما از هوی و هوس خود پیروی نمود و بدرستی که در حکم کتاب از ظالمان است.

۲۲- شرح حال مختصر سلطان عبدالمجید را در ضمائم آخر کتاب می خوانیم.

۲۳- اصل و سواد این توقیع را در آخر همین فصل می خوانیم.

۲۴- شیخ ابوهاشم پسر شیخ مفید آخوند کم بضاعتی بود که در یکی از اطاقهای مسجد نو شیراز معروف به پنجه علی به کار تحریر قباله جات برای معاملات کوچک اشتغال داشت. او گرچه آدمی متعصب و کم سواد بود ولی آرزو می کرد که از احترام و مرتبتی که برادرش شیخ ابوتراب برخوردار بود، او هم سهمی داشته باشد. برای حصول به این مقصود به دیگران متوسل می شد و از آنها استمداد می جست. از جمله اشخاصی که به وی روی خوش نشان داد مردی فاضل و باسواد و شاعری قوی دست به نام سیداسدالله متخلص به غرّا از مردم کازرون بود. سید اسدالله به خواهش شیخ ابوهاشم در آثار و نوشته های حضرت باب دست می برد و آنها را با عبارات سخیفه و کلمات سست و بی معنی تلفیق و تحریف می نمود و به اسم آثار باب در بین مردم و علی الخصوص طلبه ها پخش می کرد.

در صفحات ۲۸۷ و ۲۸۸ کتاب رسائل و رقائم میرزا ابوالفضائل گلپایگانی گردآوردهٔ روح الله مهرابخانی می خوانیم: "و ثانی کلماتی بود که اعداء امرالله خود عمداً رکیک می ساختند و به اسم اینکه اینها کلمات باب است در میان خلق شهرت می دادند. چنانکه سید کاظم نام شیرازی که خواهرزاده سید اسدالله شاعر مشهور متخلص به غرا بود در مصر در نزد جمعی که اکنون بعض از ایشان در حال حیات اند حکایت می نمود که خال من غرا می فرمود که من و جماعت دیگر می نشستیم و آیات

می‌ساختیم و به اسم باب شهرت می‌دادیم تا مردم فریفته او نشوند و گمراه نگردند و از شریعت حقه اعتراض ننمایند."

شیخ ابوهاشم با همه خدماتی که سید اسدالله به وی کرده بود ناسپاسی نموده در یکی از روزهای ماه رمضان وقتی نامبرده را در حالت مستی به حضورش برده بودند حکم حد یعنی زدن هشتاد ضربه شلاق در ملاء عام برایش صادر کرد. سید غرا از شیراز به هندوستان رفت و از قول شیخ ابوهاشم اشعار هجائیه‌ای سروده به اسم دیوان هاشمیه انتشار داد. این هجویه در میان سایر هجویاتی که دیگر شعرای ایران ساخته‌اند در نوع خود بی‌نظیر است. این کتاب با چاپ سنگی در بمبئی به چاپ رسید و سپس نسخ خطی از روی آن تسوید گردید.

اعتمادالسلطنه در کتاب المآثر و الآثار در باب هشتم صفحه ۱۱۷ در ذیل "اداره سانسور" می‌نویسد وقتی کتاب هجویه شیخ ابوهاشم شیرازی به دست ناصرالدین شاه رسید بخاطر اهانتی که نسبت به فامیل امام جمعه شیراز شده بود متغیر گردید و دستور داد تا اداره‌ای برای سانسور کتب و مطبوعات تأسیس گردد.

۲۵- مضمون فارسی: شهادت می‌دهم که علی قبل نبیل (محمد) باب بقیة‌الله است.

۲۶- منظور حرم و افراد خانوادهٔ سیدکاظم رشتی است.

۲۷- هریک از حروف تهجی در الفبای عربی دارای یک ارزش عددی است. بنابراین رقم ۸۶۴۲ با کلمه "بدوح" که به اعتقاد مردم آن روز ملائکه حامل مراسلات و مکاتیب است معادل می‌شود. بعضی اوقات هم حروف ب(۲) د(۴) و(۶) ح(۸) را می‌نوشتند که همان ۸۶۴۲ و کلمه بدوح است. بکار بردن عدد به جای کلمه معمول و مرسوم نویسندگان علی الخصوص تجار آن زمان بوده است؛ مثلاً به جای محمد رقم ۹۲ و به جای علی رقم ۱۱۰ می‌نوشته‌اند که معادل ارزش عددی حروف آنهاست.

فصل پنجم
عزیمت حضرت باب از بوشهر به شیراز

وقایع قبل از ورود

تحریکات شیخ ابوهاشم و اغوای علماء در شیراز

اقدامات مستمره شیخ ابوهاشم و همراهی و همزبانی ملاها و ارباب عمائم با او و گزافه‌گوئی های آنان بر عرشه منبر مردم را به هیجان آورده و عوام الناس را طوری تحریک نموده بود که احتمال بلوای عظیمی می‌رفت.

آنچه بیشتر سبب غوغا و شورش می‌گردید تقویت و پشتیبانی حسین خان آجودان باشی حاکم فارس از علماء و مخالفت های علنی او با حضرت باب بود.

خصومت و دشمنی شیخ ابوهاشم و اقاویل باطلی که از خود می‌ساخت و در بین مردم انتشار می‌داد فریاد وا شریعتا را به اوج آسمان رسانیده بود. او با کمک و همدستی شیخ حسین عرب ملقب به ناظم الشریعه، شیخ مهدی کجوری و شیخ محمدعلی محلاتی که همه در ردیف علمای طراز اول شیراز بودند و جواز اجتهاد داشتند در تخدیش اذهان و تحریک احساسات مذهبی مردم می‌کوشید و نسبت به حضرت باب شایعات دروغین پخش می‌کرد و می‌گفت سید باب گذشته از مقام رسالت که مدعی آن است خودش را مهدی موعود خوانده و بر ضد شاه و حکومت نیز قصد خروج و قیام دارد و به پیروانش وعده حکومت و سلطنت می‌دهد و با این امیدها مردم ساده دل را فریفته و سبب شده است جماعت کثیری به او روی آورند و اگر تا زود است از او جلوگیری بعمل نیاید کار به اغتشاش و فساد خواهد گرائید.

حضرت باب با اشاره به همین شایعات کذب که به منظور برانگیختن مردم و تحریک حکومت بر ضد حضرتش قبل از عزیمت به مکه انتشار می‌یافت، در قیوم الاسماء به این مضمون بیاناتی می‌فرمایند، قوله العزیز:[1]

"... و مشرکین به پادشاه خودشان گفتند که این جوان از ما می‌خواهد که خدای خود را ترک کنیم و او مملکت را از دست ما بگیرد. پس هر آینه کمک کنید

که پادشاه آن جوان را بکشد تا قتل او شاهدی بر روی زمین باشد."

در تأیید اتهام خروج حضرت باب برعلیه دولت، حضرت عبدالبهاء نیز در صفحه ۱۴ کتاب "مقاله شخصی سیاح" می‌نویسند: "علما... حاکم فارس حسین خان را دلالت نمودند که اگر این آتش را خاموشی خواهی و این رخنه و فطور را سد محکمی طلبی علاج فوری و چاره قطعی قتل باب است و باب جمعیت زیادی جمع نموده و در خیال خروج..."

این زمزمه و دمدمه‌ها اوج می‌گرفت و هر اتهامی را که نسبت می‌دادند دهان به دهان می‌گشت و از عرشه منابر به دستگاه حکومت می‌رسید.

اقدامات بستگان حضرت باب

بستگان و اقربای حضرت باب متوحش و پریشان بودند و از این می‌ترسیدند که پخش ترهات شیخ ابوهاشم پای آنان را نیز به میان بکشد و موجب نکث و نقصان در امور کسب و کار، تجارت و اعتبار آنان گردد و مورد سخط و غضب حکومت و ملاها شوند. به این مناسبات بود که آن گروه از خویشاوندان که نسبتی دورتر داشتند و با تعصبی ناشی از حمیّت جاهلانه به دینداری تظاهر می‌کردند با ملاها و مردم کوچه و بازار هم‌آواز شده و برای خوش آمد ملاها از طعن و لعن و اشاره و کنایه فروگذار نمی‌کردند و آنان که صاحب افکاری آزاد منشانه‌تر بودند آن اتهامات را صرف دروغ و تهمت می‌دانستند ولکن جرئت تکلم نداشتند. در میان گروه اول حاج عبدالحسین و از او کمتر برادرش حاج محمدخلیل[۲] بیش از هرکس دیگر با ملاها یکدل و یک جهت بودند و به رسم تظاهر و دینداری از هیچ جسارت و اهانتی مضایقه و دریغ نمی‌کردند. اینان که در بازار شیراز و بوشهر و در میان تودهٔ مردم صاحب عنوان و احترام بوده و ثروت قابل ملاحظه‌ای هم در اختیار داشتند، از این متوحش بودند که بواسطه قرابت سببی که با خال اکبر و بالنتیجه با حضرت باب پیدا می‌کنند بهانه به دست دولت و آخوندها بیافتد و ایجاد مزاحمتی برای ایشان بشود.

با وجود اینکه این دو برادر با سایر بستگان مخالف در خارج اقدام به تخدیش اذهان می‌کردند، در داخل خانواده برای رعایت روابط خویشی و بستگی در پی مکاتبه با حاج میرزا سیدمحمد و حاجی میرزا حسنعلی برمی‌آمدند و آنان را به کمک می‌خواستند تا بهر نهج که ممکن باشد اعم از اینکه به نصیحت و اندرز زبان بگشایند و یا به تحذیر و تهدید گرایش جویند حضرت باب را به خاطر مصلحت اندیشی و عاقبت‌نگری مجبور کنند که دست از ادعایشان بردارند و به زندگانی عادی خود بپردازند.

حاج میرزا سید محمد متحیّر و سرگردان مانده بود زیرا از یک طرف می دید که افکار، سیر و سلوک حضرت باب در عوالم روحانی و بکلی خارج از شئون دنیای مادی است و آنچه در حق ایشان می گویند همه شایعاتی بی اساس و برخلاف واقع است و از طرف دیگر می اندیشید که مبادا این اضطرابات و توحش اقوام و بستگان همراه با غوغای مردم منجر به بلوای بزرگی گردد که جان حضرت باب را به مخاطره بیندازد. بنابر این نهایت سعی را مبذول می داشت که حضرت باب را تا آنجا که ممکن است از این قبیل گفتگوها بدور نگاه دارد، لکن وقتی که نامه های نزدیکان به بوشهر می رسید و هرکدام با لحن موهنی به جسارت و اهانت پرداخته بودند آنها را به نظر حضرت باب می رسانید تا شاید به این واسطه و از این راه بتواند ایشان را از رفتن به شیراز منصرف سازد ولی آن گزافه گوئی ها و اعتراضات و توهین هائی که منسوبین روا می داشتند بیشتر موجب تکدر و ملال خاطر حضرت باب می شد بطوری که ایشان را مصمم به انزوا و گوشه گیری از خلق نمود و فرمودند اگر ملاحظه و رعایت احوال جده و والده نبود هرگز به شیراز نمی رفتم. در همین باب در لوحی خطاب به ملا صادق مطالبی با مضمون زیر آمده است:۳

..." چنانچه امروز از منسوبان نامه ای رسید که در آن به کسی که از بیت الله مراجعت کرده است نسبت شیطان می دهد و اوست دانا و شنوا..."

وقتی خال اکبر از جهد و کوشش خود نتیجه نگرفت و نتوانست آن جنجال و غوغا را بی سر و صدا سر و صورتی بدهد ضمن مکاتیبی متعدد از جمیع اقارب خواهش کرد که اگر رعایت حال نمی کنند لااقل از اهانت دست بردارند و به تحقیق و جستجو در صحت ادعا و سازش با حضرت باب بپردازند. در لابلای مکاتیب خال اکبر دو نامه وجود دارد که یکی خطاب به حاجی میرزا سید علی خال اعظم است و همزمان با تصمیم حضرت باب برای عزیمت به شیراز نوشته شده است و دیگری خطاب به حاجی عبدالحسین است که در آن به هدایت و راهنمائی وی پرداخته اند.

قسمتی از نامه خال اکبر خطاب به حاجی میرزا سید علی در باره دعوی حضرت باب

..."دیگر شرحی در باب امر جناب سید و مولانا من الله علیا مقامه قلمی فرموده بودید مخدومی میرزا ابوالقاسم هم نوشته بودند صاحبی حاجی عبدالحسین هم تعلیقهء اول ایشان که نرسیده تعلیقهء ثانی رسید مضمون همه یکی است آنچه دریافت شد همین است که این حکایت را پابرجا ندانسته و صلاح کار را چنین یافته که باید سر این خیالات را گذارد حاجی ملا محمد را هم منع از رفتن و اظهار مدعی هر دو نمود و اوقاتی صرف نمود که بتدریج این حرفها از ذهن مردم برود و واهمه

داشته اند که به این واسطه همه ماها مورد صدمات و ضررهای کلی واقع شویم عرض می شود به حسب اوضاع دنیاداری همین قسم است که فهمیده اند جناب مولائی حاجی هم بعد از مطالعهٔ این نوشته ها بسیار دل تنگ شده از سستی شما ها در امر دین ولیکن فرمودند در مقام تبلیغ امر دفعهء اول که آخوند ملاحسین به هرکس از سلطان و علماء و سایر خلق رسانیده کفایت نموده این دفعهء ثانی تفضلاً بود والاّ لزومی نداشت حال که این قسم ها بروز نمود و می نماید الی مدّت پنج سال بر خودم حرام شد که آیه ای اظهار شود و این شدید عقوبتی است بر منکرین است و ثمره آن را وقتی خواهند فهمید که چاره نداشته باشند. بعد از ورود شیراز چنانچه سابق هم همین قسم در نظر بود در خانه نشسته بکلی آمد و شد مردم را موقوف نموده هیچ کس را اذن دخول نمی دهم به هیچ کس کاری ندارم خود دانند اگر واقع کسی هم طالب حق باشد و تصدیق داشته باشد کسی را معین نموده که رفع مشکلات آن را نموده باشد بعد از آنکه من به کسی کاری نداشته باشم کسی هم به من کاری نخواهد داشت اگر نه این بود که رعایت احوال والده و جدّه منظور است شیراز هم نمی رفتم در همین جا در خانه تنها ساکن می شدم یا می رفتم جائی که کسی خبری بهم نرساند هرگاه والده و جده راضی می شوند یعنی راغب باشند به زیارت مشهد مقدّس همراه شما روانه شوند تدارک ایشان را دیده اگر حاجی وارد شدن (شدند) چند روزی ملاقات هم می شود و روانه می شوند نشد هم رفته اند بسلامت. باری این فرمایش جناب ایشان است معلوم است من باب دلتنگی است لیکن قرار امر همین است انشاءالله وارد شیراز که می شوند با هیچ کس آمد و شد نخواهند فرمود چنانچه در اینجا هم همین قسم گذشت هرکس هم در مقام استفسار مطلب باشد جواب همین است که حجت و دلیل غیر کتاب ندارم هرکس برود میانه خودش و خدا بعقل خودش بفهمد هرگاه فهمید که حجت است بر آن باید اطاعت نماید برود احکام خود را که از کتاب نمی فهمد از کسی که معین می شود تحقیق نموده بفهمد خودشان با هیچ کس کاری ندارند. آن کسی هم که معین می شود به جهت این است که هرگاه واقعاً کسی در مقام تصدیق باشد و طالب باشد مطلبی را فهمیده باشد از آن برود بفهمد والاّ آن هم کاری به کسی نخواهد داشت مدّت پنج سال امر بدین نهج خواهد گذشت تا بعد چه بروز نماید می فرمایند ما که کاری به کسی نداریم شما هم مشغول تجارت خود باشید واهمه هم نداشته باشید اگر هم از آمدن به شیراز کراهت دارید نمی آیم باری امر ایشان که به همین نهج خواهد بود.

و اما اینکه قلمی فرموده اید این نوشته ها حجت نمی شود و حقیر چگونه مطمئن شده ام عرض می شود گذشته از اینکه این نوشته ها بنفسه حجت بوده باشد از مثل جناب ایشان آدمی که تحصیل ننموده است حال بدون اینکه نگاه به کتابی نماید

یا در جائی چیزی مطالعه نماید قلم بر می دارد و به این سیاق می نویسند آیا حجت نمی شود و حال آنکه خودتان نوشته اید صاحبی ام حاجی عبدالحسین هم نوشته اند که بواسطه ریاضات ترقی کلی به جهت ایشان حاصل شده هرگاه کسی مورد عنایت خداوندی شد که این قسم تفضل در باره آن بشود البته خداوند هم حافظ آن خواهد بود که از تسویلات شیطانی محفوظ باشد و جناب ایشان در بسیاری از نوشته جات ها فرموده اند هرگاه کسی در طریقه خود بر یقین است و امر مرا منکر است بیاید مباهله نماید کسی که این قدر بر خود مطمئن است چگونه می شود نعوذ بالله بر باطل بوده باشد اگر می فرمائید پریشانی دماغ است عقل حقیر تصدیق این را نمی کند که شخصی تا عاقل بود عامی بی سواد بود بعد از اینکه ناخوشی دماغ بهم رسانید عالم فاضل شد باری آنچه باید مکرر عرض شده دیگر شما تکلیف خود را بهتر می دانید.

لیکن صاحبه والده و همشیره را از حقیر عرض سلام برسانید احوال حقیر راهم به ایشان حالی بفرمائید به جهت حقیر شبهه نیست دلیل هم ندارم به وجدان می بینم می فهمم که این امر حق است دیگر ایشان هم هرچه می خواهند اعتقاد فرمایند این را هم مطلع باشید جناب حاجی تشریف که می آورند داخل شهر که شدن (شدند) پیاده شده تنها می آیند داخل خانه می شوند، هوهو سیاه و سفید که مردم مطلع شوند در کار نباشد جناب ایشان را واگذارند به احوال خود تا حال اطاعت ایشان بر جناب حاجی واجب و لازم بود حال بر عکس است بر ایشان واجب است در مقام اطاعت باشند و به هیچ وجه تخلف از رأی ایشان نفرمایند دیگر عرضی ندارم عریضه ای که به صاحبی حاجی عبدالحسین هم نوشته ام بنظر شریف خواهد رسید بعضی مطالب که در این جا عرض شده شاید در آنجا عرض شده و اینکه خواهشمند این هستن (هستند) که امری خارق عادت ظاهر شود نوشته بودند از قبل اخبار ما فی الضمیر بدهند سبحان الله مکرر دیده ایم که دو پول سیاه می گرفتند و از ما فی الضمیر خبر می داده اند نه بوده است مگر از اجنه و امور شیطانی بعد از آنکه مقام علم افاده یقین نکند به جهت کسی این نقل ها چه مصرف دارد."

در دنباله این نامه مطالب تجاری مرقوم شده و در آخر چنین می آید:

"زیاده چه مصدع شوم خداوند وجود شما را سلامت بدارد الباقی والسلام مورخه ۱۵ شهر جمادی الثانی سنه ۱۲۶۱."

نامه خال اکبر به حاجی عبدالحسین اخ الزوجه خود

"قبله گاها سرورا مرحمت شعارا ادام الله تعالی بقاکم معروض می دارد که دیرگاهی است بسیار بعید بعرض عریضه مصدع نگردیده به زیارت رقیمه شریفه

مسرور نشده‌ام گویا سرکار سامی را طریقه التفات و بنده را رسم ارادت و اخلاص فراموش و از دست رفته اما خداوند جلیل شاهد و گواه است که پیوسته به وظیفه دعاگوئی مشغول و همواره ادراک خدمت ذی موهبت از کردگار کریم مأمول و علی الدوام از مخادیم کرام مستفسر احوال خیریت مآل و بر سلامتی وجود فائض الجود شاکر درگاه حی لایزال بوده و انشاءالله خواهم بود.

در این اوان وفور اخلاص مقتضی آمد که بدین ذریعه مصدع اوقات فرخنده ساعات گردد چون می‌دانم بعد از ورود حضرات حاج به شیراز در باب حکایت امر جناب مستطاب باب علم حضرت امام صلواة الله تعالی علیه و علی آبائه و عجل‌الله فرجه سخن در میانه مردم بسیار مذکور خواهد شد خواستم بعرض شریف رسانیده باشم این مقدمه را امر واهی ندانسته بدون تأمل در مقام انکار برآمده نعوذ بالله حمل بر خبط دماغ یا اغراض نفسانی... حبیّت دنیا یا اینکه اعتنائی نفرموده متحمل این نقل ها نشده که موجب خسران دارین خواهد بود بلکه در کمال دقت و اهتمام لازمه سعی و کوشش را فرموده تا انشاءالله حقیقت امر منکشف گردیده تصدیق یا نعوذ بالله تکذیب از روی بصیرت واقع شود زیاده بر این مقصودی ندارم مطلب حقیر همین است که غافل از کار نباشید به خیال اینکه مکرر این قسم ادعی‌ها (ادعاها) واقع شده و اصلی نداشته به جهت حقیر شکی بر صحت این مقدمه نیست زیرا که صاحب این مقام عالی و رتبه جلیل را شناخته‌ام و از سابق یعنی از بدو عمر شریف ایشان الی حال بنده‌گی (بندگی) داشته‌ام در سلک تجار بوده اگر قلیل تحصیلی در علوم فرموده‌اند آن قدر نبوده که کارسازی شود بقدر خودهامون بلکه کمتر هم در مکتب خانه و بعد از آن مشغول شده‌اند الی قبل از ظهور این احوال از جناب ایشان بحسب ظاهر مثل خود ما ها بوده اطلاعی از علوم نداشته و الحال امر بنحوی است که می‌فرمایند هر مسئله مشکلی هر کس داشته باشد هر عالم فاضلی در تحقیق علوم دین هرچه خواهد سئوال نماید و نه این است محض ادعی (ادعا) باشد از عهده برمی‌آیند بوجه اکمل و اتم همین مرحله دلیلی است قوی و حجتی است کافی دیگر کتابی که از ایشان ظاهر شده و سایر نوشته‌جات من جمله شرحی خطاب به کافه علماء نوشته‌اند بنظر شریف خواهد رسید سبک و سیاق عبارت قرآن مجید است از سابقین لاحقین علماء و خطباء عبارات بسیار شنیده شده به این سیاق گویا کسی نشنیده باشد خود ایشان می‌فرمایند اگر کل اهل عالم جمع شوند نمی‌توانند مثل آن را بیاورند چنانچه قرآن مجید حجت بود به جهت جناب رسول صلی الله علیه و آله این هم حجت است به جهت من اگر چه وجه حجت بودن آن را حقیر از طریق فصاحت نمی‌توانم فهمیده باشم اما این را تمیز می‌دهم که مثل این تا حال از دیگری نشنیده‌ام فصاحت قرآن مجید را هم من حیث الفصاحه

حقیر نمی‌توانم تمیز دهم بلکه به مجرد گفته دیگران که در شریعت مقدّسه ثابت شده تصدیق دارم این را هم بر همان سبک کلام و سیاق می‌بینم اما ظاهر است فهم حقیر بر خودم حجت است نه بر دیگری.

سرکار عالی خود باید دقت فرموده تا امر ظاهر شود انشاءالله خواهند فرمود عقل و ادراک خود را به دست دیگری از علماء یا غیر ایشان نخواهند داد.

دیگر از احوالات جناب ایشان از حضرات حاج که هم سفر بوده‌اند البته استفسار خواهند فرمود و آنچه هست دریافت خواهند فرمود زیاده مصدع نمی‌شوم خداوند وجود شریف را سلامت بدارد الباقی والسلام.

حکایت دیگر هم مذکور شده اگر چه محض خبر است صدق (و) کذب را خداوند عالم است اما احتمال صدق زیاده برکذب است شخص رشتی در میانه حاج در مدینه طیبه قبل از آنکه اطلاعی از این حکایات بهم رساند گفته بوده است ملا عبدالباقی نامی در رشت از جمله علماء و مجتهدین در ده سال قبل گفته بوده در ماه مبارک رمضان سنه ۱۲۶۰ امری از حضرت امام زمان عجل الله فرجه ظاهر خواهد شد و پنج سال قبل از این تارک تدریس شده کتبی که داشته مصرف رسانیده در خانه منزوی شده منتظر امر بوده است این شخص در مراجعت در بَغله بوده و خدمت جناب مستطاب معظم الیه رسیده حال که روانه است خواهشمند شد خطی به آن ملا عبدالباقی نوشته شود شرحی نوشته‌اند اگر شد گرفته ارسال خدمت می‌شود در آن اشاره بر امری است که نعوذ بالله باید پناه برد به خداوند از سوء خاتمه دیگر هرگاه خواسته باشید دریافت فرمائید کیفیت حصول این مقام بجهت جناب ایشان بچه نحو است آنچه می‌فرمایند این است که حالتی از جانب حضرت امام صلوات‌الله علیه افاضه شده که مطالب بر قلب جناب ایشان از جانب آنحضرت صلوات الله علیه القا می‌شود و این عبارات و نوشته‌جات بر زبان جاری می‌شود یا نوشته می‌شود هرچه هست از آن حضرت صلوات‌الله علیه القا می‌شود ادعی (ادعا) مشافهةً بهیچ وجه نیست بلکه چنانچه خداوند عالم بر مادر حضرت موسی علی نبینا و علیه السلام وحی فرمود بر جناب ایشان هم می‌شود تا اینکه چنانچه ایجاد کلام در درخت شد بر زبان ایشان می‌شود باین قسم ها بیان می‌فرمایند اما هرچه هست و هر قسم است از حضرت امام صلوات الله علیه می‌باشد امر و نهی تازه هم که مخالف شریعت مقدّسه بوده باشد بهیچ وجه نیست هیچ حکایتی نیست مگر رفع مفاسدی که در شریعت مقدّسه واقع شده و اختلافات زیادی که حادث و از کثرت زیادی اختلاف اشتباهاً که هرکس به رأی خود هرچه خواسته گفته و اسمش را طریقه شرع مبین گذارده در حقیقت طریقه حق مخفی شده بلکه قریب به آن رسیده که مقصود اصلی در دین مبین بدیهی البطلان شود باری اگر خواسته باشم از این مقام عرض نمایم

طول کلام زیاد خواهد شد و فائده هم ندارد مطلب از میان می‌رود اگر انشاءالله خداوند خواسته و آنچه باید و شاید بر سرکار سامی واضح شد همه این‌ها را باحسن وجه دریافت خواهند فرمود الباقی والسلام خیر ختام مخدوم مکرم آقا محمد را بعرض اخلاص مصدع هستم."

ملا صادق خراسانی

عزیمت به ایران، اقامت در اصفهان و چگونگی گروش او به حضرت باب

ملا صادق نیز که خود صاحب جواز اجتهاد و در عداد مجتهدین جامع الشرائط بود، بعد از وفات سید رشتی به ایران آمد و سفر کوتاهی به خراسان کرد و سپس به اصفهان روی آورد و در آنجا صاحب مسجد و محراب گردید و به کار تشکیل کلاس درس و برگزاری جلسات بحث در باره طریقهٔ شیخیه پرداخت. وی مرفه الحال می‌زیست و مقتدای مردم اصفهان بود. می‌گویند هنگامی که به نماز می‌ایستاده است چندین مؤذن اذان می‌گفته‌اند، زیرا جمعیتی که به او اقتدا می‌کرده‌اند بیش از چهارهزار نفر بوده است طوری که میدان شاه گنجایش چنان جمعیّتی را نداشته است.

ملا صادق در منزل آقا میرزا محمدعلی نهری با اول من آمن[۴] جناب باب‌الباب، روبرو شد و در آنجا بود که بشارت ظهور و آثار منزله از قلم اعلی را بوسیلهٔ وی دریافت نمود و عمیقاً مسحور و شیفتهٔ آن آثار گردید. در این حال از نام منزل آن آیات سئوال کرد ولی ملا حسین از ذکر اسم حضرت باب برحسب دستوری که داشت امتناع ورزید و گفت صاحب این آثار فرموده است که خود بنفسه باید شناسائی پیدا کنی و سپس به اطاق دیگر رفت و با فراغت بال به استراحت پرداخت تا خواب او را درربود و ملاصادق در نمازخانه به دعا و مناجات مشغول شد. در وقتی که حالت انصعاقی به او دست داد حضرت باب را زیارت نمود که به او می‌فرمایند چرا معطلی صاحب امر ظاهر و آشکار است. به این ترتیب ملاصادق اطمینان حاصل می‌کند که صاحب امر و منزل این آثار همان تاجر جوانی است که در کربلا در روضه سیدالشهدا دیده و سپس وی را برای ملاقات با سید کاظم رشتی به خانهٔ خویش دعوت نموده است. پس بی‌محابا ملا حسین را از خواب بیدار کرد و آنچه را دیده و احساس کرده بود با او در میان گذاشت؛ ملا حسین تصدیق گفتارش را کرد؛ دیگر ملا صادق سر از پا نشناخت بساط درس و مسجد و محراب را در اصفهان بهم زد و از آن شهر خارج شد.

والد نگارنده چگونگی ایمان ملا صادق به حضرت باب را از قول آقا میرزا علی‌محمد ابن اصدق پسر اسم‌الله الاصدق با مضمون زیر تعریف کرده است:[۵]

"از قراری که آقا میرزا علی‌محمد نجل جلیل آخوند ملا صادق مقدّس می‌فرمود والد ماجدش آنچه اصرار و التماس کرد ملا حسین جواب داد مأذون نیستم خودتان باید ملتفت شوید پس از مأیوسی آخوند ملا صادق مقدس وضو گرفته می‌رود در نمازخانه سجاده گسترده مشغول تضرع و مناجات می‌شود به درجه‌ای گریه می‌کند که جانماز از اشک چشمش تر می‌شود در بین نوم و یقظه مشاهده می‌کند همان سید جوانی را که در عتبات در مجلس مرحوم سید ملاقات کرده بود بالای سرش ایستاده می‌فرماید آخوند چه می‌خواهی اگر صاحب امر را می‌خواهی ظاهر و آشکار است تا سحر هنگام سه فقره این حال برایش دست می دهد می‌آید بالای سر ملاحسین با پایش اشاره به سر ملا حسین می‌کند و می‌گوید صاحب امر را شناختم او همان جوان سید شیرازی است که در عتبات زیارت کردیم ملا حسین گفت همان است."

حاج معین السلطنه تبریزی در تاریخی که راجع به دیانت بابی و بهائی نوشته است، در بارهٔ ملا صادق مضمونی به صورت زیر می‌نگارد:٦

مرحوم آقا فرج تاجر تبریزی که از مؤمنین عهد حضرت مبشر و عهد مبارک حق جل و عز را دریافته بود و از اصحاب دیان خوئی که انشاءالله شرح حالش ترقیم خواهد یافت، محسوب می‌گشت به نگارنده روایت نمود که من به عزم تجارت به اصفهان رفته بودم در آن زمان ملا محمد صادق مشهور به مقدّس خراسانی در اصفهان شهرت بلیغ داشت و اهالی بر زهد و تقدّس وی ارادت کیش صمیمی بودند چندانکه نسوان اصفهان در خانه‌های خویش به سر جناب مقدّس قسم یاد می‌کردند و جمعیّت و مقتدایان در نماز آنقدر می‌شد که مساجد گنجایش نداشت. در میدان چهار باغ (شاه) اصفهان نفوس صفوف جماعتش به چهار هزار نفر بالغ می‌شد با اینکه من از اهالی تبریز بودم به جهت کثرت ورع و تقوای وی نماز را به او اقتدا کرده ادا می‌کردم.

روزی در یکی از معابر اصفهان مشاهده نمودم یک نفر می‌آید بسیار شباهت به جناب مقدّس دارد لیکن در غیر لباس او عمامه و عبا ندارد و کلاه نمدی در سر و قبای کوتاه در بر و چوبی در دست و یک جفت کفش که آن را آجیده (قسمی گیوه) گویند در پای. من تعجب کردم که این شخص اگر جناب مقدّس است چرا در این لباس و اگر او نیست چگونه به این درجه به وی شبیه است. من از دور دو دیده تعجب بر او دوخته به طرف او می‌رفتم تا نزدیک شدم و برای امتحان سلام کردم چون رد جواب فرمود شناختم که جناب مقدّس است پس مصافحه کرده دستش را بوسیدم؛ عرض کردم چرا با این وضع و بدین لباس ملبس شده‌اید پاسخ داد به شیراز می‌روم؛ پرسیدم برای چه کار فرمود صدا و ندائی در آنجا مرتفع شده و شخصی

ظاهر گردیده و مدعی مقام بزرگی است می‌روم ببینم چه حکایتی است. گفتم خود چرا متحمل این زحمت می‌شوید چند نفر از عدول مؤمنین را گسیل فرمائید رفته تفحص حال نموده خبر بیاورند. فرمود مسئله از اصول دین است. تقلیدی نیست که به قول دیگران عمل کنم باید خود بفهمم چه مطلبی است. گفتم پس قدری تأمل فرمائید تا مرکب و خادم و اسباب برای شما تدارک و حاضر کنم؛ فرمود همهٔ اینها ممکن بوده و هست لیکن خودم مایلم که این راه طلب را پیاده طی کنم؛ از من وداع کرده و به راه افتادند.

ورود به شیراز و اجرای مأموریت محوله

ملا صادق به اتفاق ملا علی اکبر اردستانی از اصفهان به راه کرمان رفت و معلوم نیست به چه کار و قصدی آن راه بعید و دور از مقصد را پیمود. آیا به دیدار و ملاقات حاجی محمد کریم خان رفت یا قصد و نیتی دیگر داشت؛ هرچه هست او از کرمان به شیراز آمد اما وقتی که به آنجا رسید حضرت باب به زیارت مکه رفته بودند.

او در شیراز مکتب و کلاس درس تأسیس کرد و در مسجد باقرآباد به نماز ایستاد و در مسجد نو تدریس کرد تا کم‌کم کار و بارش رونق گرفت و در شیراز شهرت بهم رسانید و روز به روز بر تعداد تلامیذ و ارادتمندانش افزوده شد.

در یکی از الواح مبارکه که به اعزاز خال، حاجی میرزا سید علی، نازل گردیده اشارتی به ملا صادق شده است. می‌فرمایند: "حال ده ماه است شرح سوره یوسف در میان خلق است و حال آنکه مثل شمس در وسط السماء ظاهر است... چند جزوی که فرستاده بودند از شیراز دیروز رسید اغلب غلط و در بعض مواقع تبدیل یافته به ملاصادق اخبار نمائید که بعضی آیات آن چون بلاعلم واقع مبدّل شده حجّیّت نزد خودم ندارد اگر چه از برای مردم یک آیهء صحیح آن کافی است ورقاتی که دستخط خودم هست از آیات همانها حجت است."۷

می‌دانیم از جمله الواحی که در بوشهر به اعزاز اشخاص مختلف نازل گردید یکی لوح ملا صادق خراسانی۸ است که در آن دو وظیفه مهم به وی محول فرموده‌اند. اوّل اینکه در وقت شهادت در اذان بعد از اداء شهادتین گفته شود "اشهد ان علیاً قبل نبیل باب بقیة‌الله"۹ و دوم اینکه مجالس بحث و فحص خود را به مسجد در جوار بیت مبارک ببرد و در آنجا بعد از اقامه اذان و ذکر آیه اسم حضرت باب کتاب احسن القصص را بر مردم بخواند و خلق شیراز را به ظهور قائم موعود بشارت دهد.

وقتی ملا صادق لوحی را که به اعزازش نازل شده بود از قدوس دریافت داشت

و از مأموریت مهمه‌ای که به وی محول گردیده بود آگاهی حاصل نمود، بر بالای منبر رفت و علی رؤس الاشهاد مردم را به ظهور صاحب امر و قائم موعود بشارت داد و از تمام تلامیذش خواست که روز دیگر هم آنها و هم آنان که به پای منبر او در مجالس وعظ و خطابه حاضر می‌شوند در مسجد جوار بیت مبارک که به اسم مسجد کوچه شمشیرگرها موسوم است مجتمع گردند که پیام صاحب امر را به گوش آنها برساند و از آنان خواست که از دیگران نیز دعوت کنند.

قبلاً باید به این موضوع اشاره شود که بعضی از مردم شیراز بر حسب پیشگوئی چند نفر از زهاد و مرتاضین به انتظار ظهور قائم موعود در آن اوقات بوده‌اند. حاجی میرزا محمدتقی وکیل‌الدوله در یادداشت مختصری که از او بجای مانده است[۱۰] می‌نویسد: "در عشره یکهزار و دویست و پنجاه و نه الی شصت بخواطر (خاطر) قاصر دارم که مرتاضین و مقدّسین منتظر ظهور بودند و چندی قبل از شصت (سال ۱۲۶۰ هجری قمری) بر منبر مسجد جامع بخط غیر معروف نوشته شده بود تا سه سال دیگر قائم ظاهر می‌شود و من جمله مرحوم مبرور شهید حاجی میرزا سید علی عمو که (در) طهران به درجه رفیعه شهادت فائز شدند سه چهار سال قبل از حلول سنه شصت دست از تجارت برداشته ترک معاشرت با مردم فرموده منتظر بودند و در ظهور محض بروز امر تصدیق فرمودند."

بر اساس این پیشگوئی ها و اخباری که از قبل به گوش مردم شیراز رسیده بود غالباً به انتظار ظهور موعود در آن اوقات بوده‌اند؛ علیهذا اظهارات ملا صادق خیلی زود گوش به گوش و زبان به زبان در بین مردم شایع شد و هرکسی را رأی و تصوری بوده است تا اینکه روز موعود فرا رسید و جم غفیری در مسجد شمشیرگرها که دیوار بیت مبارک مشرف بر آن است حضور بهم رسانیدند.

ملا علی اکبر اردستانی و ملا محمدعلی قدوس برحسب تعلیم ملاصادق به مأذنه مسجد رفتند و در وقت اذان بعد از اداء شهادتین یعنی بعد از تلاوت اشهد انّ محمداً رسول الله و اشهد انّ علیاً ولی‌الله، آیه ثالث را که حضرت باب تعلیم فرموده بودند"اشهد ان علیاً قبل نبیل باب بقیة‌الله" را به صوت مرتفع تلاوت نمودند و ملا صادق بر فراز منبر تفسیر سوره یوسف را از جیب بیرون آورد و آیاتی چند از کتاب مستطاب را تلاوت نمود و تفسیر فرمود و به اسم و رسم حضرت باب را معرفی نمود. این اظهارات موجب هیجان عموم مردم علی‌الخصوص ملاها شد.

وعظ و خطابه‌های ملا صادق تا سه روزی ادامه داشت ملاهای شیراز که از قبل حسین خان حاکم فارس را برانگیخته بودند که بر ضد حضرت باب و پیروانشان مبارزه کند، از این بیانات و مسائلی که بالصراحه بیان می‌شد دست دادخواهی به دامن وی بلند کردند و از او خواستند که ملا صادق و همراهان او را تنبیه کند و

مأمور به بوشهر گسیل دارد که حضرت باب را به شیراز بیاورند و به مجازات برسانند.

رفتار حکومت و مردم نسبت به ملا صادق و اخراج وی از شیراز

در نتیجه حسین خان ملا صادق، قدوس و ملا علی اکبر اردستانی را احضار کرد و در حالی که سخت متغیّر و عصبانی بود ملا صادق را مخاطب قرار داد و گفت؛ این چه مطالبی است که اظهار کرده ای و در اذان بدعت گذارده ای؟ ملاصادق گفت من بدعتی نگذاشته ام و این بدعت در زمان صفویه جزء اذان شد که آن اشهد انّ علیاً ولی‌الله است و اذانی را که حضرت رسول اکرم نازل فرموده این جمله را ندارد و خوب است به کتب دینی قبل از صفویه مراجعه نمائید و من آنچه که گفتم بر حسب دستور صاحب اذان و شریک قرآن است. بعد سؤال کرد در این کتابی که در دست تو است و برای مردم می‌خواندی خطاب به ملوک عالم می‌نویسد: "یا معشر الملوک و ابناء الملوک انصرفوا عن ملک الله جمیعکم بالحق علی الحق جمیلا."۱۱ یکی از سلاطین روی زمین محمد شاه است که من از جانب او حاکم شیرازم بنا به گفته سیدباب باید او از سلطنت و من از حکومت صرف نظر کنیم. ملا صادق گفت: "اگر صدق ادعای صاحب این گفتار مسلم شود و با دلایل متقنه ثابت گردد که از طرف خداست در این صورت هرچه می گوید درست است همه باید اطاعت کنند."۱۲

حسین خان با عصبانیت فرمان داد او را به تازیانه بستند و گفت هزار تازیانه بر پشتش بزنند. در ترجمه انگلیسی تاریخ نبیل در این باره می‌خوانیم: "بنا به تقریر یکی از مردم شیراز که اظهار داشته بود دیدم که از شانه‌های ملا صادق خون جاری بود و او دستش را جلو دهانش گرفته و لبخند به لب داشت. بعد از اینکه آزاد شد خودم را به او رسانیدم و پرسیدم در آن حالت این چه احوالی بود که از شما ظاهر می‌شد و در زیر تازیانه دژخیمان متبسّم بودید ملا صادق اظهار داشت هفت تازیانه اول خیلی دردناک بود ولی بقیه در من بی‌اثر بود." نبیل سپس ادامه داده می‌گوید: "خودم از ملاصادق پرسیدم که این موضوع حقیقت دارد گفت عین واقع است."۱۳

روز بعد ریش‌های ایشان و ملا علی‌اکبر اردستانی را سوزانده، دماغ‌هایشان را مهار کرده به دور شهر و بازار گردانیدند که عبرتاً للناظرین گردند. در سرای گمرک شیراز تاجری هشتاد بار شکر را به دوش ملا صادق و قدوس وزن کرد و به دژخیمان مبلغی به اسم انعام پرداخت.

شرح اقدامات حاکم فارس و رفتار مردم شیراز در روزنامه تایمز لندن جزء اخبار روز اول نوامبر تحت عنوان "ایران" و نیز روز نوزدهم همان ماه در سال ۱۸۴۵

حسين خان آجودان باشى

میلادی با مضمونی به صورت زیر درج گردیده است:
"بتازگی در ایران فرقه‌ای پیدا شده است که پیشوای آن مرد تاجری است که بعد از مراجعت از سفر حج خودش را جانشین پیغمبر معرفی کرده است.

داستان ذیل نمونه‌ای از طرز رفتار مردم شیراز نسبت به پیروان این عقیده می‌باشد: چهار نفر۱۴ را که شنیده شد مشغول تبلیغ عقاید مذهبی خود هستند دستگیر کرده بعد از محاکمه گناهکار و کافر تشخیص دادند. مسئولین با تعصب و حمیّت جاهلانه مذهبی نه تنها به عنوان مجازات ریش آنها را سوزاندند بلکه فردای آن روز در حالیکه صورتشان را سیاه نموده، بینی شان را سوراخ کرده و ریسمانی از آن گذرانده بودند، دور شهر گرداندند. هر وقت میرغضب مهار دماغ آنها را می کشید بیچاره‌ها فریاد بر می‌آوردند و دعا می‌کردند که خدا انتقام آنها را از ظالمین بگیرد.

سپس همانطوری که در ایران مرسوم است میرغضب‌ها از اکثر تماشاچیان و مخصوصاً دکانداران پول دریافت کردند و بعد از اینکه کیسه‌هاشان از پول مملو شد آن بیچاره‌ها را کشان کشان به خارج دروازه شهر کشیده و نفی بلدشان نمودند.

بعد از این، ملاهای شیراز چند نفر را به بوشهر فرستادند و صاحب ادعا را گرفته به شیراز آوردند ولی او در وقت محاکمه خیلی عاقلانه اتهام ارتداد را که به وی نسبت داده شده بود رد کرد و از مجازات نجات حاصل نمود."

وقایع طی راه و بعد از ورود به شیراز

فرمان توقیف حضرت باب

دیدیم که حسین خان آجودان باشی نسبت به ملاصادق و قدوس و ملاعلی اکبر اردستانی با چه خشونت و سبعیتی رفتار نمود و چگونه و با چه وضع فضیحی آنان را از شیراز اخراج کرد و چون اطلاع حاصل نمود که حضرت باب در بوشهر حضور دارند یک گروه ده نفره از مأموران خود را به سرکردگی شخصی به نام محمدخان به آنجا اعزام نمود و دستور داد تا ایشان را توقیف کرده مغلولاً به شیراز بیاورند. حاجی میرزا محمدتقی وکیل‌الدوله پسر دوم خال اکبر می‌نویسد:

"...این عبد از شیراز دو ماه (؟) بعد از تشریف فرمائی ایشان بوشهر رفتم خدمت مرحوم والد بودم که از مکه مراجعت فرمودند در شیراز خیلی شهرت زیاد شده بوده و حسب الامر مبارک اسم معلوم نبود. در اقامه مؤذن های مؤمن مأمور بوده گفته بوده‌اند "اشهد ان علیاً عبد بقیة‌الله ثبت فی کل لوح حفیظ۱۵ به این واسطه علما حکم تکفیر صاحب حکم داده و امام جماعت که مرحوم ملا محمدصادق و ملا محمدعلی روحنا فداهم بوده مضروب و از شهر بیرون کرده بودند. خبر مراجعت

از مکه به شیراز شهرت می نماید ده نفر مأمور حکومت فرستاده بود که تحت الحفظ باشند مدّت اقامت بوشهر ده دوازده روز بود مرحوم والد و این عبد در حضور مشرف بوده یک روز عصر به والد فرمودند حیوان معین نمائید باید بروم التماس توقف قبول نشد مرحوم والد مکاری حاضر نموده تشریف بردند بین راه صبح از منزل برازجون (برازجان) به دالکی تشریف می‌برده مأمورهای حکومتی ملاقات نموده گذشته بودند غلام مبارک نام در رکاب حضرت بود فرموده بودند رئیس مأمورها را بخواهد نزد مأمورها آمده اظهار نموده رئیس آنها شرفیاب شده فرموده بودند به چه شغل بوشهر می‌روید بگوئید تا زحمت شما کمتر شود کیفیت را عرض کرده بودند فرموده بودند عقب آن شخص که می‌روید منم باتفاق شیراز رفته بودند که وقایع شیراز کتابی است از تحریر این عبد خارج است..."

حرکت از بوشهر و وقایع طول راه

حضرت باب غروب روز سه‌شنبه نوزدهم شهر جمادی‌الثانی بوشهر را به مقصد شیراز۱۶ ترک فرمودند در طول راه هنگامی که به برازجان رسیدند از آنچه بر ملاصادق و همراهانش گذشته بود خبر یافتند و نیز از بلوا و شورش مردم و ملاها و آن همه تهمت‌های بیجا و بی‌اساس که به ایشان نسبت داده بودند و همچنین غلق و اضطراب اقوام و بستگانشان استحضار حاصل کردند.

در دالکی چهار فرسخ بعد از برازجان به سوارانی که برای دستگیری ایشان عازم بوشهر بودند برخورد کردند و همانطوری که در یادداشت حاجی میرزا محمدتقی وکیل‌الدوله (افنان) خواندیم خودشان را به مأمورین معرفی کردند ولی معلوم نیست چه انگیزه‌ای سبب شد که حضرت باب را آزاد گذاشتند تا به راه خود ادامه دهند.

آنچه بنظر می‌رسد این است که در بدایت ملاقات، مأمورین اعزامی گفته‌های حضرت باب را مبنی بر معرفی خویش معقول ندانستند و باور نکردند که کسی که در برابر حاکمی جابر و قسی القلب چون آجودان باشی قرار دارد و بعلاوه تمامی علماء و مردم شیراز بر او شوریده و به خونش تشنه‌اند و با پیروانش نیز آنچنان وحشیانه رفتار شده است، به این سادگی بدون اینکه بیم و هراسی داشته باشد، با طیب خاطر خودش را به چنگال مأمورین دولتی که مأمور حبس و توقیف و اهانت و جسارت به او هستند گرفتار کند؛ لیکن بعد از اینکه حضرت باب از دالکی به سمت کنار تخته راندند به این فکر افتاده‌اند که شاید گفته‌های آن جوان که از راه صداقت و ایمان عمیق خود را با بی‌پروائی معرفی کرده است صحت داشته باشد؛ لذا محمد خان به دلیل حفظ و رعایت احتیاط نامه‌ای در کمال ضراعت و ادب به حضور حضرت باب عرض می‌کند و بوسیله یک گروه چهار نفره از مأمورین به سرکردگی

اصلان خان نامی تقدیم می‌نماید و خود با پنج سوار دیگر به بوشهر می‌رود. اصلان خان و سه نفر همراهان وی در کنار تخته به حضور حضرت باب می‌رسند و نامه محمدخان را با کمال ادب و احترام تقدیم می‌کنند. محمد خان می‌نویسد:

"یا خیر الحافظین... عریضه را به نظر شریفهٔ جناب سلالة السادات و النجبا قبله‌گاهی آقائی میرزا علی محمد مشرف ...

صاحبا قبله‌گاها زید فضله العالی

عرض می‌شود انشاءالله تعالی ظل مرحمت آن قبله‌گاه بر سر این داعی مستدام باد بربّ العباد.

بعد از عرض عبودیّت معروض می‌دارد که اولاً بسیار شایق ملاقات و دست‌بوسی بودم ممکن نشد که به خدمت مشرف شوم خواهید بخشید ملتمس دعا به خدمت آن صاحب هستم در ثانی حسب الحکم سرکار بنده‌گان (بندگان) نواب ذیشأن خداوند نعمت صاحب اختیار[17] مأمور بودم که در خدمت شما باشم در شیراز که آن صاحب را در حضور مبارک برده باشم الحمد لله که امر بطریق خوبی و به وضع خوشی امر گذشت از صدقه سر جدت این طور شد که خجالت در خدمت شما واقع نشد الحال به اخبار خود آن صاحب قبله‌گاه حضرات غلامان سرکاری که در خدمت آن صاحب هستند که خدمت بشما نمایند تا به منزل مقصد واجب بود به خدمت عرض شد زیاده بی‌ادبی نشد خدمتی باشد آماده و ملتمس دعا. السلام علیکم و رحمة الله و برکاته. (سجع مهر) عبده الراجی محمد (؟)."[18]

در همان وقت ملک قاصد هم که حامل مکاتیب حاجی میرزا سید علی و سایر بستگان حضرت باب خطاب به حاجی میرزا سید محمد در بوشهر بود به حضرت باب برخورد نمود و جمیع وقایعی را که در شیراز گذشته بود کماً و کیفاً به اطلاع حضرت باب رسانید.

حضرت باب از همان جا مرقومه زیر را به تاریخ ۲۴ جمادی‌الثانی سنه ۱۲۶۱ به حاجی میرزا سید علی خال اعظم مرقوم و او را از چگونگی احوال و استطلاع بر دروغ‌ها و تهمت‌های ناروایی که به ایشان زده شده است مستحضر فرموده‌اند:

"هو قبله‌گاها معروض می‌دارد که شب چهارشنبه نوزدهم از بندر بوشهر حرکت نموده به اتفاق اکبر که وارد بلد وطن باشد در منزل برازجون خبر عظیمی شنیدم تا اینکه وارد منزل کنار تخته شده ملک قاصد وارد چهار نفر هم از حضرات سوار وارد ملاقات شد فسبحان‌الله العظیم من هذا الامر الجسیم امر را بر سرکار عظمت مدار صاحب اختیار مشتبه فرموده‌اند اوقاتی که حقیر شیراز بودم کدام نفر از خلق ادعای امری از حقیر شنیده[19الف] کذلک در کشتی عرض راه مکه جمعی حجاج شیرازی بودند همگی را حاضر نمایند هرگاه کسی اقرار بر این امر دارد سخن حضرات مفتری بالله

صدق است خداوند عالم حکم فرماید غرض کل این فقرات کذب است حقیر مدعی امری نیستم[۱۹ب] انشاءالله بعد از ورود در محضر حضور معدلت دستور عرض خواهم نمود و مطالبی که اشاره به کتاب نموده‌اند فسبحان‌الله کل کذب است[۱۹ج] در مذهب شریعت بفتوای کل علما خطوط اعتبار ندارد چه جای آنکه مدعی منکر شود[۱۹د] الحاصل انشاءالله تعالی بعد از ورود امیدوار بفضل حضرت عزت جل شأنه هستم که اثبات افتراهای مردم بشود حضرات سوار شش نفر بوشهر تشریف برده‌اند چهار نفر همراه هستند تعلیقه‌ای هم از بزرگ ایشان از منزل دالکی رسید جوف است تا حال که با کمال محبت سلوک نموده‌اند بعد را هم هرچه مقدر است خواهد شد بهیچ‌وجه اضطرابی نفرموده باشید که کل تهمت بوده و در وقت حضور عرض خواهم نمود ولی اخبار ساعت ورود را فرموده باشید قبله‌گاهان معظم را هم که در این زحمت افتاده‌اند عرض سلام ابلاغ دارید. مورخه دوشنبه ۲۴ ج۲ سنه ۱۲۶۱."

تکاپوی خال اعظم برای جلوگیری از اهانت نسبت به حضرت باب

وقتی که خال اعظم از چگونگی واقعه اطلاع پیداکرد به تکاپو افتاد تا راه چاره‌ای بیابد و به وسائلی متوسل گردد که بتواند حضرت باب را از خطاب و عتاب و مزاحمت ملاها برهاند و بکوشد که بر ایشان صدماتی مثل آنچه که بر ملاصادق و همراهانش گذشت وارد نشود و آن داستان تکرار نگردد؛ ولی در آن فرصت کوتاه جمیع ابواب مسدود بود زیرا بستگان و اقربای خال که قاعدتاً باید در قلوبشان احساسی از محبت و رأفت نسبت به حضرت باب و خانواده ایشان مشاهده گردد بکلی خودشان را برکنار نموده و از خال دوری می‌کردند و از ترس صاحب‌اختیار و ملاها نه می‌خواستند اسمشان به میان آید و نه دخالت و پادرمیانی بکنند. دوستان و آشنایان یکدلی هم که بتوانند مورد مشورت قرار گیرند و کاری از پیش ببرند وجود نداشت. به این جهت خال اعظم در خلجان و اضطرابی شدید بود که چه کند و می‌ترسید که هر لحظه حضرت باب را مغلولاً به شیراز وارد کنند و گرفتاری های عدیده ایجاد گردد.

در میان علماء شیراز کسی که ساکت بود و با سایر ملاها همدم و هم‌آواز نمی‌شد شیخ ابوتراب، امام جمعه[۲۰] شیراز بود که از یک طرف در دستگاه حکومت نفوذ و احترام کامل داشت و از طرف دیگر در آن اوقات مورد توجه مخصوص محمدشاه بود و به عنوان اعزاز از طرف شاه عصائی مرصع و دانه‌نشان به وی اهداء شده بود و علاوه بر آن قاطبه مردم و علمای شیراز نیز نسبت به او رعایت ادب و احترام می‌کردند.

امام جمعه و پدرش شیخ مفید که او نیز سمت امام جماعت شیراز را داشت

نسبت به اقوام، آباء و اجداد و بستگان حضرت باب به مناسبت سیادت و احترامی که داشتند همواره با نظر احترام می‌نگریستند و در حق ایشان رعایت ادب می‌کردند و بعد از او هم شیخ یحیی جانشین وی و نیز پسرش شیخ محمدعلی امام جمعه رعایت این مسئله را به تمامت مدّت حیات نمودند. به این مناسبت‌ها بود که خال اعظم متوکلاً علی الله به خانه امام جمعه رفت و استعانت او را ملتمس شد.

وقتی امام جمعه از کم و کیف آن وقایع اطلاع حاصل کرد در حدود توانائی و امکاناتش به حاجی میرزا سید علی قول مساعدت و همراهی داد و توصیه نمود که قبل از ورود حضرت باب او را مستحضر نمایند تا پیش از اینکه حضرت باب را به حضور صاحب اختیار ببرند، او در حضور صاحب اختیار باشد و چنان وانمود کند که بکلی از جریان امر بی‌خبر بوده و برحسب تصادف در آن مجلس حضور یافته است؛ شاید به این ترتیب بتواند حمایتی کند. محبت بر خلاف انتظار و برخورد ملایم و صادقانه امام جمعه خال اعظم را قوّت قلب داد و تا حدی از اضطراب خاطر و نگرانی‌های او کاست؛ وی می‌دانست که امام جمعه به عهدش وفا خواهد نمود.

ورود حضرت باب به شیراز و حضور در مجلس حسین خان

حضرت باب از کاروانسرای چنار راه‌دار ده کیلومتری شیراز حاجی مبارک غلامشان را به حضور خال فرستادند تا خبر ورود ایشان را اعلام کند. خال اعظم طبق قرار قبلی فی‌الحین امام جمعه را مسبوق نمود. امام جمعه قبل از اینکه حضرت باب به محضر حسین خان وارد شوند بر حسین خان وارد شد و خود را بی‌خبر از هر امری نشان داد. در حوالی عصر بود که حضرت باب را به عمارت خورشید۲۱ که محل بار صاحب اختیار بود وارد کردند؛ در حالی که امام جمعه در صدر مجلس بود و خدمه و کارگزاران حکومت سرپا ایستاده بودند.

حسین خان دستور داد صندلی در وسط اطاق گذاشتند و امر نمود که حضرت باب جالس شوند و با تغیّر و تشدّد زبان به تعرض و اهانت گشود و تهمت‌هائی را که به حضرت باب نسبت داده بودند یکایک برشمرد. حضرت باب با نهایت احترام و ادب به رد تمام افتراها و تهمت‌ها پرداختند و خود را مبرا از جمیع آن مجعولات و ترهات ساختند و این آیه مبارکه قرآن کریم "اذا جائکم فاسق بنبأ فتبینوا و ان تصیبوا قوماً بجهالة فتصبحوا علی ما فعلتم نادمین"۲۲ را تلاوت فرمودند.

حسین خان که عربی نمی‌فهمید و از شأن نزول آن آیه مبارکه بی‌خبر بود تصور نمود حضرت باب او را فاسق خوانده‌اند. بنا بر این دستور داد که سیلی سختی به صورت حضرت باب بزنند؛ بقدری آن ضربه شدید بود که عمامه از سر ایشان به زمین افتاد. در این وقت امام جمعه از این مقدمه انتهاز فرصت نمود و به حسین

خان اعتراض کرد و گفت "تو که معنی این آیه قرآن را که این جوان خواند نفهمیدی بچه جرأت جسارت روا داشتی و سیلی به صورت کسی زدی که ذریه رسول خداست و از سفر مکه مراجعت کرده است؟" سپس عمامه حضرت باب را برداشت و بر سر ایشان گذاشت و اعمال و گفتار حسین خان را تقبیح نمود.

وقتی حسین خان آن احترامات را از امام جمعه نسبت به حضرت باب دید از آن جوش و خروشی که داشت آرام گرفت و از حبس و توقیف ایشان درگذشت مشروط بر اینکه با احدی معاشرت و مراودت نداشته باشند و از خانه نیز خارج نشوند.

ضمانت خال اعظم برای ممانعت مردم از ملاقات با حضرت باب

حسین خان برای انجام شرایطی که تعیین کرده بود، امر کرد که از حاج میرزا سید علی خال ضمانت گرفته شود. برای انجام این دستور حاج میرزا سید علی را به حضور حسین خان آوردند و حسین خان اظهار داشت بنابر خواهش امام جمعه و به احترام سیادت سید و برای اینکه از مکه مراجعت کرده است او را آزاد می‌نمایم به شرط اینکه با احدی معاشرت نداشته باشد و از خانه بیرون نیاید. در غیر این صورت شخص شما مسئول و مؤاخذ خواهید بود. حاجی میرزا سید علی اظهار داشت که این شخص مردی است تاجر و با اغلب کسبه و تجار این شهر مرتبط و آشنا است و اقوام و بستگانی نیز دارد که همه به مناسبت مراجعتش از مکه مکرمه طالب ملاقات و دیدار از او هستند چطور می‌توانم چنین تعهدی بنمایم و درب منزلم را بر روی مردم ببندم؟ باز در اینجا امام جمعه وساطت کرد و قرار شد برای مدّت سه روز هرکس که مایل و علاقمند به ملاقات است در منزل خال با حضرت باب دیدار کند و سپس ابواب آمیزش و معاشرت بکلی مسدود گردد.

خال با این شرط ضمانت نامه تسلیم کرد و حضرت باب و خال اعظم از حضور حسین خان بیرون آمدند و امام جمعه نیز برخاست و چون منزل حاجی میرزا سید علی در مسیر وی قرار داشت، در حالیکه بر الاغ سوار بود، از دور و نزدیک خال و حضرت باب می‌گذشت. این حسن تصادف سبب شد که مردم تصور کنند حضرت باب در تحت حمایت امام جمعه هستند و در نتیجه تا حد قابل ملاحظه‌ای از بغض و عنادشان کاسته شد و در تخفیف خشم و غضب آنها مؤثر واقع گردید ولی آخوندها دست بردار نبودند و به نصایح و دلالت های امام جمعه ترتیب اثری نمی‌دادند.

محظورات موجود و علاقه مردم به ملاقات حضرت باب

تمام وقایعی که در خلال آن ایام قلیله پیش آمد حس کنجکاوی مردم را

برانگیخت تا به هر نهج که باشد حضرت باب را ملاقات کنند علی الخصوص وقتی که شایع شد که ضرب الاجل ملاقات با ایشان از سه روز تجاوز نمی کند. بنابر این در ظرف آن مدّت کوتاه بعضی از محترمین و تجار در منزل خال از حضرت باب دیدن نمودند و سپس آمد و شدها بکلی قطع شد. چون حاجی میرزا سید علی متعهد شده بود که حضرت باب را در منزل خویش نگاهداری کند، ناچار حضرت باب به بیت مبارک نرفتند و در منزل آقا میرزا علی والد حرم که دیوار به دیوار منزل خال بود سکونت فرمودند و به این ترتیب از راه زیرزمین باهم تماس می گرفتند.

نامه‌ای که به صورت عریضه از ملا علی اکبر اردستانی[۲۳] در دست است نشان می دهد که ماههای اولیه ورود حضرت باب به شیراز بچه زحمت و صعوبتی گذشته و راهی برای ملاقات بابی ها با حضرت باب وجود نداشته است و هرکس که به شیراز به قصد زیارت حضرت باب می آمده است یا متنکراً در این شهر می زیسته و یا در دهات، کوه ها و بیابان های اطراف شیراز متواری می شده است.

در نامه ملا علی اکبر اردستانی چنین می خوانیم:

"سرکار ذی سعادت آقائی جناب میرزا سلمه الله تعالی مفتوح فرمایند قطمیرات ثلاث ۸۶۴۲.

بسم الله الرحمن الرحیم یا سیّدی جعلنی الله فداکم وعن کل محذور وقاکم[۲۴] عرضه داشت کمترین بندگان بخدمت آن قبله عظام و باب ائمه انام روحی له الفدا آن ست که این بندۀ مهجور محروم از فیض حضور دائم السرور مدّت شش ماه است که به امید عتبه بوسی و شرف پابوسی به خدمت آن باب الله الاعظم روحی له الفداء از وطن خود هجرت نموده ام و از بلد اصفهان در خدمت مخدوم معظم و مشفق مکرم جناب ملا محمد صادق روانه دارالعباده[۲۵] و از آنجا روانه دارالامان[۲۶] بی امان کرمان و از آنجا روانه دارالعلم[۲۷] و در هریک از بلاد مذکوره مشغول تبلیغ و ترویج امر آن روحی له الفداء بقدر مقدور بوده ام تا آنکه وارد بلد الامن[۲۸] شیراز شدیم و منتظر خبر و ظهور موفور السرور آن باب اعظم روحی له الفداء بودم تا آنکه بسبب خبر بهجت اثر و تعلیقه جات که بجهت رسولان ارسال می فرمودند سرور بر سرورم و بهجت بر بهجتم می افزود و در شب و روز در تبلیغ و ترویج امر لازم الاتباع و تحریر آیات محکمات آن باب اعظم روحی له الفداء بودیم تا آنکه به فتوای ظالمان و فاسقان و کافران واقع شد آنچه واقع شد و الحال در باغات و خرابات بسر می بریم استدعا آنکه اولاً از راه مرحمت و بنده نوازی مرخص بفرمایند که اقلاً یک دفعه شرفیاب خدمت آن بزرگوار شوم و ثانیاً آنکه بیان فرمایند که الحال تکلیف این خادم حقیقی چیست آیا توقف در دارالامن هست یا جای دیگر و ثالثاً آنکه بیان فرمایند که سبب نوشتن بعضی کلمات که در نوشته های سرکار می باشد که به نظر قاصر این خادمان

و غیر صحیح نیست چه چیز است و بعض از آن کلمات مثل لعللهم و وجوههم و استتعطم و امرئهه و یتلوا و امثال این‌ها۲۹ که به این نحو در نوشته های سرکار می‌باشد و سایرین ایراد و بحث می‌نمایند مستدعی آن که راه و سببش را بیان فرمایند تا باعث اسکات سایرین و اطمینان قلب جمیعا بوده باشد و رابعاً بیان فرمایند که تکلیف این حقیر در مسائل فرعیه چیست نه عمل به احتیاط می‌توانم نمود و نه کسی را دارم که از او اخذ نمایم و نه از نوّاب و رسولان سرکار کسی هست که از او اخذ نمایم استدعا آنکه جواب هریک را مفصلاً بیان نمایند باقی والسلام و الحمدلله رب العالمین. (سجع مهر) عبده الراجی علی اکبر."

جلسهٔ شور بستگان

موضوع دعوی حضرت باب مطلبی نبود که زبان به زبان نگردد و مکتوم بماند. گذشته از خود علماء و حوزه دروس آنها که مجمع طلاب علوم دینی بود و مساجد و منابر که وسیله اشاعه اخبار گوناگون قرار داشت، مردم کوچه و بازار نیز به پخش این خبر مهم کمک می‌کردند.

در آن هنگامه، از اقربای شاخص حضرت باب که با تجار و کسبه بازار سر و کار داشتند، یکی حاج میرزا سید علی خال اعظم بود که تقریباً دست از کار کشیده و می‌کوشید که با مردم کمتر مواجه شود و دیگر حاجی میرزا ابوالقاسم برادر حرم حضرت باب بود که بواسطهٔ رونق کار تجارتش با مردم از هر طبقه و صنفی سر و کار پیدا می‌کرد و از هر پیش‌آمدی که ممکن بود روی دهد هراس داشت و در توهم و اضطراب بسر می‌برد.

بیش از آن دو نفر، والده و جده حضرت باب متوهّم و مضطرب بودند که مبادا سرانجام مخالفت آخوندها، بغض و کینه مردم و سخت‌گیری های حکومت به قیمت جان حضرت باب و هتک حرمت خانواده آنها تمام شود.

بالاخره مشاوره زعمای قوم در شیراز به اینجا انجامید که از حاجی میرزا سید محمد خال اکبر که در بوشهر اقامت داشت و حاجی میرزا حسنعلی خال اصغر که در یزد ساکن بود خواهش کنند که به شیراز بیایند و حضوراً با حضرت باب مذاکره نمایند و اقدامی معمول دارند که دیگر مطلبی از طرف حضرت باب عنوان نشود و ایشان به نحوی که مورد پسند آنها باشد از ادعای خود صرف نظر کنند.

بعد از ورود آن دو نفر به شیراز جلسه شور در منزل خال تشکیل شد و پس از بحث و گفتگوی فراوان، هرکس به ترتیبی زبان به اندرزگوئی و نصیحت گشود، اما حضرت باب ابداً و مطلقاً به گفته و تمایلات آنها اعتنا نفرمودند و بالاخره همگی مأیوس و ناامید آن مجلس را ترک کردند.

اضطراب و هیجان حاصله از این پیش‌آمد موجب ناخوشی و تکسّر مزاج والده حضرت باب گردید و به بستر افتادند. حاجی میرزا حسنعلی هم از اینکه از سفرش طرفی نبسته بود آنچنان عصبانی شد که زبان به جسارت گشود و به حضرت باب عرض کرد "می‌خواهی از روی زمین به پشت‌بام بروی راه پله را گم کرده‌ای". این گفته و بعضی مطالب دیگر از این قبیل که بطور استخفاف بیان شده بود سبب کدورت قلب حضرت باب شده بنحوی که همه را ترک نمودند و یکی دو روز به خانه مراجعت نکردند و بستگان را از محل اقامت خود بی‌خبر گذاشتند و فقط نامه کوتاه زیر را به منظور رفع نگرانی به حضرت حرم نگاشته ارسال فرمودند.

"هوالعزیز

اگرچه از انقلاب گردش افلاک و تقلّبات لیل و نهار ظاهر است که چه می‌گذرد ولی در هر حال متوسل بفضل حضرت رب العزّه بوده که آنچه مقدر شده جاری می‌شود. یوم گذشته صاحبه والده بعضی کلمات فرمودن (فرمودند) سبب ازدیاد حزنم شد ولی حمد خداوند را که ناخوشی از صاحبی‌ام بکلی گذشته خداوند عالم بفضله در هر حال حفظ فرماید. بهیچوجه غصّه بخود راه مده و بسیار فکر مکن. در هر حال صبر نموده و متوسل به فضل خداوند باشید که انشاءالله لطفهای خداوند بسیار است فرج خداوند خواهد رسید صاحبه معظمه والده را عرض سلام برسانید که از دعا فراموش نفرمایند مرا بلکه از برکت دعای ایشان فراغت حاصل شود والسلام علیکم و رحمة‌الله و برکاته."

به این ترتیب، کنکاش‌ها و تدابیر بستگان حضرت باب کان لم یکن باقی ماند و هر کس به راه خود رفت.

الواح، اسناد و مکاتیب

۱- نامه حاج میرزا سید محمد خال اکبر به حاج میرزا سید علی خال اعظم
۲- نامه خال اکبر به حاجی عبدالحسین اخ الزوجهٔ خود
۳- قسمت برگرفته از یادداشتهای حاج وکیل الدوله
۴- بریده روزنامه تایمز مورخ چهارشنبه ۱۹ نوامبر ۱۸۴۵ میلادی
۵- قسمت برگرفته از یادداشتهای حاج وکیل الدوله
٦- نامه محمد خان مأمور دستگیری حضرت باب
۷- مکتوب حضرت باب به حاج میرزا سید علی، خال اعظم، از کنار تخته
۸- نامه ملا علی اکبر اردستانی به حضرت باب
۹- مکتوب حضرت باب به حرم مبارک

۱- نامه حاج میرزا سید محمد خال اکبر به حاج میرزا سید علی خال اعظم

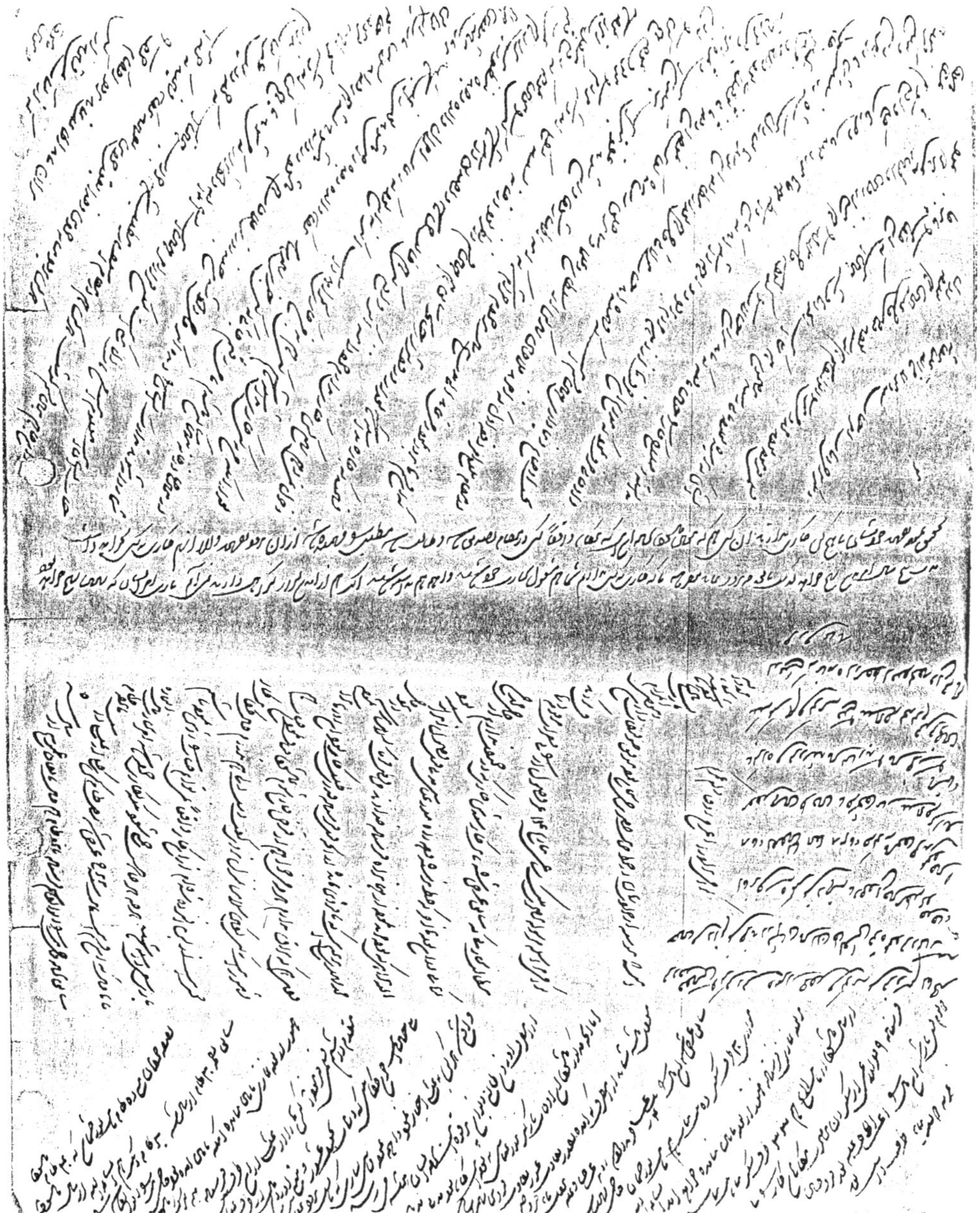

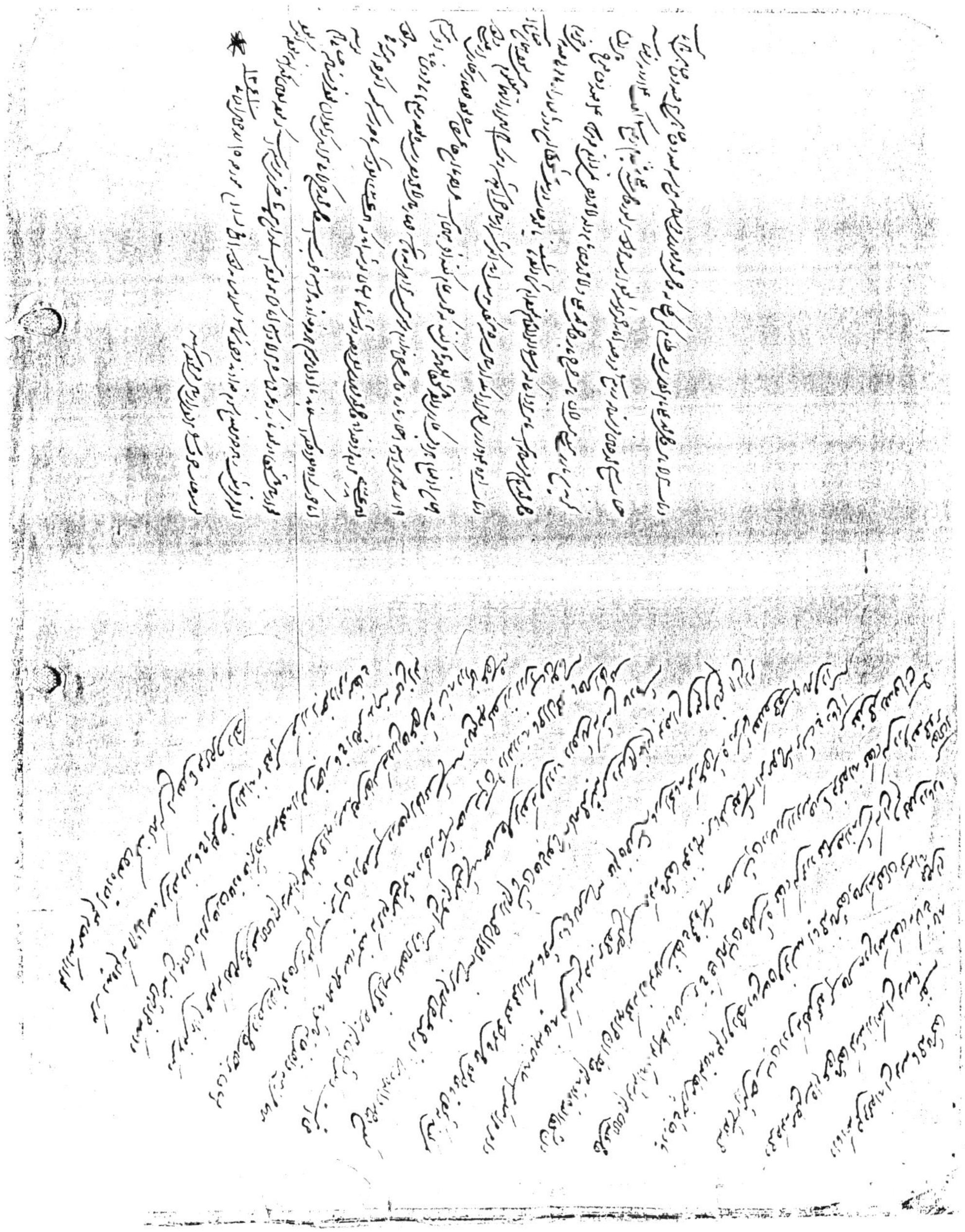

۲- نامهٔ خال اکبر به حاجی عبدالحسین اخ الزوجهٔ خود

۳- قسمت برگرفته از یادداشتهای حاج وکیل الدوله

عبارات مبارکه که بخط حضرت است که با کم و زیاد عرض شده در یک

از توقیعات مبارکات مقصود آنکه شش تا یک ... و جهه

و سایر آثار مشتبهه را از خط حروف به حروف مرقوم نمایند سبقت

بجهت آنکه بنهایت ظهور بعد در حضور مبارک ... شده

جواب در صفحه ... ملفوف از قبل ... حضرت ... ع

لعله او له روح ما سواه فداه ... ند ... ...

منسوبانی که وقت نزول توقیع مبارک حاضر و در حیات

بوده مرحوم والده و اولاد ایشان و مرحوم حاجی میرزا ... علی ...

... سید ... و یک اولاد ذکور مرحوم

و مرحوم حاجی میرزا ... و اولاد ایشان ... بعد

مرحوم حاجی میرزا ابوالقاسم ... و اولاد ایشان و مرحوم حاجی

میرزا سید حسن و بعض اولاد ایشان و مرحوم

حاجی میرزا ... و در ... ایشان و مرحوم حاجی میرزا محمد ...

فوت شده و مرحوم میرزا ... بعد از شهادت حضرت

مولی الوری می‌گردد ... از احباء ... الملک فداه ...

و زیارت ... توقیع مبارک

... و ...

...

۴- بریده روزنامه تایمز مورخ چهارشنبه ۱۹ نوامبر ۱۸۴۵ میلادی

The Times.

N°. 19,085. LONDON, WEDNESDAY, NOVEMBER 19, 1845. PRICE, WITH A SUPPLEMENT, 5d.

THE TIMES 19.11.1845 p3

MAHOMETAN SCHISM.—A new sect has lately set itself up in Persia, at the head of which is a merchant who had returned from a pilgrimage to Mecca, and proclaimed himself a successor of the Prophet. The way they treat such matters at Shiraz appears in the following account (June 23) :—Four persons being heard repeating their profession of faith according to the form prescribed by the impostor, were apprehended, tried, and found guilty of unpardonable blasphemy. They were sentenced to lose their beards by fire being set to them. The sentence was put into execution with all the zeal and fanaticism becoming a true believer in Mahomet. Not deeming the loss of beards a sufficient punishment, they were further sentenced the next day, to have their faces blacked and exposed through the city. Each of them was led by a mirgazah (executioner), who had made a hole in his nose and passed through it a string, which he sometimes pulled with such violence that the unfortunate fellows cried out alternately for mercy from the executioner and for vengeance from Heaven. It is the custom in Persia on such occasions for the executioners to collect money from the spectators, and particularly from the shopkeepers in the bazaar. In the evening, when the pockets of the executioners were well filled with money, they led the unfortunate fellows to the city gate, and there turned them adrift. After which the mollahs at Shiraz sent men to Bushire, with power to seize the impostor, and take him to Shiraz, where, on being tried, he very wisely denied the charge of apostacy laid against him, and thus escaped from punishment.—*Literary Gazette.*

۵- قسمت برگرفته از یادداشتهای حاج وکیل الدوله

٦- نامه محمد خان مأمور دستگیری حضرت باب

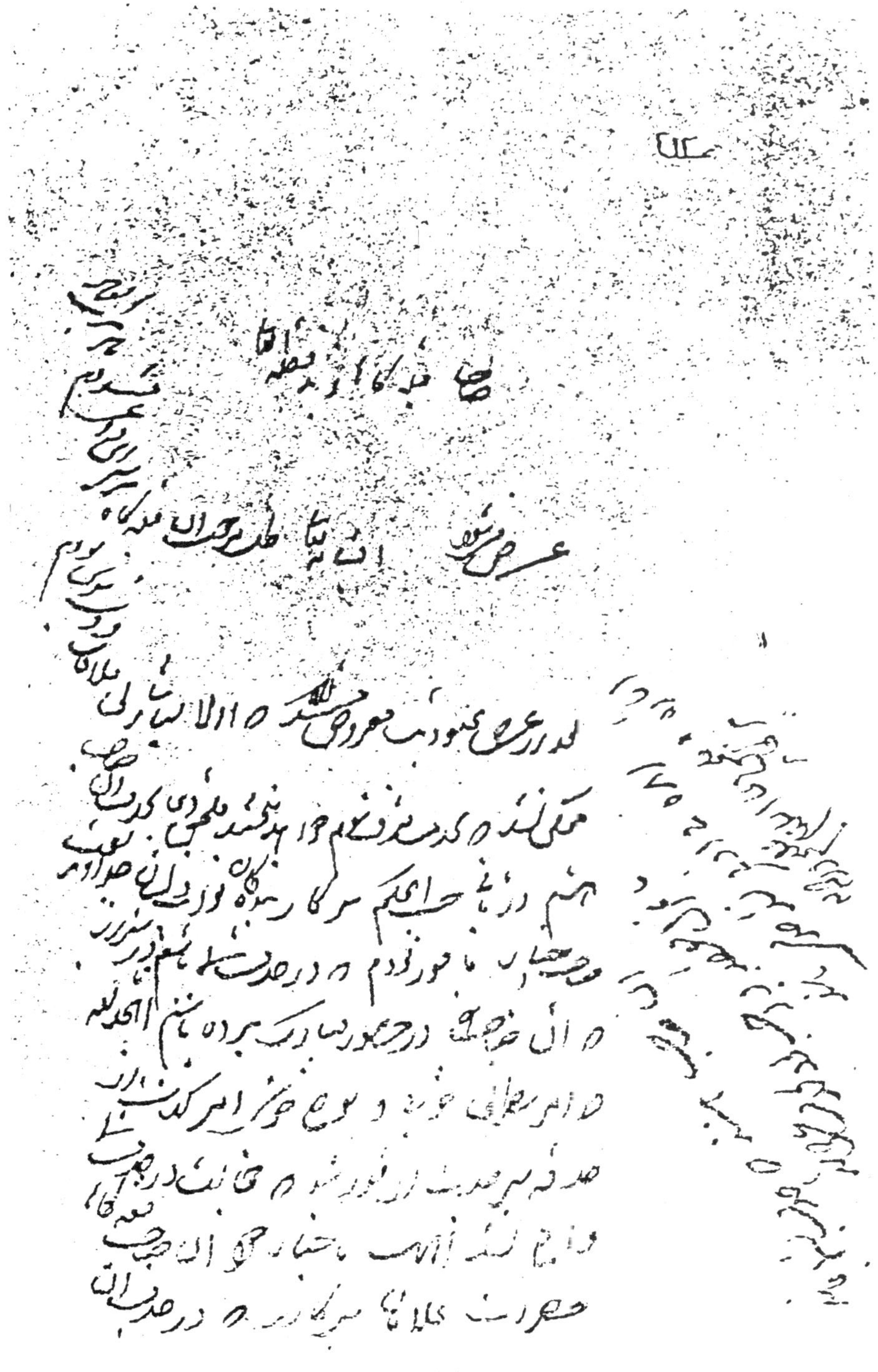

۷- مکتوب حضرت باب به حاجی میرزا سید علی خال اعظم از کنارتخته (خط مبارک)

۸- نامهٔ ملا علی اکبر اردستانی به حضرت باب

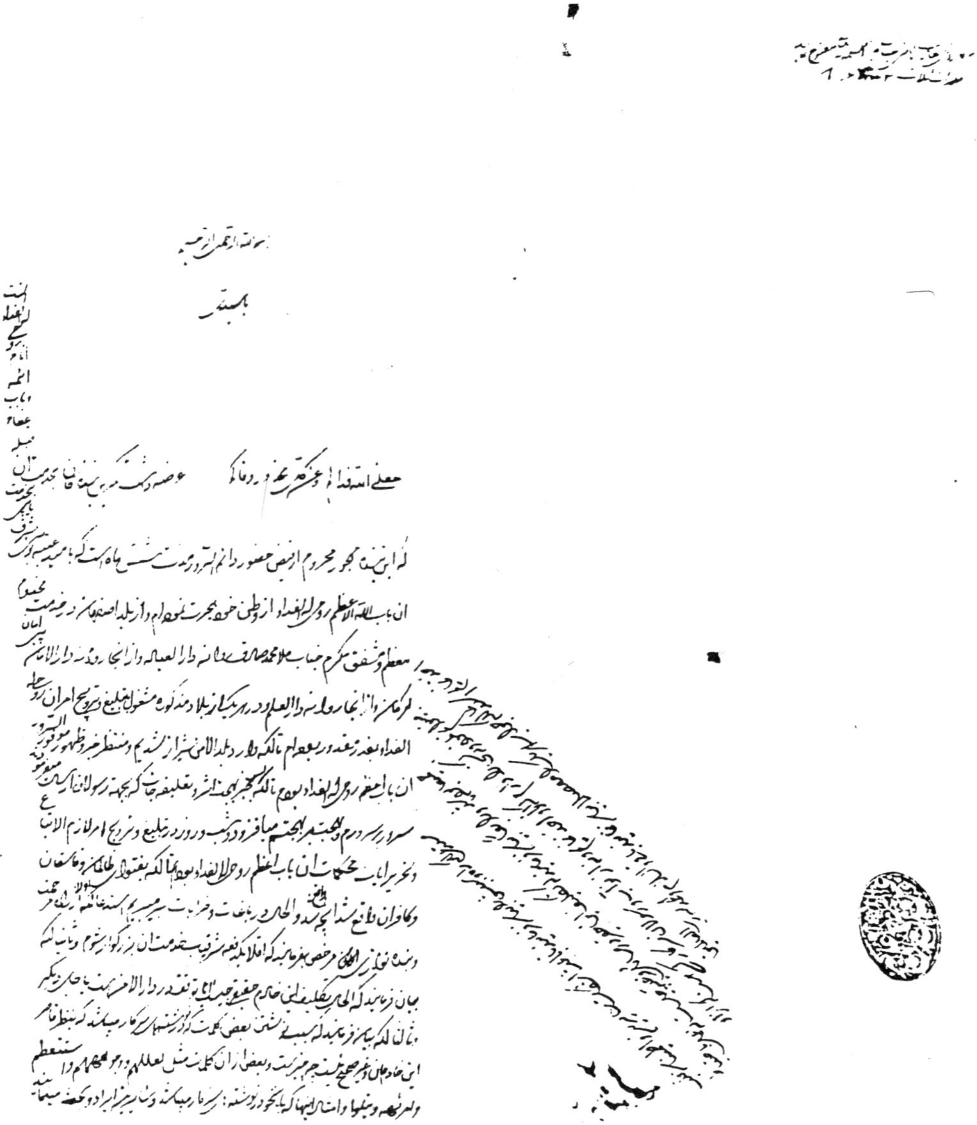

۹- مکتوب حضرت باب به حرم (خط مبارک)

یادداشتها

۱- قیوم الاسماء (احسن القصص)، سوره رعد، آیه ۲۵:
"و قالوا المشرکون لملکهم انّ هذا الفتی قد اراد ان یذر الهتنا و یأخذ الملک من ایدینا فاستعن علی الملک لقتله لتکون علی الارض شهیدا."
۲- حاج محمد خلیل (سردودمان خلیلی های شیرازی) و حاج عبدالحسین پسران حاج محسن تاجر و برادران زوجهٔ حاجی میرزا سید محمد خال بوده اند.
۳- "ولقد نزل الیوم کتاب من ذوی القربی و یذکر فیه کلمة الشیطان عن النفس الذی قد رجع عن البیت والله سمیع علیم قل للذی اتبع کلماته بغیر حکم الکتاب اتق الله و لا تکفر بآیات الله من دون علم ولاکتاب مبین و من یتعدّ من حکم الله ننزّل حکمه فی الکتاب والله خبیر علیم ان اقرء کتاب الذکر علیه لعلّه یتذکر بآیاتنا و کان من الخاشعین و قل الحمد لله ربّ العالمین."
۴- مطالع الانوار، صفحه ۸۲.
۵- تاریخ امری فارس، خطی، صفحه ۶۵.
۶- تاریخ حاج معین السلطنه تبریزی، خطی، صفحات ۶۶-۶۵.
۷- مجموعه الواح حضرت باب، منتشر نشده، صفحه ۶۶.
۸- متن عربی لوح ملا صادق در قسمت مکاتیب و الواح نازله در فصل چهارم آمده است.
۹- مضمون فارسی: شهادت می دهم که علی قبل نبیل (محمد) باب بقیة الله است.
۱۰- خاندان افنان، "یادداشت حاجی میرزا محمد تقی وکیل الدوله" مابین صفحات ۱۱۰ و ۱۱۱.
۱۱- قیوم الاسماء (احسن القصص)، سورة الملک، آیه ۲۰. مضمون فارسی: ای جماعت سلاطین و ابناء سلاطین جمیعاً از ملک خدا انصراف حاصل کنید.
۱۲- مطالع الانوار، صفحه ۱۲۴.
۱۳- The Dawn-Breakers صفحات ۴۸-۱۴۷.
۱۴- در تاریخهای دیانت بهائی از سه نفر از مؤمنین: ملاصادق، ملامحمدعلی قدوس و ملا علی اکبر اردستانی نام برده می شود؛ لکن در تاریخ جدید، ترجمه پروفسور براون، صفحه ۲۰۲ نام ملا ابوطالب از تلامیذ ملا صادق نیز ذکر می گردد (نقل از صفحه ۷۸ The Bab تألیف حسن موقر بالیوزی).
۱۵- شهادت می دهم که علی عبد بقیّة الله ثبت شده است در تمام الواح محفوظ. (عبارت صحیح و اصلی همان است که در لوح ملا صادق خراسانی آمده است.)
۱۶- متأسفانه از طول مدّت مسافرت حضرت باب از بوشهر به شیراز اطلاع صحیحی

در دست نیست ولی می‌دانیم که از بوشهر تا کنارتخته را در عرض پنج روز یعنی از ۱۹ تا ۲۴ جمادی‌الثانی طی فرموده‌اند. شهرها و دهات مسیر حضرتشان به ترتیب و با فواصل زیر بوده است (هر فرسخ تقریباً معادل ٦ کیلومتر است):

بوشهر_ برازجان	۱۲ فرسخ	کمارج_ کازرون	۴ فرسخ
برازجان_ دالکی	۴ فرسخ	کازرون_ دشت ارژن	۷ فرسخ
دالکی_ کنار تخته	۴ فرسخ	دشت ارژن_ خانه زینان	۵ فرسخ
کنارتخته_ کمارج	۴ فرسخ	خانه زینان_ شیراز	۵ فرسخ

۱۷- یکی از القاب حسین خان نظام الدوله، آجودان باشی.

۱۸- در پشت این نامه مهر "محمد" نقش شده است.

۱۹- منظور حضرت باب از عبارات زیر:

"الف_ کدام نفر از خلق ادعای امری از حقیر شنیده؟"

"ب_ کل این فقرات کذب است. حقیر مدعی امری نیستم."

"ج_ مطالبی که اشاره به کتاب نموده‌اند فسبحان الله کل کذب است."

"د_ به فتوای کلّ علما خطوط اعتبار ندارد چه جای آنکه مدعی منکر شود."

انکار تحریفاتی است که علما از مفهوم واقعی بعضی از مطالب کتاب احسن القصص نموده‌اند که در سورة الملک آیات ۲۲، ۲۵، ۲۹ و ۳۱ و نیز سورة الرعد آیه ۲۴ و همچنین در یکی از الواح خطاب به آنها آمده است و حضرتشان محمد شاه و وزیر وی حاج میرزا آقاسی و عموم علماء را از انکار امر الهی و تمسک به امور دنیوی برحذر داشته‌اند، ولی علما همه را بعکس تعبیر نموده هم به عرض شاه رسانده‌اند و هم با عنوان کردن آنها از رئوس منابر مردم را تحریک و به آنها القاء کرده‌اند که باب در کار قیام بر ضد دولت و برانداختن دین اسلام است.

۲۰- در کتاب فارس نامه ناصری، گفتار دوم صفحه ٦۱ زیر عنوان "اعیان محله سرباغ شیراز" در باره امام جمعه چنین می خوانیم:

"...جناب مستطاب امام اقدم و همام اکرم بقیّهٔ مشایخ و مشاهیر سلف استاد جماهیر خلف واسطه عقد موالی رابطهٔ استکمال اهالی مبیّن مرموزات فقهاء عظام مرجع اهل اسلام شیخ مشایخ اولی الالباب شیخ ابوتراب امام جمعه و جماعت عمرش را در تعلم و تعلیم و تدریس علوم مسلمانی و نصایح ملوک و فرمانروایان و شفاعت ستم رسیدگان از ستمکاران بسر رسانید و از این رهگذر زحمت ها کشید و در سال هزار و دویست و پنجاه و شش برخلاف رضا با جماعتی از علماء و بنی اعمام به دارالخلافهٔ طهران رفته مدّت سه سال توقف فرمود و از امنای دولت تقاضای هیچ مطلبی را ننمود پس اعلیحضرت شاهنشاه اسلامیان پناه محمد شاه انار الله برهانه جناب شیخ را ملاقات فرمود و خاطرش را مسرور داشته به احترام تمام به مصاحبت

امیرکبیر میرزا نبی خان والی مملکت فارس عود به شیراز نمود و کمافی السابق به تدریس علوم و بیّنه و نصایح بزرگان و اعیان اقدام فرموده پناه هر پناهنده و شفاعت خواه هر ستم رسیدهء بود و در سال هزار و دویست و هفتاد و دو در شیراز به رحمت ایزدی پیوست." (میرزا نبی خان از اهالی قزوین و پدر حسین خان سپهسالار اعظم است. نویسنده).

۲۱- عمارت خورشید در سمت جنوبی ارگ کریم خانی و مشرف به باغ ایالتی، از بناهای حسینعلی میرزا فرمانفرماست که در دوران حکومت ممتد و طولانی وی در فارس بناشد و همواره محل استقرار حکام فارس برای رتق و فتق امور بود. متأسفانه، چون این بنا بر سر راه و در امتداد خیابان زند قرار گرفته بود، تخریب شد و سنگهای ازاره آن به عنوان آثار باستانی در باغ موزه شیراز نگاهداری می‌شود. در روی این سنگها تصویر پهلوانان قدیم ایران حجاری شده است.

۲۲- قرآن مجید: سوره حجرات، آیه ٦. مضمون فارسی: ای مؤمنین هرگاه فاسقی خبری برای شما آورد تصدیق نکنید؛ تحقیق کنید مبادا به سخن‌چینی فاسقی به قومی رنجی برسانید و پشیمان گردید.

۲۳- ملا علی اکبر اردستانی به همراهی جناب ملا صادق از اصفهان به یزد و کرمان رفت و از آنجا به شیراز آمد.

۲۴- مضمون فارسی: ای آقای من، خدا مرا فدای تو کند و از هر خطری محافظت فرماید.

۲۵- لقبی است که به شهر "یزد" داده شده است.

۲۶- منظور شهر "کرمان" است.

۲۷- منظور شهر "شیراز" است.

۲۸- "بلد الامن" و "دار الامن" القابی است که حضرت باب در کتاب احسن القصص و سایر الواح مبارکه به شهر "شیراز" داده‌اند.

۲۹- در سورة الطیر آیه بیست و نهم از کتاب قیوم الاسماء (احسن القصص) می‌فرمایند:

"و اذا سمعتم قولاً من الذکر الاکبر علی الحقّ الخالص من غیر القواعد الباطلة الشیطانیة فی ایدیکم فلا تردّوا الحق فانّه المُلک لله یتصرف کیف شاء کما شاء و هو الله قد کان علیماً حکیماً.

مضمون فارسی: اگر حرفی از قول ذکر الله الاکبر (باب) بشنوید که بر خلاف قواعد باطلهٔ شیطانیه‌ای است که در دست شماست حق را رد نکنید زیرا ارادة‌الله است؛ هر نوع که بخواهد تصرف می‌کند و خداوند عالم و حکیم است.

فصل ششم
سفر حضرت باب از شیراز تا اصفهان

عدم امکان اجتماع حروف حی در کوفه
ملا علی بسطامی

می‌دانیم حضرت باب در وقت عزیمت به مکه و اعزام حروف حی به نقاط مختلف ایران قرار ملاقات مجدد با آنان را در کوفه گذاشتند و ملا علی بسطامی را به منظور ابلاغ امر و بشارت به قرب ظهور موعود به مردم و علمای کربلا و نجف به عراق فرستادند.

ملا علی در نجف بی‌محابا زبان به تبلیغ گشود و آثار منزله از قلم حضرت باب مثل تفسیر سوره یوسف، صحیفه مخزونه، سایر تفاسیر، صحف، خطب و مناجاتهائی را که در دست داشت به مردم می‌نمود و جمعی از پیروان مکتب شیخیه را که برحسب وصیت استادشان به انتظار ظهور موعود بودند به طریقه بابیه دلالت می‌کرد.

در کربلا با شیخ حسن آل کاشف الغطاء اعلم وافقه علمای شیعه دیدار کرد و آثار قلمی حضرت باب را ارائه نمود و با ملا حسن گوهر که بعد از سید رشتی زعامت طایفه شیخیه را به دست گرفته و در میان شیخی‌ها صاحب عنوان شده و قدر و منزلتی به دست آورده بود به بحث و گفتگو نشست؛ اما وی که منهمک در افکار ریاست و اقتدار خویش بود به حرفهای ملا علی اعتنا نکرد و با او از در مجادله و مخاصمه درآمد.

اقدامات ملا علی موجب شور و هیجانی شدید در بین کافه مردم کربلا و نجف گردید و ارباب عمائم و علماء و زعمای شیخیه از هر سلک و طایفه بر علیه او مردم را تحریک کردند و به مقاومت و مصادعت تهییج نمودند و احساسات ناشی

از حمیّت جاهلیه طلاب و مردم خود را برانگیختند و اورا کافر و بی‌دین و مخرب اسلام قلمداد نمودند بطوریکه حاکم کربلا مجبور به توقیف او شد و جمیع کتب و صحف و آثاری را که از حضرت باب همراه داشت تصرف نمود و آن واقعه را به اطلاع نجیب پاشا در بغداد رسانید.

نجیب پاشا در آن وقت فرمانروای عراق بود و از شورش و بلوای علماء شیعه بواسطه وقایع مخوفی که دو سالی قبل از این واقعه در کربلا پیش آمده بود واهمه و هراس داشت بنا بر این ملا علی و جمیع آثاری را که از او گرفته بودند به بغداد خواست و وی را به زندان انداخت.

در بغداد سر و صدای آن ماجرا و قیام و اقدام علمای شیعه و شیخی که با سرسختی بر ضد ملا علی کمر بسته بودند بالا گرفت و اقدامات آنها به موجب اسنادی که در وزارت امور خارجه کشور ترکیه (دولت عثمانی) وجود دارد، مورد تقویت و پشتیبانی نجیب پاشا بوده است. به این مناسبت آن شورش و غوغا در تمام خاک عراق به صورت گسترده‌ای شیوع یافت و پای علمای سنت و جماعت و فرق شافعی و نقش بندی نیز به میان کشیده شد.

نجیب پاشا در بغداد مجلسی از علمای بزرگ فرق مختلفه اسلامی بیاراست تا با مطالعه آثار مأخوذه از ملا علی و مشاوره با یکدیگر تصمیمات مقتضی در باره وی گرفته شود. بطوری که از قرائن برمی‌آید نظر غائی و نهائی نجیب پاشا از تشکیل آن اجلاسیه آن بوده است که با تکفیر ملا علی و کافر شناختن او و فتوای قتلش از طرف علمای عراق صادر شود تا مجوزی برای از میان برداشتن او در دست داشته باشد و از نظر امور سیاسی جوابگوی دولت ایران نیز باشد. آن مجلس تشکیل شد و جمیع علمای معتبر و مجتهدین دو طایفه بزرگ اسلامی شیعه و سنی فتوای قتل ملا علی و تکفیر حضرت باب را مهر نموده و به نجیب پاشا تسلیم نمودند.

حضرت باب، بعد از مراجعت از مکه، بمنظور استخلاص و نجات ملا علی بسطامی از حبس حاکم بغداد و متوقف ساختن اجرای حکم قتل وی از بوشهر و مسقط نامه‌هایی مبنی بر دادخواهی و دادرسی به محمد شاه، حاجی میرزا آقاسی، مجید پاشا سلطان عثمانی، ملا حسن گوهر و سایر علماء مرقوم داشته ارسال فرمودند ولی همهٔ این اقدامات بلا اثر و بدون نتیجه ماند و توجهی به درخواست‌های ایشان معطوف نگردید.

دلایل انصراف حضرت باب از عزیمت به عراق

با اوضاع و احوالی که در عراق ایجاد شده بود و تحت شرایط مکان و زمان و جوی مملو از دشمنی و خصومت ناشی از عصبیت و بربریت، مسلم و محتوم بود

که با ورود بابیها به آن دیار و حضور حضرت باب در میان آنها شورش و بلوائی در می‌گرفت که در آن واقعه تمامی را از دم تیغ می‌گذراندند و به احدی ابقا نمی‌نمودند. از این لحاظ و نظر بود که حضرت باب بالاخره از عزیمت به عراق (کربلا و کوفه) انصراف حاصل نمودند و اصحاب را اخبار نمودند که به اصفهان مراجعت کنند و خود عازم شیراز شدند.

روزی که حضرت باب انصراف کامل خود را از عزیمت به عراق اعلام داشته و اراده مراجعت به شیراز نمودند مصادف با روز پانزدهم شهر جمادی الثانی سال ۱۲۶۱ بود که در تاریخ بابیه یوم البداء خوانده شده است. (استنساخ از نسخه چاپ نشده مجموعهٔ قسمتی از الواح حضرت باب)

حضرت باب علل انصراف خویش از عزیمت به عراق را ضمن لوحی خطاب به ملا عبدالخالق یزدی به این مضمون تشریح می‌فرمایند: "... و تو ای خدای من تو بر امر من و به اسرار ضمیر من واقفی و شهادت می‌دهی که من غیر از اعلاء دین مبین و امر مستور قصدی ندارم من از آنهایی که مرا می‌شناختند خواستم که نامم را افشاء ننمایند و به قصد حج بیت تو بیرون رفتم، اما خوفناک از حزب شیطان زیرا که آنها از قوم فاسقین هستند و تو از فرمان من به علما (حروف حی) آگاهی که از آنها خواستم به ارض اقدس (نجف) بروند تا در مراجعتم از مکه عهد مستور تو را علناً ظاهر نمایم. و تو به آنچه در ام القری (مکه، نقل قول از) اهالی ارض اقدس (کربلا و نجف) شنیدم واقفی. به دلیل انکار و بخل علماء و بندگانی که از تو دورند از قصدی که داشتم منصرف شدم و به آن خطه مسافرت نکردم مبادا فتنه و بلوایی به ظهور رسد و آنان که امر تو را اطاعت کرده‌اند ذلیل شوند و مویی به ظلم از سر کسی کم شود و تو شاهدی که غیر از آنچه ذکر شد چیزی ندیدم و بدرستی که تو واقف بر کل اشیائی..."

مراجعت اصحاب از نیمه راه عراق و عزیمت به اصفهان و شیراز

اصحاب و احباب که بر حسب وعده قبلی عازم کربلا و نجف بودند در طول راه از انصراف حضرت باب برای عزیمت به عراق و حرکت به سمت شیراز آگاه شدند و به آنها خبر رسید که به اصفهان مراجعت کنند تا دستور بعدی برسد.

به این جهت همه رو به اصفهان آوردند؛ در نزدیکی شهر ملا حسین به آنان توصیه نمود که در وقت ورود به شهر رعایت حکمت را بنمایند و منفرداً و متنکراً از راه‌های مختلف به اصفهان وارد شده و در نقاط مختلف منزل گیرند و نحوه سلوک و دیدار آنها با یکدیگر به صورتی باشد که جلب نظر نکند.

بعضی از آن نفوس که تاب تحمل دوری از حضرت باب را نداشتند راهی

شیراز شدند؛ از جمله این اشخاص ملا حسین، برادرش میرزا محمد حسن و خواهرزاده‌اش میرزا محمد باقر بودند و متعاقب آنها ملا شیخ علی عظیم، ملا عبدالکریم قزوینی و ملا یوسف اردبیلی.

هنگامی که ملا حسین به شیراز رسید، خواهرزاده‌اش میرزا محمدباقر را به بیت خال فرستاد و ورود خود را به اطلاع حضرت باب رسانید و کسب اجازه نمود که به زیارت حضرت باب توفیق حاصل کند. حضرت باب ترتیب آن کار را به عهده حاجی میرزا سید علی خال گذاشتند تا با رعایت احتیاط و دور از چشم جواسیس او را به بیت خال بیاورند.

خال اعظم قرار ملاقاتشان را با باب‌الباب روز بعد یک ساعت از غروب گذشته در خارج دروازه اصفهان تعیین کردند.

ملا حسین در وقت مقرر در محل معهود خال اعظم را ملاقات کرد؛ می‌گویند خال از مشاهده وی در لباس ایل هزاره‌ای که برای استتار خویش به آن ملبس شده بود، بی‌اختیار به خنده افتاد و بالاخره کمی بعد از غروب آفتاب و با استفاده از تاریکی شب و گذر از کوچه های تنگ و تاریک سرپوشیده که منتهی به خانه خال می‌گردید عازم ملاقات با حضرت باب شدند.[۱]

وقتی ملا حسین در معیت خال به حضور رسید به او دستور داده شد که در محلی گمنام و به صورت ناشناس زندگی کند و در کمال احتیاط با آنهائی که علاقه‌مند زیارت حضرت باب و گفتگو با ایشان هستند ملاقات نماید و اسئله آنها را جواب گوید تا لازم نباشد افراد به دیدار حضرتشان بیایند و احتمالاً مزاحمتی ایجاد شود.

حضرت باب به ملا شیخ علی عظیم و ملا عبدالکریم قزوینی که بعد از ملا حسین به شیراز رسیدند دستور فرمودند که به استنساخ آثار و الواح منزله از قلم اعلی مشغول گردند و از ملاقات با ملا حسین احتراز جویند.

اصحاب حضرت باب که در نقاط مختلفه ایران و عراق متفرق بودند اظهار علاقه می‌کردند که به شیراز بیایند و به درک حضور حضرت باب فائز شوند، لیکن سختگیری‌ها و مخالفت‌های علماء و حسین خان آجودان باشی بقدری شدید بود که این مجال را از جمیع مؤمنین گرفته بود و اگر کسی هم بدون در نظر گرفتن این محظورات خودش را به شیراز می‌رسانید ناچار در خفیه و استتار بسر می‌برد تا سبب گرفتاری مؤمنین نگردد.

کوچهٔ محلّ عبور ملّا حسین با خال اعظم

چگونگی اقامت حضرت باب در شیراز

نا آرامی ها، اخراج باب الباب از شیراز و ادامهٔ خصومت معاندین

دیری نگذشت که آرامش نسبی و موقت حاصله از رفتار محتاطانه بابیها با علم مخالفتی که میرزا ابراهیم شیرازی بلند نمود از میان رفت؛ مصیبت ها و مصاعب تجدید شد و آتش خصومت و دشمنی بالا گرفت. میرزا ابراهیم که در بدایت امر با حضرت باب مخالفتی نداشت، آغاز به تحریک ملاها نمود و در هر مجلس و

محفلی به سعایت و بدگوئی پرداخت؛ ولی بدلیل شهرتش به شیخی بودن کسی به او اعتناء نمی‌کرد تا اینکه ملا جواد ولیانی به شیراز رسید. ملا جواد خطیبی بلیغ بود و در عداد تلامیذ شیخیه قرار داشت. او خاله‌زاده حضرت طاهره و در واقع مشوق اصلی وی برای تحصیل در مکتب شیخیه بود و بعداً نیز سبب شد که قرة العین در کربلا به حضور حاج سید کاظم رشتی برسد.۲

وقتی ملا جواد در قزوین از ظهور حضرت باب مستحضر گردید و آثار قلمی ایشان را ملاحظه نمود با چند نفر از شاگردانش عازم عراق شد که بعد از مراجعت حضرت باب از مکه، در کربلا ایشان را ملاقات کند و به یاری و نصرتشان قیام نماید؛ اما چون عزیمت حضرت باب به کوفه میسر نگردید وی به شیراز آمد و طالب دیدار و ملاقات با آن حضرت شد؛ ورود او به شیراز مصادف با ایامی بود که آمدو شدها به منزل حضرت خال سخت در تحت مراقبت و زیر نظر مأمورین آجودان باشی قرار داشت و بکلی ابواب ملاقات با حضرت باب مسدود بود. بنابراین انجام این تقاضا ممکن نشد و به وی ابلاغ گردید که با ملا حسین ملاقات کند و مسائلی را که می‌خواهد از او پرسش نماید. این پاسخ بر ملا جواد سخت گران آمد زیرا او خودش را اعلم و افضل از باب‌الباب می‌دانست و انتظارش این بود که حضرت باب او را بر ملا حسین و حروف حی که در اصطلاح بابیه به سابقین شهرت یافته بودند مرجح شمارند. او که این موضوع را به بی‌اعتنائی و عدم توجه تلقی کرده بود، به مخالفت برخاست و با ملا عبدالعلی هراتی که او هم قبلاً به شیراز آمده و در اثر معاشرت با میرزا ابراهیم ایمان خود را از دست داده بود همدست شد و هر سه نفر به خصومت و دشمنی با دیانت بابی قیام نمودند. اوراق شبهات انتشار دادند و لب به سب و لعن حضرت باب و پیروان ایشان گشودند. حسین خان و ملاها را از وجود ملا حسین بشروئی و عده‌ای دیگر از هواخواهان حضرت باب در شیراز آگاه کردند و سبب به چوب بستن خال اعظم و اخراج باب‌الباب از شیراز شدند، ولی خودشان هم از این سعایت و دشمنی طرفی نبستند و با وضعی فضیع از شیراز نفی گردیدند.

ملا عبدالعلی و میرزا ابراهیم به حاج محمدکریم خان کرمانی پیوستند و به کرمان رفتند و ملا جواد به قزوین برگشت.

ملا جواد آنچنان به علم و دانش خود مغرور بود که اقدام به نوشتن ردیه‌ای بر ادعای حضرت باب نمود و به صراحت خواست که با او مباهله کنند. غافل از اینکه این مسئله در شأن و مقام مظهر ظهور است نه کسی که از زمره بندگان است.

در اینجا مضمون فارسی قسمتی از توقیع حضرت باب را که در آن به درخواست ملا جواد اشاره فرموده‌اند می‌خوانیم:۳

"... او از من معنی جملهٔ "الذی لیس له دلیل الاّ الحکمة و لا یثبت بغیرها"

را خواست که معنی آن اینست' هیچ دلیلی ندارد الا حکمت و به هیچ دلیل دیگری ثابت نمی‌شود." شیخ احمد احسایی در کتاب فوائد بیست و چهار دلیل بر اثبات این جمله اقامه فرموده است که خود اظهار آنها را شأن اطفال می‌داند. بعد از آنکه کتاب‌الله را خوانده و به دلایل سه‌گانه‌ای که در آن آمده است و برای جمیع خلق کفایت می‌کند توجه کرده بود (حضرت باب می‌فرمایند) او خودش را به ذکر این موارد مهلکه گمراه کرده است و در کتابش (اشاره به ردیه ملا جواد) به غلط طلب مباهله کرده است مثل اینکه کتاب‌الله را نخوانده است که مباهله در شأن و به حکم من است و بر او حکم مباهله نیست. او کیست که از من طلب مباهله می‌کند در حالی که این امر را به یک نفر تفویض کرده‌ام. و کثیری از مؤمنین با آنها مباهله می‌کنند چنانچه شنیدی که مهدی خویی که خداوند او را پاداش خیر عنایت فرماید از طرف خود کسی را برای مباهله با عبدالعلی (هراتی) فرستاد و از شدّت کذب و دروغگویی برای مباهله حاضر نشد. پاک و منزّه است خداوند از وصف ممکنات."

حضرت طاهره در جواب ردیه‌ای که ملا جواد بر ادعای حضرت اعلی نوشته بود رساله‌ای مفصل و مستوفی مرقوم و بر اساس ادله و براهین متقنه و استدلال به اخبار و احادیث مأخوذه از ائمه اطهار و روایات و منقولات شیخ احمد و سید کاظم عدم صحت قول او را ثابت می‌نماید و در راه هدایت او می‌کوشد، ولی ملا جواد به جای تنبّه بغض و عناد خود را آشکارتر نمود و به مخالفت و خصومت بیشتری پرداخت و در واقعه قتل ملا تقی برای بابیان قزوین زحمت‌ها ایجاد کرد و ملا محمد را تحریک نمود تا برای حضرت طاهره مزاحمت تولید کند. قسمتی از مضمون فارسی یکی از الواح نازله از قلم اعلی را که در آن، در خصوص خصومتهای این سه نفر[۴] بیاناتی فرموده‌اند در زیر می‌خوانیم:[۵]

" اگر از روی عدالت قضاوت شود راه فرار بر همه کس چه در شرق و چه در غرب بسته است مگر اینکه به فضل من اقرار کند، زیرا که من مدعی مقامی جز عبودیّت نیستم و خداوند وکیل است. میرزا ابراهیم شیرازی (نفر اول) ملا جواد قزوینی (نفر دوم) را اغراء به جهل نمود و ملا عبدالعلی هراتی (نفر سوم) را راضی کرد که مرا انکار نمایند. جزای آنها همان است که به دست آورده‌اند تا گفته خداوندی در بارهٔ آنها تحقق یابد. و بدرستی که دنیا محل عقوبت، جهنم، غم، غصه و عذاب الیم است. و تمام مردم آنها را می‌شناسند و به شأن آنان عالمند و در حقشان شهادت می‌دهند. من میرزا ابراهیم شیرازی (نفر اول) را گاه به گاه و ملا جواد قزوینی (نفر دوم) را فقط چند شبی دیده‌ام و ملا عبدالعلی هراتی (نفر سوم) را هرگز ملاقات نکرده‌ام. اینها به ناحق از شریعت‌الله روی برگرداندند ولی آنان که از سابقین بودند سنت الهی را پذیرفته و به امر خدا قائم شدند. این سه نفر چنان

ناتوانند که حتی قادر به نوشتن شرح حال خود نیستند. اما هنگامی که امر (من) منتشر شد چاره‌ای جز قبول و شناسائی آن ندارند. در غیر این صورت از قدرت الهی بهره‌ای نبرده و صاحب شأن و مقامی نخواهند بود. پس به پستی مقام و رتبهٔ آنان نظر کن. آنها قادر به تحریر آیاتی همانند آیات من نبوده‌اند و از ظل فرمان الهی خارج شده خود و همراهانشان را به هلاکت رسانده‌اند. این فتنه‌ها باید ظاهر می‌شد که پاک را از ناپاک جدا سازد.

مقام اجتهاد و صداقت مبلّغ (ملا علی بسطامی) و همراهان او را در عراق مشاهده نما و با دروغها و انکار این سه نفر مقایسه کن تا به مواعید الهی معتقد گردی. به این ترتیب است که خداوند ظالمین را عقوبت می‌فرماید. ملا جواد قزوینی مطالبی به زبان فارسی برای آزمودن حجت خدا (باب) نوشته و تصاویری جهنمی عرضه داشته است. پناه می‌برم به خدا از شدت حمق او که نمی‌داند آزمودن حجت مستلزم آزمودن امام و آزمودن امام مستلزم آزمودن پیغمبر و آزمودن پیغمبر مستلزم آزمودن خدا جلّ و علا است و این کفر صریح است."

مأموریت آقا سید یحیی دارابی و تحریکات مجدد علماء

محمد شاه آقا سید یحیی دارابی را مأمور رسیدگی به دعوی حضرت باب نمود. آقا سید یحیی برای اجرای مأموریت محوله هنگامی وارد شیراز شد که خالهای مبارک نیز در آن شهر حضور داشتند.

در ظرف دو ماهی که وی به مطالعه و رسیدگی قضایا مشغول بود، واقعه مهمّی بر علیه حضرت باب و بابی‌ها پیش نیامد که مزاحمتی ایجاد کند؛٦ نه از طرف علما صحبتی عنوان گردید و نه از ناحیه حکومت و سایر مردم مخالفتی شد. شاید این دم فرو بستن از آن جهت بود که ارباب غرض منتظر نتیجه رأی غائی و نهائی محمد شاه بر اساس گزارش آقا سید یحیی بوده‌اند. هرچه بود تا سال ١٢٦٢ هجری قمری اقدامی بر علیه حضرت باب و بابی‌ها بعمل نیامد ولی در این وقت بار دیگر مسئله بابی‌ها بر سر زبانها افتاد و ملاها که از یک طرف از نزول تفسیر سورهٔ کوثر آگاه شده بودند و از طرف دیگر از آمد و شدهای مکرر آقا سید یحیی به منزل خال اعظم و ملاقاتهایش با حضرت باب و بالاخره اعتقاد و ایمان جازم وی به آن حضرت سخت خشمگین و عصبانی بودند می‌دیدند که تحریکات و مخالفتهای قبلی آنها بلا اثر مانده است، شایع ساختند که بابی‌ها در روزها دور از چشم مردم در باغها و صحاری اطراف شهر جلسه دارند و در لیالی به خانه سید باب رفت و آمد می‌کنند و غالب شبها را در حضور او بسر می‌برند.

بهر حال، آخوندها بار دیگر حسین خان را تحت فشار گذارده او را انذار نمودند

که به ملاحظه مسامحه و مماطله‌ای که در کار سید باب از طرف حکومت به عمل آمده سید باب بقدری جری و جسور شده که بر سورهٔ مبارکه کوثر تفسیر نوشته و سبب گمراهی جمعی شده است. وی در آن تفسیر بلند پروازی ها کرده و عرفا و علماء و مؤمنین به دیانت حضرت سیدالمرسلین را به میدان مبارزه خوانده و علناً آنها را تخفیف و توهین نموده است. حال وظیفه شرعی تو این است که به موجب مندرجات همین نوشته ها حکم قتلش را که علماء صادر کرده‌اند، به موقع اجرا بگذاری زیرا او بقدری گستاخ شده است که هر شب در خانه‌اش محفل می‌آراید و مردم به دور او جمع می‌شوند و آنان را اغراء به جهل می‌نماید. بالاخره ملاها به قدری وسوسه نمودند که حسین خان متغیر شد و در صدد دستگیری حضرت باب در حالی که جمعی از بابی ها در حضور ایشان باشند، برآمد.

در همین حال، امام جمعه برای پیشگیری از بروز مشکلات برای حضرت باب نزد حسین خان رفت و به وی پیشنهاد کرد که به منظور خاتمه دادن به این امر و آرام ساختن علماء و جنجال مردم شهر، همه را از هر طبقه و صنفی به مسجد وکیل بخواند؛ علماء حضور یابند و سید باب را نیز حاضر کنند که بر بالای منبر رفته از گفته های خود و آنچه که به او نسبت داده‌اند تبری جوید و برائت حاصل کند و سپس به دنبال کسب و کار و تجارت خود برود.

حسین خان این رأی را پسندید و یک روز جمعه را انتخاب کرد و دستور داد تا منادیان از یک هفته قبل همه روزه در کوچه و بازار شهر به راه افتادند و مردم را از طرف حکومت برای سه ساعت به غروب مانده روز جمعه به مسجد وکیل دعوت کردند و گفتند "در آن روز سید باب را به مسجد می‌آورند که توبه کند."

حضور حضرت باب در مسجد وکیل

از جمله کسانی که در مسجد وکیل شاهد عینی ماوقع بوده و بیانات حضرت باب را به گوش خود شنیده‌اند یکی آقا سید حسین کاتب است که شرح ماجرا را به خط خویش نوشته و در میان اسناد و اوراق باقی مانده از متقدمین بابی به دست ما رسیده است. محتویات مکتوب آقا سید حسین مؤید مطالبی است که نبیل زرندی نیز از قول معتمدینی که خود در مسجد وکیل حضور داشته‌اند، نقل نموده است.

آقا سید حسین حدوث واقعه‌ای را که منجر به احضار حضرت باب به مسجد وکیل شد معلول اقدام میرزا ابوالقاسم معروف به میرزا بابا۷ پیشوای طریقه دراویش ذهبی شیراز یادداشت کرده است. وی می‌نویسد چون مرحوم حاجی سیدجواد کربلائی نسبت به میرزا بابای مذکور حسن ظنی داشت و در میان آنها دوستی و رفاقتی صمیمانه و عمیق وجود داشت تفسیر سورهٔ مبارکهٔ کوثر را که به تازگی نازل شده بود

برای مطالعه یا تبلیغ به مشارالیه داده بود که بخواند، ولی وی خیانت نموده آن تفسیر را در اختیار حاکم گذاشت و وی بنظر بعضی از علمای شیراز رساند و همین بود که موجب بلوای عام شد.

بطوری که آقا سید حسین کاتب در نامه خویش ادعا می کند، تفسیر سوره کوثر را میرزا بابا به حسین خان داده است در حالی که شخص میرزا بابا در مکتوب جوابیه‌ای که به حاج سید جواد کربلائی می نویسد، می گوید بجز یک نفر یعنی میرزا هدایت‌الله کس دیگری آن جزوات را ندیده و نخواهد دید. بنا بر این، اگر گفته وی صحیح باشد پس به چه وسیله تفسیر سورهٔ کوثر به دست حسین‌خان افتاده است؟ سواد مکتوب میرزا بابای ذهبی متخلص به راز را به حاج سید جواد کربلائی در زیر می خوانیم:

"هو الله العلی سبحانه

یا حبیب قلوب العارفین علیکم سلام الله رب العالمین

رقیمه کریمه با یک جزو از جناب بزرگوار زیارت کردم باعث روشنائی دیده و دل گردید فقیر هم تعجب داشتم که چه واقع شده است که تشریف فرما نشدند فقیر همان روز و شب تمام شرح سورهٔ کوثر را زیارت کردم یک دو عبارت ایشان که مؤکد به قسم و عجز و عتاب هر دو داشت فقیر را با بی‌حالی بر تحریر جواب واداشت آنچه به تقاضای حال و وقت آمد نوشتم قریب به هزار و چیزی شده است تمام است منتظر مقدم شریف بودم تشریف نیاوردید حال حسب الفرموده شش جزو شرح کوثر را با آن جزو کوچک فرستادم اما آن جواب فقیر نسخه‌اش داده است قرة‌العین میرزا هدایت‌الله یک نسخه از روی آن بر می دارند بعد بنظر انور می رسد بجز همین یک نفر صدّیق که کانّه انا لا غیر دیگری اجزا را ندید و این جزو را هم نخواهند دید خاطر شریف جمع باشد والسلام علیکم و رحمة‌الله و برکاته."

بهر حال، آقا سید حسین کاتب در مکتوب خویش وقایعی را که در مسجد وکیل گذشته است به ترتیب زیر تشریح می نماید:

"بعد از ورود سعادت مورود جناب مستطاب اعرف العرفا سید یحیی متشرفین عتبه بوسی آستان ملائک پاسبان[۸] آشکارا شدند و آیات جلالت و عظمت اعلیحضرت ارفع والا[۹] روز به روز ظاهر و هویدا منافقین و اشرار و علمای جهالت شعار را آتش حسد در کانون سینه های نفاق پیشه آنها شعله‌ور گردید و بعضی از آنها "اذا قیل لهم آمنوا کما آمن الناس قالوا انؤمن کما آمن السفهاء الا انهم هم السفهاء ولکن لا یعلمون[۱۰]" و بعضهم " اذا لقوا الذین آمنوا قالوا آمنا و اذا خلوا الی شیاطینهم قالوا انا معکم انّما نحن مستهزؤن[۱۱]" "فی قلوبهم مرض فزادهم الله مرضاً و لهم عذاب الیم بما کانوا یکذبون[۱۲]" " اولئک الذین طبع الله علی قلوبهم و سمعهم و

ابصارهم و اولئک هم الغافلون[۱۳]".

و آنچه آیات و خطب و مناجات فصاحت و بلاغت گوش زد آن گروه خسران برده می‌باشد (؟) ... و به مقتضای مرض قلوب مبعده (؟) نجسه متواتر و پی در پی در مجلس حسین خان و به وسائط (؟) و رسائل اظهار نفاق نموده آن ثمر شجر کفر و نفاق را تحریض بر ابذاء و اذیت اصحاب اعلی جناب والا می‌نمودند و آن شقاوت نهاد نیز گاهی به ابداء خصومت مخفیه در قلب مقلوبش به اذیت بعضی از عباد اعلیحضرت والا می‌پرداخت تا آنکه شب بیستم ماه مبارک رمضان خورشید زمین و آسمان را به مجلس ظلمت بنیان خود احضار و در خلال این احوال... جناب مستطاب سید جواد[۱۴] بواسطه آشنائی و اعتماد که (؟) به میرزا بابای صوفی ذهبی مذهب بجهت هدایت او شرح شریف سوره مبارکه کوثر را به او داد و آن بدنهاد خیانت نموده شرح شریف مزبور را به شیطان لعین داد و آن طرید بی‌دین بهانه بدست آورده اوایل آن را نزد جهال علم‌نما فرستاد و دیدن آن مزید علت و اظهار شقاوت آنها شد و حال در لیالی متبرکه ماه مبارک رمضان ملاقات آن ناکسان با حسین خان بیشتر اتفاق می‌افتاد بقدر الامکان در اظهار شقاوت و نفاق کوتاهی نمی‌نمودند و از شقاق با برگزیده آفاق ساعتی نمی‌غنودند و کیفیت رفتن گروه خباثت انجام به دارالسلام و قدم جرئت و بی‌باکی نهادن در بیت الاکرام مقرب ملیک علام که نه اقلام را یارای تحریر و نه اوراق را طاقت تسطیر آن است در آن ولا منادی مراحم و الطاف علی اعلی ندای غم‌زدای "ولقد کذبت رسل من قبلک فصبروا علی ما کذبوا و اوذوا حتی اتیهم نصرنا و لا مبدل لکلمات الله[۱۵]" تسلی‌بخش خاطر عاطر والا بود و نواب همایون اقدس اعلی نیز با اظهار تسلیم و رضا از عندلیب عبودیّت و بندگی نیز به اظهار تسلیم و رضا ... کریمه "لن یصیبنا الاّ ما کتب الله لنا هو مولانا و علیه فلیتوکل المؤمنون[۱۶]" بلند آوا "فویل للقاسیة قلوبهم من ذکرالله اولئک فی ضلال مبین[۱۷]" "لاجرم انهم فی الاخرة هم الخاسرون[۱۸]".

بعد از طلوع طالع ساطع والا از افق آن مجلس ظلمت اشتمال حسین خان از امر بدیع از اعلیحضرت اقدس جویا شد فرمودند "قد جئتکم بالحکمة ولأُبیِن لکم بعض الذی تختلفون فیه فاتقوا الله و اطیعون[۱۹]". آن شقی لعین و مظهر مستثنای "الاّ من اتبعک من الغاوین[۲۰]" و موعود بوعید "و انّ جهنم لموعدهم اجمعین[۲۱]" و ما صدق "و ان علیک اللعنة الی یوم الدین[۲۲]" با آنکه بر او محقق گردید که مظهر حکم و اسرار حضرت آفریدگار جل شأنه و عز اسمه در جمیع علوم و معارف در عالم مسلم‌اند زبان جسارت گشود که علماء شما را تکفیر می‌نمایند فرمودند "ذلک قولهم بافواههم یضاهؤن[۲۳]" "انی وجّهت وجهی للذی فطر السموات و الارض حنیفاً و ما انا من المشرکین[۲۴]" "انی اشهد الله و اشهدوا انّی بریءٌ مما تُشرکون[۲۵]" بغیاً و حسداً

مفاد حقیقت نهاد "یعرفون نعمة الله ثم ینکرونها۲۶" را آشکار نموده رأی شومش بر این قرار گرفت که علم مواج معارف و اسرار پروردگار به مسجد تشریف برده انکار علوم و اظهار نبودن آیات نازله از قلم اعجاز رقم ... نمایند.

سرکار اعلیحضرت والا اختباراً للخلق و اظهاراً لبواطن المنافقین۲۷ آنچه خواهش آن لعین بود معمول فرمودند و چون اعواد منبر از قدوم جلالت لزوم والا مشرف گردید خواستند از محامد و ثنای ... حضرت باری را بر زبان معجز بیان جاری ... از گل‌ریزی گل‌های ثنا و ستایش به کلمات اعجاز اساس ساحت قلوب حضار را گل کاری نمایند. ترسیدند که اگر لعل گهربار را دُرافشان فرمایند موجب ... شورش خلق شود لهذا مانع شد پس آن معدن حلم و وقار به این کلمه حقیقت آثار گهربار شدند که ای گروه مردم هر کس اعتقاد نبوت۲۸ به حضرت نماید علیه لعنة الله و هرکس ما را باب منصوص از جانب عطوفت جوانب امام علیه السلام بداند علیه لعنة الله "وما انا الاّ عبدٌ آمن بالله و آیاته۲۹" و این عین کلمات طیبه همان است که لسان ... علیه السلام جاری شد و حسب الخواهش آن منافقان فرمودند که کتب و صحائف منسوبهٔ به حضرت والا از ما نیست و مراد از این آیات تحدّی نیست و صدق و حقیقت این آیات شریفه بر اهل حق ظاهر است پس از مسجد تشریف فرمای منزل شریف شدند.

منافقین و اشرار از علمای جهالت و کفر آثار فرصت غنیمت شمرده حسین خان شقاوت نشان را تحریض بر قتل و شهادت اعلیحضرت نمودند. "ثم کان عاقبة لذین اساؤا السوای ان کذبوا بآیات الله و کانوا بها یستهزؤن۳۰" بالاخره حسین خان بی‌ایمان جرئت ارتکاب قتل برگزیده رب الارباب ننموده با کفره فجره که اثمار شجره خبیثه‌اند قرار داد که شما کلاً متفق بر قتل شوید تا من ... والا جناب را تسلیم شما نمایم. آن شجره نفاق بجهت حصول اتفاق مکرراً مجلس آراستند و خدا نخواست و چند نفر از علمای شیراز که یک باره رشته شیرازه اوراق وجودشان از هم نگسسته به آن بی‌دینان وفاق نورزیدند و اظهار تبرا و بیزاری از رأی شوم آنها نمودند و از این جهت شجره خبیثه به رأی شقاوت نهاد خود (؟) در واقع "انَها شجرة منَ زقوم طعام اثیم (؟) کالمهل یغلی فی البطون۳۱" ۳۲

یکی دیگر از اشخاصی که به این واقعه اشاره نموده و مشاهدات خود را برای مرحوم آقا میرزا علی اشرف عندلیب بیان داشته است، حاجی میرزا محمد صادق معلم پدر و عموهای نگارنده این سطور بوده است. حاجی میرزا محمد صادق ظاهراً به حضرت باب مؤمن نبوده است ولی همیشه جانب ادب و احترام را نسبت به ایشان نگه داشته و حضرتش را جناب میرزا خطاب می‌کرده است. در اینجا خلاصه‌ای از آنچه را که در این باره حبیب‌الله افنان در کتاب خطی خویش به نام "تاریخ امری

فارس" آورده است، می‌خوانیم. حاجی میرزا محمد صادق می‌گوید:

"من به سن تمیز رسیده و بیست و پنج سالی از عمرم می‌گذشت روزی جارچی‌های شهر شیراز به صدا درآمدند که روز جمعه سه ساعت به غروب مانده بر حسب حکم صاحب اختیار سید باب را به مسجد وکیل می‌آورند که توبه کند و از طرف حاکم تمام مردم شیراز دعوت می‌شوند که در وقت مقرر در مسجد وکیل حاضر شوند.

من در وقت معیّن خودم را به مسجد رسانیدم و به زحمت که بود از لابلای مردم گذشتم تا خودم را در پشت سر علما که در جلوی منبر نشسته بودند رسانیدم. در آنجا تمام علماء و اعیان حضور داشتند و حسین خان نیز حاضر بود. جمعیّت مردم تمام صحن و شبستان و پشت‌بام‌ها را اشغال کرده بودند در این بین از در مسجد صدا کردند "آمدند" دیدم عبدالحمید خان از جلو و سید باب از پشت سر او وارد شدند. در وقت ورود آنها تمام جمعیّت خاموش شدند و از کسی صدائی شنیده نمی‌شد. سید باب رو به حسین خان کرد و گفت منظور شما از احضار من در اینجا چیست؟ حسین خان گفت "منظور این است که بروی روی منبر و از هرچه گفته‌ای توبه کنی." ایشان رفتند و روی پله سوم نشستند. شیخ حسین ناظم الشریعه۳۳ گفت بگوئید برود بالاتر تا همه مردم او را ببینند. حسین خان گفت "سید برو بالاتر." ایشان رفتند و نشستند و شروع کردند به قرائت خطبه‌ای در زبان عربی چند دقیقه لاینقطع خواندند. شیخ حسین به حسین خان گفت این سید سحر کلام دارد با این حرفها همه مردم را بابی می‌کند این حرفها صحبت توبه نیست. صاحب اختیار گفت "سید این مزخرفها چیست می‌گوئی آنچه باید بگوئی بگو." ایشان انگشت سبابه دست چپشان را برروی پیشانی گذاشتند و لمحه‌ای توقف کردند بعد سرشان را بلند کردند و گفتند "ایها الناس بدانید چیزی نگفته‌ام که جدم رسول‌الله نگفته باشد. حلال محمد حلال الی یوم القیمة و حرام محمد حرام الی یوم القیمة کما قال المعصوم علیه السلام اذا قام القائم قامت القیمة۳۴" این را گفت و از منبر پائین آمد. در این وقت بین مردم همهمه شد مردم می‌گفتند او حرفی بر خلاف دین نزد که بگویند کافر شده و باید او را بکشند بعضی مطالب دیگر عنوان می‌کردند. شیخ حسین ناظم‌الشریعه عصا کشید که به سر او بکوبد میرزا ابوالحسن خان مشیرالملک شانه‌اش را حائل قرار داد و چوب ناظم الشریعه به شانهٔ مشیرالملک خورد و سید باب به او گفت "ظالم بس است" و این کلمه لقب شیخ حسین شد و به ظالم شهرت یافت."

دیگر از اشخاصی که در آن مجلس لب به اهانت باز کردند سید شش پری جانمازبردار شیخ ابوهاشم سابق‌الذکر بود که مورد تعرض و تغیّر شدید امام جمعه قرار گرفت و لب فرو بست.

امام در این حال، خطاب به حضرت باب گفت: بروید منزل برای نماز مغرب و عشاء خانواده نیز منتظرند.

با توجه به آنچه از نامه آقا سید حسین کاتب و گفته‌های حاجی میرزا محمدصادق برمی‌آید، حضرت باب در مسجد وکیل، در حقیقت، اثبات دعوی نمودند، بطوری که گفته‌های ایشان گروهی را به فکر فرو برد و سبب شد که در مقام تحقیق و جستجو برآیند و سرانجام به حضرت باب گرویده به پیروان ایشان ملحق شوند. گو اینکه تعداد واقعی و مشخصات همه این گروه معلوم نیست ولی شرح احوال آن چند نفری را که به دست آمده است در جای خود خواهیم آورد.

هجوم به بیت مبارک، توقیف و رهائی

بعد از اینکه حضرت باب با مساعدت و همراهی امام جمعه از دست ملاها نجات حاصل نمودند و گفتار ایشان در مسجد وکیل در افکار مردم شیراز آثاری از شفقت و مهر بجا گذاشت و سبب شد که مقاولات آخوندها تا حد قابل ملاحظه‌ای غیر منطقی و خلاف واقع توجیه شود، به بیت مبارک مراجعت فرمودند. اما ملاها دست از حیله‌گری برنداشتند و بعد از چندی با استفاده از مندرجات تفسیر سورهٔ کوثر بار دیگر بر روی منبر به تخدیش اذهان مردم پرداختند و اظهار داشتند سید باب ضمن نوشته‌های خویش تمام علماء، عرفا، حکماء صاحبان فتوی و ملاهای واقف به اسرار قرآن و اخبار و احادیث ائمه اطهار را به میدان مبارزه طلبیده و مدعی است که هیچ کس بالاتر از او نیست.

با این گفته‌ها مجدداً مردم تحت تأثیر قرار گرفتند و هرکس به گونه‌ای بنای مخالفت گذاشت و بهانه‌ای به دست علماء داد تا بتوانند مسئله اجتماع بابیان را به گرد حضرت باب دوباره مطرح نمایند و به حسین خان گوشزد کنند که اگر او اقدام عاجل ننماید، خود مردم حضرت باب را به قتل خواهند رساند و به این ترتیب چنان وی را مستأصل کردند که ناگزیر برای سر و صورت دادن به این قضیه با مشاور مورد اعتماد خود، میر مؤمن ایزدخواستی، به کنکاش نشست و هر دو تصویب کردند که در لیالی احیاء که مسلمانها در مساجد شب زنده‌داری می‌کنند و بابیها با اطمینان از این سرگرمی به ملاقات حضرت باب می‌روند، به بیت مبارک هجوم برده و هرکس را که در آنجا می‌یابند بعلاوهٔ کتب و نوشتجات همه را به اداره حکومتی ببرند. میرمؤمن غروب بین نوزدهم و بیستم ماه رمضان را برای این اقدام مناسب دانست و از این رو به عبدالحمید خان داروغه دستور داد که ضمن زیر نظر گرفتن کوچه شمشیرگرها، از پشت‌بام خانه همسایه به داخل بیت مبارک وارد شود و بابیها را توقیف نماید.

در این مورد یعنی هجوم به بیت مبارک، دستگیری حضرت باب و بالأخره خروجشان از شیراز دو نامه به خط حاجی میرزا ابوالقاسم اخ الزوجه حضرت باب در دست است که خطاب به حاجی میرزا سید محمد که در آن زمان در بوشهر اقامت داشته اند نوشته و ماوقع را گزارش نموده اند. در اینجا نامه های حاج میرزا ابوالقاسم را که بالصّراحه زمان، محل، چگونگی و مدت توقیف و بالاخره خروج حضرت باب را از شیراز روشن می نماید اساس قرار داده و به آنچه در تاریخ حیات سرکار منیره خانم، تاریخ نبیل، تاریخ امری فارس و تاریخ جدید نیز آمده است، اشاره می کنیم. گرچه مآخذ مندرجات این تاریخها همه نقل قولهائی است که در خانواده حضرت باب از زبانی به زبان دیگر گشته و در فاصله بعید از هم به رشته تحریر کشیده شده است، اما برای نسل حاضر تا به دست آمدن اسناد کتبی تازهٔ دیگر مدارکی معتبر بشمار می آیند.

۱- نامهٔ مورخ بیستم رمضان ۱۲۶۲ هجری قمری:

"قبله و امیدگاها مشروحات بموجب عریضه جات قبل است که مصحوب رمضان حاجی غریب شاه و بعد باتفاق آقا محمد جعفر اخوی حاجی محمد حسن عرض و ارسال شده است. مطالب مفصل عرض شده است انشاءالله تعالی بملاحظه شریف رسیده. اعلی رقیمه شریف مورخ بتاریخ ۱۳ شهر رمضان بود الیوم شرف وصول پذیرفت از ظهور سلامتی مزاج شریف مشعوف گردید حمد خداوند را بعمل آورده. خط بمبئی که سواد آن جوف بود رسید ملاحظه گردید حقیقت هواسی (حواسی) ندارم که بتوانم بعضی مطالب آن را جواب عرض نمایم وقت هم تنگ است می گویند قاصد هم روانه است مطلب دیگر هم لازم دارم عرض نمایم مختصر می نمایم...

از اصفهان هم که... چون خبر ناخوشی اصفهان هم هست احدی وجه نمی دهد برات یزد یا اصفهان بگیرد...۳۵

اخبار ناخوشی یزد را در عریضه جات قبل به تفصیل عرض شد و نوشتجات یزد را سابق فرستادم هنوز که رفع نشده آقا محمد صادق طهرانی نوشته بود البته می توانم بدون اغراق بگویم نصف خلق از این ناخوشی تلف شده اند اطراف و راه ها و بلوکات فارس هم از مرودشت که ده فرسخ است بهم رسیده در کمال طغیان خلق هم منتظرند که عنقریب در شهر بهم برسند ...

دیگر چندی قبل مذکور گردید آن صاحب تشریف می آورند قبل از ماه مبارک هم حرف بود اثری بظهور نرسید علی النقد که دیگر تشریف آوردن آن صاحب را لازم می بینم توقف در این شهر مشکل شده است از حقیر و صاحبی ام حاجی میرزا سید علی هم پارهٔ کارها بر نمیاید شهری دشمن و دوستش بهم نمی رسند و اگر برسند هم

حاجی میرزا ابوالقاسم برادر حرم مبارک

میرزا ابوالحسن خان مشیر الملک

در خفا است حاجی عبدالحسین بعد از رفتن صاحبی ام حاجی میرزا حسنعلی پاکشیدند بلکه سابق عرض کردم چه قسم سلوک پیشه گرفتند این اوقات که بنا را بر عداوت به حاجی میرزا علی محمد و حاجی میرزا سید علی گذارده اند و در هر مجلس هرچه می خواهند می گویند و هر نسبتی که از آن بدتر نیست بایشان می دهند با ایشان یک رو کردن هم بملاحظه آن صاحب درست نیست همه را باید شنید و تأمل کرد و نشنیده پنداشت ... شخص از شهری می شنود از این هم بشنود سهل است خلاصه سابق حمایت نبود اهانت هم نبود حال به اهانت هم رسیده است. میر مؤمن ایزدخواستی هم که حال همه کاره است و مالک الرقاب همه خلق است بنای عداوت را با حاجی میرزا علی محمد گذارده و چنین هم واقع شده هروقت که صاحب کار و صاحب اختیار[٣٦] بدخاطر است تا وقتی که باز عود به اندران (اندرون) بکند خلق هم همه اهل دنیا هستند و چشمشان بر چهار ... معلوم است اهل دنیا هم چنانچه سابقین با ائمه علیهم السلام نمودند هرچه می کنند... ... ... که میدانید بر چند قسم است چنانچه همیشه اوقات بوده است ... ... (مبارک) رمضان بود آقا میر نزد صاحب اختیار ... ...

... ...

... ... رضاجوئی آقای خود و آقامیر شش ساعت از گذشته (؟) ... ... به خوانه (خانه)[٣٧] بنده گان (بندگان) خدا خوابیده بودند بیدار می شوند می بینند از بام خوانه (خانه) ... ... و دیده اید که بام و پیشبام فاصلهٔ ندارد اگر بخواهم از حالت بنده گان (بندگان) خدا خصوص حضرات ... ... که نمی توانم هرکس دید شمهٔ مقدمه کربلا را و چنانچه عبدالحمید خان خودش اعتراف کرد که فرق میان من و شمر چه شد من که محکوم بودم البته آنهم چنین بوده که کافر اگر می دید دلش بر حالت اینها می سوخت آن شب اهل کوچه همه برخواسته (برخاسته) هنگامه و غریوی در شهر از آه و ناله برپا شد خلاصه به این حالت همین قدر فرصت دادند که رخت حاجی پوشند و آن را بردند از اول که بد سلوک بوده کرد حاجی هم از خود دست کشیده آنچه خواسته بود گفته بود نوشته جات چند هم از حاجی از خوانه (خانه) ایشان بردند باالاخره (بالاخره) دو ساعت به صبح مانده باز عبدالحمیدخان ایشان را آورد و از حقیر قبض ضمانت نامچه گرفت که حکم شده است اجلاس بکنند و جماعت ملا که همه معاندین هستند حاضر شوند و گفتگو نمایند دیگر چه بگذرد خداوند عالم است. والدهٔ آن صاحب[٣٨] که این خوانه (خانه) بوده اند هنوز هم نگذاردم مطلع شوند لیک همشیرهٔ آن صاحب[٣٩] و همشیره حقیر[٤٠] بسیار بد احوالند خداوند انشاءالله حفظ نماید باری با این چنین مردم که همه شهر مخبر شدند بلکه غالب مطلع از حالت زنها شده اند که می دانند دیشب الا (الی)

حال افتاده و قوه حرکت از آنها برخواسته (برخاسته) شده است یک نفر از هیچ قسم مردم نیامد بگوید بر شما چه گذشته است نه خویش نه بیگانه و نه آشنا. خلاصه زندگی در چنین ولایتی بسیار صعب است البته بزودی تشریف آورده هرچه کردنی هستید بکنید بلکه چهار روزی چهار نفری از شما شرم کنند و قسمی شود دست عیالمان را بگیریم و بطرفی برویم شخص در بلاد کفر بسر برد چنین قسم ظلم‌ها بر آن وارد نمی‌آید زیاده حالت عرض عریضه ندارم فی ۲۰ شهر رمضان ۱۲۶۲.

داروغه هم با اینگونه سلوک توقع تعارف و مطالبه قلّغ (قلق) میکند ببینید چه خبر است."

مفاد این نامه روشن می‌سازد که هجوم عبدالحمید خان و مأمورین دولتی در نیمه شب بیستم ماه رمضان اتفاق افتاده است و سپس مأمورین دو ساعت به صبح مانده یعنی تقریباً چهار ساعت بعد از دستگیری حضرت باب به همراهی ایشان به منزل حاجی میرزا ابوالقاسم رفته و برای اینکه حضرت باب با کسی مراوده و معاشرت ننمایند از وی ضمانت گرفته‌اند. به این ترتیب یقین است که صبح روز بیستم ماه رمضان حضرت باب پس از یک توقیف چند ساعته آزاد شده‌اند.

۲- نامه مورخ هشتم ذی قعدة الحرام ۱۲۶۲ هجری قمری

"قبله و امیدگاها دام عمره العالی

عرض می‌شود که عمده مطلب و زبده مقصد سلامتی و صحت مندی وجود مسعود شریف آن صاحب است سلمه الله تعالی.

و ثانیاً عرض می‌شود که مشروحات به نهج عرایض قبل است که باتفاق هر قاصد و قافله معروض داشته انشاءالله تمامی از نظر انور شریف گذشته خواهد بود از کیفیت رفتن حاجی میرزا علی محمد بدون اطلاع حقیر سابق به تفصیل مطلع گردیده اید. بعد از اطلاع کدخدا۴۱ از رفتن مشارالیه در صدد تفتیش برآمد که کجا رفته است چون معلوم نبود با کی بوده و بکجا رفته است از پیدا شدن آن مأیوس شده از راه اینکه مبادا بخودش اذیت برسد حاجی میرزا سید علی را متهم نمود که بایشان سپرده است. حاجی میرزا سید علی که اطلاعی نداشت تشویش نمود که مورد اذیت و آزاری بشود روانهٔ کربلای معلی۴۲ گردید. کدخدا دستش از همه جا بریده شد حلال زاده ها۴۳ هم حلال زاده گی (حلال زادگی) کردند حقیر را متهم نمودند که سپرده به بنده بوده سرکار صاحب اختیار جمعی فراش معین نمودند که حقیر را برده باشند باوجود ضعف و بی‌حالی زیاد چشم درد شدیدی هم عارض شده بالاخره بنده را بحضور بردند از آنجائی که لطف خداوندی همیشه اوقات شامل احوال بوده است بر همه کس ظاهر شد که کسی را بحقیر نسپرده بودند کذب آنها ظاهر شد آخرالامر

خواست حقیر را نگاه دارد صاحبی آقا محمدصادق ضمانت نمود حال که در خانه هستم چشمم بشدت درد می‌کند سابق مبلغی متضرر اینکار شدم حال هم باید مبلغی متضرر شوم نمی‌دانم عاقبت چه خواهدشد تقدیر خدائی چه چیز است بجز تسلیم و رضا و توسل به ائمه هدی و توکل بلطف خداوند چارهٔ نمی‌باشد. حال با کمال ضعف و درد چشم در خانه می‌باشم تا بعد خدا عالم است چه خواهد شد.

حاجی سبزعلی از قزوین مراجعت نمود خط حاجی میرزا ابوالقاسم[۴۴] جوف است علی شمس هم از یزد وارد گردید امانت حاجی ملا محمدتقی و حاجی محمد صادق ارسال خواهد شد. انشاءالله الی حال بیرون تشریف آورده‌اید چشم براه وصول مقدم شریف هستم انشاءالله عنقریب شرفیاب خواهم شد.

خطوط یزد و قزوین جوف است به مطالعه شریف خواهد رسید زیاده مصدع نمی‌گردد همواره احوالات سلامتی و صدمات وارده را الی زمان درک فیض خدمت مرقوم فرمائید فی ۸ شهر ذی قعدة الحرام سنه ۱۲۶۲...

مطاعی حاجی سید احمد اصفهانی تشریف دارند دعا می‌رسانند امانتی نزد آقا زین العابدین اصفهانی فرستاده که به آن صاحب برسد انشاءالله الی حال رسیده باز یافت فرموده‌اید رسید مرقوم دارید و ارسال بمبئی حواله حاجی محمد کریم نمازی فرمائید."

از نامه فوق یعنی نامه دیگر حاجی میرزا ابوالقاسم برمی‌آید که در فاصله چهل و هشت روزی که از تحریر میان این دو نامه گذشته است، حضرت باب بدون اطلاع خانواده از شیراز خارج شده‌اند و در طول همین روزها مرض وبا به شیراز رسیده، حاجی میرزا ابوالقاسم به وبا مبتلا گردیده است، ناخوشی کشتار نموده و سپس تخفیف یافته و همین موضوع به حسین خان فرصت داده است که دوباره به سراغ حضرت باب برود و تصمیم بگیرد که فتوای قتل را که پیش از دستگیری ایشان و شیوع مرض وبا صادر شده بود به موقع اجراء بگذارد و وقتی از یافتن ایشان نومید می‌شود حاجی میرزا ابوالقاسم را در حال نقاهت و رنجی که از درد چشم می‌کشیده‌اند، احضار نموده حضرت باب را مطالبه می‌کند. چون حاجی از اتهام پنهان کردن ایشان برائت حاصل می‌کند قصد توقیف نامبرده را می‌نماید و بالاخره در ازاءِ عدم تحویل حضرت باب، وی را به سپردن ضمانت ناگزیر می‌سازد.

از خال اصغر نیز نامه‌ای در دست است که مضامین آن دلالت بر این دارد که پس از واقعه توقیف حضرت اعلی توسط مأمورین داروغه تحریر شده است. از نامه روشن است که خال اصغر در این زمان هنوز در بارهٔ صحت ادعای حضرت باب مشکوک بوده و ضمناً در این نامه به فساد میرزا ابراهیم نیز اشاره شده است. خال اصغر خطاب به خال اکبر می‌نویسد:

"هوالله قبله و امیدگاها چنانچه از طریق مرحمت جویای احوالاتم بوده باشید سه چهار روز قبل را بحمدالله و المنة مع متعلقان زنده مراجعت بشهر کردم۴۵ ولیک چه زندگی که از حیات خود بیزارم در هنگامی که خواستم از منزلی که بودم روانه شهر شوم قاصد شیراز وارد گردید از مطالعه نوشته جات شیراز همینقدر مطلع گردیدم که سانحهٔ رو داده۴۶ وارد شهر گردیدم از قرار تقریر قاصد و نوشته جات مردم مشخص گردید چه قیامتی برپاشده بوده است گویا شهر یزد را بر فرقم زدند احوالی دارم که نمیدانم تصور به احوال خود بفرمائید احوال حقیر را خواهید فهمید ماها کوجا (کجا) این اوضاع کوجا (کجا) نمیدانم چه حکایت است عاقبت این امر چه خواهد بود بر صاحبی ام۴۷ که آنچه فوق طاقت ایشان بوده است وارد آمده. بندهٔ خدا حاجی میرزا علی محمد۴۸ که هنوز بدست اهل ظلم گرفتار بوده است تصور احوال این زن های بیچاره دست و پا شکسته را که می نمایم هوش از سرم می رود آیا بر ایشان چه گذشته (و) می گذرد از قراری که مشخص شده معین (و) یاوری هم ندارند بهیچ وجه بلکه اشخاصی که سابق محبتی با او می نمودند حال اعدا عدو می باشند حاجی محمد خلیل کاغذی نوشته بود نسبت چند باین بنده خدا داده بود۴۹ که نمی دانم اگر چه صاحبی حاجی عبدالحسین (و) حاجی محمد خلیل هم صورت ماها هستند در احوالات این بنده خدا بلی چیزی که هست آقا محمد ابراهیم ۵۰ از خدا بی خبر مُغْوی ایشان است آنچه معلوم گردیده فساد این فقره از آقا محمد ابراهیم بوده است بلکه کسی صریح نوشته بود به حقیر که او سعایت کرده بوده است نزد صاحب کار که اذیت به صاحبی ام رسانیده اند خلاصه نمی دانم ما ها عجز داریم که بتوانیم فهمید این حکایت ها را همین قدر می بینم اشخاصی چند که آقا محمد ابراهیم ادنی شاگرد ایشان نمی شود مثل آخوند ملا عبدالخالق و بعضی دیگر که خود را از آخوند بهتر میدانند یا تصدیق کردند یا متوقف هستند در مقابل هم جمع دیگر مثل آن اشخاص تکذیب دارند سایر ملاها که از طریقه مرحومان شیخ و سید باخبر نمی باشند آنچه بگویند حق دارند فهم کلام اوها (آنها) را ندارند بلکه سررشته از طریق آنها ندارند باری متحیرم که عاقبت چه خواهد شد از قرار نوشته آقا میرزا ابوالقاسم مبالغی ضرر واقع شده بوده در این مقدمه و هنوز هم ملاها اجماعی داشته اند می خواستند یک رأی شوند فتوای قتل بنویسند نمیدانم اگر از راه دین داری به این قسم اذیت می رسانند که خدا ایشان را اجر بدهد و اگر اغوای شیطان است که جزای ایشان همین بس که اذیت به ذریه رسول ص می رسانند آقا محمد ابراهیم آن اوقات که شیراز بودم چون خود را نسبت به مرحوم شیخ و سید می داد ملعون و مردود سایر بود حال دیگر نمی دانم چه مذهبی را اختیار کرده خلاصه جزای عمل هرکس با خداوند است. از حاجی میرزا علی محمد اشهد بالله نمی توانم فهمید چه احوال دارد

(و) چه می گوید۵۱ ولیک احوالات همه ماها معلوم است که غرض (و) مرضی هرگز نداشتیم (و) نداریم نمیدانم مشیت الله بر چه قرار گرفته است که در این اوقات باین قسم شدائد (و) بلاها گرفتار شده ایم بلکه مورد طعن (و) لعن مردم هم هستیم حقیر که چاره نمی توانم بفکرم هم چیزی در نمی آید مگر اینکه توسل به خداوند و اجداد طاهرین سلام الله علیهم که هرگاه در واقع این بنده خدا بر باطل است خداوند تفضلاً هدایت فرماید او را و هر گاه دیگران محض هوای نفس این قدر اذیت می رسانند خدا اوها (آنها) را هدایت فرماید.

قلمی فرموده بودید که خیال تشریف آوردن به شیراز داشته اید نمیدانم این حکایات که واقع شده مخل تشریف آوردن شما است یا مقوی تشریف آوردن است هرگاه مصلحت است تشریف می آورید بلکه زودتر بشود تشریف آورده باشید بلکه بتوانید چاره کرده کرده (کذا) باشید که آتش این فتنه خاموش شود با اوضاعی که مطلع گردیدم چنین می نماید که عن قریب همه ماها تمام شویم جان آن بنده خدا هم از میان رود و با چنین احوالی در حیرت هستم که آیا برحق می شود آنچه می شود یا بر باطل. دیگر مختارید زیاده چه بنویسم که اشهد بالله حالتی (و) احوالی باقی نمانده که بگویم یا بنویسم لا ان شعور (لا عن شعور) حرکتی می نمایم باوجود این همه مصیبت (و) گرفتاری اخبار ناخوشی شیراز بلکه الی کازرون رسیده خط که ندارم می گویند در شیراز شیوئی (شیوعی) داشته نمی دانم چه برسر بی چاره ها آمده باشد در حیات باشند یا تلف شده باشند جوش (و) اعراض بخصوص باعث ناخوشی وباء می شود این بی چاره ها که غرق در بحر غم (و) غصه هستند نمی دانم عاقبت چه بر سرشان بیاید خداوند بفضل و کرمش تفضل فرماید ترحم فرماید از ماها که پست ترین (و) ضعیفترین بنده گان (بندگان) خدا هستیم چه می آید زیاده چه نویسم البته در نوشتن دو کلمه احوالات سلامتی خود و سایرین که در خدمت می باشند کوتاهی نفرمائید.

بی نهایت مشوش (و) مضطرب هستم از حکایت ناخوشی. خداوند بفضل (و) کرمش رفع فرماید از جمیع بلاد ناخوشی را.

طهران_ قزوین_ یزد این طرف ها واگذارده. حال شیراز و کرمان می گویند شدت دارد خدا حفظ فرماید!"

اکنون پس از نقل این سه مکتوب شایسته است که در اینجا اقوال مختلفه در مورد واقعه توقیف حضرت باب را مطالعه کنیم.

حاجیه مریم سلطان بیگم

حاجیه مریم سلطان بیگم از زبان عمه خود۵۲ چنین تعریف می کنند:

"در آن شب هیچکس از آشنایان حضرت باب به منزل ما نیامد و ایشان بعد

از افطار و تلاوت ادعیه و مناجات در روی پیش‌بام بیت خوابیده بودند تقریباً شب از نیمه گذشته بود که یکمرتبه صدای پای چند نفر را که از پشت بام خانه همسایه به پائین می‌جستند ما را از خواب بیدار کرد حضرت باب فرمودند من بداخل حیاط بحضور والده ایشان بروم و معلوم شد که فراش های عبدالحمید خان بخانه ما هجوم آورده‌اند. من از حیاط صدای حضرت باب را می‌شنیدم که با تشدّد و تعرض با آنها صحبت می‌کردند۵۳ و می‌گفتند بچه حقی در نیمه شب وارد خانه من شده‌اید و اهل و عیال من را بزحمت انداخته‌اید. عبدالحمید خان که حتی مجال پوشیدن لباس به ایشان نمی‌داد می‌گفت بما خبر رسیده که جمعیتی در خانه شما هستند و ما بحکم صاحب اختیار برای توقیف آنها آمده‌ایم. به او می‌گفتند حال که می‌بینید کسی در اینجا نیست از این جا بروید ولی آنها دست بردار نبودند. از پله‌ها پائین آمدند تمام گوشه و زوایا و زیرزمینی‌ها را کاوش کردند چون هیچ کسی را نیافتند هرچه از نوشتجات بود جمع کردند و با حضرت باب بردند.

والده ایشان خیلی متوحش و مضطرب شده بودند و اندامشان می‌لرزید و با عبدالحمید خان با لحن خشونت آمیزی اعتراض می‌فرمودند و هم التماس می‌کردند که صدمه‌ای بر حضرت باب وارد نیاید.

زاری و بیقراری والده حضرت باب و حزن و اندوهی که در آن شب از نحوه سلوک و ظلم عبدالحمید خان و همراهانش بما دست داد به توصیف در نمی‌آید، تمام همسایه ها و اهالی محله در آن نیمه شب از سر و صدای فراش ها به کوچه ریختند و هرکس بنوعی به زبان همدردی و تفقد ما را تحقیر و سرزنش می‌کرد ما هم بغیر از گریه و زاری کاری از دستمان ساخته نبود.

بعداً که به منزل تشریف آوردند اطلاع پیدا کردم که سحر هنگام ایشان را به خانه برادرم۵۴ برده‌اند و از او تعهد گرفته‌اند که با کسی اجلاس و آمیزش نداشته باشند.

مدّتها بود که غالب شبها در وقت فراغت حضرت باب برای من ذکر مصیبات و بلاهای وارده بر اهل و عیال حضرت سیدالشهدا را بیان می‌فرمودند و طوری آن داستانها را عنوان می‌کردند که من خودم را در آن محیط می‌دیدم. بعد از اینکه آن وقعه پیش آمد فهمیدم که قصد حضرت باب از تعریف آن داستانها ایجاد روح استقامت و پایداری در مقابل مصائب در من بوده است ولیکن والده حضرت باب تاب تحمل آن حکایات را نداشتند. بعد از دو سه روز شنیدیم که علماء حکم قتل حضرت باب را صادر کرده‌اند ولی گفته‌اند باید تا خاتمه ماه رمضان این حکم بتأخیر بیافتد و بعد از انقضاء آن ماه ایشان را در شیراز به قتل خواهند رسانید.

به روی ما تمام راهها بسته شده بود و هیچکس نبود که دست یاری بسوی ما

دراز کند و مثل این بود که تمام اهل شهر با ما سر جنگ و دعوا دارند. اخبار کوچه و بازار بسیار مهیب و موحش بود. کسی نبود که از در خانه وارد بشود و از صورتش آثار بهت و حیرت ظاهر نباشد همه دچار حیرت و سرگردانی بودیم. حاج میرزا سید علی که چوب خورده و خانه نشین بود به اسم زیارت کربلا پنهان شده بود و کسی از او خبر نداشت، برادرم حاجی میرزا ابوالقاسم بقدری برافروخته و عصبانی بود که کسی جرئت نداشت با او صحبتی کند و کاری هم نمی‌توانست بکند زیرا تمام شهر به دشمنی برخاسته بودند. حاجی میرزا سید محمد در بوشهر و حاجی میرزا حسنعلی در یزد دنبال کارهای خودشان بودند و بکلی از این ماجراها بدور می‌زیستند. کسی که می‌سوخت و اشک می‌ریخت والده و جده حضرت باب و من بودیم که راه بجائی نداشتیم.

سه چهار روز از گرفتاری و توقیف حضرت باب به آن وصف نگذشته بود که ناخوشی وبا در شهر شیراز شیوع یافت و طوری با سرعت تمام شهر و بلوک اطراف شهر را در برگرفت که برای کسی مجالی نگذاشت که در صدد شهادت حضرت باب برآید؛ از هیچ خانه‌ای نبود که صدای ضجه و زاری بلند نباشد و در هیچ کوچه‌ای نبود که عمله موت در آمد و رفت و حمل اجساد مردگان نباشند. مردم مثل برگ درخت بر روی هم می‌ریختند و مساجد و تکایا پر از اجساد وبازدگان بود که مجال دفن آنها فراهم نمی‌شد.

خبر آوردند که حسین خان و اعضاء حکومتش از شهر فرار کرده‌اند و ملاها یا در سوک عزیزانشان به ماتم نشسته‌اند و یا مشغول کفن و دفن اموات هستند؛ دکاکین و بازارها بسته شده و کسی جز آنها که اجساد را به قبرستان حمل می‌کنند در کوچه نیست و می‌گفتند نصف مردم شیراز از ناخوشی وبا مرده‌اند. در خانواده ما فقط برادرم وبا گرفت و حالش خیلی سخت بود ولی کس دیگری به این ناخوشی گرفتار نشد. در آن حالت اضطراب و وحشت که از همه کس و همه چیز مأیوس بودیم و امید نجات نبود یک روز قبل از آفتاب حضرت باب به منزل آمدند و فرمودند من امشب باید از شیراز بروم ولی نفرمودند به کجا و همه ما را دلداری و تسلیت دادند و یک صفحه دعا به خط خودشان نوشتند و مقداری از مهرهای خودشان را برروی کاغذ زدند و اطمینان دادند که همیشه با من خواهند بود و دستور دادند که چند دست لباس زیر و یک ارخلاق و کلیچه برای ایشان حاضر نمایم.

نسبت به والده و جده شان خیلی محبت نمودند و به آنها اطمینان دادند که در تمام حال در حفظ و پناه خداوند مصون و محفوظ می‌باشند. بعد از اینکه ناهار میل نمودند به منزل آقا میرزا زین‌العابدین رفتند و نزدیک غروب آفتاب به خانه آمدند؛ بعد از اداء نماز مغرب و عشاء که هوا تاریک شده بود ما را ترک نمودند و

این آخرین دیدار من و والده و جده حضرت باب با ایشان بود."

نبیل اعظم:

وقتی که داروغه حضرت باب و سید کاظم زنجانی را توقیف کرد و به بازار رسید دید صدای داد و فریاد مردم بلند است و گویا مصیبتی سخت نازل شده و بهر طرف نگاه می‌کرد دید تابوت از پی تابوت است که مردگان را به قبرستان می‌برد و پرسید چه خبر است گفتند مرض وبا بروز کرده و صدها نفر تلف شده‌اند و تمام شهر مضطرب می‌باشند و به خدا متوسل شده‌اند که خداوند آنها را نجات دهد.

داروغه ترسید و با شتاب به نزد حسین خان رفت دربان دارالحکومه گفت هیچکس این جا نیست صاحب اختیار فرار کرده و تمام اهل خانه‌اش مبتلا به وبا شده‌اند و دو نفر کنیز و یک نفر نوکرش را وبا به هلاکت رسانیده و خودش بقدری با عجله فرار کرد که مجال دفن این اموات را ننمود و با بعضی از عائله‌اش به باغ تخت عزیمت نمود.

در این وقت عبدالحمید خان تصمیم گرفت حضرت باب را به منزل خودش ببرد و در آنجا توقف کنند تا از حسین خان خبری دریافت نماید وقتی به خانه رسید ملاحظه نمود که یگانه پسرش۵۵ به مرض وبا گرفتار و مشرف به مرگ است. به اقدام حضرت باب افتاد و در حالی که به ایشان قسم می‌داد که از سر تقصیراتش بگذرند، استدعا می‌کرد که برای شفای پسرش دعا کنند. رجای وی پذیرفته شد و بیمار از مرگ نجات یافت. عبدالحمید خان متنبه گردید و به حسین خان نوشت که مردم شهر بواسطه ظلم و ستمی که در حق این سید مجری شده است تلف شده‌اند دست از آزار و اذیت او بدار او هم جواب داد ایشان را رها کن که بهرجا می‌خواهند بروند و به این طریق حضرت باب مستخلص شدند و بعد به این موضوع متذکر می‌شود که حضرت باب سید کاظم زنجانی را به منزل خال اعزام داشتند و ایشان را به منزل عبدالحمید خان احضار نمودند و تمشیت امور زندگانی والده و حرم و سایر امور مربوطه را به ایشان تفویض نموده و به راه اصفهان رفتند.

میرزا حبیب‌الله افنان (تاریخ امری فارس):

"باری پس از اینکه ناخوشی وبا قدری تخفیف پیدا می‌کند و مردم متواری فراری مراجعت به شهر می‌نمایند از جمله حسین خان بوده، حضرت را از عبدالحمید خان می‌طلبد. عبدالحمید خان جواب می‌دهد چون ناخوشی بی‌نهایت شدت داشت عیال و اولاد من هم مبتلا بودند قدرت نگاهداری و محافظه نداشتم ایشان رفتند منزل خودشان. حسین خان متغیّر شده عبدالحمید خان را با ده فراش مأمور می‌نماید که بروند و حضرت را در منزل یا هر جا که تشریف داشته باشند در ارگ ایالتی حاضر نمایند. در منزل حضرت که می‌روند ایشان را نیافته این جمعیت یک سر

می روند منزل حضرت خال۵۶ ایشان هم تشریف نداشتند. در آن وقت شخص معتبر معروف در آن سلسله جلیله مرحوم حاجی میرزا ابوالقاسم که پسر عموی والده حضرت و اخوی حرم مبارک بودند مأمورین می روند درب منزل ایشان از قراری که والدهٔ۵۷ مرحوم والد۵۸ که اخت حرم باشند ذکر می نمودند عنوان می داشتند که قبل از ظهر بود و مرحوم اخوی یعنی جناب حاج میرزا ابوالقاسم مبتلا به ناخوشی وبا بودند و در بستر ناتوانی آرمیده ناگاه دیدیم بشدّت درب منزل را می کوبند اهل منزل همه مضطرب شدیم فیروز که سیاه خانه زاد بود رفت در را باز کرد یک دفعه و بدون خبر عبدالحمید خان داروغه و فراش ها با جمعی رجاله صحن خانه را پر کردند هنگامه غریبی درگیر شد منزل را کاوش کردند حضرت را نیافتند پس از یأس آمدند سر رختخواب مرحوم اخوی بحال ابتلاء ایشان را دوش کرده می برند نزد صاحب اختیار حسین خان که جناب حاجی میرزا ابوالقاسم را می بیند بنای تشدّد می گذارد و در نهایت غضب می گوید: سید باب کجاست؟ جواب می فرمایند من نمی دانم من مبتلای وبا بوده ام و هنوز هم مبتلا هستم خبری از ایشان ندارم سخت گیری و اذیت زیاد کرده بالأخره پانزده روز مهلت می گیرد که پس از پانزده یوم یا حضرت را تسلیم نمایند یا پانزده هزار تومان پول بدهد. مجبوراً قبول می فرمایند از جناب حاجی ضامن می خواهد، حاجی محمد صادق اصفهانی۵۹ که در آن وقت او هم از تجار معروف و معتبر و با جناب حاجی نهایت رفاقت را داشته ضمانت می نمایند منزل تشریف فرما می شوند پس از انقضاء پانزده یوم که التزام داده بودند فراش می فرستد حاجی را در ارگ در حضور حسین خان حاضر می نمایند و به سختی مطالبه حضرت یا پانزده هزار تومان پول را می نماید آنچه مرحوم حاجی التماس می کند و قسم می خورد که خبری از ایشان ندارم بر شدّت غضب حسین خان می افزاید به مرحوم حاجی حالت ضعف دست می دهد در همان حین چاپار اصفهان که مرحوم معتمدالدوله فرستاده بود می رسد که حضرت باب در اصفهان هستند. حسین خان می بیند دیگر نمی تواند مزاحمتی ایجاد کند هزار و پانصد تومان از مرحوم حاجی گرفته ایشان را مرخص می نماید."

میرزا حسین همدانی (تاریخ جدید):۶۰

"در همان بین محض تنبّه مردمان جاهل و غافل دریای غضب الهی متلاطم و مواج گردیده وبای شدیدی محروسه ایران را احاطه نموده و نهایت شدّتش در شیراز بود و جمع کثیری تلف شدند و مضمون حدیثی که وارد شده و از جمله علائم ظهور شمرده اند طاعون ابیض و طاعون احمر است. طاعون ابیض که وبا بود مشاهده نمودند و طاعون احمر که مراد از خونریزی بود در مازندران و زنجان و نیریز ظاهر گردید.

باری پسر عبدالحمید خان داروغه مبتلا به ناخوشی وبا و مشرف به موت

گردید مشارالیه ملتجی به آن حضرت شد دعا فرمودند فوراً شفا یافت و عبدالحمید خان از ملاحظه آن نوع قدرت باطنی متنبّه گردیده عرض کرد بهرجائی که خاطر مبارک مایل باشد بخواهید تشریف ببرید من ممانعت ندارم بلکه هر قدر از دست من برآید و بتوانم خدمتگزاری می نمایم."

خروج حضرت باب از شیراز

"حضرت باب آقا محمدحسین اردستانی را که از جمله اصحاب بود طلبیدند و پنجاه تومان به ایشان تحویل نموده و فرمودند به میدان مال فروش ها باید بروی و سه رأس اسب به علامت معیّن بخری و پس از خریدن به حافظیه ببر و خبربده. آقا محمدحسین از تعیین علامت اسبها متحیّر و متفکر می شود و خیال می کند که اگر موافق علامات معینه سه رأس اسب به این زودی پیدا نشود و به پنجاه تومان ندهند چه بکنم و جهت معین نمودن علامات مخصوصه مبنی بر چه حکمتی است. به میدان مال فروش‌ها رفتم و سه رأس اسب با همان مشخصات به پنجاه تومان خریداری کرده به حافظیه بردم و آن حضرت هم به حافظیه تشریف فرما شده عازم اصفهان گشتند."٦١

با تعمق در مطالبی که از زبان حضرت حرم نقل شده و مضمونی که از قول زهرابیگم در تاریخ امری فارس آمده است و نیز با توجه به مدلول نوشته‌های نبیل اعظم و میرزا حسین همدانی به این نتیجه می رسیم که حضرت باب پس از استخلاص از توقیف چهار ساعته خویش، قبل از شیوع مرض وبا در شیراز، مجدداً دستگیر شده و ضمن شدت آن آزاد گردیده‌اند و بعد از اینکه به عموم اصحاب مقیم شیراز از جمله آقا سید حسین کاتب، ملا شیخ علی عظیم و ملا عبدالکریم قزوینی امر نموده‌اند که به اصفهان بروند، خود نیز به صوب آن شهر عزیمت فرموده‌اند. ضمناً در همان روزها کتاب وصیت خود را نیز مرقوم و حاج میرزا سید محمد خال اکبر و حاج میرزا سید علی خال اعظم را به وصایت از خود مسئول تمشیت امور تجاری و زندگانی عائله خود نموده و امور مربوط به بیت مسکونی خودشان را به خال اعظم مرجوع داشته‌اند.

الواح، اسناد و مکاتیب

۱- لوح ملا عبدالخالق یزدی

۲- لوح در خصوص خصومتهای میرزا ابراهیم شیرازی، ملاعبدالعلی هراتی و ملاجواد برغانی

۳- نامه میرزا بابای ذهبی

۴- نامه آقا سید حسین کاتب

۵- نامه حاجی میرزا ابوالقاسم به حاج میرزا سید محمد خال اکبر (مورخ بیستم رمضان ۱۲۶۲ هجری قمری)

٦- نامه حاج میرزا ابوالقاسم به حاج میرزا سید محمد خال اکبر (مورخ هشتم ذی‌القعده ۱۲٦۲ هجری قمری)

۷- نامه خال اصغر به خال اکبر

۸- وصیت نامه حضرت باب

۹- سورة الرضوان

١- لوح ملا عبدالخالق یزدی (خط مبارک)

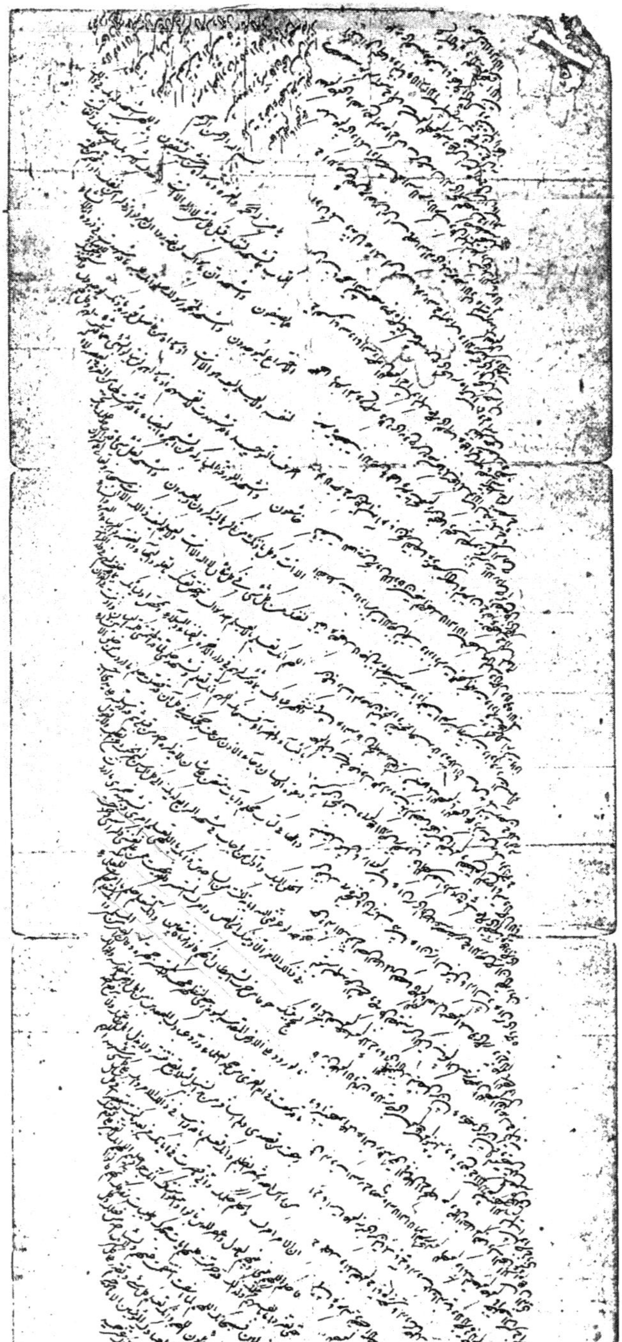

رونویس لوح ملاّ عبدالخالق یزدی

"بسم الله الرحمن الرحيم يا من له الحمد و العزّة و ما سواه من خشيته يشفقون يا الهى اشهد لديک فى ذلک الكتاب بما تشهد لنفسک قبل كلّ شيئى لا اله الاّ انت وحدک لا شريک لک سبحانک و تعاليت عما يصفون و اشهد انّ ما سواک لن يقدروا ان يعرفوا ذكراً من نفسک اذ انّهم من كلمة الاختراع ليوجدون و اشهد لمحمّد رسولک صلواتک عليه ما قد شهدت فى ذروة الانشاء لنفسه و لا يعلم كيف هو الاّ انت اذ ما سواه من فاضل نوره باذنک يوجدون و اشهد لاوصياء حبيبک احرف التّوحيد ما قد شهدت لانفسهم اذ ماسواهم لن ينالوا بشيئى مما قد شئت لهم و كلّ لهم خاشعون و اشهد للورقة المباركة عن الشّجرة البيضاء ما قد شئت لها من العزّة و العصمة لا اله الاّ انت و كلّ باذنک من ذكرها ليذكرون و يعبدون و اشهد لكلّ شيئى ما قد احاط علمک ما تحبّ لنفسک من كلّ شيئى فى كلّ شأن لا اله الاّ انت و لا يعلم كيف ذلک الاّ انت سبحانه و تعالى عمّا يشركون اللّهمّ انّک تعلم ما لا يعلم احد سواک قد خصّ نفسک بالعلوّ و البهاء و العظمة و الكبرياء و العزة و السناء و انت تقهر عبادک بما قد شئت لهم فى دار الآخرة بالفناء و البلاء و تمحّص اوليائک بما قد خلقت لهم فى دارالكرامة بالبأساء و الضّرّاء فسبحانک اللّهمّ انّک تعلم و تشهد حكمى لمّا قد الهمتنى كلمة البيان و اذنت فى القرآن دعوة الانسان و جاء الاذن من عند حجّتک فى كلّ آن قد فصّلت حكم ما اردت من خلق الانشاء و اهلها فى كتاب محكم و آيات متقن على شأن لا يذكره احد من قبلى ثمّ قد ارسلته على يدى احبّ الخلق اليک و اوّل من اجاب فى مشهد الرّابع لديک الى كلّ النّاس ليميّز الخبيث عن الطيّب و لا يقول احد لو عرّفنى الله آياته لكنت من السّاجدين و انّک يا الهى تعلم امرى و تشهد ضميرى ما اردت فى ذلک الامر الاّ دينک الخالص و امرک المستسرّ و لقد نهيت ممّن علم نفسى ذكر اسمى و خرجت لحجّ بيتک خوفاً من حزب الشّيطان انّهم كانوا قوماً فاسقين و انّک لتعلم حكم ما امرت للعلماء بالورود على الارض المقدّسة ليوم رجعى لنظهر عهدک المستسرّ جهرة و كان الكلّ من المسلمين و انّک لتعلم حكم ما قد سمعت فى امّ القرىٰ من جحد العلماء و ردّ عبادک المبعدين من اهل ارض المقدّسة ولذلک رجعت من قصدى و لم اسافر من هذا السّبيل لئلاّ يقع فتنة و لا يذلّ اهل طاعتک و لايرفع احد من رأس احد شعراً بظلم و انّک تعلم ما قد رأيت فى ذلک الامر و انّک على كلّ شيئى شهيد اللّهمّ انّ الامر امرک و الحكم حكمک و انّى ما قصرت فى آياتک من بعد ما كنت مقصّراً فى كلّ شأن فاحكم اللّهمّ بينى و بينهم بالعدل و اغفر للذين تابوا و اتّبعوا سنّتک انّک جواد حليم اللّهمّ انّک لا تغيّر على قوم نعمتک حتّى يغيّروا ما بانفسهم من حكمک و لذلک قد حرّمت عليهم آيات مجدک و طيّبات رزقک انهم كانوا قوماً ظالمين فسبحانک اللّهمّ

لما اسفت انتقمت عنهم و لايسئل احدٌ من فعلک و کلّ لحکمک سائلون اللّهمّ و انّک تعلم کلّ شیئی و تقدر علی کلّ شیئی و لا تفعل بعبادک المؤمنین الاّ ما هو خیراً لهم و انّک غنیّ حمید اللّهمّ و انّک تقدر ماتشاء بامرک و تقضی الامضاء ما یجری فی ملکک و انّک تعلم فی ایّام رجعی ما اردت من حکمک و نزلت الی ما انت اعلم به منّی من کتابک بانّی ما اردت ملک الدنیا و لا الآخرة و لاحکم الفتوی بل اردت الله ربّی وحده انّه لا اله الاّ هو العزیز الحکیم اللّهمّ و انّک لتعلم حکم ما اختلف النّاس فی الکتاب و ما اشتبهوا علماء النّار کلمة الحقّ بالباطل الی الحکّام و ما فعل الظّالم بعبادک النّجباء الکرام علی شأن الّذی فارق ظلم الاولین و لا یرضی مسلم علی مسلم بمثله و ما وقع فی الاسلام بشبهه اللّهمّ الیک اشکوا حزنی و بثّی و انّک تعلم عظم بلائی و ما هی یا الهی الاّ فتنتک لیضلّ من تشاء و یهدی من تشاء و لیمحّص بتلک المصیبة کلّ الخلق لیمیّز السعید عن الشقیّ و یأخذ کلّ نصیبه من الکتاب ثم الیک یرجعون اللّهمّ انّ وعدک فی الکتاب حقّ و کذلک تولّی بعض الظالمین بعضاً فاحکم اللّهمّ بالعدل بینهم انّک قویّ عزیز و انّی لاعلم یا الهی لو اسئل من فتنتک هذه لتجیبنی بانّ الله ربّک قد شاء ان یراک بمثل ما اراک و شاء ان یری وجوه شیعتک بمثل مارأهم و شاء ان یری اهل طاعته مضطرّین فی الارض حیران لا یقدرون بشیئی من الخوف و هم علی الارض یرتقبون فیا الهی کیف اذکر بین یدیک ممّا جری القضاء علیّ و اجری حکم الکتاب فی عبادک فلو اردت بذکر بعضاً منها ینشقّ القلم و یقطّع اللّوح انّا لله و لا حول الاّ بالله ما شاء الله کان و الحمد لله ربّ العالمین فسبحانک اللّهمّ یا الهی عما ذکرت بین یدیک ولو لا خوفی من عبادک الموحدین لیلحّوا و یضجّوا عند تلاوة تلک الآیات بین یدیک لنشهقنّ فی تلک الورقة تلقاء وجهک لاجل هذه المصیبة شهقة اذا بلغت العرش اهتزّت و اذا وردت السماء انفطرت و اذا نزلت الارض انشقّت و اذا ذکرت البحر انجمدت و اذا قرئت علی الجبال اندکّت و اذا کشفت للعابدین یخرّون للاذقان سجّدا لوجهک لا اله الاّ انت فبحقّک و جلالتک و لا حول و لا قوّة الاّ بک لو لا خوفی من کلمة البداء بان یجری القضاء و یمضی الامضاء لننعرنّ فی تلقاء وجهک فی ذالک المقام بنعرة خسفت الارض باهلها و سعّرت الجحیم و من فیها و نفخت الصور ثم نشرت الارواح ثمّ تضع کلّ ذی حمل حملها و یفرّ المرء من اخیه و کلّ ذی زوج من زوجه فسبحانک سبحانک لولا امساک قدرتک لی ما یبقی الرّوح فی نفسی انّا لله و انّا الیه راجعون اللّهمّ انّی اشکوا الیک ممّا جری القضاء علیّ این انت یا بقیّة الله تنظرنی ثمّ تنصرنی این انت یا حجّة الله تشهد وجوه احبّتک خاشعة بین یدی الجبابرة این انت یا ولیّ الله تطلب حقّ شیعتک و تعزّ اولیائک و تذلّ اعدائک این انت یا نور الله فی السّموات و الارض تری اهل محبّتک حیران فی الارض خائفین مرتقبین

این انت یا وجه‌الله الّذی بک یتوجّه الاولیاء الیه اشهد انک تعلم کلّ شیئی و لایعزب منک علم شیئی و انّک اذا شئت شاء الله لا مردّ لامرک و کلّ الیک لینظرون فسبحانک اللّهمّ یا مولائی تعلم حکمی و لقد رفع الیوم الیّ کتاب من عبدک الذی انتخبته لعهدک و اصطفیته لمحبّتک و خصّصته بذکر اسمه فی الکتاب فسلّم اللّهمّ علیه و علی من اتّبع امره فی کلّ شأن ما انت اهله انّک اهل البهاء و الثّناء لا اله الاّ انت اشهدک بما فصّلت فی کتابه علی یدی نفسه و قد علت آیاتها عن الامثال و رقّت اشاراتها عن الاشباه و لا یعلم حقّه الاّ انت وحدک لا اله الاّ انت فسبحانک اللّهمّ یا الهی عمّا ذکرت فی تلقاء وجهک فقرّب اللّهمّ مشهده و رؤیته فانّ فیها تسکن القلب و یبرد الفؤاد فیا شوقاً الی لقائه فالهم اللّهمّ تقدیرک و نصرتک کیف شئت و انّی شئت فانّه ناصر لامرک و مرتقب لدولتک و منتظر لامرک و لا حول و لا قوّة الاّ بک و انّک علی کلّ شیئی قدیر و سبحان الله عمّا یصفون و الحمد لله ربّ العالمین. انتهی"

۲- لوح در خصوص خصومتهای میرزا ابراهیم شیرازی، ملا عبدالعلی هراتی و ملا جواد برغانی

"فوالذی نفسی بیده لو ینصف احد من اهل المشرق و المغرب او ما بینهما بالعدل لا مفرّ له الاّ ان یقرّ بفضلی لانّی ما ادعیت فی شأن الاّ العبودیّة و کفی بالله وکیلا... لما کفر الثانی بدعوة الاول و رضاء الثالث جزیتهم وصفهم بما کسبت ایدیهم لیظهر قول الله فی حقهم و ان لدینا انکالا و جحیما و طعاما ذا غصة و عذاباً الیما و کان الکل یعرفونهم و یعلمون مقامهم و یشهدون فی حقهم سیّئة الاول و الثانی و الثالث منهم ما رآنی الاول* منهم الاّ بعض لیل و بعض نهار و الثانی* منهم الاّ بعض لیلة و ثلث لیلة و الثالث* منهم ما رآنی ابداً و بعد ذالک قد اجترحوا بغیر الحق فیما فعلوا و لو لا کتاب من الله لسبق فی سنة الولایة انهم لن یقدروا ان یکتبوا شأن انفسهم ولکن لمّا کان الامر فی الولایة قد قضت فلابد ان یظهر فی هذا المقام ما ظهر فی الولایة و الاّ انهم لا شأن لهم بذلک و لا نصیب لهم من القدرة انظر الی دنائة مقامهم و رتبتهم انّی طلبت منهم فی جوابی لهم اتیان حدیث مثل آیاتی و انهم لن یقدروا ان یأتوا و بعد ذلک اجترحوا علی حکم الله و هلکوا انفسهم و انفس من اتبعهم من حیث لایشعرون و کل ذلک فتنة فی الدین لیمیّز الخبیث من الطیب... انظر الی المبلّغ (ملا علی بسطامی) بالعراق و من معه و مقام اجتهاده و امارات صدقه ثم انظر الی الثلاثة المنکرة (ملا جواد، ملا عبدالعلی، میرزا ابراهیم) و مقالاتهم و اماراتی عندهم ثم ایقن بوعد الله و اخذه و کذالک نجزی الظالمین و اعلم بانّ جواد القزوینی کتب فی کتابه الاعجمی الذی کتبه من صور السجین کلمات باطلة و منها اختبار الحجة من شیعة آل الله علیهم السلام یستلزم اختبار الامام ع و ان اختبار الامام یستلزم اختبار النّبی صلی الله علیه و آله و ان اختبار النبی یستلزم اختبار الرّب جل و علا و هذا کفر صراح."

* الاول، الثانی و الثالث به ترتیب میرزا ابراهیم شیرازی، عبدالعلی هراتی و ملا جواد قزوینی است. (نویسنده)

۳- نامه میرزا بابای ذهبی

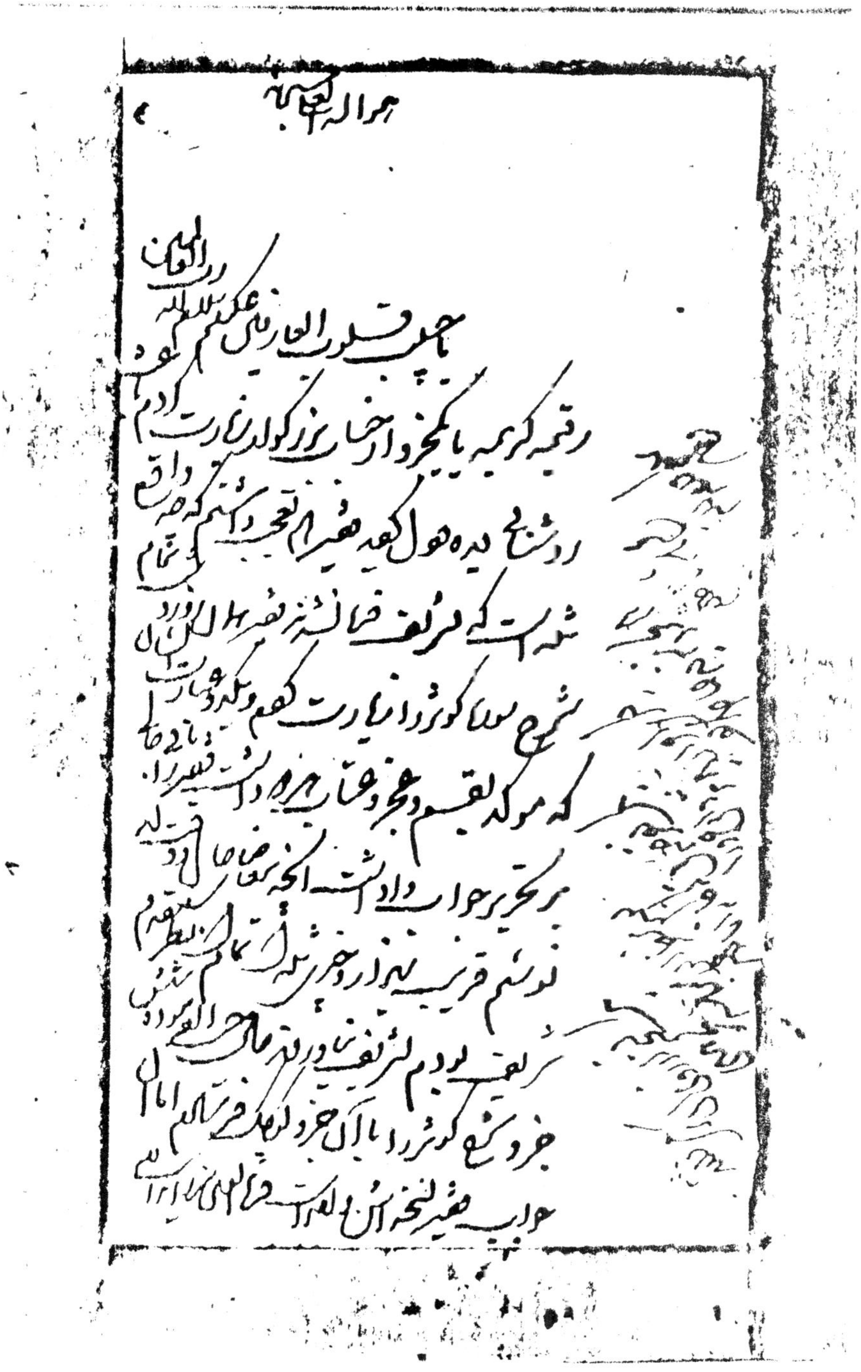

۴- نامه آقا سید حسین کاتب

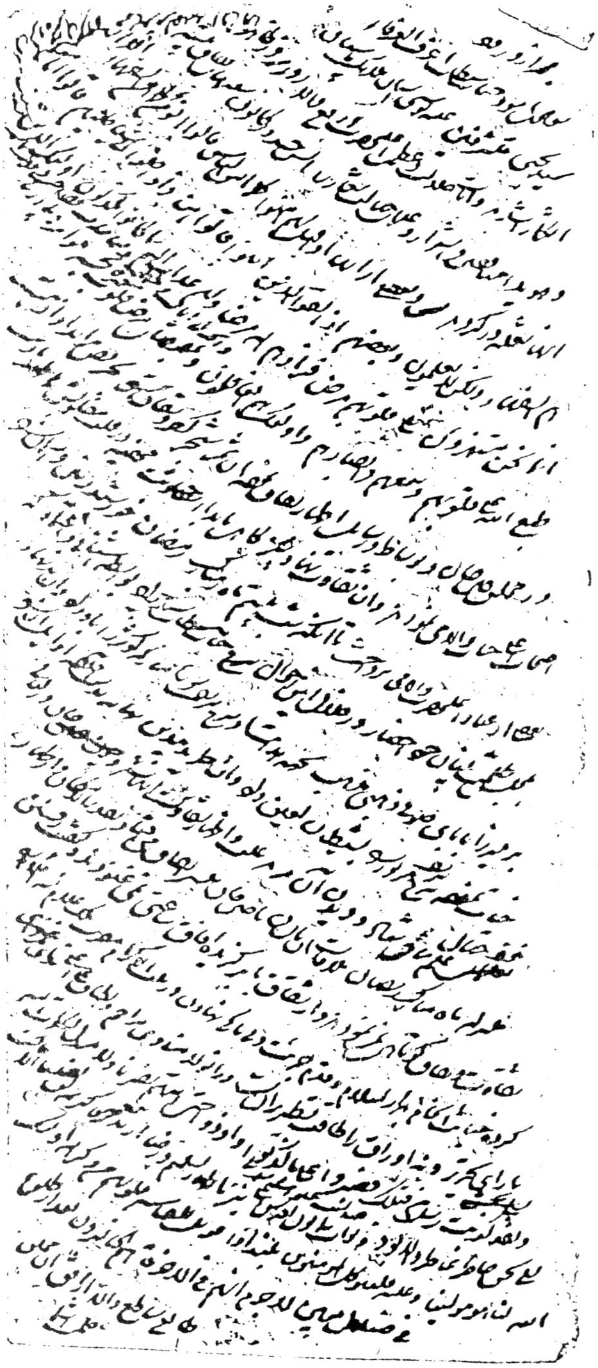

۵- نامه حاجی میرزا ابوالقاسم به حاج میرزا سید محمد خال اکبر مورخ بیستم رمضان ۱۲۶۲ هجری قمری

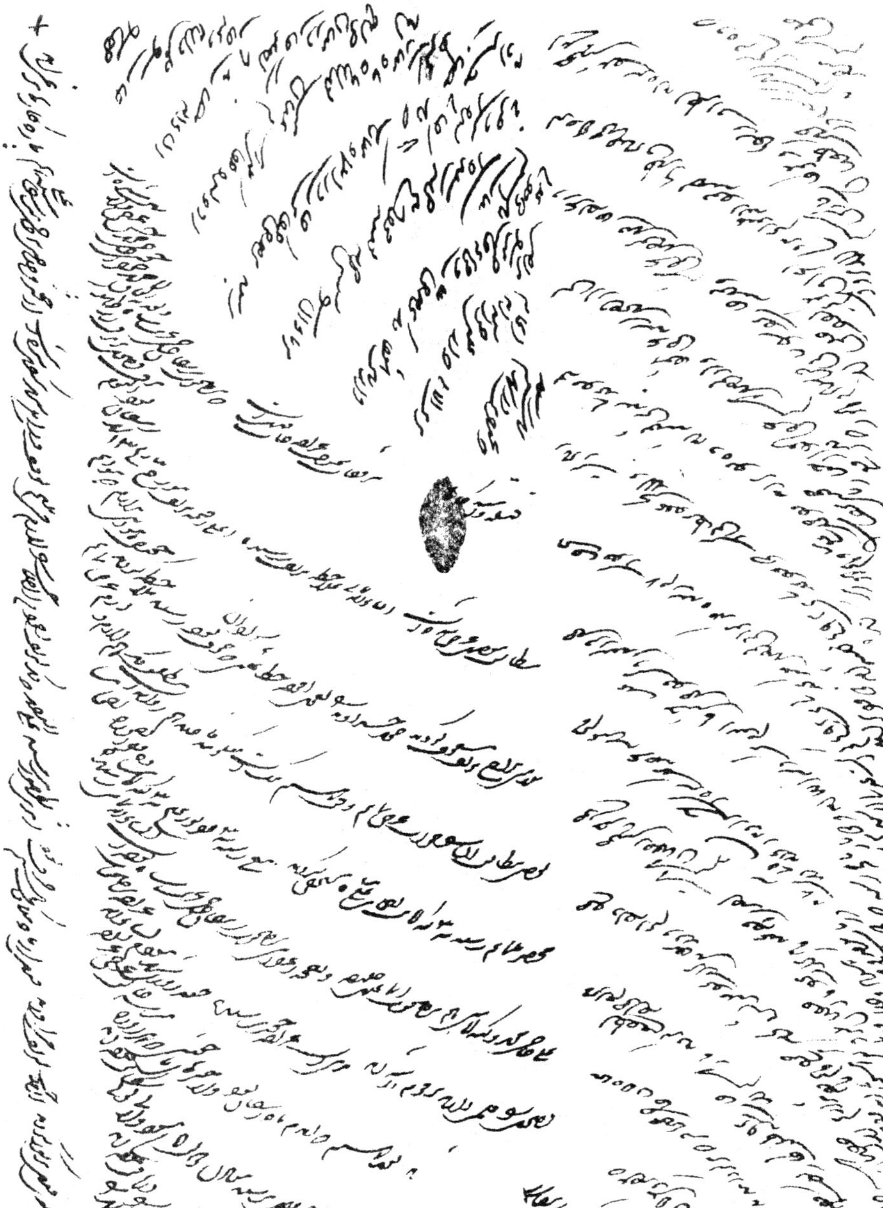

٦- نامه حاج میرزا ابوالقاسم به حاج میرزا سید محمد خال اکبر مورخ هشتم ذی‌القعده ۱۲۶۲ هجری قمری

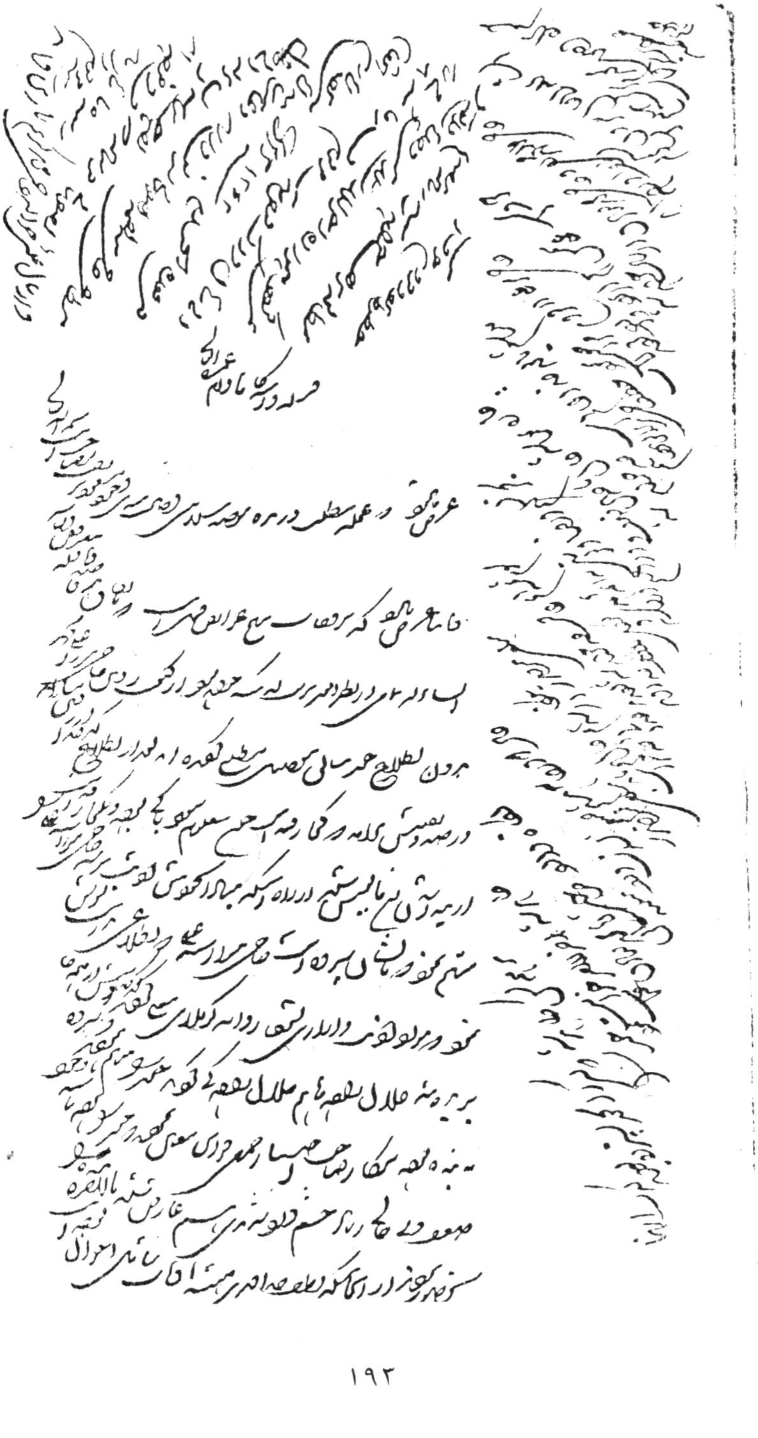

۷- نامه خال اصغر به خال اکبر

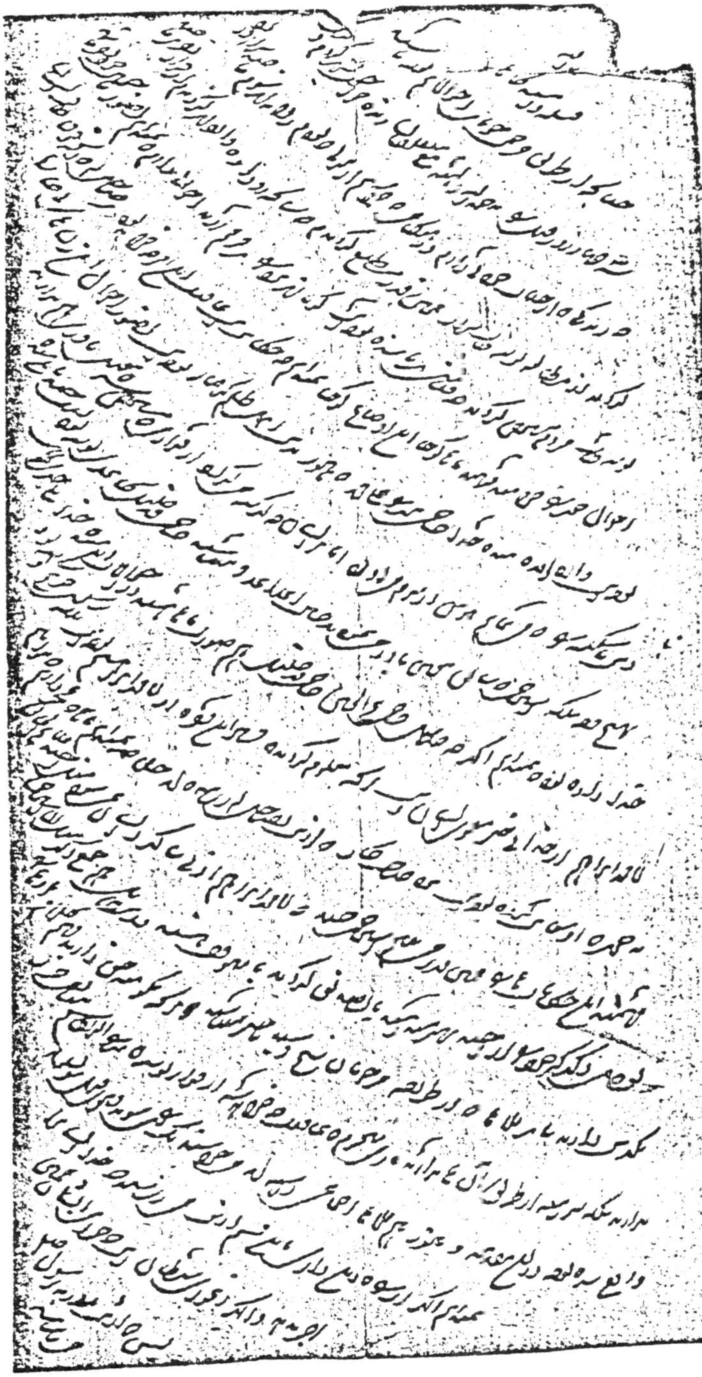

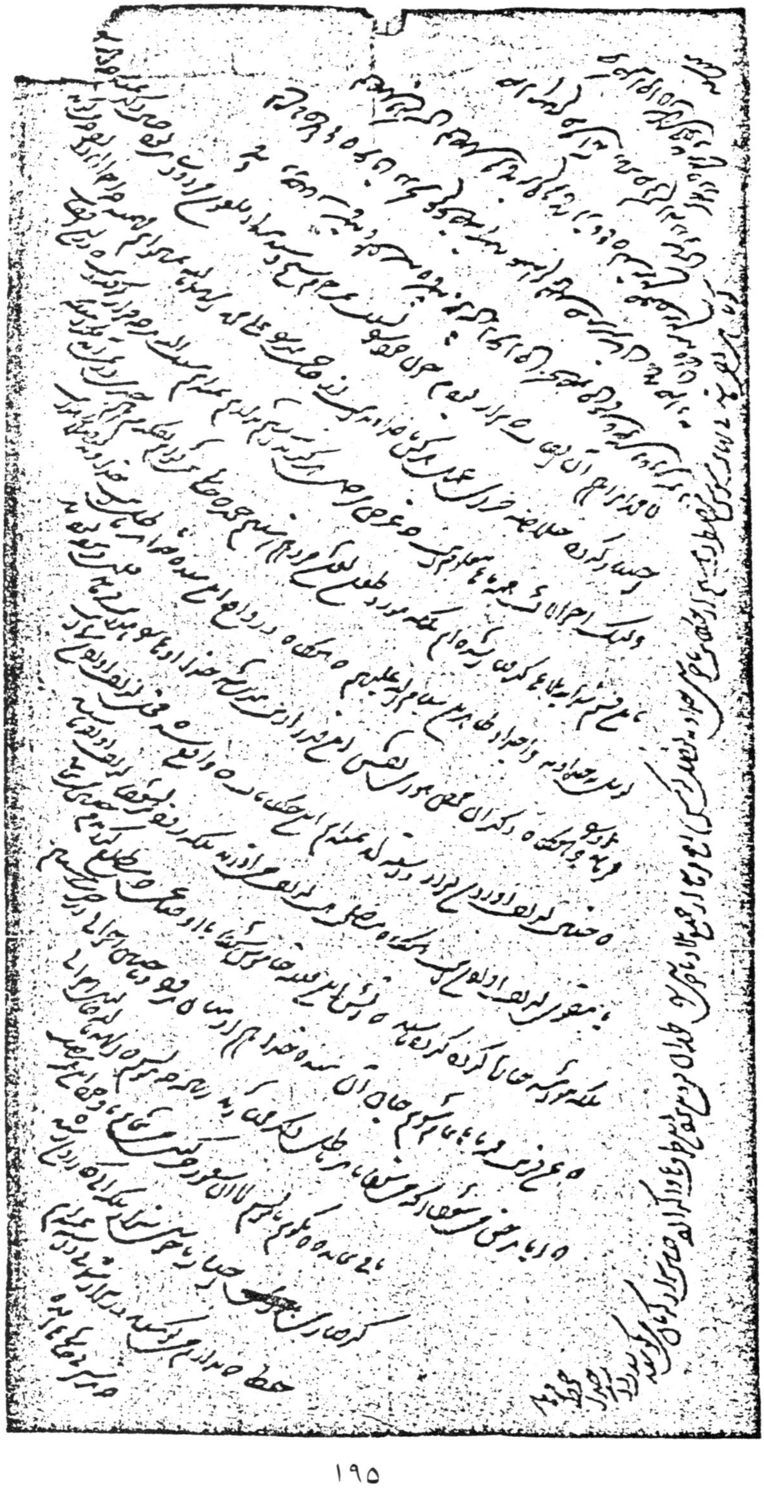

۸- وصیت نامه حضرت باب (خط مبارک)

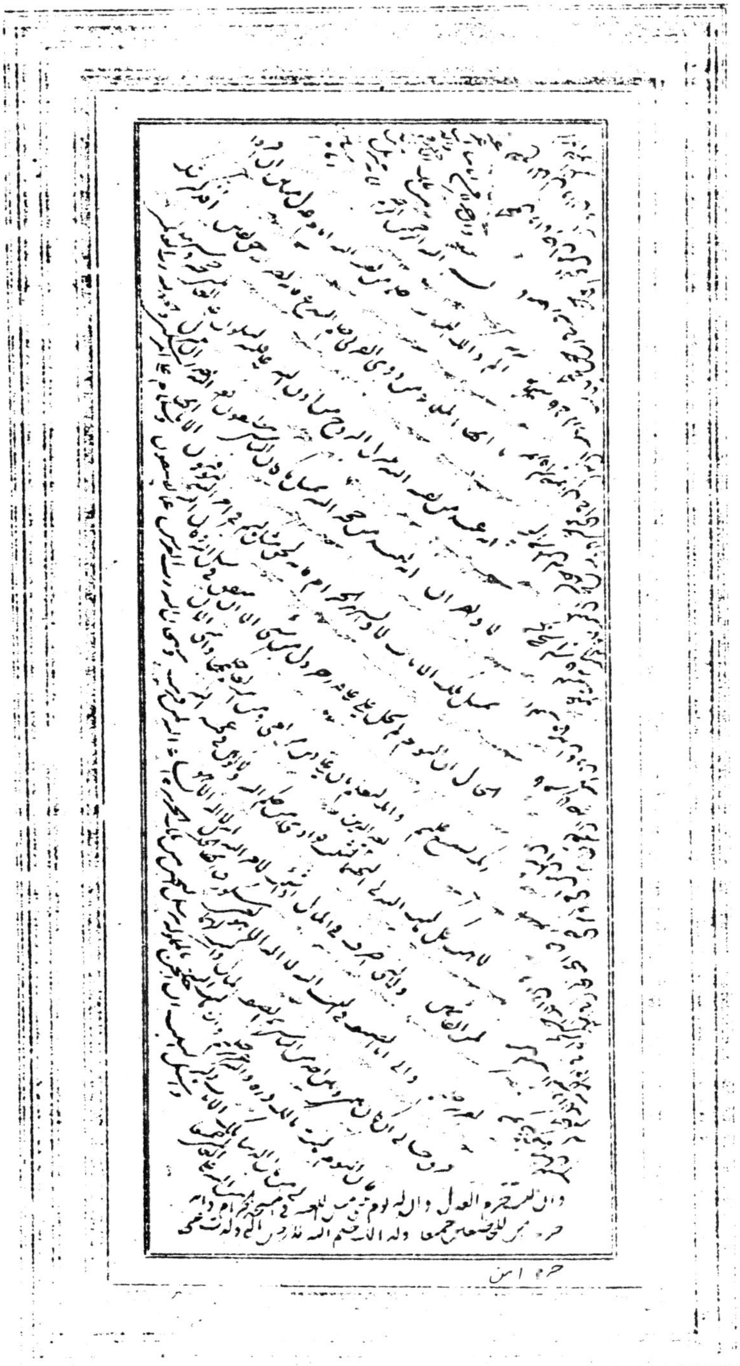

رونویس وصیت نامه حضرت باب

بسم الله الرحمن الرحیم

الم ذلک الکتاب حکم من بقیة الله امام عدل مبین ان اقرؤا یا ایها الملاء من ذوی القربی حکم البدع فانه لصراط حقّ یقین افذکر شکّ انه عبد من بقیة الله ینزل الروح من اذن الله علی قلبه لیکون علی العالمین حجة وشهیدا. لا والقرآن انه لعبد من حجة الله بمثل ما کان الناس ینطقون افغیر الله یقدر ان ینزل بمثل تلک الآیات لا والشهر الحرام فانه لحق مثل ما کنتم فی امرالله لتوقنون.

الا یا ایها الخال* ان الیوم لم یحل علیّ علی قدر خردل من شیئی الا ان ینفق فی سبیل الله و کان الله ربک لسمیع علیم و انک لتعلم بان علیّ دین من امی* و من انت* تعلم حکمها و اننی الان لاهب کل ما کتب الله لی الیهما بعد الدین لتثبت فؤادی من حکم الله و لاکونن فی عهد الله لمن القائمین ولاکنی اصرف فی المال اذا شئت لامرالله انه لا اله الا هو لعزیز حکیم و انّی انا الضیف فی البیت الله لا اله الا هو لغنی شکور فیا ایها الخال فرق حسابی ان کان بینی و بین احد من الناس ثم انصف المال و اکتب لهما فان الیوم ما کنت مالک ذرة والله عزیز حکیم وان ما کتب الله لی من مال الدنیا تلک الآیات ذکر من الله علی العالمین جمیعاً و ان البیت* حرم العدل و ان له یوم یبنی مثل الکعبة فی المسجد الحرام و انّه حرم امن للخاضعین جمیعاً و کذلک حکم الله لارض التی ولدت علیها* فسوف یبنیهما مثل البیت من کتب الله ذالک الحکم له و ان ذالک احسن الجزاء فی ام الکتاب لمسطور فیا ایها الخال فی البلد* ان اسئل من امی لو ترضی فامر لاحد ان یعمّر ظاهر لبیت ممّا یبدل باذن ربک من حجر البر فانه لبیت عتیق ثم امر لمن له خط نسخ ن یکتب بماء الذهب سورة الرضوان فی اثنی عشر ورقات مذهّبة فانی اردت ان تبدل ما یتعارف فی رجع الحج بآیات الحق و انا رجال من التجار نلاحظ نفع المال و ان ذلک لهو الفوز الکبیر و انّ حرفاً من آیاتنا اعزّ عندنا من ملک الآخرة و الدّنیا لانّه ینزل من لدن امام مبین و اسئل البیت ان احتجن بالمملوکة نرسل الیهن من تلک الجزیرة انشاءالله لمن قریب و سبحان الله رب العرش عما یصفون و سلام علی المرسلین و الحمدلله رب العالمین."

* منظور از کلماتی که با ستاره مشخص شده‌اند به ترتیب: حاج میرزا سید محمد خال اکبر، والده مبارک، حضرت حرم، بیت مسکونی واقع در کوچهٔ شمشیرگرها، منزل آقا میرزا علی پدر حرم (محل ولادت حضرت باب) و حاج میرزا سید علی خال اعظم است. (نویسنده)

۹- سورة الرضوان

بسم الله الرحمن الرحيم

الحمد لله الّذی قد نزّل الآیات بالحق الی عبده لعلّ الناس بآیات ربّک یؤمنون ان اتبع حکم ما القینا الیک من عند الله لیعلم النّاس حکم ربّک من قریبٍ ذلک من انباء الغیب نوحیک لیؤمن النّاس بآیات ربّک و لیکوننّ فی دین الله لمن المهتدین و انّ هذا کتابٌ قد نزّلت من عند ربّک فی بدع الرّضوان لما یوعدون و انّ هذا صراط ربّک فی السّموات و الارض یتلو علیکم آیات اللّوح لتکوننّ بلقآء الله لمن الموقنین و انّ الله ربک قد اعدّ للمتقین منکم جنّاتٍ لایحیط بعلمها نفسٌ ذلک من فضل الله علیک لیکوننّ الناس فی دین الله لمن السّاجدین قل اذا وردوا بابها قد وجدوا کلّ الالواح فیها باذن ربّک ارضها کوجه الماء فی المرآت و اذا دخلوا بیت ربّک قد وجدوا سمائها من کلّ وجهٍ من نور الله قد استقرّت علیها شمسٌ من جلال ذکر اسم ربّک حیوانٌ لم تر عینٌ بمثلها تنادی من شجرة الطور الله لا اله الاّ هو و اذا خطروا عرشها قد لحظن علیها حوریات من نور ربّک قد رقّت وجوههنّ کوجه الزّجاجة فی الزّجاجة البیضاء کانّهنّ کواکبُ درّیٌ توقد من شجرة الصفراء لا اله الاّ الله تبارک اسم ربّک لا اله الاّ هو لم تر عینٌ بمثلهنّ و اذا لحظوهنّ قد لحّظت الابدان بطرف اعینهنّ تبارک اسم ربّک لا اله الاّ هو لم تر عینٌ بمثلهنّ و اذا نظروا کفّ السّاق من احدیهنّ قد وجدوا لحظات العین و شعرهنّ کانّهنّ حیوانٌ من ماءٍ واحدٍ یتحرّک فیها خیط الحمراء باذن ربّک تلقی الوجه فی شعراتهنّ تبارک اسم ربّک لا اله الاّ هو لم تر عینٌ بمثلهنّ و اذا لحظت باذن ربّک عینٌ قد لحّظت الابدان منهنّ تبارک اسم ربّک لا اله الاّ هو لم تر عینٌ بمثلهنّ و اذا قرّبوهنّ قد ولّهت الفؤاد بالشعرات کانّها حیوان بمثل انفسهنّ تبارک اسم ربّک لا اله الاّ هو لم تر عینٌ بمثلهنّ و اذا طلعت احدی شعرةٍ من طرف اعینهنّ قد اشرقت السّموات و الارض منها کانّ نور ربّک قد لحظ الخلق بوجههنّ تبارک اسم ربّک لا اله الاّ هو لم تر عینٌ بمثلهنّ و اذا رأوا شرب ماء الخمر منهنّ قد وجدوا ماء الخمر فی الکأس کصدرهنّ کانّهنّ بکلّ وجهةٍ قد اشربن الخمر من ایدیهنّ تبارک اسم ربّک لا اله الاّ هو لم تر عینٌ بمثلهنّ و اذا تلون آیات اللّوح قد سمعوا نداء ورقاء السّیناء من کلّ شعراتهنّ الله لا اله الاّ هو قد انجذبوا من لحنهنّ کانّ جمال ربّک قد جلی بشعرهنّ تبارک اسم ربّک لا اله الاّ هو لم تر عینٌ بمثلهنّ و اذا خطروا المؤمنون قربهنّ قد قسّمت الانفس فی السّرّ بانّ الله ربّک ما اراد لنا فی اللّقاء بغیرهنّ تبارک اسم ربّک لا اله الاّ هو لم تر عینٌ بمثلهنّ و اذا رأوا قمیصهنّ وراء سبعین الف وجهٍ قد شهدوا بانّ الخمر فی کأس الزّجاجة تلاحظهنّ تبارک اسم ربّک لا اله الاّ هو لم تر عینٌ بمثلهنّ و اذا سئلوا من حکم ربّک منهنّ قد اجبن امر ربّک فی الورقاء الحمراء عن الشجرة البیضاء الله لا اله الاّ هو تبارک اسم

ربّک لا اله الاّ هو لم تر عينٌ بمثلهنّ و اذا خرجوا باذن ربّک من عرشهنّ قد وجدوا ماءها تجری علی ارض الیاقوت حیوانٌ من ماء بيضاء يذكر بشأن الشجرة فی السيناء الله لا اله الاّ هو ثمّ من لبنٍ ثمّ من عسلٍ ثم من خمر حمراء كانّ كلّ واحدةٍ منهنّ يسقی بماء اجمعهنّ تبارک اسمً ربّک لا الهً الاّ هو لم تر عينٌ بمثلهنّ و اذاً ارادوا خمر الحمراء قد وجدوا ماء البيضاء فی الكأس الحمراء علی ايديهنّ كانّهنّ قد خطرن قبل ذلک لامر الله الاكبر تبارک اسم ربّک لا اله الاّ هو لم تر عينٌ بمثلهنّ و اذا شربوا كأساً من ايديهنّ قد وجدوا كلّ الانهار تجری فی الكأس باذن الله تبارک اسم ربّک لا اله الاّ هو لم تر عينٌ بمثلهنّ هنالک قد ولّهت الافئدة بذكر الله الاكبر طبتم فيها ذلک ما قد وعد الله لكم فی القرآن من قبل فاذكروا الله ربّكم فانّ ذلک لهو الفوز العظيم.

یادداشتها

۱- نگارنده این سطور بارها و به دفعات به همراهی پدرم از این کوچه ها و از زیر این طاقها عبورکرده و از زبان وی خاطرات و داستانهای مربوط به آمدن باب الباب را به شیراز و ملاقاتش را با حضرت باب شنیده‌ام. در مسیر همین راه طویله مهرعلی خان شجاع الملک نوری قرار داشت که سرهای بریده بابی‌های نیریز را در آن به مدّت یک شبانه روز نگاهداری کرده‌اند.

این راه که در آن زمان به منزل خال منتهی می‌شد از دروازه اصفهان از قسمت غربی پشت بازار نو و بازار وکیل گذشته از شمال شهر به جنوب امتداد می‌یافت. قسمت هائی از این راه که در مسیر میدان و خیابان قرار گرفته بود تغییر شکل یافته ولی قسمتهای عمده آن هنوز به صورت اولیه باقی مانده است. با این تفاوت که طاقها را خراب کرده‌اند.

۲- ظهورالحق، جلد سوم، صفحه ۳۱۲.

۳- متن عربی از کتاب ظهور الحق، جلد سوم، صفحه ۲۷۴: وانه قد طلب منی لمعنی الذی لیس له دلیل الاّ الحکمة و لا یثبت بغیرها بنصّ الشیخ رحمه الله فی الفوائد اربعة و عشرین دلیلاً من دلائل التی کانت شأن الصبیان بعد ما قرء فی کتاب الله ادلة الثلاثة الکافیة للکل ... و انه قد ضل نفسه بذکر تلک الموارد الهلکة و طلب فی کتابه المباهلة بکذب نفسه کانه ماقرء کتاب الله بانّ المباهلة حکمی و آیتی و لیس له حکم مباهلة ... فمن ایّ حکم طلب المباهلة منّی بعد ما فوّضت الامر الی احد من الناس وان کثیراً من اهل التصدیق یباهلون معهم کما سمعت ان مهدی الخوئی جزاء الله خیراً من عنده قد ارسل الی عبد العلی لاجل المباهلة و انه لم یقبل لکذبه فسبحان الله عما یصفون."

۴- منظور جواد ولیانی (ملا جواد برغانی)، ملا عبدالعلی هراتی و میرزا ابراهیم شیرازی است.

۵- متن عربی در قسمت الواح و مکاتیب آمده است.

٦- در عین حال در این زمان قوم و خویش‌های حضرت باب یعنی برادرهای زوجه حاج میرزا سید محمد خال یعنی حاج عبدالحسین و حاج محمدخلیل مشکلاتی را بوجود آورده بودند. حاج عبدالحسین از هیچ سعایتی فروگذار نمی‌کرد تا آنجا که حضرت باب شأن نزول این آیه قرآن کریم را "فمثله کمثل الکلب ان تحمل علیه یلهث او تترکه یلهث" را در حق او صدق دانستند. (سوره اعراف، آیه ۱۷٦. مضمون فارسی: مثل او مثل سگ است اگر او را تعقیب کنی پارس می‌کند و اگر او را ترک کنی باز هم پارس می‌کند.)

۷- رساله ذهبیه به اعزاز میرزا بابای ذهبی از قلم اعلی نازل شده است.

۸ و ۹- در هر دو مورد مراد "حضرت باب" است.

۱۰- قرآن مجید: سورهٔ بقره، آیه ۱۳. مضمون فارسی: و چون به آنها بگویند ایمان آورید چنانکه دیگران ایمان آوردند، پاسخ دهند چگونه ما ایمان بیاوریم بمانند بی‌خردان. آگاه باشید که آنان خود نادانند ولی نمی‌دانند.

۱۱- قرآن مجید: سورهٔ بقره، آیه ۱۴. مضمون فارسی: چون به اهل ایمان برخورند گویند ما ایمان آوردیم و چون با شیاطین خود خلوت کنند می‌گویند ما باطناً با شما هستیم و این مؤمنین را مسخره می‌کنیم.

۱۲- قرآن مجید: سورهٔ بقره آیه ۱۰. مضمون فارسی: در قلوب آنها مرض است. خدا بر مرض آنان بیفزاید و برای آنها عذاب دردناکی است به سبب اینکه دروغ می‌گویند.

۱۳- قرآن مجید سورهٔ نحل، آیه ۱۰۸. مضمون فارسی: همین ها هستند که خداوند بر دلها و گوش و چشمهایشان مهر زده است (بسته است) و اینها همه از غافلین هستند.

۱۴- حاج سید جواد کربلائی.

۱۵- قرآن مجید: سوره انعام، آیه ۳۴. مضمون فارسی: چقدر پیغمبران پیش از تو را هم تکذیب کردند که آنها با همه اذیتهای منکران صبر و تحمل کردند تا آنگاه که عنایت و یاری ما شامل حال آنها شد. هیچ کس کلمات خدا را تغییر نتواند داد.

۱۶- قرآن مجید: سورهٔ توبه، آیه ۵۱. مضمون فارسی: هرگز جز آنچه خدا خواسته به ما نخواهد رسید. اوست مولای ما و به خدا اهل ایمان توکل کنند.

۱۷- قرآن مجید: سورهٔ زمر، آیه ۲۲. مضمون فارسی: پس وای بر آنانکه از قساوت و شقاوت دلهایشان از یاد خدا فارغ است. اینان در ضلالت و گمراهی هستند.

۱۸- قرآن مجید: سورهٔ نحل، آیه ۱۰۹. مضمون فارسی: ناگزیر آنها در آخرت زیانکارند.

۱۹- قرآن مجید: سورهٔ زخرف، آیه ۶۳. مضمون فارسی: بتحقیق آمده‌ام که با حکمت و برهان بعضی از احکامی که اختلافی در آنها هست بیان کنم پس از خدا بترسید و اطاعت کنید او را.

۲۰- قرآن مجید: سورهٔ حجر، آیهٔ ۴۲. مضمون فارسی: مگر مردم نادان گمراهی که از تو تبعیت می‌کنند و پیرو تو می‌شوند.

۲۱- قرآن مجید: سورهٔ حجر، آیهٔ ۴۳. مضمون فارسی: البته وعده‌گاه جمیع آنها جهنم است.

۲۲- قرآن مجید: سورهٔ حجر، آیه ۳۵. مضمون فارسی: و بدرستی که بر تو است لعنت الهی تا روز جزا.

۲۳- قرآن مجید: سورهٔ توبه، آیه ۳۰. مضمون فارسی: اینها حرفی است که آنها می زنند.
۲۴- قرآن مجید: سورهٔ انعام، آیه ۷۹. مضمون فارسی: من با ایمان خالص رو به خدای کردم که آفریننده آسمانها و زمین است و من از مشرکین نیستم.
۲۵- قرآن مجید: سوره هود، آیه ۵۴. مضمون فارسی: من خدای را گواه می گیرم و شما نیز گواهید که من از مشرکین بدورم.
۲۶- قرآن مجید: سورة النحل، آیه ۸۳. مضمون فارسی: نعمت خدا را دانسته و باز انکار می کنند.
۲۷- مضمون فارسی: برای اخبار مردم و اظهار ضمائر منافقین.
۲۸- در مورد اتهام وارده از طرف علماء مبنی بر اینکه حضرت اعلی ادعای نبوت فرموده اند، باید گفت که حضرتشان هرگز چنین ادعائی نفرموده و این دوره را به وجود خاتم انبیاء مختوم می دانسته اند و عقیده داشته اند که مانند نواب اربعه که خودشان را واسطه امام زمان و خلق می پنداشته اند، نبوده اند و یا اینکه در مقام و موقعیتی که دو باب مقدم یعنی شیخ احسائی و سید رشتی از آن صحبت کرده اند قرار نداشته اند، بلکه مقام حضرت باب مظهر ظهور خدای عزّ و جل می باشد که در قرآن به آن وعده داده شده است.
حضرت اعلی خود در لوحی به اعزاز یکی از خال های مبارک می فرمایند: "آنچه اظهار نمودم تا حال به حکم الدّهر انزلنی بود والا کسی که بر لسان آن حکم شجره طور جاری شود لایق نیست این قسم در مقام عجز با عباد الله مجادله نماید."
در کتاب دلائل سبع صفحات ۳۰-۲۹ نیز با صراحت به این موضوع اشاره شده و از عدم ادراک و بلوغ پیروان دیانت اسلام به درک حقیقت ظهور خود می فرمایند:
"علوم دین را هم مثل این ببین که از صرف رضاء الله گذشته و تکسب شده در میان خلق می بینی که مناصب اکثر علماء باید از قبل اعیان شود. اگر منصوب من عند الله باشد چه احتیاج به اینکه از قبل اعیان بر امر دین خود نصب شود و این نیست مگر از ضعف خلق و نظر ننمودن به استقلال و استجلال حق لم یزل و نظر کن در فضل حضرت منتظر که چقدر رحمت خود را در حق مسلمین واسع فرموده تا آنکه آنها را نجات دهد. مقامی که اول خلق است و مظهر انّنی انا الله چگونه خود را به بابیت قائم آل محمد صلی الله علیه ظاهر فرموده و به احکام قرآن در کتاب اول حکم فرمود تا آنکه مردم مضطرب نشوند از کتاب جدید و امر جدید و مشاهده کنند که این مشابه است با خود ایشان لعل محتجب نشوند و از آنچه برای آن خلق شده اند غافل نمانند و حال آنکه نظر که می شود یک مطلب را اهل فرقان بر واقع و نفس الامر نفهمیده اند و کل در کلمات تربیت شده اند و آنچه عقول ایشان فهمیده از

کلمات استنباط نموده اند."

و بعد می‌فرمایند (صفحات ۳۱ تا ۳۳):

"و بدان که کل از برای لقاء الله خلق شده اند و مراد لقاء ذات ازل نیست زیرا که اون ممتنع بوده در حق خلق بلکه مراد لقاء مظهر حقیقت است که مدل بر او بوده و ناطق از او و این است معنی آیه شریفه در سورهٔ رعد "الله الذی رفع السموات بغیر عَمَد ترونها ثم استوی علی العرش و سخر الشمس و القمر کل یجری لاجل مسمی یدبر الامر یفصل الایات لعلکم بلقاءِ ربکم توقنون ۲۸-۱" ببین که علت خلق سماء و ارض ایقان به لقاء او شده و کل از برای این خلق شده و کل شب و روز عمل می‌کنند و عملهای خود را هباء منثورا می‌کنند زیرا که ذکر اعمال در قبل اشاره شد. همین قسم که مبدء آن از رسول الله بوده لابد باید که رجع اون به مظهر حقیقت شود والاّ ثمر نمی‌دهد عامل را حال نظر کن اون لقاءالله را که کل از برای آن خلق شده اند حظّ اون لقا را جبل ماکو برمی‌دارد و حال آنکه کل او را می‌خوانند و از او محتجب و کل از برای او عاملند و از او محجوب. کل این ادلاء در مقام حد بوده والاّ نظر نموده در خطبه تمیمیّه که حضرت می‌فرماید: " ان قُلت ممّ هو فقد باین الاشیاء کلها الی ان قال دلیله آیاته و وجوده اثباته" و در این مقام هیچ شیئی نتواند دلیل عرفان او شود بلکه اوست معروف بنفسه و این است معنی قول سجّاد در دعای ابوحمزه ثمالی "بک عرفتک و انت دللتنی علیک و دعوتنی الیک ولو لا انت لم اَدر ما انت ۲۸-۲".

و حضرت بهاءالله در لوح آقا میرزا آقا (نورالدین) افنان می‌فرمایند: "معلوم آن جناب بوده که تفسیر احسن القصص بما عند القوم نازل شده و این نظر به فضل بَحت بوده که شاید اهل غفلت و جهل به جبروت علم صعود نمایند چنانچه اکثری از مطالب مذکوره در آن مطالبی است که نزد اهل فرقان محقق بوده و اگر از اول بما اراد الله نازل می‌شد احدی حمل نمی‌نمود و باقی نمی‌ماند کل ذلک من فضله علی خلقه و جوده علی عباده.۲۸-۳ ملاحظه نمائید که اول امر آن حضرت به بابیت خود را ظاهر فرمودند این نظر به آن بوده که طیور افئده انام در آن ایام قادر بر طیران فوق آن مقام نبودند قد ناحت الاشیاء بما نسب نفسه بهذا المقام لاَنّ هذا المقام لو یکون اصلیّاً حقیقیاً و ما فوقه و فوق فوقه یخلقُ بِکلمة من عنده و اشارة من اصبعه.۲۸-۴ لم یزل ناس در بحر اوهام مستغرق و از ما اراده الله محتجب بوده و خواهند بود الاّ من انقذه الله بفضله و عرّفه ما اظهره بامره... لذا فضلاً لهم شمس حقیقت بذکر ذرّه مشغول و بحر قدم بوصف قطره ناطق این است که نقطه اولیه باسم بابیت ظاهر شدند و به این مقدار هم ناس راضی نشدند تا چه رسد به ذکر ولایت و امثال آن و حال آنکه این مقامات کلّها و فوق آن بکلمه ای از بحر جودش ظاهر و

موجود گشته و به امری معدوم و مفقود خواهد شد."

۲۸-۱- قرآن مجید: سورهٔ رعد، آیه ۲. مضمون فارسی: خداوند است که آسمانها را چنانکه می‌بینید بدون ستون افراشته و بعد با کمال قدرت عرش الهی را در خلقت آراسته است و خورشید و ماه را مسخر اراده خود فرموده که هرکدام در مدار معین به گردش درآیند. امر عالم را با نظامی محکم و آیات قدرت را با دلائلی مفصل منظم ساخته که شما بندگان به لقای پروردگار خود یقین کنید.

۲۸-۲- مضمون فارسی: من تو را به خودت شناختم و تو مرا هدایت کردی به سوی خودت و دعوت نمودی به خویش و اگر تو نبودی چطور می فهمیدم که تو کیستی؟

۲۸-۳- مضمون فارسی: تمام اینها از فضل و بخشش اوست نسبت به بندگانش.

۲۸-۴- مضمون فارسی: به تحقیق جمیع اشیاء از آنچه که حضرتش به وجود خود نسبت داده است ناله و زاری می‌کند. حال اگر فرض کنیم که این انتساب اصولی و حقیقی است (بازهم می‌بینیم که) مافوق آن و ما فوق فوق آن با یک اشاره انگشت و با اظهار یک کلمه از طرف او خلق می‌شود.

۲۹- مضمون فارسی: من نیستم جز بنده‌ای که ایمان آورده‌ام به خدا و آیات او.

۳۰- قرآن مجید، سورهٔ روم، آیه ۱۰. مضمون فارسی: سرانجام کار آنانکه به اعمال زشت و کردار بد پرداختند این شد که کافر شده و آیات خدا را تکذیب و تمسخر کردند.

۳۱- ن ک به قرآن مجید، سورهٔ دخان، آیه‌های ۴۳ تا ۴۴. مضمون فارسی: همانا درخت زقوم قوت و غذای بدکاران است که آن غذا در شکمهایشان مانند مس گداخته می جوشد.

۳۲- متأسفانه از نامه آقا سید حسین کاتب فقط همین دو صفحه به دست آمده است.

۳۳- شرح حال ناظم الشریعه را در قسمت ضمائم آخر کتاب می‌خوانیم.

۳۴- مضمون فارسی: حلال محمد تا روز قیامت حلال است و حرام او تا روز قیامت حرام است. همانطور که معصوم فرموده وقتی که قائم ظاهر شود قیامت می‌شود.

۳۵- قسمتهائی از این نامه که صرفاً مربوط به امور تجارتی است حذف شده است.

۳۶- یکی از القاب حسین خان آجودان باشی است.

۳۷- در بسیاری از کتب تاریخ دیانت بابی و بهائی محل هجوم مأمورین دولتی به سرکردگی عبدالحمید خان، بیت خال ذکر شده است در حالی که از محتوای این نامه بطور صریح برمی‌آید که مأمورین به بیت مبارک هجوم برده‌اند و نه به بیت خال.

۳۸- جده حضرت اعلیٰ.

۳۹- فاطمه سلطان بیگم، مادر حضرت اعلی.

۴۰- خدیجه بیگم، حرم حضرت اعلی.
۴۱- منظور عبدالحمید خان داروغه است.
۴۲- حاجی میرزا سید علی در واقع به میمند رفت و در منزل حاج لطفعلی میمندی اقامت کرد.
۴۳- منظور حاج عبدالحسین، برادر زن خال اکبر است.
۴۴- حاجی میرزا ابوالقاسم قزوینی.
۴۵- منظور شهر یزد است.
۴۶- اشاره به چوب خوردن خال اعظم است.
۴۷- منظور حاج میرزا سید علی خال اعظم است.
۴۸- منظور حضرت باب است.
۴۹- منظور حضرت باب است.
۵۰- میرزا ابراهیم شیرازی.
۵۱- خال اصغر در بدایت ظهور از گروش به حضرت باب امتناع ورزید. اما بعدها در سال ۱۲۸۰ هجری قمری برحسب دستور حضرت بهاءالله ملا محمد نبیل قائنی و حاج سید جواد کربلائی برای گفتگو با حاجی میرزا حسنعلی (خال اصغر) به یزد رفتند؛ خال اکبر نیز حاج محمد ابراهیم مبلّغ را که در آن وقت در شیراز بود برای همکاری با دو نفر نامبرده اعزام داشت. این سه نفر، سرانجام با کمک و مساعدت یکدیگر موفق به تبلیغ خال اصغر و حاج میرزا سید حسن شدند و توانستند آنها را به شریعه الهی واقف و وارد سازند.
۵۲- حرم حضرت اعلی.
۵۳- ن ک به تاریخ حیات و تشرف به ارض اقدس (منیره خانم)، صفحه ۲۱.
۵۴- حاجی میرزا ابوالقاسم.
۵۵- در کتاب حضرت نقطه اولی، صفحه ۱۸۵ آمده است: "این فرزند عبدالحمید که به دعای حضرت اعلی شفا یافت اسمش مهدی و مادرش خواهر مصطفی قلیخان اعتمادالسلطنه همدانی بود و از او پسری مخلّف شد به اسم رحمت‌الله و با نام فامیلی فرهند که بهائی می باشد."
۵۶- حاجی میرزا سید علی.
۵۷- زهرا بیگم (مادر بزرگ حبیب‌الله افنان).
۵۸- آقا میرزا آقا (پدر حبیب‌الله افنان).
۵۹- در کتاب فارس نامه ناصری گفتار دوم صفحه ۲۶ جزء اعیان محله اسحق بیگ شیراز آمده است:
" و از اعیان این محله است فخر اماثل و اقران عمده اعیان حاجی محمد صادق

تاجر اصفهانی در سال هزار و دویست و پنجاه و یک از اصفهان به شیراز آمده رحل اقامت انداخته بنیان تجارت گذاشته صیت تجارتش به اقصی بلاد رسیده مالک ضیاع و عقاری لائق گشته در سالی چندین صد تومان در ابواب خیر انفاق کند و چندین پل بر رودخانه‌های بزرگ بسته و چندین کاروانسرا را تعمیر و احداث کرده است مانند پل رودخانه گرگان و کاروانسرای احمدی بر سر راه دو منزلی بندر بوشهر سنگ و گچ را از یک منزلی و دو منزلی آورده کاروانسرای وسیعی که از حوصله تجارت بیرون است ساخته است و چندین عمارهٔ خیریه در اماکن مشرفه بنا نموده است."

۶۰- آقا میرزا ابوالفضل گلپایگانی در نامه مورخ ۱۳۱۰ هجری قمری خود به تومانسکی می‌نویسند:

"مسئله ثالثه استفسار از مصنف تاریخ جدید بوده کاتب و مصنف تاریخ جدید مرحوم میرزا حسین همدانی است و او جوانی بود از منسوبین رضاخان پسر محمدخان ترکمان که از شهدای قلعه شیخ طبرسی مذکور و نامش در تاریخ جدید مسطور است مورخ مذکور در آغاز به سبب خط و ربطی که در صنعت انشاء مراسلات داشت منشی یکی از رجال دولت ایران بود و در سفر اول که حضرت ناصرالدین شاه به فرنگستان مسافرت نمود وی نیز به همراهی موکب شاهی آن ممالک را سیاحت نمود و در مراجعت چندی در استنبول متوقف شد و پس از عود به ایران در فتنه سال ۱۲۹۱ هجری که جناب آقا جمال بروجردی پس از مناظره با علمای طهران گرفتار سجن حضرت سلطان گشت وی نیز از جمله محبوسان بود و بعد از استخلاص از سجن طهران در دفترخانه مانکچی زردشتی مشهور، به کتابت و تحریر مشغول گشت و مانکچی او را نیک محترم می‌داشت چه اگر او به اسم بابی معروف نبودی هرگز سر بدان کار فرو نیاوردی از اتفاقات شبی او و محمد اسمعیل خان زند که در پارسی نگاری دبیری هنرمند بود به ضیافت مهمان مانکچی بودند. مانکچی از این دو خواهش نمود که هریک کتابی تصنیف نمایند زیرا که او در جمع کتب سعی بلیغ داشت و هرکه را قادر بر انشاء و تحریر می‌یافت به تألیف کتابی و انشاء دفتری می‌گماشت لذا در شب مذکور از محمد اسمعیل خان خواهش نمود که او تاریخ پادشاهان عجم را بنگارد و از میرزا حسین متمنی شد که وی تاریخ حالات بابیه را تصنیف نماید، خلاصة القول محمد اسمعیل خان کتاب فرازستان را به زبان پارسی خالص در سلطنت قدیم ایران از مه‌آباد تا انقراض ساسانیان پرداخت و در حقیقت آن کتاب را انبانی از اوهام و فسانه‌های شاهنامه و چهارچمن و دساتیر ساخت و اما میرزا حسین نزد نامه‌نگار آمد و خواهشمند معاونت شد و گفت که چون هنوز تاریخی مبسوط و درست در وقایع این ظهور نوشته نشده است ضبط و تألیف وقایع آن کما ینبغی کاری بس دشوار است زیرا که سپهر و هدایت از غایت تملق و ضلالت

آنچه در حوادث این ظهور نوشته‌اند یکباره تهمت صرف و کذب محض است و آنچه از روات شنیده می‌شود هم چندان مختلف و متفاوت است که تطبیق آن خالی از صعوبت نیست. جواب گفتم که تاریخی از مرحوم حاجی میرزا جانی کاشانی که از شهدای طهران و از خوبان آن زمان بوده است در دست احباب هست لکن او مردی تاجر بوده است و از تاریخ نویسی ربطی نداشته و تاریخ سنین و شهور را ننوشته نهایت چون مردی با دیانت بوده است نقل وقایع را چنانکه دیده و شنیده است به راستی مرقوم داشته این کتاب را بدست آر و وقایع را از آن و تاریخ سنین و شهور را از کتاب ناسخ التواریخ و ملحقات روضة الصفا نقل نما و پس از ضبط در مسوده هر جزوی را نزد جناب حاجی سید جواد کربلائی که نامش در این اوراق مکرر یاد شده و از آغاز ظهور نقطهٔ اولی تا ورود حضرت بهاءالله به عکا خود همه جا با دوستان همراه و از وقایع نیک خبیر و آگاه است قرائت کن و به این دقت تاریخ را تصحیح نما تا این کتاب بخواست خدای یکتا بخوبی انجام یابد و مقبول طبع دانشمندان جهان گردد وی خواهش نمود که نامه‌نگار فاتحه آن را بنگارد و راه نگارش را بر او گشاده دارد. این عبد به خواهش او دو صفحه از آغاز آن کتاب را نگاشت و فاتحه آن را به تشبیب مواعظ و تحریض بر اجتهاد موشح داشت و او را در نظر بود که آن کتاب را در دو دفتر ترتیب نماید دفتر اول در وقایع ظهور نقطهٔ اولی و دفتر ثانی در حوادث طلوع اقدس ابهی. اما پس از ختم دفتر اول اجل مهلتش نداد و در سنه ۱۲۹۹ هجریّه در شهر رشت وفات یافت."

۶۱- اقتباس از تاریخ جدید (نقل از حاجی میرزا جانی کاشی).

۶۲- شهور حرام ماههای ذیعقده، ذیحجه، محرم و رجب است که در آنها بر مبنای رسمی که میان اعراب دوران جاهلیت وجود داشته است جنگ ما بین طوایف و ایلات عرب حرام و ممنوع بوده و حضرت رسول اکرم نیز از این قاعده تبعیت می‌فرموده است.

فصل هفتم
حضرت باب در اصفهان

عزیمت از شیراز تا ورود به اصفهان

این مسئله مسلّم بود که با فروکش کردن شدت مرض وبا و برگشتن اوضاع به صورت عادی ملاها آرام نمی‌گرفتند، می‌کوشیدند تا بهر وسیله که باشد برای حضرت باب ایجاد زحمت نمایند و آنچه در سر می‌پروراندند به عرصه عمل درآورند. آنچه از شایعات موجود برمی‌آمد قصد غائی و نهائی علما اجرای حکم قتل ایشان بود که برای آن به انتظار فرصت مناسب روز می‌گذراندند. از این رو حضرت باب به قصد ملاقات با محمد شاه شیراز را ترک نموده عازم اصفهان شدند. گواه مطالب فوق عباراتی است که در لوح محمد شاه می‌خوانیم:

"در شیراز بودم از خبیث شقی حاکمش ظلم ها دیدم که اگر بعضی از آن را مطلع شوی هر آینه به عدل انتقام کشی زیرا که بساط سلطنت را به ظلم صرف الی یوم القیامه مورد سخط الله نمود و از کثرت طغیان شرب خمرش که هیچ حکمی را از روی شعور نمی‌کرد خائفاً مضطراً بیرون آمده به عزم حضور کثیر النور آن بساط جلالت."[۱]

تمام مورخینی که سفر حضرت باب را از شیراز به اصفهان ثبت کرده‌اند می‌نویسند چون حضرت باب به حوالی اصفهان رسیدند مکتوبی به منوچهر خان معتمدالدوله حاکم اصفهان نوشتند و ورود خودشان را به قلمرو حکومت او اعلام داشتند و از او خواستند تا محل مناسبی برای اقامت ایشان در نظر بگیرد.

منوچهر خان نامه حضرت باب را با احترام دریافت کرد و به میر سید محمد سلطان العلماء امام جمعهٔ اصفهان[۲] پیام فرستاد که مدعی بابیت امام زمان به اصفهان آمده است؛ از ایشان دعوت کنید که به منزل شما وارد شوند.

همراهان حضرت باب در این سفر منحصر به آقا سید کاظم زنجانی و آقا محمد حسین اردستانی بودند.

اقامت در منزل امام جمعه

امام جمعه در اجرای دستور حاکم و بمنظور احترامات شایسته برادرش۲ را با چند نفر دیگر به استقبال حضرت باب به خارج شهر فرستاد و چون به حوالی منزل او رسیدند بشخصه از ایشان استقبال کرد و مقدم میهمانش را گرامی داشت و با نهایت ادب و احترام رفتار نمود و شرائط میهمانداری بجا آورد.

از زبان نفوس مختلفی که در آن اوقات به منزل امام جمعه آمد وشد می‌کردند، نقل شده است که وی با آن علو شأن و مقام بقدری نسبت به حضرت باب رعایت ادب و احترام می‌کرد و با خضوع و خشوع رفتار می‌نمود که حتی وقتی حضرت باب برای شستشوی دست آفتابه لگن می‌خواستند شخصاً به این خدمت مبادرت می‌کرد و کاری را که وظیفه خدمه بود خود به عهده می‌گرفت و همچنین به افرادی که برای ملاقات با حضرت باب می‌آمدند اکیداً توصیه و سفارش می‌نمود که جانب ادب نگاه دارند و مراقب کردار و گفتار خویش باشند.

تفسیر سورهٔ والعصر و اثبات نبوت خاصه

اما آنچه در طول اقامت چهل روزهٔ حضرت باب در منزل سلطان العلماء حائز کمال اهمّیّت است نزول تفسیر سورهٔ والعصر و اثبات نبوت خاصه است که اولی برحسب تقاضا و خواهش امام جمعه و دومی بنا به درخواست معتمدالدوله صورت گرفت.

در این مورد در تاریخ جدید می‌خوانیم که در یکی از لیالی، بعد از صرف شام، امام جمعه خواهش نمود همانطور که سوره کوثر برای اطمینان قلب آقا سید یحیی دارابی تفسیر شد سوره والعصر هم برای خاطر وی تفسیر شود. حضرت باب در بارهٔ نحوهٔ تفسیر به صورت کتبی یا شفاهی سئوال فرمودند، وقتی امام جمعه تقاضای تفسیر کتبی نمود، حضرت باب در حضور او و جمعی دیگر از جمله ملا محمدتقی هراتی آن تفسیر را بدون تفکر و بدون توقف قلم نازل و به او تسلیم کردند.

امام جمعه که به چشم خویش آن قدرت خارق‌العاده و توانائی معنوی را در حضرت باب دید دیگر جای تردید برایش نماند که تنها وجود نیروی الهی است که سبب می‌شود تفسیری معادل یک سوم حجم قرآن و آیاتی بر سیاق آیات آن در مدتی چنین کوتاه نازل شود. در این باره، نبیل اعظم نیز می‌نویسد:

امام جمعه و سایرین که حضور داشتند بی‌اختیار برخاستند و دامان عبای حضرت باب را بوسیدند.

در مقدمه این تفسیر حضرت باب اشاره به امام جمعه نموده و او را به بزرگی

و احترام یاد نموده اند.

بعد از اینکه تفسیر سوره مبارکه والعصر نازل و از اسرار مکنونه منزله در آن رق منشور پرده برداشته شد این موضوع به اطلاع معتمدالدوله رسید؛ او نیز در شبی که به عنوان ملاقات حضرت باب به منزل امام جمعه رفته بود در حضور جمعی از علماء از اثبات نبوت خاصه که مدتها فکرش را بخود مشغول داشته بود، صحبت به میان آورد و چون تفاسیر و تعابیر سایر علماء مورد پسندش قرار نگرفته بود، از حضرت باب خواهش کرد که موضوع را تفسیر و بصورت کتبی ارائه فرمایند تا باقی بماند و سایر مردم از آن بهره مند گردند. حضرت باب با استدعای او موافقت نمودند و بعد از ستایش از صفات عالیه و اخلاق مرضیه وی در مقدمه تفسیر، در عرض دو ساعت آیات منزله در اثبات حقانیت حضرت رسول اکرم را در پنجاه صفحه یادداشت و در آخر نیز به ظهور قائم و رجعت حسینی اشاره فرمودند.

نبیل می نویسد:

"معتمدالدوله چنان استماع آن آیات در وجودش تأثیر نمود و به حدی مسرور و مشعوف شد که در آن محضر با صدای بلند گفت من تاکنون دیانت اسلام را قلباً معتقد نبودم و اقرار و اعتراف جازم به صحت اسلام نداشتم بیانات این جوان مرا قلباً به تصدیق اسلام وادار کرد."۴

حضرت عبدالبهاء می فرمایند:

"پیش از ورود به اصفهان مکتوبی به معتمدالدوله حاکم ولایت مرقوم نمود و به اطلاع حکومت در محلی مناسب منزل خواست حاکم محل امام جمعه را معیّن نمود چهل روز در آنجا اقامت و روزی به حسب خواهش امام در مجلس بی تأمل تفسیر والعصر مرقوم نمود چون این خبر به معتمد رسید دیدن از او نمود و سئوال از نبوت خاصه جوابی در اثبات نبوت خاصه در همان مجلس مرقوم شد."۵

حضرت شوقی افندی ربانی ولی امر دیانت بهائی می فرمایند:

" این اخبار به سمع معتمدالدوله که حکمرانی عاقل و عادل و از اصل و نسب گرجی و مسیحی بود واصل شد. شخصاً به درک خدمت آن حضرت نائل گردید و در حضور جمعی از مشاهیر علماء سئوال در اثبات نبوت خاصه نمود. حضار از بیان جواب امتناع ورزیدند لذا از محضر مبارک استدعای جواب کرد هیکل انور در فاصله ای کمتر از دو ساعت معادل پنجاه ورق در توضیح این امر عظیم مرقوم و این حقیقت کلیه را به نهایت اتقان و استحکام تبیین فرمودند و آن را با ظهور قائم و رجعت حسینی مرتبط ساختند. معتمدالدوله چنان شیفته بیان و قوت برهان و استدلال آن سید امکان گردید که در همان مجلس ایمان خود را نسبت به شارع دیانت اسلام اعلام و فضائل و کمالات نفس مقدّسی را که چنین بیانات متعالیه از قلم معجز

شیمش صادر گردیده تصدیق و اذعان نمود."٦

آغاز دوران آرامشی کوتاه

حضرت باب در دوران حیات صوری خود، از بعثت تا حین شهادت، تنها همان شش ماه و چند روز اقامت در اصفهان را که در منزل امام جمعه و سپس در قسمت سرپوشیده عمارت صدر سپری شد بدون دغدغه و اضطراب گذراندند و زندگی نسبتاً آرامی داشتند. زیرا امام جمعه که اعظم و اقدم بر جمیع علمای اصفهان بود به حضرت باب ارادت می‌ورزید و معتمدالدوله که حاکمی توانا و مقتدر بود ایمان آورده و علناً بدون ستر و حجاب از آن حضرت طرفداری می‌کرد و می‌کوشید که مخالفین را مؤالف کند و خصومت ها را به صلح و آشتی تبدیل نماید.

همراهان حضرت باب نیز آسایش و فراغتی حاصل نموده و از اجتماع و معاشرت با یکدیگر به گونه‌ای که در شیراز با آن مواجه بودند بیم و هراس نداشتند.

هنگامی که هنوز حضرت باب در منزل امام جمعه سکونت داشتند، آقا سید حسین کاتب نامه‌ای به خال اصغر به یزد نوشته است که محتوای آن مدلّ و حاکی بر مباحث فوق الذکر است. او می‌نویسد:

"هو العزیز

صاحبان معظم ادام الله عمرکم در مقام علم به شرح حال طالب اطلاع باشید لله الحمد و المنة حال تحریر که یوم جمعه شهر حج است در ارض اصفهان در نعمتان مجهولتان مستغرق و هرگاه قضائی وارد نشود خیال حرکت به ساحت قدس حضرت شهریار ادام الله اجلاله هست ولی الیوم یقضی للامر لی و لا حکم الاّ لله (؟) و آوازه حسن سلوک و مرحمت سرکار معتمدالدوله ادام الله اقباله و لطف های صاحب منزل ادام الله مجده اظهر از بیان است اگر چه خیال حرکت به سمت شیراز ندارند ولی با وعده‌های قبل خیلی مناسب است زیرا که مصائب نساء به غایت رسیده بود ایام ظلم ظالم اجل الله فی حکمه (؟) اگر چه ظاهر هرگاه جناب حاجی از بوشهر وارد شده باشند حضرات هم روانه کربلا شده باشند ولی کمال اهتمام در حرکت ایشان لازم است. همین ورقه را شیراز فرستاده باشید که از یوم خروج الی الآن خطی نوشته نشده اطلاع ایشان واجب است و در هر شأن کماهی حالات را اشاره فرمائید مورخه ٧ شهر ذی حجة الحرام سنه ١٢٦٢."

در طول اقامت حضرت باب در منزل امام جمعه و در خلال وقایع مهمه، موارد دیگری هم پیش آمد که قابل ذکر است، از جمله: جناب آقا میرزا ابراهیم والد نورین نیرین محبوب الشهداء و سلطان الشهداء که پیشکار املاک وسیع امام جمعه بود و در دستگاه وی سخت مقرب، ضیافتی شایسته ترتیب داد و از حضرت باب، امام

جمعه و گروهی از معاریف و مشاهیر اصفهان دعوت به عمل آورد. در میان میهمانان آقا میرزا محمدعلی نهری نیز که همیشه در آرزوی فرزندی بود، حضور داشت. جناب آقا میرزا ابراهیم از حضرت باب مسئلت او را رجا کرد و حضرت باب از شیرینی یا غذایی که میل می‌فرمودند به آقا میرزا محمدعلی عنایت فرمودند تا با همسر خویش صرف نماید. مقدر بود که چندی بعد، سرکار منیره خانم زوجهٔ حضرت عبدالبهاء و بالاخره از آن سلاله، حضرت ولی امرالله بوجود آیند.

اهتمام معتمدالدوله برای رویارویی حضرت باب با علماء اصفهان

آمد و شدهای مردم، رجال و بعضی از علماء اصفهان به منزل امام جمعه و ملاقات آنان با حضرت باب و نیز صدور آثار قیمه از قلم ایشان ایجاد مباحثات و گفتگو در میان اهالی اصفهان کرد و می‌رفت که سبب شود قاطبه مردم در صدد تحقیق و تمعّن در دعوی حضرت باب برآیند و این موضوع بر علماء سخت گران می‌آمد و ناخشنودشان می‌کرد. از این رو آغاز معاندت نمودند و لب به مخالفت گشودند؛ گفته‌های حضرت باب را تکذیب و شخص ایشان را تکفیر کرده و گمراه خواندند.

معتمدالدوله سعی بلیغ داشت که مجلسی با حضور علماء اصفهان و حضرت باب تشکیل شود و مباحث و مسائل مذکوره مورد بحث و مذاکره قرار گیرد و گفته‌ها برروی کاغذ آید و به حضور شاه تقدیم شود و رأی او را حکم قرار دهند؛ بنابر این از علماء خواهش کرد که برای این منظور در یکی از سه محل: منزل امام جمعه، منزل شخص معتمد و یا در مسجد جامع اجتماع کنند و شخص معتمدالدوله نیز حضور یابد ولی علماء از مباحثه و مذاکره با حضرت باب تحاشی کردند و شایسته ندیدند آنان که سالیان دراز در کسب علم مجاهده نموده و به مقام اجتهاد رسیده‌اند با جوانی اُمّی و تاجر هم صحبت و هم عنان شوند. وقتی که حضرت باب استیحاش علما را ملاحظه نمودند به آنها گفتند حاضرم مباهله کنم. هر روزی را که تعیین کنید در مسجد جامع حاضر می‌شوم و آنچه بخواهید به قوه الهی و قدرت ملکوتی انجام می‌دهم؛ آنها روز نهم یا دهم ذی‌حجه را تعیین نمودند که قبل از ظهر در مسجد جامع حاضر شوند ولی نشدند. حضرت اعلی در توقیعی خطاب به خال اعظم به این موضوع اشاره فرموده‌اند. متن این توقیع در خاتمه این فصل آمده است.

معتمدالدوله از فحول علمای اصفهان دعوت کرد تا در منزلش با حضرت باب ملاقات کنند. بطوریکه نبیل زرندی می‌نویسد سید اسدالله پسر سید محمدباقر شفتی به ملا جعفر آباده‌ای که از مجتهدین بنام اصفهان بود پیغام فرستاد که اصولاً مواجهه و مقاوله با سید باب در هر محلی که باشد در صلاح علماء نیست و نباید

در چنین مجالس به هر نحوی که باشد حضور یافت و با جوانی امّی طرف بحث و صحبت شد زیرا کار از دو صورت بیرون نیست اگر علماء بر او تفوق حاصل کنند جوانی تاجر و امّی و بی‌خبر از علوم و کمالات علمی را متقاعد ساخته‌اند که کار بزرگی انجام نشده و اگر او در استدلال ادعا و بیان مطالبش فائق آید راهی جز تبعیت و اطاعت از او برای ما باقی نخواهد ماند و این امر مسلّم است که او به اتیان به آیات استدلال خواهد نمود و ما ها قادر نیستیم. ملاجعفر این رأی را پسندید و سایر علماء را از حضور در آن مجلس باز داشت از جمیع علمای اصفهان دو نفر به نظرات سید اسدالله و ملا جعفر اعتنا نکردند و دعوت معتمدالدوله را پذیرفتند. در این جلسه، اول آقا محمدمهدی پسر ملا ابراهیم کلباسی که در علم کلام تخصص داشت چند سئوال فقهی از حضرت باب کرد و جواب شنید و چون جوابهای جازم و قاطع دریافت داشت و راه مباحثه را مسدود یافت به لجاج و احتجاج برخاست و جدال آغاز کرد بطوری که معتمدالدوله عذر او را خواست و به یکی از نوکرهایش فرمان داد چراغ بگیرد و ملا محمدمهدی را به خانه‌اش برساند. بعد میرزا حسن نوری فرزند میرزا علی نوری و پیرو مکتب فلسفه ملا صدرای شیرازی چند سئوال از کتاب عرشیهٔ ملا صدرا کرد که از معضلات علم فلسفه بود. حضرت باب با بیانی ساده و بدون اینکه توجهی به اصطلاحات فلسفی بنمایند به سئوالات او پاسخ فرمودند.

حضرت عبدالبهاء در این باره می‌نویسند:

"معتمد امر فرمود که جمیع علما جمع شوند و در یک محضر با او مناظره نمایند و سئوال و جواب عیناً بدون تحریف به وساطت کاتب مخصوص خویش ثبت شود تا به طهران ارسال شود و آنچه امر و اراده پادشاهی بر آن قرار گیرد مجری شود. علما این قضیه را وهن شریعت شمرده نپذیرفتند و محضری ترتیب نموده بنگاشتند که اگر در امر اشتباهی باشد احتیاج به اجتماع و سئوال و جواب است ولی چون مخالفت این شخص به شرع انور اشهر از آفتاب است پس اجراء حکم شرع عین صواب است. معتمد خواست که در محضر خویش محفل اجتماع بیاراید تا حقیقت واقع جلوه نماید و قلوب بیاساید علمای اعلام و فضلای کرام حقارت شرع مبین را نخواستند و مباحثه و مجادله با جوان تاجری نپسندیدند مگر علامه فهامه آقا محمد مهدی و فاضل اشراقیین میرزا حسن نوری مجلس به سئوال بعضی مسائل از فن اصول و توضیح و تشریح اقوال ملا صدرا منتهی شد."[۷]

نبیل اعظم می‌نویسد:

"از جمله وقایعی که ترک شده بود واقعهٔ اجتماع علماء در خانه ملا جعفر آباده‌ای در اصفهان بود. به امر منوچهرخان معتمدالدوله کاتبی مأمور نموده بودند که

آنچه علماء در آن مجلس با طلعت اعلی گفتگو نمایند تماماً ثبت شود و به حضور معتمد داده تا ایشان به طهران بفرستند و امام جمعه که میهماندار طلعت اعلی بود به خدمتشان معروض داشته بود که من به آن مجلس می‌روم و قبل از ظهر آدم مخصوص می‌فرستم تشریف بیاورید چون علماء مجتمع شدند آقا محمد جعفر آباده‌ای بنای گفتگو نمود گفت من این اجتماع را مصلحت نمی‌دانم چه که اصفهان را جمیع اهل ایران قبة الاسلام می‌دانند اگر ایشان مدعی امرند به این مجلس واردشدنشان و به جمیع علما غالب آمدن ایشان سبب می‌شود که بالمره دین اسلام از دست خواهد رفت و اگر هم مغلوب شوند مردم خواهند گفت که برای نوجوان تاجرزاده‌ای جمیع علماء اصفهان مجلس کردند در هرحال نفعی برای علماء در این اجتماع بنظر نمی‌آید و صلاح در این است که هریک از شما هرچه در باره او فهمیده‌اید در ورقه‌ای که جامع جمیع فتاوی شماها باشد مرقوم دارید و به معتمدالدوله سپارید تا به طهران بفرستد علماء همگی این قول را پسندیدند مختصری نوشته هریک در حاشیه آن حکم کفر و قتل آن سبط پیغمبر را مرقوم نموده مهر کردند جز سه نفر که حکم قتل و کفر ننوشتند. آقا سید اسدالله پسر آقا سید باقر شفتی، امام جمعه، ملا محمد جعفر که بعضی احتمال جنون و بعضی عبارات دیگر نوشته و به کاتب معتمدالدوله دادند. ملا جعفر گفت از لسان ما به سرکار معتمدالدوله عرض کنید که زیاده بر این بر تضییع علماء نکوشید و چون مجلس متفرق شد امام جمعه آدم معهود را فرستاد که علماء راضی نشدند. خادم امام جمعه ذکر نموده بود که حضرت باب سه ساعت مشی می‌فرمودند و می‌گفتند وعده علماء بین صبح و ظهر بود چرا تخلف نمودند و ما را احضار نکردند. بعد از آن مجلس، معتمدالدوله علما را به مجلس خود وعده خواست که حضوراً مکالمه واقع شود هیچیک حاضر نشدند مگر آقا محمد مهدی پسر حاجی ابراهیم کلباسی و میرزا حسن پسر ملا علی نوری که حکمت ملا صدرا را در اصفهان تدریس می‌کرد.

از حضرت غصن الله الاعظم شنیدم که در آن مجلس آقا محمد مهدی از حضرت اعلی سئوال نمود که خطاباتی که در قرآن است از قبیل اوامر و نواهی آیا مخصوص حاضرین آن عهد بوده یا غائبین هم در آن شریک بوده‌اند اگر مخصوص حاضرین بوده لازم می‌آید که غائبین مکلف نباشند و اگر غائبین هم در آن شریک بوده‌اند که هنوز وجود نداشته‌اند چگونه خطاب بر غیر موجود تعلق می‌گیرد؟

حضرت اعلی می‌فرمایند در نزد حق جل جلاله حاضر و غائب یک حکم دارد و علم او محیط است بر جمیع اشیاء قبل وجود اشیاء چنانکه محیط است به اشیاء بعد وجود اشیاء."

صیت و آوازه امر حضرت باب و نفوذ دیانت بابی در شهر اصفهان یوماً فیوماً

رو به فزونی می‌رفت و بعضی از علماء مثل ملا محمدتقی هراتی سراً و جهراً لب به تعریف و تمجید از حضرت باب و آثار منزله از قلم ایشان که در هر مجلس و محفلی دست به دست می‌گشت، می‌گشودند و ایشان را مفترض الطاعه می‌دانستند.

علماء بزرگ و مشهور اصفهان که همه صاحبان محراب و منبر و دارای مرید و مقلد بودند از یک طرف بیم داشتند که اگر چندی بر این منوال بگذرد اساس حکومتشان سست و بساط قدرتشان متزلزل می‌گردد و مَرَده آنان از اطاعتشان سر باز می‌زنند و از طرف دیگر وقتی می‌دیدند که حضرت باب در منزل سلطان العلماء با آن همه احترام زندگی می‌کنند و معتمدالدوله نیز ایشان را حمایت و تقویت می‌نماید جرئت مخالفت علنی نداشتند. لذا به انواع حیل و جعل اکاذیب و افترا باب شکایت باز نمودند و سعایت ها کردند و تهمت ها وارد آوردند تا آنجا که افکار شاه و حاجی میرزا آقاسی را مشوش و مضطرب ساختند و از آنها خواستند که تا هنوز فرصتی در دست است در دفع و رفع سید باب بکوشند.

در همین احوال، حضرت باب لوح مفصلی خطاب به علماء و کافه مردم نازل فرموده و آنها را به تفکر و تعمق در کنه بشارات قرآن مجید در بارهٔ ظهور جدید دعوت نمودند و از انکار نصوص صریحه کتب آسمانی برحذر داشتند.

حاجی میرزا آقاسی که به شهادت تاریخ و نوشته آشنا و بیگانه آدمی نالایق و جبون و عنصری فاسد و ضعیف النفس بود از این می‌ترسید که اگر آوازه شهرت باب به آن صورت که در اصفهان بلند گشته است به گوش شاه برسد و معتمدالدوله اسباب ملاقات ایشان را با شاه فراهم نماید، نفوذ کلام سید باب در وجود شاه حسن اثر بگذارد و بر اساس حکومت و قدرت او ثُلمه و صدمه وارد آید و بساط اقتدارش متزلزل گردد.

نبیل اعظم و دیگر مورخین مضمون نامه حاجی میرزا آقاسی را به امام جمعه به این شرح یادداشت کرده‌اند که ما را از تو این توقع و انتظار بود که با آن جلالت شأن و عظمت رتبت و مقامی که در دستگاه مملکت داری در تحکیم قوائم شرع مبین و ترویج شریعت حضرت سیدالمرسلین قیام و اقدام نمائی نه اینکه سر ارادت به آستان جوانی خم کنی که از جمیع معارف و علوم عاری و از مسائل شرع حضرت رسول اکرم بی‌خبر است. او این نامه را به صورتی نوشته بود که امام جمعه را به هراس انداخت و از معتمد راه چاره خواست.

حاجی میرزا آقاسی که آدمی مزور و پرتدلیس بود ضمن مراسلاتی خطاب به ملاهای اصفهان آنان را تشویق کرد که به مخالفت با حضرت باب اقدام نمایند. از این رو، در مساجد و منابر کافه ملاها حتی آنان که قبلاً لب به تعریف و توصیف می‌گشودند به تکفیر و تکذیب زبان باز کردند و عموماً به مخالفت برخاستند. از

می‌طلبم در تصرف او و امروز غیر از تو حقی عالم نیستم حتی آنکه انگشترهای دستش را بیرون آورد و داد و من قبول نموده و رد نمودم به او و توبه او را قبول نموده اذن دادم که تصرف نماید اشهد الله و کفی بالله شهیدا.۱۴ حال هم یک دینار او را من نمی‌خواهم مال حجت است کل اموال او هر قسم لایق است آن حضرت در اموال آن امر فرماید..."

مطلب اول که "سلطان شوی قومی را که خداوند در قرآن آن قوم را اولی بأس شدید" خطاب فرموده۱۵ منظور تبلیغ محمد شاه به دیانت بابی بوده است. مفسرین قرآن همه و بالاتفاق "اولی بأس شدید" را از گروه مردمی که در فارس زندگی می‌کنند تفسیر نموده‌اند.

در مورد مطلب ثانی حضرت باب می‌خواسته‌اند دین اخلاقی خود را نسبت به معتمدالدوله ادا کرده باشند والا بر آن حضرت واضح و معلوم بوده است که نه محمدشاه و نه اعوان او مبادرت به چنین اقدامی نخواهند نمود.

داستان فاطمه خانم

موضوع دیگری که در ایام توقف و زندگانی حضرت باب در خلوت سرپوشیده معتمدالدوله جای صحبت باز کرده است بحث از معقوده‌ای است که انتخاب نموده‌اند.

معتمدالدوله برای اینکه مستخدمین و کسانش از وجود حضرت باب در منزل او خبر نشوند و این موضوع به گوش ملاها نرسد و بساط بلوا و شورش فراهم نگردد و با آنها درگیری پیدا نکند از حضرت باب خواهش کرد در بین مؤمنین زنی را برای خدمات روزمره خود انتخاب کنند که ضرورت نداشته باشد خدمه او به آن قسمت از خانه که به حضرت باب اختصاص دارد آمد و شد کنند. قرعه این فال به نام فاطمه دختر ملاحسن روضه خوان از بابی‌های اصفهان اصابت نمود.

برحسب قوانین شرع اسلام۱۶ چون فاطمه خانم به خانه‌ای وارد می‌شد که به غیر از حضرت باب دیگری در آنجا سکونت نداشت، می‌بایست با ایشان محرمیت پیدا کند؛ بناچار صیغه عقدی بین او و حضرت باب جاری شد و به حصانت حضرتش درآمد.

نگارنده از آقای سید محمد علی جمالزاده شنیده است که از قول حاج میرزا یحیی دولت‌آبادی نقل می‌کرد که این خانم گفته است: بعد از اینکه من را به عقد حضرت باب درآوردند و به منزل معتمد رفتم به اطاقی وارد شدم که آقا (حضرت باب) جالس و مشغول تحریر بودند؛ سلام کرده و ایستادم. با دست اشاره نمودند بنشین؛ نشستم. چندین ساعت نشسته بودم و ایشان به کار تحریر و کتابت مشغول بودند. بعد مرا خواب دربود برخاستم و به اطاق دیگر رفتم و تمام ملاقات من با

شخص باب همین بود و لا غیر.

به هرصورت و نهج که به این قضیه توجه کنیم اصل مسلم این است که این خانم به حصانت حضرت باب بیرون آمده و در عقد ایشان قرار گرفته و آن عقد نیز فسخ نشده و طلاق واقع نگردیده است. اما آنچه موجب تعجب و تأسف است رفتاری است که بعدها نسبت به این خانم شد.۱۷

بعد از واقعه شهادت حضرت باب و پیشامد رمی شاه و سپس ریختن خون نفوس مقدسه و بیگناهی که به اشدّ عذاب و شکنجه گرفتار آمدند و همچنین آنها که در زیر سلاسل و اغلال با شرائطی سخت و مهیب مسجون و مقیّد گشتند نابسامانی و سرگردانی پیروان حضرتش آغاز گردید و کشتی شریعت بابی در دریائی متلاطم و طوفانی دستخوش امواج سهمگین اهواء و امیال بی‌وفایان و نابخردان گشته به گردابی مهیب افتاد و هرکسی راه خودسری و خودرائی در پیش گرفت. موضوع کسر حدود بهانه‌ای شد و ارتکاب به مناهی معمول گردید.

میرزا یحیی صبح ازل در آن واقعه مخوف و بحرانی متواری تلال و قفار و سرگشته کوه و صحرا بود و در بوادی و جنگل‌های مازندران وقت می‌گذرانید و به مجرد اینکه آن آتش بیداد فروکش کرد و خبر از تبعید حضرت بهاءالله به عراق حاصل نمود به اتفاق عمویش میرزا زین العابدین از طریق بندر انزلی به رشت آمد و از شهر به شهر و از ده به ده با لباس مبدل، گمنام و بی‌نشان خودش را به کرمانشاه رسانید و به استخدام میرزا عبدالله کفش فروش درآمد و به بغداد رفت و به اسم حاجی علی کفش فروش در بازار اول به کار کفش فروشی و سپس لاص فروشی مشغول شد؛ اما بعد از اینکه صیت جمال مبارک بالا گرفت حس حسادتش نسبت به حضرت بهاءالله تحریک شد و به اغوای سید محمد اصفهانی یکی از بابیان اصفهان که به بغداد آمده بود با امر الهی به مخالفت برخاست و مدعی وصایت حضرت باب شد و به این ترتیب کسانی را که از او اطاعت نمی‌کردند و به گفته‌هایش اعتنائی نداشتند ملعون و مطرود می‌خواند و از برانگیختن مردم برای کشتن آن نفوس مضایقتی نداشت چنانچه میرزا اسدالله دیان آن مرد فاضل و دانشمند دوره بیان را که به نص صریح حضرت باب حرف ثالث مؤمن به من یظهره‌الله خوانده شده است طاغوت لقب داد و ابوالشرورش خواند و جناب ابراهیم خلیل را که او نیز از معاریف بابی‌های دوره حضرت باب بود جبت خواند و ابو الدواهی نامید و میرزا علی اکبر ابن عم حضرت باب را که در شجاعت و بِسالت بی‌مانند بود اجهل الجهلاء نامید و بالاخره هر سه نفر (دیّان و میرزا علی‌اکبر در بغداد) به دست اعوان او به شهادت رسیدند.

در طول سال‌های ۷۴-۱۲۷۲ هجری قمری که حضرت بهاءالله به کوه‌های

سلیمانیه هجرت نموده و در بغداد تشریف نداشتند، فاطمه خانم معقوده حضرت باب به اتفاق مادر و برادر خود ملا علی محمد از اصفهان به بغداد آمد و به دام میرزا یحیی افتاد و با او ازدواج کرد ولی پس از یک ماه هنگامی که سایر زنهای میرزا یحیی زبان به هرزگی و هتاکی گشودند ناچار فاطمه خانم را به سید محمد اصفهانی بخشید.

یکی از ازلی‌های بنام به اسم اسماعیل صباغ سه دهی که خودش را به اسم مستعار میرزا مصطفی می‌خواند۱۸ بر یکی از الواح حضرت عبدالبهاء معروف به لوح عمه که در موضوع اعمال میرزا یحیی و مربوط به ازدواجش با همین خانم است ردیه‌ای نوشته که در حال حاضر در کتابخانه دانشگاه کمبریج موجود است۱۹. نویسنده در ردیه مذکور نامه‌ای جالب و خواندنی درج کرده است که ادعا می‌کند از طرف فاطمه خانم نوشته شده و به مهر او نیز ممهور بوده است. در این نامه که به نظر نگارنده مجعول بودن آن مسلم است، چنین می‌خوانیم: "وقتی که خبر شهادت حضرت باب به اصفهان رسید امام جمعه درصدد برآمد که با من ازدواج کند و وسائل برمی‌انگیخت تا اسباب مزاوجت با من را فراهم سازد و موفق نشد تا اینکه نامه‌ای از همشیره میرزا یحیی به دستم رسید به این مضمون که اگر شما بخواهید از صدمات مردم محفوظ بمانید باید به همراهی آقای حاج سید محمد بروید به خدمت حضرت ثمره تمام اهل خانه ما چون دیگر نمی‌توانستند در اصفهان زندگی نمایند و اخوی و آقای حاج سید محمد همراه بودند مستعد حرکت شدیم و امام جمعه تمام دروازه های شهر را سپرده بود که نگذارد ما از اصفهان بیرون برویم و ما بعد از دو روز دیگر که وعده حرکتمان بود با والده و تمام اهل خانه فراراً از اصفهان به طرف کاظمین حرکت کردیم چون به کاظمین رسیدیم اخوی حضرت ثمره یعنی میرزا موسی از بغداد آمده با آقای حاج سید محمد به خدمت حضرت ثمره رفتند و آن اوقات اخوی بزرگ یعنی جناب قهیر در نجف بودند اخوی آقا علی محمد کاغذی به این مضمون نوشت که ما از اصفهان به کاظمین آمده‌ایم و عیال و اطفال شما را هم آورده‌ایم جواب مرقوم فرمودند من به کربلا حرکت نمودم، شما هم تماماً به کربلا بیائید. به این جهت تمامی اهل خانه عازم کربلا شدند بنده هم به جهت زیارت و هم به جهت اینکه خلاف فرموده ایشان رفتار نکرده باشم برای تحصیل اجازه مرخصی با اخوی و آقای حاج سید محمد به خدمت حضرت ثمره مشرف شدیم.

حضرت ثمره وصیت نامه خط حضرت نقطه را به من نمودند که صریحاً در آن لوح مرا به همان لقب که در اصفهان به من داده بودند و غیر از ایشان احدی بر آن لقب مطلع نبود مخاطب ساخته امر فرموده بودند که امر ایشان یعنی حضرت ثمره را اطاعت نمایم. بنده هم عرض کردم کمینه به خدمت شما مشرف شدم که هرچه

بفرمائید اطاعت نمایم و تخلف از امر حق نکرده باشم حضرت ثمره بنده را عقد بسته سپردند به حاج سید محمد و به اتفاق آقای حاج سید محمد و اخوی آمدیم به کربلا."

این ردیه را اسمعیل صباغ سه‌دهی به دست دکتر سعید خان کردستانی۲۰ داده است که برای پروفسور براون به انگلستان بفرستد. مرحوم دکتر سعید خان در حاشیه آن قسمت از این کتاب که در موضوع این نامه است می‌نویسد:

"این خانم در تهران سالها مریضهٔ بنده بود و خیلی چیزها را که تاریخی و عمده بود از او جویا شده و نوشتم از خودش شنیدم که گفت اطاعت به ازل کرد و زن او شد و یک ماه هم زن او بود بعد زن‌های ازل فحّاشی و جنگ‌ها کردند حضرت مجبور شد مرا از خودش جدا کند و به سیّد بخشید. سعید طبیب کردستانی ۲۲-۴-۱۰" (دهم اپریل ۱۹۲۲).

علاوه بر آنچه دکتر سعید خان در حاشیه ردیه میرزا مصطفی نوشته است، اخیراً در ضمن مطالعه مکاتیب باقی مانده از بابیهای اولیه عراق نامه‌ای به دست آمده است که مجعول بودن تقریراتی را که سه‌دهی از قول فاطمه خانم کرده است اثبات می‌نماید.

در این نامه از دختری که هویت او ذکر نشده است برای ازدواج با میرزا یحیی خواستگاری به عمل آمده است. مخاطب نامه برادر آن دختر است که اسم وی نیز به قلم نیامده ولی از او خواسته شده است که در تحصیل رضایت خاطر مادرش با آن مزاوجت بکوشد و موضوع نامه را نیز شدیداً محرمانه نگاه دارد.

با قرائن و اماراتی که از نامهٔ مندرج در ردیه سه‌دهی در باره نحوهٔ مسافرت فاطمه خانم و همراهان وی از اصفهان به عراق به دست می‌آید و با مقایسه آن با مطالب نامه اخیر با قاطعیت می‌توان گفت که دختر مورد نظر در این نامه همان معقودهٔ حضرت باب است. برای روشنتر شدن موضوع، قسمتی از نامه مذکور را در زیر می‌خوانید:

هو العزیز المحبوب

گر بر تو من سلام فرستم توئی سلام گر بر تو من درود فرستم توئی صلوة

سلام و تحیّت مخصوص محبوبی است که در ساحت حب او غیر از حبیب نگنجد و درود بی‌نهایت از آن حبیبی است که در خلوتخانه انسش سوای جانان نسنجد و تشفق و تحبّب و تشهق ظهور جانانی است که جانش تسلیم جان بخش و روح‌افزای او است و غیر او در آئینه‌های موجودات وداد دل نبندد و نبیند و نداند زیرا که این شان حبیبیّت او است و این خاصیت و ثمرهٔ محبوبیت او است. آن محبوبی که

چون نامش برم اشکم ز دامان بگذرد های های گریه‌ام از چرخ گردون بگذرد

جان من جانان من چه گویم از درد و الم هجران و افتراق و چه نویسم از شعله و تشعشع انوار اشتیاق که گویا شعله آتش شوق در تمام عالم سرایت کرده و اشعه انوار ذوق در امکان و کون مکان سراسر گرفته که می خواهد شعله نورانیتش و شعشه نوّاریتش تمام اکوان را بسوزد و ذرهٔ ابقا نکند چونکه خواست محبوب همینست لا حول و لا قوة الاّ بالله. و بعد جان من

مژده ای دل که مسیحا نفسی می آید

که ز انفاس خوشش بوی کسی می آید

مژده ای که روح بخش و نورانی کننده کل موجوداتست و خبری که حیات بخش و زنده کننده تمام اکوان و امکانست و بحرکت و رقص آورنده جمیع ذرات من الغیب و الشهود است آنکه جان جهان و روح عالم و عالمیان و نور دیده و قلب متقیان جان جان جانان جناب حضرت ازل اعلی الله ذکره و شید امره به خواستگاری همشیره مکرمتان خواستگار گردیده و از جانان خود آن جان را اختیار کرده البته شما باید در این امر کوشیده و به نهایت اهتمام پیوسته اهتمام ورزیده در امر والده تان که نظرشان را از دنیای دون دو روزه غدّر مکّار بریده و نظر ایشان را بسوی حیات ابدی و حی لایموت سرمدی انداخته که سرافرازی دارین و نشأتین در آنست. جان من نهایت سعی نموده از هر باب و از هر جهت چه دنیا چه عقبی دقیقهٔ از این فکر و از این تدبیر باقی نمانی انگهی چه سعادت و چه خوش بختی به از این و چه خوبی و چه نورانیت بهتر از این. در امورات دنیوی بهتر از اغلب بل کلّ ناس خُلقا و خَلقا و طوراً و وضعاً و در آخرت تشعشع جمال محبوب از آثارش ظاهر و تلمع جلال معبود از اطوارش باهر. چه گویم در حق او که زبان از وصفش عاجز و نطق از نعتش قاصر و اشاره بسوی جناب حضرت قدسش منقطع و عقل و فهم و شهود در ادراک کنه جمالش محو و کلّ عالم و ما فیها در مشاهده جلالش صحو و منصعق و فانی گشته باری از سفارش بان جانان چه نویسم بغیر آنکه در خودش نوشته شده و اظهار آنچه مکنون در آن عزیزه شده

از این امر آمنه مطلع نبایست شود و هیچ احدی دیگر و علی هم مطلع نگردد ولیکن مکتوب بزرگ را با آیات و ادعیه و سیاهه بزرگ برای آمنه در خلوت رقیه بخواند نه بقسمی که در نظرها بیاید و فتنه شود..." ...

درگذشت معتمدالدوله و آخرین روزهای اقامت حضرت باب در اصفهان

گفتم تمام سعی و کوشش معتمدالدوله بر این بود که در انتشار و توسعه دیانت حضرت باب اقدامی کند و به حضرت باب خدمتی نماید و دنبال زمان و فرصتی مناسب می گشت که ایشان را به طهران ببرد و با محمد شاه روبرو کند و از او برای

نصرت دیانت بابی کمک بگیرد و در غیر این صورت با او بستیزد و قهراً منظورش را اعمال نماید غافل از اینکه درختی که به دست حضرت باب غرس شده است باید با خون شهدا و دماء مطهره مظلومان سقایه و آبیاری شود نه به ضرب سنان و شمشیر. به هر تقدیر حضرت باب قبلاً قرب اختتام دوره حیات معتمدالدوله را که در ماه ربیع الاول سال ۱۲۶۳ هجری قمری در اصفهان اتفاق افتاد به او گوشزد نمودند و آن واقعه را به جناب وحید و ملا عبدالخالق یزدی نیز مرقوم داشتند. در توقیع خطاب به محمد شاه می‌فرمایند: "و حال آنکه باذن بقیة الله نوشتم به دو نفر عالم در یزد فوت مرحوم معتمد را قبل از وقوع به هشتاد و هفت یوم قبل..." و ضمناً به آقا سید حسین کاتب و ملا عبدالکریم قزوینی هم دستور دادند که از اصفهان خارج شوند و به قم و طهران بروند و منتظر ظهور قضایای الهی باشند.

حاجی میرزا آقاسی به دلیل دشمنی و خصومتی که با معتمدالدوله داشت حکومت اصفهان را به گرگین خان برادرزاده وی داده بود ولی او از ترس عموی خویش جرئت رفتن به قلمرو او را نداشت و در قم و کاشان وقت می‌گذرانید تا وقت معتمد دررسد.۲۱

گرگین خان به مجرد اینکه خبر مرگ عمویش را شنید خودش را به اصفهان رسانید تا مایملک او را تصرف نماید و به جای او حکومت کند.

وقتی گرگین خان به اصفهان رسید از وجود حضرت باب در عمارت صدر باخبر شد و برای اینکه خدمتی کرده باشد و خودش را بیشتر به دستگاه حکومت نزدیک کند عریضه‌ای به حاجی میرزا آقاسی نگاشت و وی را از حضور حضرت باب در اصفهان مستحضر ساخت. حاجی میرزا آقاسی این نامه را به عرض شاه رساند.

نبیل در این باره می‌نویسد: محمد شاه به فراست دریافت که قصد معتمدالدوله از حفاظت باب آن بوده است که اسباب ملاقات او را با شاه فراهم کند ولی اجل مهلت نداده است به این مناسبت نوشت که باب را با کمال احترام در تحت حفاظت سوران نصیری مستوراً عن الانظار به طهران اعزام دارد.

گرگین خان در اعزام حضرت باب به طهران خیلی ناجوانمردانه عمل نموده۲۲ و با وضعی اسفبار ایشان را حرکت داد بطوری که سبب کدورت خاطر آن حضرت شد و در لوحی که بعداً در ماکو نازل گردید، خطاب به محمد شاه فرمودند: "بعد از صعود آن عالم بقا گرگین شقی با پنج نفر هفت شب بلا اسباب سفر به تزویر و قسم‌های دروغ و جبر صرف حرکت داده فآه آه عما قضی علیّ.۲۳"

سرنوشت همراهان حضرت باب

می‌دانیم که هنگام ترک شیراز دو نفر از احبا در معیّت حضرت باب به صوب

منوچهر خان متعمدالدّوله

گرگین خان

اصفهان رهسپار گردیدند. یکی از این دو نفر آقا سید کاظم زنجانی۲۴ و دیگری آقا محمدحسین اردستانی بود.

ـ آقا سید کاظم پس از اینکه همراه با حضرت باب به اصفهان رسید به کسالتی مبتلا شد که بالمآل به مرگ وی منتهی گردید و حضرت باب منفرداً بر جسدش نماز خواندند و سپس جسد او را به کربلا فرستادند که در آن محل مدفون شود. در مورد دفن جسد آقا سید کاظم در محلی مناسب دو نامه در دست است که یکی خط ملا عبدالکریم قزوینی و دیگری خط آقا سید حسین کاتب است و مخاطب هر دو نامه حاجی سید جواد کربلائی است و در هر دو نامه تأکید شده است که دقت کنند جسد در محلی مناسب دفن شود.

ملا عبدالکریم می نویسد:

"بسم الله الرحمن الرحیم

السلام علی مولی الجناب و رحمة‌الله و برکاته ثم السلام علی التابعین و الناصرین و رحمة الله و برکاته

مولای و سیدی جعلت فداک کثیراً ماکتبت العرایض مراراً فارجوا من الله ان یبلغها الی ساحة جنابکم و اسئل من حضرتکم ان لاتنسونی فی الحضرات المقدسة المنورة کلاً ثم اذکرونی عند السیدین السندین ابناء سیدی صلی الله علیه فوالله اتمنی تقبیل اقدامهم فیا لیت کنت معک فافوز بالفوز العظیم ثم یا مولای وصل عریضتکم بالساحة المقدسة المنورة فی ارض الصاد و اجاب بما صدر عنه علیه السلام و کتبت من صورته تحیة و سلاماً علیکم فاقرؤه فانه کتاب کریم.

... بالجوف وصله الله بحق محمد وآله الاطهار ثم یا مولای حامل العریضة من المخلصین المحبین من اهل الزنجان معه جنازة من احد المخلصین المؤمنین الممتحنین المحبین کان کاملاً فی مراتب الاعتقاد و التسلیم و الاطاعة فبعد وفاته قال علیه السلام بارسال النعش الی ارض المقدسة و الدفن فی مکان کان اقرب الی الحرم مکاناً و ابعد من نبش النباشین ولو کان فی الحجرات لکان احسن ... قال علیه السلام یدفنوه بالصحن حیثما کانت المصلة من حیث القرب و من حیث السعی فی مکان یبعد عنه ایدی الناس اما بالظهر او سمت الاقدام فیا مولای اسئل من جنابکم السعی فی اموراته سعیاً جمیلاً و اهتموا بالاهتمام الکثیر فان المرحوم کان ذی الاخلاص التام الکامل و یجب الاهتمام بنحو الکمال ثم اسئل من جنابکم انّ الحامل اسمه ملا رستم کان متحیراً فی انه یرجع او یبقی هنا و فی امر معاشه کان فقیراً فان کان صلاحه التوقف فأمروه والاّ فأمروه بالخروج فکلما کان صلاحه بیّنوا له حیث کان صلاحه فان الامر معکم هنا و نحن عبدکم و مطیعاً لکم والسلام علیکم.

سیدی نشان نعش مسطور جنازه را نمد گرفته در روی آن پارچه مشمع باسم

مرحوم صاحب نعش که آقا سید کاظم نام دارد نوشته شده و اصل نعش را در مشمع پیچیده‌اند و روی آن را نیز نوشته گذارده‌اند و سه عدد لاک و مهر کرده‌اند در روی آن گذارده‌اند و اجرت نعش الی آخر دفن کردن با مکاری است از بابت اخراجات با احدی چیزی نیست کلاً با مکاری است اینقدر است احسان فرمائید متوجه آن شوید که حبیب محبوب خدا است آن جناب سلام الله علیه اراده طهران دارند در باب نعش و حامل آن یعنی ملا رستم نهایت احسان را فرمائید رافع تعجیل داشت عفو فرمائید و الامر منکم و الحمد لله رب العالمین.

مولای و سیدی ملا رستم احوالش ناخوش شد لهذا آمدن موکول... ملا ولی الله مازندرانی که از جمله عبید و در طریق محبت و اخلاص بی منتها لهذا محبت با او را زیاده نمائید و جناب آقائی و سیدم آخوند ملا محمود خوئی سلام می‌رسانند و در باب نعش مرحوم آقا سید کاظم استدعا دارند که اهتمام فرمائید می‌گویند در صحن مقدس سرداب بسیار است اگر به کنندهٔ قبر در خفا یک هزار دینار علاوه بدهید طوری می‌کند که به سرداب دفن شود می‌گویند نزد اوطاق (اطاق) درویش مطیعا سردابی است که کمتر دسترس مردم است اگر وضعی نمائید که از طرف آن قبر کنده ... و از آنجا رخنه به سرداب نمایند یا سرداب دیگر منتهای احسان است والسلام علیکم."

آقا سید حسین می‌نویسد:

" مولانا الامجد

سلام من الرحمن نحو جنابکم و ان سلامی لا یلیق بباکم

بابی و امّی و من فی ملکوت الاسماء و الصفات فداء من سکنوا سکنتم فی جواره

عرض می‌شود که حامل ذریعه ملا رستم خادم مرحوم مغفور المهاجر فی سبیل الله آقا سید کاظم زنجانی است که مدّت مدیدی بود که در شیراز در خدمت سرور معظّم روحی فداه بودند و در آن هجرت به ارض ص ایشان در رکاب ایشان خدمت کرده وارد این ولا شدند و ناخوش شدند و برحمت ایزدی فائز شدند و مردنی کردند که جمیع زنده‌ها حسرت مردن را کردند تفصیل را از حامل ذریعه جویا شوید بیان خواهند کرد و جواب سئوالات سرکار را هم گرفتم و به حامل ذریعه دادم بیاورد و بجهت صاحبه معظمه مکرمه حضرت موعودة فی الرجعه روحی فداها خواستم دستخط مبارک بگیرم ارسال دارم ولکن بجهت این مصیبت عظیم اصرار نکردم تا خبر جدیدی برسد و کی زنده است و کی مرده شرح احوال را بنویسید و حضرت قرة العیون روحی فداها را عرض و عبودیت برسانید از ایشان بسیار خجلم نمی‌دانم بچه زبان عذر بخواهم جزای ایشان با صاحب جزا حشرنی الله و ایّاکم مع محمد و آله الطاهرین۲۵ و

در خصوص فوت زوجه آقا سید جواد معلوم نشد که کدام آقا سید جواد تعیین فرمائید و خدمت باقی مانده‌ها کلاً عرض و سلام برسانید سیّما جناب مولای ملا حسین و شِبْل جناب آخوند ملا حسین و خدمت صاحب معظم و قبله مکرم جناب آقائی آقا میرزا حسن هندی عرض و سلام برسانید خدمت آقازاده‌ها روحی فداهم و اهل حرم صغیراً و کبیراً عرض و عبودیت برسانید و والده آقائی آقا میرزا سید حسن را نوعی کنید که عریضه عرض کند که ظاهراً دلتنگ شوند اگر از برای حضرت موعوده دستخط مبارک نیامد و از برای ایشان می‌باشد و الآن مستمسکی ندارم که بجهت ایشانهم خواهش دستخط نمایم... ... ... تربت و مهر را رسانید و خواستم خدمت ایشانهم عریضه عرض کنم و مولایم فرمودند که تو بنویس ولکن بسر خودت قسم است که این قدر بجهت این مصیبت غموم و هموم متراکم شده است که همین دو سه کلمه هم اگر واجب نبود و ضرور نبود تحریر نمی‌کرد و انشاءالله بعد عریضه خدمت ایشان عرض خواهم کرد با دستخط مبارک. شما ... و سلام بسیار خدمت ایشان برسانید... و بنده همه هستم فدای همه شوم و السلام علیکم و علی من حضر لدیکم و سلطان را دعا برسانید و سفارش به نورچشمی‌ام سید حسن کردم شما هم در آن سفارش شریک باشید.

و سرکار مولای عالم و عالمیان بسیار اهتمام فرمودند که متوجه دفن مرحوم آقا سید کاظم شوید که جای درستی دفن شود و بعد از آن کاغذی بنویسید که چه کردید و در کجا دفن کردید.

مولای تأکید بلیغی در خصوص جنازه مرحوم آقا سید کاظم فرمودند بالخصوص حقیر را امر فرمودند که در این خصوص عریضه‌نگاری کنم البته مسامحه نفرمائید و سعی خود را بکنید که بسیار محترم است در خدمت ایشان و الحق که اهل محبت بود رحمة الله علیه و ملا رستم را هم بسیار نوازش کنید که اهل محبت است والسلام و عرایض را به صاحبانش برسانید اگر حیات دارند والا در نزد خود شما امانت باشد. (سجع مهر) عبده حسین الحسینی."

- اما از آقا محمد حسین اردستانی بعد از ورود حضرت باب به اصفهان و در طول مدّت اقامتشان در آن شهر و نیز تا زمانی که حضرتشان را در قلعه ماکو مسجون نمودند، خبری در دست نیست؛ حاجی میرزا جانی[۲۶] نوشته است:

"هنگامی که حضرت اعلی در ماکو تشریف داشتند آقا محمد حسین که پیرمردی بود و ریش سفیدی داشت و از شدّت ضعف و پیری زیاد ضعیف و منحنی بود خدمتش رسیدم دیدم با پای پیاده به ماکو می‌رود و از منتهای شوق و عشقی که داشت با وجود آنهمه شکستگی و پیری ابداً آثار تألم و علامت افسردگی و فرسودگی در جبین ایشان مشاهده نکردم جز آنکه نهایت وجد و سرور را داشتند."

آقا محمد حسین از اصحاب قلعه طبرسی است که در میدان محاربه مجروح شد و او را به حضور مهدیقلی میرزا بردند، آنچه از او خواستند از احوال اصحاب و احباب که در قلعه طبرسی بودند تحقیق کنند جوابی نداد و عاقبت الامر به او گفته بودند چطور تو را به قتل برسانیم گفته بود بهر صورت که از آن سختتر نباشد. لوله تفنگ را بر چشم راستش گذاشته و آتش کرده بودند و به این صورت به شهادتش رسانیدند.

از قلم حضرت اعلی در ماکو لوحی به اعزاز آقا محمد حسین اردستانی نازل گردیده است.

الواح، اسناد و مکاتیب

۱- نامه آقا سید حسین کاتب به خال اصغر
۲- لوح به اعزاز خال اعظم
۳- یادداشت دکتر سعید خان کردستانی (در حاشیه یکی از صفحات کتاب ردیه اسماعیل صباغ سه‌دهی)
۴- نامه‌ای در بارهٔ خواستگاری دختر خانمی برای ازدواج با میرزا یحیی ازل
۵- نامه ملا عبدالکریم قزوینی در بارهٔ تدفین آقا سید کاظم زنجانی
٦- نامه آقا سید حسین کاتب در بارهٔ تدفین آقا سید کاظم زنجانی
۷- لوح به اعزاز آقا محمد حسین اردستانی (به خط آقا سید حسین کاتب)

۱- نامه آقا سید حسین کاتب به خال اصغر
(مورخ هفتم ذی حجّهٔ ۱۲۶۲)

۲- رونویس لوح نازله از قلم حضرت اعلی خطاب به خال اعظم

بسم الله الرحمن الرحيم

الحمد لله الذی منّ علیّ بالبلاء و احمده بما نزّل علیّ من البأساء و الضراء بما فعل بغیر حق اهل الشرک و العصیان و انا الی الله اشکو بثّی و حزنی و سیعلم الذین ظلموا ایّ منقلب ینقلبون و بعد قد نزل ما سطرت من عندک و اطلعت بما اشرقت من حبّک فجزاک الله بما عملت فی دین الله و ترید فی سبیل الله فوالّذی نفسی بیده انّ الشاربین من کأس المحبّة هم الآمنون و انّ المعرضین عن حکم الولایة هم الخاسرون فکیف افصّل ذکر ما قضی علیّ علی تلک الارض و انّ المداد لنفی و اللوح لا یسع ولکنّ الاشارة الیه یعرّفک بعض ما جری البداء بالامضاء و هو لمّا هاجرت من تلک الارض لعرض الحال الی الذی جعله الله ملیک الارض قد بلغت الی هذه الارض و نزلت علیها باذن حضرة معتمد دولة العالی ادام الله اقباله و جزاه الله من عنایاته کما هو اهله فبالحقیقة ما قصّر عن التوجه و الرحمة و لقد وقع لیلة فی محضره مع بعض الرجال ما اراد الله و شاء و لیتمّ الامر اذا شاء الله مع العلماء اذا حضروا یوم العرفة او الاضحی للمباهلة و انّ ذلک کان حکمی بینهم فسوف یحقّ الله لحق بکلماته و یظهر عمل الناس اجمعین فسوف نسافر الی ساحة قرب ملیک الفضل اذا سمعت فاحضر هنالک و اظهر ما رأیت من عمل الجاهلین فانّا لله و انّا الی ربّنا لمنقلبون.

والسّلام علیک و علی احمد و علی الّذی اجبته بالکتاب و علی الذین اتبعوا امر الله و الّذینهم بهم یلحقون و الیوم یقضی ما وعدتک به فی قرب الزوال بخمس دقیقة. مورّخة یوم الجمعة سابع شهر ذی الحجّة الحرام سنة ۱۲۶۲.

۳- یادداشت دکتر سعید خان کردستانی در حاشیه یکی از صفحات کتاب ردیه اسماعیل صباغ سه دهی

[illegible]

باعیال و بعد رد کردند . الا لعنة الله علی القوم الظالمین
لکنیز فاطمه صبیه مرحوم ملا حسن واعظ اصفهانی
(اصل مهر فاطمه) این بود وقایع همشیره ملا رجبعلی متعلقه
حضرت اعلی که عباس افندی نوشته است که حضرت نمره اورا
بسید محمد مشهور بخشیدند و آن مخدره تا نهایت حیات در
نکاح سید محمد بود و اینکه نوشته است
ملاحظه فرمائید که جوهر وجود آن حقیقت نورانیه و
کینونیت صمدانیه و لطیفه ربانیه در میدان جانفشانی
فرمود و دم مطهرش میدان آنرا بانجان رنگین کرد
بعد از این مصیبت کبری و رزیه عظمی اکر مران شخص معلوم
نمره وفا بود بود دیگر خودرا مبوء انست نساء و الفت زوجات
و بعد دوستیات هیچ آلوده نمینمود
لهجه جناب عباس افندی در مقام توبیخ و سرزنش بحضرت
نمره می نویسد اگر در ان شخص معلوم نمره وفا بود دیگر خود را
مبوء انست نساء و الفت زوجات و بعد دوستیات هیچ آلوده
نمینمود در اینجا هم عباس افندی مغلطه نموده بلکه

۴- نامهٔ خواستگاری دختر خانمی برای ازدواج با میرزا یحیی صبح ازل ۲۷

۵- نامه ملا عبدالکریم قزوینی در بارهٔ تدفین آقا سید کاظم زنجانی

٦- نامه آقا سید حسین کاتب در بارهٔ تدفین آقا سید کاظم زنجانی

۷- لوح نازله به اعزاز آقا محمد حسین اردستانی (به خط آقا سید حسین کاتب)

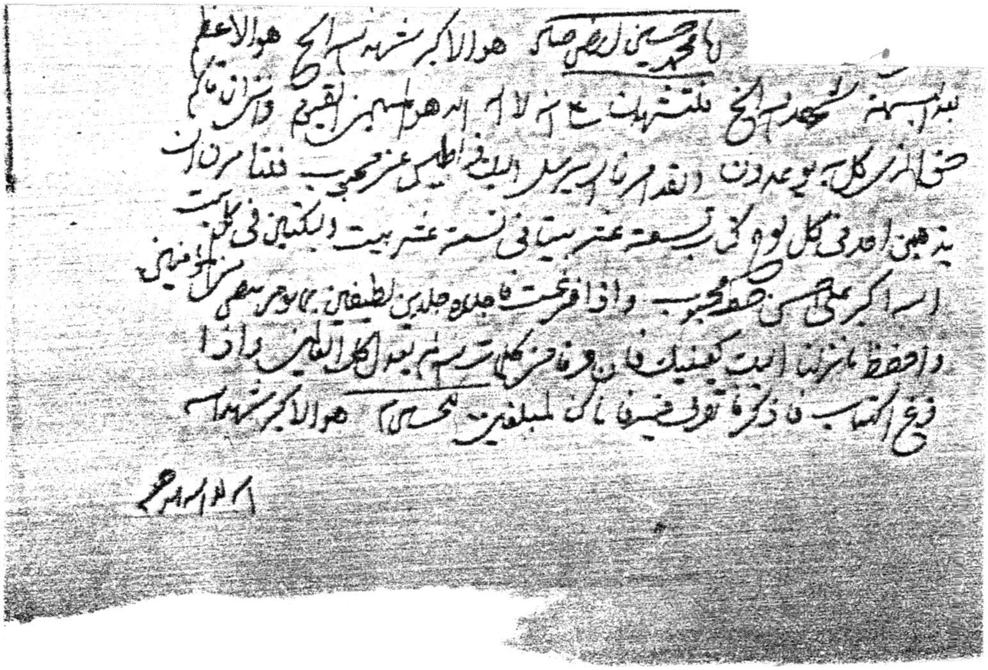

رونویس: "آقا محمد حسین ارض صاد

هو الاکبر شهد الله الخ هو الاعظم بعد البسملة شهد الله الخ فلتشهدن علی انه لا اله الاّ هو المهیمن القیّوم و انّنی انا قائم حق الذی کلّ به یوعدون ولقد امرنا ان یرسل الیک قراطیس عز محبوب فلتأمرنّ ان یذهبن احد فی کل لوح کتاب تسعة عشر بیتاً فی تسعة عشر بیت ولیکتبن فی کل بیت الله اکبر علی احسن خط محبوب و اذا فرغت فاجلده جلدین لطیفین بما یؤمر ببعض من المؤمنین واحفظ ما نزّلنا الیک کعینیک فانّ حرفاً من کلمات الله لم یعدل کل العالمین و اذا فرغ الکتاب فاذکر ما ترانی فیه فانّا کنّا لمبلغین."

یادداشتها

۱- منتخبات آیات از آثار حضرت نقطهٔ اولی عزّ اسمه الاعلی، صفحهٔ ۱۵.

۲- میر سید محمد سلطان العلماء خاتون‌آبادی امام جمعه اصفهان پسر حاجی میر حسن امام جمعه از ملاهای متموّل و متنفذ زمان خودش بود. وی زندگانی مجلل و اشرافی در اصفهان ترتیب داده بود و به سال ۱۲۹۱ هجری در شهر اصفهان درگذشت.

۳- سید محمد حسین برادر سلطان العلماء بعد از فوت وی امام جمعه اصفهان شد و با کمک شیخ محمدباقر و مسعود میرزای ظل السلطان حاکم اصفهان اقدام به شهادت آقا میرزا محمد حسن سلطان الشهداء و آقا میرزا محمد حسین محبوب الشهداء کرد. وی از قلم حضرت بهاءالله به رقشاء تسمیه شده است.

۴- مطالع الانوار، صفحه ۱۷۸.

۵- مقاله شخصی سیاح، جلد ۱، صفحه ۱۵.

۶- کتاب قرن بدیع، قسمت اول، صفحات ۱۱۱-۱۱۰.

۷- مقاله شخصی سیاح، صفحات ۱۷-۱۵.

۸- رونویس مکتوب حاجی میرزا آقاسی در جواب عریضه علماء اصفهان به محمد شاه در کتاب امیرکبیر و ایران (صفحه ۴۳۹) تألیف فریدون آدمیّت چاپ طهران سال ۱۳۴۸ و با مختصری تفاوت در کتاب فتنهٔ باب آمده است.

۹- مطالع الانوار، صفحات ۱۸۴-۱۸۳.

۱۰- عمارت خورشید، عمارت صدر و عمارت سرپوشیده هرسه به عمارتی اطلاق می‌شود که مقر مخصوص حاکم در اصفهان بوده است و حضرت باب مدّت چهار ماه در آن اقامت داشته‌اند و با عمارت خورشید در شیراز متفاوت است.

۱۱- کتاب قرن بدیع، قسمت اول، صفحه ۱۱۴.

۱۲- مضمون فارسی: کجاست ذوالقرنین و سلیمان و ممالک آنها، بدرستی که دنیا فانی است و همه در پیشگاه خدا جمع می‌شوند.

۱۳- مضمون فارسی: (مبعوث فرماید کسی را) برای اعلاء امر خود و وعدهٔ الهی انجام شده است.

۱۴- مضمون فارسی: خدا را شاهد می‌گیرم و شهادت خداوند کفایت می‌کند.

۱۵- سورة الاسراء، آیه ۵.

۱۶- بر حسب قوانین شرع اسلام خدمهٔ زن باید با افراد ذکور خانواده سمت محرمیت داشته باشد؛ بنا بر این به منظور رعایت و حفظ اصول شرعی، میان وی و رئیس خانواده یا یکی از فرزندان پسر صیغه عقد جاری می‌شود. این رسم، به احتمال زیاد هنوز هم در خانواده‌های متشرع و پای بند به قوانین مذهبی متداول است.

۱۷- کتاب بدیع، صفحه ۲۹۵.

۱۸- شرح حال رجال ایران، جلد ششم، صفحه ۲۶۳.
۱۹- آثار و اسناد متعلق به پروفسور براون، کتابخانه دانشگاه کمبریج، انگلستان، شماره F.65(7).

۲۰- دکتر سعید خان کردستانی پسر ملا رسول از مردم سنندج است که به سال ۱۸۶۳ میلادی متولد شد. پدرش دعانویسی می‌کرد و از این راه ارتزاق می‌نمود. مادر سعیدخان از مردم متموّل سنندج بود او هنوز خیلی جوان بود که مادرش را از دست داد سواد فارسی و عربی را از پدرش آموخت و بعد از اینکه پدرش فوت شد عمامه به سرگذاشت و ملای محل شد و سپس به همدان رفت و به راه تحصیل طب کوشید و با دراویش نقشبندی ارتباط یافت و به سلک آنان درآمد او در همدان با کشیشی به اسم یوحنا که مذهب کاتولیک داشت نیز رفیق شد و مسیحی گردید و به کلیسای کاتولیک سرسپرد و مورد مزاحمت خانواده و فامیلش قرار گرفت و از اینکه دینش را از دست داده برادرش قصدَ جانش را نمود او بالاخره با کمک همان کشیش زبان انگلیسی را آموخت و به سوئد و لندن رفت و تحصیلات طبی خود را در رشته طب داخلی در لندن تکمیل کرد. بعد به ایران مراجعت نمود و در همدان مشغول به کارشد به کردستان سفر کرد و با دوستان و اقوام خودش که با او برسر مهر آمده بودند ملاقات نمود بعد به طهران رفت. ازدواج کرد. سفری به اصفهان و شیراز نمود در حوالی محرم به منزل صولت الدوله قشقائی وارد شد و زن او را که مریض بود معالجه کرد. با اعلم الملک، دکتر دانا، راجع به بهائی ها صحبت کرد. با ایل قشقائی به شیراز رفت و به طهران مراجعت نمود. بواسطه مراوده با سران اکراد مورد سوء ظن رضا شاه واقع شد و دو ماه و نیم به حبس انفرادی محکوم شد و بالاخره بواسطه تلگرافی که پسرش به شاه کرد مستخلص شد و در سال ۱۹۳۹ در سن ۷۶ سالگی بدرود حیات گفت. (نقل از کتاب طبیب محبوب)
۲۱- شرح حال رجال ایران، جلد چهارم، صفحه ۱۶۲.
۲۲- میرزا حسین همدانی در تاریخ جدید (خطی) می‌نویسد: "میرزا گرگین خان... خدمت آن حضرت معروض داشت که ملاها در صدد شورش و فتنه‌انگیزی برآمده‌اند هرگاه شما را دست ایشان بدهم به ولی نعمت خود خیانت کرده‌ام و اذیت نموده‌ام کسی را که او دوست می‌داشت و اگر دست ندهم به طهران خواهند نوشت و حاجی میرزا آقاسی شما را از من خاهند (خواهند) خواست و من چارهٔ جز اطاعت ندارم و استخوان مرحوم معتمدوله (معتمدالدوله) با من نیست که جواب بدهم لهذا صلاح در آن است که سرکار از اینجا حرکت کنید و اگر میل داشته باشید به خراسان تشریف ببرید و در ظمن (ضمن) عریضهٔ خدمت جناب حاجی میرزا آقاسی معروض داشت و فرستادن آن حضرت حسن خدمت خود را جلوه داد و چون آن حضرت باطناً از مکر

ایشان مطلع بودند فرمودند انشاءالله به آرزوی خود نخواهید رسید چنانچه آخر هم به آرزوی خود نائل نشدند و آن حضرت با هفت نفر سوار از اصفهان حرکت فرمودند..."

۲۳- مضمون فارسی: آه از آنچه وارد شد بر من.

۲۴- آقا سید کاظم زنجانی برادری به اسم سید مرتضی داشت که جزء شهدای سبعه در طهران به مقام شهادت رسید.

۲۵- مضمون فارسی: خداوند من و شما را با محمد و آل طاهرین او محشور بدارد.

۲۶- تاریخ جدید، نسخه خطی (نقل از تاریخ حاجی میرزا جانی کاشی).

۲۷- قسمت اول این نامه به خط ملا اکبر و قسمت دوم به خط حاج سید جواد کربلائی است.

فصل هشتم
حضرت باب در کاشان و تبریز

کاشان

گفتیم که گرگین خان با شتاب و بی‌صبری و بدون اینکه فرصتی برای تهیّه اسباب سفر بدهد حضرت باب را به سواران نصیری سپرد و شبانه از اصفهان رهسپار طهران کرد.

از اینکه حضرت باب چند روزه فاصلهٔ اصفهان تا کاشان را طی نموده و در کدامیک از منازل بین راه شب را گذرانده‌اند در هیچ یک از مدارکی که در دست است صحبتی به میان نیامده است، اما از فحوای کلام مورّخین چنین برمی‌آید که حضرتشان در طول این سفر از شیوهٔ رفتار و طرز عمل گرگین خان سخت صدمه دیده‌اند.

رؤیای حاجی میرزا جانی کاشانی

نبیل زرندی می‌نویسد:

"شب قبل از ورود حضرت اعلی به کاشان حاجی میرزا جانی[1] معروف به پرپا که از اشخاص معروف شهر بود خوابی دید که نزدیک غروب است دم دروازه عطار ایستاده است ناگهان حضرت اعلی سوار بر اسب تشریف آوردند و به جای عمامه کلاه بر سر گذاشته‌اند و چند نفر سوار اطراف آن حضرت را گرفته‌اند نزدیک او که رسیدند فرمودند "سه شب مهمان تو خواهیم بود از ما پذیرائی کن". حاجی میرزا جانی وقتی که بیدار شد دانست آنچه را که دیده رؤیای صادقه بوده است. فوراً به تهیّهٔ لوازم پذیرائی میهمان عزیز خود مشغول شد. اطاق مخصوصی مهیّا کرد سایر لوازم را نیز فراهم نمود. نزدیک غروب آفتاب دم دروازه عطار ایستاد و منتظر تعبیر رؤیای خود گردید چشم به راه بود ناگهان از دور چند سوار دید که به طرف شهر

می آیند برای ملاقات آنها روان شد چون نزدیک رسید در بین سواران حضرت باب را با آنکه کلاه بر سر داشتند شناخت."[۲]

نگارنده این سطور ضمن مطالعات و تحقیقات خود در تاریخ حیات و سرگذشت زندگانی حضرت باب به کتاب مثنوی اثر طبع حاجی محمد اسمعیل ذبیح کاشی[۳] برخورد کردم؛ بطوریکه از این اشعار مستفاد می گردد خوابی را که نبیل زرندی به آن اشاره نموده است مشاهدات حاجی محمد اسمعیل در عالم رؤیا است که بعداً برادرش حاجی میرزا جانی را از آن آگاه ساخته است. موضوع رؤیا به ترتیبی که در تاریخ نبیل آمده است با سروده های ذبیح اندکی اختلاف دارد.

کتاب اشعار حاجی محمد اسمعیل ذبیح شامل قسمت هائی از حوادث و وقایع تاریخی دیانت بابی و بهائی از بدو ظهور حضرت باب تا اواخر ایامی است که وی در قید حیات بوده است، اعمّ از اینکه او خود شاهد و ناظر بوده و یا از این و آن شنیده است.

مثنوی ذبیح شاید از لحاظ شعری چندان عالی و بلند به نظر نرسد ولی از لحاظ ثبت وقایع تاریخی در آن برهه از زمان حائز اهمیّت است. برای نمونه قطعاتی از این اشعار را می خوانیم.

۱ـ "مردن معتمد و خواستن حاجی حضرت را از میرزا گرگین خان و فرستادن به طهران

بعد از آن، آن حاجی ترک لعین / خواست آن حضرت به ری این ظلم بین
میرزا گرگین یوسف حق را اسیر / کرد بفرستاد در نزد وزیر
آنکه بد ذات حروف سبع آن / هفت غلام همراه آن شمس جهان
قبل از آنکه آن خداوند انام / سوی کاشان آید او هر صبح و شام
از خدا می خواستم درک لقا / خواب دیدم یک شبی من با صفا
که شدی طالع به کاشان آن جناب / آنکه یک خلقش بدستی آفتاب
صبح گفتم با برادر ای اخا / می شود طالع خداوند علا
گفت نبود در جهان ز ایشان خبر / گفتمش امروز آید مختصر
از قضا آن روز آمد آن جناب / گشت طالع آن مثال آفتاب
آمدی آن شاه دار المؤمنین / چون خبر گشتی یکی از مخلصین
آنکه بود حاجی دل از کف دادهٔ / بهر جان دادن به پا ایستادهٔ
نام میرزا جونی یک روح روان / مثل آن عاشق نیامد در جهان
آن برادر بد ذبیح ناتوان / هر دو بودیم بنده درگاهشان
پیک آن آمد به خان نزد اخا / گفت وارد گشت اینک پادشاه
حکم فرموده است آن رب جهان / که کنید آن نصرت من این زمان

پس رهانیدم ز چنگ ظـالمان / نـاصرم گردیـد اینک دوسـتـان
در تفکّر بود آیا چون کند / نصرت حق دل از این عالم کند
چون خبر گشتی ذبیح ناتـوان / سوی خـان عازم شدستم نـاگهـان
منع فرمودم اخا جائز نه است / که رسی تو خدمت آن حق پـرست
گفت حاجی منع هست رفتن به خان / حکم نبـود از خداوند جهان
عرض کردم نیست بر من حکم هان / صبر کـی بتـوانم از رب زمـان
هروله سا سوی خان گشتم روان / نزد معشوق آن خـدای انس و جـان
چون به خان وارد شدم بیرون شهر / پس بـدیـدم یک ولـی مستقر
سجده کردم چون بدیدم آن جمال / ای فـدای آن جمال ذوالـجـلال"

در دنباله این ابیات اشعار دیگری آمده مشعر بر اینکه بیست سالی قبل از ورود حضرت باب به کاشان شبی را تا صبح به راز و نیاز به درگاه خدا پرداختم و استغاثه ها کردم که قائم موعود را زیارت کنم و می گوید نمی دانم در عالم خواب یا خلسه بودم که حضرت باب بر من ظاهر شدند و بعد از بیست سال همان کسی را که در آن احوال مشاهده نموده بودم دیدم و شناختم و سپس چنین ادامه می دهد:

چونکه در خلسه به قبل از بیست سال / دیده بودم آن جمال بـا کـمـال
مدتـی طـالب بـدم صـاحب زمـان / تا رسم در خدمت شـمس جهـان
چون که حی دانستم آن رب جهـان / زین سبب طـالب شدم دیـدار آن
این حـکایت چونکه می باشد عـجب / کس نبیند پیش از آن که وجه رب
او شود ظاهر به قبل از بیست سال / کس به این چشمان نبیند آن جمال
یـک شبی همت بـر ایـن بگمـاشتم / از عبـودیّت هـر آنـچـه داشتم
جمـله را ظـاهـر نمـودم بـا کمال / تـا کـه بینم آن جمال ذوالجلال
اوّل شب تـا به صبح بـگریـستم / سـاعتی زان شب نبـودی زیستم
لابـه و الحـاح را افـزودمی / راه هـای بندگی پیمـودمی
تـا قریب صبح در ذکر و دعـا / بودم تـا طـالع بـدیـدم من خـدا
روی کردی سوی من آن کـردگار / هان چه می خواهی ببینی تو نگار
چون بـدیـدم آن جمال دلـربـا / محـو گشتم از جمالت ای خـدا
لیک در خلسه بدی یا نـوم آن / من نمی دانم چه حالت بُـود آن
این قدر دانم بدیدم قبل از آن / که شود ظاهر به عشرین سال آن
تـا بدیـدم طلعتش بشنـاختـم / نـرد حب در راه آن شه بـاختم
دیدۀ باید که باشد شه شنـاس / تـا شناسد شاه را در هـر لبـاس
مشی می فرمود در خان آن جنـاب / چـون بـدیدم من شدستم کـامیاب

۲- رفتن به خان خدمت حضرت اعلی و شناختن و به خانه آوردن آن جناب و سه روز ماندن

"عرض کردم کای خداوند جهان — رحم فرما بر ضعیف ناتوان
کلبه عبدت منور کن شها — ای که هستی فیض بخش باصفا
گفت شه راضی نما این دم غلام — گرتومی خواهی شوی مقضی المرام
پس طمع انداختم جمله غلام — تا شدند راضی جمیعاً لا کلام
چون شدند راضی برفتم نزد شاه — عرض کردم کای خداوند اله
لطف فرما این دلم را شاد کن — از قدومت این خراب آباد کن
پس قدم رنجه نمودی سوی شهر — سه شب و سه روز ما بردیم بهر
خدمتش بودیم بردیم فیض‌ها — و اندر آن ظاهر بدیدی ما خدا
کلبهٔ ما شد معطر زآن عبیر — گوهر مقصود آمد دستگیر
بعد از آن عازم شدی بر شهر ری — شد بهار عاشقان در شهر دی
پس بیامد تا به خانلق آن جناب — قرب ری منزل نمودی آفتاب"

ورود و اقامت حضرت باب در کاشان

به هر حال حضرت باب در شب نوروز مطابق با روز دوم شهر ربیع الثانی سال ۱۲۶۳ هجری قمری در کاشان به منزل حاجی میرزا جانی وارد شدند و سه شب و دو روز در منزل او میهمان بودند.

فاضل مازندرانی می‌نویسد که در دو شب و روزی که حضرت ذکر الله الاعظم در خانه حاجی میهمان گشتند جمعی از اهل بلد مانند حاجی ملا هاشم و حاجی میرزا ابوالقاسم و جمعی دیگر حضرت باب را ملاقات نمودند.۴

و نبیل زرندی با مضمونی به صورت زیر می‌نگارد: در حینی که لوحی به اعزاز حاجی میرزا جانی از قلم حضرت باب نازل می‌شد یکی از علمای معروف کاشان به اسم سید عبدالباقی به منزل حاجی مزبور آمد و رخصت یافت تا به حضور حضرت باب برسد. او حضرت باب را نمی‌شناخت با وجود اینکه آن آیات مهیمنه از زبان حضرت باب به گوشش می‌رسید متأثر نشد و در درک معانی آن تفحص ننمود و آنقدر بر خود و علمش مغرور بود که حتی از حاجی میرزا جانی اسم حضرت باب را نپرسید بعد از چند روز که از آن واقعه گذشت از حقیقت حال آگاه گردید بسیار محزون و پژمرده و دلتنگ شد که آن موقعیت و موهبت الهی را از دست داده و از درک فیوضات الهیه غافل مانده است. می‌گویند سید مذکور بعد از آن به حدی متأثر و محزون بود که از مردم کناره گرفت و عزلت گزید تا وفات یافت. نبیل در دنبالهٔ این سخنان می‌گوید: یکی از اشخاصی که در منزل حاجی میرزا جانی موفق

به زیارت حضرت باب شد مهدی نامی بود که ایمان آورد و در واقعه رمی شاه به سال ۱۲۶۸ هجری قمری به شهادت رسید. نبیل اعظم به مطلبی دیگر نیز اشاره می‌کند و آن اینکه در آخر لوح حاجی میرزا جانی دعا می‌فرمایند که خداوند زبان او را گویا فرماید تا به خدمت امرش پردازد و به اعلاء کلمة‌الله موفق شود. حاجی میرزا جانی به امر تجارت اشتغال داشت و معلومات و دانستنی هایش در حدود متعارف دانسته های تجار آن روز بود و از حدود نامه‌نگاری و نگاهداری حساب سیاق تجاوز نمی‌نمود ولی او آن چنان با فصاحت و بلاغت صحبت می‌داشت که علمای آن روز کاشان مثل ملا جعفر و ملا احمد نراقی در حضورش جرئت صحبت نداشتند.

قصد عزیمت به طهران و وقایع طول راه تا رسیدن به تبریز

از کاشان تا کلین

روز سوم نوروز مطابق با پنجم ماه ربیع الثانی حضرت باب در تحت حصانت سواران نصیری به سرکردگی محمد بیک چپرچی عازم طهران شدند.

معین السلطنه می‌نویسد: حاج محمد رضای مخمل باف اسبی برای سواری حضرت باب تقدیم کرد. شیم و رفتار و شکوه و وقار حضرت باب مأمورینی را که به همراهی ایشان سفر می‌کردند تحت تأثیر گذاشت بطوری که عموماً مفتون و مجذوب حضرتش بودند.

نبیل می‌نویسد: به این مأمورین دستور داده شده بود که از ورود حضرت باب به شهرهایی که در مسیر قرار داشت ممانعت به عمل آورند، لیکن چنان اعتماد خاطر آنها نسبت به حضرتشان جلب شده بود که وقتی به حوالی قم رسیدند، خودشان تقاضا کردند که اگر حضرت باب میل داشته باشند وارد شهر شده و حتی به زیارت ضریح حضرت معصومه نیز بروند ولی تقاضای آنان پذیرفته نشد و اظهار داشتند نفوسی که در این شهر ساکنند همه فاسق و فاجرند. این حضرت معصومه بزرگواری که در این شهر مدفون است خودش، برادر و اجداد گرامیش همه از این مردم فاسق بیزارند، زیرا در ظاهر احترام می‌کنند و در باطن سبب هتک حرمت آن مقام مقدّس می‌باشند.

به هر حال از قم گذشتند و به قمرود رسیدند. اهالی قمرود که از اهل حق و از طائفه علی‌اللهی‌اند از لحاظ اخلاق و آداب نسبت به سایر شیعیان دارای وجه امتیازی مخصوص می‌باشند و به همین دلیل کدخدای محل که یکی از بستگان محمد بیک بود از آن جمعیّت دعوت کرد که شب را در قمرود بگذرانند. حضرت

باب دعوت او را پذیرفتند و شب را در منزل او بسر آوردند.

روز بعد یعنی هشتم نوروز هنگامی که به کنارگرد در سر راه طهران رسیده بودند، نامه‌ای از حاجی میرزا آقاسی خطاب به محمد بیک رسید مبنی بر اینکه حضرت باب را به کلین که ملک شخصی او بود ببرد و در آنجا بماند تا خبر بعدی به او برسد.

اقامت در کلین و دریافت حکم تبعید به ماکو

صبح روز نهم نوروز مطابق با یازدهم ربیع الثانی در قرب قریه کلین که در شش فرسنگی طهران قرار داشت و به حاجی میرزا آقاسی متعلق بود چادر مخصوص وی را برپا نمودند و طلعت اعلی را در آن منزل دادند. این چادر در دامنه تپه‌ای که از چهار سمت جویبار و سبزه و کشتزار آن را احاطه کرده بود نصب گردید و مصداق "جنات تجری من تحتها الانهار"۵ را مجسم ساخت.

جمال اعلی را آن منظر زیبا بسیار دلپسند افتاد و چون دو یوم در آن مکان منقضی گردید، آقا سید حسین یزدی و برادرش آقا سید حسن و همچنین ملا عبدالکریم کاتب و شیخ حسن زنوزی بدان مکان وارد شدند و به اذن مبارک در همان حوالی خیمه منزل نمودند و روز دوازدهم نوروز مطابق با چهاردهم ربیع الثانی ملا مهدی خوئی و ملا مهدی کندی که در طهران از ملازمان حضور جمالقدم بودند مقداری هدایا و نامه‌ای مختوم از سلطان قیوم تقدیم نمودند که سبب کمال سرور حضرت باب گردید و منتهای مرحمت و مکرمت و ملاطفت به ظهور رسید.

می‌دانیم که حضرت باب به قصد ملاقات با محمد شاه از شیراز عازم اصفهان شدند و در طول مدت اقامتشان در آن محل، منوچهر خان معتمدالدوله نیز در جهت انجام این مقصود از هیچ کوششی فروگذار نکرد، ولی حاج میرزا آقاسی به هر تدلیس و تزویری که بود محمد شاه را از آن ملاقات و دیدار منصرف ساخت؛ بطوری که از مکتوب آقا سید یحیی وحید برمی‌آید حاجی مزبور محمد شاه را از مکابره علما و تحریکات آنها و بلوای مردم ترسانیده و به شاه القا کرده بود که اگر حضرت باب رسماً با اذن و اجازه برای ملاقات وی به طهران وارد شود شورشی عظیم خواهد شد و در نتیجه توانست موافقت محمد شاه را به تبعید حضرت باب به ماکو جلب کند.

آقا سید یحیی دارابی (وحید) که در آن اوقات بر حسب دستور حضرت باب در طهران می‌زیست آن واقعه را بنحو اجمال و اختصار برای حاج میرزا سید علی خال و بستگان مبارک مرقوم داشته و به ضمیمه سواد فرمان محمد شاه دائر به تبعید حضرت باب به ماکو را به یزد ارسال نموده است که به شیراز برای منسوبین

آن حضرت بفرستند. از نامه وحید چنین برمی آید که در طول راه الواحی خطاب به محمدشاه نازل گردیده که به توسط وحید تسلیم شده و شاه آن الواح را با خوشروئی پذیرفته است. در زیر نامه وحید را می خوانیم:

یا خیر الحافظین در شیراز جنابان مستطابان سرورانم حاجی میرزا سید علی و جناب میرزا ابوالقاسم و جناب میرزا جواد نظاره کنند ۸۶۴۲

هو

جناب اعلی ع در هشتم شهر ربیع الثانی وارد کلین شش فرسخی دارالخلافه شدند و ایشان را میرزا گرگین خان روانه نموده بود پس از رسیدن خبر به اینجا جناب اجلّ[6] به ملاحظه اینکه مبادا از ورود ایشان در شهر از جهالت مردم آشوبی یا از علمای ظاهر نسبت به آن جناب سوء ادبی اتفاق افتد صلاح در این دانستند که ایشان به ماکو تشریف برده باشند پس از رسیدن این خبر به جناب اعلی[7] عریضهٔ خدمت حضرت اقدس[8] نگاشته و خواهش ملاقات فرموده حضرت اقدس پس از مطالعه عریضه از جناب اجلّ مصلحت فرموده جناب اجلّ صلاح را در ملاقات ندانسته و جواب عریضه ایشان را نگاشته ملفوفه فرمانی صادر و پنج سوار در خدمت ایشان گذارده بنحوی که سوارها محکوم باشند نه حاکم و در پنجشنبه ۱۵ شهر مزبور از کلین روانه صفحه آذربایجان شدند و تا غرّه جمادی الاولی پنج منزل راه زیاده طی نشده و سوارها به طریق احترام حرکت می نمایند و از شهر هم چند نفری رفتند و خدمت ایشان رسیدند جز حقیر که رخصت نداشتم و در عرض راه نیز چند طغرا تعلیقه به حقیر نوشتند و همان تعلیقه را بنظر اقدس رسانیده جواب جمیل فرمایش شد و جناب آقا سید حسین و میرزا عبدالوهاب در خدمتشان می باشند جناب شیخ علی هم می روند معاریف مردم دیگر هم می روند این اخبار را نوشته به شیراز بفرستید که منسوبان در تشویش نباشند.

در کتاب مقاله شخصی سیاح چنین آمده است:

"معتمد به رحمت یزدان پیوست. گرگین خان برادر زاده معتمد به وجود باب در خلوت مطّلع و کیفیت را به وزیر اعظم عارض گشت. حاجی میرزا آقاسی وزیر شهیر امری صارم صادر نمود و دستورالعمل داد که باب را خفیّاً با لباس تبدیل در تحت محافظت سواران نصیری به دارالخلافه روانه نمایند و چون به کنارگرد رسید امری جدید از وزیر کبیر وارد و قریه کلین را مقرّ و منزل قرار فرمودند در مدّت بیست روز در آنجا بود بعد باب رساله ای به پیشگاه حضور شهریاری تقدیم و به جهت ظهور حقیقت حال خویش خواهش مثول نمود و اسباب حصول فوائد عظیمه شمرد وزیر کبیر نپذیرفت و به پیشگاه حضور عرض نمود که موکب همایون در شرف حرکت است و اشتغال به این گونه امور حال مورث فتور مملکت و شبهه ای نیست که مشاهیر

علمای دارالخلافه نیز بر وتیره علمای اصفهان سلوک نمایند و سبب هیجان عموم گردد و به موجب مذهب امام معصوم خون این سید را هدر بلکه حلالتر از شیر مادر دانند و موکب پادشاهی در سفر و حائل و مانعی در نظر نه شبهه نیست که حضور باب باعث فتنه عظمی و فساد اکبر خواهد شد لهذا علی العجاله رأی صواب چنان است که در مدّت غیبت موکب سلطانی از مقرّ سریر شهریاری این شخص را در قلعه ماکو مقر داد و حصول مثول را معلق به حین رجوع نمود."۹

در کتاب قرن بدیع نیز به این موضوع اشاره شده است:

"پس از وفات معتمد گرگین خان برادرزاده او که عنصری بی‌رحم و حریص بود نایب الحکومه شد و شاه را بر آن داشت که برای مرتبه ثانی دستور احضار حضرت باب را به طهران صادر نماید در خلال احوال این شخص شقی پس از وفات عم خویش به وصیت نامه او دست یافت و آن را معدوم کرد و کلیه اموال معتمد را تصرف نمود و پس از وصول حکم کتبی شاه بی‌درنگ به اجرای آن اقدام کرد و حضرت را خفیاً با لباس تبدیل تحت محافظت عده‌ای از سواران که ریاست آن به عهده محمد بیک بود به طهران ارسال داشت. در فاصله کمتر از سی میل از پایتخت در قلعه کنارگرد مأموری از طرف حاجی میرزا آقاسی وارد و نامه‌ای به محمد بیک تسلیم نمود مشعر بر اینکه حضرت را به کلین منتقل نموده و در آن محل منتظر دستور ثانوی باشد بعد به فاصله قلیل دستخط شاه در تاریخ ربیع الثانی ۱۲۶۳ خطاب به حضرت باب واصل گردید هرچند مضمون محترمانه ترقیم شده بود ولی بخوبی معلوم می‌داشت که تا چه اندازه تلقینات و افکار مغرضانه وزیر شریر در شخص شاه مؤثر و نافذ بوده."۱۰

موسیو نیکلا در کتابی که به زبان فرانسه در بارهٔ حضرت باب نوشته است، می گوید:

بعد از مرگ معتمد، "میرزا گرگین خان برادرزاده معتمدالدوله و تنها وارث او به اصفهان آمد برای جمع آوری ترکه و با تعجب فهمید که عمویش چگونه مهمانی را در یکی از منازل خود پنهان کرده است.

گرگین از این قضیه نگران شد و نمی‌دانست چه باید کرد تا بالاخره صلاح چنین دید که به حاجی میرزا آقاسی آگاهی دهد حاجی میرزا آقاسی که مردی متلون المزاج و هوسناک بود فراموش کرده که چندی قبل حکم قتل باب را به حاکم شیراز صادر کرده است میل ملاقات باب را در خود احساس نمود تا ببیند این شخص که ذکر او نقل هر محفلی است چگونه آدمی است پس به گرگین امر کرد که او را به تهران بفرستد.

گرگین نیز بلافاصله باب را تحت الحفظ به تهران فرستاد بدون اینکه مهلت

بدهد که اقلاً با عیال خود تودیع نماید و چون به کناره گرد یک منزلی تهران رسید باز حاج میرزا آقاسی نظر به تلون مزاج فکرش تغییر کرد و سواری فرستاد که به باب بگوید برود در کلین که دهکده ای است خارج از شاهراه توقف نماید و منتظر دستور جدید باشد."[11] و سپس چنین ادامه می دهد:

"حاج میرزا آقاسی را در این موقع پریشانی حواس دست داده و نمی دانست چه باید کرد و در فکر گرفتن تصمیمی بود در این اثناء نامه ای از باب به محمد شاه رسید که نسبت به خود کسب تکلیف نموده بود شاه خواست او را به تهران بیاورد ولی حاج میرزا آقاسی مانع شد و گفت: چون اعلیحضرت قصد مسافرت به خارج را دارند ورود سید علی محمد ممکن است موجب هیجان سریع التأثیر ملاها بشود و نیز ممکن است مورد قهر اهالی تهران واقع شود و در این صورت ملاها خواستار قتل سید بیچاره شوند پس بهتر آن است که امر فرمائید به ماکو فرستاده شود تا مراجعت از سفر که آن وقت سر فرصت چارهٔ بیاندیشیم و تصمیمی راجع به او اتخاذ کنیم." محمد شاه این رأی را عاقلانه پسندید و با دست خود به باب نوشت:

صورت سواد ملفوفه فرمان

جناب فضائل و معارف نصاب حقائق آداب سلالة الاطیاب قدوة الاحباب، آقا سید علی محمد سلمه الله تعالی را با علامات رأفت آیات مشهود می داریم که ذریعه آن جناب ملحوظ نظر التفات اثر شده از مسطورات آن که مشتمل به دعاگوئی دولت قاهره بود آگاهی حاصل آمد التفات ما نسبت به اهل ایران عموماً شامل است خصوصاً در حق آن جناب که از خانواده جلیله سادات و اهل علم است. در باب ملاقات آن جناب که خواهش نموده بود چون این روزها موکب همایون در جناح حرکت می باشد مقدور نمی شود که آن جناب را بطور شایسته ملاقات نمائیم آن جناب به ماکو رفته چندی در آنجا توقف و استراحت نماید و به دعای دولت قاهره پردازد به عالیجاه مقرب الخاقان علی خان نیز مقرر داشته ایم که در هرحال توقیر و احترام آن جناب را مرعی داشته مراقب باشد انشاءالله تعالی موکب همایون مراجعت به دارالخلافه فرمایند آن وقت آن جناب را خواسته به تفصیل ملاقات حاصل خواهد شد و قراری درست در امور آن جناب خواهیم داد.

البته از این جهت دل آزرده نشده همه اوقات مقاصد خود را اظهار داشته ذات اقدس پادشاهی را از دعای خیر فراموش ننمائید. حرّر فی شهر ربیع الثانی ۱۲۶۳.

محل مهر خورشیدنمای مبارک

از کلین تا تبریز

سرانجام و پس از اینکه حکم محمد شاه دائر بر تبعید حضرت باب به ماکو

صادر شد، حاجی میرزا آقاسی محمد بیک چپرچی را با پنج سوار مأمور نمود که ایشان را تحت الحفظ به تبریز برده و به بهمن میرزا۱۲ برادر محمد شاه که در تبریز حکومت می‌کرد تحویل دهد تا از آنجا ایشان را به ماکو اعزام و به علی خان سردار ماکوئی تسلیم نماید.

حاجی میرزا آقاسی به دلایل زیر قلعه ماکو را برای تبعیدگاه حضرت باب انتخاب کرد:

اول- اطمینان به علی خان فرمانروای آن منطقه که دست نشانده وی بود و یقین داشت که او امرش را در هر مورد بدون چون و چرا اجرا می‌کند و بعلاوه تا وقتی حضرت باب در اسارت او هستند کسی به ایشان دسترسی پیدا نخواهد کرد.

دوم- بعد مسافت و شرایط آب و هوا، زیرا ماکو دورترین نقطه سرحدی به مرکز ایران بود و تقریباً نیمی از سال رفت و آمد به آن منطقه بدلیل ریزش برف و باران و سرمای شدید غیر ممکن می‌شد و به این ترتیب رابطه حضرت باب با پیروان و اصحابشان قطع شده و ادعایشان به خودی خود از میان می‌رفت.

سوم- اعتقاد اهالی آن حدود به طریقه تسنن و اینکه همانند مردم شیعه گرایشی به سادات ندارند و رعایت ادب نمی‌نمایند و در نتیجه با حضرت باب به نظر یک مقصر دولت و مجرم محبوس رفتار می‌کنند و نه یک سید قابل احترام.

او با این خیالات واهی حضرت باب را به ماکو فرستاد و به محمد بیک تأکید اکید نمود که در طول راه از ورود حضرت باب به شهرهای مختلف و ملاقاتشان با اصحاب ممانعت به عمل آورد و به همین مناسبت بود که قبل از اعزام حضرت باب به تبریز ملامحمدعلی حجت زنجانی را احضار و محترمانه بصورت حبس نظر در طهران نگاه داشتند که در وقت عبور حضرت باب در زنجان نباشد.

بالاخره روز پنجشنبه ۱۵ شهر ربیع الثانی سال ۱۲۶۳ حضرت باب به همراهی آقا سید حسین کاتب و برادرش آقا سید حسن و آقا میرزا عبدالوهاب ترشیزی تحت حفاظت محمد بیک و سوارانش از کلین به سمت تبریز روانه شدند. ضمن عبور از حوالی طهران هنگامی که از حدود شاه عبدالعظیم می‌گذشتند زیارت نامه‌ای از قلم ایشان نازل شد که به نوشته نبیل زرندی به میرزا سلیمان خطیب الرحمن تسلیم گردید تا با جمعی از احباب مشرف شده و بخواند.

حضرت باب در مسیر خویش از حوالی قزوین عبور کردند و دو روزی هم در قریه سیاه دهن که جزء بلوک زهرا و سرراه زنجان واقع شده است توقف نمودند. در این محل بود که بعضی از بابی‌های قزوین از جمله آقا میرزا محمدعلی از حروف حی، آقا هادی فرهادی، ملا اسکندر زنجانی، حاج محمد حسن جباری و ملا جعفر واعظ قزوینی به زیارتشان شتافتند. در سیاه دهن لوحی به اعزاز سلیمان خان

محمّد شاه قاجار

بهمن میرزا

صائن قلعه‌ای که از مریدان و سرسپرده‌های حاج سید کاظم رشتی بود نازل و به توسط ملا اسکندر زنجانی برای او فرستاده شد، ولی او اجابت نکرد و به پیروان حاجی محمدکریم خان پیوست و به دشمنی با حضرت باب کمر بست.

نبیل اعظم می‌گوید: در سیاه دهن بجز لوحی که به اعزاز محمد شاه نازل شد، گروهی از علماء نیز از جمله آقا میرزا عبدالوهاب قزوینی که از علماء بزرگ شیخیه بود به این افتخار نائل گردیدند. آقا میرزا عبدالوهاب والد آقا میرزا محمدعلی و آقا میرزا هادی است که هر دو از سابقین و در زمره حروف حی بشمار آمدند. علماء دیگری که در این گروه از آنها نام برده می‌شود، حاجی ملا صالح والد قرة‌العین و ملاعلی عموی وی و نیز حاجی سید تقی و حاجی ملا تقی برغانی که از دشمنان سرسخت شیخیه بود، می‌باشند. این الواح که از جمع آنها فقط قسمتی از لوح محمد شاه به دست آمده است، توسط ملا احمد ابدال مراغه‌ای به قزوین فرستاده شد. او الواح را به صاحبانش رسانید و همه آنها را دریافت کردند. گفته می‌شود که ملا تقی لوح باب را پاره کرد و لب به دشنام و ناسزا گشود.

وقتی ملا احمد شرح برخورد با ملا تقی را در حضور حضرت باب بیان کرد فرمودند: "آیا کسی نبود که به دهن او بزند."

حاجی میرزا عبدالوهاب، ملا صالح و ملا علی علاقمند به ملاقات با حضرت باب بودند ولی از ترس حاجی ملا تقی و چوب تکفیر او اقدام ننمودند.

در یادداشتهای خطّی طرازیه خانم سمندری در احوال بابی‌های اولیّه قزوین می‌خوانیم:

"صاحب خانم (دختر حاج اسدالله فرهادی حرم آقا محمدمهدی) یک دست لباس از کلاه زیر عمامه تا جوراب را به دست خودش بافته بود به نیّت اینکه به حضور مبارک تقدیم کند. زمانی که حضرت باب را تحت الحفظ به آذربایجان می‌بردند وارد شهر قزوین نکردند. چند نفر که اسامی آنها را نمی‌دانم و فراموش نموده‌ام من جمله آقاهادی فرهادی بود که برای تشرف و استخلاص وجود مبارک می‌رفتند. صاحب خانم هدیه ناقابل خویش را تقدیم می‌نماید مقبول واقع می‌شود. فضلاً دو پارچه از تن‌پوش مبارک یعنی یک قبای ابریشمی مستعمل سبز و یک آرخالق قلمکار عنایت می‌فرمایند. در این سنوات اخیر آقا میرزا طرازالله به حضور یگانه ولی امر الهی عرض نموده تکلیف خواستند. امر فرمودند بفرستید اینجا در محفظه آثار به نام آن مرحومه گذاشته شود کل زیارت نمایند. توسط جناب امین امین حاجی غلامرضا تقدیم شد" بعد"به آقا هادی و سایرین می‌فرمایند بروید. ما باید برویم اجازه نمی‌دهند برای خلاصی وجود مبارک اقدام نمایند."

بالاخره بعد از توقف حدود دو روز یا بیشتر در قریه سیاه‌دهن حضرت باب و

همراهان رهسپار زنجان شدند و چون به آن حوالی رسیدند چراغ علی خان ماکوئی حاکم زنجان که مشتاق ملاقات با حضرت باب بود برای محمد بیک پیغام فرستاد که در خارج از شهر به دیدار آن حضرت خواهد شتافت ولی بعداً از ترس ملاها از تصمیم خود عدول کرد و حتی نگذاشت حضرت باب در نزدیکی زنجان فرود آیند.۱۳

حاج معین السلطنه تبریزی، نبیل زرندی و فاضل مازندرانی شرح توقف حضرت باب را در نزدیکی زنجان و اینکه حجت زنجانی قصد استخلاص حضرتشان را از دست مأمورین حکومتی داشته است بامضامین زیر بیان می‌دارند:

حاجی معین السلطنه تبریزی:

... حضرت باب و سواران که تمام روز را اسب رانده بودند و همه خسته و فرسوده بودند، می‌خواستند در حوالی شهر در گوشه‌ای متوقف گردند و روز بعد حرکت کنند ولی این مهلت داده نشد به ناچار از زنجان گذشته و در کاروانسرای میرزا معصوم دو فرسنگی بعد از شهر زنجان فرود آمدند.

نبیل زرندی:

... حجت زنجانی که در آن وقت در طهران حبس نظر بود از یکی از اصحاب زنجان که از دوستان ملا اسکندر بود خبر گرفت که حضرت باب را به تبریز اعزام می‌دارند و به ماکو تبعید کرده‌اند. حجت بلافاصله به بابی‌های زنجان پیغام فرستاد که باب را درببرند و از دست مأمورین مستخلص سازند. بابی‌ها بر حسب دستور حجت اقدام نمودند و نیمه شب بود که به نقطه مقصود رسیدند و همه مأمورین را خواب یافتند به حضور مبارک عرض نمودند ما برای نصرت حاضریم مأمورین همه در خوابند به هر نقطه که میل مبارک باشد ممکن است فوراً عزیمت فرمایند. حضرت باب با نهایت متانت فرمودند "کوههای آذربایجان هم حقی دارند شما به منزل خود برگردید و از عزیمت خود منصرف شوید."

فاضل مازندرانی:

... هنوز حضرت باب در حوالی طهران بودند که حجت اجازه خواست که اتباع وی، در حوالی زنجان، حضرت باب را بدربرند و ایشان نپذیرفتند و او را به صبر و سکون دلالت نمودند و در آن وقت ملا محمدعلی ناخوش بود حاجی میرزا آقاسی از ترس حدوث واقعه قلیچ‌خان ترک و هفده سرباز را مأمور کرد که حجت را در حال مرض و ناخوشی به طهران بیاورند.

حاج معین السلطنه، نبیل زرندی و فاضل مازندرانی هر سه می‌نویسند چراغ علی خان ماکوئی حاکم زنجان به اغوا و تحریک ملاها بدون اینکه به حضرت باب و همراهان مهلتی بدهد تا شب ورود به زنجان را در کاروانسرای سنگی در حوالی شهر زنجان توقف کنند، آنان را از حوالی زنجان اخراج کرد.

در دو فرسنگی زنجان سر راه تبریز کاروانسرائی از بناهای شخصی به اسم میرزا معصوم از مردم زنجان وجود داشته است که حضرت باب و مأمورین دولتی به آنجا رفتند و شب را در آنجا گذراندند.

آقا میرزا محمدعلی طبیب پسر میرزا معصوم که مالک آن کاروانسرا بود بر حسب تصادف آن شب را در کاروانسرا حضور داشت. او ورود حضرت باب را گرامی داشت و با گرمی از ایشان استقبال نمود و به رسم ادب و مهمان‌نوازی کمر خدمت بربست و با ترتیب ضیافت مفصلی از حضرت باب و همراهان پذیرائی کرد و در همان شب ایمان آورد و در زمرهٔ بابی‌ها درآمد و بعد از ظهور حضرت بهاءالله از پیروان دیانت بهائی شد و سرانجام بوضع فجیعی در زنجان به شهادت رسید.[۱۴]

تبریز

ورود به تبریز و توقیف در ارگ علیشاه

وقتی حضرت باب به حوالی تبریز رسیدند ورود خودشان را به بهمن میرزا برادر محمد شاه که در تبریز حکومت داشت ابلاغ نمودند و از او خواستند که به همان شیوه و روشی که مرحوم معتمدالدوله در اصفهان با ایشان برخورد کرده بود، رعایت احترام کند و از تبعیدشان به ماکو صرف نظر نماید و در آن مرقومه به او وعده داده بودند که اگر به آنچه که از او خواسته شده است عمل نماید به آمال و آرزوهائی که در سر می‌پروراند دست خواهد یافت و در غیر این صورت قدرت و شوکت او مضمحل خواهدشد و متواری و پریشان خواهد گردید و به اجانب پناه خواهد برد. حضرت باب این مکتوب را به توسط محمد بیک چپرچی برای او فرستادند.

معین السلطنه می‌نویسد محمد بیک آن لوح را در تبریز به بهمن میرزا رسانید و او جلسه‌ای از علماء و روحانیون در منزل خویش ترتیب داد و آن مرقومه را در حضور جمع قرائت نمود. ملاها لب به سخره و استهزاء گشودند و پیشگوئی حضرت باب را یاوه شمردند؛ در نتیجه، بهمن میرزا پیغام فرستاد که فرمان شاه و دستور حاجی میرزا آقاسی باید اجرا شود.

محمد بیک جواب بهمن میرزا را در میانج به حضرت باب ابلاغ کرد و موجب حزن خاطر ایشان گردید و اظهار نمودند "رضاً لقضاء الله و تسلیماً لامره."[۱۵]

حضرت باب در وقت ورود به تبریز چون پاسی از شب گذشته بود به منزل محمد بیک رفتند. صبح روز بعد محمد بیک ایشان را به بهمن میرزا تحویل داد و او حضرتشان را در ارگ تبریز به مدت چهل روز توقیف و بعد به ماکو اعزام نمود.

نبیل زرندی چگونگی ورود حضرت باب به تبریز را با مضمونی به صورت زیر شرح داده می‌نویسد[۱۶]: خبر ورود حضرت باب به تبریز هنگامه‌ای برپا کرد و مردم دسته دسته می‌کوشیدند که حضرت باب را ملاقات کنند بعضی را در سر هوای تحقیق بود و بعضی را اشتیاق اطلاع از احوال کسی که علماء تا آن اندازه از وی مذمت می‌کردند و به خصومت با او ایستاده بودند و جمعی دیگر بابی‌هایی بودند که به قصد زیارت مولای خود انتظار می‌کشیدند و وقتی چشم آنها به حضرت باب افتاد با صدای بلند تکبیر گفتند و اثر اقدام حضرتش را سجده کردند.

حکومت از طرز برخورد مردم با باب و آن همه غوغا و هیجان متوحش شد و جارچی فرستاد و مردم را از ملاقات با حضرت باب تحذیر نمود و ابلاغ کرد که هرکس از ایشان دیدار کند اموالش مصادره خواهد شد.

روز بعد حاجی محمدتقی میلانی و حاجی علی عسکر تبریزی در ارگ دولتی به ملاقات حضرت باب رفتند. اول به آنها اجازه ورود داده نشد ولی حضرت باب پیغام فرستادند که آنها از دوستان ایشان هستند؛ پس به آنها اجازه داده شد که وارد ارگ شوند و از آن به بعد دیگر از ورود آنها جلوگیری به عمل نیامد.

بعد از یک توقف چهل روزه در ارگ دولتی به سواران فوج ناصری مأموریت داده شد که حضرت باب را به ماکو ببرند. در این سفر آقا سید حسین کاتب و آقا سید مرتضی زنجانی ملازم و همراه بودند.

در طول سفر حضرت باب از کلین به تبریز تا ورود به ماکو آقا سید حسن برادر آقا سید حسین کاتب، ملا محمد معلم نوری، میرزا عبدالوهاب ترشیزی و ملا حسن زنوزی پشت سر مأمورین به فاصله چند کیلومتری، جلوتر یا عقب‌تر راه می‌پیمودند و هرجا حضرت باب توقف می‌فرمودند آنان نیز در همان حول و حوش سکنی می‌گزیدند.

ارگ علیشاه، محل زندان

چون در طول مدت اقامت حضرت باب در خطه آذربایجان ارگ علیشاه به دفعات محل توقیف و توقف ایشان بوده است، اطلاع از وضع و چگونگی موقعیت آن از دید پیروان امر الهی حائز اهمیّت و توجه بسیار است. بنابراین بی‌مناسبت نیست که در اینجا مختصری در این باره گفته شود. شاهزاده نادر میرزا می‌نویسد:

صفت مسجد علیشاه (ارگ علیشاه)[۱۷]

اکنون آنجا را ارگ نامند اسلحه دولت و غلات دیوانی را انبار است این مسجد را تاج‌الدین علیشاه وزیر که جیلان لقب داشت بنا نهاده جسری نبشته که او دلاکی به گرمابه بود و مهین بود روزی دده علی نام از مشایخ کبار بدان گرمابه شد

علی شاه موی سر او بسترد و مزد نستد و گفت به راه خدا کرم کردم شیخ فرمود تو را خدا بزرگ کند از آن دعا بود که دستور بزرگ شد وزیر غازان که با خواجه رشیدالدین بدین کار مشارکت داشت و به فرمان پادشاه عمارت کرد و به اتمام آن تعجیل کرد چون گنبد آن مسجد عمارت کرد بنیان که تازه بود هنوز سخت نشده بود فرو نشست و طاق بشکست.

من صفت این بنا را به عهده همان عم‌زاده هوشمند نهادم از دیده خود شرحی نگاشته همان بنگارم که او ثقه و امین است.

صفت مسجد علیشاه از گفته عم‌زاده‌ام مرتضی میرزا

این بنا گویا محراب بوده است و خود مسجد مسقف نبوده است عبارت بوده از چهار دیوار در انتهای این مسجد این بنا را ساخته‌اند طول این مسجد در اولی مسجد الی طاق صد و هشتاد و پنج قدم است و خود طاق را مربع با گچ و آجر بالا برده‌اند که طول هر ضلعی از اضلاع چهارگانه نود قدم است جلو دهنه این طاق صحرائی سی و هشت قدم است و ارتفاع این طاق از سطح محراب تا کله طاق بیست و چهار ذرع است و شصت و نه پله که ارتفاع هر پله قریب نیم ذرع است تا کله طاق است. در کله طاق بقدر یک ذرع و نیم طور غلام گردش ساخته شده است و دور این غلام گردش نود و هفت قدم است در انتهای این غلام گردش رو به مغرب بالاخانه‌ای ساخته شده است در طول شش ذرع و چیزی کم که مؤیدالدوله مرحوم تعمیرکاری وارسی بکار گذارده است و دیوار اصلی مسجد بکلی خراب و نابود شده است. این دیوار حالیه که از گچ و آجر ساخته شده است تازه ساز است. در اولی مسجد که باقی مانده است و پشت آن دیوار خانه‌ای ساخته‌اند و یک طرف دیوارخانه را همین دیوار خراب شده که باقی مانده قرار داده‌اند باقی و نمایان است تقریباً هشت نه ذرع ارتفاع و چهار ذرع عرض دارد و دور این دیوار را با آجرهای تراش و کاشی های الوان بسیار ممتاز کاشی بری بوده است و از این باقی مانده دیوار معلوم است که چه صنعت سازی در کلیه این دیوار و تکلفات که بکار رفته بوده است خاک و اغلب آجرهای این دیوار بطور آرد نخود زرد رنگ است و به قسمی محکم این دیوار را ساخته‌اند که حال بقدر بادامی اگر شخصی از این آجرها یا گل و گچ که به او کار نموده‌اند بخواهد بکند کمال اشکال را دارد و بنای خود طاق در محکمی مانند ندارد و هیچ جای این طاق کاشی به کار نبرده‌اند پاره‌ای جاهای این طاق را بطور محراب ساخته و با گچ سفیدکاری نموده‌اند که الآن گچ کاری دیوار باقی است و در این چند سال که با عدم حفاظ از باد و باران و غیره نریخته.

به عقیده این حقیر معدن گچی که در این بنا بکار رفته است بکلی تمام و گمنام شده و یا اینکه اجزاء خارجی داخل نموده‌اند که گچ را بدین پایه دوام و

استحکام داده که رطوبت باران و غیره را در او اثری نمی‌باشد. العلم عندالله و رسوله.۱۸

اینجا تحقیقات عم‌زاده به انجام رسیده من نیز از شنیده و دیده هرچه دانم بنگارم نخست گفتم که وزیر به اتمام این بنا عجله کرد و آن سقف عظیم که چون گنبد برافراشته بودند منهدم شد و این مسجد به اتمام نرسید و نبشته‌اند که سنگ رخام بسیاری بدین بنا بکار برده‌اند به ظاهر هیچ اثری نباشد و ندانم آن رخام ها را بکار برده بودند یا نه نشان آنکه به سال هزار و دویست و نود و هشت انباری در یک سوی این بنا ساختند که غلات دیوان آنجا نهند به جائی پی دیواری حفر کردند ستونی از رخام در عمق چهار ذرع زیر خاک بود بیرون کشیدند و من و حضرت وکیل الرعایا به نظاره آن شدیم ستونی است از رخام بی‌عیب به قطر در اصل یک ذرع و نیم تبریز و به ارتفاع سه ذرع و نیم سخت موزون و به قانون هندسی حجاری کرده هنوز تمام نشده و صیقل نزده از این توانیم دانست که همه این رخام‌ها به زیر خاک اندر است و من به فراز محراب شدم دو سه بار در آن ممر که راه گرداگرد محراب بود سوراخی بود به شیب همی شد آنجا مهندسی بود تبریزی که معمارباشی همی گفتند گفت "این بنا را میان تهی است سه چهار مرتبه سقف ها پوشیده‌اند از گچ و آجر و دیوار بالا برده‌اند و همه جا چوب‌های ستبر کشیده با میخ‌های آهنین استوار کرده و اگر نه این کوه پاره میان پر چون توان کرد و گفت این عمارت از هر سوی بیشتر از صد ذرع با آجر و آهک ساخته باشند به عمق کمتر از ده ذرع نباشد زمین کنده کرده و انباشته‌اند و دیگر گفت دانستن هرچه از این بناها مشکل نباشد مگر آنکه بدانیم خاک این آجرها و این گچ و آهک از کجا به دست آورده‌اند اگر تدبیری کرده‌اند آن چه باشد به درز آجرها بنگر که این گچ به چه ضخامت باشد چون صفحه کاغذی من هزار قدم دورتر از این بنا به خانه‌ای میهمان بودم آنجا گنبدی کوچک دیدم از زیر خاک بیرون آمده میان آن مدور صفه بسته وسط خالی بی‌اثری با سنگ فرش انداخته گفتند این جائی است که عرفا به چله نشینند و ریاضت اینجا کشند بنای آن با آجر و گچ بود. گفتند بدین سرای ها از این آثار بسیار باشد."

پرفسور پوپ می‌نویسد: "ارگ علیشاه به روزگار الجایتو در سنوات ۱۳۱۰ تا ۱۳۲۰ میلادی بنا شده است."

الواح، اسناد و مکاتیب

۱- نامهٔ وحید به حاج میرزا سید علی خال اعظم

به ضمیمه سواد فرمان محمد شاه دائر به تبعید حضرت باب به ماکو

۲- زیارتنامه نازله از قلم حضرت اعلی خطاب به حضرت عبدالعظیم

۳- قسمتی از لوح نازله در سیاه دهن به اعزاز محمد شاه

۱- نامه وحید به حاجی میرزا سید علی خال و بستگان مبارک به ضمیمه سواد فرمان محمد شاه دائر به تبعید حضرت باب به ماکو

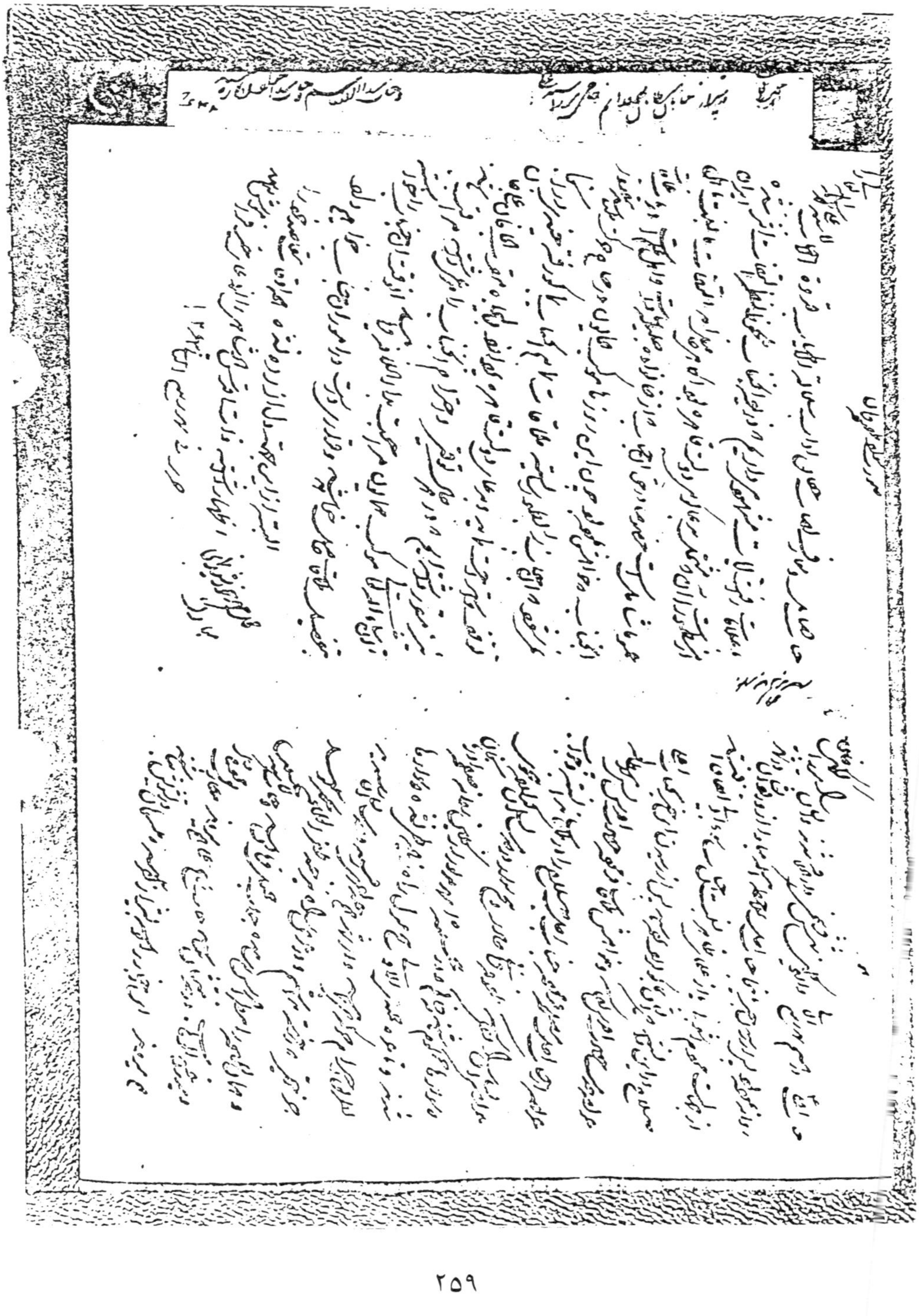

۲- رونویس زیارتنامه حضرت عبدالعظیم

هو المعبود المحمود المقصود

السّلام علی من اختصّه الله بمحمّد حبیبه الّذی استخلصه من بحبوحة القدم علی سایر الممکنات و السّلام علی من اصطفاه الله بعلیّ ولیّه الّذی اصطنعه لنفسه و جعله مهیمناً علی کلّ الموجودات و السّلام علی من انتجبه الله بالحسن حجّته الّذی ارتضاه بعلمه و جعله مقام نفسه فی کلّ المقامات و السّلام علی من انتخبه الله بالحسین ثاره الّذی هباه بالشّهادة و جعله آیة طلعته فی کلّ الدّلالات السّلام علیک یا ایّها النور اللاّئح من طراز الاحدیّة و البهآء اللاّمع من قمص طلعة الواحدیّة و النّجم الطّالع من افق المحمّدیة و الکوکب المشرق من سمآء العلویّة و الضّیآء المتألّق بالعرش الحسنیة کیف احصی ثنائک یابن الشّجرة الالهیّة و الورقة المبارکة الازلیّة و الثّمرة الجنیّة اللاّهوتیّة و الطلعة الشعشعانیّة الجبروتیّة و القمص المشرقة الملکوتیّة ثم کیف اذکر انتسابک الی کینونیّة ذکر الاوّل من الازل الذی رکن منه یدلّ علی کینونیّة المشیّة بجوهریّتها و رکن منه علی ذاتیّة الارادة بتجرّدیّتها و رکن منه علی نفسانیّة القدر و سعته و رکن منه علی انیّة القضآء و ظهوره فما احلی یابن من دنی فتدنّی فکان قاب قوسین او ادنی ذکرک و ما اعلی یابن من تجلّی بظهوره لمن فی السّموات و العرش و نطق من ورآء الحجب باذن الله مع من دنی فوق او ادنی شأنک و ما اخفی رتبتک یابن من فاز به کلّ من امن به ثمّ و اتقی و ما اجلی مقعدک فی الجنّة الاولی و عند سدرة المنتهی من جنّة المأوی بابی و امّی یا من اتّقی من خشیة الله حقّ التّقی فبمحمّد جدّک الاکبر تحقّقت الکینونیّات من المجرّدات فی اجمة قصبات عالم اللاّهوت ثمّ بعلیّ جدّک القسور تذوّتت الجوهریّات من الذّاتیّات فی اجمة قصبات الجبروت ثمّ بالحسن جدّک الغضنفر تظهّرت المادیّات من الممکنات فی اجمة قصبات الملک و الملکوت و انّ بهم ذقّت الافئدة ابکار حدائق فیضهم فی جنّات الصّاقورة علی ارض الیاقوت و انّ بهم وجدت الموجودات ممّن هو فی ذروة علی الفردوس بما هو قائم تحت ظلال مکفهرّات الافریدوس فی ارض النّاسوت فو الذی انطق هذا الکالّ لسانی بثنائک قد قصرت القصاری فی جمیل ثنائک مع ما عجزتنی من قضایای المقضیّة عن حسن ثنائک و کیف لا و انّ حجة الله البالغة قد جعل فضل زیارتک فضل زیارة الحسین علیه السّلام مع انّه لا یعادله فضل فی السّموات و لا فی الارض حیث قال روحی و من فی ملکوت الخلق و الامر فداه من زار الحسین علیه السّلام عارفاً بحقّه کمن زار الله فوق عرشه اشهد الله و ملائکته و انبیائه و رسله انّ ذلک حقّ لا ریب فیه فالیک اشکو ممّن حال بینی و بین زیارتک و الورود علی بساط عزّتک فو الذی روحی بیدیه لو ملکنی الله ما علی الارض کلّها لرضیت بان اعطی و ادخل حرمک لانّه قطعة من روضات الجنان و یجری فی حکمها حکم واد

المقدّس فی البقعة ممّن نظر بالعیان الی حکم البیان ولکنّ الله شاهد علیّ بانّی علی منتهی جهدی رغبت فیک و ما استطعت بما انت اعلم به فی مقامک عند آبائک الطّاهرین فاشهد لی یوم القیمة بانّی اشهد لله کما شهد ذاته لذاته و اشهد لمحمّد و اوصیآئه ائمّة الدّین بما شآء الله لهم فی علم الغیب ثمّ لنفسی بانّی عبد آمنت بالله و آیاته و ما اردت الاّ الله و رضاه و کفی به علیّ شهیداً ثمّ اشهد لکلّ شیء بما احبّ الله و یرضی انّه هو الغنیّ المتعال.

۳- قسمتی از لوح نازله در سیه دهن به اعزاز محمد شاه

بسمه تبارک و تعالی

الحمد لله الذی یمن علی ما یشاء بحکمه سبحانه و تعالی عما یصفون[۱۹] الله یعلم اول خدا شاهد است بر حال من و کفی به شهیداً که ذنبی متحمل نشده‌ام که باعث چنین حکمی شده باشم اگر چه بر مضمون کلام امیرالمؤمنین وجودی ذنبٌ لا یُقاس به ذنبٌ[۲۰] معترفم در هر حال و مجمل آنکه اگر مؤمنم و حال آنکه هستم به شهادت خداوند و اولیاء او که حکم آن به مضمون حدیث شریف من اَهانَ لی وَلیاً فقد بارزنی بالمحاربة این نوع سلوک جائز نیست و اگر کافرم و حال آنکه به ذات مقدس خداوند و علو مقام اهل بیت عصمت که نیستم و حال آنکه کافر هم در ظل عنایت شاهنشاهی در هر ارض بسیار است باز این نوع حکم جائز نیست علی ایّ حال با یکنفر ذرّیه رسول این نوع حکم لایق نیست و حال آنکه حکم الله مشهود است قل لا اسئلکم علیه اَجراً الاّ المودة فی القربی[۲۱] و حکم من لم یحکم بما انزل الله هم در نظر اقدس ظاهر است و اگر فی الواقع امری بر من مشتبه آنهم فرض است بر شما که سبب هدایت گردید و حال آنکه بفضل الله و مَنّه بقدر خردلی ذنب از خود گمان ندارم و هرگاه مشاهده آثاری که از سر مشیت الهی ظاهر شده ملاحظه نمایند رافع سوء ظن خواهد شد و هرگاه با وجود این مستحق قتلم بذات مقدس الهی که مشتاقم بموت اشد اشتیاق طفل به ثدی اُمّش بسم الله و بالله منتظر حکم و راضی بقضاء خداوندم و این حکم احلی است در نزد من از عسل از ید غیر این مختصری از حال خودم در مقام فقر و فخر که اظهار نمودم و این مرحله هم امروز ظاهر است که سنگ ریزه‌های ارض مأمور بها اسم مرا می‌شناسند اگر چه برسم عارف نباشند لایق بر حضرتت نیست ملاحظه قلوب اقربا را هم از رأفت و رحمت خود نموده و هرگاه مقصود درب خانه بستن بر خود است امر بمحل نیکوئی فرموده بحول الله امیدوارم اینکه مفتوح نگردد.[۲۲]

یادداشتها

۱- حاجی میرزا جانی کاشی پسر حاج محمدحسن از تجار معروف کاشان، اولین فردی از مردم این شهر است که به توسط ملا حسین بشرویه‌ای در مسیر مسافرت وی به طهران در سال ۱۲٦۰ هجری قمری از ظهور حضرت باب مطلع گردید و به دیانت بابی گروید و جمیع هستی و مایملک و وجود خود را در آن سبیل فدا کرد و در هر مجمع و محفلی زبان به تبلیغ گشود و آنی آرام نداشت. در اوقاتی که سید بصیر هندی به کاشان آمده بود با او منادم و مصاحب بود و در مباحثات و گفتگوهائی که فیما بین سید بصیر و ملا شیخ علی عظیم در کاشان بر سر مقام من یظهره‌الله در گرفت و سبب تکدر خاطر آنها شد حضور داشت و در رفع آن کوشید و به همراهی سید بصیر سفری برای تبلیغ به نطنز و اصفهان نمود و به کاشان مراجعت کرد. چون اهالی و علمای کاشان بر او سخت گرفتند ناچار به طهران شتافت و به همراهی حضرت بهاءالله عازم قلعه طبرسی شد تا به اصحاب باب‌الباب بپیوندد ولی در حوالی آمل گرفتار و اسیر و محبوس شد و پس از استخلاص از حبس آمل به طهران آمد و در سال ۱۲٦۸ هجری قمری در واقعه رمی شاه به شهادت رسید.

۲- مطالع الانوار، صفحه ۱۹۰.

۳- حاج محمد اسمعیل ذبیح کاشانی یکی از برادران حاجی میرزا جانی است که او نیز به توسط باب‌الباب به دیانت بابی گروید و به همین دلیل مورد اذیت و آزار مردم واقع شد و بناچار به کربلا مسافرت کرد. وی بعد از شهادت برادرش و پس از اینکه حضرت بهاءالله در بغداد به نام من یظهره‌الله و موعود کتاب بیان اظهار امر نمودند، به ایران مراجعت کرد. نسخه خطی مثنوی ذبیح در کتابخانه Wadham کالج، دانشگاه آکسفورد (انگلستان) تحت Ms no 787 ثبت است.

۴- ظهورالحق، جلد سوم، صفحه ۳۹۳.

۵- قرآن مجید، سورهٔ التوبه، آیه ۹۹. مضمون فارسی: بهشت هایی که در زیر آن جوی آب روان است.

٦- منظور حاج میرزا آقاسی است.

۷- منظور حضرت باب است.

۸- منظور محمد شاه است.

۹- مقاله شخصی سیاح، جلد اوّل، صفحات ۲۰-۱۸.

۱۰- کتاب قرن بدیع، قسمت اول، صفحات ۱۱٦-۱۱۵.

۱۱- سید علی محمد معروف به باب، ترجمه فارسی، صفحات ۲۵۳-۲۵۲.

۱۲- بهمن میرزا پسر چهارم عباس میرزا نایب‌السلطنه در سال ۱۲۲۵ هجری قمری در تبریز متولد شده است. او آدمی تحصیل کرده و از جمله چهار نفر شاهزاده های

با فضل و دانش دودمان قاجاریه است بطوری که آقای مهدی بامداد در کتاب رجال ایران صفحات ۱۹۵ تا ۱۹۸ جلد اول می‌نویسد او صاحب کتابخانه‌ای غنی و نفیس بود و تذکرة الشعرائی به اسم تذکره محمدشاهی تألیف نموده و از ملا عبداللطیف طسوجی خواست تا کتاب هزار و یک شب را از عربی به فارسی ترجمه کند که او با نثری سلیس و فصیح این کار را کرده و از میرزا محمدعلی سروش اصفهانی نیز خواست که اشعار عربی آن کتاب را به زبان شعر درآورد و یا اشعاری به مناسبت مضامین و مطالب کتاب بسراید و او نیز به خوبی از عهده برآمده است.

وقتی محمد شاه به سلطنت رسید او در اردبیل حکومت داشت به دستور محمد شاه با فوج بهادران به طهران آمد و یک سال در طهران حکومت کرد و بعد به حکومت بروجرد و لرستان مأموریت یافت و در سنه ۱۲۵۵ به حکومت تبریز منصوب شد.

چون محمد شاه از مرض نقرس رنج می‌برد و غالباً به بستر افتاده بود مرگ او را نزدیک می‌دید و ناصرالدین میرزا را جوانی نوخاسته تشخیص داده و قابل زمامداری نمی‌دانست از اینرو به فکر سلطنت افتاد که با کمک آصف الدوله خالوی خود و پسرش محمدحسن خان سالار که هر دو نفر از حاجی میرزا آقاسی کدورت و رنجش خاطر داشتند راهی برای رسیدن به سلطنت هموار کند و به این مناسبت در یکی از کتاب هائی که به چاپ رسانیده بود خودش را به نام ولیعهد خوانده بود.

بدخواهان او آن کتاب را به طهران فرستادند و حاجی میرزا آقاسی را که با او رابطه خوبی نداشت آگاه کردند و وی موضوع را به اطلاع شاه رسانید. محمدشاه سخت خشمگین شد و او را به طهران احضار نمود.

بهمن میرزا قبل از اینکه در سلطنت آباد شاه را ملاقات کند در عباس‌آباد از حاجی میرزا آقاسی دیدن کرد و به مجرّد ملاقات، حاجی میرزا آقاسی زبان به دشنام گشود و او را تحقیر و تخفیف نمود و بازخواست کرد که به چه حقی خودت را ولیعهد خوانده‌ای. بهمن میرزا به فراست دریافت که رفتنش به حضور محمدشاه ممکن است به قیمت جانش تمام شود. لذا یکسر به سفارت روس رفت و پناهنده شد و بالاخره با وساطت وزیر مختار روسیه او و عائله‌اش به قفقازیه رفته ترک تابعیت ایران را نمودند و در دوره سلطنت ناصرالدین شاه دو مرتبه روسها وساطت کردند که به ایران مراجعت کنند ولی شاه موافقت ننمود.

ضمناً، در کتاب تاریخ نو تألیف جهانگیر میرزا صفحات ۸-۳۰۶ داستان پناهندگی بهمن میرزا به سفارت روس و بعد به دولت روسیه بصورتی دیگر غیر از آنچه در کتاب رجال ایران آمده ذکر شده است.

۱۳- در کتاب تاریخ جدید از قول محمد بیک چپرچی ورود حضرت باب به زنجان چنین توصیف شده: "چون مأموریت داشتیم در طول راه به هیچ شهری وارد نشویم در

نزدیکی شهر زنجان به کاروانسرای سنگی رسیدیم چون راه زیادی طی شده بود خستگی مفرطی بر همه غالب بود. در این وقت گماشته حاکم پیغام آورد که مشتاق ملاقات با حضرت است من غفلت کردم و آن پیغام را نرسانیدم ولی وقتی خبر ورود ما در شهر شیوع یافت مردم دسته دسته برای زیارت سیدباب می آمدند و همه در کمال خضوع و خشوع. وقتی جمعیّت مردم زیاد شد حاکم بر خود ترسید که مبادا مشکلی فراهم شود پشت سر هم مأمور فرستاد که فوری حرکت کنیم من بناچار به حضرت باب خبر دادم که باید برویم و با وجود اینکه همه خسته هستیم چاره ای نیست. ایشان متغیّر شدند و فرمودند خدایا تو شاهد باش که با عترت تو چه می کنند. من همواره سعی می کردم که از طرف من ظاهراً و باطناً جسارتی روی ندهد."

۱۴- نبیل زرندی شهادت طبیب زنجانی را چنین روایت می نماید: به زنجان تلگراف کردند که طبیب زنجانی را در وقتی که همه در خواب هستند گرفته به قتل برسانند که این طایفه در زنجان رئیس نداشته باشند که به خیال فساد افتند و صورت حال را تلگرافاً خبر دهند.

عیال طبیب شهید می گوید آن طبیب روحانی سر شب به حمامی که نزدیک خانه از ملک خودشان داشتند تشریف بردند و لباس های فاخر را که کمتر در روز می پوشیدند بعد از حمام پوشیدند و خود را معطر نمودند خدمتشان عرض کردم مگر به مجلس عروسی اعیان می روید که اینگونه خود را مزین و معطر نموده اید خندیدند و گفتند نزد محبوبم به میهمانی می روم و من این کلمه را مزاح پنداشتم و اظهار سرور می فرمودند تا صدای دق الباب شنیدیم فوراً من عقب در رفتم پیشخدمت حاکم را که همیشه می آمد و جناب طبیب را برای معالجه می برد دیدم گفت حاکم کسالت دارد و جناب حکیم را معجلاً خواسته اند لهذا سواره رفتند و این همان ملاقات آخر بود که آن طبیب معصوم و شهید مظلوم را چون به خانه حاکم بردند در اطاقی که همیشه با حاکم ملاقات می نمودند نشاندند.

از قراری که بعدها میر غضب حکایت نموده بود نیمه شب میرغضب را طلبیده به او گفته بود که تلگراف سلطان از طهران رسیده که میرزا محمدعلی طبیب حکومتی پسر میرزا معصوم را شبانه به نوعی که احدی از اهل زنجان مطلع نگردد باید به قتل برسانی حال او را خواسته ام در اطاق منتظر ملاقات من است تو با طشت و یک سفره از تیماج سرخ و کارد بسیار تند وارد آن اطاق شو و در را از داخل ببند با یک نفر از شاگردانت سفره را گسترده سر او را در طشت چنان می بری که یک قطره خون بر زمین نریزد و ترشحات خون او به فرش و دیوار نماند. میرغضب هم اسباب را برداشته بیرون اطاق می گذارد چون داخل اطاق می شود که دست های او را ببندد می بیند در اطاق مشی می فرماید و تغنّی می کند و ابیاتی با کمال تأثر

می‌خواند و چون نظرش به میر غضب می‌افتد می‌فرماید بسم‌الله من منتظر تو بودم دست بستن لازم نیست فقط من یک وصیت دارم و آن این است که این لباس های فاخر را تو خودت تصرف نما که از طرف من بی‌اجر نمانی ولی این لباس های سفیدی که زیر لباس حریر پوشیده‌ام چون در روضه جدم حسین تبرک نموده‌ام خواهش دارم مرا با همین لباس‌های سفید دفن نمائید و نگذارید اینها را از من جدا کنند اگر این وصیت را چنانکه گفتم مجری داری عندالله من تو را از خون خود معاف می‌کنم. میر غضب حالش منقلب می‌شود. چون اسباب را با کمال دقت حاضر نموده سفره را می‌گسترد و طشت را در میان می‌گذارد حضرت طبیب می‌فرمایند این طشت کوچک است و گنجایش خون من را نخواهد داشت زیرا هرکس در حین کشته شدن خون در عروقش می‌افسرد اما آن کس که خوف و واهمه بر او بهیچ وجه اثر ننماید خونش جاری می‌شود بعد کلماتی و ابیاتی خوانده برای جان دادن حاضر شد و معنی آنچه را که خود نفهمیدم گویا این عبارت بود:

اقتلونی اقتلونی یـا ثقات ان فی قتلی حیات فی حیات (۱۴الف)

میرغضب گفته بود که خون طشت زیاده شد و بر سفره ریخت و چون لباس‌ها را نزد حاکم بردم و ماجرا را تعریف کردم حاکم متأثر شد و گفت خدا نیامرزد و خیر نبینند آنها که به قتل این سید مظلوم اقدام کردند. گفته می‌شود که مسبب شهادت آقا میرزا محمدعلی میرزا ابوالقاسم امام جمعه زنجان بود و شهادت او به سال ۱۲۸۳ هجری قمری اتفاق افتاد. محمدعلی فیضی می‌نویسد در وقت شهادت آقا میرزا محمدعلی طبیب میرزا زکی خان حاکم زنجان بوده است.

۱۴ الف- مضمون فارسی: ای معتمدین من، مرا حتماً به قتل برسانید در حقیقت مرگ من زندگی در زندگی است.

۱۵- مضمون فارسی: رضا به قضای پروردگار و تسلیم به امر او.

۱۶- مطالع الانوار، صفحات ۹-۲۰۶.

۱۷- تاریخ و جغرافی دارالسلطنه تبریز، صفحات ۵-۱۰۴.

۱۸- مضمون فارسی: علم نزد خدا و رسول اوست.

۱۹- مضمون فارسی: حمد و ثنا خداوند را لایق و سزاست که به حکم خود بر هر آنکه بخواهد منّت می‌گذارد. او از هر وصفی ممتاز و متعالی است.

۲۰- مضمون فارسی: وجود من خود گناهی است که هیچ گناه دیگری با آن قابل قیاس نیست.

۲۱- قرآن مجید، سورة الشّوری، آیه ۲۲. مضمون فارسی: به آنها بگو من بجز دوستی و محبت که در حق خویشاوندان منظور دارید اجری نمی‌خواهم.

۲۲- محمد علی فیضی، حضرت نقطهٔ اولی، صفحات ۲۲۱-۲۲۰.

فصل نهم

حضرت باب در ماکو

قلعه ماکو

قلعه ماکو بنای بسیار قدیمی و مختصری است در قلب کوهی مشرف به قریه ماکو و تا زمانی که هنوز تیر و کمان و شمشیر و زوبین ابزار جنگ بوده است از این قلعه استفاده می کرده اند.

حاجی محمدعلی سیّاح محلاتی[۱] که در اوائل شوّال ۱۲۹۹ هجری قمری به آنجا رفته است، در بارهٔ موقعیت آن محل و ملاقات خویش با یکی از پیروان باب شرحی می نویسد که درخور مطالعه است:

"شهر ماکو الآن شهر جدیدی است اما قلعه طبیعی بی مانند، شهر قدیم ماکو است که ممکن نیست هیچ توپ و قشون و استعدادی به آن دست یابد و نظیر آن در هیچ نقطهٔ دنیا دیده نشده. از کوه که بالا می روی جائی است که گویا از کوه و سنگ سخت بریده شده و بقدر یک شهر جائی است که کوه آن را پوشانیده که هرگز زیر آن روی برف و باران ندیده فقط یک طرف رو به فضا است که آن را هم قلعه ای خیلی محکم از سنگهای بزرگ سخت کشیده اند. کسی که بخواهد به تماشای قلعه رود باید اول از اسحق پاشا که حکومت آنجا به او سپرده است رخصت بگیرد بعد طناب بسیار قوی که به پائین آویزان است باید از آن چسبیده بالا رود. داخل قلعه که شدی در طرف کوه به قدر سی ذرع بیشتر در ارتفاع سنگ سخت صافی است که بالا رفته وارد غاری می شوی خیلی وسیع. صعود به غار بسیار مشکل است زیرا باید طنابی که سر آن در غار محکم شده و آویزان است به دست گرفته پاها را به آن دیواره سنگ بند کرده کم کم دست ها را بالاتر گذاشت بطوری که پاها از دیواره رد نشود والاّ انسان در آن وسط می ماند و به اینطرف و آنطرف تاب خواهد خورد و

علی الاتصال لنگر خواهد زد. چون به مغاره داخل می‌شوی در آنجا جاهائی برای آذوقه و آب و مایحتاج ساخته شده معلوم است که وقتی در آنجا زندگی می‌کرده‌اند و معلوم نیست به چه وسیله بالا می‌رفته و اشیاء حمل می‌کرده‌اند لکن به دقت معلوم می‌شود که راهی پله مانند داشته که در وسط کوه، وقت صعود به کوه، غار در وسط راه بوده و می‌رفته‌اند چه شده که آنها را خراب کرده و سنگ را تراشیده و صاف کرده راه عبور به غار را منحصر به طناب کرده‌اند معلوم نیست.

این قلعه و کاروانسرا و آبادی جائی است که غالباً سبب سرکشی خوانین ماکو بوده و به این واسطه کسی به آنها دست نمی‌توانست بیابد. در آنجا گردش می‌کردم پیر مردی از مکاری حال مرا پرسید. مکاری گفت نمی‌شناسم می‌گویند سیّاح است و شخص محترمی است آن مرد نزدیک آمده گفت الله اکبر یا اعظم، من فهمیدم که این شخص از بابیه است زیرا که آنها در عوض سلام اینطور می‌گویند. منهم تعارفی کردم و به او فهماندم که از بابیه نیستم ولی اطمینانش دادم که به من اعتماد کند و حرفش را بگوید پیش آمده اشعاری خواند گفتم گویا از اتباع میرزا علی‌محمد هستید آیا وقتی که او را به اینجا آورده حبس کردند اینجا بودید؟ گفت بلی او را که اینجا آوردند با اینکه مردم اینجا فارسی نمی‌دانند و او ترکی نمی‌دانست طوری رفتار کرد که اکثر مردم آب حمامی که او در آنجا غسل کرده بود تبرک بردند گفتم تو هم او را دیدی و ارادت پیدا کردی؟ گفت: بلی منهم مرید او شدم لکن راضی نیستم کسی بداند. گفتم: چگونه او را دیدی؟ گفت: چون باب را این جا آورده حبس کردند من از این خونریزی‌ها و فسادی که در ایران به جهت او واقع شده و مردم همه قسم تکذیب از او می‌کردند اوقاتم خیلی تلخ بود از این جهت در خاطر خود بعضی سئوال‌ها گرفتم که به نزد او رفته از او بپرسم و سخت‌گیری و توهین کنم پس مغرضانه و بی‌ادبانه به جائی که او بود رفتم دیدم مأمورین در حضور او در سر پا ایستاده‌اند گویا مرا مقهور کردند که من هم مؤدب ایستادم. دیدم مشغول است، کاغذی می‌نوشت. کم‌کم دیدم در دلم رعب او جا گرفت بطوری که آن خیالها و سئوالها از خاطرم رفت. بعد از اتمام کاغذ سر برداشته به من گفت: "احوال شما چطور است؟ تشکر کردم. گفت: سئوالی داری بکن. من هر قدر فکر کردم دیدم سئوالها از خاطرم رفته و مجذوب او شده‌ام بطوری که هرچه بگوید اطاعت می‌کنم. پس تابع و مرید او شدم. عیالم از این مطلب مطلع شد زیاد بر من سخت گرفت و با من خصومت کرد. گفتم: اگر تو هم آقا را ببینی مریدش می‌شوی. یک روز به حضورش بردم به محض دیدن آقا او هم مرید و مخلص شد."[۲]

سیاح ادامه داده می‌گوید: "چند روز در ماکو و اطراف آن سیاحت کردم... پس از وداع از چند نفر که در آنجا با ایشان آشنا شده بودم سوار شده بطوری که آمده

بودیم در ظرف سه روز مجدداً وارد خوی شدیم."

مسجونیت در قلعه ماکو

همان طور که گذشت بهمن میرزا پیام حضرت باب را سرسری تلقی نمود و بعد از چهل روز که حضرتش را در تبریز مسجون و محبوس نگاه داشت به همراهی عده‌ای از افراد فوج ناصری که فرماندهی آنها را آقا جان بیگ خمسه‌ای به عهده داشت به ماکو اعزام نمود و به علی خان سپرد.

علی خان از بزرگان ماکو بود و در آن منطقه سرحدی که مرز خاک دولت ایران و روسیه و عثمانی است حکمرانی داشت. او پیرو طریقه تسنن بود و با شیعه‌ها میانه خوبی نداشت ولی مطیع و منقاد حاجی میرزا آقاسی بود و از او حرف شنوائی داشت. چون حاجی میرزا آقاسی تأکید کرده بود که از رفت و آمد بابی‌ها و ملاقاتشان با حضرت باب ممانعت بعمل آید، علی خان از ابتدا شدّت عمل نشان داد و مستحفظین مخصوص گذاشت که دائماً مترصد و مواظب باشند تا کسی خودش را به قلعه نرساند. در این حال، تنها مصاحب و ندیم حضرت باب آقا سید حسین کاتب و برادرش آقا سید حسن بودند. آقا سید حسن گه‌گاه برای خرید بعضی از لوازم ضروری به قصبه ماکو آمد و شدی می‌نمود.

شیخ حسن زنوزی نیز از اشخاصی بود که از اصفهان تا ماکو به دنبال حضرت باب سفر کرده بود ولی فرصتی بدست نمی آورد تا به حضور باب برسد و چون ورود او به داخل قلعه با سختگیریهائی که می‌شد امکان نداشت، بناچار در مسجد کوچکی که در سر راه به قلعه ماکو ساخته شده بود سکونت جسته و وسیله‌ای شده بود که عرائض اصحاب حضرت باب را به توسط آقا سید حسن به قلعه برساند و اگر جوابی دریافت می‌کرد به آنان تسلیم نماید.

نبیل زرندی شرحی مبسوط از سختگیری‌های اولیه علی‌خان ماکوئی می‌نویسد و به این موضوع اشاره می‌کند که مظلومیّت و جلال و وقار حضرت باب نه فقط در قلوب مردم ماکو اثری مخصوص گذاشت بلکه شخص علی خان را هم با آن همه قساوت قلب و خشونت تحت تأثیر قرار داد. وی بواسطه مشاهدات خویش در عالم واقع و عالم رؤیا به ارادت و خلوص در آستان سید باب سر سپرد و آمد و شد زائرین و مسافرین را که از نقاط بعیده ایران برای زیارت محبوبشان به آن حدود می‌آمدند آزاد گذاشت و موانعی را که وجود داشت برطرف می‌کرد.

در اینجا شرح وقایع تبعید حضرت باب به ماکو و مسجون ساختن حضرتشان در قلعه آن شهر از کتاب قرن بدیع[3] نقل می‌شود، زیرا نوشته‌های سایر مورخین[4] در این خصوص کم و بیش تکرار همان مطالبی است که نبیل زرندی نوشته است.

"دشمن عنود امرالله تصور نموده بود که تبعید آن حضرت به جبل ماکو و مسجون ساختن آن ورقاء بقا در ذروه آن جبل باذخ عظیم در ابعد نقطه مملکت در سرحد روس و عثمانی و توطن در قلعه مخوف و متروک که از چهار جهت به چهار برج محکم و رفیع منتهی می‌گردید و هم چنین ایجاد جدائی بین آن حضرت و اقارب و پیروان ایشان و استقرار آن مظهر عطوفت در جوار قومی متعصب و تندخو که از لحاظ نژاد و آداب و رسوم و زبان با قسمت اعظم سکنه ایران متفاوت بودند و سپردن آن سدره طوبی بدست مردم سرزمینی که مولد وزیر اعظم و مورد الطاف و مراحم مخصوص وی واقع بود موجب خواهد گردید که شعله امر آن حضرت خاموش و آمال و مقاصد ملکوتیه‌اش فراموش و گل شکفته وجودش در بحبوحه شباب و ریعان حیات پژمرده و افسرده گردد ولی بزودی معلوم شد که در این قضاوت سخت دچار غفلت و اشتباه گشته زیرا نه مصائب و بلایای وارده مانع از اشاعه انوار آن شمس حقیقت گردید و نه مردمی که محل توجه و عنایت او بودند در اجراء مقاصد شیطانیه وی پافشاری کردند بلکه آن جمع سرکش و مغرور که از علم و عرفان بی‌بهره و نصیب بودند در اثر محبت و رأفت و نصایح مشفقانه حضرت خاضع و خاشع شدند و بقدری شیفته و آشفته آن مظهر احدیه گردیدند که علی رغم تحذیرات و انذارات شدید علی خان و تعلیمات و اوامر مؤکده که متوالیاً از طهران می‌رسید یوماً فیوماً بر مراتب تعلقشان نسبت به وجود مبارک افزوده می‌شد بطوری که هر صبحگاه قبل از مباشرت به کسب و کار خود را به پای قلعه می‌رساندند و از دور وجه صبیحش را نظاره می‌کردند و در قلب و روان از ساحت ملیکش طلب خیر و احسان می‌نمودند حتی در مسائل شخصیه چنانچه مناقشه و اختلافی بین ایشان رخ می‌داد به جانب قلعه شتافته و با توجه به مقام مبارک و ذکر نام مقدّسش یکدیگر را قسم می‌دادند که از طریق صواب منحرف نشوند و به غیر از حقیقت به کلمه‌ای ناطق نگردند. علی خان نیز بنفسه در اثر رؤیای عجیبی که برای وی حاصل شد چنان متحیّر و مضطرب گردید و محبت و عظمت مبارک در قلبش جایگزین شد که به جبران مافات قیام نمود و از شدّت تضییقات بکاست و از ورود پیروان حضرت که چون سیل به جانب قلعه روان بودند ممانعت بعمل نیاورد."

تشویش و نگرانی بستگان از تبعید حضرت باب به ماکو

ماکو برای بعضی از پیروان و علی‌الخصوص بستگان حضرت باب محلی ناشناخته و مجهول بود. فقط می‌دانستند که آن محل دورترین نقاط مرزی و اقصی بلاد شمالی ایران در سرحد روسیه و مملکت عثمانی است و مردمش همه سنی مذهب‌اند و زبان فارسی را نمی‌فهمند.

حضرت باب به این نکته توجه داشتند که وصول اخبار تبعیدشان به ماکو در جمع عائله و اقارب ایشان ایجاد اضطراب و نگرانی خواهد کرد. به این مناسبت ملا محمد معلم نوری را که از کلین در تعقیب آن حضرت تا ماکو رفته بود به شیراز اعزام نمودند تا بستگان، اقارب و سایر اصحاب را در شهرها و هر نقطه که باشند از کم و کیف امر مسبوق و مستحضر دارد.

ملا محمد به منظور اجرای دستورات شفاهی حضرت باب برای ابلاغ امر الهی به احباء، اصحاب و عامه مردم به قزوین آمد و سپس به شیراز رفت. وی دستور العمل‌هایی را که دریافت کرده بود با مضمونی بصورت زیر یادداشت کرده است تا عیناً بموقع اجرا بگذارد.

به نام خداوند طاهر

بر امر الهی که ظاهر شده و می‌شود و خواهد شد تکبیر و تعظیم باد. مظهر علی عالی اعلی (حضرت نقطه) به ورقه طاهره که ثمره شجره ولایت است امر فرمود تا اینکه مردم را به اطاعت امر حبیب (حضرت قدوس) دعوت کند و به آنها امر کند که به حضرت قدوس در ارض باء (بارفروش) بپیوندند و بالاتفاق به سوی خراسان حرکت کنند زیرا قرار است که فرع کریم (جناب ملا حسین؟) امرالله را در آنجا ابلاغ کند. حضرت باب مقداری از البسه خود را برای جناب ملا حسین ارسال فرموده‌اند. قسم به خدا که ذکر این مطالب کجا و حد و شأن من (محمد نوری) کجا. سواد لوح مبارک را فرستادم بخوانید و عمل کنید و بکوشید و کوتاهی نورزید. امرالله ظاهر شده و به طرفة العینی خواهد گذشت. ای احبای الهی نامه مرا بخوانید و گفتار مرا بشنوید: ورقه مبارکه (حضرت طاهره) مرا به ارض قاف (قزوین) طلبید و امر فرمود که به همه جا نامه بفرستم و می‌فرماید هرکس گوش فرا داشت شنید رستگار شد و هرکس نشنید نابود شد و خسارت برد. ای برگزیدگان خدا از این امر جدید و خبر مهم آگاه باشید. اموال و اولاد و آرزوها شما را کفایت نخواهد کرد زیرا امر الهی سخت و سختی آفرین است. جز مردان طریق کسی را طاقت آن نیست. قسم به عزت رب، قسم به جمال او، قسم به مقام حبیب او، قسم به شأن جلیل باب او (باب الباب؟) که آنچه را نوشتم بر اساس هوای نفسانی نیست و هرآنچه به قلم آوردم از خود ننوشتم. ندای رب نیکوکار مهربان را از قلم این حقیر بشنوید و نگوئید که ما این مرد را نمی‌شناسیم و چگونگی احوال او را نمی‌دانیم و نگوئید که خودخواهی بر او غلبه یافته است. همچنانکه بعضی گفتند ولی سپس بازگشتند و توبه کردند و پوزش خواستند و الحاح کردند تا آنان را ببخشایند و طاهره مطهره هرکس را نخواست نبخشود و خداوند طاهره را که بر او سلام باد به برگزاری مراسم عزاداری برای شهادت صالح عرب (شیخ صالح کریمی) امر فرمود و آن را واجب دانست. قسم

به حق حق که بهوی سخن نمی‌گوید و این جز الهام الهی نیست. باری بدانید که اهل ارض قاف (قزوین)، ارض تاء (تبریز) و نیز ارض باء (بارفروش) رفته و می‌روند و نیز بشنوید و آگاه باشید وگرنه از شماست که بر شماست. چه بزرگ است این امر که کوههای راسخ و ثابت از استماع آن از جا کنده شدند و قلبهای مردمان از آن متزلزل شد. نار موقده الهیه است که بر قلوب صاحبدلان شعله زد و بر عقول صاحبنظران تابید و خویشان (خاندان پیغمبر) به آن نزدیک شدند.

این نامه‌ها را هرچه زودتر به ارض مقدّس (طهران) و بلد امن (شیراز) و همه شهرهایی که در آن اهل ایمان و شوق وجود دارند بفرستید. اینک من حجت را بر هرکس که این مکتوب را ببیند تمام می‌کنم. خدایا تو شاهدی که آنچه نوشتم به امر ولی تو و حجت توست و امر او را به همه ابلاغ کردم و مرا کاری نیست الاّ آنچه خدای من به من تکلیف فرموده است. پس، در برابر مقام عزّ صمدانی تو شهادت می‌دهم و شکر و حمد و دعا و سلام می‌گویم که حمد و سپاس سزاوار خداوند عالمیان است. و منم (محمد نوری) بنده گناهکار در حضور خداوند رحمان.

اگر صدیق(؟) در خدمت شماست به او بگوئید که امر(الله) عظیم و مطلب بزرگ است. جز این نیست که طلب بخشش کنی از خدایت تا تو را بیامرزد.

ملا محمد در سر راهش در قزوین آقا سید یحیی وحید را ملاقات نمود. وحید نیز مکتوب زیر را به خال اعظم و سایر بستگان حضرت باب نوشت و بوسیله وی ارسال نمود:

"یا حق تعالی در شیراز جنابان مستطابان سرورانم حاجی میرزا سید علی و جناب میرزا ابوالقاسم و جناب میرزا جواد نظاره بخشند ۸۶۴۲

هو

سروران من اینک عشر اول شهر جمادی الثانیه است مرا در قزوین اقامت است.

جناب ملا محمد از کوی دوست می‌آید از آن چمن که گلش مشکبو است می‌آید

از مدت اقامت حقیر در دارالخلافه و این بلد هر دو مطلع و از احوال جناب چون در همه جا همراه بوده‌اند کمال آگاهی دارند چون مأمور به آن ارض بودند و خدمت آن سروران می‌رسند حقیر هم به این دو کلمه مصدع شد و در ضمن آن عرضه می‌دارد که چنانچه سرورم آقا میرزا جواد آن اجناس را به مصرف رسانیده‌اند فبها والاّ البته ارسال به یزد دارند خدمت جناب مستطاب حاج میرزا حسن علی. در خصوص جناب در کمال عافیت و امنیّت و فراغت می‌باشند خاطر جمع باشید حقیر هم بشرح ایضاً والسلام خیر ختام."

(پشت مکتوب:) (سجع مهر) یحیی الموسوی

کیفیت و چگونگی زندگی حضرت باب در قلعه ماکو

اشخاصی که در ماکو به زیارت حضرت باب نائل می‌شدند در بارهٔ وضع زندگی، حالات روحی و اشتغال خاطر ایشان در خصوص افراد خانواده اطلاعاتی در اختیار بستگان و احبا گذاشته‌اند. از جمله این گروه، از ملا عبدالکریم قزوینی، ملا شیخ علی عظیم، آقا محمدحسین اردستانی، حاجی محمدتقی میلانی، شیخ حسن زنوزی، آقا سید حسین کاتب و برادرش آقا سید حسن می‌توان نام برد.

در مکتوب آقا سید حسین کاتب که به خط او و خطاب به خال اصغر است به نکته‌ای تازه بر می‌خوریم که تاکنون در هیچ یک از تاریخهای دیانت بابی و بهایی از آن صحبتی به میان نیامده است. آقا سید حسین بعد از اشاره به ورود حضرت باب به تبریز و از آنجا به ارض بساط (ماکو) و سپس به سجن آن و نیز تشریح مصائب و مشکلات و تسلیم و رضا در برابر آنچه مقدر شده است، می‌نویسد:

"... فدایت شوم سبب نزول بر ارض تاء را از حضرت رب مسئلت فرمودید. سبب بروز شقاوت از صبی من الصبیان لا رأی عنده (ناصرالدین میرزا) و از اشقیای حول او ولکن مجدداً که دو دستخط سلطان رسید که البته مراجعت بمقر اول شود و عبث ایشان را آورده‌اند الحمد لله الذی نجانا من القوم الظالمین واوانا فی کهفه وافرغنا عن غیره..."[۵]

با احتساب و توجه به تاریخ مکاتیبی که حضرت باب یا اصحاب از ماکو ارسال داشته‌اند، زمان احتمالی ورود حضرتش به آن محل در اواخر ماه جمادی الاول سال **۱۲۶۳** و در دوران حکومت بهمن میرزا بوده است. بهمن میرزا حاکم آذربایجان در خلال ماههای اولیه اقامت حضرت باب در سجن ماکو از کار برکنار و ناصرالدین میرزا به جای او به حکومت منصوب گردیده است.

آقا سید حسین کاتب با به کار گرفتن عبارت "صبی من الصبیان لا رأی عنده" از اشعار حضرت علی امیرالمؤمنین الهام می‌گیرد که می‌فرماید حضرت قائم آل محمد در دوران حکومت جوانی که از نعمت تفکر و اندیشه برخوردار نیست ظاهر می‌شود. از آنچه گفته شد این نتیجه حاصل می‌گردد که ناصرالدین میرزا خودسرانه یا به تحریک اطرافیان خود حضرت باب را از ماکو به تبریز احضار کرده ولی به دستور شاه دوباره به مقر اول برگردانده است.

به هر حال، ملا عبدالکریم علاوه بر مکتوب حضرت باب که خطاب به خال اصغر به منظور رسیدگی به وضع والده و افراد عائله مبارک مرقوم فرموده بودند، خود نیز نامه‌ای به خال اعظم نوشت و اخبار لازم را به سمع ایشان رسانید.

در اینجا مکتوب مبارک و چند فقره از نامه‌هایی را که از طرف زائرین

مذکور به بستگان حضرت باب و احبا نوشته شده است می‌خوانیم و از کم و کیف حال و وضع حضرتش آگاهی می‌یابیم.

مکتوب حضرت باب خطاب به خال اصغر

"در یزد سید ۲۲۸ ملاحظه فرمایند۶

هو العلی الاعلی العظیم مدّت زمانی است که از آن طرف‌ها خبری نیست اگر چه سبب تراکم احزان است ولی دنیا را بقائی نیست که انسان را عوارضات عرضیة محزون سازد قال‌الله عز ذکره ان کان کل شیئی بقضائی و قدری فالحزن لماذا۷ مکرر تأکید سفر زیارت بنا به خواهش حضرات خانه شده بود تعویق لایق نیست خصوص در تراکم این احزان دهریة که بلاهای ایشان شدید شده هرگاه فی الواقع باز بنای تأخیر است توقف یزد ایشان به مراتب شتی احسن است باذن ایشان حرکت فرموده باز تقلب از مکانی به مکانی رافع بعضی احزان خواهد شد تسامح نورزند در حق ایشان که منتهای تقصیر است و هرچه از تنخواه والده امر فرمایند بدهند اگر چه کلاً باشد و بقدر خردلی حزن ایشان طالب نبوده و نیستم خداوند اجر به ایشان عنایت فرماید چون ایامی است که موت ابیض اعنی وبا اهل قریه را جراد منتشر کرده این صفحه را بحضور والده معروض داشته که خبری بشنوند اضطراب بهم نرسانند بعد از ملاحظه بشیراز بفرستند که به حضور ایشان برسد و مستفسرین حال ملاحظه نمایند اعنی سید ۹۲ و سید ۱۱۰ ۸ و هرکه اغیار نباشد دوستان را هم منظور نظر ذکر فرمایند و در هر حال جوهر ماوقع را اشاره فرمایند فانّا نقول رضینا الخ و الحمد لله...۹"

مکتوب آقا میرزا هادی پسر سید مهدی طباطبایی به خال اصغر

هو الحفیظ تعالی شأنه عریضة العبودیة و الخلوص۱۰ در دارالعباد یزد در سرای خان به نظر مبارک سرکار عالی جناب غنی الالقاب سلالة الاطهار و الاطیاب۱۱ جناب حاج میرزا حسنعلی تاجر شیرازی برسد.

فدایت شوم، الیوم که یوم سه شنبه بیست و سیم شهر رجب المرجب است صحیح و سالم در دارالسلطنه قزوین هستم و چند روز است که از خدمت سرکار اشرف و اقدس روحی فداه صلی الله علیه مرخص شدیم و اجمال احوال بدین منوال است که سرکار اشرف بکمال عزت و حرمت و بتمام آسودگی و رفاهیت در مکان معهود که عبارت از ماکو باشد هستند و مخلص در آخر شهر جمادی الثانی از ایشان مفارقت نمودم و اینکه مشهور شده بود که کسی را به خدمت ایشان راه نمی‌دهند کذب صرف و خلاف محض بوده الی حال چندین نفر از مردمان معقول از

مخلصین ایشان به شرف خدمت ایشان مشرف شده مراجعت نموده‌اند و دیگران هم هستند که بعد از این در فکر شرفیابی هستند و عالیجاه علی خان که مالک و حاکم ماکو است الی الان نسبت به واردین تقصیری نکرده و آن عالیجاه خاصه اهل خانهٔ ایشان نسبت به جناب اقدس بکمال خلوص و ارادت حرکت می‌نمایند و چون جناب اقدس بجهت سرکار والاتبار و سایر احبا که در آن بلد هستند توقیعی فرمایش کرده‌اند ارسال خدمت شد بنظر هرکس از احبا که سرکار مصلحت بدانید خواهید رساند و این روزها در دارالسلطنه قزوین بخدمت جناب آخوند ملا یوسف ارده‌بیلی (اردبیلی) رسیدیم و الحمدلله که احوال ایشان از جمیع جهات خوب بود و عازم شرفیابی عتبه علیه حضرت اقدس روحی فداه هستند و فردا انشاءالله تعالی روانه خواهند شد و توقیع شیراز با اسباب خورده (خرده) بسته کوچک که ممهور به مهر ایشان می‌باشد ارسال خدمت شد بتوسط آقائی آقا سید یحیی ادام ظلاله انشاءالله به زود زود ارسال آن حدود خواهند فرمود والسلام علیکم و رحمة الله و برکاته و الحمد لله رب العالمین."

مکتوب شیخ علی عظیم خطاب به بستگان حضرت باب و آقا میرزا احمد والد آقا سید حسین کاتب

"هو العلی العظیم افدیکم بکلی یا ذوی القربا و الاحبا کلکم[۱۲] و بعد بعرض اقدس امجد اوحد آقائی آقا میرزا احمد ادام الله ظلاله علی العباد و ... ... و سایر مخادیم عظام می‌رساند عبد جانی فانی شیخ علی خراسانی که در قزوین مشرف بشرف توقیع مبارک گردید و امر فرموده‌اند که این توقیع را احباء یزد مطالعه فرموده با اخوان قدر دانسته احفظ از عین حفظ فرمایید و از مضامین عالیه آن مستفیض گردید و دعا نمایید در حق این متحیرین و گم‌گشتگان فیافی آذربیجان شاید فرجی عطا شود و از طهران تا زنجان در خدمت یوسف دوران هم مشرب و هم عنان بوده و خاهم (خواهم) بود والله العالم من قبل و من بعد والیه ترجع الامور[۱۳] و نوشته و مرسوله را البته بزودی ارسال شیراز فرمائید و لازال اخبار و خدمات خود را اعلام می‌فرموده باشید و الامر العالی منکم مطاع و السلام من الجمیع الی الجمیع و رحمة الله و برکاته.[۱۴] (سجع مهر) شیخ علی الشریف."

مکتوب آقا سید حسین کاتب از ماکو به خال اصغر

"یا حاکم تحکّمت بالحکم والحکم فی حکم حکمک یا حاکم یا لطیف تلطفت باللطف و اللطف فی لطف لطفک یا لطیف.[۱۵] الحمد لله الذی انزل علینا الکتاب من

ذلک الجناب فی ساحة قدس حضرت الباب علیه و علیکم سلام الله الملک الوهّاب الذی ضرب بسور حتی جعل الباب الذی کان فی باطنه الرحمة لاهل المآب و فی ظاهره العذاب لاهل العقاب و هو الملیک السلطان فی یوم الحساب و الصلوة و السلام علی محمد و آله و شیعتهم الذین الیهم الایاب و علیهم الحساب ثم السلام علی اولی الالباب الذین هم الناظرون الی رب الارباب.

و بعد فیا مولای جعلت فداک[١٦] در هنگامی که دیده انتظار منتظر نزول کتاب از آن سرور احباب بود کتابی که حاکی از فرط محبت بود نازل و بشرف زیارت آن قلب را تسلّی کامل حاصل الحمد لله الحکیم العادل الذی آوانا فی کهفه الذی هو الخطاب الفاصل و افرغنا عن غیره[١٧] فیا مولای هرگاه مستفسر احوال باشید بعد از خروج از ارض تاء (تبریز) وارد بر ارض بساط (ماکو) شده و از آنجا بعد از چند یومی عازم بکهف حصین و غیاث مستغیثین و ملجاء هاربین الذی هو جبل الطور عند اهل النور و هو السور لدی اهل السرور الذی اذا ضرب یظهر شمس هویة الباب و یستوی علی عرش النقاب ولا یکشف النقاب الاّ لزمرة الاحباب و یحتجب لذوی الاحجاب الذین هم من اهل العذاب[١٨] گردیده و الان در عرش حق مستقر هستم و اذکرکم عند ربکم فی اللیل و النهار[١٩] فدایت شوم مرقوم فرموده بودید که ما نزل فی ارض التاء[٢٠] بر ما کوه فولاد است اگرچه بر شما باد است یا مولای یحسبون انّه هین و هو عند الله عظیم عندالله و عند اولیائه[٢١] کوه فولاد نیست بلکه جبل محیط بر عالم امکان و اکوانست بل استغفر الله من التحدید بالقلیل[٢٢] بلکه آنچه وارد بر حق و اهل حق می‌شود محدود بحدّی و موصوف بوصفی نیست ولکن از آنجائی که ماسوی الله افک محض[٢٣] می‌دانند و متصرّفی و مدبّری سوای او را نمی‌بینند و بیده ملکوت کلّ شیء[٢٤] می‌دانند لهذا آنچه وارد می‌شود از محبوب خود می‌دانند لهذا کأس قضاء و بلاء به شیرینی و گوارائی می‌نوشند بخلاف الذین یعبدون الله علی حرف فان اصابهم خیر اطمأن به وان اصابتهم فتنة انقلبوا علی وجوههم[٢٥] ید الله در هیچ حال مغلول نیست هو الضارب لنفسه بنفسه لا اله الاّ هو العزیز الحکیم تلک الامثال نضربها للناس لعلهم یتفکرون و ما یتفکرون و ما یشعرون الاّ بعد حین و لیس لهم هنالک الاّ عذاب مهین من الله الحق المبین الاّ لمن اتی الله بقلب سلیم لرب العالمین[٢٦] اگرچه ان الله لا یشغله شأن عن شأن و کذلک اولیائه[٢٧] ولکن الحمدلله در صفح جبل در مقام خلوتی خالی از اغیار ناظر حضرت سرّ الاسرار می‌باشیم و متذکّر عند ملیک القهار فی اللیل و النهار[٢٨] هستیم و سلسله انوار را ملالی حاصل (نه) ... ... چون در این ایام ایام عدل جبار است حفظاً لهم ما اخاطبهم بخطاب ولا انزل علیهم الکتاب[٢٩] سیّما جناب الخال الامجد چون چندی قبل شکایتی فرموده بودند از اهل حجاب و شکایت دلیل عدم تحمل است از اینجهت

بعریضه علی حده عارض نمی‌شوم و اسلّم علیهم و علی حضرته فی ذلک الکتاب و الحمد لله رب العالمین۳۰ سمیّ سرکار حاضر و عرض و سلام می‌رسانند کتاب سرکار در ۱۰ شهر حال (باید ذیقعده باشد) عزّ صدور یافت مورخه ۱۳ ش۳۱ همین نوشته را خدمت حضرت علی عالی اعلی روحیفداه بدارالامن ارسال فرمائید و جناب شیخ در دو فرسخی حظیرة قدس منزل دارند در دیلمقان ولکن در هر هفته بواسطه آمدن دلاک از همدیگر خبردار هستیم و سلام می‌رسانند و الحمد لله وحده فدایت شوم سبب نزول بر ارض تاء را از حضرت رب مسئلت فرمودید سبب بروز شقاوت از صبیّ من الصبیان لا رأی عنده و از اشقیای حول او ولکن مجدداً که دو دستخط سلطان رسید که البته مراجعت بمقر اول شود و عبث ایشانرا آورده‌اند الحمدلله الذی نجانا من القوم الظالمین و اوانا فی کهفه و افرغنا عن غیره۳۲ و خدمت قبله مکرم آقائی آقا میرزا احمد عرض و سلام خواهند رسانید و نوشته جوف بجناب میرزا سید مهدی خالو برسانید و الحمد لله رب العالمین و سپس دستخط مبارک از مبدء اعلی صادر شد روحی و روح العالمین فداه یکی بجهت سرکار است و یکی بجهت قبله خودم آقائی میرزا احمد روحیفداه و یکی هم بجهت جناب شیخ محمدحسین. انگشتری که فرموده‌اند جناب شیخ نقش کند و جناب حاجی سیّد اسمعیل سلّمه‌الله بیاورد اجرت آنرا فرمودند با ایشان محسوب نمایند و بجناب صاحبی ام آقا میرزا احمد سلام الله علیه می‌خواستم عریضه عرض کنم ولکن حال نزول کتاب از حضرت فصل الخطاب۳۳ ایشانرا مستغنی از کل کتاب و سلسله احباب نمود فکیف بکتابی فابلغ الی حضرته السلام و الحمد لله رب العالمین۳۴."

(سجع مهر) عبده حسین الحسینی.

مکتوب ملا عبدالکریم قزوینی به خال اعظم

"هو العلی المتکبر الرفیع۳۵

قربان سکان آستانت شوم و بلاگردان دوستانت گردم چون بنای مرخص شدن دارم و بر خود لازم و واجب می‌شمارم که شمه‌ای از اخبار آقای بزرگوارم و مولای عالیمقدارم به خدمت سرکار والا تبارم و جده ولیّ حضرت جبّارم عرضه دارم.

قربانت شوم اجمال احوال بدین منوال است که تشویش و انتظار بهیچ طوری از اطوار در خصوص آن بزرگوار نداشته باشید زیرا که فدوی و جان نثار در اطراف و اقطار در بلاد و امصار بحمدالله بسیار است و همه جا مثل این ولا نیست که مثل مکه معدن کفار است بلکه در آن دیار از هر قسمی از اقسام مردم مخلص و مصدق دارند که جان در قدمش می‌سپارند و از جمیع مایحتاج بخدمت ایشان می‌آرند و آن جناب به رب الارباب قسم است و به ائمه اطیاب سلام الله علیهم سوگند منت بر آن

کس می‌گذارند که هدیه‌اش را قبول می‌فرمایند. آنقدر لباس دوخته و ارسال نمودند که به دیگران قسمت فرمودند و آنقدر قند و چائی فرستادند که ایشان هم به دوستان دادند و همیشه از اجله و اعزه مخلصین در خدمتش خادم می‌باشند و مانع عرائض و سئوالات مردم نیستند و در میان اعلی و ادنی بخدا قسم محترم و مکرم و معظم هستند و علی خان با عیال و نسوان اظهار ارادت بسیار می‌کردند و روز بروز امر ایشان در آن صفحات در بروز است و چنان محبت ایشان در دل‌های بسیاری از مردان و زنان رسوخ نکرده که بهزار اذیت و آزار بیرون شود. خوب شاهدی است در این مقام

دل هرکه صیدکردی نکشد سر ازکمندت　　　نه دگر امید دارد که رها شود ز بندت

و زن‌های آن دیار بی‌اختیارتر از مردهای ابرار و اخیار در محبت آن بزرگوار هستند پاره‌ای اشعار در مدح آن بقیّة الاطهار گفته‌اند که مخلص شنیدم و حیرت کردم اشهد بالله پاره‌ای از همان کسان که مخلص می‌شناسم چنان واله و حیران در محبت آن ولی رحمان هستند که گاهی از شدت عشق و محبت بی‌تاب و طاقت شده از تکلم می‌افتند. باری فدایت شوم با آنکه جناب ایشان اعتناء به کسی ندارند و همه را از مرد و زن کالعدم می‌شمارند مع ذلک التفات غریبی با شما دارند و گاهی ذکر شما را بکمال محبت در میان می‌آرند. قربانت شوم در غم مهاجرت و دوری و الم مفارقت و مهجوری ابداً ناصبوری مفرمائید که رب ودود و سلطان احسان و کرم و عطا و جود وجودی به شما کرامت فرمود که محسود کل مشهود و مقصود کل موجود از غیب و شهود است و محبوب حضرت محمود است سلطان کون و مکان و نیر اعظم در قعر امکان و بدر معظم در اکوان و نجم مکرم در اعیان نقطهٔ هویّهٔ ایجاد و مصدر کلی کل فؤاد می‌باشند. البته البته باز البته البته به کمال نشاط و سرور مسرور بوده و حمد کردگار نموده شکر حضرت پروردگار بجا آرید که فخر بر همه عالم دارید بشرطی که این امر را سهل نشمارید. قربانت شوم بنای دنیا بر فنا است و نعیمش مایه رنج و عنا. حمد و ثنا نمائید و اعتنا به همّ و غمّ دنیا نفرمائید که مهموم بودن با وجود این نعمت و مغموم بودن با چنین عطیه و کرامت دلیل ندانستن قدر و قیمت نعمت خدا و تأسی ننمودن به ائمه هدی سلام الله علیهم می‌باشد. باری فدایت شوم انشاءالله تعالی فردا شب قافله می‌رود و گویا تخلف ننماید مخلص هم به همراهی قافله بحول الله و قوته هستم و چون حسب الحکم جناب الی غرّه محرم باید وارد حضور مبارک شوم لهذا هرگونه پیام و پیغام نسبت بآیهٔ امام علیه السلام و کهف الانام۳۶ دارید بیان فرمائید که حضرت خال و خلیل الله المتعال به خط مبارک خود نوشته بزودی ارسال فرمایند و عرض دیگر اینکه توقیع مبارک از جناب دارم که به سرکار تاج الحاج حاج میرزا حسنعلی نوشته‌اند و

مختصر مضمون این است که بر تو باد رضای مادر و خواهرت زیرا که رضای من در رضای ایشان است به سوی امکنهٔ مقدسه و اگر نرفتن (نرفتند) به امکنهٔ مقدسه برو بسوی ایشان و راضی کن ایشان را در اینکه در بلدی که تو نشسته‌ای بنشینند و هرچه مادرم بخواهد به او برسان باری انشاءالله تعالی در این ایام به یار خدا (؟) بخدمت جناب حاج معظم الیه خواهم رسید و توقیع مبارک را به ایشان خواهم رسانید و السلام علیکم و الحمد لله ربّ العالمین."

اتمام حجّت حضرت باب به محمّد شاه

محمّد شاه ضمن حکم تبعید حضرت باب به ماکو وعده داده بود که بعد از مراجعت از سفری که به قصد سرکوبی حسن خان سالار، تنبیه تراکمه و عزیمت به هرات به جانب خراسان داشت ایشان را برای ملاقات به طهران احضار کند ولی به علت ناخوشی و یا به علل و جهات سیاسی از فکری که کرده بود منصرف شد و در پایتخت متوقف ماند.

حضرت باب باوجود اینکه یقین داشتند و به تجربه نیز ثابت شده بود که حاجی میرزا آقاسی به انحاء حیل و بهر نهج و صورت که باشد از ملاقات شاه با حضرتشان ممانعت بعمل خواهد آورد، مع الوصف برای اینکه از محمد شاه ترک اولی نشده باشد ضمن لوحی او را اخبار نمودند و متذکر ساختند که وقت آن رسیده است که به عهدی که نموده است وفا کند و تعهدش را به موقع اجرا گذارد و ایشان را به پایتخت بخواهد تا با وی ملاقات کنند.

بطوری که از نوشته‌های مبارک برمی‌آید لوح خطاب به محمد شاه شامل دو قسمت است که قسمت اول حاوی تذکراتی مبنی بر چگونگی ارائهٔ لوح به محمد شاه و قسمت دوم اصل لوح است.

۱- "هو العلیّ الاعلی

حمد خداوندی را سزاوار است که از علوّ ظهور رحمت خود مخصوص گردانیده اولیاء خود را به مصائب عظیمه که اگر یک قطره از ابحر آن مصائب بر جبلها نازل می‌شد همه را مندک می‌ساخت فله الحمد کما هو اهله و اثنی لمحمد و آله کما هو مستحقه انه عزیز حمید. غرض از نگارش این صفحه قرطاس اینکه صفحه‌ای بحضور حضرت اقدس ادام الله اجلاله العالی نوشته شده به مردی از دوستان حق زحمت داده که به مجرد وصول بحضور برده و استدعای اذن حضور را نموده چونکه منوط به حرکت موکب همایون فرموده‌اند عذر عدم حضور را حال مستفسر شده و مانع مرتفع است ولی علی ایّ حال مراقب جواب بوده که از ساحت قدس لامع گردد ولی هرگاه خود متحمل این زحمت شوند رجاء جواب با اقتران به عنایات حضرت

شهریاری ادام اجلاله العالی زیاده است غرض هر کس متحمل این زحمت است در قرب حضور حضرت ظل الله صفحه را ملاحظه فرموده از جوهریات تعارفات کونیّه عفو فرمایند فانّا لله و انا الیه راجعون و الحمد لله رب العالمین. ۲۱ ر (رمضان) ۱۲۶۳".

۲- "هو الملیک المقتدر العطوف

فدا فؤادک من فی ملکوت ملکک یا ذا السلطان المقتدر الرؤف حمد و سپاس بی‌قیاس ذات اقدس مالک الملکی را سزا است که لم یزل بوجود کینونیة خود مقدّس بوده از نعت ماسوای خود و لایزال بر شأن ذاتیت خود هست و موجودی در ساحت قدس او نیست و منزه ست از نعت مادون خود و از جهت ظهور قدرت خود و ملک خود ابداع فرموده ممکنات لامن شیئی بمشیته و ظهوراتها السّتّة تا آنکه کل ذرات لائح شوند به اشراق نور اختراع او و مشتاق گردند بمشاهده قمص جمال طلعت او و خائف گردند از عدل او و نبینند شیئی در شیئی الاّ ظهور او را که اظهر است از هر شیئی عمیت عین لا تراک و انت لم تزل علیها رقیباً و خسرت ... عبد لا یکون له من حبک نصیباً و اعوذ بحضرتک یا مولای من سخطک و الیک اهرب رجائاً لجودک و سعة رحمتک و اتشفع بمحمّد و آله الیک لعز کبریائیتک فانظر الیّ بنظرة قریبة بما یلیق لسلطان عزتک انک (انت) الجواد الوهاب.

از حین حرکت از ساحت قرب الی الان که یوم نصف شهر شعبان المعظم است آناً فآناً مترصد بوده که ناقوس عنایت حضرتت بنداء سبحان الذی اسری[۳۷] ناطق و طاوس عزت کینونیتت بصوت ثم دنی فتدلی[۳۸] مشرق و اطیار فردوس ذاتیتت بتغرد فکان قاب قوسین او ادنی[۳۹] متغرد و دیک افریدوس انیتت به تغنّی ام للانسان ما تمنّی فللّه الاخره و الاولی[۴۰] مترنم گردد ولی از گردش افلاک و قضاهای حضرت لولاک لما خلقت الافلاک[۴۱] لاجل تغییرات و شبهات خلق منکوس مدهوش و طوالع منحوسه مطموسه بوده که علت تأخیر توجهات سلطانی گشته و سبب سکون در جبل ماکو وحده باسعه ارض ملک شهریاری شده فآه آه فوالذی نفسی بیده لو علمت بهذا المقام ما عرفتک نفسی و لا شک لی ان سعة جود حضرتک لا ترضی بذلک لان ابن رسول الله صلی الله علیه و آله مع علمه الذی لا یساویه الیوم احد فی ملکک لیس لدیک اذل موقفاً من ابناء ملوک الارض ولو ان واحداً منهم نزل علیک فو عزتک لا تأمر فی حقه بالسجن ولکن الآن قضی ما قضی الی الله اشکو بثّی و حزنی و علیه اعتمد فی وحدتی و غربتی و کفی به ولیاً و وکیلاً. صفحه مناجاتی و زیارتی از شدت حزن قلبی نگارش شده امید که از قبل عجز و فقرم منظور نظر حضرتت افتد و دو ملفوفه از دو سید عالم موحد رسید ایفاد حضور شد چون هر دو معروفند نزد حضرتت بخطهما امید که رافع شبهات مؤتفکه ناس گردد و سبب قرب

شود و تعالی الله عما یصفون."

محمد شاه این لوح را زیارت کرد ولی حاجی میرزا آقاسی بار دیگر خبث طینت خویش را ظاهر ساخت و از اجرای تعهد محمد شاه در برابر حضرت باب ممانعت به عمل آورد و نگذاشت که وی به عهد خودش وفا کند و حضرتش را به طهران بخواهد و اسباب ملاقات را فراهم سازد.

اگرچه حیله های حاجی میرزا آقاسی پیوسته مانعی بزرگ برای دیدار و ملاقات محمد شاه با حضرت باب بود ولی کوشش های او برای مهجور نگاه داشتن حضرت باب در آن قلعهٔ متروک و مخوف بدون فایده و نتیجه ماند. عظمت و علو مقام حضرت باب تمهیدات او را بی اثر نمود و وجود ایشان آن چنان تأثیری در قلوب مردم ماکو به جا گذاشت که همه حتی شخص علی خان و خانواده او مفتون و دلباخته سیادت و شرافت حضرتش شدند. آمد و شدها و ایاب و ذهاب بابی ها استمرار یافت و در نتیجه اخبار، بشارات و الواحی که نازل می شد بوسیلهٔ جماعتی از اصحاب و احباب که به حضور حضرت باب مشرف می شدند به تمام نقاط ایران می رسید.

اعلام مظهریت

اگرچه برحسب مندرجات مراسلات و مکاتیب زائرین حضرت باب در قلعه ماکو مختصر رفاه و آسایشی برای رفت و آمد اصحاب و پیروان فراهم شده بود ولی در واقع حضرت باب در آن قلعه مسجون بوده اجازه خروج نداشتند علی الخصوص در اوایل ورود به ماکو که علی خان هنوز به مقام حضرت باب وقوفی حاصل نکرده سختگیری ها و شدت عمل را به ذروه کمال رسانده در آن حد که اجازه نمی داد حتی در لیالی تاریک و مظلم در گوشه آن مغاره ای که روی آفتاب را نمی دید چراغی بیافروزند. حضرت باب در کتاب بیان در باب اول از واحد ثانی می فرمایند: "در لیل یک مصباح مضیئی نیست و حال آنکه به مقاعدی که به تعدد درجات به او می رسد مصابیح متعدده مشرق و ما علی الارض که از برای او خلق شده به آلاء او متلذذ و أز او بقدر یک مصباح محتجب."

و نیز در لوح محمد شاه لسان مبارک به این عبارات ناطق: "فآه آه قضی ما قضی حتی نزلت قریة الجاهل اهلها۴۲ قسم به سیّد اکبر که اگر بدانی در چه محل ساکن هستم اول کسی که بر من رحم خواهد کرد حضرتت می بود. در وسط کوهی قلعه ای است، در آن قلعه از مرحمت آن حضرت ساکن و اهل آن منحصر است به دو نفر مستحفظ و چهار سگ. حال تصور فرما چه می گذرد."

علیرغم آن همه تضییقات و مشکلاتی که از طرف ارکان دولت، علما و مردم

بر حضرت باب و پیروان ایشان در تمام نقاط ایران و عراق وارد می‌آمد، در آن کوهستان دورافتاده و مخوف کتاب بیان که اُمّ الکتاب شریعت بابی و ناسخ احکام منزله در قرآن کریم است نازل گردید و دوره اختتام شریعت اسلام اعلان شد و نیز کتاب دلائل سبعه که از کتب مهمه منزله از قلم حضرت باب است عز نزول یافت.

الواح و آثار کلی و جواب اسئله خصوصی اشخاص و آنچه به صورت ادعیه و مناجات در ظرف مدّت سجن نازل شده است بی‌شمار و تعداد آن بدرستی نامعلوم است.

نویسنده این سطور دو کتاب را می‌شناسد که به خط کاتب (غیر از آقا سید حسین) و به اغلب احتمال به خط ملا عبدالکریم قزوینی است که سریعاً الواح منزله در ماکو را که به نام اشخاص مختلف نازل می‌شده یادداشت کرده است. بعضی از این الواح که مشتمل بر مکاتبات خصوصی با اشخاص، ادعیه و مناجات است من البدو الی الختم به ثبت رسیده ولی در بعضی دیگر فقط به تحریر آیهٔ اول قناعت شده و بقیه ناقص مانده است.

بهر حال، نزول کتاب بیان و انتشار آن سفر عظیم پرده از روی دیانت بابی برگرفت و امری که بمدّت چهار سال بنا به مقتضیات زمان و عدم استعداد نفوس فی حد ذاته بر ملت اسلام و حتی غالب پیروان حضرت باب مجهول مانده بود آشکار گردید. این گروه از اصحاب بر این استنباط بودند که ظهور حضرت ایشان بابی از ابواب در عالم تشیع و در حد ابواب سالفه مثل شیخ احمد احسائی و حاجی سید کاظم رشتی است.

با نزول کتاب بیان و انتشار آن و اعلان ظهور تازه و شرع جدید و نسخ احکام منزله در قرآن ظهور حضرت باب در مقام مظهریّت امر الهی رسماً اعلان شد و شریعت بابی شریعتی مستقل به حقیقت ذات خود ابلاغ گردید. با این ادعا در میان بابی‌های ایران و عراق شوری تازه و انبعاثی جدید فراهم آمد؛ علماء و دانشمندان دیانت بابی پای جلادت و انقطاع به میدان خدمت گذاشتند، نه از مخالفت و خصومت ملاها فتوری در آنها ظاهر شد و نه از جور و جفای عمال دولت بیم و هراسی در آنها راه یافت؛ از جان و مال و منال گذشته حتی زن و فرزند را در سبیل خدمت به چیزی نشمردند. قیام و اقدام بابی‌های شجاع لرزه بر ارکان دولت و جسم و جان علماء اسلام انداخت و آنان را به سماجت و پافشاری بر علیه بابی‌ها تحریک کرد.

حضرت نقطه اولی در کتاب دلایل سبعه به علت و سبب این تأخیر و تأمل در اظهار امر به صورت شریعت تازه و بکلی متمایز و ممتاز از دیانت اسلام اشاره نموده و به صراحت می‌فرمایند چون در وقت بعثت در میان مردم هنوز این استعداد

خلق نشده بود که توانائی درک و شناسائی مقام و موقع آن ظهور عالی متعالی را داشته باشند لذا خود را به اسم باب امام غائب و باب قائمیت آل محمد معرفی نمودند و بعد از اینکه این استعداد در میان خلق ایجاد شد کتاب بیان نازل و شرع جدید اعلان گردید.[۴۳]

به این ترتیب و سرانجام صیت و شهرت دیانت بابی و علمائی که در اطراف و اکناف به این دیانت روی آورده بودند یوماً فیوماً رو به تزاید بود و بعلاوه اشاعه و اتساع نطاق دائره شریعت الهی در ولایات معتبر ایران مثل خراسان، آذربایجان و مازندران و حتی در عراق عرب پیشرفتی سریع داشت و بسیاری از پیروان مکتب شیخیه به این آئین گرویدند.

تشرف باب الباب به حضور مبارک

از وقایع مهمّه‌ای که در اواخر ایام سجن حضرت باب در ماکو اتفاق افتاد ورود ملا حسین بشرویه‌ای، باب الباب به ماکوست.

در اوقاتی که ملا حسین در نواحی مختلف خراسان با شدت و حرارت مشغول تبلیغ و انتشار دیانت بابی بود واقعه طغیان و سرکشی حسن خان سالار و جعفرقلی خان نامدار در مشهد و شهرهای دیگر خراسان پیش آمد. این دو نفر علناً بر علیه محمد شاه قیام کردند و افواج مأمور سرکوبی خود را شکست داده از میان بردند.

ملا حسین خبر شد که حسن خان سالار برای جلب کمک بابی‌ها در صدد ملاقات با اوست. بنابر این قبل از اینکه احضار شود مشهد را ترک گفت و به اتفاق نوکرش قنبرعلی به سمت ماکو رهسپار شد. در طهران پس از زیارت حضرت بهاءالله از بابی‌ها نیز دیدار نمود و در قزوین آقا سید یحیی وحید را ملاقات کرد. در تبریز و زنجان و هرجای دیگری که امکان ملاقات با پیروان حضرت باب وجود داشت، فرصت را از دست نداد.

نبیل اعظم داستان ورود باب الباب را به ماکو به شرح زیر نوشته است:[۴۴]

"در شب عید نوروز سال **۱۲۶۴** هجری که روز سیزدهم ماه ربیع الثانی و چهارمین نوروز بعد از اظهار امر مبارک بود به ماه‌کو رسیدند. شب قبل از وصول ملا حسین به ماه‌کو علی خان ماکوئی خوابی دید مشارالیه خواب خود را این طور بیان کرده که در رؤیا مشاهده کردم به من خبر دادند حضرت رسول‌الله قصد دارند به ماه‌کو تشریف بیاورند و از سید باب دیدنی کنند و به آن حضرت عید نوروز را تبریک و تهنیت گویند. چون این خبر را شنیدم با نهایت سرعت دویدم تا به حضور رسول الله برسم و مراتب خضوع و عبودیت خود را به محضر مبارکش تقدیم کنم با نهایت شادمانی از کنار رودخانه دوان دوان می‌رفتم بعد از اینکه یک میدانی دور

شدم به پلی رسیدم دیدم دو نفر به طرف من می‌آیند دانستم یکی از آنها حضرت رسول و دیگری یکی از اصحاب باوفای او است با سرعت روان شدم که خود را به اقدام او بیندازم و دامن عبای او را ببوسم ناگهان بیدار شدم چقدر مسرور بودم نشاط سراپای مرا احاطه کرده بود خیال می‌کردم در میان بهشت هستم یقین کردم که آنچه را دیدم رؤیای صادقه است لذا برخاستم وضو گرفتم و نماز خواندم بهترین لباسهای خود را پوشیدم عطر و گلاب استعمال کردم و پیاده به همان نقطه‌ای که در خواب حضرت رسول ص را دیده بودم روانه شدم و به یکی از نوکرها گفتم سه رأس از بهترین اسب‌ها زین و یراق کند و از دنبال من به سر پل بیاورد.

هنگام طلوع آفتاب بود که خودم تنها از منزل بیرون آمدم و از شهر بیرون رفتم و به طرف پل از کنار نهر روان شدم هنوز به پل نرسیده بودم ناگاه از دور منظره‌ای دیدم و تعجب سراپای مرا فرو گرفت دیدم همان دو نفری را که در خواب مشاهده کرده بودم به جانب من می‌آیند یکی جلو و دیگری در دنبال بود چون به آنها رسیدم بی‌اختیار خود را به پای آنکه خیال می‌کردم رسول الله است انداختم و با نهایت اخلاص اقدام او را بوسه زدم و درخواست کردم که هر دو سوار شوند آن که در جلو بود گفت من نذر کرده‌ام که تمام راه را پیاده بپیمایم از این جهت سوار نخواهم شد. مقصود این است که بالای کوه بروم و شخص جلیلی که در آنجا محبوس است زیارت کنم.

مشاهده آن رؤیا و تعبیر آن بزودی سبب شد که علی خان نسبت به حضرت باب توجه و احترامش بیشتر شد و به صدق ادعای آن حضرت یقین حاصل کرد با کمال خضوع به ملازمت ملا حسین تا در قلعه رفت."

ملا حسین و قنبرعلی در ماکو مشرف شدند و مدت توقف آنها در آن محل به نه روز بالغ شد.

در آن هنگام احباب تبریز و آذربایجان و علی‌الخصوص حاجی محمدتقی میلانی و برادرش حاجی احمد مقادیر زیادی میوه و شیرینی به حضور حضرت باب ارسال داشته بودند.

نبیل می‌نویسد که "حضرت باب به دست خود از آن شیرینی‌ها و میوه‌ها به حاضرین مرحمت فرمودند چند دانه سیب و به به ملا حسین دادند و فرمودند: این میوه‌های لذیذ را از ارض جنت یعنی میلان اسم الله الفاتق، محمدتقی برای جشن نوروز مخصوصاً فرستاده است."۴۵

تا آن وقت کسی به غیر از آقا سید حسین شب‌ها در آن قلعه بیتوته نمی‌نمود ولی علی خان اجازه داد که باب‌الباب و قنبرعلی نیز شب‌هائی را که در ماکو زندگی می‌کنند در آن قلعه در حضور حضرت باب باشند.

نبیل می‌نویسد که یک روز حضرت باب با ملا حسین به بام قلعه رفتند و به تماشای مناظر اطراف قلعه مشغول بودند از فراز آن کوه رودخانه ارس که مرز فیما بین خاک روسیه و ایران است نمایان شد به ملا حسین گفتند این همان ساحل رود ارس است که حافظ به آن اشاره کرده است:

ای صبا گر بگذری بر ساحل رود ارس
بوسه زن برخاک آن وادی و مشکین کن نفس
منزل سلمی که بادش هردم از ماصدسلام
پـر صدای کاروان بینی و آهنگ جرس

حضرت باب منزل سلمی را به سلماس که چهریق در قلمرو آن قریه قرار دارد تعبیر فرموده و به ملا حسین فرموده‌اند اگر تقدیر جاری بود که با من باشی منزل سلمی را نیز به تو نشان می‌دادم.

یکی از بابی‌های مشهد گزارش وقایع و اتفاقات آن ایام را طی نامه مفصلی به خال‌های حضرت باب به یزد و شیراز نوشته و ضمن آن به مسافرت باب‌الباب به ماکو اشاره نموده و می‌نویسد: "به عرض می‌رساند که در خصوص امر تازه که جویا شده بودید عرض می‌شود که بعد از آنکه جناب ملا حسین تشریف بردند به ماکو بنحوی که خودشان مذکور نمودند این بوده که بقدر هشت نه شب زیاده در آنجا توقف ننموده و این چند شب را هم دو شب مرخص نموده بودند که خلوت کردند مابقی اوقات خلوت نبوده بعد از مرخصی یک اسب و شمشیر بسیار خوب که الیوم کسی مثل آن را مالک نیست به جناب ملا حسین لطف نموده مرخص نموده بودند. گویا به دست خود به کمر ایشان بسته بودند و جناب آمده بودند به قزوین و از آنجا به مازندران و چون که باز هم مأمور به مشهد بودند مراجعت نمودند به مشهد."

تشرف ملا نوروز علی به حضور مبارک

یکی دیگر از نفوسی که در ماکو حضور داشت ملا نوروز علی خادم حاج سید کاظم رشتی بود که بوسیله حضرت طاهره به دیانت بابی گرویده بود.

ملا نوروز علی حامل شکوائیه بابی‌های مخالف حضرت طاهره به حضور حضرت باب بود، زیرا مشارالیها مطالبی را عنوان می‌نمود که هنوز از طرف حضرت باب به آگاهی پیروان نرسیده بود یعنی وی از بدو ظهور حضرت باب بر این اعتقاد بود که آن ظهور ظهوری است الهی، مستقل و متمایز از شریعت اسلام. او با کمک نصوص منزله در کتاب قیوم الاسماء، تفسیر سوره کوثر و سایر آثار مبارکه استدلال می‌نمود و دیانت بابی را دینی مستقل می‌دانست در صورتی که هنوز کتاب بیان نازل نشده و استقلال شریعت بابی اعلان نگردیده بود. موضوع این شکایت از آنجا

سرچشمه می گرفت که بابی های مقیم عراق علی الخصوص آنان که در کربلا و سامره زندگی می کردند مثل سید علی بشْر و سید محمد جعفر و برادرش سید حسن و سید طه و شیخ کاظم صوفی که همه از فضلاء و علمای شیخیه بودند اعتقاد داشتند که حضرت باب مروج احکام دیانت اسلام هستند نه ناسخ آن شریعت و مقام ایشان را در ردیف شیخ احمد احسائی و سید کاظم رشتی که ابواب متقدم بودند می پنداشتند. به این مناسبات بود که اختلاف شدیدی در بین بابی های عراق ایجاد شد و آن مسئله بقدری قوّت گرفت که حتی ملا احمد حصاری۴۶ که در خانه حاج سیدکاظم سکونت داشت برضد نظرات قرة العین قیام کرد و با آن عده همآواز گردید. بالاخره مخالفین نظرات طاهره تصمیم گرفتند که از قرة العین به حضور حضرت باب شکایت برند از اینرو شکوائیه‌ای نوشته و با امهار آنان ممهور شد و آن را با ملا نوروز علی به حضور باب فرستادند. ملا نوروز علی از کربلا به شیراز و اصفهان رفت و بالاخره به ماکو رسید و شکوائیه را تقدیم نمود. حضرت باب در جواب شکوائیه اصحاب بغداد قرة العین را طاهره خواندند و به آنها متذکر شدند که از قرة العین تبعیت و شنوائی کنند. به مناسبت تشرف ملا نوروز علی لوحی با مضمون زیر نازل شد که به نام ملا نوروز علی تسمیه گردید و در آن ظهور جدید را اعلان فرمودند:

برای عید نوروز پیروز. خداوند عظیم است. اوست خداوند اعز اجل اقدس که متعال است. بدرستیکه من خود ذات الهی هستم و خدایی نیست بجز من و در خلقت از اول لا اول روشن و منیر بوده‌ام. من آن خدایی هستم که تا آخر لا آخر خدایی جز او نیست. و ما بر تو آیات و اذکاری نازل فرموده‌ایم. بگو، بگویند خدایی نیست جز خداوند و حجتی نیست بغیر از نبیل بعد علی (علی محمد) و کتابی نیست مگر کتاب بیان که از طرف خداوند تعالی نازل گردیده است تا اینکه شما به بهشت اعظم راه یابید. بگو خدا را به اسم اعظمش یاری کنید. و به اسم نبیل (محمد) او را نصرت کرده عزیز بدارید، زیرا ذکر الله در نزد کل به ذکر اسم او بزرگ و عظیم است. پس به سوی خداوند که پروردگار عالمین است رجعت کن.

حضرت باب در نامه‌ای که خطاب به ملا نوروز علی مرقوم داشته‌اند، اشاره به اهمیّت و عظمت روز نوروز فرموده‌اند و به این مناسبت است که در تقویم دیانت بابی، ماه اول سال را شهر البهاء و روز اول آن را یوم البهاء خوانده و به اسم من یظهره الله تسمیه فرموده‌اند.

سرانجام، حضرت باب در لوح مشروح و مفصلی که در اواخر ایام سجن ماکو خطاب به محمد شاه نازل فرموده‌اند، مقدمتاً به توصیف ذات منیع لایدرک و سپس به نعت و ستایش رسول اکرم و آل او پرداخته‌اند و مجمل قول آنکه فرموده‌اند: من نقطه اولیه و وجهی از ذات الهی هستم که لایزال است و نوری هستم ازو که خاموش

نمی‌شود. هرکس مرا شناخت به یقین کامل و کل خیر فائز است و هرکس مرا انکار کرد نصیب او جهنّم و شرّ محض است. و بالاخره به رزایا و بلایائی که بر وجود مبارک در آن سجن وارد آمده و از اعمال رذیله‌ای که حسین خان آجودان باشی مرتکب گردیده است سخن به میان می‌آورند و خطاب به محمد شاه می‌فرمایند: اگر ازو به عدل انتقام نگیری از ظلمی که بر من وارد شده است مقام سلطنت را به سخط الهی الی یوم القیامه دچار کرده‌ای و خود نیز اگر می‌دانستی که مجریان امر تو مرتکب چه اعمالی شده‌اند از ترس خداوند نَفَس به نَفَس نمی‌رساندی جز اینکه در مقام جبران مافات قیام کنی و بالاخره به سوء تدبیر حاجی میرزا آقاسی اشاره فرموده از اعمال خیر معتمدالدوله به نیکی یاد می‌فرمایند.

الواح، اسناد و مکاتیب

۱- یادداشتهای ملا محمد نوری از دستور العملهای شفاهی حضرت باب
۲- نامه آقا سید یحیی وحید به خال اعظم و بستگان
۳- نامه آقا میرزا هادی پسر سید مهدی طباطبایی به خال اصغر
۴- نامه ملا شیخ علی عظیم خطاب به بستگان حضرت باب و آقا میرزا احمد والد آقا سید حسین کاتب
۵- نامه آقا سید حسین کاتب از ماکو به خال اصغر
٦- نامه ملا عبدالکریم قزوینی به خال اعظم
۷- لوح نوروز (به خط آقا سید حسین کاتب)
۸- مکتوب حضرت باب خطاب به ملا نوروز علی
۹- لوح نازله به اعزاز محمد شاه از قلعه ماکو

١- یادداشتهای ملا محمد نوری از دستورالعملهای شفاهی حضرت باب

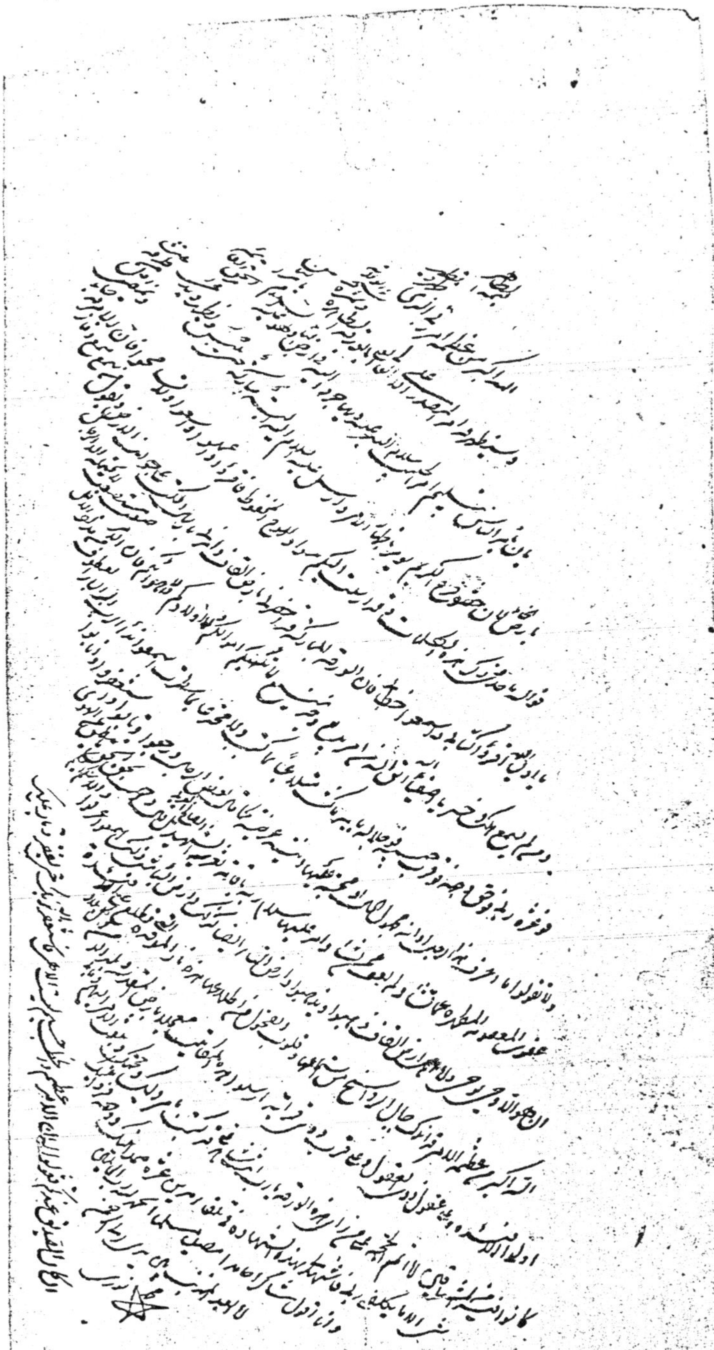

رونويس يادداشتهای ملا محمد نوری

بسمه الطاهر

الله اکبر من عظمة امر ربی الذی ظهر و یظهر و سیظهر قد امر المقتدر الاعلی العالی العلی بالورقة الطاهرة و ثمرة شجر الولایة بان یأمر الناس بتسلیم امر الحبیب سلام الله علیه و یهاجروا الیه فی الارض الباء۴۷ و هو علیه السلام یأمر الناس بارض الخاء۴۷ لان حضرت فرع الکریم یؤمر باظهار الامر وارسل علیه السلام الیه البسة مبارکة حتی یلبس و یظهر و یدعی امر الحق القائم فوالله ما حدّی و ذکر هذه الکلمات و قد ارسلت الیکم سواد اللوح المحفوظ فاقرؤا و اعملوا و اسعوا و لا تسامحوا فانّ الامر قد جاء و یمضی اقل من طرفة عین.

یا اولیاء الله اقرؤا کتابی و اسمعوا خطابی فانّ الورقة المبارکة احضرنی بارض القاف۴۷ و امرنی بارسال الکتب علی جوانب الارض و یقول من سمع سمع و فاز و من لم یسمع هلک و خسر یا اصفیاء الله اتّق الله من امر بدیع و خبر منیع لا تلهینکم اموالکم و لا اولادکم و لا اهوائکم فان الامر صعب مستصعب لا یحتمله الاّ الرجال فو عزّة ربی فو حق وجهه فو قرب حبیبه فو جلالة بابه ما کنت متلاعباً بما کتبت و لا مخدعاً بما سطرت اسمعوا نداء الرب البرّ البارّ العطوف من مداد الاقل و لا تقولوا ما اعرف هذا الرجل او انه مجهول الحال او محبته علیها دنیّة عرضیّة کما قال بعض الرجال و رجعوا و تابوا و استغفروا و انابوا حضرت المعصومة المطهّرة عما تشاء و لم یعف ممّن تشاء و امر علیها سلام ربّه باقامة تعزیة الشهید الصالح العربی بل قال واجب بحق الحق ما ینطق عن الهوی ان هو الاّ وحی یوحی.

و اما اهل ارض القاف ذهبوا و یذهبوا و ارض التاء۴۷ ایضاً کذلک و ارض الباء مثل ذلک اسمعوا عرفوا والا منکم الیکم. الله اکبر من عظمة الامر قد اندک جبال الرواسخ من استماعها و قلوب الفحول من اطلاعها هذه نار الموقدة التی تطلع علی افئدة اولی الافئده و علی عقول ذوی العقول و علی قرب ذوی قرابة. ارسلوا هذه المکاتیب معجلاً بارض المقدسة۴۷ و بلد الامن و کل بلاد کانوا فیه من المشتاقین انا اتمّ الحجة علی من رأی هذه الورقة یا رب انت شاهد علی قد کتبت بامر ولیک و حجتک و بلغت الامر الیهم و ما لی شیئی الاّ یکلفنی ربی فاشهد لی بهذه الشهادة فی تلقاء مدین عزة صمدانیتک و وجهة فردانیتک و انا اقول شاکراً حامداً مصلیاً مسلماً الحمدلله رب العالمین العبد المذنب بین یدی الرحمن محمد نوری ان کان الصدیق عندکم فقولوا له ان الامر عظیم و الخطب جسیم لیست الاّ هی فاستغفر الله لربک حتی یغفر و تاب علیک.

۲- نامه آقا سید یحیی وحید به خال اعظم و بستگان

۳- نامهٔ آقا میرزا هادی پسر سیّد مهدی طباطبائی

۴- نامهٔ شیخ علی عظیم خطاب به بستگان حضرت باب

فدایت شوم

الیوم که یوم سه شنبه بیست سیم شهر رجب المرجب است صحیح و سالم در دار السلطنه قزوین

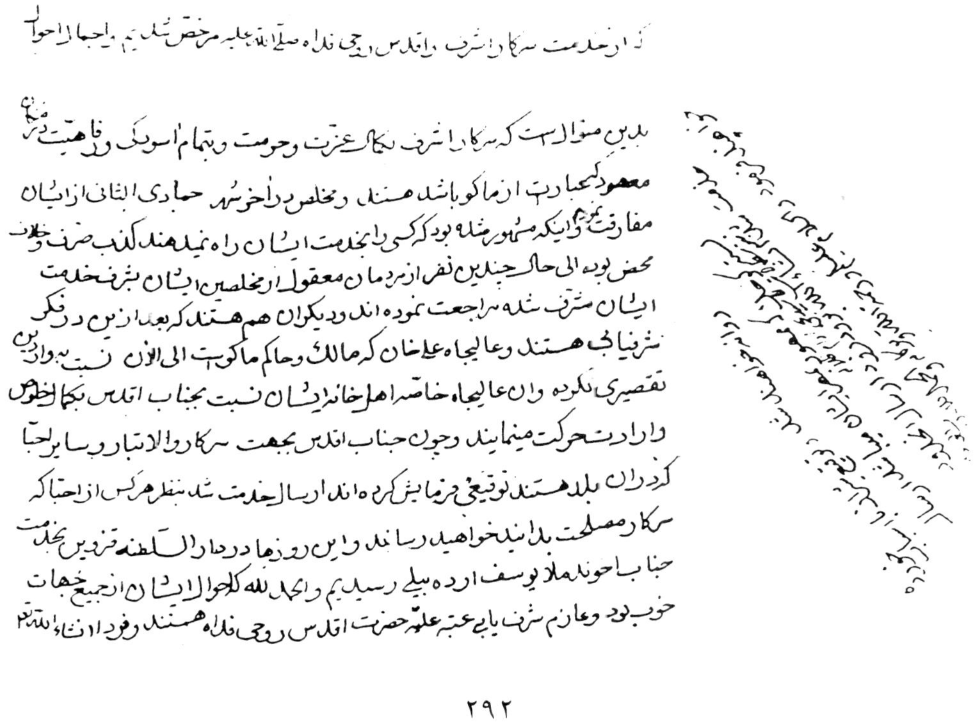

از خدمت سرکار اشرف و اقدس روحی فداه صلی الله علیه مرخص شدیم و اجمال احوال

بدین منوال است که سرکار اشرف بکمال عزت و حرمت و بتمام اسوبکی و رفاهیت در قلعهٔ معمورهٔ ماکو باشند هستند و مخلص در اخر شهر جمادی الثانی از ایشان مفارقت نمودم و اینکه مشهور شده بود که کسی را بخدمت ایشان راه نمیدهند کذب صرف و خلاف محض بوده الی حال چندین نفر از مردمان معقول از مخلصین ایشان بشرف خدمت ایشان مشرف شده مراجعت نموده اند و دیگران هم هستند که بعد از این در تکر شرفیاب هستند و عالیجاه علیخان کرمالک و حاکم ماکو است الی الان نسبت به وادب تقصیری نکرده و ان عالیجاه خاصه اهل خانهٔ ایشان نسبت بجناب اقدس بکمال خلوص و ارادت حرکت مینمایند و چون جناب اقدس بجهت سرکار و الانتبار و سایر احباب که در ان بلد هستند توقیعی فرمایش کرده اند ارسال خدمت شد بنظر هر کس از احبا که سرکار مصلحت بدانید خواهید رساند و این روزها در دار السلطنه قزوین بخدمت جناب اخوند ملا یوسف اردبیلی رسیدیم و الحمد لله که احوال ایشان از جمیع جهات خوب بود و عازم شرف یابی عتبهٔ علیهٔ حضرت اقدس روحی فداه هستند و فردا انشاء الله

هو الحفیظ تعالی شأنه عریضة العبودیت و الخلوص در

دار العباده یزد در سرای خان بنظر مبارک و سرکار دعا الیجناب
غنی الالقاب سلالة الاطهار و الاطیاب جناب حاجی میرزا حسنعلی
تاجر شیرازی برسد

۵- نامه آقا سید حسین کاتب از ماکو به خال اصغر

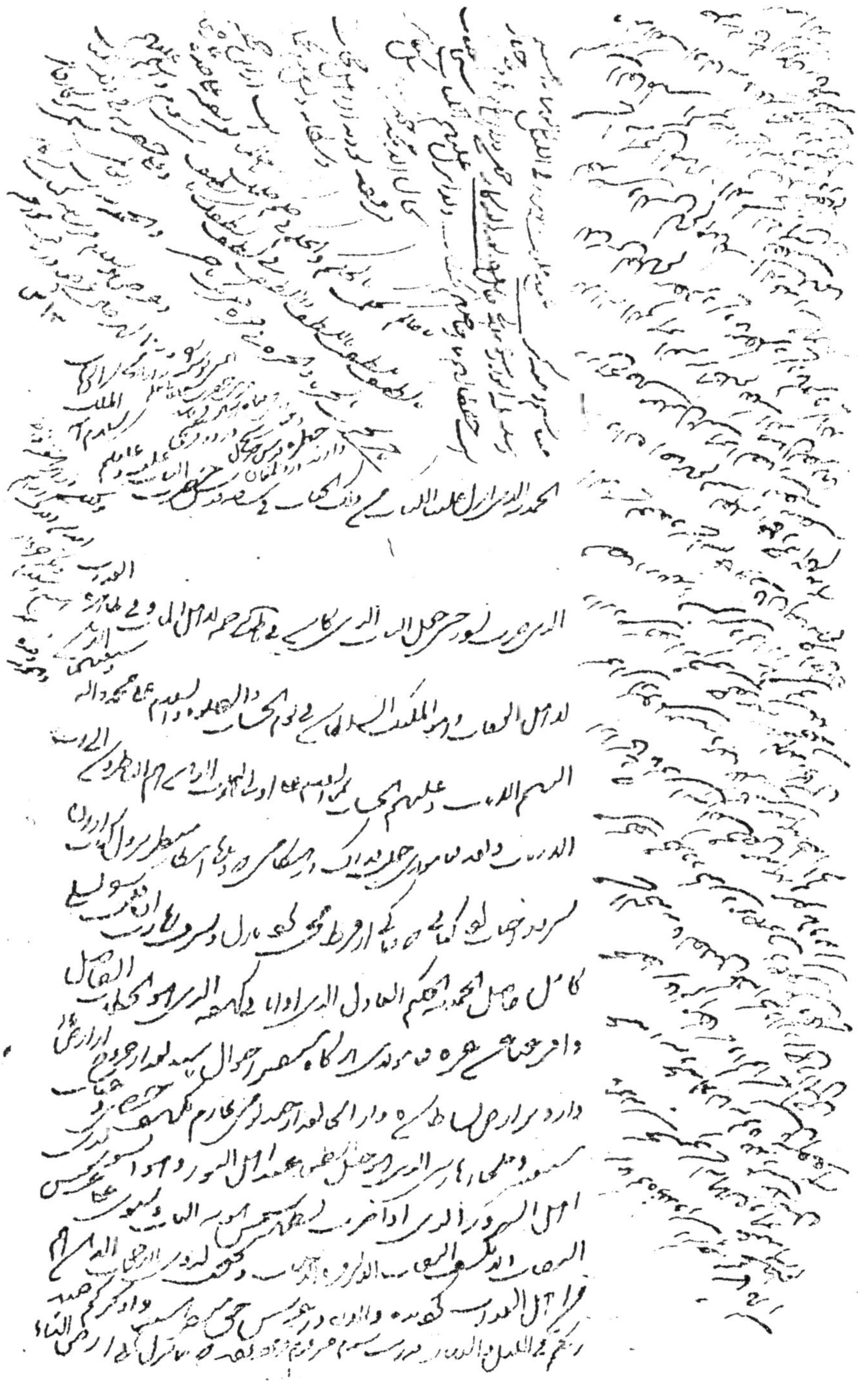

٦- نامه ملا عبدالکریم قزوینی به خال اعظم

۷- رونویس لوح نوروز
للنوروز الفیروز

الله اعظم

هو الاعز الاجل الامنع الارفع الاقدس من الله تعالى اننى انا الله لا اله الاّ انا كنت فى اول الّذى لا اول له نوّاراً معتلياً اننى انا الله لا اله الاّ انا لاكوننّ الى آخر الذى لا آخر له نوّاراً معتلياً من الحقيقة الخلقيّة بل اللّهمّ ان لا اله الا انت كنت من اول الذى لا اول له نوّاراً معتلياً بل اللهم ان لا اله الا انت لتكونن الى آخر الذى لا آخر له نوّاراً متنوراً و قدنزلنا عليك الآيات و ارسلناک ذكراً من لدنا انّا كنّا ذاكرين قل قولوا لا اله الاّ الله و لاحجة الاّ نبيل بعد على و لا كتاب الاّ البيان من عند الله لعلّكم فى الرضوان الاعظم تدخلون و قل ههنا انصروا الله بالاسم العظيم و ههنا بالاسم النبيل تنصيراً عزيزا ذكر الله عند كل من قد ذكرت اسمه تكبيراً كبيرا ثم ارجع بالله رب العالمين ترجيعاً جميلا.

۸- رونویس مكتوب حضرت باب خطاب به ملا نوروزعلى
به جناب ملاّ نوروز على برسد

بسم الله الاعظم الاعظم

سبحان الذى يسبح له من فى السموات و من فى الارض و مابينهما قل كل له ساجدون و الحمد لله الذى يسبح له من فى السموات و من فى الارض و ما بينهما انا كل له قانتون و لله ما فى السموات و الارض و ما بينهما قل كل بامره قائمون و لله ملک السموات و الارض و ما بينهما يخلق مايشاء بامره انه لقوى قدير قل الله خالق كل شيئى يسبح له من فى السموات و الارض و ما بينهما كل عباد له و كل له ساجدون قل اللهم انک انت نوار السموات و الارض و ما بينهما لتؤتين النور من تشاء ولتنزعن النور عمن تشاء ولترفعن من تشاء ولتخذلنّ من تشاء ولتغنينّ من تشاء ولتنزلنّ من تشاء ولتعزّنّ من تشاء و لتذلّنّ من تشاء و لتنصرنّ من تشاء و لتفقرنّ من تشاء فى قبضتک ملكوت كلشيئى تخلق ما تشاء كيف تشاء بما تشاء لما تشاء انک كنت على ما تشاء مقتدرا قل الله اعلى فوق كل ذى اعلاء لن يقدر ان يمنع عن على عليان اعلائه من احد لا فى السموات و لا فى الارض و لا ما بينهما انه كان علاءً عالياً عليا. ان يا يوم النيروز انّا قد خلقناک من قبل و جعلناک عيداً للعالمين جميعاً و وعدنا ان نحشرنّک يوم القيمة و نعرضنّک علينا على صورة الانسان فاذا انا كنّا لموفين هذا يوم قد عظّمه الله من اول الذى لا اول لَهُ و كل بما عظمه الله ليعظمون. و هذا يوم ليغطمنّه الله الى آخر الذى لا آخر له و كل بما يعظمه الله ليعظمون هذا يوم الله المهيمن القيوم و ان ليله ليل الله العزيز المحبوب.

ان يا كلشيئی فلتعظمون الله فی ذالک الليل ثم نهاره ثم كل ابتهاج تظهرون ولقد وفقناک من قبل بان تعرضن بين يدی الله بالليل و النهار هذا من فضل الله عليک من قبل و ان ذلک لهو الفضل العظيم لو تفخرن بذلک علی من فی السموات و الارض و ما بينهما فانک انت لمن المستحقين و كل ما قد قضی من حزن فی سبيل الله من قبل فلا تلتفتن به فان ما استدركت من لقاء الله لاكبر عند الله من كل خير عظيم. انظر كيف نكلّمنّک عن باطن الباطن بالظاهر الظاهر و لا تذكر الاّ الله ربک رب السموات ورب الارض رب العالمين ثم انظر الی الذينهم قد ربّاهم الله من قبل كيف احتجبوا عن الله ربهم فلننجينّهم من نار حجابهم فانا كنا فاضلين و قد عرضت علی الله ربک مرة اولی ثم مرة اخری ثم مرة بعد اخری كل ذالک ما قد وعد الله ان تعرض ذالک اليوم عليه و سيعرضنک الله من بعد انه حفّاظ قدير و لقد مننّا عليک و ارسلناک بذلک الكتاب الی الذينهم يريدون ان يهتدون لئلاّ نشهد من حزن بلّغ ذلک الی كل من تجد اليه سبيلا و ان هذا الكتاب اذا ينزل علی مؤمن يكن له نوراً علی نور و فضلاً علی فضل و ليستيقننّ به و ليستقيمنّ علی امر ربه كمثل ذا جبل عظيم و ان ينزل علی غير مؤمن و اراد ان يهتدی فليهدين الله و ان لم يرد ان يهدی فليعذبنه الله بما قد اثبت الله دلائل الحق فی ذلک الكتاب للعالمين و ما اردنا ان تحزن بذلک فی السبيل و ان ما قد حملت عن ادلاّء الله من ارض المقدسة انا كنا لمجيبين كبر الله ربک عند كلهم اجمعين و كل من يدعو الی الله ربک الحق ان لم يحتجبن عن شيئی عن حدود البيان قل ان يا كلشيئی دين الله بما انتم يستطيعون لتنصرون واتل ما انزلنا فی دعاء الطين فی حرم من من تدخل من قبل هنالک و انا كنا داخلين و ان الطين ان يصفن امهاراً علی شأن لم يكن له مثل ولتحملن معک و انا كنا آمرين ولتحفظن كلمات الله كعينيک و لا تؤت احداً من كلمة الاّ و ان تأمرن ان يوصلن نفسها او مثلها الی من يحفظن كلمات ربک فان حرفاً منها خير عند الله عما فی الاخرة والاولی و ان اردت ان تحضر بين ايدی من يحضر بيت الله من قبل فلتحضرن ولتبلغن الله مثل ما قد حملت من كتاب الله فان ذلک لهو الفضل العظيم و قل انصر الله بالاسم العظيم بما كنت عليه من المقتدرين و استعرف قدر ايام الله فان الشمس ما طلعت بمثلها و ان اردت ان تقرئن بين نفسين مايمنعک احد ذلک من فضل الله عليک و عليهما و قد ربّاک الله فيهما قبل خلق السموات و الارض و ما بينهما انه هو خير الفاصلين ولكن فلتراقبن ان لا يكن حجاباً بظهور امر الله فان هذا اكبر عند الله فی كتاب عظيم.

۹- رونویس لوح به اعزاز محمد شاه از قلعهٔ ماکو

هو المتکبّر العلیّ الاعلی

حمد و سپاس بیمثل و قیاس حضرت حیّ قیّوم را سزاست که لم یزل بوده و شیئی در ساحت قدس کبریائی او با او نبوده و لایزال بعلو کافوریّة کینونیّة ذات ازلی خود هست و شیئی در عالم عماء بحت با او نیست الآن کان الله بمثل ما کان اشهد ان لا اله الاّ هو لیس کمثله شیء و هو العلیّ الکبیر و اشهد انّ اعلی وصف الممکنات لدیه افک بحت و عدم صرفٌ و انه کما هو علیه لن یعرفه اَحَدٌ و لن یوحّده عبدٌ و لا یمکن ذلک فی الامکان لانّ ما هو الممکن فی علمه هو خلقٌ فی ملکه لم یزل هو معروف عند نفسه و لم یک غیر حتی یَعرفَهُ و انّ ما وجد بالانشاء لا من شیء و ذوّت بالابداع لا عن شیء هو مذکور فی صقع حدوثه و موجودٌ فی امکنةِ حدوده و هو عند جاعله عدم بحت و فناء صرف لم یک الاّ کقبل وجوده و انّ الله هو اجلّ من ان یعرف بغیره او ان یوصف بسواه سبحانک لا اله الاّ انت سبحانک انی کنت من الحامدین و اشهد انّ محمداً صلی الله علیه و آله هو اول ذکره الذی ابدعه لنفسه واخترعه لولایته و ارتضاه لسلطنته و اصطفاه لرسالته و جعله قائماً علی مقام ملیک فردانیته منفرداً عن الشباهة من ابناء الجنس و المثل اذ هو لن یقترن بحبل الایجاد و لا یوصف بنعوت العباد و لیس کمثله شیء و هو المتکبّر الستّار. چگونه ممکن است عرفان طلعت وجه ازل و ثناء کنه ذکر اول و حال آنکه به عرف العارفون بانّ الله هو اجلّ و اکبر من ان یعرف او یوحد فتعالی آیة بحت ذات الحي من ان یفد بفنائه اعلی شوامخ الجوهریات او ان یصعد الی جنابه منتهی درک المُجردات و هو فوق کلشیئی و معه و لا یعرفه احدٌ الاّ الله جاعله و هو الغنیّ المتعال. و اشهد لمظاهر نفسه اوراق شجرة اللاهوت و قصبات الثلاثة و العشر فی اجمة الجبروت بما اشهد الله لهم فی علم الغیب حیث لا یحیط بعلم ذلک احدٌ الاّ الله و اعترفُ لدیه بانّ ما سویهم من الممکنات لدیهم عدم بحت و ان ذکر کظِل فیئ بل استغفر الله و اتوب الیه من ذلک التحدید الکثیر و انّ غایة مقام الذاکرین هی عجز البحت لدی ظهورهم و انّ منتهی رتبة العارفین هی الفقر البحت عند بابهم فاسئل الله ان یسلّم علیهم بما هو علیه انه هو المقتدر الوهاب و اشهد الله و من هو فی علمه بانّ توحیده و نبوة حبیبه و ولایة اوصیاء رسوله صلوات الله علیهم لم یظهر الاّ بمرآة رابع لم یکن نفسه الاّ ظهور مرایا ثلاثة و لذا خلقنی الله من طینة لم یشارک فیها احدٌ و اعطانی ما لا یدرکه البالغون و لا یقدر ان یعرفه الموحّدون الاّ بعجز صرف عند آیة من آیاتی ولو لم اعرّفک بما وهب الله لی ما حدّثتک بنعمة ربی و لمّا اخاف الله ربّی و انّ الاجل اقرب من کل شیء الی العبد اعرّفک به لئلاّ کنت تارک حکم من بقیة الله مولاک العظیم و کفی بالله علیّ شهیداً الا انّنی انا رکنٌ من کلمة الاولی

التی من عرفها عرف کلّ حقّ و یدخل فی کلّ خیر و من جهلها جهل کلّ حقّ و یدخل فی کلّ شرّ فو ربّک ربّ کلشیء ربّ العالمین من عمّر کل ما یمکن فی الامکان و یعبد الله بکل عمل خیر احاط به علم الله و یلقی الله و کان فی قلبه اقلّ ممّا یحصی علم الله بغضی فیحبط کل عمله و لا ینظر الله الیه و یسخطه و کان من الهالکین لانّ الله قد جعل کلّ خیر احاط به علمه فی طاعتی و کلّ نار یحصیها کتابه فی معصیتی و انّ الیوم کانّی اشاهد فی مقامی هذا کلّ اهل محبّتی و طاعتی فی غرفات الرضوان و اهل عداوتی فی درکات النیران و لعمری لو لا الواجب من قبول امر حجة الله روحی و من هو فی علم الله فداه ما اخبرتک بذلک فو عزّته و فضل الله علیه قد جعل الله کلّ مفاتیح الرضوان فی یمینی و کل مفاتیح النیران فی شمالی بل انّ امر الله فی حقّی اکبر من ذلک لو اکشف القناع عنه لا یؤمن به الاّ من اخذالله عنه عهد ولایته و انّ مجمل الذکر انا النقطة التی ذوّت بها من ذوّت و انّنی انا وجه الله الذی لا یموت و نوره الذی لا یفوت من عرفنی ورائه الیقین و کل خیر و من جهلنی ورائه السجّین و کل شرّ و انّ موسی علیه السّلام لمّا سئل الله ما سئل قد تجلّی الله علی الجبل بنور احدٍ من شیعة علیّ علیه السلام کما صرّح بذلک حدیث المشهور من قمُص النّور و هو والله نوری لانّ عدة اسمی مطابق باسم الرب الذی قد قال الله سبحانه و اذ تجلّی ربک للجبل و لا تعظّم فی نفسک ذلک فانّ ما بقی لنفسی ذکراً الاّ ذکر ربک ذو الجلال و الاکرام. و اصل غرض حجت خداوند صاحب الزمان روحی و ما هو فی علم ربی فداء تراب محضر قدسه آنست که ظاهر شود وعده حضرت الجبار که در قرآن فرموده در سورهٔ اسری فاذا جاء وعد اولیهما بعثنا علیکم عباداً لنا اولی بأس شدید فجاسوا خلال الدیار و کان وعداً مفعولاً و حضرت امام علیه السلام در تفسیر آیه شریفه می‌فرماید الی ان قال قومٌ یبعثهم الله قبل قیام القائم علیه السلام ما یدعون وتراً لآل محمد الاّ قتلوه قسم بحق فرد احد که بمن عطا نفرموده حجت خداوند آیات و علامات ظاهره را الاّ آنکه کل اطاعت نمایند امر او را و از آن عباد گردند که طلب نمایند ثار حضرت سید الشهدا را و بمن فتنه‌های وارده در اخبار ظاهر شده چنانچه لا یعدّ و لا یحصی مسطور است و از آنجمله است که حضرت می‌فرماید لابدّ من فتنة یسقط فیها کل بطانة و ولیجة حتّی یخرج عنها من یشقّ الشعر بشعرتین حتّی لا یبقی الاّ نحن و شیعتنا و در حدیث دیگر می‌فرماید که لا یکون هذا الامر الاّ و ان یذهب ثلثی الناس و در حدیث دیگر عشر می‌فرماید فوالذی نفسی بیده صدقوا محالّ مشیة الله و السن وحیه قد خرجوا من الدین عباد الذین لا یظنون انّهم ان یعصی الله ربهم طرفة عین من حیث یحسبون انهم مهتدون. قسم بحق مطلق که اگر کشف غطا شود مشاهده می‌نمائی کل را در همین دنیا در نار سخط خداوند که اشدّ و اکبر است از نار

جهنم الاّ من استظل فی ظل شجرة محبّتی فانّهم هم الفائزون.
و این امریست که حضرت صادق علیه السلام می‌فرماید و در حدیث مشهور مفضّل که از علامات رجعت سئوال می‌نماید می فرماید یظهر فی سنة الستین امره و یعلو ذکره خداوند شاهد است که مرا علمی نبود زیرا که در تجارت پرورش نمودم و در سنه ستین قلب مرا مملو از آیات محکمه و علوم متقنه حضرت حجة الله علیه السلام فرمود تا آنکه ظاهر کردم در آن سنه امر مستور را و رکن مخزون را به شأنی که از برای احدی حجتی باقی نماند لیهلک من هلک عن بینة و یحیی من حیّ عن بیّنة و در همان سنه رسول و کتاب بحضور آنحضرت فرستادم که آنچه لایق بساط سلطنت است در امر حجت حق اقدام شود و از آنجائی که مشیت‌الله بر ظهور فتنه صماء دهماء عمیاء طخیا قرار گرفته بود بحضور نرسانیده‌اند و مانع شده‌اند اشخاصی که خود را دولت‌خواه دانسته‌اند تا الی الآن که قریب چهار سال است کما هو حقه احدی بحضور معروض نداشته الآن چون اجل قریب است و امر دین است نه دنیا رشحهٔ بحضور معروض داشته شد قسم بخداوند که اگر بدانی در عرض این چهار سال چها برمن گذشته است از حزب و جند حضرتت نفس را بنفس نمی‌رسانی از خشیة الله الاّ و آنکه در مقام اطاعت امر حجة الله برآئی و جبر کسر آنچه واقع شده فرمائی. در شیراز بودم از خبیث شقی حاکمش ظلمها دیدم که اگر بعضی از آنرا مطلع شوی هر آینه بعدل انتقام کشی زیرا که بساط سلطنت را بظلم صرف الی یوم القیمه مورد سخط الله نمود و از کثرت طغیان شرب خمرش که هیچ حکمی را از روی شعور نمی‌کرد خائفاً مضطراً بیرون آمده بعزم حضور کثیر النور آن بساط جلالت تا آنکه مرحوم معتمدالدوله بر حقیقت امر مطلع شده و آنچه لازمه عبودیت و خلوص بالنسبه الی اولیاءالله بود بجای آورده بعضی از جهال بلدش چون در مقام فساد برآمدند مدتی در عمارت صدر مستوراً اقامه بحق الله نمود تا آنکه با رضاءالله بمحل فردوس خود متصل گشت جزاه‌الله خیراً شکی نیست که سبب نجات آن از نار جهنم و حق الناس همین عمل شده و بعد از صعود آن بعالم بقا گرگین شقی با پنج نفر نصف شب بلا اسباب سفر بتزویر و قسمهای دروغ و جبر صرف حرکت داده فآه آه ممّا قضی علیّ تا آنکه از جانب آن حضرت حکم به سفر ماکو آمد بلا آنکه یک مالی باشد که سوار شوم فآه آه قضی ماقضی حتی نزلت قریة الجاهل اهلها قسم به سید اکبر که اگر بدانی در چه محل ساکن هستم اول کسی که بر من رحم خواهد کرد حضرتت می‌بود در وسط کوهی قلعه‌ایست، در آن قلعه از مرحمت آن حضرت ساکن و اهل آن منحصر است بدو نفر مستحفظ و چهار سگ حال تصور فرما چه می‌گذرد الحمد لله کما هو اهله و مستحقه قسم بحق الله که آن کسی که راضی باین نوع سلوک با من شده اگر بداند با چه کسی است هرگز فرحناک

نشود الا اخبرک بسرّ الامر کانّه احبس کل النبیین و الصدیقین و الوصیین و ما احاط به علم الله من عباده المتقین و ظلم علیهم و لم یبق فی علم الله ذنب الاّ و قد احتمله لانّ الله قال من قتل مؤمناً فکانما قتل الناس جمیعاً و قال الامام علیه السلام انّ ادنی القتل ان تردّ حاجة اخیک اذا سئلک فآه الآن فانظر ماذا تری الله اکبر من سخط الله و حال آنکه بعد از آنکه مطلع شدم باین حکم نوشتهٔ بحضور مدبر ملک فرستادم که والله بقتل رسان و سرم را بفرست هر جا که می‌خواهی زیرا که زنده بودن و بلاجرم بمحل مذنبین رفتن سزاوار نیست از برای مثل من آخر جوابی ندیدم اگر چه یقین است که جناب حاجی بکماهی امر علم بهم نرسانیده والاّ قلوب مؤمنین و مؤمنات را بلاحق محزون نمودن اشدّ است از تخریب بیت الله و قسم بحق که امروز منم بیت الله واقعی و کل خیر من احسن بی فکانما احسن بالله و ملائکته و کل احبائه و من اساء بی فکانما اساء بالله و ملائکته و اولیائه بل ان الله و احبائه اجلّ مقاماً من ان یصل بفنائهم خیر احد او شرّه بل الیّ یصل کل ما یصل و ما وصل الیّ فهو یصل الی نفس الواصل فوالذی نفسی بیده انه لم یسجن الاّ نفسه لانّ ما کتب الله علی یقضی و لن یصیبنا الاّ ما کتب الله علینا فویل لمن یجری الشّرّ من یدیه و طوبی لمن یجری الخیر من یدیه و ما اشکو الی احد الاّ الی الله لانّه هو خیر الفاصلین و لیس لاحد قبض و لا بسط الاّ به و هو القویّ العزیز.

مجمل قول آنچه انسان تمنا دارد از خیر دنیا و آخرت نزد من است و اگر کشف حجب شود محبوب کل منم و احدی مرا منکر نخواهد شد ولی این ذکر عجب نیاورد حضرتت را بلکه مؤمن موحّد که ناظر بخداوند است ماسوی را عدم بحت می‌بیند و قسم بحق که بقدر خردلی تمنای مال از آنحضرت ندارم و مالک شدن دنیا و آخرت را شرک محض می‌دانم زیرا که سزاوار نیست که موحّد غیر را نظر نماید چه جای آنکه مالک شود او را و بیقین می‌دانم که مالکم کل موجود و مفقود را بتملیک حی معبود و بقدر تسع عشر خردلی شرک بخداوند نیاورده‌ام و ذنب او را نکرده‌ام و راضی بظلم نشده‌ام و مع ذلک در این جبل فرد مانده‌ام و بموقفی آمده‌ام که احدی از اولین مبتلا نشده و احدی هم از مذنبین متحمل نشده فحمداً له ثم حمداً لا حزن لی لانّی فی رضاء مولای و ربّی و کانّی فی الفردوس متلذّذ بذکر الله الاکبر و ان ذلک من فضل الله علیّ والله ذو الفوز الکبیر. بحق خداوند که اگر بدانی آنچه می‌دانم کل سلطنت دنیا و آخرت را می‌دهی بر اینکه مرا راضی نمائی در طاعت حق و دو مطلب عمده هست مرا به آن حضرت یکی در امر دین و آن اینست که سلطان شوی قومی را که در قرآن خداوند اولی بأس شدید در حق ایشان فرموده و رحم کنی نفس خود را از سخط خداوند در قیامت فاین ذوالقرنین و سلیمان و ملکهما ان الدنیا تفنی و کل الی الله یحشرون و اگر قبول

نفرمائی خداوند عالم کسی را مبعوث فرماید لاقامة امره و کان وعد الله مفعولا و یکی در امر دنیاست چون خائفم از حق که ترک عهد شود اینست مرحوم معتمد شبی را خلوت نمود حتی حاجی ملا احمد را هم امر نمود بیرون رود. بعد از آن گفت می‌دانم کل اموالم ظلم است و مالک آن حجت خداوند است، حال کل را وامی‌گذارم باو و از تو اذن می‌طلبم در تصرف او و امروز غیر از تو حقی عالم نیستم حتی آنکه انگشترهای دستش را بیرون آورد و داد و من قبول نموده و ردّ نمودم به او و توبهٔ او را قبول نموده اذن دادم که تصرف نماید اشهد الله و کفی به شهیداً حال هم یک دینار او را من نمی‌خواهم مال حجت است کل اموال او هر قسم لایق است آنحضرت در اموال آن امر فرماید و من امروز از عهده قبول برآمده بذکر آن هر قسم سزاوار است فرمایند و از آنجائی که خداوند در دنیا از برای هر امری دو شاهد قرار داده عرفا و علمای دوست بسیارند ولی آنهائی که معروف حضورند طلبیده مثل جناب آقاسید یحیی و جناب آخوند ملاّ عبدالخالق و از بینات این امر سئوال فرموده تا آنکه آیات و نوشتجات را بحضور آورده کما هو حقه بیان نمایند اگر چه کفی بالله علیّ شهیداً ولی بعد از این بظاهر جزئی باقی نمانده الاّ آنکه حجت در او بالغ شده و این هر دو یکی قبل از ظهور امر مرا شناخته و یکی بعد از ظهور امر و هر دو از خلق و خلق من مطلعند از این جهت اختیار ایشان شد و کل عرفا و اهل جفر خبر از این امر داده‌اند حتی آنکه جفّار هندی علی ما کتب الی احد باسم نوشته در ازمنه قدیمه و ان من اشعاره هو هذا

یجی رباً لکم فی النّشأتین   لیحیی الدین بعد الراء و غین
فان زیدت علیها الهاء فاعلم   فانّی ما کتمت السرّ عین
فاضرب عدّ هو فی عدّ نفسه   فهذا اسم قطب العالمین
خذ المح قبل مدّ بعد ضمّ   فادرجها بتحت المدرجین

حتی آنکه در بیست سال قبل در دو شهر آذربایجان در رؤیا دو نفر نقل نموده‌اند و هو علی ما سمعت هذا تسع و تسع مأتین بعد الف تجد امراً امره لا فی السلف من ولیّ او نبیّ مرسل بل من النسلین اولاد الخلف. اگرچه اینها ذکری است از برای قلوب ضعیفه والاّ مقامی که از قلم من در شش ساعت هزار بیت مناجات جاری گردد که احدی از عرفا و علما قادر بر فهم معنی آن نیستند و احدی فرق با ادعیه اهل بیت عصمت ننماید و آیاتی از فطرت و قدرت و قوت جاری می‌شود که کل من علی الارض من سلسلة الرعیة قدرت نداشته بر اتیان آیاتی مثل آن چه احتیاج است باین ادلّه و حال آنکه باذن بقیة الله نوشتم بدو نفر عالم در یزد فوت مرحوم معتمد را قبل از وقوع بهشتاد و هفت یوم قبل و کفی بالله علیه شهیداً.

و هرگاه خواهم عجزی نداشته و ندارم بفضل الله از امری و عالم هستم بما اعطانی

الله من جوده و اگر خواهم ذکر نمایم کل ذکر حضرتت را در هر مقام ولکن ذکر نکرده‌ام و نمی‌کنم تا آنکه تمیز داده شود حق از غیرش و ظاهر شود صدق کلام باقر علیه السلام لا بدّ لنا من آذربیجان لا یقوم لها شیء فاذا کان کذلک فکونوا احلاس بیوتکم و البدوا ما البدنا فاذا تحرّک متحرّک فاسعوا الیه ولو حبواً علی الثلج و استغفر الله من وجودی و ما نسب الیّ و اقول انّ الحمد لله ربّ العالمین و صلّی الله علی محمّد و آله الطیّبین الطاهرین. انتهی.

یادداشتها

۱- حاجی محمدعلی ملقب به سیاح پسر ملارضا از مردم محلات و محال کاشان است او به سال ۱۲۵۲ هجری قمری در محلّات متولد شد. چون راغب به تحصیل کمالات و علوم بود از محلات به طهران آمد و با کمک و همراهی عمویش به کربلا رفت و از محضر بعضی از علماء استفاده کرد. وی در سن ۲۳ سالگی به ایران برگشت و بعد از مدتی دو باره به خیال سیاحت در مدن و ممالک عالم افتاد و از راه قفقاز و استانبول به اروپا رفت. سفری به چین و ژاپن و آمریکای شمالی کرد و سپس در سال ۱۲۹۴ از طریق هندوستان به ایران مراجعت نمود.

در شیراز نبیل قائنی را ملاقات کرد و با اشراف و اعیان شهر مرتبط شد و در اصفهان به خدمت ظل السلطان بیرون آمد و تا آنجا که امکان داشت به او خدمت کرد. سیاح با اجله بابیان و بهائیان آشنائی پیدا کرد و مخصوصاً با مرحوم حاجی میرزا محمدتقی وکیل الدوله در یزد و با میرزا اسدالله خان وزیر در اصفهان آمد وشد کرد. او یکی دو سفر به عکا رفت و در یکی از سفرهایش حضرت بهاءالله را در حمام عکا زیارت کرد. داستان این ملاقات در کتاب وفیات معاصرین از یادداشت‌های میرزا محمدخان قزوینی و در شماره دوم مجله یادگار سال پنجم چاپ شده است. وی می‌نویسد "در عکا روزی به حمام رفته بودم جوانی شخصی را شستشو می‌داد و دائم سر و دستش را می‌بوسید. آهسته جویا شدم معلوم شد آنکه استراحت کرده میرزا حسینعلی بهاءالله و آن جوان عباس افندی بود."

سیاح که عنصری سیاسی بود به آمیزش با سید جمال افغانی متهم شد و مدتی در طهران به حبس افتاد. در محبس با ملاعلی اکبر ایادی و حاج ابوالحسن امین هم بند بود و از آنان به شجاعت و پایداری در اعتقاد و ایمان سخن گفته است.

در قضیه قتل ناصرالدین شاه همراه با میرزا رضا کرمانی محبوس بود او به شهادت حضرت ورقا و روح‌الله اشاره کرده می‌نویسد:

"همین چند روزه میرزا ورقا که از داعیان بهائیه بود با پسر چهارده ساله‌اش به تهمت بهائی بودن علاءالدوله حاکم خمسه از زنجان فرستاده بود حکم کرد پسرش را اول (۱- الف) در حضور پدرش سر بریدند و بعد خود ورقا را."

او در بعضی از الواح جمال قدم به اسم سیاح افندی خطاب شده است. نامبرده در ۱۳۴۴ هجری قمری وفات نمود.

۱- الف. در تاریخ شهدای امرء تألیف ملک خسروی عکس این گفته ثبت شده است.

۲- خاطرات حاج سیاح، صفحات ۴-۲۶۲.

۳- قرن بدیع، قسمت اول، صفحات ۸-۱۲۶.

۴- کتابهای:

- Dawn-Breakers ، فصل ۱۳، صفحات۵۰-۲۴۳.
- مطالع الانوار، فصل ۱۳، صفحات ۱۷-۲۱۰.
- حضرت نقطه اولی، صفحات ۲۳-۲۳۲.
- The Bab، فصل دهم، صفحات ۳۱-۱۲۹.

۵- مضمون فارسی: سپاس خداوندی را که ما را از قوم ظالمین نجات داد و در کهفش پناه داد و از غیرش فارغ ساخت.

۶- رقم ۲۲۸ با احتساب حروف تهجی، حسن=۱۱۸ و علی=۱۱۰ می‌باشد. بنا بر این رقم مذکور معادل حسنعلی است.

۷- مضمون فارسی: خداوند عز ذکره فرمود: اگر جمیع اشیاء با قضا و قدر صورت می‌گیرد، حزن برای چیست.

۸- رقمهای ۹۲ و ۱۱۰ با احتساب حروف تهجی به ترتیب معادل اسماء محمّد (خال اکبر) و علی (خال اعظم) است.

۹- مضمون فارسی: پس می‌گوئیم که راضی هستیم الی آخر و ستایش خدا را است...

۱۰- مضمون فارسی: اوست خدایی که حافظ است و شأن او عالی است. عریضه (مبنی بر) عبودیت و خلوص من است.

۱۱- مضمون فارسی: که از القاب بی‌نیاز و سلاله‌اش طاهر و پاکیزه است.

۱۲- مضمون فارسی: جانم به فدای شما ای بستگان و جمیع احباء.

۱۳- مضمون فارسی: خداوند به آنچه از قبل آمده و از بعد می‌آید داناست و جمیع امور به او راجع است.

۱۴- مضمون فارسی: امر عالی مطاع است. سلام از طرف جمیع ما به جمیع شما و رحمت و برکت الهی بر شما باد.

۱۵- مضمون فارسی: ای حاکمی که به جمیع احکام حاکمی و ای صاحب لطفی که به جمیع الطاف نظر داری.

۱۶- مضمون فارسی: پس ای مولای من جانم فدای تو.

۱۷- مضمون فارسی: ستایش خداوند حکیم و عادل را که ما را در پناه خود از غیر خود محفوظ داشته است.

۱۸- مضمون فارسی: غار محکم و پناه پناه جویان و مأمن متواریان که بر اهل نور (مؤمنین) بمنزلهٔ کوه طور است که شمس حقیقت از آن مشرق است و ظاهر است بر احباب و پنهان است از اهل عذاب.

۱۹- مضمون فارسی: در شب و روز ذکر شما را در نزد پروردگارتان می‌کنم.

۲۰- مضمون فارسی: آنچه در تبریز پیش آمد.

۲۱- مضمون فارسی: تصور می کنند که (این پیشامد) بی مقدار است ولی در نزد خداوند و اولیاء او عظیم است.
۲۲- مضمون فارسی: پناه به خدا که (اهمیّت این پیشامد) ناچیز گرفته شود.
۲۳- مضمون فارسی: همه چیز بجز خدا دروغ است.
۲۴- مضمون فارسی: همه چیز در اختیار اوست.
۲۵- مضمون فارسی: کسانی که خداوند را بطور سطحی پرستش می کنند اگر با خیر و صلاح روبرو شوند اطمینان می یابند و اگر با شر و ضرر بربخورند دگرگون شده (کنار می روند).
۲۶- مضمون فارسی: (خداوند) عزیز حکیم که جز او خدایی نیست این امثال را برای خود و بوسیله خود می آورد تا شاید مردم را به تفکر وادارد ولکن فکر نمی کنند و به شعور نمی آیند الا بعد از وقت مقرر و برای آنها از طرف خداوند عذاب سهمگین مقدر است مگر آنانکه با قلب سلیم به سوی حضرت رب العالمین رو می آورند.
۲۷- مضمون فارسی: حوادث گذران روزگار بر خداوند و اولیاء او اثری نمی گذارد.
۲۸- مضمون فارسی: شبانه روز در نزد خداوند قهار.
۲۹- مضمون فارسی: برای حفظشان آنها را مخاطب نمی سازم و بر ایشان نامه نمی نویسم.
۳۰- مضمون فارسی: سلام بر آنها و بر آن حضرت در این مکتوب و حمد خداوند عالمیان را.
۳۱- بطوری که از قرائن برمی آید و با احتساب تاریخها و توضیحاتی که در نامه اصحاب داده شده است منظور از "۱۳ ش" سیزدهم ماه شوال است.
۳۲- مضمون فارسی: ستایش خداوند حکیم و عادل را که ما را در پناه خود از غیر خود محفوظ داشته است.
۳۳- منظور حضرت باب است.
۳۴- مضمون فارسی: پس سلام مرا به ایشان ابلاغ کن و حمد خدای عالمیان را.
۳۵- مضمون فارسی: اوست خداوند بزرگ عالی بلند پایه.
۳۶- القابی است که برای حضرت باب به کار رفته است.
۳۷- قرآن مجید، سوره اسری، آیه ۱. مضمون فارسی: پاک و منزه است خدایی که (بنده خود را از مسجد الحرام به مسجد الاقصی) برد.
۳۸- قرآن مجید، سوره النجم، آیه ۷. مضمون فارسی: نزدیک آمد و نازل گردید.
۳۹- قرآن مجید، سوره النجم، آیه ۸. مضمون فارسی: پس به اندازهٔ دو کمان بلکه نزدیکتر شد.
۴۰- قرآن مجید، سوره النجم، آیات ۲۴ و ۲۵. مضمون فارسی: آیا برای انسان هر

چه آرزو کند حاصل می‌شود؟ در حالی که دنیا و آخرت همه از آن خداست.

۴۱- مضمون فارسی: اگر به خاطر تو نبود آسمانها را خلق نمی‌کردم.

۴۲- مضمون فارسی: پس وای وای گذشت آنچه گذشت تا اینکه به قریه‌ای وارد شدم که اهالی آن جاهل‌اند.

۴۳- توضیح مفصل در این باره، در ردیف ۲۸ از یادداشت‌های فصل ششم آمده است.

۴۴- مطالع الانوار، صفحات ۲۲۲-۲۲۱.

۴۵- مطالع الانوار، صفحات ۲۲۳-۲۲۲.

۴۶- ظهورالحق، جلد سوم، صفحات ۲۵۹-۲۴۵.

۴۷- منظور از ارض باء، ارض خاء، ارض قاف، ارض تاء و ارض المقدّسه به ترتیب شهرهای بارفروش، خراسان، قزوین، تبریز و طهران است.

فصل دهم

حضرت باب در چهریق

مقدمه

ایاب و ذهاب اصحاب و احباب حضرت باب و اجتماع آنان در ماکو افکار بعضی از اولیای امور را به خود مشغول نمود مخصوصاً دالگوروکی[۱] سفیر دولت روسیه که اصرار داشت حضرت باب را از ماکو که در مرز خاک روسیه قرار دارد دور کند زیرا می‌ترسید که کثرت جمعیت و رفت و آمد بابی ها موجب شورش و هیجان بزرگی شده پای دولت روسیه به میان کشیده شود. بنابر این از محمدشاه و حاجی میرزا آقاسی خواست که حضرت باب را به نقطه‌ای دیگر که دور از سرحد روسیه باشد تبعید نمایند. از این رو زندان حضرت باب را از ماکو به چهریق[۲] تغییر دادند.

در این مورد روایت دیگری نقل شده است که می‌گوید علی خان ماکوئی با همه ارادتی که به حضرت باب داشت از آمد و شد بابی‌ها به آن حدود و اخلاص و اعتقاد مردم ماکو به آن حضرت واهمه داشت و از وحشت این که مبادا در برابر دولت مسئول شود به حاجی میرزا آقاسی نوشت که از این به بعد حفاظت و نگاهداری سید باب در ماکو مقدور نیست بهتر است چاره‌ای دیگر بیاندیشند.

حاجی میرزا آقاسی با محمد شاه مشاوره نمود و تصمیم گرفت که محبس و منفای حضرت باب را از ماکو به نقطه‌ای دورتر یعنی به چهریق یکی از توابع سلماس انتقال داده به دست یحیی خان ایلخانی[۳]، برادر زن محمد شاه، که صاحب اراده‌ای قویتر و تدبیری کاملتر از علی خان ماکوئی بود بسپارد.

یحیی خان پس از دریافت حکم به سرتیپ رضاقلی خان پسر سلیمان خان صائن قلعه‌ای[۴] مأموریت داد که حضرتش را از ماکو به چهریق منتقل نموده به وی تحویل دهد. به این ترتیب سرتیپ رضاقلی خان با سی نفر سوار به ماکو رفت و حضرت باب را به سمت چهریق حرکت داد. در این سفر آقا سید حسین کاتب و برادرش آقا

سید حسن حضرت باب را همراهی می کردند.

در سر راه هنگامی که حضرت باب به شهر خوی وارد شدند با وجود اینکه برف و باران به شدت می بارید بسیاری از اهالی آن بلد از ایشان استقبال کردند. رضاقلی خان و همراهان بعد از یک روز توقف در خوی عازم ارومیه شدند.

ورود به ارومیه و چگونگی وقایع آن

حضرت باب در ارومیه به منزل ملک قاسم میرزا۵ پسر بیست و چهارم فتحعلیشاه که دارای فضائل اخلاقیه و کمالات عالیه بود وارد شدند. او قدوم حضرت باب را به نهایت احترام پذیرفت و در ظرف چند روزی که در ارومیه بودند از ایشان به اسم میزبان میهمانداری کرد و در عمارت چهار برج از متفرعات دارالحکومه منزل و مأوی داد. در تاریخ حاجی معین السلطنه تبریزی۶ آمده است:

"در ارومی چون علماء و اشراف بلد احترامات حکومت را در باره حضرت اعلی مشاهده نمودند همگی دیدن و پرسش را پذیرفتار گشتند روزی آن حضرت عزم بازدید یکی از علمای معروف آنجا را فرموده چون مسافت زیاد بود از طرف حکومت امر شد اسبی از اسبان خاصه را برای آن حضرت زین و لجام کنند از قضا ملک قاسم میرزا اسبی بسیار اصیل و نجیب از بهترین نژادهای عربی داشت ولیکن آن اسب بسیار چموش و سرکش و توسن و بی آرام بود که جز خدمتکار و مهتر خویش کسی را نزدیک خود نگذاشتی. جمعی از معاندین برای اظهار خصومت و یا امتحان و تجربت به خادم گفتند آن اسب دیوانه را برای سواری سید باب زین کند. مهتر گفت مرا با پیغمبر خدا چه خصومتی است که اسباب هلاک فرزندش باشم گفتند اگر این سید حق است لابد اسب برای او رام و سریع الانقیاد خواهد بود و اگر بر باطل است این اسب کیفر او را داده و جهانی را از شرّ وی آسوده خواهد نمود. پس خادم اصطبل همان اسب را زین کرده آورد در دم نگاه داشت و مردم شریر برای تماشا و نظاره و مآل کار ایستادند. حضرت باب اعظم بیرون آمده نزدیک اسب رفت اسب رکاب داد و حضرت باب بدون زحمت پای مبارک را به رکاب نهاده سوار شد هوش از سر نظاره کنان بیرون رفته همگی در بحر تعجب فرو رفتند.

نگارنده گوید اکنون که هشتاد سال از این قصه گذشته در السن و افواه مردم ارومی حتی معاندین این قضیه اشتهار بلیغ دارد."

نبیل اعظم در مطالع الانوار می نویسد:۷

"چون حضرت باب به ارومیه رسیدند ملک قاسم میرزا نهایت احترام را نسبت به حضرت باب مرعی داشت و به همه مأمورین سپرده بود که با آن بزرگوار در نهایت احترام رفتار نمایند. یک روز حضرت باب عازم حمام بودند ملک قاسم میرزا

ملک قاسم میرزا حاکم ارومیّه

حاجی میرزا آقاسی

در صدد برآمد که حق را امتحان کند. مشارالیه اسبی داشت در نهایت سرکشی که هیچ کس نمی‌توانست بر او سوار شود آن اسب را امر کرد آوردند که حضرت باب سوار شده به حمام تشریف ببرند و به هیچوجه سابقه اسب را به حضور مبارک عرض نکرده بود. خادمی که مأمور این کار بود پنهان از ملک قاسم میرزا داستان سرکشی اسب را به حضور مبارک عرض کرد که مبادا اذیتی به هیکل مبارک برسد. فرمودند به خدا واگذار کن خداوند خودش محافظت خواهد فرمود.

مردم ارومیه که این مسئله را دیدند به مقصود حاکم پی بردند جمعیت بسیاری در میدان عمومی جمع شده بودند تا ببینند که چگونه حضرت باب بر آن اسب سوار می‌شوند. مأمور اسب را نزدیک آورد. حضرت اعلی با کمال اطمینان و متانت جلو رفتند لگام اسب را از دست مهتر گرفتند و اسب را نوازش فرموده پای مبارک را به رکاب گذاشتند و سوار شدند. اسب بدون سرکشی تسلیم بود و با کمال راهواری سیر می‌کرد مردم همه چون سابقه این اسب سرکش را داشتند از مشاهده این حال تعجب کردند و این مطلب را یکی از معجزات دانستند و یکباره هجوم کردند که رکاب اسب را ببوسند فراش های شاهزاده مردم را از این عمل ممانعت نمودند که مبادا سبب اذیت هیکل مبارک بشوند. شاهزاده پیاده در موکب مبارک تا نزدیک حمام همراهی کرد بعد هیکل مبارک به او فرمودند که مراجعت کند. فراشان شاهزاده جمعیت را که برای زیارت حضرت باب ازدحام کرده بودند متفرق می‌ساختند و راه باز می‌کردند.

چون به حمام رسیدند یکی از نوکرهای مخصوص با سید حسن برای انجام خدمات حضرت باب با هیکل مبارک همراهی کردند. حضرت باب از حمام پس از آنکه بیرون آمدند ثانیاً بر همان اسب سوار شده مراجعت فرمودند. مردم از مشاهده آن جاه و جلال صدا به تکبیر بلند کردند شاهزاده بنفسه نیز به حضور مبارک رسید و همراه موکب مبارک به مقری که معیّن شده بود مراجعت کرد. اهالی ارومیه به حمام هجوم کردند و تا آخرین قطره آب خزانه حمام را به تبرک بردند. در شهر هیاهوی عجیبی برپا شده بود هیکل مبارک که جوش و خروش مردم را مشاهده کردند حدیثی را که از حضرت امیر علیه السلام مروی است بیان فرمودند که آن حضرت فرمود دریاچهٔ ارومیه به جوش و خروش خواهد آمد و آبش شهر را خواهد گرفت. بعضی به حضور مبارک عرض کردند که بیشتر مردم شهر به امر مبارک مؤمن شدند. حضرت اعلی چون این مطلب را شنیدند این آیه قرآن را تلاوت فرمودند، قوله تعالی: احسب الناس ان یترکوا ان یقولوا آمنا و هم لا یفتنون."۸

دکتر ایساک آدامز یک مسیحی ایرانی که سالهای متمادی در ارومیه زندگی می‌کرده است نیز می‌نویسد که تعداد زیادی برای دیدن او (حضرت باب) هجوم

آوردند و حتی حاکم همدردی خود را برای زندانی با چنین صفات مجذوب کننده پنهان نکرد. جمیعت مردم به هنگام دیدن این جوان جالب اشک می‌ریختند و بیش از نصف جمعیت معتقد بودند که ممکن است خود "امام مهدی" باشد یعنی آرزوی بزرگ ملت اسلام. از فحوای کلام مردم عادی برمی‌آید که وقتی او برای استحمام به حمام ارومیه رفت مردم آب خزینه را که متبرک شده بود در شیشه کرده بردند.[۹]

رسم تصویر مبارک

در ارومیه آقا بالابیگ شیشوانی نقاش باشی دستگاه حکومت ملک قاسم میرزا با طیب خاطر از حضرت باب خواهش کرد اجازه بدهند تا تصویری از آن حضرت رسم نماید. این خواهش مقبول افتاد و او تصویری از حضرت باب در حالی که جالس هستند رسم نمود. آقا بالا بیگ که در آن اوقات نه بابی بود و نه از دیانت بابی خبری داشت سالها بعد از شهادت حضرت باب به وسیلهٔ ورقای شهید ایمان آورد و بهائی شد و آن تصویر را به حضور حضرت بهاءالله فرستاد و حضرت بهاءالله اقدام او را تقدیر فرمودند و به او اجازه دادند که نه تصویر از آن شمایل رسم کند و به هفت شهر از شهرهای ایران ارسال دارد. یکی از آن تصاویر به دست جناب ورقا رسید که در وقت دستگیری ایشان در زنجان در جعبه اوراق ایشان بود و در طهران ضبط شد و معلوم نیست که سرنوشت آن چه شد.

در لوحی که به اعزاز ورقای شهید نازل شده و به خط خود اوست می‌خوانیم:

"و اینکه ذکر جناب نقاش باشی علیه بهاءالله الابهی و اراده ایشان را فرمودند در ساحت امنع اقدس عرض شد.

قوله تبارک و تعالی

نعم ما اراد لله الحمد اثر و ثمر و عمل ایشان امام وجه حاضر فی الحقیقه این عمل ایشان لا عدل له است و الی ابد الآباد در کتاب الهی مخلد گشته و اذن می‌دهیم معدودی از آن ابوالجمال و ابوالحسن را مخصوص آن جناب و یک دو نفر از اولیاء بنگارد انه من عنایة الله و فیضه الاعظم و عطائه الاکمل الاتم البهاء من لدنا علیه و علی ابنه و ضلعه و علی الذین شهدوا بما شهد الله رب العرش العظیم. معدود آن جائز اگر زیاد شود محبوب نه و وجهش معلوم است الحمد لله موفقند و مؤید و هم چنین طالبین و فائزین به آن.

یا محبوب قلبی و فؤادی روحی لاثرک و ثمرک و عملک الفداء انشاءالله قدر و مقام این عمل عظیم و عنایت قویم را بدانید و بشکر و حمد و ثنای الهی ناطق شوید هرگاه میل و اراده مبارک عالی قرار بگیرد بهمان تفصیلی که از قبل عرض شد الی عدد تسع به این معنی که آن یکی که به فوق ارسال شده و دیگری که در نزد فانی است هفت عدد دیگر هم بنگارید و از عدد معلوم هم تجاوز جائز نه البته

میزان سابق در نظر عالی است فانی هم بر عهد باقی و حاضرم یکی به ارض ق، یکی به ارض طاء، یکی به ارض خاء، یکی به ارض یا، یکی به ارض صاد، یکی به ارض ش، یکی به ارض ک ش۱۰ و هرگاه میل و اراده مبارک نباشد آنهم بحمدالله فانی به موهبت خود رسیده و بحمدالله به جهت آن محبوب هم اطمینان حاصل شد و به اذن و عنایت مشرف و مطرز شدید.

حضرت محبوبی آقا ملا حاجی آقا و سایر اولیای آن ارض را مکبرم مترصد و منتظر جواب می‌باشم. فانی ورقا ۱۵ جمادی الثانی ۱۳۰۶."

عزیمت به چهریق

حضرت باب بعد از ده روز توقف در ارومیه به سمت چهریق روانه شدند. وقتی رضا قلی خان و حضرتشان به چهریق رسیدند، یحیی خان برای سرکشی به ایلات و عشایری که تحت فرمانش بودند رفته بود. بنابر این رضاقلی خان حضرت باب را در بالاخانه عمارتی که یحیی خان برای خودش ساخته بود، توقیف کرد. رضاقلی خان در اثر مشاهده مکارم اخلاق و بعضی کرامات که از حضرت باب دید در چهریق ایمان آورد و از ایشان تقاضای عفو و بخشش نمود. حضرت باب نسبت به او ابراز محبت فرموده در حقش دعا نمودند. یحیی خان نیز در حضور حضرت باب خاضع بود و به کمال رأفت و احترام مقابله می‌نمود تا آنجا که پیشخدمت مخصوص خودش عبدالحمید را به خدمتگزاری حضرت باب گماشت و همه روزه شام و ناهار را برای آن حضرت و هرکس در قلعه حضور داشت از آشپزخانه خودش می‌فرستاد.

مکاتیب اصحاب به خالهای مبارک

در ضمن اوراق باقی مانده از خال‌های حضرت باب برخی از مراسلات بابی‌های آن ایام به دست آمده که در آنها از چگونگی احوال و علت انتقال حضرت باب به چهریق مختصری صحبت می‌شود. در اینجا چند طغرا از نامه‌های مذکور را که دستخط بابی‌های معروف است می‌خوانیم.

مکتوب ملا احمد ابدال مراغه‌ای

بسمه العلی العظیم

الحمد لله رب العالمین و الصلوة و السلام علی محمد و آله الطاهرین و علی اسم الله المکنون المخزون و علی شیعتهم المنتجبین و رحمة الله و برکاته ثم السلام علی مخدوم معظم و مشفق مکرم جناب مولای خود و علی سائر المحبین و رحمة الله و برکاته.

اولاً عمده مطالب سلامتی ذات شریف سرکار می‌باشد و ثانیاً هرگاه از راه مرحمت جویای احوالات این جانب بوده باشید حال تحریر ۹ شهر جمادی الاولی در کاظمین ع نایب الزیاره و دعاگو می‌باشم در این روزها عازم هستم بروم بخدمت مولای خود مشرف بشوم انشاءالله. اما اخبار جدید از طرف ذکر ع در این روزها زوّار آمد از ارومیّه احوال مولای خود را جستجو شدم گفتند در قریه ارومیّه تشریف دارند قریه چهروم نام می‌باشد و حاکم ارومیّه اول خواسته بود در خود ارومیّه تشریف داشته باشند. ملاها ترسیده بودند مبادا ... ... فتنه بشود راضی نشده بودند لعنهم الله آنچه نقل می‌کردند حاکم با محبت حرکت می‌کنند و از شهرهای آذربیجان مردم فوج فوج به خدمت ایشان شرفیاب می‌شوند مصدّق برمی‌گردند آنچه نقل می‌کردند هنگامهٔ عظیم برپا شده یعنی بسیار مردم ارادت رسانده‌اند به جناب ع باری قال الله و انّا انزلنا الذّکر و انّا له لحافظون۱۱ الحدیث: و فی العوالم عن الباقر ع قال لا بدّ لنا من آذربیجان فاذا کان ذلک فکونوا احلاس بیوتکم و البدوا ما لبدنا فاذا تحرّک متحرّک فاسعوا الیه ولو حبواً والله لکانّ انظر الیه یبایع النّاس علی کتاب جدید علی العرب شدید. در این حدیث خوب تأمل بفرمائید تا الی الآن هیچ یک از ائمه ع در آذربیجان حبس (نکرده‌اند) و صاحب الزمان ع ظاهر می‌شود کسی او را نمی‌تواند حبس کند بعد از آن حضرت ع عالم رجعت می باشد. پس معنی لنا از بابت السلمان منّا می‌باشد شیعتهم منهم صلی الله علیهم.

فامّا باعث حرکت ذکر ع از ماکو این است وزیر مختار الچی اُرُوس شنید جناب در ماکو تشریف دارند ترسیده بود از فتنه به وزیر حاجی میرزا آقاسی گفته بود ذکر ع را بفرس (بفرست) به ولایت دیگر خودتون چونکه ماکو سرحدّ است و به ولایت ما نزدیکست می‌ترسم از فتنه چونکه چند سال قبل ملاصادق نام ادّعای نیابت کرد در مدت یک ماه سی هزار مرید به سرش جمع شده بود. این حکایت را اروس دیده بود از این جهت می‌ترسید. سلام حقیر را به مخدوم‌زاده برسانید. باقی (والسلام) المشتاق احمد ابدال. (سجع مهر) الراجی احمد ابدال.

مکتوب اول ملا عبدالکریم قزوینی

هوالاعلی عریضة العبودیة را در سرای گمرک جناب قبله و امیدگاه آقائی ولی النعمی اشرف السادات و الاطیاب عمدة الاعیان و الاخیار خیر الحاج و قدوة التجار جناب حاجی میرزا سید علی تاجر شیرازی سلمه الله تعالی مشرف شود.

هو العلی العالی الاعلی

السلام علی اهل بیت السکینة من تمسک بهم نجی و رحمة الله و برکاته من الرب البرّ ربّنا و رب العالمین الحمدلله الذی نجانا من الهلکات و هدانا الی اشرف البریات سلام الله علیه و علی من معه خیر التحیات و البرکات بابی انتم و امی یا

من انتجبهم الله من بريته لان يصل الناس بمودّتهم بمقام قربه و الفوز الى الدرجات فى القربات و الجنات اللّهم اجعلنا من اهل المودة لذوى القربى و المتمسكين بحامل تابوت السكينة فى بيت العلى الاعلى صلّى الله عليه و سلامه فى الاولى و الاخرى بحق محمد و آله و شيعتهم الطاهرين المطهرين المنتجبين المتعارجين الى العلى.

مولاى اولاً مدتى است كه بعريضه مصدع نشده‌ام مگر يک عريضه در جوف مكتوب حاجى خداداد بتوسط آقا محمدحسن تاجر شيرازى برادر آقا محمدابراهيم علاقه‌بند تخميناً دو ماه قبل را ارسال خدمت شد انشاءالله الرحمن رسيده است خداوند عالميان شاهد است كه از غايت اشتياق درک فيض آستانه بوسى آن خانواده اوليا نعم ذكرى و فكرى در اغلب احوال بجز ذكر آن جنابان ندارم مستدعى از درگاه رب العالمين كه باحسن طور فيض درک آستانه بوسى آن جناب و جناب آقاى معظم قبله‌گاه محترم روح روان و روان روح حضرت مولاى و سيد السادات آقا ميرزا محمدجواد روحى له الفداء در احسن و اشرف امكنه در تحت لواء حمد ... و مرزوق گردد آمين يا معين بحقّ اهل الحقّ المنتجبين.

الآن را كه بيستم شهر ربيع الثانى است در بلده زنجان انيس حرمان و جليس هجران حيران و سرگردان گرفتار هموم و غموم دورى از كوى جانان متحير مى‌گردم ندانم بكدام سمت روم و بكجا شتابم قدرى از طلب خوار ملعون (ملا جواد قزوينى) مطاعى آقا سيد مرتضى وصول كرده بود آمدم تحويل بگيرم، جنس است خواهد ... عزيمت آن دارم كه بسنه رفته انشاءالله شايد تتمه را از او گرفته مى‌گويند از آنجا نزد خسروخان مشغول تعدى ناس و امثال اقران خود است تا خداوند چه بسازد. از محبوب حقيقى و حقيقت محبوب سلام‌الله عليه روح الامر و الخلق فداه بخواهند سه ماه قبل را تعليقه‌اى از شاه رفت خطاب به اهل تبريز و علماى آن بلد كه اجلاس با آن بزرگوار نموده تبيين امر شود از آن قرار حكم شود آنها راضى نشده كه سبب فتنه مى‌شود مجدداً باتفاق ولى‌عهد حكم شده هنوز خبر نرسيده است. اليوم را حاجى محمدعلى خوئى شخصى معززى است وارد شد باتفاق نعش ميرزا مهدى خويى برادر حاجى ميرزا آقاسى و جمعى كثيرى هم همراه هستند كل باين مضمون نقل نمودند كه دو ماه (و) نيم قبل را تخميناً نظر بخواهش على خان حاكم ماكو كه اظهار خوف و خشيت از نگهداشتن نموده بود امر شد به يحيى خان حاكم اروميه باين مضمون از قرار تقرير حاجى محمدعلى كه در مجلس حاكم خود ديده بود جناب حاجى سيد على محمد شيرازى را بتو مهمان مى‌سپاريم طريقه مهمان‌دارى را خوب مراعات نموده آنچه اخراجات ايشان شود متقبّلم كس فرستاده بياور و در نهايت احترام نگهدار و همين نوشته‌ام را سند نگهدار. بعد از آن را او كس فرستاده به اعزاز و احترام آوردند و از خوى گذرانيدند با استقبال اغلبى از اهل آن و اگر بوران

و باد و سرما مانع نبود کل بیرون می‌شتافتند داخل خوی نموده بعد از یک روز روانه ارومیه در قریهٔ قریب آن مسمی بچهری نزول اجلال فرمودند و از آن زمان الی الان نظر به سدّ طرق خبری نداریم تا من (من بعد) چه شود هنوز از احبا کسی از آنجا نیامده خبری ندارم این اخبار را از اغیار شنیده‌ام لکن بحدّ تواتر است بی‌اصل نیست ظاهراً خلاف ندارد.

از احبا در خدمت‌گذاری در منظر اکبر جناب آقائی روحی له الفداء سلالهٔ الاطیاب آقا سید حسین و اخوی ایشان آقا سید حسن مقطوع است و بعضی دیگر نیز در آن صفحات هستند نمی‌دانم در محضر قدس حاضرند یا خیر جناب شیخ و میرزا عبدالوهاب و میرزا جعفر و بعضی دیگر هستند هرگاه خبری رسید عرض خواهد شد الآن در خدمت آقائی آقا سید مرتضی هستم سلام می‌رسانند و بعضی احباء بلد نیز مستدعی توجه و التفات باطنی عالی هستند و جناب آقائی آقا میرزا محمدعلی۱۲ و جناب آخوند ملا محمّدحسن بجستانی سفارش نمودند که در عرایض عرض سلام ایشان برسانم و السلام علیکم و رحمة الله و برکاته و عرض سلام می‌رسانم به سایر اقربا کلاً یکان یکان ... ... سلام حقیر رسانیدن موقوف بالتفات عالی است ... ... قدس سلام می‌رسانم لعل الله بذلک یجعلنی من الذکر زین الذاکرین و الحمد لله رب العالمین.

صاحبا قبله‌گاها چندی قبل را در قزوین بوده در هنگام بیرون آمدن از آن ولا دو تعلیقه از عالی روحی لکم الفداء که یکی بتاریخ پنجم ذیعقده و دیگری بتاریخ ۱۵ آن واصل بزیارت آنها مشرف شدم سر افتخار بفلک شرافت رسانیده زبان دل و جان بشکرگذاری گویا و به ثناگوئی که لازمه فعل عبید است موالی خود را آشنا بجناب آخوند ملامحمد فرمایش عالی را رسانیدم و الی الآن خبری از مطاعان کربلائی عباسعلی و کربلائی محمد رفیع و آقا محمد رحیم نشده نمی‌دانم مراجعت نموده‌اند یا در بین راه مانده‌اند یا آمده‌اند در خفا گذشته‌اند و کسی مطلع نشده تعلیقه عالی را در جوف عریضه خود فرستادم بجههٔ آقائی آقا سید حسین امید که انشاءالله برسد و جناب حاجی محمدعلی تا قریب عید از حبس خلاص نشده بود الان را نمی‌دانم اللهم عجّل فرج آل محمد و اشف قلوبنا و اکشف عن کربتنا بمحمد و آله سلام الله علیهم.

کیفیت جناب طاهره را از مصدر جلال امر شد که سکوت در باره او بلکه جز خوبی و مدح چیزی نگویند بلکه مدح بسیاری در باب ایشان صادر شد و جمیع اسنادهای مردم بایشان دروغ بوده مبرّا از قائلهٔ (غائله) اهل قیل و قال بوده‌اند بلکه اختلاف سببش بعضی بوده که خود را نسبت بایشان می‌داده‌اند. الحاصل نهایت التفات بایشان فرمودند و سخن گفتن طرفین حرام است.

جناب باب الباب سلام الله علیه مدّت قریب به پنجاه یوم در قزوین بندگان ضعیف را سرافراز فرمودند و از شرف حضور ایشان محظوظ و سربلند بودیم. در اواخر شهر صفر روانه خراسان از سمت مازندران شدند و بعضی از دوستان در مازندران جمعند در خدمت جناب بزرگوار قطب الاطیاب الجناب المستطاب جناب الحاج و المعتمر لبیت الله الحقیقی الحاج ملا محمدعلی روحی له الفداء مجتمعند تا من بعد را چه ظهور بهمرساند در باب نوشته‌جات هنوز ترتیبی فرموده‌اند (نفرموده‌اند) و آن موقوف است بجمیع نسخ و تصحیح آن بسیار مشکل است اگر امکان وصول بمنظر اکبر انشاءالله بهمرسید سئوال شده انشاءالله بعد از ترتیب بجهة عالی نوشته ... ... زیاده دعاگو و استدعای التفات ... ... و الحمد لله رب العالمین.
(سجع مهر) ملا عبدالکریم

الآن را جناب مطاعی آقا سید مرتضی عریضه به جناب عالی نوشته در خصوص پنجاه تومان حاجی جعفر بیست و پنج تومان گرفته است مابقی را این ایام انشاءالله خواهد داد و خواهد به حضرت... انشاءالله ... اطلاعاً عرض شد والسلام.

مجدداً سلام بحضرت قبله و امیدگاه نخبة الاطیاب جناب آقازاده بزرگوار آقا میرزا جواد روحی له الفداء می‌رسانم خداوند نقاهت بوجود ذیجود شریف نرساند و شرف پای بوسی بزودی ... ... مرزوق گردد آمین یا معین الآن را که بیست و یکم شهر حال است تازه خبری نرسیده خبر ورود بچهری متواتر است قلبم به آن جانب طیران است اللهم ارزقنا و جمیع الاخوان شرف الوصول بالمنظر الاکبر و ساحة القدم صلی الله علی الساکنین فیها و السلام علیکم و رحمة الله ...

مکتوب دوم ملا عبدالکریم قزوینی

هو الاعلی

جعلت فداک الآن را جناب آخوند ملا باقر ترک از آستانه بوسی عرش آستان وارد شد مدتی در چهری (چهریق) و آن صفحات در حول شمع وجود پروانه‌وار طائف بوده بحمدلله (بحمدالله) آنجا نیز خوش می‌گذشته آقا سید حسین و برادرش آقا سید حسن سلام‌الله علیهما در ملازمت بوده‌اند و جناب ملا شیخ علی در ارومیه مشغول ذکر فضائل و جناب میرزا عبدالوهاب در خوی و باقی احبا متفرق در اطرافند اطلاعاً عرض شد خواطر (خاطر) جمع دارید و در تبریز آخوند ملا باقر شنیده که بنا داشته‌اند به فرمایش سلطان آن جناب را سلام‌الله علیه آورده در تبریز اجلاس نمایند باین مضمون که شاه خطاب به ملاها کرد که فتنه چرا می‌کنید چوب و زدن مال حکام است شما چرا هرزه گی (هرزگی) می‌کنید بیاورید بنشانید سخن بگوئید هرچه معلوم شد از جنون یا لزوم قتل یا وجوب احترام و لزوم اطاعت بنویسید تا آنوقت خود دانم چه باید کردن.

مکتوب آقا سید حسین کاتب

شهد الله انّه لا اله الاّ انا العزیز المحبوب

یا سیدی جعلت فداک چند یوم قبل عریضه نگار شدم و ارسال خدمت نمودم حال هم چون بحر فیض بطلاطم (به تلاطم) آمده و به خط اقدس ارفع اعلی شما را مشرف می‌فرمایند خواستم منهم بهاء خود را بسوق محبت آورده تا از خریداران محسوب شوم قبله من در عریضه قبل قدری نقاب از چهره مقصود برداشته و بعض کلمات بی‌ادبی کرده حال هم می‌خواهم نمله‌وار به سلیمان حسن بی‌ادبی کرده و عرض کرده و اخرجوا عن مساکنکم التی سکنتم فیها من قبل و ادخلوا بیت الحقیقة و استشرقوا بنور شمس الالهیة[13] بجهة آنکه شما اولی هستید باین خروج و سبقت در دخول لانّکم من اهل البیت و اهل البیت ادری بما فیه[14] الحمد لله آنچه مقصود اهل شهود بود ظاهر شد و هرکس توقف نماید در این ظهور نشانه عدم ایمان اوست از قبل بمحمد بن عبدالله صلّی الله علیه و آله بجهة آنکه الان کل اهل این دین من الفریقین حجة قطعی ندارند سوی الآیات و آنچه می‌گویند بواسطه حجیت آیات می‌گویند بواسطه آنکه خود می‌گویند احادیث ظنّی الصدور است و سایر ادله ایشان هم ثابت می‌شود در صورتی که مؤمن بکتاب الله باشند از تواتر و غیره و الحمدلله قد اظهر الله لنا الحق بکتاب جدید علی نحو لا یظهر فی الامکان مثله[15] اگر قرآن در مدت بیست و چهار سال نازل شد الآن در مدت شش یوم بل اقل بقدر قرآن آیات نازل می‌شود از شجره الهیه که اعظم حجج است بلکه حجتی ندارند الیوم بر دست خود الاّ الآیات و در صدر اسلام تا هفت سال غیر از یک امیرالمؤمنین سلام الله علیه احدی تصدیق آنجناب را صلّی الله علیه ننمود و در این امر بدیع الحمدلله در این مدت پنج سال با این فتنه های پی در پی مع ذلک کل جواهر قطع اسلام در مقام تسلیم و اذعان برآمده‌اند و کذلک فی سایر الامور یا مولای قدری صاعد شوید بملاء اعلی که شما اولی می‌باشید آنچه موعود بودند از دجّال آخر الزمان علیه ما علیه همان بود که بود و حمیرش همان بود که رفت و صبی در کلام امیرالمؤمنین علیه السلام در دیوان بقوله علیه السلام صبی من الصبیان لا رأی عنده الخ[16] همین است که هست وقوع امر موعود در آذربیجان که مذکور است در حدیث لابدّ لنا من آذربیجان من امر لا یقوم بها احد الخ همان بود که واقع شد در سنه قبل و متحرک بحق بعد از آنکه کل مأمورند بر روی برف بجانب او بروند همان است که متحرک شده الحمدلله و او است منصور در سموات و ارضین و ربّی که خبر داده بود در کلامش جفار هندی که ربّی در سنه هزار و دویست و شصت تا به آخر پنج ظاهر می‌شود که مربّی نشئتین است که می‌گوید:

یجئ ربّا لکم فی النشئتین لیحیی الدین بعد الراء و غین[17]

همین است که ظاهر شده شجره الهیه و شمس احدیه و نقطة الاولیة جل شأنها عن البیان و عظم آیاتها عن التبیان نائمین را از خواب بیدار فرمایند که عنقریب بنداء وا اسفا علی ما فرّطنا فی جنب الله۱۸ منادی خواهند شد و بفرمایند که دست از تقدّسات صوریّه و رسوم حدودیّه بردارند و ناظر بحقیقت شوند که کل این امور سبحاتی است که مانع از نظر است صاحب سد آمده است می خواهد سدّی که گذاشته بردارد و از سر نو بهر قسمی که صلاح عباد خود را بداند سد تازه بگذارد من یقدر غیر الله ان یفعل ذلک ولکنّ الله یفعل ما یشاء و یحکم ما یرید کلمات مسموعه از افواه مردم را و امورات موهومیه نزد ایشان را مثل طلوع شمس از مغرب و خروج از مکّه و ظهور حماری که مابین دو گوش آن بقدر دو میل بوده باشد و امثال ذالک من الموهومات حجاب خود قرار ندهند که کل اینها بعد از ثبوت صدور آن از اهل حق باید معنای آنرا از حق پرسید که مراد چه چیز است کلمات اهل حق اوضاع اصول بافی نیست خود می دانند که چه می گویند معنی کلام ایشانرا باید از خود ایشان پرسید حقیقت فرج وجود امام نیست که اگر این بود معنای فرج، اهل بیت سلام الله علیهم نمی بایست اینقدر تضرع و زاری نمایند بعد از عروج رسول الله الی السماء و همیشه ابتهال از برای یوم ظهور حجة منتظر علیه سلام من الله الاکبر نمایند بلکه حقیقت فرج ظهور امری است که به آن دین حق ثابت شود و ثابت شود من الله آنچه ثابت شدنی است و مرتفع شود آنچه برداشتنی است و آن نزول آیات است من الله عزّ و جلّ که کل اهل ارض عاجز می باشند که یک آیه من الله تکلم نمایند اینست حقیقت فرج نه جلوس بر تخت سلطنت و سایر امور موهومه عندالناس قدر این ایام را بدانید و قدر خود را بدانید که منسوب بکدام شجره شده اید و نظر را از افواه خلق بردارید و ناظر بنقطه امر شوید که کل این احکام و شرایع و مؤمن و غیر مؤمن از کجا ظاهر شد و از کدام امر بهم رسید از کثرة نظر پوشیده بنقطه وحدت ملاحظه فرموده که این همه جماعتها که الآن در مساجد می شود کل اینها راجع به امر فارکعوا مع الراکعین می شود و همچنین در حج راجع به آیه ولله علی الناس حج البیت می شود و کذلک فی الصلوة و الصوم و سایر الاعمال کل راجع بقول حق می شود بسیار بی ادبی کردم دیگر تا اینجا ختم می نمایم و عنان قلم را می کشم از تحریر آنچه مرسول شده بود از حساب نقدوالشیئی رسید با یک نوشته که همرای (همراه) آن بود و بساحة قدس مشرف شد ولکن عریضه قبل از این عریضه هنوز نرسیده ولکن خبر وصول آن تا خوی آمد انشاءالله می رسد بعد از مطالعه جناب قبله گاهی ام آقا میرزا محمد و جناب خالو میرزا سید مهدی روحی فداهما مطالعه نمایند که کل عالم در خواب می باشند لانّ ظهور الساعة لا یعلمها الاّ الله و این ظهور ظهور ساعت است و بعد باوراق شجره الهیه هرگاه برسد بد نخواهد بود تا

کلّ متنبّه شوند همواره شرح احوال را قلمی فرمائید با اخبارات آن ارض و الحمد لله فی کل حین و قبل حین و بعد حین. قبلهٔ من، قدری تأمل در کلمات نازله از سماء قدس نمائید که اینها کلماتی است که حضرت صادق می فرماید نقباء بعد از سماع آن فرار می کنند و یکفرون بها لیکن انشاءالله سرکار امر شما گذشته لانّ الفضل من الله ینزل علیکم فی کلّ حین حاجی جان فدایت شوم از حجبات بیرون آئید و آنچه نفهمید سئوال نمائید که در نزد مردم رشحی از علم حقیقت و واقع نیست اینکه شنیده اید امر حضرت منتظر علیه سلام الله الحق الاکبر از مکّه خروج می فرماید صدق است ولیکن بقول حضرت مکّه مکّه می شود و کل طواف بر دور او می کنند بلکه از هر کجا که ظاهر شوند آنجا مکّه است یا من به شرف المکّة و المنی چون در نظر مردم مکّه خانه خداست عظیم است این نحو تعبیر شده عنقریب محل مولد اکبر خانه خدا خواهد شد والسّلام.

احضار حضرت باب به تبریز جهت حضور در جلسهٔ مباحثه با علماء

محمدشاه مرد مبارزی که پرورده دستگاه قدرت، سلطه و استبداد بود قلبی رئوف و مهربان داشت و نسبت به سادات که از خاندان پیغمبر بودند به دیده احترام می نگریست، چنانچه دیدیم در جواب مرقومه حضرت باب در حالیکه حکم تبعید و توقیف ایشان را به ماکو ابلاغ می کرد با چه ادب و احترامی حضرتشان را مخاطب قرار داده و به الطاف شاهی مطمئن ساخته بود. از اینجا این باور شکل می گیرد که اقدام او جهت دعوت حضرت باب به تبریز و ترتیب مجلس مباحثه و مصاحبه با علماء نتیجه وصول لوحی بود که از ماکو نازل شده و به دست او رسیده بود. علاوه براین، حضرت باب از چهریق نیز لوحی خطاب به محمد شاه نازل فرمودند که آن را در قسمت الواح و مکاتیب در آخر همین فصل می خوانیم.

در نامه ملا عبدالکریم قزوینی نیز خواندیم که محمد شاه در بدو امر از علمای تبریز خواست که مجلسی فراهم آورند و باب را از چهریق فراخوانند و به صحبت نشینند و به دعاوی ایشان رسیدگی کرده نتیجه را گزارش دهند، ولی علماء از آن فرمان سر باز زدند و آن اقدام را نه شایسته شئون دین اسلام دانستند و نه لایق رتبه و مقام و فضل و کمال خودشان شناختند. محمد شاه بناچار آن فرمان را به عهده ناصرالدین میرزا صادر نمود و دستور داد که ولیعهد مجری آن فرمان باشد.

از چهریق تا ورود به تبریز

حاج معین السلطنه تبریزی می نویسد: "حضرت باب را از چهریق به کهنه شهر

سلماس آورده واز طریق سالدوز به ارومیه برده اند."

در ارومیه باز هم ملک قاسم میرزا مقدم حضرت باب را گرامی داشت و حتی هنگام حرکت به سوی تبریز به مأمورین طول راه دستور داد که در اجرای تقاضاهای حضرت باب تسهیلات لازم فراهم سازند.

قبل از ورود حضرت باب به ارومیه ملا جلیل ارومی، ملا حسین دخیل مراغی، ملا علی کهنه شهری، ملا امام‌وردی و حاجی ملا حسین افشار در آن شهر گرد آمدند و بی‌محابا به تبلیغ و نشر دیانت بابی همّت گماشتند. حضرت باب بخصوص به ملا شیخ علی عظیم دستور فرموده بودند که قبل از ورود ایشان در آنجا باشد و به تبلیغ و انتشار امر بابیه اقدام نماید. در طول اقامت چند روزه حضرت باب در ارومیه آقا سید حسین کاتب و آقا سید حسن نیز حضور داشتند.

بعد از اینکه حضرت باب به تبریز رسیدند دو شب در منزل کاظم خان[۱۹] فراش باشی پسر اسمعیل خان قراچه‌داغی میهمان بوده‌اند و بعد به منزل ولیعهد منتقل می‌شوند تا روز مباحثه تعیین گردد.

نبیل اعظم می‌نویسد: "دو شب پس از وصول به تبریز حضرت باب جناب عظیم را احضار فرمودند و علناً در نزد او اظهار قائمیت نمودند. عظیم چون این ادعا را شنید در قبول متردد شد حضرت باب به او فرمودند من فردا در محضر ولیعهد و در حضور علماء و اعیان ادعای خود را اظهار خواهم کرد و برای اثبات ادعا به آیات تحدی خواهم نمود و به جز آیات به سائر مطالب متمسک نخواهم شد.

جناب عظیم برای من حکایت کرد و گفت که من آن شب خیلی فکرم پریشان بود تا صبح نخوابیدم وقتی که نماز صبح را خواندم تغییر عجیبی در خودم مشاهده کردم گویا باب تازه‌ای در مقابل من گشوده شد پیش خود فکر کردم که اگر من به دین مقدّس اسلام و حقانیت حضرت رسول مؤمن و موقن هستم و به حجت آیات معتقد این اضطراب و پریشانی در باره امر حضرت باب چه علت دارد هرچه بفرماید صحیح است و درست و بدون هیچ ترس و ریبی باید قبول کرد.

از حصول این فکر اضطرابم برطرف شد به حضور مبارک مشرف شدم و رجای عفو و بخشش نمودم به من فرمودند "ببین عظمت امر الهی به چه حد است و ظهور الله چقدر عظیم است که امثال عظیم را مضطرب و پریشان خاطر می‌سازد."[۲۰]

اختلاف نظر علماء دربارهٔ فتوای قتل و نحوه رفتار با حضرت باب

حاجی معین السلطنه می‌نویسد: در میان علماء تبریز بر سر مسئله فتوای قتل حضرت باب اختلاف نظر بود عده‌ای از علماء که اصولی بودند و در رأس آنها میرزا احمد امام جمعه و پسرش میرزا باقر و ملا مرتضی قلی علم الهدی و

ملا محمد شریف شیروانی و آقا سید علی زنوزی قرار داشتند می گفتند چون باب از سلاله طاهره و از ذراری حضرت فاطمه و منسوب به خاندان رسالت است و در سیادت او جای شک و تردید نیست و نیز او آدمی موحد و مؤمن است و به اصول و فروع دیانت اسلام و مبادی و مبانی آن احترام می گذارد و به انجام فرائض پای بند است، قتل چنین شخصی جائز نمی باشد. نهایت این است که او مدعی مقام مهدویت و قائمیت آل محمد شده است و این ادعا از دو صورت خارج نیست یا سید باب مبتلا به جنون و خبط دماغ است که مدعی چنین مقامی است در این صورت بر مجنون و دیوانه هرجی نیست و یا اینکه در سر هوای سروری و سلطنت و ریاست می پروراند که با حبس و تهدید و تحقیر و تعزیر و عدم اعتنا وقتی دید حرفهایش خریداری ندارد خودش به خودی خود از میان می رود و نظائر هم داشته است.

در برابر این دسته علمای شیخیه بودند که در رأس آنها ملا محمد ممقانی بود که خودش را جانشین حاج سیدکاظم رشتی می دانست و ملا محمود نظام العلماء که معلم ناصرالدین میرزا بود و میرزا علی اصغر شیخ الاسلام و میرزا ابوالقاسم که همه برای به شهادت رسانیدن حضرت باب دامن به کمر زده و اصرار به قتل ایشان داشتند و اگر در آن وقت هم توفیقی حاصل نکردند بواسطه احترامی بود که محمدشاه نسبت به سادات عموماً و حضرت باب بالاخص داشت و از رسانیدن آزار و اذیت به ایشان ممانعت می نمود و بالاخره هم برای روشن شدن قضیه و ساکت کردن علماء دستور تشکیل جلسه مباحثه با حضرتشان را صادر نمود.

جلسه مباحثه علماء تبریز با حضرت باب

در ضمن مطالعات و تحقیقات در تاریخ بابیه به کتب و اسناد بسیاری برخورد می کنیم که در واقع به دو گروه اصلی تقسیم می شوند. گروه اول آنهاست که از روی بغض و عناد نسبت به این دیانت و شارع آن نوشته شده است و در نتیجه نمی تواند از اعتبار و ارزش تاریخی برخوردار باشد. گروه دوم اسنادی است که بوسیلۀ اشخاص بیطرف و یا دوستداران این دیانت فراهم آمده و بالطبع مورد توجه است. در این کتاب از این لحاظ که ارباب مطالعه و تحقیق بتوانند صحیح را از سقیم و غث را از ثمین تشخیص دهند به نمونه هایی از هر دو گروه اشاره می شود.

۱- گزارشهای منفی

از جمله اسنادی که با دید منفی تهیه شده و از برگزاری جلسه مباحثه علماء با حضرت باب گفتگو می کند، عریضه ناصرالدین میرزا در مقام ولایت عهدی است که به حضور شاه تقدیم شده است. ضمناً سی سال بعد از این تاریخ، هنگامی که

ناصرالدین میرزا در مقام پادشاهی حکمروایی می‌کرده است، فرمانی خطاب به علاءالدوله مبنی بر برگزاری جلسه بحثی با حضور آقا جمال بروجردی و چند نفر از بابیانی که در محبس امین السلطان بوده‌اند صادر می‌کند که مفاد آن بطور وضوح با مطالب نامه‌ای که به عرض محمد شاه رسانده است مباینت کلّی دارد.۲۱

عریضهٔ ناصرالدین میرزا ولیعهد به حضور محمّد شاه:

هو الله تعالی شأنه

قربان خاک پای مبارکت شوم در باب باب فرمان قضا جریان صادر شده بود که علمای طرفین را احضار کرده با او گفتگو نمایند. حسب الحکم همایون محصّل فرستاده با زنجیر از ارومیّه آورده به کاظم خان سپرد و رقعه به جناب مجتهد نوشت که آمده بادلّه و براهین و قوانین دین مبین گفت و شنید کنند. جناب مجتهد در جواب نوشتند که از تقریرات جمعی از معتمدین و ملاحظهٔ تحریرات این شخص بیدین و کفر او اظهر من الشمس و اوضح من الامس است. بعد از شهادت شهود تکلیف داعی مجدّداً در گفت و شنید نیست لهذا جناب آخوند ملا محمد و ملا مرتضی قلی را احضار نمود و در مجلس از نوکران این غلام امیر اصلان خان و میرزا یحیی و کاظم خان نیز ایستادند. اول حاجی ملا محمود پرسید که مسموع می‌شود که تو می‌گوئی من نائب امام هستم و بابم بعضی کلمات گفتهٔ که دلیل بر امام بودن بلکه پیغمبری تست. گفت بلی حبیب من قبلهٔ من نائب امام هستم و باب هستم و آنچه گفته‌ام و شنیده‌اید راست است اطاعت من بر شما لازمست بدلیل ادخلوا الباب سجّداً ولیکن این کلمات را من نگفته‌ام آنکه گفته است گفته است. پرسیدند گوینده کیست جواب داد آنکه بکوه طور تجلّی کرد.

روا باشد انا الحق از درختی　　چرا نبود روا از نیکبختی

منی در میان نیست اینها را خدا گفته است بنده بمنزله شجر طور هستم آنوقت درو خلق می‌شد الآن در من خلق می‌شود و بخدا قسم کسی که از صدر اسلام تا اکنون انتظار او را می‌کشید منم آنکه چهل هزار از علماء منکر او خواهند شد منم. پرسیدند این حدیث در کدام کتاب است که چهل هزار عالم منکر خواهند گشت. گفت اگر چهل هزار نباشد چهار هزار که هست. ملاّ مرتضی قلی گفت بسیار خوب تو ازین قرار صاحب الامری اما در احادیث هست و ضروری مذهب است آن حضرت از مکه ظهور خواهند فرمود و نقبای انس و جنّ با چهل و پنج هزار جنّیان ایمان خواهند آورد و مواریث انبیا از قبیل زره داود و عصای موسی و نگین سلیمان و ید بیضا با آن جناب خواهد بود. کو عصای موسی و کو ید بیضا؟ جواب داد که من مأذون به آوردن اینها نیستم. جناب آخوند ملا محمد گفت غلط کردی که بدون اذن آمدی. بعد از آن پرسیدند که از معجزات و کرامات چه داری. گفت اعجاز من اینست که از

برای عصای خود آیه نازل می‌کنم و شروع کرد به خواندن این فقره بسم الله الرحمن الرحیم سبحان الله القدوس السبوح الذی خلق السموات و الارض کما خلق هذه العصا آیةً من آیاته. اعراب کلمات را بقاعده نحو غلط خواند تاء سموات را بفتح خواند. گفتند مکسور بخوان آنگاه الارض را مکسور خواند. امیر اصلان خان عرض کرد اگر این قبیل فقرات از جمله آیات باشد منهم توانم تلفیق کرد و عرض کرد الحمد لله الذی خلق العصا کما خلق الصباح و المساء. باب بسیار خجل شد بعد از آن حاجی ملا محمود پرسید که در حدیث وارد است که مأمون از جناب رضا علیه السلام سئوال نمود که دلیل بر خلافت جد شما چیست. حضرت فرمود آیهٔ انفسنا، مأمون گفت لو لا نساؤنا، حضرت فرمود لو لا ابناؤنا. این سئوال و جواب را تطبیق بکن و مقصد را بیان نما. ساعتی تأمل نموده جواب نگفت. بعد از آن مسائلی چند از فقه و سایر علوم پرسیدند جواب گفتن نتوانست حتی از مسائل بدیهیه فقه از قبیل شک و سهو سئوال نمودند ندانست و سر بزیر افکند. باز از آن سخنهای بیمعنی آغاز کرد که من همان نورم که به طور تجلّی کرد زیرا که در حدیث است که آن نور نور یکی از شیعیان بوده است. این غلام گفت از کجا که آن شیعه تو بودهٔ شاید نور ملا مرتضی قلی بوده. بیشتر از پیشتر شرمگین شد و سر بزیر افکند. چون مجلس گفتگو تمام شد جناب شیخ الاسلام را احضار کرده باب را چوب زده تنبیه معقول نمود و توبه و بازگشت و از غلطهای خود انابه و استغفار کرد و التزام پا بمهر هم سپرده که دیگر ازین غلطها نکند و الآن محبوس و مقیّد است منتظر حکم اعلیحضرت اقدس همایون شهریاری روح العالمین فداه است. امر امر همایون است.[۲۲]

گزارش ملاّ محمدتقی ممقانی[۲۳]

این سند که غرض‌آلود بودن محتوای آن بالصراحه به چشم می‌خورد در واقع ردیه‌ای بر دیانت بابی است. این گزارش یعنی صورت جلسه مباحثه علماء با حضرت باب بنا به درخواست ناصرالدین شاه در سال ۱۲۸۴ هجری قمری نوشته شده است. بطوری که از فحوای کلام ملا محمدتقی پیداست خود و پدرش ملا محمد ممقانی، در جلسه حضور داشته‌اند. وی پس از بیان مقدمه‌ای که در واقع ردّی بر مطالب تاریخهای دوران قاجاریه در این مورد است،[۲۴] ماوقع را بتفصیل و بصورت زیر توضیح می دهد:

"از آنجا که مورخین عهد[۲۵] در آن مجلس مبارک حضور نداشتند محاورات آن مجمع را به استناد سماعات افواهیه بکلی تغییر دادند مقاولاتی که اصلاً اتفاق نیافته مذکور داشتند بیان واقع را بالمره قلم نسخ بر سر گذاشتند عجب آن است که صورت مجلس را هم به خط حاجی محمود نظام العلماء که در آن اوقات سمت

معلمی اعلیحضرت را داشت نسبت داده‌اند در صورت صدق دور نیست که چون آن مرحوم از محاورات آن مجلس بعید الهد (العهد) بوده وقایع مجلس را فراموش کرده در هنگام سئوال به تکلف خیال چیزی نظر آورده و برای مورخین مرقوم داشته و اگر نه خاطر حقیقت مظاهر همایونی خود شاهد راستین و گواه آستین است که این مسطورات را با مقاولات آن مجلس تباین کلی در میان است به نحوی که می‌توان گفت کل ذلک لم یکن. عجب تر آن است که منقولات این دو تاریخ۲۶ نیز در همین قضیه با همدیگر مباینت تامه دارد فلهذا این بنده ضعیف را مدتها در خاطر می‌گذشت که محاورات آن مجلس را که والد ماجد از فراغت آن مجمع برتراخی من البدو الی الختم تقریر فرموده و این بنده حقیر را صورت آن مجلس از کثرت تذکار و تکرار ملکه شده در صفحه خیال الاّ ما شاذ و ندر محفوظ و مرکوز است به قید تحریر به یادگار گذارد."

و سرانجام در بارۀ احضار حضرت باب به تبریز، هیجان مردم، حالت غیرعادی شهر و ماوقع جلسه مباحثه علماء چنین می‌نگارد:

"در اوایل سنه ۱۲۶۴ هجری اعلیحضرت که در آن وقت سمت ولایت عهد... داشتند به حکمرانی آذربایجان تشریف فرما شدند چندی بعد از ورود مسعود فرمانی از جانب شاهنشاه صادر شد که سید باب را به تبریز احضار داشته علمای تبریز از روی تحقیق به حقیقت صدق و کذب دعاوی او رسیدگی نمایند تا بطلان دعاوی او بر همگان واضح شده بساط این فتنه ناهنجار از مملکت اسلام برچیده شود و همین فرمان مبارک به امر اعلیحضرت همایونی در مسجد والد ماجد غلام در ملاء عام برای مردم خوانده امر همایونی به احضار او صادر شده و از آنجا که اغلب مردم همج رعاع و اتباع کل ناحق هستند و حرکات و سکناتشان از روی بصیرت و شعور و تحقیق نیست در هنگام ورود او به ارومیه (رضائیه) عامه اهالی آنجا از صغیر و کبیر و اناث و ذکور به استقبال او شتافته او را با کمال طمطراق و اجلال وارد شهر کردند و اتفاقاً فردای آن روز مشارالیه به جهت شستشو به یکی از حمام های آنجا رفته بعد از بیرون آمدن او اغنام کالانعام هجوم و ازدحام آورده تمامی آب خزانه حمام را فنجانی به قیمت یک تومان از حمامی خریداری کردند چون این حکایت در تبریز منتشر شد عوام اهل تبریز نیز به توهم افتاده گمانها در حق او بردند و منتظر ورود او و انعقاد مجلس علما بودند که اگر در آن مجلس آثار غلبه از جانب او ظاهر شود یا امر مجلس باشتباه بگذرد عارف و عامی غریب و بومی حتی عساکر نظامیه بی‌تأمل دست بیعت داده اطاعت او را بهرچه حکم رود واجب شمرند بالجمله حالت غریبی در شهر حکومت شد که جای حیرت عقول اولی‌الالباب گردید."

و بعد از این شرح در بارۀ جلسه مباحثه چنین می‌نگارد:۲۷

"در این بین باب را نیز حاضر کرده در یک سمت مجلس جا دادند نظام العلما با استجازه از والد۲۸ رو به باب کرد و گفت این نوشته‌هائی که بعضی به اسلوب قرآن و بعضی به اسلوب خطبه‌های قیصر روم است و ادعیه به توسط اتباع شما در میان مردم منتشر است آیا از شما است یا بر شما بسته‌اند؟ گفت از خدا است. نظام العلماء گفت هرچه از زبان شما جاری شده گفت بلی مثل صدور کلام از شجره طور. گفت این یکی را فهمیدم این اسم باب را که برای شما گذارده گفت خدا. نظام العلما گفت گستاخی است این شب بخیر را کجا برای شما کرده. باب متغیر شد گفت من مسخره شده‌ام نظام العلماء گفت از این نیز گذشتیم شما باب چه هستید؟ گفت انا مدینة العلم و علی بابها. گفت شما باب مدینه علمی گفت بلی فادخلوا الباب سجّداً نظام العلماء گفت باب حطّه هم هستی گفت بلی نظام العلماء گفت حالا که شما باب مدینه علمی از هر علمی از شما بپرسند جواب خواهی داد گفت بلی شما مرا نمی‌شناسید من همان شخصم که هزار سال بیشتر است انتظار مرا می‌برید پس والد فرمود سید تو اول دعوی بابیت امام را داشتی حالا صاحب الامر غائب شدی گفت بلی من همانم که از صدر اسلام انتظار مرا می‌برید. والد از این حرف گزاف سخت برآشفته فرمود سید حیا چرا نمی‌کنی این چه لاف و گزاف است می‌زنی ما انتظار آن امامی را می‌بریم که پدرش امام حسن عسکری و مادرش نیز نرجس بنت یشوع است و در سنه دویست و پنجاه و شش در سر من رأی۲۹ از مادر متولد شده و از مکه معظمه با شمشیر ظهور خواهد کرد.

ما کی انتظار سید علی محمد پسر سید رضای بزاز شیرازی را که دیروز از شکم مادر بیرون آمده می‌بریم. وانگهی صاحب عصر وقتی که تشریف می‌آورند جمیع مواریث انبیاء از آدم تا خاتم در خدمت ایشان است شما یکی از آن مواریث را در بیار ببینم. گفت مأذون نیستم. والد تغیّر کرده فرمود تو که مأذون نبودی بسیار غلط کردی و سرت را به دیوار زدی آمدی برو و مأذون شو بعد از آن بیا صاحب الامر غیر مأذون نوبر است گذشته از این صاحب عصر کرامات و معجزات دارد بسم الله تو همین عصا را که در دست داری اژدها کن تا ما ایمان بیاوریم.

پسر علم الهدی گفت جناب آقا خدا در کتاب کریم فرموده واعلموا انما غنمتم من شیئی فان لله خمسه۳۰ حکم آیه منسوخ آیا باقی است گفت باقی است گفت پس شما از چه بابت در کتاب خود آورده‌ای و اعلموا انما اغنمتم من شیئی فان للذکر ثلثه۳۱ آیا این تشریح نسخ قول خدا نیست؟ گفت آخر سهم امام به من می‌رسد علم الهدی گفت سهم امام نصف خمس است و نصف خمس عشر می‌شود نه ثلث گفت نخیر ثلث می‌شود حاضرین همه خندیدند." پس از سئوالات دیگر هریک از سه نفر، می‌نویسد: "علم الهدی گفت: جناب آقا شما در کتاب خود گفته‌ای که من در خواب

دیدم که حضرت سیدالشهدا را شهید کرده‌اند و من چند کف از خون او خوردم و باب فیوضات بر من مفتوح شد این درست است؟ گفت بلی والد فرمود تو چه عداوت با سیدالشهدا داشتی که خون او را خوردی مرحوم نظام العلما به شوخی گفت آخر هند جگرخوار بود. جوابی از آقا نتراوید.

پس والد بعد از تغیّرات و تغیّر زیاد از این حرفهای گزاف او فرمود خوب، لوطی شیرازی این دیگر چه منافقی و حقه‌بازی است وقتی اتباع شیخ احسائی از تو سئوال می‌کنند در جواب آنها می‌نویسی احمد و کاظم صلوات الله علیهما و چون سید یحیی پسر سید جعفر دارابی که پدرش در مسئله معاد با شیخ احسائی مخالف است از تو سئوال می‌کند در جواب می‌نویسی که شیخ در معاد خبط کرده و صریحاً تکفیرش می‌کنی و لقد اجاد السید جعفر دارابی فیما کتب فی "سنابرق" المحیط بالمشارق و المغارب آن صلوات فرستادنت چیست و این تخطئه و تکفیرت چه؟ تو اگر آدم درستی هستی چرا در سر یک ریسمان نمی‌ایستی. سید سر بزیر انداخته جوابی نگفت."

۲- گزارش‌های بیطرفانه یا مثبت

گزارش هشترودی۳۲

"نزدیک غروب آفتاب در حالی که باب از حمام بیرون آمده بود تنها وارد منزل ولیعهد که علماء در آنجا حضور یافته بودند شد و چون علماء قبلاً وارد شده بودند و در صدر مجلس در یمین و یسار ولیعهد نشسته و محل جلوس برای اجلاس باقی نبود ایشان وارد مجلس شده سلام کرد و ایستاد و کسی جواب سلامش را نداد و جای جلوس نشان نداد. لمحه‌ای سید باب سر پا ایستاد مثل کسی که منتظر جواب و محل جلوس ارائه کردن صاحب بیت یا میزبان است. کسی اعتناء نکرد ولیکن از سیما و وجنات حضار مجلس علائم و آثار حقد و حسد و کینه و ضغینه و عناد و لجاج هویدا و آشکار بود. پس ایشان در گوشه‌ای با آن حالت ادب و وقار که همیشه داشت نشست و دو دست را از آستین عبا بیرون آورده با هیکل توحید جالس شد.

علماء مقداری به مذاکرات خصوصی پرداختند و از ولیعهد سلامت مزاج قبله عالم یعنی پادشاه و از وضع نقرس پای شاه سئوال کردند و جواب شنیدند و از خلوص تملق به شاه دعاها کردند و آمین گفتند.

آنگاه به باب متوجه شده پرسیدند آقا سید مطلب شما چیست و حقیقت مسئله ادعای شما بچه سان است باب در کمال متانت و وقار و بدون هیچگونه تغییر حال گفت "انی انا القائم الذی کنتم به تنتظرون.۳۳ به محض استماع این کلمه مانند

اینکه بغتتاً زلزله حادث شود و محلی را به وحشت و اضطراب اندازد همهمه عجیبی در حضار مجلس هویدا گردید یکی گفت استغفر الله ربّی و اتوب الیه این چه جسارتی بود که کرد دیگری گفت لا اله الاّ الله آن یکی گفت معاذ الله چهارمین گفت لاحول و لا قوة الاّ بالله العلی العظیم چرا زمین و آسمان خسف و ساقط نمی شود.

در این وقت شروع به سئوالات علمیه کردند نخست ولیعهد گوی نقره‌ای که دوائر و خطوط افلاک و بروج مطابق هیئت بطلمیوس بر آن رسم شده بود و به اصطلاح علمای هیئت و نجوم آن را کره گویند در دست داشت به جانب او غلطانید و مسئله‌ای از نجوم و هیئت سئوال نمود باب جواب داد من هیئت نخوانده‌ام و از تحصیل این قبیل علوم بی‌بهره‌ام علماء گفتند پس دلیل بر حقیت و برهان صدق و ادعای شما چیست؟ باب جواب داد آیات و وحی الهی چنانکه بر جدّم خاتم الانبیاء نازل می شد و احادیث مخبر از این مطلب است که فرموده یظهر بآثار مثل القرآن۳۴ بر لسان و قلم من نازل و جاری می گردد و حجت باقیه آیات الله است گفتند مثلاً چطور؟ باب بلا تأمل شروع کرد به تلاوت آیات قدری که خواند علماء بر او غلط نحوی گرفتند و گفتند این عبارات با قواعد صرف و نحو موافقت ندارد و غلط است سپس باب گفت من امّی هستم و تحصیل علوم نکرده‌ام این آیات بالفطره بر لسان من جاری می شود همانطوری که بر لسان جدّم نازل می شد و در قرآن سیصد مورد است که برخلاف قواعد در دست شما است ولی وحی الهی و کلام الهی است.

بعد حاجی ملا محمود نظام العلماء گفت آیاتی مناسب حال این مجلس اظهار نمائید در این وقت غروب آفتاب بود و چراغ و شمعدانها را روشن کرده بودند باب شروع کرد به خواندن آیاتی شبیه به آیات سوره نور که در قرآن نازل شده است و نظام العلماء آنها را می نوشت در این بین ولیعهد چای طلبید چای و قلیان آوردند بعد از صرف چای و قلیان نظام العلماء گفت آنچه خواندید تکرار کنید و بعد مجدداً آنها را نوشت با آنچه که باب در اول گفته بود اختلاف داشت نظام العلماء ایراد گرفت که آنچه از اول گفتید با آنچه بعد گفتید مغایرت دارد.

بعد از این مذاکرات حاجی میرزا علی پسر میرزا مسعود وزیر خارجه که آدمی تحصیل کرده و با سواد بود و برای تمیز حق از باطل از او نیز دعوت شده بود که در آن مجلس حاضر باشد پرسید که قوله چه صیغه‌ای است باب جوابی نداده و از مجلس برخاسته و بیرون رفت."

گزارش شیخ حسن زنوزی۳۵

شیخ حسن زنوزی که در روز انعقاد جلسه علماء در تبریز حضور داشت و در راهروی اطاقی که علماء، ولیعهد و حضرت باب جالس بوده‌اند ایستاده بود، آنچه را

که گذشته دیده و شنیده و سپس برای ملا محمد نبیل بصورت زیر نقل کرده است.

"آن روز در آن مجلس حاضر بودم و در خارج محل نزدیک در ایستاده بودم و هرچه در مجلس می‌گذشت می‌شنیدم ملا محمد در دست چپ ولیعهد نشسته بود حضرت باب میان ملا محمد و ولیعهد جالس بودند وقتی که حضرت باب خود را قائم موعود معرفی فرمودند همه حضار را ترس و خوف احاطه کرد سرها را پائین انداختند سیمای همه تغییر کرد رنگ همه زرد شد ملا محمد ممقانی... با وقاحت تمام گفت "ای جوان بدبخت شیرازی عراق را خراب کردی حال آمده‌ای که آذربایجان را خراب کنی". حضرت باب فرمودند جناب شیخ من به میل خود اینجا نیامده‌ام شما ها مرا احضار کردید و به این مجلس دعوت نمودید. ملا محمد برآشفت و گفت ای پست‌ترین پیروان شیطان ساکت باش. حضرت باب فرمودند یا شیخ آنچه از قبل گفتم باز هم می‌گویم. نظام العلماء مصلحت چنان دید که از راه دیگر داخل مذاکره شود و به اصل ادعا ایراد نماید پس به حضرت باب رو کرد و گفت شما مدعی مقام بزرگی هستید باید دلیل قاطعی بر صدق ادعای خود اقامه نمائید. حضرت باب فرمودند اقوی دلیل و برهان مهم بر صحت دعوت حضرت رسول‌الله آیات الهی بود چنانچه در قرآن فرموده است "او لم یکفهم انّا انزلنا علیک الکتاب۳۶" خداوند این دلیل محکم و برهان متقن را برای اثبات صحت ادعای خود به من عنایت فرموده است چنانچه در مدت دو روز و دو شب به اندازه قرآن مجید آیات الهی از لسان و قلم من جاری می‌شود نظام العلماء گفت خوب است در وصف این مجلس مانند آیات قرآن آیاتی بفرمائید تا حضرت ولیعهد و سایر علماء شاهد این برهان باشند. حضرت باب مسئول او را اجابت کرد و فرمودند بسم الله الرحمن الرحیم الحمدلله الذی خلق السموات و الارض ملا محمد ممقانی فریاد برآورد که اعراب کلمه را خطا گفتی تو که از قواعد نحو بی‌خبری چگونه قائم موعود هستی؟ حضرت باب فرمودند در آیات قرآنیه نیز رعایت قواعد نحویه نشده زیرا کلام الهی به مقیاس قواعد خلق سنجیده نمی‌شود مردم باید تابع قوانین کلام الله باشند در سیصد موضع قرآن خلاف قواعد نحویه نازل و مذکور است ولی چون کلام الهی است هیچکس جرأت اعتراض ندارد و همهٔ مسلمین قبول دارند. بعد از این بیان ثانیاً به نزول آیات شروع فرمودند و همان جمله قبل را به طرز سابق بیان کردند. ملا محمد اعتراض را تجدید کرد یک نفر دیگر از یک گوشه‌ای به حضرت باب گفت کلمه اشترتن چه صیغه‌ای است حضرت باب در مقابل این سئوال این آیات قرآن را تلاوت نمودند "سبحان ربک رب العزة عما یصفون و سلام علی المرسلین و الحمد لله رب العالمین۳۷ بعد برخاستند و از مجلس بیرون تشریف بردند. نظام العلماء از طرز معامله ملا محمد و سایرین در آن مجلس با حضرت باب برآشفت و گفت وای بر مردم تبریز این شخص مدعی چه مقامی است و

این مردم از او چه سئوالاتی می کنند. این گونه سئوالهای بارده چه ربطی با ادعای این مقام عظیم دارد... ملا محمد برآشفت و با کمال خشم گفت به شما می گویم برحذر باشید اگر جلو این جوان را نگیرید طولی نمی کشد که همه مردم پیروی او را می کنند."

ملاها با توجه به شایعاتی که از اقبال مردم ارومیه پخش شده بود و اشتهاری که بنا به تقریر و تحریر ملا محمد تقی در تبریز وجود داشت، به این نتیجه رسیدند که چون محمد شاه با قتل حضرت باب موافقت ندارد امکان صدور چنین فتوائی میسر نیست و اگر هم از طرف آخوندها و ولیعهد عکس العملی نیاید ممکن است جمعی از مردم اقبال به دیانت بابی کنند. شیخ حسن زنوزی چنین ادامه می دهد:۳۸

"ملاها به بهانه اینکه حضرت باب بدون توجه به کسی یا کسب اجازه از هیچیک از حاضرین از جمله ولیعهد، آن جلسه را ترک کردند صلاح بر این دیدند که حضرت باب را چوب بزنند. وقتی این دستور به فراش باشی و فراش های دربار ولیعهد ابلاغ شد همه از آن عمل منکر سر باز زدند ناچار سید علی اصغر شیخ الاسلام۳۹ مبادرت به اینکار نمود و در منزل شخصی خودش مرتکب آن عمل شنیع شد."

معین السلطنه تبریزی نیز در بارهٔ چوب خوردن حضرت باب می نویسد:

"بعد از اینکه فراش های دیوانی امتناع از ارتکاب به آن کار نمودند میرزا علی اصغر شیخ الاسلام فرستاده آن حضرت را به خانه خودش خواستار شد و امر کرد چوب و فلک حاضر کردند و حکم کرد پاهای ایشان را به فلک ببندند. جماعت سادات که حاضر بودند استنکاف کردند پس شیخ الاسلام امر کرد دو نفر از نوکرهایش دو سر فلک را گرفتند و خودش با یک نفر میر صادق نام که بین الناس به میرصادق شمر معروف بود چوب به دست گرفته زدند در آن میان یک نفر از سادات اتباع شیخ الاسلام که از جمله نظارگان بود به شتاب پیش دوید و چوب را از دست میرصادق شمر گرفته و گفت از حیا و ادب این سید مظلوم خجالت نمی کشی این بگفت و چوب را شکسته دور انداخت شیخ الاسلام چون حال را بدانگونه دید چوب را به زمین انداخته به حرمسرای خویش رفت و به روایت هشترودی نوزده یا بیست چوب به پای مبارکش زدند."

گزارش میرزا مهدی زعیم الدوله

میرزا مهدی زعیم الدوله در کتابی که به زبان عربی در رد دیانت بهائی تألیف نموده است با اشاره به حضور پدر و پدر بزرگش در جلسه مباحثه علماء می نویسد:۴۰

"... نظام العلماء بعد از مباحثات مختلفه اظهار داشت که دعاوی باب همه خالی از حقیقت و باطل می باشد. باب به گفته وی اعتراض نموده گفت: ای نظام

العلماء این چه حرفی است؟ من همان کسی هستم که هزار سال است منتظر او هستید. نظام العلماء در جواب پرسید تو مهدی منتظر و قائم موعود هستی؟ باب جواب داد: بلی، من همان مهدی منتظرم. نظام العلماء مجدداً پرسید آیا تو مهدی نوعی هستی یا مهدی واقعی؟ باب گفت: من شخص مهدی و نفس قائمم. سپس نظام العلماء از اسم و هویت باب سئوال نمود. باب گفت: اسمم علی محمد و مادرم خدیجه و پدرم میرزا رضا بزاز و موطنم شیراز است و سنین عمرم در حدود سی و پنج سال است. نظام العلماء گفت: ما منتظر آن مهدی هستیم که اسمش محمد و پدرش حسن و مادرش نرجس و مسقط الرأسش سامره است. هویت تو با هویت او چگونه انطباق حاصل می کند. باب گفت: برحسب همین مطلبی که اظهار کردی حجت بر تو تمام شد و صدق ادعای من محقق گردید."

بهر حال، مطالعه و مداقه در گزارشهای ناصرالدین میرزا ولیعهد، ملامحمد تقی ممقانی، هشترودی، شیخ حسن زنوزی و زعیم الدوله از جلسه مباحثه علماء روشن می سازد که حضرت باب با کمال صراحت به رسالت و مقام خویش اعتراف نموده و خودشان را قائم آل محمد معرفی کرده اند و اظهاراتی مثل نزول آیاتی در شأن عصا و حدیث مربوط به سئوال و جواب مأمون و حضرت رضا علیه السلام و نیز توبه و انابه حضرت باب همه خالی از حقیقت و دور از واقعیت می باشد.

الواح منزله خطاب به علماء تبریز و حاجی میرزا آقاسی

حضرت باب بعد از برگزاری مجلس ولیعهد و واقعه تعزیر دوباره به چهریق معاودت نموده و دو لوح مفصل نازل فرمودند یکی مخاطباً للعلماء که در آن با شفقت و مهربانی آنان را به دین الهی دعوت کردند و در عین حال آنها را انذار و تحذیر نمودند که اگر با گوش قبول کلمة الله را نپذیرند و در صدد گمراه کردن بندگان خدا برآیند در دو عالم مشمول قهر و غضب خدای توانا خواهند شد و راه به جائی برای آنها متصور نیست و دیگر لوح قهریه خطاب به حاجی میرزا آقاسی است که بوسیله حجت زنجانی ارسال و به دست وی رسیده است. در اینجا متن لوح علماء به نظر خوانندگان می رسد.

بسم الله الامنع الاقدس

سبحان الذی یسجد له من فی السموات و من فی الارض و انّا کلّ له ساجدون سبحان الذی یسبح له من فی السموات و من فی الارض و ما بینهما و انّا کلّ له قانتون شهد الله انّه لا اله الاّ هو یحیی و یمیت ثمّ یمیت و یحیی و انّه حیّ لا یموت و فی قبضته ملکوت کلشیی یخلق ما یشاء بامره کن فیکون شهد الله انّه لا اله الاّ

هو المهيمن القيوم و ان هذا هو القائم الحق الّذى كنتم به توعدون و بعد لا ريب انا و ايّاكم نريد الحق و لكنّا قد وجدنا الى ذلک من سبيل بما قد وجدنا من آيات الله التى يعجز عنها العالمون و انّ هذا ما يثبت به ديننا من قبل و ان على ما حقّق بيننا و بينكم ان لم يعدل حديث بما نزّل الله فى الكتاب فاذاً لم يعمل به من اراد ان يتخذ الى الله سبيلا و انّا قد سمعنا ما قد قضى فى ظهور محمد صلى الله عليه و آله و لا ريب ان ظهور مهدى ذلک عين ظهور محمّد عند الذين هم الى نقطة الامر ينظرون بل ذلک عين كلّ ما قد بعث الله من نبى اذكلّ بامرالله يخلقون و انّ ذلک مبدأ الامر الذى لا اوّل له الى آخر الّذى لا آخر له و كلّ به قائمون و انّ مثل ذلک كمثل الشّمس و انّ ما دونها من كلّ نفس ذات مرآت اذا تقابلها يجد فيها ما يتجلّى الشّمس لها بها فى نفسها بما هى فيها و عليها من عند ربّها فاذا كلّ من الشمس يبدؤن و اذا كلّ من يبعث لم يكن الاّ ما قد بعث ذلک امرالله خلق واحد كلّ به يخلقون و كلّ به يرزقون و كلّ به ليموتون و كلّ به ليحيون و فى كلّ ظهور يرفع ما يشاء و ينزل ما يريد لم يشاء الاّ ما قد شاء الله ربّه و لم يرد الاّ ما قد اراد الله ربّک فى الكتاب ذلک يفصل الله ما يشاء الآيات لعلكم تعقلون ثمّ تؤمنون و انّ هذا معنى حديث انتم كلكم تذكرون اذا ظهر القائم باذن ربّه فاذاً ليذكرن من آدمٍ الى محمّد انتم كلّ ما تحبّون ان تنظرون الى نبىّ تتبعونه فاذا لتنظرن الى فان كلاً قد بدء من ذلک الشّجر و يرجعن اليه ذلک امرالله كلّ به قائمون و انما النّاس اموات لايعلمون و يظنون انّهم فى دين الله و هم قد خرجوا كما دخلوا فيه ولكن لا يشهدون ولو عرفوه لم يحتجب عنه من احد ممّن بقى من دين آدم و قبل آدم الى ما لا اوّل له فانّ ذلک ليتوجهن الى الله ربّه ولكن لمّا احتجب لم يكن يومئذ من المؤمنين و ان بمثل ذلک من يصبر فى الفرقان و لم يؤمن بالله و آياته يرى نفسه على انّه فى رضاء الله ولكن لم يحط علمه بما قد شهد الله عليه كذلک يومئذ كلّ مبتلون ما تعملن من نفس الاّ و تريد ان تعمل لله ولكن لم يشهد الله عليها الاّ بمن آمن به كذلک يومئذهم فى رضاءالله خالدون و من يريد الله ان يظهره على سنّ ثلثين بعد ما قد قضى عليه الف سنة لم يكن دون هذا و ما قضى ما انتم تظنّون هو الاوّل و الآخر و الظّاهر و الباطن ذلک شمس المشية كلّما طلعت باذن الله او غربت انما هى شمس واحدة فلا تحتجبن بالدلائل التى انتم بها تجهدون فانّ هذا ثبت بقول من جعله الله للرسول شهيدا بعده فانّه يثبت ما قد اتاه الله من النبوة و الكتاب بما نزل عليه من الآيات هنالک انتم تنظرون فلتخففنّ من انفسكم ما انتم تحبّون فى دين الله فانّ الله لغنى عمّا انتم تعملون لو تنفقن عمّا على الارض لن تقدروا ان تزيدوا على الدّين من حرف و لا تنقصنّ من حرف ولكنّ الله يفعل ما يشآء ولتعرفنّ قدر ايام الله بينكم فانّ الشمس اذا غربت لن تجدنّ اليها من سبيل الى يوم القيمة و انتم فى اللّيل

لتسلکون کل ما انتم تنسبون الی الحق قد تحقّق بقول الله ذلک مبدء الامر فکیف انتم لا تتّقون فلا سبیل لکم ان تومننّ بالقرآن الاّ و ان تؤمنن بالبیان و ان علیه سواء ان تؤمنون او لا تؤمنون هل یرضی احد منکم حینئذ بقدر ان یقول انّی علی دین عیسی فاذا لا یرضی من بعد ان یقولنّ ما انتم لتدینون و انّ ما شرع عیسی ع من الدین من عند الله ذلک دین محمّد فی ظهوره و ذلک دین قائمکم فی ظهوره یرید الله ان یخفف عنکم دینکم فتشکرن الله فی ایام ربّکم و لتکوننّ فی دین الله من الموقنین و انّما الفرج ما قد تاکم الله حیث قد اظهر عبداً و آتاه البیّنات من عنده مثل ما قد اتی محمّداً من قبل و لم یکن دون ذلک حجّة یومئذ و لتکفین ذلک عند المؤمنین مثل ما قد نزل الله من قبل فی کتاب عظیم اولم یکفهم انّا انزلنا علیک الکتاب یتلی علیهم ان فی ذلک لرحمة و ذکری لقوم یؤمنون و اگر فرج تملّک و عزّت یا علم بقرآن و شئون مختلفه بود از بعد رسول الله ص تا امروز کلّ اینها نزد مؤمنین چه از سنّی و چه از شیعه بوده و هست بل فرج آنست که خداوند حجّتی را مبعوث فرماید و حجّتی باو بدهد که کل از او عاجز باشند چنانچه به محمّد رسول الله عطا کرده و امروز قرآن حجّت اوست نه غیر آن در نزد کلّ امّت چرا محتجب شوید بشئون علمیّه یا عملیّه یا ملکیّه یا عزیّه و حال آنکه شبهة نیست که شب و روز در نزد خود از روی حق عمل می‌کنید ولی بر نفس خود مشتبه کرده‌اید امر را چنانچه در ظهور حق امّت قبل بهمین اشتباه مانده‌اند و بزعم خود لله مانده‌اند و حال آنکه در نار ماندند و حال آنکه فرج ظاهر است چرا امروز این نوع در اسلام واقع شود که دو سلطان باسم اسلام سلطنت کنند در روم و عجم و علمای مالانهایه باین اسم فتوی دادند و از کسی که اسلام باو ثابت است محتجب گردند و حال آنکه حجّت او ظاهر است غیر از آیات شیئی را حجّت قرار نداده و اگر کسی امروز تصوّر کند می‌داند که این اعظم معجزات بوده و هست و کل غافل بوده بآنچه در قرآن دیده ولو اجتمع من علی الارض الخ استعجاب نمودند بلی اگر غیرالله نازل کرده بود ممتنع چنانچه از بعثت تا اوّل این ظهور که هزار و دویست و شصت گذشت کسی نیامده که در مقابل قرآن اتیان کند و حال که کسی آمده شکّی نیست که من عندالله است بدیهی است که اگر من غیر عندالله می‌شد لازم بود مر خداوند مقتدر علیم بصیر را که بایّ وجه کان دفعش نماید چنانچه در کلام مجید می‌فرماید که ولو تقوّل علینا بعض الاقاویل لاخذناه بالیمین و لقطعنا عنه الوتین[۴۱] یا اینکه حجتی از جانب خود انگیزاند که در مقابل او بهتر از آن یا مثل آن اتیان کند و چون در اینمدّت پنجسال مهلت از جانب ربّ قدیر شد ثابت شد حقیقت این امر همچنان که به همین دلیل الآن نبوّت نبیّ ثابت می‌شود نه بغیر از این از تواتر و غیر ذلک لانّ التّواتر لا ینفع المنکر مثل اهل الکتاب[۴۲] و از اول ظهور تا حال روز بروز در انتشار

و شیوع است و بهیچوجه من الوجوه نقص در این بهم نرسیده و نخواهد رسید لانّ الله یتمّ نوره ولو کره المشرکون۴۳ و هرچه اعتراض در این وارد آید بعینه همان اعتراض در نبوّت نبی وارد خواهد آمد پس لابدّید از اینکه این امر را قبول کنید و یا از دین خود نکول نمائید و حجیّت قرآن را انکار کنید و حال آنکه اگر کسی بتواند تحریر نماید در محضر او لیلاً و نهاراً در عرض چهار روز نازل می شود آنچه در بیست و چهار سال نازل شد و شبههٔ نیست که این همان منتظر است که شمس حقیقت باشد زیرا که غیر آن مقتدر بر آیات الله نبوده و نیست چنانچه در هر ظهوری باسمی ظاهر و این بعینه همان محمّد رسول الله است که در یوم قیامت بظهور الله ظاهر شده چنانچه از اوّل قرآن تا آخر آن غیر از این ذکر عظیمی نیست و لقاء اوست که لقاء الله است زیرا که لقاء ذات ازل ممتنع است و آنچه در قرآن ذکر لقاء الله شده مراد لقاء آن حقیقت است که از جهت نسبت تشریف خداوند بلقاء خود نسبت داده چنانچه کعبه را بیت خود خوانده اوست که منتظر است که تجدید کند فرائض و سنن را و اوست که حضرت صادق علیه السّلام در حق او می فرماید که سیصد و سیزده نفر کافر می گردند و فرار می نمایند و راجع می گردند بعد از آنکه امر بدین صعبی باشد چرا در آن تأمّل نکرده و شب و روز بزعم آنکه از برای خدا عمل می شود کرد یکدفعه باطل شود چنانچه ظهور حضرت قیامت صغری شمرده شده از عظمت و صعق من فی السموات و من فی الارض و ما بینهما ظاهر که چگونه کل در صقع دون ایمان رفتند چرا تفکّر در احادیث نمی کنند مگر حدیث آذربایجان را ندیده اند در جلد سیزدهم بحارالانوار که لابدّ لنا من آذربایجان لا یقوم لها شیئی فاذا کان کذلک فکونوا احلاس بیوتکم و البدوا ما البدنا و اذا تحرّک متحرّک فاسعوا الیه حبواً کانّی انظر بین الرّکن و المقام بانّ النّاس یبایعونه و هو لا یقبل عنهم الاّ بان یعمل و یحکم بینهم بالاحکام الجدید الحدیث نقل بالمعنی و همچنین در کتاب مزبور احادیثی که در خصوص متسجّن بودن صاحب این امر وارد شده و همچنین حدیث مفضّل که سئوال کرد چگونه می شود ابتدای این امر و اوّل ظهور فرمود که باشتباه حال ظهور می کند تا آنکه امرش ظاهر و ذکرش در میان مردم بلند می گردد بعد از آن با نام و نسب و کنیه در میان مردم ندا می شود که به شنیدن آن حجّت بر همه عالم تمام می شود و همچنین حدیث اذا قام قائم منّا بخراسان۴۴ و اذا قام قائم منّا بجیلان۴۵ الحدیث و همچنین گذشت علاماتی خبر داده اند مثل انشقاق الفرات و انهدام جدار الکوفة و قتل اهل المصر امیرهم و الجراد و الطاعونین و الدجال و رایات السّود من جانب الخراسان و قتل نفس ذکیّة روحی و ما فی علم ربّی فداه و قتل الحسنی و الکسوف و الخسوف و هکذا بوقوع رسید علاماتیکه جناب امیر روحی و مافی علم ربّی فداه می فرماید در دیوان خود:

بنیّ اذا ما جاشت التّرک فانتظر　　ولایة مهدی یقوم و یعدل
و ذلّ ملوک الارض من آل هاشم　　و بویع منهم من یلذ و یهزل
صبیّ من الصّبیان لا رأی عنده　　و لا هو ذو جدّ و لا هو یعقل
فثم یقوم القائم الحق منکم　　و بالحق یعطیکم و بالحق یعمل
سمیّ نبیّ الله نفسی فدائه　　فلا تخذلوهُ یا بنیّ و عجّلوا۴۶

ای مقدّسین بی‌انصاف بر خود و توابع خود رحم نمائید بترسید از روزی که یلتف السّاق بالساق۴۷ و از روزیکه بپرسند خازنان دوزخ الم یأتکم نذیر و یقولون بلی قد جائنا نذیر فکذّبنا و قلنا ما نزّل الله من شیئی ان انتم الاّ فی ضلال کبیر۴۸ و ملاحظه بکنید ببینید که اگر کسی از شماها ادعا کند که امشب در خواب حضرت صاحب را دیدم چقدر حرمت آن شخص را مرعی و منظور می‌دارید اگر بگوید دیدم در فلانجا ایستاده زیارتگاه می‌نمائید و حرمتش را ملاحظه می‌کنید امّا نمیدانم چه واقع شده است که الآن با این حجج واضحه و براهین ناطقه احتمال هم نمی‌دهید که خود حضرت منتظر روحی و ما فی علم الله فداه بوده باشد و اطاعت سهل است چگونه رفتار با آن بزرگوار و اصحابش نموده و می‌نمائید که خود در حبس و اصحابش کلاً دربدر هستند صادق شد احادیث اهل بیت کلاً از جمله فرمودند وقتی که حضرت ظهور می‌کند علمای امّت من بنای محاربه با او می‌گذارند، اذیّت‌هائی که برسول الله رسیده به آنحضرت می‌رسانند بجهت آنکه کلام خدا را بنا باعتقاد باطلهٔ خود توجیه کرده باو می‌جنگند و داخل جریدهٔ آفتاب پرستان و ماه پرستان می‌باشند عزیز من بپرهیزید از آنکه ما صدق این حدیث بوده باشید به علم خود مغرور مباشید و به عمل خود مطمئن نه، ای بسا عملی که بغیر رضاء الله بوده بگمان آنکه رضای حق در آنست و بسا عملی که در طریق غیر حق بوده بمظنه حقیّت بلی اگر کسی در حین عمل گمان کند که غیر رضاءالله است هیچ حقی مظلوم نمی‌شود و حال آنکه در همان حین حجّت بر او بالغ بوده و جحدوا بها و استیقنتها انفسهم۴۹ در حق او صدق می‌کرده ولی چون مغرور بحقیّت خود بوده هلاک می‌گشتند مستشعر نمی‌شده چنانکه مؤمنین رسول الله را در اسلام بودند که حجّت شوند بر دون مؤمنین اگر چه این زمان غیر از آن خداوند ظاهر فرموده که هر دقیق النّظری که در هر جا هست بابی گشته بل در آثار دیدم که اگر غیر از سیصد و سیزده نفر نقباء بودند جمع می شدند و حال مؤمنین بقرآن کل منتظر بر مهدی آل محمّد علیه السلام هستند بر قلب هیچکس از ایشان دون ایمان باو خطور نمی‌کند چنانچه بر مؤمنین به روح الله که منتظر احمد رسول الله بودند بر قلب هیچ کس

خطور نمی‌کرد که بیاید و ظاهر شود و ایمان نیاورند و حال آنکه شنیده شده و ظاهر است امر بشک و شبهه نیست که این ظهور همان ظهور موعود است که احادیث لایعدّ در او ذکر شده تا اینکه حتّی یخرج من یدق الشعر بشعرتین حتی لا یبقی الاّ نحن و شیعتنا[۵۰] فرموده‌اند و کل ظاهر شد. و اگر اتباع حق کرده بودند آنچه که ملاحظه نفع می‌کردند در دنیا تا حال از برای ایشان شده و هیچ چیز از ایشان منقرض نگشته بود چنانچه اگر سلطان اسلام کرده بود در نصرت حق و کلّ مؤمنین تا حال مضاعف گشته بود آنچه در دنیا قصد کرده بودند و قصد نموده‌اند و الآن هم تلافی مافات را می‌توان کرد و تجربه می‌توان کرد اگر مضاعف نشد عود کنند و حکم دین ایشانهم باطل نمی‌شد حال هرکس از خوف مقام خود نگرد تا اینکه رسید بآنجا که رسید که قلم حیا می‌کند که ذکر شود و حال آنکه در نزد ظهور رجعت کلّ اهل بیت و من محض الایمان[۵۱] شد و آنچه در حق ایشان در احادیث دیده شده ظاهر است چنانچه خود متفرس می‌فهمد ولی امروز هم اصلاح مافات را می‌توان نمود زیرا که در نزد صاحب حکم غیر از یک عفوت[۵۲] دیگر چیزی نیست بهمین معفو می‌گردند الی یوم القیمة و از مصدر حکم یک عذّبت دیگر امری نیست به همین ممنوع می‌گردند از هر خیری الی یوم القیمة لا تقنطوا من رحمة الله فادخلوا مع الداخلین و کونوا من المؤمنین و الحمد لله ربّ العالمین.[۵۳] انتهی

اخبار وقایع چهریق

در مورد وقایع چهریق چند مکتوب در دست است که حاوی اطّلاعات ذیقیمتی است و متن آنها در زیر درج می‌شود.

مکتوب آقا سید حسین کاتب خطاب به خال اصغر

هو الله ذو البأس الشدید

بعرض می‌رساند این مهجور اگر چه در ظاهر خدمت عالی مشرف نشده در عالم ظاهر و ثمره از شجره وداد نچیده ولکن به مضمون الارواح جنود مجندة ما تعارف منها ائتلف[۵۴] حبّه محبت آن قبله ادام الله اقباله در قلب این محب منبت گردیده و نار اخلاص مشتعل است تا در این اوان که در خدمت حضرت نار الله الموقدة التی یریدون المشرکون ان یطفئوها وارد ارض تبریز گردیده به اشاره حضرت شهریاری و جناب حاجی پس از ورود و استماع اهل قیود و حدود حسن سلوک سرکار ایلخانی در ارومیه و اقبال اهل آن موجب ازدیاد اشتعال نار جحد ایشان شد بل کل اهل بلد من الشیخیة و البالاسریة و الحاکم و المحکوم و التابع و المتبوع کل متّفق شدند در جحد و عدم استماع به کلمات اهل حق و کل متفقاً مشتعل کردند نار انکار

خود را علی الذی برّ و هام فی محبّة الله و رضاه ولکن حضرت وهاب جلّ جلاله از فضل خود برد و سلام۵۵ نمود و در حینی که هزار خیال فاسد داشتند مجدداً نوشته رسید و رعب الهی در قلوب ایشان افتاد و ثانیاً امر به مقر اول کردند و یوم قبل که بیست (و) یکم شهر جمادی الاولی بود تشریف بردند و آن دو امری که در توقیع سرکار در اوّل سنه مرقوم فرموده بودند واقع شد یکی خروج از ماکو در اول سنه و دخول در قریه چهریق و ثانی این امر عظیم که در این ارض واقع شد ولکن الحمد لله هر دو امر از فضل الهی بسهولت گذشت و اخوی ام سید حسن یوم قبل در رکاب همایون عازم شد و حقیر بجهت نبودن مال و بعضی شغلهای جزئی الیوم یا یوم بعد عازم می‌باشم. همینقدر امر فرمودند که حال که بخط خود نشد تو عریضه عرض کن که تشویش نداشته باشند و الله یعصمنا فی کل الحال امتثالاً لامره العالی و اشتیاقاً لحضرتکم ولو بالمکاتبة باین دو کلمه صداع افزای خواطر (خاطر) عاطر گردیده انشاءالله هرکس عازم این صفحات باشد سرکار هم شرح احوال را قلمی دارید مع احوالات بلده امن و الحمد لله رب العالمین.

و آنچه اخبار بیاید در خصوص اذیت کلاً افک است حجاب الله۵۶ مضروب شد بتجلّی اسم الله الحیّ۵۷ علیه که هجده عدد باشد آن هم بمجرد اسم که شاید باین اطفاء شود نور حق. زیاده بر این افک محض است.

و خدمت اقربای مخلص سیّما جناب قبله مکرم و خداوندگاری‌ام جناب میرزا سید مهدی ولد مرحوم مغفور میرزا سید علی قاضی عرض و سلام و سلامتی احوال را برسانید و الحمد لله اولاً و آخراً و ظاهراً و باطناً و هو علی کل شیئی قدیر.

و جناب قبله مکرم جناب شیخ المشایخ جناب ملا شیخ علی حاضر و سلام می‌رسانند و احوال جناب آقا میرزا ... ... را بنویسید.

مکتوب خال اصغر از یزد به خال اعظم در شیراز۵۸

... در خصوص احوالات جناب حاجی سابق عرض شد که مذکور است ایشان به تبریز تشریف می‌آورند اخباری که این اوقات رسیده چند یوم قبل خبر ورود ایشان را نوشته بودند که بعد از ورود در منزل فراش باشی منزل داده بودند یک دو روز بعد از ورود در مجلس ولی‌عهد مجلس کرده بودند میرزا احمد مجتهد که رئیس فقهای آن بلد است که نرفته بوده است و مدعی بوده که نزد من خلاف بودن ایشان ثابت است احتیاج به گفتگو ندارم و امّا ملا محمد نام ممقانی که رئیس شیخیه تبریز است با جمعی دیگر از ملاهای دو فرقه بوده‌اند آنچه نوشته بودند جناب ایشان که وارد می‌شوند اهل مجلس اعتنائی نمی‌نمایند ایشان هم اعتنا به احدی نکرده می‌روند گوشه‌ای قرار می‌گیرند بنای مباحثه می‌شود. سئوالات مختلف می‌نمایند ایشان به طریق غیر قواعدی که در دست ملاها می‌باشد جواب می‌گویند. پنج شش

ساعت طول مجلس بوده عاقبت ملا محمد که رئیس آن مجلس بوده می گوید شما مدعی چه می باشید. می گویند من باب هستم. می گویند باب را نمی فهمیم دیگر چه چیز می باشید؟ این فقره را تفصیل نوشته بودند که می گویند من همان کسی هستم که شماها هزار سال است انتظار او را داشته اید. چند آیه از قرآن را می خوانند بجهت دلیل قول خود. آنچه نوشته بودند در جائی که محل فتحه بوده به کسره تلاوت می نمایند یا برعکس، حضرات ملاها مدعی می شوند که شما قرآن را هم درست نمی خوانید. دیگر ایشان سکوت می نمایند. عاقبت ملا محمد می گوید که این جوان اگر ناخوش نباشد نعوذ بالله کافر است، برمی خیزد مجلس بهم می خورد اهل مجلس بنای ضرب (و) شتمی داشته اند ملا محمد و میرزا احمد۵۹ که رئیس بودند اقدام به این کار نمی نمایند ولی عهد هم حرمت سیادت را نگاه می دارد مباشر امری نمی شود. همه متفق می شوند که به عهده سیدی کرده باشند که ایشان را اذیت کند. گویا سیدی که می گویند شیخ الاسلام تبریز می باشد مباشر اذیت می شود دو سه نفری که نوشته بودند همینقدر نوشته بودند اذیت کردند ولیک حاجی آقا نوشته بود که علی الظاهر ده بیست چوب زده باشند یک دو روزی هم در خوانه (خانه) ولی عهد بوده اند که مجدد فرمان مصدر حکم از طهران می رسد که ایشان را برگردانند به چهری (چهریق) که بودند، معرکه کوتاه می شود ایشان را برمی گردانند. خلاصه اخبارات قبل از برگردانیدن که رسید باعث زیادی هم (و) غم (و) افسردگی گردید. چند روزی هم به غایت مشوش بودم تا اینکه یوم قبل قاصدی آمد نوشته جات هرکس رسید حکایت بردن ایشان را نوشته بودند مجدد آقا سید حسین یزدی هم که در خدمت ایشان است به امر ایشان دو کلمه احوالات را نوشته بود که یوم قبل رسید چون غرض اطمینان قلب ماها بوده است نوشته آقا سید حسین همان را فرستادم شیراز که مطالعه فرمائید خلاصه حکایت این است که عرض شد اخباری اگر بشنوید دوروغ (دروغ) است از قرار نوشته حاجی آقا و آقا سید حسین چنین معلوم می شود...

مکتوب حاجی محمد نقشینه فروش اصفهانی

یا خیر الحافظین در دارالعباد یزد بنظر انور مرحمت گستر عالیجناب مقدس القاب سلالة السادات جناب التقی الزکی حاجی میرزا حسنعلی تاجر شیرازی مشرف باد ۸۶۴۲ قطمیرات قطمیرات.

هو العلی الاعلی

السلام علیکم یا اهل بیت الکرامة و الشرافة و السیادة رزقنی الله لقاکم و اسئله ان یجعلنی فداکم ... ... بشرف عرض عالی می رساند که چنانچه در عالم ذره پروری و بنده نوازی مستفسر این عبد خاکسار بوده باشید لله الحمد و المنه حال

تحریر که ۲۰ شهر ذیقعدة الحرام است در دارالسلطنه تبریز حیات عاریت که عین ممات است باقی و بدعاگوئی مشغول می‌باشم و ناخوشی صورت وقوع ندارد سوای محرومی از فیض حضور اسم مستور امید که خداوند علی اعلی جل ذکره العالی سببی سازد که جمع میان مؤمنین شود در ارض امنی عند ملیک مقتدر بحق الحق٦٠ و دیگر در هفتم شهر رمضان المبارک در قلعه چهریق بزیارت بیت الله الحرام مشرف شدم و پاره فرمایشات فرموده بودند بساحت قدس بردم از هر جهت خواطر (خاطر) جمع باشید و عریضه جناب آقائی آقا سید حسین بسرکار نوشتند خدمت عالیشأن حاجی آقا دادم مع عریضه از خود که ارسال خدمت نمایند ظاهراً تا بحال موجود باشد و بنده را اذن رفتن بخراسان صادر شد و یک قالیچه جاه‌نمازی (جانمازی) مع یک زوج کفش سقاری و یک زوج جوراب و دو بوقچه لفافه جهت جناب آقائی حاجی میرزا سید علی سلام الله علیه الطفات (التفات) فرمودند و امر شد که خدمت سرکار ارسال شود و البته ارسال بلد امن نمائید تسلیم عالیشأن حاجی آقا نمودم که ارسال نمایند با آن قافله سابق ارسال نداشته بودند دو سه یوم قبل بسته کوچکی ارسال فرموده بودند که ببلد امن برسد خلاصه آن را در جوف بسته سابق گذاردم و تسلیم ایشان نمودم که ارسال فرمایند دو سه یوم دیگر قافله روانه است انشاءالله بسلامت خواهد رسید و عریضه جناب آخوند ملا شیخ علی فرستاده بودند که ارسال خدمت نمایم در جوف است ملاحظه فرمائید و ارسال بلد امن نزد جناب حاجی سلام الله علیه نمائید و عریضه قبل ارسال خدمت شد که بایشان برسد انشاءالله تا بحال رسیده و بعد از خبر فوت شاه عریضه عرض شد از جهت تکلیف ماندن و رفتن به ارض خاء، جواب وقوف در این ارض آمد و بسته از شیراز مدتی قبل آمده بود به قزوین چندی قبل رسید و ارسال ساحت قدس شد خواطر (خاطر) جمع باشید و جناب آقائی آقا سید حسین عریضه بجهت سرکار نوشته بودند و در جوف آن چند توقیع مبارک بود در جوف خط حاجی آقا مدتی قبل ارسال خدمت شد و قبل از آن خط مختصری بخط مبارک ارسال خدمت شد مع وصول هشتاد تومان وجه از حاجی آقا در ذیل آن ثبت شده بود انشاءالله رسیده است سرکار قبولی هشتاد تومان را جهت ایشان بنویسید که دو قبض چهل تومان نزد ایشان است و امر شده که بنده بگیرم و ایشان منتظر جواب وصول از سرکار می‌باشند و در خصوص پنجاه تومان و کثری (کسری) که قلمی فرموده بودید از حاجی آقا گرفته شود، بعد را امر شد موافق نوشته جناب آقا سید حسین که برات خراسان نمائید که در آنجا بحقیر برسد حال که رفتن حقیر موقوف شد باشد تا حکم برسد و قدری وجه بنده از عالیشأن حاجی آقا گرفتم جهت بعضی مصارف و خواستم که برات بسرکار نمایم بعد را عرض کردم جواب رسید که باشد تا محرّم یا وجه را رد کن یا قبض به خط

مبارک جهت ایشان می‌فرستیم چون حاجی آقا می‌فرمودند که جناب حاجی امر فرموده‌اند که باید قبض بخط مبارک باشد و جناب اعلی روحی و من له روح فداه[61] اکثر اوقات تحریر نمی‌فرمایند و جمیع نوشتجات بخط آقائی آقا سید حسین است خلاصه آنچه امر رسید من بعد را مصدع می‌شوم هرچند در ظاهر بزیارت سرکار مشرف نشده‌ام لکن امید چنان است که در عالم اوّل از جمله بندگان محسوب کرده باشند و خدمت جناب آقائی حاجی میرزا سید علی سلام الله علیه از نجف اشرف تا بلد امن مشرف بودم و انشاءالله هرگونه خدمتی که از دست بنده برآید مضایقه نخواهم نمود و سابقاً خدمت ایشان عرض شده بود که هر وقت بخواهید عریضه خدمت ربّ جلّ ذکره ارسال دارید منزل حقیر در کاروان‌سرای وسط حاجی سید حسین است و اسم حقیر محمد الشهیر بنقشینه فروش است بعد را چون بنای رفتن بخراسان بود عرض شد که بحواله دیگری بنویسند حال که ماندنی هستم آنچه خدمت که لایق باشم در مقام اعلام درآورند و اگر همین عریضه حقیر را هم ارسال خدمت ایشان نمایند ظاهر عیب نداشته باشد کلیجه امر شده بود دادم بخیاط دو سه یوم دیگر انشاءالله ارسال ساحت قدس خواهم نمود در این خصوصات خواطر (خاطر) جمع باشید که آنچه امر برسد فیصل پذیر خواهد شد و همه روزه آدم می‌رود و مایحتاج را می‌برند از میوه و غیره و در این ایام در نهایت سرور و فرح می‌باشند انشاءالله اگر خبری یا امری برسد بزودی عرض خواهم نمود خواطر (خاطر) مبارک جمع باشد از هر جهت بعون الله و اگر خبری از جناب آقائی آقا میرزا احمد ازقندی (ازغندی) دارید قلمی فرمائید و همچنین از جناب آخوند ملا یوسف اردبیلی سلام الله علیهما که در کجا تشریف دارند و اگر خبر جدیدی باشد در آن ولا یا بلد دیگر قلمی فرمائید زیاده چه مصدع شوم باقی بقاکم و السلام علیکم و رحمة الله و برکاته. عریضه سابق آقائی آقا سید حسین را از جناب حاجی گرفتم در جوف گذاردم مطالعه فرمائید. (سجع مهر) عبده الراجی محمد.

تشرف احباء به حضور حضرت باب در قلعه چهریق

معین السلطنه می‌نویسد:

"مع الجمله حضرت باب اعظم در قلعه چهریق مقیم و مسجون و مؤمنین از اطراف گروه گروه به زیارت حضرت باب می‌شتافتند از آن جمله ملا حسین دخیل مراغی که از مؤمنین آن حضرت و سابقاً ذکری از وی رفت و حاج سید خلیل مداینی و غیره مشرف بودند ملاعلی کهنه شهری سلماسی که تا سنین اخیر در حال حیات بود و غالباً در ایام حکومت این بنده[62] در سلماس در صحبت نگارنده بود روایت نمود که من از تلامیذ ملا حسین دخیل بودم و وی استاد من بود در زمان اقامت

حضرت اعلی در چهریق ملا حسین دخیل به عزم شرفیابی آمده بود چون در قلعه کسی را اجازه اقامت نمی‌دادند در قریه چهریق و بیوت اکراد یا نصاری اقامت امثال او دشوار بود لذا در کهنه شهر در بیت من مقیم بود برحسب امر حضرت باب اعظم شب های جمعه از کهنه شهر پیاده راه افتاده و دو ساعت به غروب مانده به چهریق می‌رسید در بیرون قدری راحت کرده و از آن حضرت استیذان می کردیم پس از صدور اذن ورود همینکه به حضور آن حضرت وارد می شدیم حضرت اعلی قیام فرموده در سر پا تکیه به دیوار می‌فرمودند من و دخیل شروع به روضه خواندن می کردیم۶۳ و حضرت باب اعظم در حالت قیام چشم بهم گذاشته از ابتدای روضه خواندن تا ختام قطرات اشک لاینقطع از محاسن مبارکش جاری بود روی عبا و زمین ریخته می شد پس از ختم روضه حضرت مبشّر جلوس فرموده ما را نیز اذن جلوس می فرمودند پس از صرف چای مرخصی گرفته به کهنه شهر مراجعت می کردیم."

و سپس چنین ادامه می دهد: "حضرت باب به او عبائی عنایت کرده بودند که از خودش دور نمی کرد وقتی آقا میرزا محمدعلی زنوزی را برای شهادت می بردند قبایش را بیرون آورده و به میان جمعیت مردم انداخت ملا علی آن را برداشت و آستر عبای مزبور کرد و وصیت کرد که در مرگش آن عبا را بر او کفن کنند و وراثش این کار را کردند بعد از کفن جسدش را درون عبا پیچیده دفن کردند.

ملا علی کهنه شهری در حدود صد و دوازده سالی عمر کرد و با حال کهولت و پیری غیر از قوه باصره سایر قوایش بجا بود. در حدود سال ۱۳۳۰ هجری فوت شد و مدفنش در جوار بقعه امام زاده کهنه شهر است."

علاوه بر افرادی که نام آنها گذشت شخص دیگری که روز عید نوروز سال ۱۲۶۴ هجری قمری در چهریق حضور حضرت باب را درک کرد ملا شیخ علی عظیم از مردم ترشیز بود که از بدایت ظهور ایمان آورد و خودش را به شیراز رسانید و در جمیع حال و کل اسفار به دنبال حضرت باب روان گردید و به امر ایشان در همه جا مشغول تبلیغ و انتشار دیانت بابی شد. مشارالیه در ضمن مکتوبی که در روز نوروز به حاج میرزا حسنعلی خال اصغر نوشته است اعلان قائمیت حضرت باب را به اطلاع ایشان رسانده است. بطوری که از محتوای اسناد و مدارک موجود برمی آید ملا باقر حرف حی، حاجی میرزا سیدعلی خال، میرزا علی اکبر ابن عم، ملا عبدالکریم (میرزا احمد قزوینی)،۶۴ میرزا اسدالله دیّان خویی، دولت راجه هندی ملقب به قهرالله، حاجی محمد اسمعیل میناکار شیرازی۶۵ و همچنین میرزا لطفعلی کهنه شهری معروف به پیشخدمت که با جناب وحید به شیراز رفت و به دیانت بابی گروید، به افتخار زیارت حضرتش در قلعه چهریق نائل آمده‌اند. آقا سید حسین کاتب از اصفهان تا حین شهادت در جمیع حوادث و وقایع همراه بود. حاج آقای تاجر نیز که طرف محاسبات

حضرت باب با اشخاص دیگر بوده به ملاقات ایشان می‌رفته است. به غیر از این نفوس که مردمی شناخته شده بوده‌اند، اشخاص و بابیهای دیگری نیز مفصلاً و متوالیاً شرفیاب می‌شده‌اند. به هر حال حضرت باب کمی قبل از شهادت اشیاء شخصی و بعضی از آثار مبارکه را به یکی از همین زائرین یعنی ملا باقر حرف حی سپردند که به ملا عبدالکریم قزوینی برساند. نبیل اعظم می‌نویسد:٦٦

چهل روز پیش از آنکه مأمورین به چهریق وارد شوند حضرت باب جمیع الواح و نوشتجات خود را جمع آوری فرمودند و همه را به ضمیمه قلمدان و انگشترهای عقیق و مهرهای خود را در جعبه نهادند و به ملا باقر حرف حیّ دادند و به ضمیمه نامه‌ای به عنوان میرزا احمد کاتب (ملا عبدالکریم قزوینی) که کلید جعبه را هم در آن نامه گذاشته بودند به ملا باقر سپردند و فرمودند این امانت ها را درست نگاهداری کن آنچه در این جعبه قرار داده‌ام اشیاء مقدس و نفیسی (است) غیر از میرزا احمد نباید کسی از محتویات این جعبه اطلاع پیدا کند باید بروی و این امانت را به میرزا احمد برسانی. ملا باقر فوراً به راه افتاد و بعد از هیجده روز به قزوین رسید در آنجا دانست که میرزا احمد به جانب قم مسافرت کرده. ملا باقر به طرف قم رهسپار گشت و در نیمه ماه شعبان وارد شد... نبیل سپس ادامه داده می‌نویسد : من در قم با میرزا احمد هم منزل بودم شیخ عظیم و سید اسمعیل و عده بسیاری از احباب در آن ایام در شهر قم بسر می‌بردند وقتی که ملا باقر وارد قم شد و امانت را به میرزا احمد تسلیم کرد شیخ عظیم از میرزا احمد درخواست نمود که جعبه را بگشاید میرزا احمد هم بر حسب درخواست عظیم جعبه را باز کرد اشیائی که در میان جعبه بود همه را زیارت کردیم از محتویات جعبه ورقه‌ای بود که ما را به خود جلب کرد و این ورقه لوله کاغذ آبی بود و جنس آن از بهترین انواع کاغذها و لطیف‌ترین اقسام آن بود. حضرت باب با خط شکسته به هیأت هیکل انسان قریب پانصد اشتقاق از کلمه بها مرقوم فرموده بودند و آن را ملفوف ساخته بودند که در نهایت نظافت و ظرافت محفوظ ماند. انسان اول چشمش به آن ورقه می‌افتاد خیال می‌کرد چاپی است خطی نیست با خط خیلی ریز نوشته شده بود و از دور چنان به نظر می‌رسید که مرکب روی کاغذ مالیده‌اند. ما خیلی از مشاهده این ورقه تعجب کردیم زیرا هیچ کاتبی نمی‌توانست مانند آن ورقه بنگارد. ورقه را به میرزا احمد برگرداندیم آن را در جعبه نهاد و همان روز از قم به طهران عزیمت نمود وقتی می‌خواست برود به ما گفت از مطالب مراسله حضرت اعلی آنچه را می‌توانم به شما بگویم این است که فرموده‌اند این امانت را در طهران به دست جناب بها بدهم آنگاه به من فرمودند فوری به زرند مراجعت کن زیرا پدرت در نهایت بی‌صبری منتظر ورود تو می‌باشد.

الواح، اسناد و مکاتیب

۱- نامهٔ ملا احمد ابدال مراغه‌ای
۲- نامهٔ اوّل ملا عبدالکریم قزوینی
۳- نامهٔ دوّم ملا عبدالکریم قزوینی
۴- نامهٔ آقا سید حسین کاتب
۵- لوح نازله خطاب به محمد شاه از چهریق، قبل از برگزاری مجلس ولیعهد
٦- فرمان ناصرالدین شاه خطاب به علاءالدوله
۷- لوح قهریه خطاب به حاجی میرزا آقاسی
۸- نامهٔ آقا سید حسین کاتب به خال اصغر
۹- نامهٔ خال اصغر از یزد به خال اعظم در شیراز
۱۰- نامهٔ حاجی محمد نقشینه‌فروش اصفهانی

۱- نامه ملا احمد ابدال مراغه‌ای

[illegible]

بسم العلی العظیم

الحمد لله رب العالمین والصلواة والسلام علی محمد واله الطاهرین

وعلی اسم الله المکنون المخزون وعلی شیعتهم المنتجبین ورحمه الله وبرکاته
ثم السلام علی مخدوم معظم ومشفق مکرم جناب مولانا خود وعلی سائر
المحبین ورحمة الله وبرکاته اولا عمده مطالب سلامتی ذات شریف سرکار میباشد
وثانیا هرگاه از [illegible] جویا شوید [illegible] اینجانب به تایید حق [illegible]
شهر جمادی الاولی در کاظمین علیه السلام نایب الزیاره ودعاگو میباشم در این روزها
عازم هستم بروم بخدمت مولانا خود مشرف بشوم انشاء الله اما
اخبار جدید از طرف ذکر شود در این روزها زوار آمد از ارومیه احوال
مولای خود سؤال کردم گفتند در [illegible] قریه ارومیه تشریف دارند در قریه
چهروم نام میباشد وحاکم ارومیه اول خواسته بود در خود ارومیه
تشریف داشته باشند ملا تا ترسیده بودند مبادا [illegible] فتنه
بشود راضی نشده بودند لعنهم الله آنچه نقل میکنند حاکم [illegible]
حرکت میکنند واز شهرها [illegible] مردم فوج فوج بخدمت
ایشان مشرف میشوند مصدق میکنند آنچه نقل میکنند
هنگامه عظیم برپا شده یعنی مردم اراده رسانده اند [illegible]
بار قال الله انا نحن نزلنا الذکر وانا له [illegible] لحافظون

کرد در مدة یکماه [illegible] هزار مرید بر [illegible]

بود این حکایت که او کی دیده بود از این جهت

میتوان یند سلام فقیر به مخدوم نموده

بر [illegible] باقی [illegible]

المشتاق

احمد ابدال

۲- نامه اول ملا عبدالکریم قزوینی

۳- نامه دوم ملا عبدالکریم قزوینی

۴- نامه آقا سید حسین کاتب

[illegible] ... از افواه مردم ... امور [illegible]

[illegible] ... طلوع شمس ... ظهور [illegible]

[illegible] ... از اهل حق ... [illegible]

[illegible] ... از فروع اصول ... [illegible]

[illegible] ... حقیقت فرج ... [illegible]

[illegible] ... رسول ... [illegible]

[illegible] ... حقیقت فرج ظهور ... [illegible]

[illegible] ... نزول آیات ... [illegible]

[illegible] ... حقیقت فرج ... [illegible]

[illegible]

[illegible] ... از افواه خلق ... [illegible]

[illegible]

[illegible]

[illegible]

[illegible]

[illegible]

[illegible]

[illegible]

[illegible]

۵- لوح نازله خطاب به محمد شاه از چهریق، قبل از برگزاری مجلس ولیعهد (پیش‌نویس به خط حضرت باب)

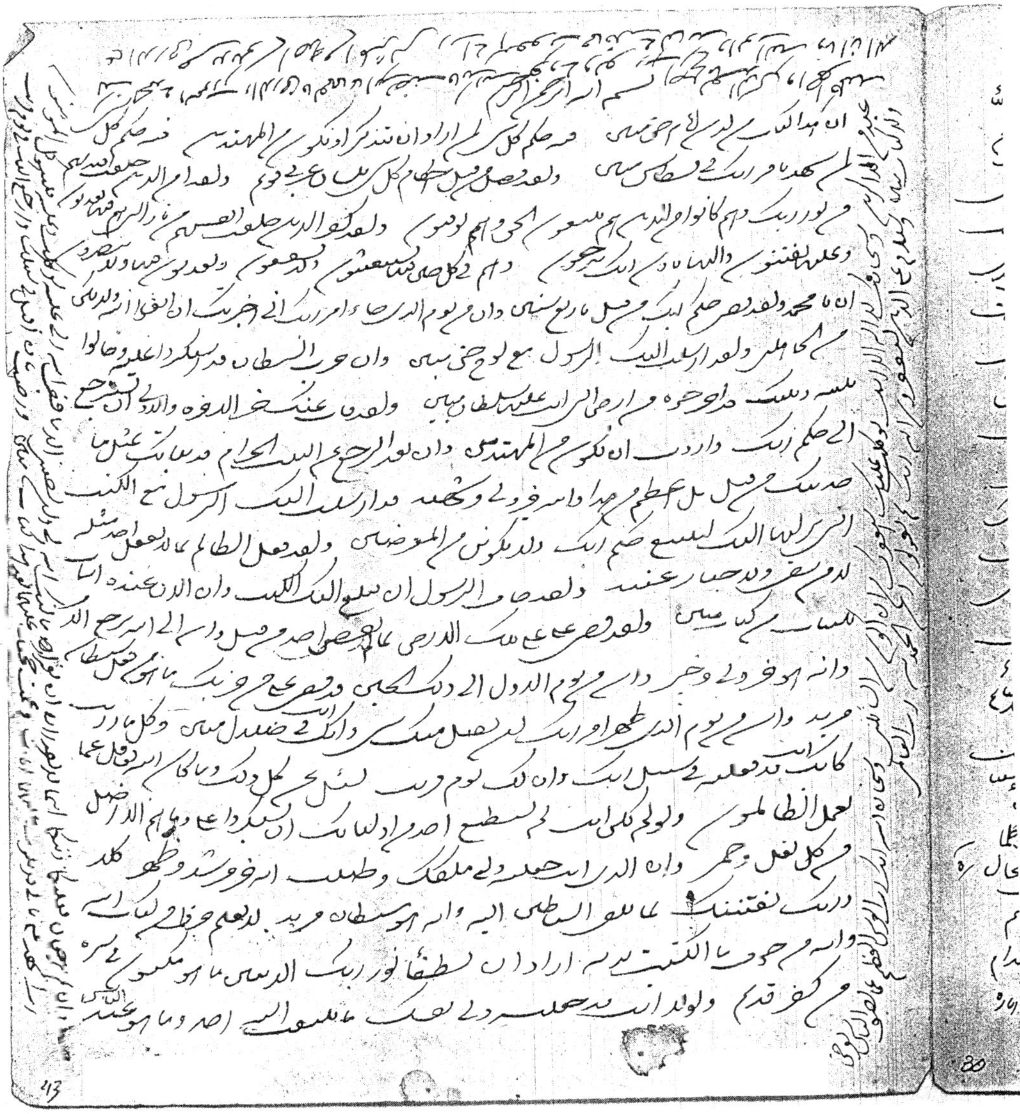

[illegible]

الا ظلم من يشاء وان مسلم من العلم اذى من يشتغل كذا وغيره لانه لما سمع ما عند الشيخ من [illegible]

من عند الناس وظهر على الدرس بانهم كانوا على من يخالف من نفسه وانه السلطان عظيم وان خلفاء

الباطل لا يحكمون بشيء لانهم لما ارادوا ان يحكموا استشهدوا من هذا ثم هذا ثم النصوص [illegible] وانه لا يعد

منهم في ذلك انه [illegible] عن علم قليل ليقوم حكم [illegible] مثل ما توافق القلب [illegible] عنده

افضل من [illegible] لا يستحي ان [illegible] على من يطعم فاف عليهم على [illegible] كانه هو [illegible] ما نزل الله

[illegible] الرحيم [illegible] الماء [illegible] ولا يزال [illegible] عنده [illegible] اليوم

لذات الشر ان الذين ظلموا على الحمد [illegible] كانوا ظالمين وانه لا يستحي من الكتب [illegible]

[illegible] قليل وانه [illegible] على الدرس من [illegible] سعد

فضل كريم وذلك [illegible] ولا اكون من الوارثين [illegible]

[illegible] الاخرة [illegible] وما الحياة الدنيا الا متاع قليل ان [illegible] لا يعد

[illegible] من قريب [illegible] من سلطان [illegible]

[illegible] السلطان [illegible] الباطل [illegible]

[illegible] المسلمين [illegible]

[illegible] ولا النصارى ولا احد من طوائف الدين [illegible]

ان يظلموا [illegible]

[illegible]

[illegible]

[illegible]

[illegible]

[illegible]

[illegible]

[illegible]

٤٤

رونویس لوح حضرت باب خطاب به محمد شاه

بسم الله الرحمن الرحیم

ان هذا کتاب من لدن امام حق مبین فیه حکم کل شیئی لمن اراد ان یتذکر او یکون من المهتدین فیه حکم کل شیئی لمن یشهد بامر ربک فی قسطاس مبین و لقد فصّل من قبل احکام کل شیئی بلسان عربی قویم و لقد آمن الّذین خلقت افئدتهم من نور ربک و هم کانوا من الذینهم یتبعون الحق و هم یوقنون و لقد کفر الّذین خلقت انفسهم من نار الّتی هم فیها یعذبون و علیها یفتنون و الیها باذن ربک یرجعون و هم فی کل حین فیه یستغیثون و لا یشفقون و یعذبون فیها و لا ینصرون.

ان یا محمد ولقد قضی حکم ربک من قبل باربع سنین و ان من یوم الذی جاء امر ربک انی اخبرتک ان اتّق الله و لا تکن من الجاهلین و لقد ارسلت الیک الرسول مع لوح حق مبین و ان حزب الشیطان قد استکبروا علیه و حالوا بینه و بینک قد اخرجوه من ارض الّتی انت علیها بسلطان مبین و لقد فات عنک خیر الاخرة و الاولی ان تسترجع الی حکم ربک و اردت ان تکون من المهتدین و انّ بعد الرجع عن البیت الحرام قد نبأتک بمثل ما حدثتک من قبل بل اعظم من هذا و الله خیر ولی و شهید قد ارسلت الیک الرسول مع الکتب الّتی نزلتُها الیک لتتّبع حکم ربک و لا تکونن من المعرضین و لقد فعل الظالم بما لا یفعل احدٌ مثله لا من شقی و لا جبّار عنید ولقد خاف الرسول ان یبلغ الیک و ان الآن عنده آیات بینات من کتاب مبین و لقد قضی علیّ علی تلک الارض بما لم یقض احد من قبل و ان الی الله یرجع الامر و انه هو خیر ولیّ و خبیر. و انّ من یوم الاول الی ذلک الحین قد قضی علیّ من حزبک ما هو من فعل شیطان مرید وانّ من یوم الذی ظهر امر ربک لن یقبل منک شیئی و انک انت فی ضلال مبین و کلّ ما رأیت کانّک انت قد فعلته فی سبیل ربک و انّ لک یوم قریب تسئل عن کل ذلک و ما کان الله بغافل عما یعمل الظالمون ولو لم تکن انت لم یستطیع احد من اولیائک ان یستکبروا علیّ و ما هم الا اضلّ من کل بغل و حمیر و ان الذی انت جعلته ولیّ ملکک و ظننت انّه خیر مرشد و ظهیر کلاّ و ربّک یفتننّک بما یلقی الشیاطین الیه و انّه هو شیطان مرید لا یعلم حرفاً من کتاب الله و انه من خوف ما اکتسبت یدیه اراد ان یطفاءَ نور ربّک الاّ یبیّن ما هو مکنون فی سرّه من کفر قدیم ولو لا انت قد جعلته ولیّ نفسک ما یلتفت الیه احد و ما هو عند الناس الاّ ظلام مبین و ان لم ترجعان فعلیکما ذنبکما انتما لا تقدران ان تغیّرا ما کتب الله لی و لن یصیبنی الاّ ما قضی الله ربّی علیه توکلت و علیه فلیتوکل المؤمنون.

رب اشهد علیّ بانّی قد تلوت علیهما آیاتک و تمّمت حجتک علیهما بعد هذا کتاب مبین و رضیت بان اقتل فی سبیلک و ارجع الیک فی یوم قریب لک الحمد فی

السموات و الارض فالقهما بما انت قضيت فانک انت خير ولی و نصير ربّ اصلح ما يفسد الناس و اظهر کلمتک علی الارض حتی لا يکون احد من المشرکين رب انّی استغفرک مما قلت فی کتابک و اتوب اليک و ما انا الاّ عبد من الذاکرين و سبحانک لا اله الاّ انت توکلت عليک استغفرک من ان اکون من السائلين و سبحان الله ربک رب العرش العظيم عما يصف الناس بغير حق و لا کتاب مبين و سلام علی الذين يستغفرون الله ربک ثم يقولون ان الحمد لله رب العالمين.

٦- فرمان ناصرالدین شاه خطاب به علاءالدوله

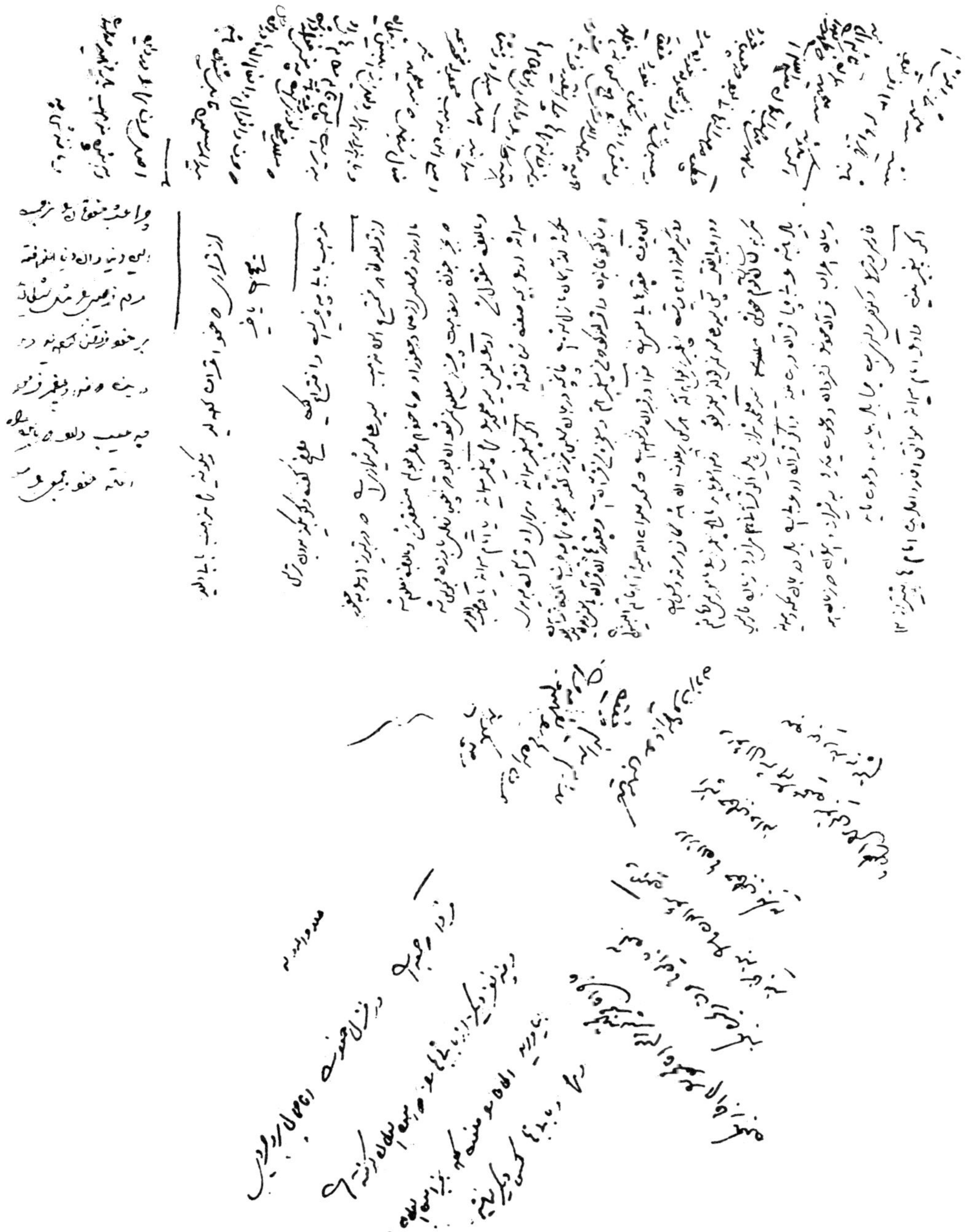

رونویس فرمان ناصرالدین شاه به علاءالدوله به خط وی

"علاءالدوله فردا که جمعه است در منزل خودت آقا جمال بروجردی و چند نفر دیگر از بابی‌ها را که امین السلطان گرفته است بیاورید اطاق را خلوت کرده بجز امین السلطان و شما و بابی‌ها کس دیگر نباشد. حاجی آقا محمد مجتهد پسر مرحوم آقا محمود را هم اخبار بکن آمده با این‌ها حرف و بحث بکند و همین سئوالات ما را بلند بخانید (بخوانید) و از آن‌ها جواب بگیرید آنچه جواب دادند و سئوال شد همه را علیحده بنویس برای اطلاع ما بده بیارند (بیاورند) به بینم. یک مجلس را با اینها حرف زدن لازم می‌دانم که حقیقت کمون این‌ها را بفهمم چه چیز است و چه می‌گویند.

از قراری که خود اعتراف کرده‌اید و می‌گویند شما مذهب بابی دارید، صحیح است یا خیر؟

مذهب بابی چه چیز است و اختراع کیست؟ واضح گفت و گو (گفتگو) بکنید بدون ترس.

از قرار ظاهر مخترع این مذهب سید علی محمد شیرازی است که در تبریز او را به حضور ما آوردند و مجلسی از علما در حضور او که ما خود هم حاضر بودیم منعقد شد و بالاخره معلوم شد که بجز جنون و سفاهت چیزی معلوم نمی‌شود. آن بود که چوب زیادی به او زده محبوس شد و بالاخره مقتول شد. او را یعنی سید علیمحمد را شما پیغمبر می‌دانید یا امام می‌دانید یا صاحب الامر می‌دانید؟ او را بچه صفت شناخته‌اید؟ اگر پیغمبر می‌دانید و برای او قرآن جدیدی می‌گوئید از آسمان نازل شده است چنانچه در همان مجلس تبریز گفتند معجزه شما چه چیز است گفت قرآن و بنا کرد بخاندن (بخواندن) و اقرار کرد که من پیغمبر هستم و معجزه من قرآن است و چقدرها آن قرآن بی‌معنی و لاطائل بود. این حرف چقدرها بی‌معنی است. خدا در قرآن فرموده است که محمد صلوات الله علیه و آله خاتم النبیین است و دیگر بعدز (بعد از) او تا قیامت پیغمبری نخواهد آمد. هر کس بر خلاف آن باشد کافر و مرتد و نجس است و واجب القتل. پس سید علی محمد نمی‌تواند پیغمبر بشود. و خدا می‌فرماید ما هیچ پیغمبری را مأمور نمی‌فرمائیم مگر به لسان قوم خودش. سید علیمحمد شیرازی باید اگر قرآنی می‌آورد زبان فارسی باید باشد عربی چرا قرآن درست می‌کند و اگر قرآن او عربی است باید در همان مکه و مدینه و میان اعراب قرآن خود را نشر داده و دعوت می‌کرد، به شیراز و ایران که زبان همه فارسی و ترکی و کردی و لری است چرا باید بیاید و دعوت نماید.

اگر پیغمبر نیست و او را امام می‌دانند موافق اخبار و احادیث امام‌ها بیشتر از ۱۲ نیستند. سید علیمحمد شیرازی اگر امام باشد باید امام ۱۳ نفر بود.

اگر می‌گوئید سید علیمحمد همان قائم آل محمد و مهدی صاحب الزمان علیه السلام است که ظهور کرده است چطور صاحب‌الزمانی بود که چوب خورد و حبس شد و آخر گلوله خورده مرد و نعش او را سگ خورد. حقیقتاً همچه صاحب الامری را هیچ کس نمی‌خواهد و نمی‌دانم شماها چرا اینقدر خر و بی‌شعور هستید که او را دارای این مقام‌ها می‌دانید. اصل مبداء و منشاء اصلی این مذهب مجعوله مخترعه ضال مضل که سید علیمحمد شد و با هزار هزار دلیل از ابلیس و شیطان بدتر است پس قائم مقام‌های او که میرزا حسینعلی نوری است و غیره باشد چه معنی خواهند داشت که حرف و اقوال و افعال آن‌ها در دین سیدالمرسلین قابل شنیدن باشد.

اصل حرف شما را در دین و آئین (و) مذهب باید فهمید چه چیز است و مأخذش چه. چرا عبث خودتان را بزحمت این دنیا و آن دنیا انداخته مردم فریبی را مثل شیطان علیه اللعنه بر خود ... کرده‌اید در دینی که خدا و پیغمبر فرموده چه عیب دارد که باین راه افتاده خود و جمعی را معدوم می‌کنید."

۷- لوح قهریه خطاب به حاج میرزا آقاسی

الحمد لله الّذی تقهّر بتقهیر تقهّر اقتهار قهر قهّاریته علی کینونیات المشرکات من الممکنات و الحمد لله الذی تعظّم بتعظیم تعظّم اعتظام عظم عظمته علی ذاتیّات المؤتفکات من الموجودات و الحمد لله الّذی تجبّر بتجبیر تجبّر اجتبار جبر جبّاریته علی نفسانیّات المبعّدات و الحمد لله الذی اقتدر بتقدیر تقدر اقتدار قدر قدرته علی انیّات المهیّات فسبحانه و تعالی قد حرّم عرفان قمص طلعة حضرت ذاتیته علی اهل الاشارات و ابعد عن قرب ساحة قدس جبروتیته کلّ المادّیات من اهل السّبحات و جعل اشدّ ناره للجوهریّات من اهل الدّلالات غفلتها عن ذکر عظمة نفسه و اشدّ عذابه للمجرّدات من اهل الملک اعراضها عن طلعة حضرته فما اکبر سطواته للظّالمین علی اهل ولایته الذینهم فی عالم اللاهوت مقدّسین عن الاشباه و الدّلالات و ما اعظم نقماته للمستکبرین علی اهل محبّته الّذینهم فی عالم الجبروت منزّهین عن الاسماء و الصّفات و ما اجلّ ظهور سخطه بعدله للغافلین من حق اهل معرفته الّذینهم فی عالم لملکوت مطهّرین عن الامثال و الاشارات و ما اعلی ظهور غضبه بطوله للمستبعدین بانفسهم بعد علمهم باهل طاعته الذینهم فی عالم الملک مرتفعین عن حدّ العلامات و المقامات فسبحانه و تعالی لعلوّ غضب نفسه و عظم سخط جنابه قد بعث محمداً صلی الله علیه و آله من بحبوحة القدم علی سائر الأمم منفرداً عن الشباهة من ابناء الجنس و المثل و قد جعله مظهر عدله و قهاریته ثم طوله و جبّاریته و رضی بسخطه عن سخطه و من غضبه بغضبه لیوصل بقهره لمن قهر علیه بعدله الی منتهی درکات النّار و یبلغ بجبره لمن جبر علیه بطوله الی منتهی مقامه فی مقامات النجّار اذ هو اجلّ من ان یغضب و یسخط لعلو کینونیته التی لا یقترن بها شیئی و لایصعد الیها شیئی و هو لم یزل لایدرکه شیئی و هو یدرک الاشیاء کلّه و هو المقتدر المتکبّر الجبّار و سبحانه و تعالی قد اظهر بعد محمّد صلی الله علیه و آله اولیاء لطول نفسه و اوصیاء لعدل نبیّه اظهاراً لعلو شأن حبیبه و جلال نفس رسوله و جعلهم مظاهر عدله و جبروتیته فی الغضب و معادن طوله و قهاریته فی السّخط لانّه کما هو علیه لا یقهر بکینونیته علی شیئی و لا یجبر بذاتیته علی شیئی و لایغضب بنفسانیته علی شیئی ولایسخط بانیته علی شیئی لانّه هو اجلّ من ان یقترن بالعباد او ان یصعد الیه اعلی طیر الافئدة من الفوآد و هوالمنفرد فی الانشاء عن الاشباه و الاضداد و لذا قد نزل فی القرآن فی شأن مظاهر عدله و طوله لمن نظر بالعیان حکم البیان فلمّا آسفونا انتقمنا منهم ثمّ بعد ذلک لعلوّ غضب اولیاء الدین و عظم سخط مقام ارکان الیقین ائمّة الذین شهدوا بالحق و هم یعلمون قد خلق الله عباداً لظهور طولهم و هیاکل لبروز عدلهم و وجوها لمحال غضبهم و آیات لمعادن سخطهم و جعل کلّ سخطه فی سخطهم و کلّ غضبه فی غضبهم و کلّ طوله فی فعلهم فبهم یستحقّ

نار جهنم من استحق علیه کلمة العذاب فاعوذ بک یا آلهی من سخطهم الذی لایدل الاّ علی سخطک و سخط نبیّک و سخط اوصیاء نبیّک صلواتک علیهم ثمّ من غضبهم الذی هو دالّ علی غضبک و غضب نبیّک و غضب اوصیاء نبیک صلواتک علیهم و بک استجیر بذمتهم من قهرهم و جبّاریتهم و من جبروتیتهم اتقرّب الیک و اتشفع بهم الیک رجاء عفوهم و عطوفتهم اذ بغضب احد منهم قد تذوّت النّیران بکینونیتها و تحققت الحسبان بذاتیتها و تنزّلت السطوات من سماء قهرک علی ساکنیها و تبدّلت الحسنات بالسیئات من الذین استکبروا علیهم بما تنزّل من سماء قهّاریتک علی اهلها اذ حکم الکفر قد تحقق من غضبهم و حکم الشّرک قد تذوّت من سخطهم و حکم الجحد قد تبیّن من قهرهم و حکم الانکار قد وجد من جبّاریتهم فبهم یا الهی اعوذ من غضبک و بهم اهرب من سخطک و بهم استجیر بذمتک من قهّاریتک و بهم استشفعت لدیک من جبّاریتک فو عزتک و جلالتک ان المردود من قد تنزّل علیه سخطهم و ان المغضوب من قد تنزّل علیه غضبهم و انّ الملعون من قد حکم علیه قهّاریتهم و انّ المعذّب من قد حکم علیه جبّاریتهم فسبحانک یا الهی لایقوم بعدلهم شیئی فی السّموات و لا فی الارض لانّه دالّ علی عدلک فارحم اللّهم علی کلّ الذرات بفضلک و جودک انّک انت الوهّاب و انّک من ورائهم محیط جبّار شدید. امّا بعد فاعلم ایها الکافر بالله و المشرک بآیاته و المعرض عن جنابه و المستکبر عن بابه انّ الله عزّ ذکره لایعزب عن علمه شیئی ولایعجز فی قدرته شیئی و انّه ما امهلک فی مقامک و لا اغفل عن حکمک فی اعمالک لانما یعجل من یخاف الفوت و انّه یسمع الصّوت و یدرک الفوت و ینزل الموت فاشهد بالیقین ثمّ انظر بعین الیقین ثمّ لاحظ بحق الیقین فی نفسک فانّ الله عزّ و جلّ قال و انّ نار جهنم لمحیطة بالکافرین فوالذی نفسی بیده انّ غفلتک عن ذکری و عصیانک فی حکمی و اعراضک عن طلعتی لک اشدّ من نار جهنم بل انّها هی تظهر لنفسک فی یوم القیمة و انّ الآن لو تعلم بعلم الیقین لترونّ الجحیم ثم لترونّها عین الیقین فوالذی هو ملیک وجودی قد تغیرت البلاد و من علیها من حکمک و ما الآن شیئی فی علم الله الاّ و هو معرض عنک و لاعنک فمهلاً مهلاً لک یا عدوالله و عدو اولیائه لو تعلم ما اکتسبت یداک فی امری لتفر الی قلل الاوتاد و تجلس عریاناً فی الرّماد و تشهق من حکم الایجاد و تصعق لاهل الفؤاد اما تعلم ما فعلت یا مظهر الابلیس فکانّما ظلمت علی کلّ من فی الوجود من الغیب و الشّهود و قتلت کلّ من فی ملکوت الودود فانّ الامام علیه السّلام قال من احتمل ذنبا فکانما احتمل کلّ الذّنوب فآهٍ آهٍ بظلمک تشهّقت الفردوس و من علیها و تصعّقت الارض و من علیها فقد تغیّرت المیاه و الاریاح و تخرّبت البلاد و اندکّت الجبال و اصفرّت الاوراق و ایبست الاغصان و انقطعت الاثمار فآهٍ آهٍ کیف اذکر مااکتسبت بغیر حق تکاد السّموات ان

يتفطرن و تنشق الارض و تخر الجبال هداً فقد احترق كبد محمّد وآل الله صلى الله عليه و آله فى غرفات الرّضوان و لطمت الحوريات بسوء حكمك على وجههن فى روضات الجنان اما تعلم ما فعلت و لقد اعرضت عمّن هو مولا و مجليک فى عوالم التى قد خلقها الله لک و انت عبد رقّ فى ملكه فو الذى هو محبوب فؤادى لو كشف الغطاء عن عينک لترضى ان تقرض بالمقاريض و تمشى فى الدّنيا ورآء المجانين و ما خطرت ببالک ذرّة خردل ظلم فى حقى بل لو ملكت شرق الارض و غربها لتعطى بان تنظر الى وجهى مرة واحدة و لا يقبل عنک لعظم مقامى الذى خصّنى الله به ازعمت انک تستلذ فى الدّنيا و قعدت على بساط السّلطنة و تكبّرت على من حولک بما جعل الله الحكم فى يدک لا و ربّى ما قعدت الاّ على صدر النيران و لاتستلذ الاّ بنار الخسران ولاتأكل الاّ من اثمار شجرة الحسبان و لاتشرب الاّ من حميم الغسلان فمهلاً مهلاً لک اتأكل اموال النّاس بالباطل و تصرف الى ما تهوى اليه نفسک بالعاجل و تزعم انّ الله لا يسئلک عنه لا و ربّى ان لک موعداً يوم القيمة بين يدى الله و رسله و ملائكته و جميع عباده هنالک لتعرف مقامى و تجد نار جهنّم فى نفسک و انّ الآن ما لبست الاّ من ثياب القطران و ماتنعم الاّ بما تعذب للشمس و القمر بحسبان فمهلاً مهلاً لک ادعوت بعلاً و رضيت ظلما و نسيت عدلاً بعد ما قال الله عزّ و جلّ فى حق الظّالمين حيث قال و قوله الحق للمؤمنين و لا تحسبن الذين كفروا انّما نملى لهم خيرا لانفسهم انما نملى لهم ليزدادوا اثماً و لهم عذاب مهين فيا ايها المغترّ بنار السّجين و حجر السّجيل تفكر لمحة اين سليمان و ذوالقرنين ثمّ ملكهما فى رضا الله عزّ ذكره ثمّ اين شدّاد و نمرود ثم ملكهما فى سخط الله عزّ ذكره اليس انهما ماتا فكانا معذبين و لا لهما من محيص ابدا و ان كان الشّرف ملک الدّنيا و سعة ارضها و اموالها فانّ اليوم ملوک الكفر لاكثر ملكاً منک و اكثر اموالاً منک و ان كان الشرف رضاءالله و طاعته فمن اين تحرق نفسک بايديک و تغفل عن يوم الّذى يأتيک اليس الله قال فى حق الذين عمروا الدّنيا كم تركوا من جنّات و عيون و زروع و مقام كريم و نعمة كانوا فيها فاكهين كذلک واورثناها قوماً آخرين فما بكت عليهم السّماء و الارض و ما كانوا منتصرين اليس الله قال تلک الدار الآخرة نجعلها للّذين لايريدون علوّاً فى الارض و لافساداً و العاقبة للمتّقين فكّر لمحة هل تبقى فى الدنيا فكيف ترضى بعزتک فى عمر الذى هو لايذكر فى جنب حيوة الآخرة كانّک فيها حىّ ماشآءالله و اراد و ما لک من موت ابداً فوالذى اختارنى لحبه ما اريد عليک الا رحمة الله لتخلص نفسک عمّا غفلت عنه و ترحم عليها بما نسيت حكمه فكيف اذكر مؤبقاتک العظيمة و جريراتک الكبيرة انظر من اول يوم الذى انا كتبت فى حقّک خف عن الله ربّک الى الآن قد مضى اربعون شهر و انّک لو اظهرت المحبّة و خفت عن الله فى الحقيقة فو الّذى نفسى بيده لم

ينقص عن عزّتک قدر خردل و لا انّى طمعت فى دولتک اقل من خردل لانّ كلّ الدنيا و الآخرة مع كفين الصّفر ككفّ رماد بل انّ العارف ربّه لم يطلب دون الله شيئاً و لايرى عزّاً الاّ فى رضائه و لا ذلاً الاّ فى سخطه و انّ مقامک الذى به استكبرت على الله لم يمل اليه احد ممّن عرف حقى بل انّ ادنى المساكين العارفين قد ضرب بظهر نعليه مقامک فكيف انّک مع ما تدعى خشية الله قد اخذته بايديک كان الله ما خلق ذلک لغيرک فكّر لمحة قد اطلعت بما فعل بى و شيعتى من جعلته حاكم الفارس لعنة الله عليه حيث لايرضى كافر لكافر ابداً و انت تقدر على دفعه و ما كتبت اليه حرفاً لعل ينقص من فعله ظلماً و عدواناً حتّى فعل ما فعل و به افتضح نفسک واجمع حطب جهنم لزادک مع انّک لو كتبت اليه سطراً لايقرب الى ابداً ومع انّک تعلم نسبه الذى هو ارذل الانساب و حسبه هو اردّ لى بلغة اهله لاحد من العصاة و نسيانه حكم الصّلوة و شرب خمره و قتل نفسه و كثرة ظلمه و ما اظن انه ترک كبيرة و لاصغيرة بل والذى نفسى بيده لواحتمل كلّ الجريرات فى ايّام دولتک لم يضرک بمثل ذرّة ظلم احتمل فى حقّى فافّ له و لعنة الله و سطواته عليه مادامت السّموات و الارض فسوف ينتقم الله عنه بعدله انّه هو المقتدر القوى و لعمرى قد اضطررت فى ارض وطنى بشأن قد خرجت خائفاً مترقباً حتّى نزلت على من ولد فى النّصارى فقد وقّرنى و عزّزنى و استقرّ فى مقام لايوجد عنده اعظم منه بما استطاع فى دين الله حتّى قضى نحبه فاسئل الله ان يعطيه جزاء احسانه خير الآخرة كلّها و لا شکّ انّ الله لا يخلف الميعاد ثمّ بعد ذلک اطلعت بموقفى الذى ليس لاحد به علم ولا الىّ سبيل و رضيت بما فعل الّذى لا شأن له الاّ شأن الانعام فاسئل الله ان يمزقه بكل ممزق جزاء كذبه وطغيانه انّه هو المقتدر الجبّار العسوف ثمّ نزلت عليک و ما استحييت من الله و لا من جدّى رسول الله و لا من احد من آبائى ائمّة الدّين عليهم السّلام و خفت ان يقطع من كفّ خبزک و امرت بما امرت فوالذى نفسى بيده لو نزلت على بيت ارذل النّاس ليستحيى عن ذلک و لاتردنى عن بيته كما سمعت سلوک من ولد فى الكفر و انت ولدت فى الاسلام مع انّى قد كتبت اليک بشأن الحسنة لمقامک الّذى تعزّزت به ما لا يليق بشأنک فانّ اليوم بشأنک مثل هذا منّى انصف بالله لو نزل عليک ابن سلطان الرّوس هل تأمر له بالسّجن اليس ابن رسول الله لديک اذلّ منه مع انّک تقلّب فى ليلک و نهارک بحكم احد من حزبه فى قرب جوارک ولاترحم على ذريّة محمّد صلى الله عليه و آله مع اظهار ضعفه و عجزه ثمّ اظهرت بذلک خوفک لمّا امرت بالمسير من سبل البر مع استقرارک على بساط السّلطنة و اقتدارک بلى انّ ذلک لحق ولقد خاف من حمل ظلما و بعد ذلک مع سعة ارضک و كثرة اموالک قد اذنت لى بسجن جبل الذى لم يكن هنالک انسان وليس ابعد منه ارضاً و جعلت نزولى على الذى انت تعرف مقامه فلعمرى لو جاء الى باب بيتى بان

اجعله خادماً لحماری ما اخترته لقلّة رأیه و بعد مقامه و ممّا اضحکنی فعله انّه خرج مراراً عدیدة الی ضرب ملخ بمکنسة ایدی رعایاه و حشیش ایدی الصّبیان فهذا مبلغ جهله لدیک و انّک مع ذلک تکتب الیه روحی فداک بلی بمثلک یلیق ان تجعل روحک فداه و تأخذ اموال الملک و تعطی الی قوم هم لدیّ اضل من انعام لیصرفون فی غیر محبّة الله و یشربون الخمر و یلعنونک فی السّرّ و انّ ذلک حظّک فی الحیوة الدنیا و لاتصرف لذریّة رسول الله صلّی الله علیه و آله بقدر قیمة حیوان فی سبیل سجنه و ترضی بادنی عمل هارون مع موسی بن جعفر علیه السّلام لانّه امر فی السّبیل ما امر و انت غفلت عن هذا و لاتستشعر مع کبر سنّک الذی قرب الی تسعین سنة بان تخاف عمّن هو ابن ثمانیة و عشرین سنة و تأمر به الی بلد الغربة بعد ما تعرف نسبه من رسول الله و حسبه الذی لایعادله فی الفارس احد و کفی فی فخری بانّی اشرف العرب قرشیّاً و اعز العجم فی ملک الفارس حیث قال صلی الله علیه وآله فی شأن من کان فیه لو کان العلم فی الثّریا لناوله ایدی رجال من فارس و کفی فی مقامک ما قال روحی و من فی ملکوت الامر و الخلق فداه اترک التّروک ولو کان ابوک ان احبّوک اکلوک و ان ابغضوک قتلوک و انّی اعلم انّک لاتبالی بما کتبت فی شأنک لانّ من لایبالی بالفحشاء فی محضر النّاس الذی هو علامة شرک النّطفة بنص الامام علیه السّلام لم یبال من ذلک ولکن کتبت ذلک لشدة سخط الله علیک و لتعلم بانّ کلّ ظلم وقع بی فی دولة الملک انت عملته بل یقول یوم القیمة ابوالشّرور بانّی عملته فیک و لقد هلکت الملک بما صنعت فی حقّه من شکل التثلیث و التّربیع بما اخبرته ببعض ما اخبرک الذین فی حوله من امناء حزبک و انّه لاجل الحق اتبعک و انت ما ترحّمت علیه و رضیت بهلاکته و هلاکة نفسک اتّق الله فانّک ما ظلمت الاّ نفسک و ما جمعت النّار الاّ لنفسک و انّی مع موقفی فی السّجن کانّی فی الفردوس عند ربّی لانّی لا اری لذّة الاّ فی قربه ولاسروراً الاّ فی رضاه ولاراحة الاّ فی انس جنابه و لا اری مادونه الاّ کقبل وجوده لم یک شیئاً و کفی به ولیّاً و کفی به نصیراً قال و قوله الحقّ لن یصیبنا الاّ ما کتب الله لنا هو مولینا و علی الله فلیتوکّل المؤمنون فقد اتممت النّعمة فی حقّک بما اجریت من قلمی فی هذا السّاعة باذن الله عزّ ذکره و انّک لو تعلم الواقع لتری حرفاً من ذلک لنفسک احرّ من نار جهنم و لقد اخبرک ببعض ما اکتسبت لعلّک ترجع و ان عدت لاعود فی حکمک و ما انبّئک مثل خبیر انظر کنت قطرة ماء الذی خرجت من مقامین فسوف ترجع الی تحت التّراب و تقول یا لیتنی کنت تراباً و لیس لک الیوم حبیب یخلّصک و لاصدیق ینفعک و لاولد یستغفرالله ربّه لک الاّ الذین یلعنوک و یسئلون الله بضعف العذاب فی حقّک الا انّ ذلک لظلم عظیم قد عمّرت قبور الاموات و احییت نفوس العصاة و حزنت قلوب اللاّئی هنّ محالّ الفیض و الالهام حیث اشار

الله عزّ ذکره لا يسعنی ارضی و لا سمائی بل يسعنی قلب عبدی المؤمن و افنيت نفوس الرّاضية المرضيّة غافلاً عن مفهوم قوله عزّ ذکره من قتل مؤمناً فکانمّا قتل النّاس جميعاً و قول رسول الله صلی الله عليه و آله من اذی مؤمناً فقد اذانی و من اذانی فقد اذی الله و قول وصی من اوصيائه فی حقّ النّاصب حين سئل عنه قال عليه السّلام انما النّاصب من نصب العداوة لشيعتنا فراقب نفسک و انتظر امر ربّک فانّ اجل الله لآت و لا مردّ له و انّ ربّک لبالمرصاد و لا تحسبنّ الله غافلاً عمّا يعمل الظّالمون و سيعلم الذين ظلموا ایّ منقلب ينقلبون و سبحان الله ربّک ربّ العزّة عما يصفون و سلام علی المرسلين و الحمد لله ربّ العالمين.

۸- نامه آقا سید حسین کاتب به خال اصغر

۹- نامه خال اصغر از یزد به خال اعظم در شیراز

[illegible]

۱۰- نامه حاجی محمد نقشینه فروش اصفهانی

[illegible]

[illegible]

[illegible]

[illegible]

[illegible]

یادداشتها

۱- دالگوروکی سفیر دولت روسیه تزاری در ایران در تاریخ ۲۵ دسامبر ۱۸۴۸ میلادی طی گزارش شماره ۹۶ به نسلرود Nesselrode وزیر امور خارجه دولت متبوع خویش می نویسد:

"این جانب تا کنون چندین مرتبه وزارت امپراطوری را راجع به رهبر فرقه اسلامی که به باب معروف است گزارش داده ام و در نتیجه فشارهای این جانب این شخص را از سرحدات روس دور کردند و در یکی از دهات ارومیه تحت نظر می باشد"، برگرفته از پرونده شماره ۱۷۷ تهران، سال ۱۸۴۸، صفحه ۳۶۰، نقل از کتاب شیخیگری بابیگری صفحه ۲۷۰.

دکتر موژان مؤمن نیز در کتاب "ادیان بابی و بهائی، ۱۹۴۴-۱۸۴۴" صفحات ۷۳-۷۲ به این موضوع اشاره کرده می نویسد:

باب در ماکو و چهریق

در ژوئیه ۱۸۴۷ باب به دستور صدر اعظم حاجی میرزا آقاسی به ماکو منتقل گردید. حضور باب در ماکو باعث ناراحتی دالگوروکی شده بود. ماکو همجوار مرز روسیه است و چندی پیش اغتشاشات مذهبی در ایالات همسایه قفقاز به وقوع پیوسته بود. سفیر روسیه بیمناک از تجدید وقایع مزبور از دولت ایران خواسته بود که باب از ماکو به جای دیگر منتقل گردد. در این مورد در مکاتبات ۱۶ فوریه ۱۸۴۸ سفیر روسیه چنین دیده می شود:

"مدتهاست که پیش بینی می شود وقایع هولناکی در شرف وقوع است. سیدی به اسم باب به علت ایجاد اغتشاش و به دستور دولت از اصفهان تبعید گردید و سال گذشته بنابر تقاضای من از حول و حوش مرزهای ما برده شد. اخیراً مجموعه ای درست کرده و در آن اظهار داشته که در آینده نزدیکی ترکمن ها حمله خواهند نمود بالنتیجه شاه مجبور خواهد شد که طهران را ترک کند. این پیش بینی ها باعث اضطراب و تشویش در میان مردم شد بالاخص که این مردم خصوصیات اخلاقی بسیار حساس و منفجر شونده دارند."

مکاتبات بالا دو نقص دارد. دالگوروکی اظهار می دارد که انتقال باب در سال قبل انجام گرفته ولی بنا به نظر مورخین بهائی این کار تا اوائل آوریل ۱۸۴۸ یعنی بعد از تاریخ این مکاتبات هنوز انجام نگرفته بود. ضمناً مجموعه مورد نظر دالگوروکی مورد شک و تردید است زیرا نه در میان آثار باب چنین چیزی دیده شده و نه در آثار نویسندگان بهائی یا مسلمان. در مکاتبات بعدی دالگوروکی مورخ ۵ ژانویه ۱۸۴۹ حضور باب به عنوان مسئله ای دیده نمی شود. چندین بار در مورد یک مذهبی مسلمان به اسم بابی به عرض وزیر امپراطوری رسانده ام. این فرد متعصب به

علت اغتشاشاتی که در ایالات مختلف ایران بوجود آورده است از نزدیکی مرز روسیه به محل دیگری انتقال داده شده و در حال حاضر تحت مراقبت شدید در یک دهکده نزدیک ارومیه زندگی می کند. او خود را نایب امام دوازدهم می داند.
البته دهکده مورد نظر چهریق بود جائی که باب به مدت دو سال محبوس بود. از چهریق به دستور حاجی میرزا آقاسی باب را به تبریز بردند تا مورد محاکمه قرار گیرد. نبیل می‌نویسد که مسئولین امور صلاح دیدند باب را از جاده کوتاه مستقیم خوی به تبریز نبرند لذا محافظین او را از راه ارومیه به تبریز بردند. اقامت باب در ارومیه موجب حوادثی بسیار جالب گردید حتی میسیونرهای آمریکائی که مرکز آنها در نزدیکی ارومیه بود فرصت را غنیمت شمرده و شاهد این وقایع شدند بطوری که از یادداشتهای دکتر آستین رایت (Austin Wright) برمی آید:
" او ... به ماکو منتقل گردید ناحیه دور افتاده در مرز ترکیه. حدود شش روز مسافت از ارومیه. از این جا باب تحت نظر بود ولی هرکسی می خواست می توانست او را ببینند و او نامه‌هائی به دوستان بسیار زیادی که داشت در سرتاسر ایران می‌نوشت. تعدادی از افراد سرشناس ارومیه که جزء پیروان او بودند به دیدنش رفتند. او به کاتبی جملاتی را که شبیه قرآن بود دیکته می کرد (بیان) و جملات عربی با چنان سرعتی از زبان او جاری می شد که اکثر مردم معتقد بودند که او ملهم است. اجرای معجزه به او نیز نسبت داده شده بود زیرا باب فوق العاده متقی و پرهیزگار بود و قسمت اعظم وقت خود را به دعا و مناجات می گذراند. بدین علت به دستور دولت به چهریق در نزدیکی سلماس که به مسافتی دو روز از ارومیه است برده شد و در آنجا رابطه او با جهان خارج قطع گردید. باوجود این به نوشتن نامه به دوستان خود در سرتاسر ایران ادامه می داد که آنها نیز آن مکاتیب را توزیع می نمودند. برای من آثار باب غیر قابل فهم است. پیروان او مرتب زیاد می گردند و در بعضی نقاط کشور بین آنها و مسلمانان متعصب مباحثات شدیدی در می گرفت. وضع بطوری وخیم شد که دولت مجبور شد که مؤسس این فرقه را به تبریز بیاورد و چوبکاری کند و هر جا پیروان او را یافتند توقیف نموده و با ضرب و شتم و اخذ وجوه تنبیه کردند. در سر راه تبریز باب به ارومیه برده شد جائی که حاکم با او در کمال احترام رفتار کرد و تعدادی زیاد از مردم اجازه یافتند که به حضور او برسند در یک مورد جمعیتی از مردم او را همراهی می کردند و بطوریکه حاکم ارومیه ملک قاسم میرزا بعدا اظهار نمود این جمعیت کاملاً منقلب شده و همه به گریه افتادند."

۲- چهریق آبادی کوچکی است که در سرحد شمال غربی استان آذربایجان غربی بین مرز ایران و ترکیه واقع شده است و اغلب سکنهٔ آن از مردم کردستان یا از

خانواده های قدیم کلدانی و آشوری هستند.

قلعه چهریق را روی تپه‌ای که در وسط کوهی رفیع قرار دارد بنا کرده بودند تا مرز ایران را از تجاوز عساکر دولت عثمانی آن روز حفظ کند. در ورودی این قلعه به داخل دالانی باز می‌شده است که بر روی آن چند اطاق با پنجره هایی به طرف داخل و خارج قلعه وجود داشته است و یحیی خان حاکم ارومیه نیز برای استفاده ساکنین، مسجد کوچکی در آن نزدیکی بنا کرده بود. آب مصرفی قلعه از رودخانه‌ای که از پائین کوه می‌گذرد و آبی شیرین و زلال دارد، تأمین می‌شده است.

۳- یحیی خان چهریقی از رؤسای اکراد شکاک به دلیل ازدواج دو خواهرش رحیمه و خدیجه با پسر ارشد عباس میرزا از مقامی ارجمند در دستگاه نایب السلطنه و محمدشاه برخوردار بود و به حکومت رضائیه و شاهپور رسید و ایلخانی ایل شکاک شد. وی مردی با سیاست، خیر، سخی الطبع و عاقل بود و در نتیجه با مردم به حسن سلوک رفتار می‌کرد. او بعضی از اشرار و یاغیان را قلع و قمع نمود و در آبادی حوزه حکمرانی خویش کوشش فراوان کرد و چون آب نهر آجو برای مشروب کردن شهر رضائیه کافی نبود قناتی احداث نمود و محض احسان از خود به یادگار گذاشت. نامبرده از حکام خوب آذربایجان بود و در سال ۱۲۶۴ هجری قمری پس از مرگ محمد شاه قاجار از حکومت رضائیه معزول گردید و به جای او نجف قلی خان افشار قاسملو برای بار چهارم حکمران رضائیه شد- شرح حال رجال ایران، جلد ششم، صفحه ۲۹۴.

۴- حاج معین السلطنه تبریزی که با رضاقلی خان مرتبط و مأنوس بود در بارهٔ وی مضمونی به صورت زیر می‌نویسد:

سلیمان خان صائن قلعه‌ای پدر رضاقلی خان مردی ثروتمند بود و مال و منال فراوان داشت. او از طریقه شیخیه پیروی می‌کرد و سخت متعصب بود. سلیمان خان دختر حاج سیدکاظم رشتی را به مزاوجت پسرش رضاقلی خان درآورد. می‌گویند برای استقبال دختر سیدرشتی با هزار نفر سوار به کربلا رفت و مشارالیها را با هودج و عماری مخصوص به صائن قلعه آورد و چون هوا گرم بود شب ها سفر می‌کرد و دستور داده بود که آن سوارها هرکدام شمعی برافروزند و پیشاپیش هودج عروسش چراغ بکشند بطوری که در لیالی تاریک و مظلم مسیر سفر آنان چون روز روشن می‌نمود. او با این ابهت و جلال به صائن قلعه رسید و معمول سلیمان خان بر این بود که هر صبح به در حجره دختر سیدرشتی می‌رفت تعظیم و کرنش می‌نمود و سلام و تهنیت می‌گفت و با کسب اجازه از او از خانه خارج می‌شد.

سلیمان خان بعد از فوت سیدرشتی دست ارادت به حاجی محمدکریم خان کرمانی داد و از مریدان سرسپرده او شد حتی در تبریز اقدام به بنای دو مسجد برای

تدریس و موعظه شیخی‌ها کرد و با پسرش رضاقلی خان بر اثر معتقدات مذهبی اختلافات شدید پیدا کرد تا آنجا که شکایت او را به مظفرالدین میرزا حاکم تبریز برد و تهمت وارد آورد که به دستور رضاقلی خان گوش مؤذنی را که سحر هنگام اذان می گفته است بریده اند.

چون شکایت سلیمان خان به دست مظفرالدین میرزا که ولیعهد ناصرالدین شاه و صاحب اختیار آذربایجان و مقیم تبریز بود رسید مأمور فرستاد رضاقلی خان را به شهر آورده در اطاق نظام که جزء عمارات سلطنتی (عالی قاپو) بود توقیف کردند لکن زنجیر و توهین نداشت. نگارنده نیز همان وقت رفته در اطاق نظام از او دیدن کردم. رضاقلی خان قضیه گوش بریدن مؤذن را انکار می کرد می گفت پدرم مرا متهم کرده است و اگر صحت داشت انکار نمی کرد آدمی پردل و نترس بود در همان اطاق نظام که حبس بود و خدام دولت مأمور او بودند هیچگونه تقیه و رعایت حکمت نداشت و علی رؤوس الاشهاد می گفت حضرت اعلی چنین فرموده و جمالقدم چنان فرمود.

رضا قلی خان بعد از این واقعه به صاین قلعه عودت ننمود و عازم طهران شد و در طهران به وسیله پسرش ذوالفقار خان که مادرش دختر سیدرشتی نبود، بر اثر تحریکات جدش سلیمان خان مسموم و مقتول گردید. تفصیل این واقعه در تاریخ آقا علی اصغر در باره حوادث سال یکهزار و سیصد طهران آمده است.

۵- آنان که در تاریخ دوران سلطنت خاندان قاجار تخصص دارند ملک قاسم میرزا را یکی از چهار نفر شاهزادگان متصف به دانش، بینش و محامد صفات و مکارم اخلاق می شناسند.

او در زبان فرانسه تسلط داشت؛ زبان عربی را در حد کمال تحصیل کرده بود و با زبان های ترکی اسلامبولی و ترکی آذری می خواند و می نوشت و تکلم می کرد و سالیان سال در آذربایجان و بعضی از شهرهای آن حاکمی پرنفوذ و باقدرت بود.

۶- تاریخ حاج معین السلطنه تبریزی، خطی.

۷- مطالع الانوار، صفحه ۸۹-۲۸۷.

۸- قرآن مجید، سوره العنکبوت، آیه ۲. مضمون فارسی: آیا مردم چنین پنداشتند که به صرف آنکه گفتند ما به خدا ایمان آورده ایم رهاشان کنند و بر این دعوی هیچ امتحانشان نکنند؟

۹- موژان مؤمن، "ادیان بابی و بهائی، ۱۹۴۴-۱۸۴۴"، صفحه ۷۴.

۱۰- به ترتیب منظور قزوین، طهران، خراسان، یزد، اصفهان، شیراز و کاشان است.

۱۱- قرآن مجید، سورة الحج، آیه ۹. مضمون فارسی: خداوند گفت ما ذکر الهی را بر تو نازل کردیم و ما او را حفظ می کنیم.

۱۲- آقا میرزا محمدعلی طبیب، پسر میرزا معصوم، که در زنجان شهید گردید.
۱۳- مضمون فارسی: از محل سکونت خود خارج شوید و به بیت حقیقی ورود نمائید و به انوار شمس الهی نورانی شوید.
۱۴- مضمون فارسی: زیرا شما از اهل بیت هستید و اهل بیت به آنچه در بیت است آگاهند (این عبارات اشاره‌ای است به ضرب المثل عربی: "صاحب البیت ادری بما فی البیت").
۱۵- مضمون فارسی: شکر خداوند را که حق را با نزول کتاب جدید به ما ظاهر فرمود به صورتی که در عالم امکان مانندش ظاهر نشده است.
۱۶- مضمون فارسی: طفلی از اطفال که از خود اراده‌ای ندارد الی آخر. دیوان اشعار حضرت امیر، چاپ سنگی.
۱۷- مضمون فارسی: خدا بر شما نازل می‌شود در دو ظهور تا دین را بعد از ۲۶۰ زنده کند. (منظور سال ۱۲۶۰ هجری قمری است.)
۱۸- مضمون فارسی: جای تأسف است که جانب امر خدا را فرو گذاشتیم (اشاره به آیه ۵۶ از سورة الزّمر، قرآن مجید).
۱۹- کاظم خان، فراش باشی ناصرالدین شاه، در فطرت آدمی فاسد و قسی القلب بود. از جمله فجایعی که مرتکب شد یکی قتل جناب بدیع خراسانی بود که بر حسب فرمان ناصرالدین شاه به طرز فجیعی انجام گرفت. داستان این قتل را محمدولی خان سپه سالار تنکابنی در حاشیه کتاب مفاوضاتی که در پاریس از خانم دریفوس دریافت کرده بود در تاریخ ششم ربیع الاول ۱۳۳۱ مطابق ۲۶ فوریه ۱۹۱۳ چنین می‌نویسد:
" این کاظم خان بعد از یک سال و نیم (بعد از ارتکاب به شهادت جناب بدیع) دیوانه شد و در سفر کربلا شاه او را زنجیر کرد و به انواع مذلت مرد و آن سال که من به تبریز آمدم و والی آذربایجان شدم یکی از نوه های او را دیدم که آنجا گدائی می‌کرد فاعتبروا یا اولی الابصار".
۲۰- مطالع الانوار، صفحه ۲۹۰.
۲۱- اصل و رونویس فرمان ناصرالدین شاه خطاب به علاءالدوله را در قسمت الواح و مکاتیب همین فصل می‌خوانیم.
۲۲- نقل از کتاب

"Materials for the Study of the Babi Religion"
Compiled by:E.G. Browne,
Cambridge University Press,
2nd Repri., 1961, pp. 249 -52.

۲۳- شیخیگری بابیگری، چاپ دوم، صفحات ۳۱۱-۳۰۹.
۲۴- در تأیید نظریه ممقانی، ادوارد پولاک نویسنده کتابی به نام " ایران و ایرانیان" شرحی مبسوط می‌نگارد و رویه تاریخ نویسی را در آن زمان توضیح می‌دهد.

صفحات ۱۹۳-۱۹۲.
۲۵- اشاره به سپهر کاشی مؤلف ناسخ التواریخ و لله باشی مؤلف روضة الصفاء است.
۲۶- منظور از دو تاریخ، کتابهای ناسخ التواریخ و روضة الصفاست.
۲۷- شیخیگری بابیگری، چاپ دوم، صفحات ۳۱۴-۳۱۱.
۲۸- منظور ملامحمد ممقانی است.
۲۹- منظور شهر سامره است.
۳۰- قرآن مجید. سورة الانفال، آیه ۴۱. مضمون فارسی: و بدانید که هرچه به شما غنیمت رسد خمس آن خاص خداست.
۳۱- مضمون فارسی: و بدانید که هرچه به شما غنیمت رسد یک سوم آن خاص ذکر (باب) است.
۳۲- این گزارش را حاج معین السلطنه تبریزی از کتاب "ابواب الهدی" تألیف هشترودی که متعلق به ملامصطفی باغمیشه‌ای تبریزی بوده است گرفته و در کتاب تاریخ خود نقل کرده است. ملا محمدتقی از مردم هشترود از محال آذربایجان است که در ردیف علماء شیخی قرار داشت و کتاب ابواب الهدی را بر مبنای اصطلاحات شیخیه تألیف کرده است. وی در سال ۱۲۷۰ هجری قمری درگذشته است.
۳۳- مضمون فارسی: بدرستی که من قائمی هستم که شما منتظر او هستید.
۳۴- مضمون فارسی: ظاهر می‌شود به آثاری مثل قرآن.
۳۵- مطالع الانوار، صفحات ۲۹۷-۲۹۳.
۳۶- قرآن مجید، سوره العنکبوت آیه ۵۱. مضمون فارسی: آیا اینان را کفایت نکرد که ما چنین کتابی را برای تو فرستادیم؟
۳۷- قرآن مجید، سوره صفّات، آیه‌های ۱۸۲-۱۸۰.

38- The Dawn-Breakers, p. 320.

۳۹- شرح حال سید علی اصغر شیخ‌الاسلام تبریز رادر قسمت ضمائم می‌خوانیم.
۴۰- مفتاح باب الابواب، چاپ اول (به زبان عربی)، صفحات ۹۰-۱۸۹.
۴۱- قرآن مجید، سوره الحاقه، آیات ۴۴، ۴۵، ۴۶. مضمون فارسی: اگر (محمّد ص) به دروغ اقوالی به ما می‌بست، محققاً ما او را می‌گرفتیم و رگ وتینش را قطع می‌کردیم.
۴۲- مضمون فارسی: زیرا تواتر منکر را سودی نبخشد...
۴۳- مضمون فارسی: خداوند نور خود را به کمال می‌رساند ولو اینکه مشرکین ناخشنود باشند.
۴۴- مضمون فارسی: هرگاه قائم از طرف ما در خراسان قیام کند.

۴۵- مضمون فارسی: هرگاه قائم از طرف ما در گیلان قیام کند، در حدیث است.
۴۶- مضمون فارسی:
پسرم در زمانی که ترکها سلطنت می‌کنند، منتظر ظهور قائم باش که قیام می‌کند و به عدل رفتار می‌نماید و پادشاهان آل هاشم در روی زمین ذلیل می شوند و ملوک آل هاشم را مثل بنده زرخرید می‌فروشندو دور می‌کنند طفلی از اطفال که نه دارای اراده است و نه عقل و شعور سلطنت می‌کند در این وقت قائم برحق بین شما ظاهر می‌شود و به حق می‌بخشد و به حق عمل می‌کند او همنام رسول الله است که جانم فدایش باد ای پسرم در این وقت سستی روا مدار و عجله کن.
۴۷- قرآن مجید، سوره القیامة، آیه ۲۹. مضمون فارسی: ساق‌های پا بهم می‌پیچند (یعنی مردم حیران می‌شوند).
۴۸- اشاره به قرآن مجید، سورة الملک، قسمتی از آیه ۸ و آیه ۹. مضمون فارسی: آیا برای شما پیغمبران نیامدند، و می‌گویند آری، رسول حق آمد و ما تکذیب کردیم و گفتیم که خدا چیزی نفرستاده جز اینکه شما رسولان سخت در گمراهی و ضلالتید.
۴۹- قسمتی از آیه ۱۴، سوره نمل، قرآن مجید. مضمون فارسی: با آنکه پیش خود به یقین دانستند انکار آن کردند.
۵۰- عبارت نقل شده به صورت "... من یشق الشعر بشعرتین..." نیز آمده است.
۵۱- اشاره به آیه ۱۴۱، سوره آل عمران، قرآن مجید: ولیمحّص الله الذین آمنوا و یمحق الکافرین.
۵۲- مضمون فارسی: عفو کردم.
۵۳- اشاره به آیه ۵۳، سورة الزمر، قرآن مجید. مضمون فارسی: هرگز از رحمت الهی ناامید نباشید. پس داخل شوید با آنها که داخل شده‌اند و از جمله مؤمنین باشید و ستایش خدای عالمیان را.
۵۴- مضمون فارسی: ارواح مانند لشکریان بهم پیوسته هستند که وقتی شناخته شوند با هم الفت می‌گزینند.
۵۵- اشاره به آیه ۶۸، سوره الانبیاء، قرآن مجید. مضمون فارسی: پس بگو ای آتش بر ابراهیم سرد و سالم باش.
۵۶- منظور حضرت باب است.
۵۷- به تعداد حروف حی یعنی ۱۸.
۵۸- ابتدا و انتهای این مکتوب به دست نیامده است.
۵۹- احتمالاً منظور ملا مرتضی قلی علم الهدی است. میرزا احمد نباید درست باشد زیرا در اول همین مکتوب می‌نویسد که میرزا احمد از حضور در این جلسه خودداری کرد. (نویسنده)

۶۰- مضمون فارسی: نزد خداوند مقتدر به حقیقت حق.
۶۱- مضمون فارسی: جناب اعلی (حضرت باب) که روح من و روح عالم فدای او باد.
۶۲- منظور حاج معین السلطنه است.
۶۳- منظور از "روضه" که منشأ آن کتاب روضة الشهدا است، تشریح مصائب و بلایای وارده بر حضرت امام حسین و اهل بیت عصمت و طهارت است که حضرت اعلی از شنیدن آن متأثر شده می‌گریستند. (نویسنده)
۶۴- میرزا احمد نامی است که حضرت بهاءالله به ملا عبدالکریم قزوینی دادند و از آن به بعد بابیان او را به این اسم خواندند.
۶۵- پدر میرزا رضا خان حکیم ملقب به بنان الملک، والد میرزا فضل الله حکیم بنان که از بهائیان بنام شیراز بود.
۶۶- مطالع الانوار، صفحات ۶-۴۹۵.

فصل یازدهم
شهادت و انتقال رمس اطهر حضرت باب

وقایع قبل از شهادت

مقدمه

ظهور حضرت باب و نزول آثاری که به قلم حضرتش نازل می‌گردید و اشاعه آنها در میان مردم و نیز گرایش بیش از چهار صد نفر از علماء دین اسلام به مکتب بابیه و علاوه بر آن توسعه و پیشرفت سریعی که تشریع آن شریعت در تمامی شهرهای ایران داشت چنان ملاها و علما را برانگیخت که عموماً به مقابله و قیام بر علیه حضرت باب و پیروانش برخاستند و از هیچ زجر و زحمت و عذاب و مشقتی در حق گرایندگان به آن آئین دریغ ننمودند، زیرا در کمال وضوح می‌دیدند که پیروی از مکتب بابیه ارکان قدرت، حکومت و سیطره آنان را منهدم می‌سازد و اساس ریاکاری و تزویر و دکان دین فروشی را از هم می‌پاشد و بالمآل اوضاع مالی و جاه و جلال ظاهری آنان را مختل می‌سازد و از رونق می‌اندازد. بنابر این و به دلیل وحشت از آینده خود در امحاء دعوی حضرت باب و از میان بردن پیروان آن آئین سخت کوشیدند و به شدت هرچه تمامتر به از پا درآوردن بابی‌ها کمر بستند و از هیچ نوع قتل و غارتی در حق آن حزب مظلوم کوتاهی نکردند. ولات امور و ارکان دولت از شخص شاه و وزیر گرفته تا داروغه و فراش همگی افکار و اعمال سیئه و ناجوانمردانه علما را تأیید و به همکاری با آنان پرداختند.

تواریخی که به قلم دشمنان و اعداء دیانت بابی و بهائی نوشته شده، گزارشهائی که از مستشرقین و کارگزاران ممالک خارجی در ایران باقی مانده و نیز اخباری که در روزنامه های ایران و کشورهای بیگانه درج شده همه شواهدی هستند که بر این معنی گواهی می‌دهند و صراحتاً می‌بینیم که در تمام وقایع و حوادثی که بر پیروان امر الهی گذشته است، پیوسته دست ملاها و علماء در کار بوده است و

دامان آنان به خون بابیان و بهائیان مظلوم آغشته است. نه از ریختن خون حضرت باب گذشتند و نه از نهادن زنجیر سلاسل و قره‌کهر بر گردن حضرت بهاءالله یا تبعید حضرتش به اخرب بلاد امتناع ورزیدند.

پسر جوانی را در حضور مادرش سر بریدند و یا به دهان طفل شیرخواری به جای گذاشتن پستان مادر شیر آب جوش گشودند. سر بابی‌های مظلوم را بر سر نیزه کردند و در برابر زن، مادر و اطفال خردسالی که به اسارت گرفته و بر شترهای برهنه سوار کرده بودند به نمایش گذاشتند. سینه‌های مظلوم و بیگناه را هدف گلوله های کین و بغضا نمودند و با بستن پیرایه تهمت و افترا آن بی‌پناهان را به شهادت رساندند. بر رؤوس منابر مردم بی‌خبر و غافل را به سفک دماء و تحریک و تدمیر منازل بابیان و بهائیان تحریک و به غصب اموال و مایملک آنان تشویق نمودند. غافل از اینکه "و یخربون بیوتهم بایدیهم."[۱]

در هرحال، بجاست که به منظور تسلسل مطالب از میان همهٔ این بلایا به چند واقعه عظیمه که پیش از شهادت حضرت باب اتفاق افتاده است، مختصراً اشاره شود.

واقعه طبرسی و آمل

ملا حسین بشروئی در مشهد مشغول تبلیغ دیانت بابی و راهنمایی علماء و نفوس مختلفه بود و در نتیجه تنها در حدود بشرویه و نواحی اطراف آن بیش از دو هزار نفر بوسیله او در ظل دیانت بابی درآمده بودند. ملا محمدعلی قدوس نیز از بارفروش به مشهد رفت و ملا حسین که از فضائل و کمالات و مقامات معنوی او آگاه بود مقدمش را گرامی شمرد.

در همان اوقات متولیان حرم آستان قدس رضوی حاج میرزا عبدالله خویی را که از طرف حاج میرزا آقاسی به مقام تولیت حرم رسیده بود به قتل رساندند و برای لوث کردن خون او گناه را به گردن بابیها گذاشتند و در نتیجه یکی از آنها را گرفته مهار کردند و در کوچه و بازار گرداندند. چون بابی‌های مشهد نتوانستند این خفّت و خواری را تحمل کنند برای نجات دوست خود به آن گروه هجوم بردند. این اخبار بتوسط سام خان ارمنی که نایب الحکومه مشهد بود به اطلاع حمزه میرزا حشمت‌الدوله که در کار تدارک جنگ با سالار بود و در چمن رادکان چادر زده بود رسید و او ملا حسین را احضار کرد.

ملا حسین با اجازه از قدوس به آنجا رفت وقتی شاهزاده از حقیقت امر آگاهی یافت ملا حسین را تکریم کرد و احترام گذاشت. در همان حال ملا حسین موفق به تبلیغ چند نفر از جمله میرزا عبدالله غوغا شد و سپس در موکب حشمت‌الدوله به مشهد مراجعت کرد. وقتی باب الباب به مشهد رسید قدوس به جانب بارفروش

عزیمت نموده بود بنا بر این، ملا حسین با عده‌ای در حدود دویست نفر از بابی ها به دنبال قدوس به سمت مازندران براه افتاد.

هنگامی که به دروازه بارفروش رسید، مردم به تحریک ملاسعید سعیدالعلماء مجتهد معروف بارفروش از ورود وی و همراهانش جلوگیری نمودند و به خواهش و اصرار آنها، اگر هم برای یک شب توقف وقعی نگذاشتند. بنا بر این و بناچار قصد مراجعت نمودند. بطوری که از نامهٔ منتشر نشده یکی از بابی‌های همسفر باب‌الباب برمی‌آید در همین اثنا با شلیک یک گلوله از میان مردم آقا سید رضای برده فروش که پیرمردی هفتاد ساله بود از پای درآمد و بعد از او ملاعلی خوافی که در ریعان جوانی و شباب بود به قتل رسید.

بالاخره باب الباب و همراهانش به کاروانسرای بارفروش در نزدیکی سبزه میدان پناه بردند و چون وقت نماز مغرب بود ملاحسین و اتباعش به نماز ایستادند. مؤذنی که بر پشت بام اذان می‌گفت مورد اصابت گلوله تفنگ مردم بارفروش قرار گرفت و کشته شد. نفرات دوم و سوم که قصد اتمام اذان را داشتند نیز به قتل رسیدند. سپس مردم از تاریکی شب استفاده کرده کاروانسرائی را که منزل باب‌الباب و همراهانش بود به آتش کشیدند.

بالاخره عباسقلی خان لاریجانی که در آن وقت فرمانده قشون مازندران بود، به همراه مصطفی خان میرپنج به بارفروش آمد و با ملاحسین ملاقات کرد و از او خواست که بارفروش را ترک کند. ملا حسین موافقت کرد و برای خروج از منطقه مازندران تقاضا کرد که یک راهنما در اختیار آنان گذاشته شود.

خسرو قادیکلائی نامزد این کار شد. او با قرار و مداری که با سعیدالعلماء گذاشت به منظور قلع و قمع گروه اصحاب داخل جنگل شد؛ ناگهان سربازان تحت فرمان او بنای جنگ گذاشتند و ملا محمد حسن برادر ملا صادق مقدّس را به قتل رساندند. ملا حسین که متوجه غدر و حیله خسرو گردید با همراهان خود به بقعه طبرسی رفت و حصاری شد. شکایات و عرایض علمای مازندران یکی بعد از دیگری به دست ناصرالدین شاه رسید و سبب شد که پای دولت به میان کشیده شود. ناصرالدین شاه عموی خود مهدیقلی میرزا را برای قلع و قمع بابیان به مازندران مأمور کرد.

از قدوس نامه‌ای در دست است که صراحتاً در جواب مراسله مهدیقلی میرزا می‌نویسد: "ما که با این عده قلیل در این قلعه محصور هستیم نه قصد دعوا داریم، نه اهل شورش و نزاع هستیم و نه بر خلاف مملکت و شاه؛ علماء دین مبانی اسلام را بهانه کرده‌اند و دولت و ملت را بر ما شورانده‌اند یا بیائید بنشینید با هم صحبت کنیم و استدلال می‌نمائیم تا حق از باطل ممتاز شود یا اینکه راه بدهید و

سلامت ما را تأمین کنید تا از این مملکت برویم." هیچ کدام از این پیشنهادها پذیرفته نشد و جنگ‌های خونینی به راه افتاد. بابیها سخت تحت مضیقه قرار گرفتند و حتی برای سیر کردن خود از برگ درختان استفاده نمودند ولی با ایمان راسخ و شجاعت کامل از خودشان دفاع کردند. تا بالاخره با حیله و تزویر و مهر کردن قرآن مجید آنان را از قلعه بیرون کشیدند و همه را از دم تیغ گذراندند. سعیدالعلماء گوش‌های ملا محمدعلی قدوس را در سبزه میدان بارفروش برید و بعد او را مثله کرد و در آتش سوزانید.

نبیل در مورد واقعهٔ قلعه می‌نویسد:

"وقتی اخبار جانفرسای قلعه در جبل شدید به طلعت اعلی رسید از شدت احزان لسان رحمن از بیان و قلم اعلائی از جریان توقف فرمود. جناب آقا سید حسین کاتب که در حضور بودند مذکور داشتند: در اوایل شعبان ۱۲۶۵ این خبر به چهریق رسید تا نه یوم طلعت اعلی احدی را اذن شرفیابی نفرمودند و مرا نیز اذن حضور ندادند و وقت چای و ناهار و شام آنچه به حضور مبارک می‌بردم چیزی تناول نمی‌شد بعد از ساعتی که می‌رفتم آنچه برده بودم بعینها برمی‌گرداندم و مدام با اشک روان شب و روز به لحن حزین در تغنی آیات قرآن بودند بعضی را که گاهی استماع می‌نمودم در پشت پرده می‌نوشتم امر به شستن می‌فرمودند و از آیات آن ایام که دائم چون بحر عمّان در موج بود چیزی مرقوم نشد."

در ضمن واقعه طبرسی، واقعه دیگری که به "واقعه آمل" معروف است، اتفاق افتاد که شرح آن مفصلاً در تاریخ نبیل آمده است. در ارتباط با این واقعه حضرت بهاءالله خطاب به کسانی که مشرف بوده‌اند، می‌فرمایند:

"در ایامی که مهدیقلی میرزا با عساکر زیاد دور قلعه شیخ طبرسی را گرفته بود ما هم از نور عازم شدیم و گفتیم یکسر می‌رویم و خود را به قلعه می‌رسانیم و عبدالوهاب بیگ از ورود ما اصحاب قلعه را مطلع می‌سازد در را باز می‌نماید داخل قلعه می‌شویم و معلوم بود که با آن احاطه اعداء جز شهادت چیزی در میان نبود اما چون اراده غالبه الهیه بر آن متعلق گردیده بود که ما محفوظ مانیم لذا بعضی از اهل نور پیش از ما رفتند نزد میرزا تقی خان حاکم آمل و تفصیل ما را گفتند. چند سوار فرستاد هنگامی که ما در میان راه شب منزل نموده بودیم بی‌خبر سواران منزل را احاطه کردند اسباب سفر آنچه داشتیم در اطاق دیگر بود همه را بردند اسب‌های ما را تصرف نمودند یکی از سواران نزد من آمد می‌لرزید و از خوف نمی‌توانست تکلم نماید مطلبش را دانستم.

با تعارف و احترام رفتار نمودند جز اینکه نظر به ملاحظاتی اسب مرا خودشان سوار شدند و برای سواری من مال پالان‌دار گذاشتند ولی سایر همراهان را دست

بسته به سمت آمل حرکت دادند.

میرزا تقی خان حاکم آمل بعد از رسیدن و هجوم علماء و عوام به تدبیراتی چند ما را از میان آن جمع بیرون برد و در خانه خود منزل داد با من بسیار با احترام رفتار می‌کرد. شام و ناهار را چند مجموعه دیوانی به انواع اطعمه می‌فرستاد ولکن گاهی هم ما را به دست ملاها می‌داد تا سردار عباسقلی‌خان لاریجانی که به محاربه قلعه رفته بود به آمل آمد و از آنچه بر ما وارد شده بود مطلع شد و از میرزا تقی بازخواست کرد که به قول مردم چه اعتنا و اعتباری است می‌بایست با کمال احترام و انسانیت به طهرانشان روانه نمایی نه اینکه ایشان را نگاه دارید و ملاها را جواب نگوئید. نهایت آن بود که نبایست به آن سمت بروند.

در ساری هم با آنکه به کمال احترام با ما حرکت می‌نمودند ولی باز همینکه ما را با جناب قدوس در کوچه و بازار همراه می‌دیدند صدا می‌کردند بابی بابی... ...."

شهدای سبعه طهران

یکی از وقایع مهمهٔ تاریخی دوره بابیّه که چهار ماهی قبل از به شهادت رسیدن حضرت باب، یعنی در ماه فوریه ۱۸۵۰ میلادی، در طهران اتفاق افتاد شهادت هفت نفر از رجال معروف دیانت بابی بود که به فرمان میرزا تقی خان امیرنظام انجام گرفت و به واقعه شهدای "سبعه طهران" معروف گردید.

این اتفاق در اثر خیانت سیدی از اهالی کاشان که با سید محمد اصفهانی طرح الفت و آشنائی ریخته و بوسیله او به مجامع بابیان راه پیدا کرده بود به وقوع پیوست. این مرد خائن و غدار مشخصات کامل پنجاه نفر از بابی‌های مقیم طهران را در اختیار سید حسین کاشی که یکی از علماء مقیم طهران و از اعدا عدو امر الهی بود گذاشت و مشارالیه آن اسامی را به محمود خان، کلانتر طهران، تسلیم نمود. محمود خان موفق شد از آن عده چهارده نفر را که در منزل محمد خان چپرچی در دروازه شمیران حضور داشتند دستگیر کند. از این گروه هفت نفر ایمان خود را انکار کردند و از زندان رهایی یافتند ولی هفت نفر زیر بر معتقدات خود ثابت و برقرار ماندند و به بابی‌بودن خودشان اقرار کردند و در میدان فدا شربت شهادت نوشیدند:

۱- حاج میرزا سید علی شیرازی خالوی حضرت باب معروف به خال اعظم
۲- میرزا قربانعلی درویش بارفروشی
۳- حاج محمد اسمعیل قمی از اهالی فراهان اراک
۴- آقا سید حسین ترشیزی از علماء معروف خراسان

۵- حاجی محمدتقی کرمانی از گروه تجار
۶- آقا سید مرتضی زنجانی از تجار و برادر سید کاظم زنجانی
۷- آقا محمدحسین مراغه‌ای

چون شرح کامل و مبسوط فداکاری و جانبازی این افراد در تاریخهای دیگر[۲] ضبط گردیده است، در اینجا فقط به سه گزارش زیر اکتفا می‌شود:

۱- در ارتباط با چگونگی نحوهٔ شهید کردن این هفت نفر، دالگوروکی سفیر روسیه به سرهنگ دوم فارانت[۳]، کاردار سفارت انگلستان در بارهٔ صحنه‌ای که در جولای سال قبل دیده بود اظهار می‌دارد که برای دیدار شاه به یکی از کاخهای خارج شهر طهران رفته بود. از وی خواسته بودند که در خیمه‌ای در باغ منتظر بماند. در این اثنا صدای غوغای عظیمی را می‌شنود. فارانت می‌نویسد:[۴]

"ضربه‌های سهمگین چماق، فریادهای وحشتناک و هجوم ناگهانی مردم، نزدیک بود خیمه‌ای را که وی در آن جالس بود واژگون کند. لحظه‌ای بعد در معیت یکی از مأمورین دربار و وزیر امور خارجه به حضور شاه می‌رود. هنوز به وسط باغ نرسیده بود که با برخورد به دستهٔ جلادان از مسیر خود بیرون رانده می‌شود و در کمال وحشت و هراس مشاهده می‌کند که جلادان تن نیمه جان گروهی مجرم را که چند لحظه قبل در حضور شاه خفه کرده بودند، بر روی زمین می‌کشند."

۲- گزارش سرهنگ دوم شیل[۵] به لرد پالمرستون[۶] مورخ ۲۲ فوریه ۱۸۵۰ میلادی:[۷]

با نهایت خوشوقتی به اطلاع حضرتعالی می‌رساند که نصایح مشفقانه دولت علیاحضرت ملکه به شاه یعنی پیشنهادی که مجرمین را در حضور وی اعدام نکنند مؤثر بوده است. چند روز پیش هفت نفر بابی را به اتهام سوء قصد علیه صدر اعظم ایران به قتل رساندند. این هفت نفر در میدان اصلی شهر در ملاء عام و در حضور جمعیت کثیری از مردم کشته شدند. چون کسی به این عمل اعتراض نکرد، مأمورین دولت معتقد شدند که مسئله اعدام افراد در ملاء عام با مشکلی روبرو نخواهد شد و در نتیجه اعدام متهمین در حضور شاه موقوف خواهد گشت. با اظهار مسرت از اقدام اخیر، در بهبود اوضاع به صدر اعظم تذکر دادم که بهتر است به جای اینکه شاه حکم مجرمین را شخصاً صادر کند، این وظیفه را مانند هر مملکت متمدن دیگری به عهده دادگاههای صالحه محول نمایند. در حال حاضر، صدراعظم علاقه چندانی به این پیشنهاد نشان نمی‌دهد. گرچه اعدام مجرمین با اصول اسلام توافق کامل دارد ولی قتل این هفت نفر باعث برانگیخته شدن حس همدردی و شفقت عمومی شد. مردم معتقدند که این افراد بیگناه به صرف خیالات واهی جان خود را از دست دادند نه به دلیل قصد یا ارتکاب به قتل و اصولاً اتهام علیه صدراعظم را

باور ندارند. این هفت نفر در کمال ثبات و ایمان راسخ به عقاید خود جان خود را فدا کردند. قبل از اینکه گردنهایشان زده شود به آنها گفته شد که اگر بگویند محمّد رسول الله از مرگ رهایی می‌یابند. آنها نه به این عمل رضایت دادند و نه ذره‌ای تزلزل در ایمان خود احساس کردند. به صدراعظم گوشزد کردم که این نحوه رفتار عالیترین طریقه برای اشاعه و توسعه اصول این مذهب جدید است. به ایشان پیشنهاد کردم که بهتر است به جای توسل به حداکثر مجازات یعنی اعدام که هم ایجاد وحشت می‌کند و هم ترحم عمومی را جلب می‌نماید مجرمین را به جزیره خارک یا محلی دیگر تبعید کنند. از اینکه صدراعظم این پیشنهاد را قبول و اجرا کند ناامید نیستم.

عالی جناب

در کمال افتخار و با نهایت احترام

بنده مطیع ناچیز

(امضاء) ژوستین شیل

۳- شرح عالی جناب مونت ستوارت ای. گرانت دف۸ مورخ ۵ ژوئن ۱۸۷۴ میلادی۹ هنگام صرف ناهار با عالی جناب هنری راولینسون:۱۰

"در کنار آقای رونالد تامپسون۱۱ نشستم. در ضمن صحبت در بارهٔ مطالب گوناگون، راجع به داستان مربوط به بابیها که در اوایل اقامت آقای تامپسون در دربار ایران اتفاق افتاده و رنان۱۲ در کتاب "حواریون"۱۳ بصورت شگفت انگیزی از آن سخن گفته است، سئوال کردم. وی گفت: هفت نفر بابی را برای محاکمه به حضور شاه آوردند. شاه به آنها گفت: از شما هیچگونه انتظاری نداریم فقط بگوئید "لا اله الا الله محمد رسول الله" و آزاد شوید. در این حال، می‌توانید با آزادی کامل به هر کجا مایل باشید بروید. آنها امتناع کردند. شاه آنها را به صدراعظم سپرد و یادآور شد که قبل از اجرای حکم اعدام یک بار دیگر به آنها پیشنهاد کند که در صورت اظهار "لا اله الا الله، محمد رسول الله" آزادی کامل خواهند داشت و به هرکجا که بخواهند می‌توانند بروند. مجدداً در حضور آقای تامپسون به یک یک آنها پیشنهاد شد ولی همگی از قبول آن امتناع کردند."

(مفهوم این درخواست از طرف شاه و عمال وی، انکار ایمان آنها به حضرت باب بوده است، نه انکار اقرار به وحدانیت خدا و رسالت پیغمبر اکرم که جزیی از بنیان اعتقادی بابیان است. (نویسنده))

واقعه زنجان و شهادت حجت

در وقایعی که در زنجان پیش آمد بازهم رد پای علماء دیده می‌شود، زیرا

مسلم شد که مردم به تحریک و اغوای میرزا ابوالقاسم، امام جمعه زنجان، و سید محمد مجتهد سبب ایجاد آن واقعه هولناک شدند.

درگیری و اختلاف علماء زنجان با ملا محمدعلی حجت سابقه‌ای قدیم داشت زیرا او از یک طرف با موهومات و خرافاتی که دامنگیر ملاها بود روی خوش نشان نمی‌داد و از طرف دیگر بیش از یک سوم از مردم زنجان به او اقتدا می‌کردند و به این ترتیب جمعیت زیادی در اطرافش مجتمع بود. همین آتش کینه و عناد رقبایش را برمی‌افروخت و چون نمی‌توانستند علناً با او مواجه شوند شکایتش را به حاجی میرزا آقاسی و محمد شاه می‌بردند. بالاخره شاه حجت را به طهران احضار کرد. در اولین جلسه‌ای که حجت با شاه مواجه شد طوری به مذاکره و صحبت پرداخت که شاه بر مراتب فضائل و کمالات و ارشدیت و اعلمیّت او نسبت به سایر علماء زنجان صحه گذاشت و یک انگشتری برلیان و عصای مرصع به او عطا نمود و معززاً و مکرماً او را به زنجان عودت داد.

حجت در زنجان از ظهور حضرت باب باخبر شد و مجذوب و مفتون آثار منزله از قلم حضرتش گردید. بر بالای منبر با کمال تهور و شجاعت به اعلام و ابلاغ ظهور باب قیام و اقدام کرد. مخالفین این اخبار را به محمد شاه و حاجی میرزا آقاسی گزارش دادند و اظهار نمودند که حجت از سید باب تبعیت می‌کند و بابی شده و غالب مردم را هم بابی کرده است.

چون در همان وقت دستور تبعید حضرت باب به ماکو صادر شده بود و قرار بود از طریق زنجان به آن محل بروند، حاجی میرزا آقاسی هراسناک شد و ترسید که هنگام عبور حجت و طرفدارانش آن حضرت را از دست مأمورین دربیرند. به همین مناسبت قبل از حرکت حضرت باب از کلین مأموری به زنجان فرستاد و حجت را در حالی که ناخوش احوال بود به طهران آوردند و در منزل محمود خان کلانتر تحت نظر نگاه داشتند. همین که محمد شاه فوت شد حجت با دو نفر از بابی ها معجلاً خود را به زنجان رسانید و مورد استقبال جمع زیادی از مردم قرار گرفت و با سلام و صلوات وارد شهر شد.

محمد بیگ چپرچی به کمک ملا ولی که صدای بلند و رسا داشت در کوچه و بازار روان شدند و با لحنی مرتفع ورود حجت را اعلان کردند. امیر اصلان خان مجدالدوله که حاکم زنجان بود محمد بیگ چپرچی را تازیانه زد و زبان ملا ولی را قطع نمود. روزهای نخستین ورود حجت واقعه‌ای برای آقا نقدعلی و ملا عبدالعلی پیش آمد، آقا نقدعلی فرار کرد ولی ملا عبدالعلی به حبس افتاد.

حجت به توسط آقا سید جلیل پدر آقا سید اشرف مبلغی برای مجدالدوله فرستاد و از او خواهش کرد که ملا عبدالعلی را مستخلص سازد ولی فراشان مانع

ورود و ملاقات وی با حاکم شدند و نسبت به او و حجت اهانت نمودند. بنابراین، سید جلیل به زندان هجوم کرد و پس از شکستن در، ملاعبدالعلی را نجات داد.

این عمل بهانه‌ای به دست علماء داد؛ همه به دارالحکومه رفتند و مجدالدوله را بر ضد حجت تحریک کردند.

او دو نفر از پهلوانان زنجان را با عده‌ای به دستگیری حجت و چند نفر از بابی‌ها که شهرت بیشتری داشتند فرستاد. از اینجا کشمکش بین بابی‌ها و مردم زنجان که به تحریک علماء شروع شده بود، پای دولت را به میان آورد و منازعات ادامه یافت و به گونه‌ای که در تواریخ امری و غیرامری آمده است آن مهاجمات و مدافعات چندین ماه به طول انجامید و بالاخره منجر به شهادت حجت و قلع و قمع بابی‌ها در زنجان و طهران گردید.

واقعه نیریز و شهادت وحید

وحید دوران نوجوانی و جوانی را در یزد گذرانده بود، زیرا مادرش از اهالی این شهر بود و در آنجا خانه و خانواده داشت. وقتی از طرف محمد شاه مأمور تحقیق در باره دعوی حضرت باب شد و قصد شیراز نمود اول به یزد رفت و درحالی که بر اسب هدیه از جانب شاه سوار و شمشیری بر کمر داشت به مصلای صفدرخان وارد شد و مردم یزد را فراخواند و از بالای منبر به مردم گفت که در شیراز سید جوانی ادعای بزرگی کرده و خود را نایب امام زمان خوانده است شاه مرا مأمور نموده است که به شیراز بروم و در باره او تحقیق کنم و با او مواجهه نمایم اگر او را برحق یافتم با همین اسب و شمشیر در رکابش جهاد می‌کنم و اگر بر ناحق دیدم با همین شمشیری که در کمر دارم او را از پا در می‌آورم. حاضرین همه گفتند شما از طرف ما وکالت دارید و آنچه تشخیص دادید و ابلاغ نمودید مورد قبول ما خواهدبود.

وحید بعد از آمدن به شیراز و تصدیق دیانت بابی چند سالی را در اجرای فرامین حضرت باب در طهران و قزوین و خراسان سکونت نمود و در ربیع الثانی سال ۱۲۶۶ هجری قمری به یزد آمد و مورد استقبال مردم قرار گرفت. سپس در بعضی مساجد از ظهور حضرت باب و دلائلی که موجب تصدیقش شده بود صحبت نمود. وحید در روز نوروز که مصادف با پنجم جمادی الاول بود جشن بزرگ و مفصلی در منزل خود ترتیب داد و عده کثیری از مردم و علماء از او دیدن کردند، از جمله نواب میرزا عبدالحی عالم معروف و مقتدر یزد که پیرو مکتب شیخیه بود. مشارالیه در آن مجلس با وحید درگیری پیدا کرد و مشاجرات لفظی بین آنها در گرفت و نواب مورد استهزاء و تمسخر حاضرین واقع شد. او از تحقیری که شده بود برآشفت و با قهر از منزل وحید خارج شد. نواب شکایت به آقا خان ایروانی که از طرف خان

بابا خان سردار، حاکم کرمان، در یزد حکومت می‌کرد برد و او را بر ضد وحید برانگیخت. حاکم که آدمی کم‌تجربه و ساده لوح بود تحت تأثیر گفته‌های نواب میرزا عبدالحی قرار گرفت و در صدد توقیف و حبس وحید برآمد و خانه‌اش را محاصره کرد و نواب نیز مردم را تشویق نمود که با سربازان همکاری کنند و آنان را به میدان منازعه کشید و کار مجادله بالا گرفت. وحید ناگزیر از خانه و خانواده خود دفاع نمود. سید عبدالعظیم که از بقیة‌السیف قلعه طبرسی بود و همراه وحید به یزد آمده بود به نصیحت مردم پرداخت و از آنان خواهش کرد که دست از اعمال ناشایسته بردارند ولی باز نواب مردم را تحریک کرد و سبب شد که مردم به حرفهای او گوش ندهند. در این وقت محمد عبدالله که نسبت به دولت یاغی بود از موقعیت استفاده کرد و به میدان آمد و باوجود اینکه وحید به او پیغام داد که با مردم درگیر نشود، او به نارین قلعه که خانه حاکم بود هجوم برد و زخم برداشت. وحید ناگزیر یزد را ترک کرد و به سمت فارس عزیمت نمود و بالاخره خودش را به نیریز که در آنجا نیز خانه و خانواده داشت رسانید و لدی الورود به مسجد جامع درآمد و زبان به تبلیغ گشود. در آنجا با مخالفت زین العابدین خان حاکم نیریز مواجه شد و او مردم نیریز را بر ضد وحید بشورانید بطوری که وحید بالاجبار نیریز را هم ترک کرد و با اصحابش به خارج شهر رفت و در قلعه خواجه متحصن گردید. این قضیه را چنان بزرگ کردند که علمای شیراز عموماً بر علیه وحید قیام نمودند و فیروز میرزای نصرة‌الدوله که به حکومت فارس منصوب شده بود با آنکه هنوز به شیراز نرسیده بود در تنفیذ فتوای علما اقدام نمود و دستور داد که اردوئی به نیریز برود و بابی‌ها را از پای درآورد در این کشمکش بود که وحید و اصحابش همه به شهادت رسیدند. در این واقعه قساوت بسرحد کمال رسید. سرهای مقتولین را از بدن جدا کرده و بر سر نیزه نمودند و جلو زنان و کودکان آنها که در کمال ذلت اسیر شده بودند و به شیراز برده می‌شدند به نمایش گذاشتند.

شهادت

مقدمه

در دوران سلطنت دودمان صفوی بر اثر مآرب و مقاصدسیاسی شکافی عمیق بین دو حزب شیعه و سنی در ایران به وجود آمد و سبب شد که علمای فرقه شیعه جای خودشان را در دستگاه حکومت باز کنند و سلاطین بزرگ صفوی که هدفی جز از پا درآوردن ترکان عثمانی نداشتند اهل منابر و ارباب عمائم را با تقدیم صلت و جوائز با خود همراه کردند تا بهتر بتوانند در قلوب مردم و جامعه نفوذ کنند و

محاربات سیاسی را به منازعات دینی تبدیل نمایند از این رو بود که بساط دینداری بصورتی دیگر جلوه نمود و رنگ سیاسی به خود گرفت. می‌دانیم که در آن زمان مردم ایران نه فقط از دانستن زبان عربی که زبان دین اسلام و زبان قرآن است محروم بودند بلکه اکثریت نزدیک به اتفاق آنها از موهبت یادگیری زبان خودشان هم به دور بودند. بنا بر این هر طلبه‌ای که تحصیلاتی ولو مختصر در زبان عربی داشت می‌توانست بر جمعی از مردم نفوذ معنوی داشته باشد و گروهی را به عنوان مرید و پیرو گرد خود جمع کند و به انواع حیل از آنان استفاده نماید.

در مذهب شیعه امامیه افراد جامعه به دو دسته‌اند یا مجتهد که بتوانند بر طبق احکام اسلامی دارای رأی و عقیده و بالاخره فتوی باشند یا مقلد یعنی پیرو و فرمانبردار بی‌چون و چرای آراء و نظرات مجتهد.

روشن است که تحت شرایط موجود آن زمان باب تحصیل بر هر کس مفتوح نبود و جز عده‌ای معدود به مقام اجتهاد نمی‌رسیدند. از این رو آنان که صاحب این مقام می‌شدند، با اقتدار و نفوذ کلی بر همهٔ جوانب زندگی افراد جامعه، حکم می‌راندند و حتی سلاطین و فرمانروایان را به زیر سلطه و قدرت خود در می‌آوردند.

بعد از شکست صفویه و روی کار آمدن افاغنه که سنی مذهب بودند و در دوران سلطنت نادرشاه افشار و کریم خان زند و حتی در زمان سلطنت آقا محمد خان قاجار مذهبیون و طبقه علماء نتوانستند از نفوذ و قدرتی که در زمان صفویه از آن برخوردار بودند استفاده کنند زیرا اوضاع سیاسی و اداره امور کشور شکلی تازه به خود گرفته بود.

ولی از دوران حکومت و سلطنت فتحعلیشاه مجدداً بازار زهد فروشی و عوامفریبی رواج کامل گرفت و بار دیگر پای علماء و مجتهدین به دربار سلاطین و حکام بازشد و مداخلات آنان با قدرت تمام، هم در میان مردم و هم در دستگاه دولت و امور سیاسی از سر گرفته شد. در چنین شرائطی، در زمان حکومت محمدشاه قاجر، ظهور حضرت باب به عنوان موعود و قائم آل محمد و مهدی منتظر چنان لطمه‌ای به سیادت و قیادت آنان وارد آورد که تحمل آن را بسیار صعب و مشکل کرد و علناً متوجه شدند که با ظهور این شرع بدیع و پیدایش افکاری تازه و جدید بساط قدرت و نفوذ آنان منطوی و پیچیده خواهد شد.

بنابر این، همگی به خصومت و دشمنی برخاستند و حربه تکفیر بر کف گرفتند و از رؤوس منابر مردم نادان و عوام را بر علیه بابیت اغوا و تحریک نمودند و از گروش به آن آئین منع کردند و سفک دماء و قتل و غارت پیروان باب را مجاز دانستند و بالاتر از همه به قتل حضرت باب بصورت جدی کمر بستند.

اما بطوریکه در فصول گذشته این کتاب خواندیم فتاوی مکرر قتل حضرت باب

در شیراز و اصفهان به مناسبتهای گوناگون به مرحله اجرا در نیامد و محمد شاه که بعد از قتل قائم مقام حالت تذکر و انتباهی در خود احساس می‌کرد مایل نبود که بار دیگر با صحه گذاردن بر فتوای علماء در مورد قتل حضرت باب دست خود را به خون سید بیگناه دیگری آلوده کند. اما حاجی میرزا آقاسی دست بردار نبود و بالاخره بعد از اینکه به تحریک وی محل حبس و زندان حضرت باب از ماکو به چهریق تغییر داده شد حیلتی دیگر بکار برد و سبب گردید که مجلس تبریز با حضور ولیعهد منعقد گردد تا علمای تبریز با حضرت باب مواجه شوند و به قتل ایشان فتوی دهند و آن فتوای شرعی به موقع اجرا گذاشته شود و محمد شاه در برابر عملی انجام شده قرار گیرد اما با برگزاری آن مجلس نیز منظور و مقصودش صورت وقوع نیافت.

درگذشت محمد شاه و آغاز سلطنت ناصرالدین شاه

محمد شاه در روز سه شنبه ششم ماه شوال سال ۱۲۶۴ هجری قمری در قصر محمدیه چشم از جهان فروبست و مرشد و مراد او حاجی میرزا آقاسی به دیار عراق متواری شد و با خفت و خواری تمام در کمال مذلت بمرد و در نتیجه مسئلهٔ قتل حضرت باب در زمان او به دست وی منتفی گردید.

در این حال نوبت سلطنت به ناصرالدین میرزا ولیعهد که جوانی شانزده ساله و حاکم وقت آذربایجان بود رسید. او به همت و تدابیر میرزا تقی خان امیرنظام و استقراض مبالغی از سفیر دولت روس تاج شاهی بر سر گذاشت و عاجلاً روانه طهران شد و در راه تبریز به طهران امیر نظام را امیر کبیر و اتابک اعظم خواند و وی را بیش از پیش بر خود مسلط گردانید.

ناصرالدین شاه جوانی کم‌تجربه و بی‌خبر از امور مملکت داری و منهمک در شهوات نفسانی بود و چون آلتی در دست میرزاتقی خان امیرکبیر قرار داشت. اما امیر کبیر که مردی کاردیده و با کفایت بود و در امور مملکت داری نیز دیده‌ای بینا و فهمی توانا داشت، در ظرف مدت قلیلی از آغاز صدارتش تمام امور کشور را قبضه کرد و هرکس را در هر شرائطی که بود بجای خود نشاند و در ظل انقیاد و اطاعت درآورد.

امیر کبیر و فکر اضمحلال دیانت بابی

خواندیم که قبل از شهادت حضرت باب، بابیها در وقایع مازندران، طهران، نیریز، زنجان و سایر نقاط ایران در میدان جانبازی و فداکاری در سبیل امر الهی از

جان و مال و عرض و ناموس خود گذشتند و هر مصیبت و بلائی را با خون خود به جان و دل خریدند.

امیر کبیر که از این دلاوریها از یک طرف و از پیشرفت دیانت بابی از طرف دیگر بیمناک شده و انقلابات کشور را معلول وجود بابی‌ها می‌دانست شدیداً در پی اضمحلال و برانداختن آن دیانت برآمد و کمر به قتل حضرت باب بست و سرانجام با کسب اطلاع از آمدو شد بابی ها در چهریق دستور قطعی قتل حضرت باب را صادر کرد.

در بارهٔ کسب اطلاع از چگونگی احوال حضرت باب و پیروان در قلعه چهریق نامه‌ای۱۴ در دست است که ملک‌قاسم میرزا در جواب نامه امیرکبیر نوشته و قسمتی از آن مربوط به همین موضوع است. وی می نویسد:

"... در باب محافظت باب اشعار رفته بود کمال دقت در نگاهداری او دارم چندی قبل مسموع شد که جمعیتی به زیارت او از اطراف رفته‌اند یک نفر نائب و چند نفر فراش مأمور کرد آنجا رفتند پنج و شش بی‌سر و پای غیر معروفی یافتند که از دور زیارت سلام می‌خواندند همهٔ آنها را گرفته کوتک (کتک) مضبوطی زده چهل پنجاه تومان هم ترجمان گرفته بودند حالا در دور او هیچ کس نیست و چندان شهرتی در این جاها ندارد. درین نزدیکی دفع شرّ او به تدبیری که کرده‌ام به سمع شریف خواهد رسید..."

بتاریخ هفتم شهر ربیع الاول **۱۲۶۵** قلمی شد.

ملک قاسم میرزا در دنباله این مطلب ادامه داده می نویسد:

"همین ساعت که چاپار روانه بود جناب امام جمعه حضور داشت نقل تنبیه و تأدیب بابی‌ها و متفرق ساختن جمعیت آنها بود که بالمرّه بابی در آذربایجان نمانده، جناب معزی‌الیه کاغذی نشان داد که از زنجان به او نوشته‌اند که این اوقات قریب سیصد چهارصد نفر بابی در آنجا عمل آمده تقیّه را بالمرّه از میان برداشته‌اند تعجب دارم چرا تا حال با همه قرب مسافت مراتب را حالی ننموده‌اند."

(سجع مهر در پشت کاغذ:) دوست دار علی ملک قاسم

در ارتباط با تعداد جمعیّت پیروان حضرت باب موشنین۱۵ از تلامیذ دانشگاه سن پترزبورگ روسیه که در طی حوادث دوره بابیه کمی قبل از شهادت حضرت باب او چهریق می گذشته است می نویسد:۱۶

"در ماه جون **۱۸۵۰** که در دنبال انجام کارهایم گذارم به چهریق افتاد دیدم که باب از بالای خانه مشغول ابلاغ تعالیم خودش بود. انبوه جمعیّت بقدری زیاد بود که آن محوطه گنجایش حاضرین را نداشت و اکثر مردم که واله و مجذوب گفتار او بودند در طول جاده ایستاده و به قرآن جدیدی که او آورده است گوش می دادند چندی

بعد باب محکوم به اعدام و به تبریز منتقل شد."

با در نظر گرفتن قسمت آخرنامه ملک قاسم میرزا در مورد تعداد بابیان در زنجان و نیز نوشتهٔ موشنین در باره مشاهداتش در چهریق، این تصور پیش می آید که ملک قاسم میرزا بمنظور پشتیبانی از حضرت باب و منصرف نمودن امیر کبیر از توجه به این موضوع تعداد بابیان حاضر در قلعه را پنج شش نفر قلمداد نموده تا ضمن کاستن اهمیّت قضیه بتواند موجبات اطمینان خاطر وی و محافظت حضرت باب را فراهم سازد.

تدابیر امیر کبیر در اجرای قتل حضرت باب

امیرکبیر که مردی مقتدر و در عین حال سفاک و قاطع بود بمنظور برقراری آرامش و سکون در سطح کشور به این فکر افتاد که بدون سر و صدا حضرت باب را به قتل برساند. لذا فرمانی محرمانه۱۷ به عهده ملک قاسم میرزا حاکم وقت ارومیه صادر کرد و از او خواست تا حضرت باب را که در منفا و محبس چهریق بسر می‌بردند بی‌سر و صدا و بطوری که گفتگو و بحثی ایجاد نشود به قتل برساند. چون ملک قاسم میرزا از اجرای این دستور طفره رفت امیرکبیر چاره‌ای دیگر اندیشید و فرمان داد تا جلسه‌ای با حضور چند نفر از مشاورین دولتی تشکیل و به قضیه رسیدگی شود. در این جلسه، میرزا آقاخان ملقب به اعتمادالدوله با نظرات امیرکبیر مخالفت ورزید و گفت وجود سیدی مهجور که در ابعد نقاط کشور به دست دولت و ملت اسیر است چه ربطی با محاربه بابی‌ها دارد و امیر کبیر را از این اقدام نهی نمود ولی امیر کبیر بدون توجه به دلائل اعتمادالدوله گفت "وقتی پای سیاست کشور در میان می‌آید یزید ابن معاویه امام حسین و هفتاد نفر تابعینش را در یک روز سر می‌برد."

پس به حمزه میرزا۱۸ ملقب به حشمت الدوله که در آن وقت فرمانفرمای خطه آذربایجان بود دستور داد تا حضرت باب را در تبریز به قتل برساند. حشمت الدوله از اجرای این فرمان امتناع ورزید و به توسط میرزا حسن خان وزیر نظام به امیر کبیر پیغام فرستاد که توقع من از امیر آن است که مرا به کارهای مهم انتخاب کند و به میادین جنگ و محاربه با دشمنان ایران به مأموریت بفرستد نه اینکه بر قتل سید اسیری که دستش از همه جا کوتاه است فرمان دهد.

میرزا حسن خان این پیام و امتناع حشمت الدوله را از آن اقدام به اطلاع برادر خود، امیر کبیر رساند. امیر کبیر بناچار برادرش وزیر نظام را به آن مأموریت برگزید.

انتقال از چهریق به تبریز

وزیر نظام در اجرای دستور امیر کبیر به سلیمان خان افشار شاهسون که در محاربات قلعه طبرسی هم شرکت کرده بود فرمان داد تا به اتفاق سی نفر سوار به چهریق رهسپار شود و حضرت باب را از یحیی خان تحویل گرفته به تبریز بیاورد.

حضرت باب در سر راه به تبریز در کهنه شهر به منزل میرزا لطفعلی[۱۹] پیشخدمت وارد شده و مدت دوازده روز در آنجا اقامت فرمودند.

در طول مدت مسجونیت حضرت باب در چهریق، مردم کهنه شهر و حوالی آن نسبت به آن حضرت ارادت مخصوص پیدا نموده و اغلب ایمان آورده بودند. بنابر این، وقتی از گوشه و کنار و از فحوای گفتار سربازان متوجه شدند که حضرت باب را به این منظور به تبریز می‌فرستند که یا ایشان را به توبه وادار نمایند یا بالاخره حکم شهادت را به مرحله اجرا بگذارند، به قصد دفاع از ایشان اسلحه‌های خود را به مسجد حاج ملا محمد، پیشوا و مجتهد کهنه شهر بردند که در روز حرکت حضرت باب به تبریز با هجوم خود حضرت باب را از چنگال عوانان مستخلص سازند. چون این اخبار به سمع حضرت باب رسید به ملا محمد دستور دادند که علی الفور به مسجد رفته بالای منبر بگوید: که من امور خودم را به دست خالق یکتا سپرده‌ام و جز مظلومیت در برابر هجوم و حمله و آزار یار و اغیار چیزی برای خودم نپسندیده‌ام و خواهش دارم همه متفرق شوند و به هیچ امری مبادرت نورزند. ملا محمد بعد از ظهر همان روز به مسجد رفت و پیام حضرت باب را ابلاغ نمود و مردم را متفرق ساخت.

در این سفر آقا سید حسین کاتب، سید خلیل مدائنی، ملا علی کهنه شهری و ملا حسین دخیل مراغه‌ای بدون اینکه از ایمان خود نسبت به حضرت باب حرفی بزنند ایشان را از دور و نزدیک همراهی می‌کردند.

حضرت باب در محلی به نام قزل برج که چهار فرسنگی تبریز است سید خلیل مداینی را به نزد عبدالعلی خان مراغه‌ای اعزام فرمودند که او را به عتبات عالیات بفرستد.

حضرت باب در روز پنجم شعبان سال **۱۲۶۶** هجری قمری به تبریز رسیدند و بلافاصله در ارگ علیشاه محبوس شدند. در این حال آقا میرزا محمدعلی زنوزی نیز به ایشان پیوست و آنی انفکاک نجست تا به شهادت رسید.

اقامت در ارگ علیشاه

در دوران اقامت بیست روزه حضرت باب در ارگ علیشاه بعضی از علاقه‌مندان به منظور کسب اطلاع از چگونگی ادعای حضرت باب به ملاقات ایشان رفته به

اظهار نظرهای متفاوت پرداخته‌اند. معین السلطنه در بارهٔ این اشخاص می نویسد:۲۰

"حاج آقای کشی که از مردم اهر و از سلاله شیخ شهاب الدین سهروردی و از عرفای نامدار آن عصر بود و بسیاری از رجال و بزرگان تبریز به او سر ارادت داشتند، از روز ورود حضرت باب به تبریز و استقرارشان در ارگ علیشاه همه روزه به دیدار و ملاقات حضرت باب می رفت و مسائل عرفانی را بحث می کرد و حضرت باب یکی از انگشترهای دست خودشان را به او اعطا کرده بودند.

و دیگر از علمای تبریز که از حضرت باب دیدن نمود ملا فرج الله اعمی مشهور به جناب بود. کربلایی حسین، نوکر ملا فرج الله می گوید:

ملا فرج در نزد عامه دارای احترام بود زیرا در ردیف ملایان و علمای نامی تبریز قرار داشت در خدمت او به ملاقات حمزه میرزای حشمت الدوله رفتم او در مجالس بزرگان می نشست و من می ایستادم. حشمت الدوله در ضمن صحبت از ملا فرج پرسید "آیا به دیدن سید باب رفته ای؟" گفت ندیده ام. به او گفت "برو در ارگ و او را ملاقات کن ضرر ندارد." بالاتفاق به ارگ رفتیم. من سید باب را از پائین در تالار دیدم که راه می رفت قبا و عبا در بر نداشت فقط کلیچه و عمامه پوشیده بود. به باب پیام فرستاد که ملا فرج الله به دیدن شما آمده است او را خواست زیر بغلش را گرفتم و از پله ها بالا رفتیم. باب یک دستمال سفید ابریشمی به روی تکیه گاه درکه ارسی۲۱ انداخت و جالس شد. دو نفر که یکی از آنها سید بود و عمامه سیاه در سر داشت با یک نفر عام۲۲ که عمامه سفید پوشیده بود با کمال ادب ایستاده بودند. به محض ورود به آن تالار جناب سلام کرد و خودش را معرفی نمود اجازه داد نشست و من پهلوی آن دو نفر ایستادم. آنگاه ملا فرج لب به سخن گشود و گفت "کی هست که مدعی بعضی مراتب است و دعوی قائمیت می نماید" سید باب جواب داد "آن که می گوئی منم" ملا فرج پرسید بچه دلیل و چه برهان؟" سید گفت "به همان دلیل که رسالت خاتم انبیا ثابت و مبرهن است" ملا فرج گفت یعنی چه؟ سید گفت "آیات الهی و تنزیل فطری" ملا فرج گفت بسیار خوب بگو ببینم ضرب چه صیغه ای است؟ باب دیگر جواب نداد نگاهی به ملا فرج کرد و سر بزیر انداخت و مجلس به سکوت گذشت. آنگاه آن که عمامه سفید در سر داشت (آقا میرزا محمدعلی زنوزی) به سخن درآمد و گفت "سبحان الله در این شهر بزرگ که سواد اعظم است یک نفر بصیر و بینا یافت نشده است که بفرستند میان حق و باطل را تمیز دهد و از مدعی مقامی به این عظمت سئوالی می کنند که انسان خجالت می کشد از طفل هفت ساله سئوال کند و گفت و من کان فی هذه اعمی فهو فی الآخرة اعمی۲۳ و چیزی دیگر بحث نشد. بعد از دقائقی که به سکوت گذشت ملا فرج من را صدا کرد زیر بغلش را گرفتم و از اطاق خارج شد یکسر نزد حشمت الدوله

سلیمان خان افشار شاهسون

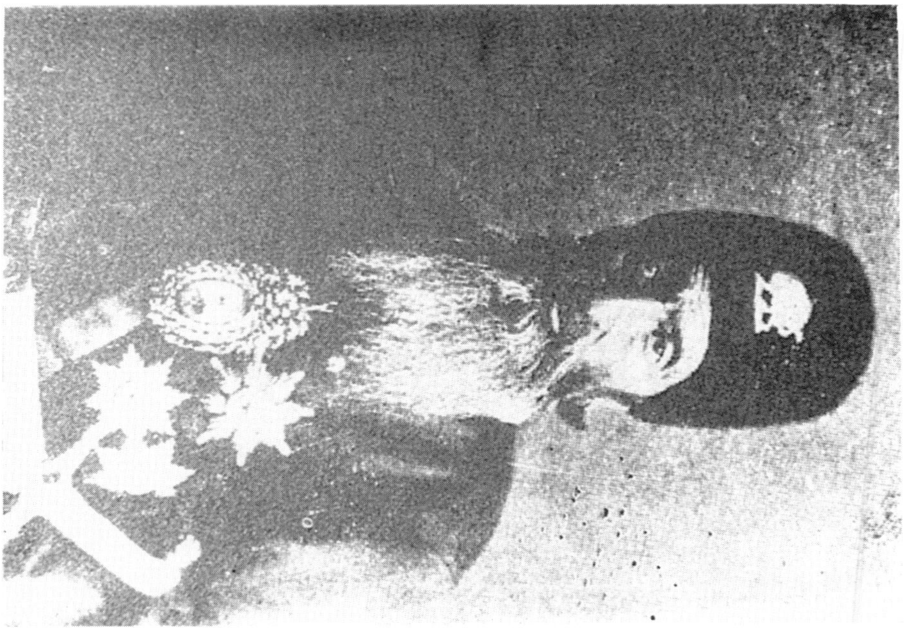

سام خان ارمنی

رفت و گفت "من از او چیزی نفهمیدم".

ملا مصطفی باغمیشه‌ای تبریزی و میرزا محمدتقی خوش نویس معروف به بدایع نگار نیز حضرت باب را در ارگ علیشاه ملاقات کرده‌اند. میرزا محمدتقی خوش‌نویس می‌گوید: با این سرعت قلم و تحریری چنان خوش خط و زیبا در عهده هیچ خطاطی نیست و این سید صاحب قوه‌ای خارق العاده است."

واقعه شهادت

دو سه روز قبل از واقعه شهادت، به دستور وزیر نظام حضرت باب و آقا میرزا محمدعلی زنوزی را از ارگ علیشاه به سربازخانه که داخل شهر تبریز قرار داشت منتقل و ممنوع الملاقات نمودند تا وسایل اجرای قطعی حکم را فراهم سازند.

بهتر است شرح مبسوط این واقعه را از قلم حضرت عبدالبهاء و حضرت ولی‌امرالله که به تفصیل نگارش یافته است بخوانیم. حضرت عبدالبهاء می‌فرمایند:۲۴

"...امیر کبیر۲۵ ... بدون فرمان پادشاهی و مشورت وزرای دربار رعیت‌پناهی بصرافت طبع و صرامت رأی و استقلال تام فرمان به قتل باب داد. مختصر این است که حاکم آذربایجان شاهزاده حمزه میرزا اجراء این حکم را از دست خویش نپسندید و به برادر امیر میرزا حسن خان گفت که این کار خسیسی است و آسان و هر کس مقتدر و توانا. مرا چنان گمان بود که حضرت اتابک مرا مأمور به حرب افغان و اوزبک خواهد نمود و یا به رزم و هجوم مرز و بوم روس و روم دلالت خواهد کرد.

اعتذار او را میرزا حسن خان به تفصیل به امیر نوشت و سید باب قبل از خروج از چهریق بسمت تبریز جمیع کارهای خود را تمام نمود و نوشتجات خویش را حتی خاتم و قلمدان در جعبه مخصوص نهاده و کلید جعبه را در ضمن پاکتی گذاشته و به وساطت ملا باقر که از سابقین اصحاب خویش بود نزد ملا عبدالکریم قزوینی فرستاد. ملا باقر آن امانت را در قم در محضر جمعی تسلیم ملا عبدالکریم نمود. به اصرار حاضرین در جعبه را باز نمود و گفت مأمور به این هستم که این امانت را به بهاءالله برسانم و بیش از این از من سئوال منمائید که نتوانم گفت. از کثرت الحاح حاضرین لوح آبی بزرگی بیرون آورد که در نهایت لطافت و به خط خفی خوش شکسته بغایت ظرافت و اتقان نوشته و به قسمی در هم به هیئت هیکل انسانی مرقوم نموده بود که گمان می‌شد یک قطعه مرکب بر کاغذ است. چون آن لوح را خواندند سیصد و شصت اشتقاق از کلمه بها نموده بود و ملا عبدالکریم آن امانت را به محلش رساند.

باری بر سر اصل حکایت رویم. امیر کبیر فرمان ثانی برای برادر خویش میرزا حسن خان صادر فرمود و مضمون فرمان از علمای اعلام تبریز که رکن رکین مذهب

جعفر علیه السلام و حصن حصین طریقه اثنا عشریه‌اند فتوای صحیح صریح گرفته فوج ارامنه ارومیه را حاضر ساخته در ملاء ناس باب را آویخته امر به شلیک فوج نما. میرزا حسن خان فراش باشی خویش را احضار نمود و دستورالعمل داد باب را عمامه و شال که علامت سیادت بود برداشته و با چهار تن از تابعان به میدان سربازخانه تبریز آورده در حجره محبوس نمودند و چهل سرباز از ارامنه تبریز مستحفظ قرار دادند. روز ثانی فراش باشی باب را با یک جوانی که مسمّی به آقا محمدعلی و از نجبای تبریز بود به فتوای عالم مجتهد ملا محمد ماماقانی و مجتهد ثانی میرزا باقر و مجتهد ثالث ملا مرتضی قلی و غیره تسلیم سام خان سرتیپ فوج ارامنه ارومیه نمود.

در وسط پایه همان حجره که محبوس بودند میخ آهنی کوفتند و دو ریسمان آویختند به یک ریسمان باب را و به ریسمان دیگر آقا محمدعلی را معلق نموده محکم ساختند به قسمی که سر آن جوان بر سینه باب بود و اطراف بام‌ها از کثرت جمعیت موج می‌زد. یک فوج سرباز سه صف بستند صف اول شلیک نمود و از پی صف ثانی آتش داد و از پس صف ثالث تیرباران نمود. دخان عظیمی از آتش شلیک حاصل شد. چون دود متلاشی گشت آن جوان را ایستاده و باب را در همان حجره که در پایه‌اش آویخته بودند در نزد کاتبش آقا سید حسین نشسته دیدند. به هیچ یک ادنی آسیبی نرسیده بود. سام خان مسیحی گفت ما را معاف بدارید. نوبت خدمت به فوج دیگر رسید و فراش باشی دست کشید. آقا جان بیگ خمسه‌ای سرتیپ فوج خاصه پیش آمد و باب را با آن جوان دوباره به همان میخ بستند و باب بعضی صحبت‌ها می‌داشت معدودی فارسی‌دان فهمیدند و سایرین صدائی می‌شنیدند. باری سرتیپ فوج خویش را حاضر ساخت پیش از ظهر بیست و هشتم شعبان سنه هزار و دویست و شصت و شش یک مرتبه امر به شلیک نمود. در این شلیک گلوله‌ها چنان تأثیر نموده بود که سینه مشبّک گشته و اعضاء کل تشریح شده مگر صورت که اندکی آزرده شده بود. بعد آن دو جسم را از میدان به خارج شهر به کنار خندق نقل نمودند و آن شب در کنار خندق ماند روز ثانی قونسل روس با نقاش[26] حاضر شد و نقش آن دو جسد را به وضعی که در کنار خندق افتاده بود برداشت. شب ثانی نیمه شب بابیان آن دو جسد را دربردند و روز ثالث مردم چون جسد را نیافتند بعضی گمان نمودند که جانوران خوردند حتی بر رؤوس منابر علماء اعلان کردند که جسم طاهر امام معصوم و شیعه خالص از تعرض سباع و حشرات و جوارح محفوظ است و جسد این شخص را درندگان دریدند لکن بعد از تحقیق و تدقیق تام تحقّق یافت که چون باب جمیع نوشتجات و مایحتاج خویش را متفرق ساخت و از قرائن واضح و مشهود بود که عنقریب این وقایع وقوع خواهد یافت لهذا روز ثانی این وقوعات

سلیمان خان پسر یحیی خان که از فدائیان باب و خوانین آذربایجان بود حاضر و یکسر در خانه کلانتر تبریز وارد. و چون کلانتر دوست قدیم و یار و ندیم او بود و گذشته از این شخصی عارف مشرب و با هیچ طائفه‌ای کره و ملالی نداشت سلیمان خان این سرّ را پیش او فاش نمود که امشب با چند نفر به انواع وسائل و تدبیر در استخلاص جسد می‌کوشیم و اگر چنانچه ممکن نشد هرچه بادا باد هجوم می‌نمائیم یا به مقصود می‌رسیم و یا جان رایگان در این راه می‌افشانیم. کلانتر گفت هیچ این گونه مشقات لازم نیست حاجی الله‌یار نامی را از خواص خویش فرستاد بدون تعب و مشقت بهر وسیله و اسبابی بود جسد را آورده به حاجی سلیمان خان تسلیم کرد و چون صبح شد قراولها به جهت عذر خویش گفتند که درندگان خوردند.

آن شب آن جسد را در کارخانه شخصی میلانی۲۷ بابی محفوظ نموده روز دیگر صندوق ساخته در صندوق نهاده امانت گذاشتند. بعد به موجب تعلیماتی که از طهران رسید از آذربایجان حرکت داده بکلی این قضیه مستور ماند."

حضرت شوقی ربانی ولی امر دیانت بهائی می‌فرمایند:۲۸

"هنوز حوادث زنجان پایان نیافته بود که وزیر بی‌تدبیر بدون استیذان از مقام سلطنت و استشاره با اعضاء و ارکان حکومت بصرامت رأی دستوری برای حمزه میرزا حشمت‌الدوله حاکم آذربایجان ارسال داشت و او را به قتل حضرت باب بگماشت و چون بیم داشت که اجرای چنین حکمی در دارالخلافه موجب ضوضاء و انقلاب گردد و جلوگیری از آن صعب الحصول شود مقرر نمود حضرت را به تبریز حرکت داده و در آن مدینه به این امر خطیر اقدام نمایند. ولی حمزه میرزا از تنفیذ این حکم امتناع ورزید و ارتکاب آن را خیانتی عظیم و جنایتی شرم‌انگیز تلقی نمود لذا امیر کبیر برادر خود میرزا حسن خان را مأمور اجرای این فرمان ساخت. مشارالیه پس از وصول دستور امر داد برای تحصیل اجازه و اخذ فتوی از علماء اعلام بدواً حضرت را به خانه مجتهدین تبریز رهنمائی نمایند. ملا محمد ممقانی مکالمه و مفاوضه را جائز ندانست و اظهار داشت همان روز که حضرت را در محضر ولیعهد ملاقات نموده حکم قتل او را صادر کرده است حاجی میرزا باقر و ملا مرتضی قلی نیز هیچ یک راضی به مواجهه با حضرت نشدند و بدون ملاقات و مذاکره حکم قتل آن سید امم را صادر نمودند و بدین ترتیب امر فتوی به کمال سهولت و سرعت توسط فراش باشی انجام پذیرفت.

مقارن با وقوع رزیّه کبری شهادت طلعت اعلی دو امر عظیم و اعجاب آمیز رخ گشود که حائز نهایت اهمیّت است و این دو واقعه خطیره که یکی قبل از صدور حکم علماء تبریز و دیگری بلا فاصله بعد از آن بوقوع پیوست مراتب عظمت و قدرت و نورانیّت آن مظهر احدیت را اثبات و کیفیت معجزه آسای شهادت حضرتش را مدلل

و روشن می‌نماید امر اول ورود فراش باشی به جایگاه مبارک است هنگامی که هیکل انور در یکی از حجرات سربازخانه که محل توقیف ایشان بود با آقاسیدحسین راقم آیات آهسته و محرمانه به بیان آخرین وصایا و تعالیم خویش مشغول بودند، فراش باشی به مجرد ورود آقاسید حسین را به کنار کشیده وی را شدیداً ملامت و سرزنش می‌نماید که حال موقع مذاکره و نجوی نیست در آن وقت حضرت اعلی خطاب به فراش باشی می‌فرمایند: "تا صحبتی را که با وی می‌داشتم به اتمام نرسانم و تا آخرین کلمه بیان نکنم هیچ قدرت و سطوتی مرا از این منظور باز نخواهد داشت ولو اهل ارض بتمامه با سیف و سنان بر منع من قیام نمایند." مسئله ثانی استدعای سام خان مسیحی سرتیپ فوج ارامنه است که اجرای حکم شهادت به وی محول گردیده بود. مشارالیه چون بیم داشت که عمل او مغایر رضای الهی و جالب قهر و غضب منتقم حقیقی باشد از حضور مبارک درخواست نمود ترتیبی فراهم شود که به اراده سبحانی از مبادرت به این امر که خلاف رأی و منافی فکر و وجدان او است معاف گردد. حضرت در جواب فرمودند "تو به آنچه مأموری قیام نما اگر در نیت خویش صادق باشی خداوند تعالی تو را مطمئناً از ورطه تحیر و اضطراب نجات خواهد داد."

بدین ترتیب سام خان به انجام مأموریت خویش اقدام نمود و امر داد در پایه‌ای که بین دو حجره سربازخانه مشرف بر میدان قرار داشت میخ آهنی کوبیدند و دو ریسمان بدان آویختند به یک ریسمان حضرت باب و به ریسمان دیگر عاشق دلداده میرزا محمدعلی زنوزی ملقب به انیس را معلق ساختند جوانی که خود را از قبل بر اقدام مبارک افکنده و استدعا نموده بود تا آخرین لحظه حیات در ملازمت مولای خویش باقی ماند.

فوج مأمور شلیک در سه صف هر صف مرکب از دویست و پنجاه سرباز قرار گرفتند صف اول شلیک نمود سپس صف ثانی آتش داد و بلافاصله صف ثالث مبادرت کرد و از شلیک هفتصد و پنجاه تیر دخان عظیمی برخاست که فضا را بکلی تیره و تار نمود و چون دود متلاشی گشت تماشاچیان که عددشان به ده هزار نفس بالغ می‌گردید و در بام سربازخانه و منازل مجاور مجتمع شده بودند با نهایت حیرت ملاحظه نمودند که حضرت باب از انظار پنهان و آن جوان بدون ادنی آسیب در پای همان ستون که بدان آویخته شده بود ایستاده و ریسمان ها از اصابت گلوله قطع شده است. مردم از مشاهده این منظره سخت به وحشت افتادند و فریاد بر آوردند که سید باب غائب شد و چون تفحص نمودند حضرت را که به اراده قاطعه الهیه مصون و محفوظ باقی مانده در همان حجره که شب قبل توقف فرموده بودند یافتند که به کمال سکون و آرامش به تکمیل بیانات و ادامه مکالمات قبلی خویش با کاتب وحی

دکتر کورمیک شرح این ملاقات و معاینه و ملاقاتهای بعدی را به کشیش بنیامین لاباری[۳۱] میسیونر آمریکائی نوشت. کشیش ج. هـ. شد[۳۲]، همکار لاباری که به دیانت حضرت باب علاقه‌مند بود، یک نسخه از این گزارشها را به دست آورد و پسرش بعد از مرگ پدر آنها را برای ادوارد براون فرستاد.

۱-گزارش دکتر کورمیک

شرحی در مورد مصاحبه من با مؤسس طایفه بابی خواسته بودی اتفاق مهمّی در آن مصاحبه واقع نشد چون باب آگاه و هوشیار بود. من در معیت دو طبیب ایرانی فرستاده شده بودیم که معلوم کنیم که آیا او از نظر عقلانی سالم است یا دیوانه، به این منظور که بتوانند در مورد حکم قتل وی تصمیم بگیرند. با اطلاع بر این امر نسبت به هرگونه سئوالی که می‌شد انزجار نشان می‌داد. جواب هرگونه سئوالی را با یک نگاه ملایم و زمزمه دعا و مناجات قرین می‌کرد. خیال کنم دو سید دیگر منشیان او نیز حاضر بودند که هر دوی آنها با باب کشته شدند (سید حسن و سید حسین یزدی[۳۳]) علاوه بر این یکی دو نفر مأمورین دولت نیز حضور داشتند. باب فقط یک بار به من جواب داد و آن موقعی بود که بدو گفتم من مسلمان نیستم و علاقمندم که اطلاعاتی در باره دیانتش به دست آورم چون ممکن است به دین او گرایش پیدا کنم. با نگاهی پر معنی به من نظر افکند و گفت شکی ندارد که اروپائیان به دین او معتقد خواهند شد. گزارش ما به شاه چنان بود که او را از مرگ نجات دهد ولی چندی بعد به دستور میرزا تقی خان امیرنظام کشته شد. بر اثر گزارش ما او فقط مضروب شد. در این حال، فراشباشی به عمد یا غیرعمد به جای کف پا ضربه‌ای به صورتش زده بود که قسمت بزرگی از آن را متورّم ساخته بود. از او پرسیده بودند که اگر مایل است یک جراح ایرانی او را ببیند ولی او گفته بود به دنبال من بفرستند و بالنتیجه برای چند روزی تحت معالجه من بود. در دیدارهای بعدی هیچوقت موفق نشدم با وی بطور خصوصی صحبت کنم چون همیشه چند نفر مأمورین دولتی حاضر بودند. او برای معالجه صورتش خیلی از من تشکر کرد. فردی بسیار آرام و ظریف اندام و نسبتاً کوتاه جثه و چهره‌ای با مقایسه با سایر ایرانیها کاملاً سفید داشت. صدایش آرام و آهنگ و نوای خاصی داشت. چون باب و دو مصاحب وی سید بودند طبق رویه آن گروه لباس پوشیده بودند در حقیقت صدا، قیافه، اندام و ظاهر او طوری بود که ناخودآگاه طرف را جذب می‌کرد. در مورد آثارش از زبان خود او چیزی نشنیدم اگر چه عقیده بر این بود که در دیانت وی تا اندازه‌ای عقاید مسیحیت وجود دارد. چند نفر از نجاران ارمنی که برای تعمیر زندانش رفته بودند دیده بودند که در حال قرائت انجیل است و این موضوع را نه تنها پنهان نمی‌کرد بلکه در باره آن با نجار مزبور صحبت می‌کرد. قدر مسلم این است که

تعصبات مسلمانان نسبت به مسیحیت در دیانت او دیده نمی‌شود. همچنین فکر جلوگیری از پیشرفت نسوان و عقب نگه‌داشتن آنها که در حال حاضر در همه جا دیده می‌شود در دیانت او وجود ندارد.

۲- گزارش آنیچکوف۳۴، کنسول روسیه

آنیچکوف که از ورود باب به تبریز از تاریخ ۵ ژوئیه ۱۸۵۰ میلادی مطلع شد به دالگوروکی نوشت:۳۵ باب که حضور حضرت عالی آشناست به تبریز آورده شد و در حال حاضر در زرادخانه تحت نظر است. منتظر دستور صدر اعظم‌اند که تکلیف او را روشن کنند.

آنیچکوف مجدداً در تاریخ ۱۵ ژوئیه ۱۸۵۰ در گزارشی به وزارت امور خارجه روسیه می‌نویسد:

باب در تبریز اعدام گردید. یکی از پیروان او به اسم میرزا محمدعلی نیز بهمراه او به شهادت رسید. در اجرای این امر هیچگونه اغتشاشی پیش نیامد چون مسئولین محلی از قبل اقدامات اساسی امنیتی را نموده بودند. این دو محکوم در کمال شهامت با مرگ روبرو شدند بدون اینکه از درد و شکنجه اظهار شکایت یا ابراز درد کنند.

محمدعلی الحق ثبات منحصر به فردی داشت. تمام تمهیدات و وسایلی که برای انصراف او از این عمل و نجات جانش به کار گرفته شد بی‌اثر ماند. زخارف دنیا و هدایای پیشنهاد شده برای اینکه باب را رها کند و در این میان جان سالم از مهلکه بدر برد مورد قبول او واقع نشد. در کمال اشتیاق التماس و التجاء می‌کرد که در پای مولای خویش به شهادت برسد. هیچگونه علاقه و اشتیاقی به استماع موضوع عفو و بخشودگی نداشت.

هر دو بوسیله فوج سربازان تیرباران شدند ولی سربازان که هیچگونه تجربه قبلی در این کار نداشتند این عمل مجازات را تبدیل به شکنجه کردند. اجساد این دو قربانی بیرون دروازه شهر انداخته شد و طعمه سگها گردید.

۳- گزارش دالگوروکی۳۶ سفیر روسیه

دالگوروکی شهادت باب را در تاریخ ۱۵ ژوئیه به وزارت خارجه روسیه اطلاع داد. در تعقیب گزارش مربوط به اغتشاشات زنجان او نوشت: گزارش رسیده که مؤسس این فرقه به اسم باب شناخته شده و تحت نظر در ساختمانی نزدیک ارومیه بوده و به دستور دولت در تبریز اعدام گردیده است.

۴- گزارشها و اقدامات کنسولگری انگلستان

جورج الکساندر استیونز۳۷ که در غیاب برادرش مسئول امور کنسولی در تبریز بود در یادداشتی به تاریخ ۳۰ ژوئن ۱۸۵۰ به پالمرستون وزیر امور خارجه انگلستان،

ورود حضرت باب را به تبریز گزارش داده می‌نویسد[۳۸]: باب که در قلعه چهریق مسجون بود امروز به تبریز آورده شد. قرار بر این است که فردا صبح وی را به دهانه توپ بسته اعدام کنند.

سرهنگ دوم شیل که اطلاعات خود را از منبعی غیر از کنسولگری انگلیس به دست آورده بود، در تاریخ ۲۲ ژوئیه ۱۸۵۰ میلادی به لرد پالمرستون چنین گزارش می دهد:[۳۹]

مؤسس این فرقه در تبریز اعدام گردید. با آتشبار تیر کشته شد و مرگ او باعث خواهد شد که وجهه‌ای باز به این دیانت دهد و باعث توسعه و انتشار آن گردد. موقعی که گرد و دود اولین آتشبار فرو نشست باب ناپدید شده بود و خلائق اعلام کردند که او به آسمان رفته است. تیرهای آتشبار طناب هائی را که به آن بسته شده بود پاره پاره کرده بود ولی بعد از اندکی جستجو او را پیدا کرده دو باره آوردند و کشته شد.

پیروان باب معتقدند که مرگ او هیچ تغییری در وضع آنان نخواهد داد چون روح باب همیشه وجود خواهد داشت.

ریچارد استیونز[۴۰]، کنسول انگلیس، پس از مراجعت به تبریز در تاریخ ۲۴ ژوئیه ۱۸۵۰ میلادی به شیل می نویسد:[۴۱]

از قرار معلوم برادر من گزارش آوردن باب را از چهریق و اعدام او را در تاریخ هشتم[۴۲] رسماً به اطلاع عالی جناب نرسانیده است.

وی در میدان سربازخانه جنب کاخ به همراه یکی از پیروانش، ناپسری آقاسیدعلی از مجتهدان تبریز، کشته شد. به دستور وزیر نظام اجساد به خندق شهر انداخته شد که طعمه سگها گردید.

شیل پس از دریافت این گزارش از نحوهٔ رفتاری که با جسد حضرت باب و میرزا محمدعلی زنوزی شده بود، متأثر گردید و یادداشت اعتراض آمیز زیر را در تاریخ ۳ اوت ۱۸۵۰ برای میرزا تقی خان امیر کبیر فرستاد:[۴۳]

"حضرت عالی کاملاً مستحضرید که دولت بریتانیا چقدر در مواردی که امور با حیثیت و اعتبار و شرافت دولت شما سر و کار دارد علاقه خاص نشان می دهد و بر همین اساس من شرح وقایعی را که اخیراً در تبریز به وقوع پیوسته و امکان دارد که به نظر جناب عالی نرسانده باشند به حضورتان تقدیم می‌نمایم. اعدام باب در تبریز و در تحت شرایطی که انجام گرفت اگر در مجلات و روزنامه‌های اروپائی انتشار یابد باعث بی‌اعتباری سفرای ایرانی خواهدشد. بعد از تیرباران باب جسد او را به دستور وزیر نظام به خندق دور شهر انداختند که طعمه سگها گردد. این عمل شبیه اعمال قرون گذشته است و تصور نمی‌کنم در حال حاضر در هیچ کشوری از سیبری و

چین گرفته تا انگلستان این گونه اتفاقات روی دهد چون احساس کردم که این موضوع با توافق حضرت عالی نبوده است و ضمناً باعث تشویش خاطر در اروپا خواهد شد صلاح دیدم که این یادداشت دوستانه را به حضورتان ارسال دارم تا حضرت عالی بی‌خبر از وقایع نباشید."

و سپس در تاریخ ۱۵ اوت ۱۸۵۰ در بارهٔ اقدامات خود به پالمرستون چنین نوشت:۴۴

"اگر چه اظهار نظر و ابراز عقاید نمایندگان خارجی برای صدراعظم ایران قابل قبول (یا قابل هضم) نیست ولی وظیفه خود می‌دانم که هرگاه از اعمال منافی با حیثیت انسانی که در این کشور انجام می‌شود آگاه شوم به اطلاع او برسانم. مطمئنم در این گونه موارد بدون اینکه امیرنظام جوابی به من بدهد محرمانه اقدامات مساعد انجام می‌دهد.

اخیراً از کنسولگری پادشاهی در تبریز شنیدم که بعد از اعدام باب جسد او را به دستور برادر امیرنظام به داخل خندق انداختند تا طعمه سگها گردد که البته طعمه سگها گردید. برای اجرای چنین عمل غیرانسانی لازم بود که اظهار انزجار و تنفر شدید شود و بر این سبیل یادداشتی برای نخست وزیر فرستادم که یک نسخه آن ضمیمه است."

پالمرستون در تاریخ ۸ اکتبر ۱۸۵۰ به شیل نوشت۴۵ که دولت پادشاهی با این اقدام شما در باره نحوه رفتار با جسد باب که در تبریز اعدام گردید و به اطلاع امیرنظام رسانیدید موافق است.

۵- گزارش فریر۴۶ نماینده دولت فرانسه

فریر نماینده فرانسه در تاریخ ۲۵ ژوئیه ۱۸۵۰ در مورد باب گزارشی بصورت زیر نوشته است:۴۷

باب مؤسس فرقه جدیدی است که چهار سال پیش به وجود آمد. او عالمی از اهل شیراز است و بقدری با معلومات است که علمای شیعه فقط توانستند دو اشتباه در قرآنی که او برای آئین خود نوشته است، پیدا کنند و همین دو اشتباه کافی بوده است که او را در قبال خلق اسلام مرتد و ملحد قلمداد کند در صورتی که حضرت محمد در نزول قرآن هیچ اشتباهی نکرده است. با وجود این در سال ۱۸۴۷ باب توقیف شد و در یکی از جزایر دریاچه ارومیه زندانی گردید. به دستور شاه سه هفته پیش به تبریز برده شد که با سرنیزه در ملاء عام به قتل برسد. بنظر می‌رسد که حاکم آذربایجان این دستور را درست نفهمیده و تا به حال اجرا نکرده است لذا چند روز پیش دستور ثانوی با قید فوریت صادر شد و تأکید گردید که در این کار لحظه‌ای درنگ جائز نیست. بنظر من عمر باب باید تا به حال بسر رسیده باشد.

پیروان او از این موضوع ناراحت نیستند چون معتقدند که او به آسمان خواهد رفت و در معیت امام مهدی به زمین برخواهد گشت."

٦- گزارش یک شاعر انگلیسی

ویلفرد اسکاون بلنت[۴۸] شاعر و جهانگرد مشهور انگلیسی در سال ۱۸۸۱ با شخصی از اهالی جده که هنگام شهادت حضرت باب حاضر و ناظر بوده است، ملاقات نموده مسموعات خود را در کتابی به نام "آینده اسلام"[۴۹] چنین می نگارد:[۵۰]

در ایران در میان پیروان مذهب شیعه اعتقاد بر این است که در زمینهٔ اصلاحات مذهبی بزودی رهبری ظاهر خواهد شد و بطوری که دیده و شنیده می شود گروه زیادی آمادهٔ پذیرفتن اصلاحات این رهبر روحانی می باشند

وقایع تاریخ بابیت که در کمال فصاحت در کتاب "ادیان آسیائی" م. دوگوبینو[۵۱] شرح داده شده مورد توجه من قرار گرفته است. وقوع چنین حوادثی در ایران نادر نیست. در جده با یک ایرانی فوق العاده تحصیل کرده ملاقات کردم. او به من گفت وقتی که جوان بودم شاهد و ناظر واقعه ای اعجاب انگیز در تبریز شدم. در آن موقع به دستور دولت یکی از این پیغمبران محکوم به مرگ شده بود. او را با دو مصاحب خود به چوبه دار بستند و بعد از اینکه چندین ساعت روی دار معلق بودند هدف آتشبار سپاهیان پادشاهی قرار گرفتند. بعد از شلیک تیرها مصاحبین کشته شدند ولی باب بدون صدمه آزاد شد و این واقعه ای غیر قابل باور است زیرا تیر طنابها را پاره کرده بود ولی باب از بالای دار به پائین افتاده بود.

۷- گزارش آون تویدی

آون تویدی در کتاب خود به نام "رفت و برگشت از قاهره به ایران"[۵۲] می نویسد:[۵۳]

در اوایل سال ۱۹۳۰ میلادی به اتفاق روی شپرد والوین[۵۴] در مسافرتی که به ایران داشته است در سر راه به شهر تبریز رسید. در آنجا، همراه با راهنمای ارمنی خویش به بازدید مسجد کبود رفت. چون این راهنما شدیداً به آثار قدیم شهر علاقه مند بود، به قسمت قدیمی شهر رفتند. از این قسمت بجز دیوار عظیم جنوبی چیز دیگری باقی نمانده بود. در گذشته، قسمت فوقانی این دیوار محل اعدام مجرمین بوده است یعنی آنها را از برج ۲۵ متری آن به پائین پرتاب می کردند تا کشته شوند. در کنار این قسمت محلی به شکل لونا پارک با کافه سرباز، پیاده رو وسیع و محل ارکستر بود که وجود تأسیسات مدرن را در ایران نشان می داد. راهنما با قیافه ای جدی گفت: هشتاد سال پیش میرزا علی محمد مؤسس دیانت بابی را به علت ارتداد و الحاد در همین محل اعدام نمودند. او اهل شیراز بود و در سن بیست و چهار سالگی اعلام کرد که او باب یا دری است که عموم اهل عالم می توانند از

طریق آن از مواهب و فیوضات ظهور الهی برخوردار گردند. دیانت او دیانت محبت بود و مأموریت او مانند یحیی تعمید دهنده بود که دنیا را برای حصول ظهور جدید و کامل‌تری از رحمت الهی آماده می‌کرد. با همان سرعتی که به تعداد پیروان او افزوده می‌گشت، تعداد دشمنان متنفّذ و قدرتمندش هم فزونی می‌یافت. آنها به شاه گفتند که این جنبش برای سلطنت خطرناک است و باید در تحت انقیاد درآید. به این ترتیب باب توقیف و در یک محاکمه مضحک محکوم به مرگ گردید.

توییدی ادامه داده می‌نویسد: پدر بزرگ این راهنما شاهد اعدام باب بوده است. وی گفته است که قبل از اجرای مراسم اعدام از باب و دو نفری که در معیت او بودند خواسته شد تا ایمان خود را انکار کنند و از مرگ نجات یابند. یکی از همراهان باب که قدرت تحمل لازم را نداشت انکار کرد و آزاد شد ولی باب و آن دیگری کاملاً محکم و پا برجا ماندند. هر دو را در حالی که با دستهای باز به چوبه دار آویخته بودند تا مدتی معلق نگاه داشتند و سپس فرمان آتش صادر نمودند. وقتی دود باروت تمام شد، فدایی باب کشته شده و معلق بر طناب بود ولی باب ناپدید گشته بود. تیرها طناب را پاره کرده بود و او بر زمین افتاده به داخل جمیعت رفته بود. در این حال، سربازان ردیف اول فوج از شلیک مجدد خودداری کردند. بنابر این مسئولین امر گروهی دیگر از سربازان را وادار به شلیک نمودند. این بار باب کشته شد. سپس جسد وی بوسیلهٔ پیروان او ربوده و در محلی مقدّس مدفون گردید. در حال حاضر، غیر از افراد سرشناس جمعیت بابی دیگران از محل دفن باب بی‌اطلاع‌اند.

باید اضافه کنم که در طول مسافرت در ایران با هیچکس در بارهٔ دیانت بهایی صحبت نکردم.

۸- شرح لیدی شیل[۵۵]:

"باب قیافه‌ای آرام و چهره‌ای مشفقانه داشت. طرز رفتار او حساب شده و باوقار بود. فصاحت بیانی فوق العاده داشت که شخص را مسحور می‌کرد و نیز با سرعتی عجیب و بخوبی می‌نوشت.[۵۶] (احتمالاً لیدی شیل این اطلاعات را از دکتر کورمیک گرفته است.)

۹- کشیش ج. هـ. شد یکی از میسیونرهای آمریکایی بود که در بارهٔ باب مطالعاتی داشت می‌نویسد:[۵۷]

"موقعی که باب در ۱۸۵۰ از ارومیه برای اجرای حکم اعدام عبور می‌کرد میسیونرها با کمال اشتیاق شاهد این وقایع بودند. تمام مردم حاضر بودند او را در مقام امام مهدی قبول کنند حتی آبی که در آن استحمام کرد متبرک بود."

انتقال رمس اطهر

از تبریز به طهران

نبیل زرندی با چنین مضمونی می نویسد:۵۸

قبل از واقعه شهادت حضرت باب حضرت بهاءالله به سلیمان خان امر نمودند که به منظور استخلاص حضرت باب خود را با عجله به تبریز برساند. متأسفانه سلیمان خان هنگامی رسید که روز قبل از آن واقعه شهادت حضرت باب اتفاق افتاده بود. وی اول به ملاقات حاجی میرزا مهدی کلانتر تبریز رفت که با هم سابقه آشنائی و دوستی قدیم داشتند و از او آن داستان (داستان شهادت) را شنید و تصمیم گرفت که به هر نحو که باشد اجساد مطهره را از کنار خندق بدر ببرد. کلانتر به او گفت باید اول منزلت را تغییر دهی و از منزل من به محل دیگر بروی و من امشب حاجی اللهیار را که در عداد دلاوران و بزن بهادرهای تبریز است به نزد تو می‌فرستم که آنچه بخواهی انجام دهد. سلیمان خان با حاجی الله یار راز درونش را اظهار کرد و او در تاریکی شب با چند نفر از همدستانش و دو نفر از بابی های میلانی کنار خندق شهر رفتند و قراولانی که مأمور حفاظت آن اجساد بودند وقتی دانستند که حاجی اللهیار در آن طریق است خودشان را کنار کشیدند و چون وسیله‌ای برای حمل آن دو جسد نداشتند از عبای یکی از بابی‌های میلان استفاده کرده و آن دو جسد را به کارخانه حریر بافی حاجی احمد میلانی نقل نمودند. و بعد از تغسیل، آن اجساد مطروحه را در صندوقی جای دادند و حاجی سلیمان خان آن امانت را در محلی مستور داشت. سلیمان خان می‌خواست مبلغی انعام به حاجی اللهیار بدهد ولی او قبول نکرد. پاسبانان کنار خندق از ترس مجازات و مؤاخذه اظهار نمودند که آن دو جسد طعمه جانوران شده است.

نبیل ادامه داده می‌نویسد: سلیمان خان نتیجه اقدامات خود را به اطلاع حضرت بهاءالله رسانید. حضرت بهاءالله به جناب کلیم دستور فرمودند که یک نفر را برای انجام امری لازم به تبریز روانه نماید و در ضمن به سلیمان خان هم ابلاغ نمودند که امانت معهود را به فرستاده جناب کلیم تحویل دهد تا با یک نفر دیگر به طهران ارسال دارد و پس از آن به خواهش امیرکبیر عازم کربلا شدند.

من و آقا میرزا احمد (ملاعبدالکریم) که در آن وقت در کرمانشاه اقامت داشتیم به زیارت حضرت بهاءالله فائز شدیم؛ دستور فرمودند به طهران برویم.

نبیل در دنباله گفتار خود می‌نویسد: من و آقا میرزا احمد (ملا عبدالکریم) چند ماهی در کاروانسرائی که در بیرون دروازه طهران واقع بود حجره داشتیم. میرزا احمد که خود مشغول تحریر کتاب بیان فارسی و آثار حضرت باب بود، من را برای

تمشیت امور لازم به حضور جناب کلیم می‌فرستاد؛ تا اینکه فصل زمستان در رسید. در روزی که برفی شدید می‌بارید مأموری که به تبریز اعزام شده بود از آنجا به طهران آمد و به صورت نجوی با آقا میرزا احمد مشغول صحبت شد. من دیدم رنگ صورت آقا میرزا احمد تغییر کرد؛ فهمیدم خبر حزن‌انگیزی رسیده است. آقا میرزا احمد علی الفور مکتوبی به من داد که به جناب کلیم برسانم و جواب بیاورم. من به حضور کلیم رفتم و جواب گرفتم و ضمناً جناب کلیم گفتند به آقا میرزا احمد بگویم که جلو کاروانسرا به انتظارشان باشد.

آقا میرزا احمد هنگام ترک حجره به من گفتند که شب را در حجره بمانم و تا فردا صبح در انتظار ایشان نباشم. صبح روز بعد که مراجعت نمودند آثار حزن از وجهشان ظاهر بود. من طبق عادت همیشگی از ایشان سئوالی نکردم ولی ایشان اظهار نمودند شخصی که دیروز به اینجا آمد حامل عرش حضرت اعلی بود که به دستور حضرت بهاءالله از تبریز به طهران منتقل و به امامزاده حسن برده‌اند.

آقا میرزا احمد به اتفاق جناب کلیم آن شخص و رفیقش را راهنمایی کردند تا در کاروانسرایی در بیرون شهر بیتوته نمایند و سپس امانتی را که از آنها تحویل گرفته بودند به ترتیبی در جای خود مستقر نمودند که احدی از آن سرّ مستور آگاه نگردد.

بنا به این گفته، احدی از محل اختفای عرش مبارک اطلاع نداشت تا اینکه عرشین مطهرین را به منزل حاج سلیمان خان شهید منتقل نمودند و از آنجا به امامزاده معصوم برده و در دیوار سمت شمالی گذاشتند و جلوی آن را مسدود کردند. این امانت تا سال ۱۲۸۴ هجری قمری در آن محل مختفی بود.

اختفا در طهران

در اوقاتی که حضرت بهاءالله به ادرنه تبعید شده بودند اراده فرمودند که محل اختفای رمس حضرت باب را تغییر دهند و از آقامیرزا موسی کلیم خواستند که ترتیب کار را بدهد. وی آقامیرزا آقای منیب کاشانی را مأمور نمود که به طهران برود و آن ودیعه را به محلی دیگر منتقل نماید. منیب به طهران رفت ولی هرچه تحقیق و تفحص کرد به محل اختفای عرش مبارک راه نبرد. از این رو بود که حضرت بهاءالله لوحی به اعزاز حاج ملاعلی اکبر شهمیرزادی و جمال بروجردی نازل فرموده و امر نمودند که علی الفور رمس حضرت باب را به محل دیگری انتقال دهند. این دو نفر، پس از یافتن محل اختفا، صندوق حاوی عرش مبارک را به بقعه حضرت عبدالعظیم بردند و چون محل مناسبی نیافتند بناچار آن را در مسجد ماشاءالله که در جوار چشمه علی واقع است در پس دیوار امانت گذاشتند و شب را

در قریه قوچ حصار بیتوته نمودند. روز بعد در مراجعت به طهران وقتی از آن نزدیکی می‌گذشتند آقا جمال بروجردی به ملا علی اکبر گفت چون الاغ من راهوارتر و چابکتر است سری به مسجد ماشاءالله می‌زنم تا شما هم برسید. هنگامی که آقا جمال به آن محل رسید زمین را دست خورده و صندوق را بر روی زمین دید و از مشاهدهٔ آن منظره از خود بی‌خود شد و حالت غش به او دست داد. وقتی حاج ملا علی اکبر رسید و او را با آن حالت دید فوری داخل صندوق را نگاه کرد و دید دست نخورده است. بعداً معلوم شد چند نفر از اهالی آن حول و حوش در وقت دفن صندوق از دور ناظر بوده‌اند و تصور کرده‌اند شاید پول و جواهری را آن دو نفر پنهان کرده‌اند. از این رو آن محل را شکافته‌اند و وقتی مشاهده نموده‌اند که از طلا و جواهر و پول خبری نیست آن صندوق را برجا گذاشته و رفته‌اند.

آقا جمال و ملا علی اکبر که وضع را چنین دیدند از اختفای صندوق در آن محل چشم پوشیدند و مصمم شدند که آن را به شهر ببرند. بنابر این حاج ملا علی اکبر صندوق حامل عرش را جلو خود گذاشت و به سمت شهر روانه شدند اما از اینکه در دروازه شهر مورد بازجویی مأمورین دولتی قرار بگیرند، بیم داشتند. خوشبختانه ریزش باران شدید، ترک محل خدمت مأمورین و عبور جمعیت زیادی که از زیارت برمی‌گشتند به آنها کمک کرد و توانستند به راحتی از دروازه شهر بگذرند و جعبه امانت را به منزل میرزا حسن وزیر داماد مجدالاشراف ببرند و در آنجا مستقر سازند. بعدها احبا که مطلع و مستحضر شده بودند برای زیارت به منزل مرحوم آقا میرزا حسن مراجعه می‌نمودند و چون ممکن بود این موضوع زبان به زبان به گوش اعداء امر الهی برسد ملا علی اکبر آن واقعه را به عکا نوشت. حضرت بهاءالله حاج شاه محمد امین منشادی را مأمور نمودند که محل صندوق را تغییر دهد. او به طهران آمد و صندوق را پس از پانزده ماه استقرار در خانه آقامیرزا حسن به حرم امام‌زاده زید منتقل و پنهان ساخت. بعداً آقا میرزا اسدالله اصفهانی دستور یافت مجدداً صندوق را جابجا کند. لذا وی صندوق را به منزل خویش برد و سپس به خانه آقا حسینعلی نور از اهالی اصفهان در محله سر قبر آقا انتقال داد. صندوق عرش مطهر مدتی هم در منزل آقا محمدکریم عطار بود.

از طهران به حیفا

در سال ۱۳۱۶ هجری قمری حضرت عبدالبهاء آقا میرزا اسدالله اصفهانی را که در آن وقت مشرف بود، مأمور فرمودند که صندوق عرش مبارک را به حیفا برساند تا در کوه کرمل در محلی که قبلاً حضرت بهاءالله به آن اشاره فرموده بودند استقرار یابد.

بر اساس این دستور، آقا میرزا اسدالله از ارض اقدس به طهران شتافت و آن ودیعه الهی را برداشت و از طریق قم عازم اصفهان گردید. در قم به منزل آقا عبدالرزاق تبریزی وارد شد و بعد از سه روز از طریق کاشان به صوب اصفهان رهسپار گردید. پس از ورود بلافاصله به منزل آقا میرزا اسدالله وزیر در محله شهشهان رفت و محرمانه موضوع انتقال عرش مبارک را به اطلاع وی رساند.

میرزا عطاءالله نوربخش همشیره‌زاده میرزا اسدالله وزیر برای پدرم، میرزا حبیب‌الله افنان، تعریف می‌کرد و من که طفلی ده ساله بودم حضور داشتم. می‌گفت:

وقتی که آقا میرزا اسدالله به اصفهان رسید و به منزل وزیر وارد شد صندوق عرش مبارک را در بالاخانه‌ای گذاشت و بعد از چند روز توقف در اصفهان از جناب وزیر جوان صادق و مخلصی را خواسته بود که محرم احوال باشد و او را در سفری که در پیش دارد همراهی کند. خالویم من (نوربخش) را که به مباشرت کارهای وی اشتغال داشتم و در آن اوقات جوانی بیست و پنج ساله و پرتوان بودم در نظر گرفت. بنابر این، روزی مرا به اطاق خویش خواند و محرمانه گفت آقا میرزا اسدالله حامل مقداری الواح و اوراق است که باید به حضور حضرت مولی‌الوری ببرد و از من شخص امینی را خواسته است که محرم اسرار او باشد و من تو را انتخاب کرده‌ام؛ انتظارم این است که در تمام مدّتی که در خدمت ایشانی کاملاً و بدون چون و چرا مطیع باشی و قدمی بر خلاف میل او برنداری و کلامی بر لب نیاوری. در بارهٔ سفرت و آنچه شنیدی با احدی گفتگو نکن و برای رفتن حاضر باش.

نوربخش می‌گفت بعد از دو سه روز اسباب سفر فراهم شد با قافله سالاری که از احبا بود به سمت نجف‌آباد به راه افتادیم. در نجف‌آباد به منزل حاجی باقر نجف‌آبادی وارد شدیم و در آنجا بیتوته نمودیم. آقا میرزا اسدالله صندوقی را که همراه داشت با اثاث دیگر در اطاقی که برای خواب او معین شده بود به کناری گذاشت و به من تأکید کرد که اگر وی به ضرورتی اطاق را ترک می‌کند من در کنار اثاث بمانم. روز بعد از نجف‌آباد حرکت کردیم و از طریق طار، طَرَقْ و نطنز به راه کاشان رفتیم تا به همدان رسیدیم. توقف ما در طول راه در هر محل خیلی کوتاه بود زیرا آقا میرزا اسدالله شتاب داشت که زودتر به خانقین برسد. در کرمانشاه در خانه‌ای۵۹ توقف نمودیم و برای رفع خستگی دو سه روزی در آن شهر ماندیم و از آنجا به خانقین آمدیم و راهی بغداد شدیم. من تا بغداد در خدمت آقا میرزا اسدالله بودم ولی ابداً نفهمیدم که آقا میرزا اسدالله حامل چه امانت بزرگی است. بعداً باتفاق آقا میرزا اسدالله و شش نفر از احبای بغداد در کنار صندوق محتوی عرش مبارک عکسی برداشتیم که یک نسخه از آن را آقا میرزا اسدالله به توسط من برای جناب وزیر فرستاد. زیر عکس نوشته شده بود "و یحمل عرش ربک فوقهم یومئذ ثمانیة"۶۰.

وی بعد از ورود به عکا حاج باقر نجف‌آبادی را نیز از آن رمز مستور مستحضر نمود و به او تأکید کرد که قدر آن اطاق و زاویه‌ای که محل استقرار عرش اطهر بود بداند.

آقا میرزا اسدالله چگونگی امر ورود خود را از بغداد به حضور حضرت عبدالبهاء مخابره کرد و از طریق شام به بیروت رفت و از آنجا برای اینکه از چه راهی به عکا برود راهنمایی خوست. حضرت عبدالبهاء در جواب به صورت رمز به او فرموده بودند که از طریق دریا به عکا بیاید.

ورود رمس اطهر به عکّا

در مورد چگونگی ورود عرش مبارک به عکّا دو گزارش را که از متحدالمآلهای محفل روحانی ملی در ایران استنساخ شده است، می‌خوانیم:

نورالدین زین می‌نویسد:

"... در آن ایام یک کشتی بخاری کوچکی بود بنام جولی که از بیروت به حیفا و عکا می‌آمد و مجدد مراجعت به بیروت می‌کرد لهذا حاملین امانة الله العلیا با عده‌ای از صندوق‌های مختلفه با همان کشتی صبح روزی وارد عکا شدند و عرش اعظم اعلی به ید من اراده الله البهی الابهی تسلیم گردید.

... در عکا شخصی بود معروف به شیخ طریقت شاذلیّه، تکیه و تابعین چه در شهر و چه در قرای اطراف داشت. شب‌های جمعه و دوشنبه دستگاه ذکری در تکیه برپا می‌شد. شخص مسنّی بود منزلش هم در همان محوطه تکیه بود و به ندرت از منزل بیرون می‌آمد. دو مرتبه حقیر او را خارج از تکیه دیدم.

حضرت عبدالبهاء محض تفقد احوال و ملاطفت دو سه مرتبه برای ملاقات با او تشریف برده بودند. بعض اتباع او برای آنکه مردم را دعوت به پیروی آن طریقت (کنند) و فضل و علم شیخ را اشتهار دهند گفته بودند که عباس افندی می‌آیند نزد شیخ و درس و تعلیم می‌گیرند. چون آن اقوال اتباع شیخ شیوع می‌یابد جمال قدم جلّ شأنه و ثنائه الاعظم به حضرت مولی الوری می‌فرمایند شما دیگر آنجا تشریف نبرید.

اما از علم شیخ مذکور یومی در ضمن بیانات حضرت عبدالبهاء می‌فرمودند به این درجه بود که در بین صحبت مزاج را مجاز می‌گفت و قس علی ذلک.

باری شبی که صبح آن میعاد ورود سفینه مذکوره به بندر عکا بود شیخ مشارالیه وفات می‌نماید و نظر به مکانت و مرکز او دوائر حکومتی و مؤسسات رسمی و از جمله دائره گمرک کل در آن روز تعطیل و خلق در تکیه جمع و به مراسیم عزاداری مشغول کوچه‌ها و بازارها هم نوعاً ساکن و خلوت لهذا اشیاء از

سفینه خارج و داخل گمرک شد رئیس و اعضاء و اجزاء و موظفین رسمی که باید اشیاء را فحص و تدقیق کنند هیچیک حاضر و موجود نبودند. حقیر در همان لحظه در گمرک حاضر بودم جز یک پاسبان کسی دیگر نبود چون پرسید و فهمید که واردین از جماعت عباس افندی هستند، این عبارت در السن و افواه خلق بود، اشاره کرد که اشیاء را بردارید بروید زیرا مأمور معاینه موجود نه. البته به آن پاسبان خوش زبان وجهی داده شد و به آن سهولت و آسانی که ید قدرت الهی فراهم ساخته بود امانة الله العلی الاعلی به ید غصن اعظم و سرّ اکرم به مکمن امن و امان و کنز جود و اطمینان رسید و تسلیم گشت...

به مناسبت ذکر انسانیت آن پاسبان گمرک به مجرد آنکه دانست مسافرین واردین از خدام آستان مبارک‌اند با وجود آن همه اشیاء که باید معاینه شود نظر به عظمت نام مبارک صرف نظر از سختگیری کرده ممانعت از خروج گمرک ننمود و گفت بروید..."

حسین اقبال که اواخر ایام حیاتش را در حیفا و در حضور حضرت ولی امرالله گذرانیده است، ضمن نامه‌ای به منشی محفل روحانی ملی بهائیان ایران می نویسد:۶۱

"ای آقای عزیز امروز می خواستم این عریضه را بفرستم چون مطالب مهمّی در بردارد آنچه در نظر دارم عرض می کنم مابقی مطالب بواسطه ضعف و نسیان از نظر محو شده چه که قریب هفتاد سال از آن می گذرد و حقیر به سن پانزده سالگی بودم برای شرفیابی به حضور مبارک حضرت مولی الوری و مالک عرش و ثری همه ساله از بیروت به اجازه مبارک به عکا مشرف می شدم. در موقعی که با جمیع یاران در مسافرخانه بودیم یکی از یاران خبر آورد که جمال مبارک دیروز عصر به حیفا تشریف بردند و آن حضرت جلّ شأنه تو را با فلان شخص احضار فرمودند اگرچه فاصله این مدت خیلی زیاد است قریب هفتاد سال می باشد و جزئیات از نظر محو شده است ولی به ظن غالب تصور می کنم رفیق عرشیم جناب میرزا طرازالله سمندری باشد.

خلاصه این عبد با رفیقم به اتفاق خادم مأمور وارد حیفا شدیم و ورود به بیتی نمودیم که حضرت مولی الوری و مالک العرش و الثری مقر گزیده بودند. آن خادم رفت حضور مبارک و عرض کرد که فدویان آمده ایم. امر اعلی به احضار این عبد و رفیق عرشیم صادر گشت ما هم به کوه کرمل شتافتیم دیدیم حضرت مولی الوری بر یک کرسی وسط دائره سروها جلوس فرموده و جلو ایشان غصن اعظم و سرّ اکرم در ضمن آن حلقه جلوس نموده شماره سروها پانزده و ضخامت هر یک بقدر یک انگشت بود که سایه مختصری داشت. این عبد و رفیق عرشیم تعظیم نمودیم و بقدر نیم ذرع فاصله از دایره سروها سرپا ایستادیم. در این وقت پدر آسمانی با فرزندش که در یمینش بود مشغول صحبت بودند و با انگشت خود روی زمین که فعلاً مقام

اعلی است اشاره می‌فرمودند.

در آن محلی که هیکل مبارک و کسی که از روز الست به من اراده‌الله نامیده شده جلوس فرموده بودند نه عمارتی بود و نه درختی. بعد از چند سال بعد از صعود، حضرت من اراده الله زمینی که اَب رحمن و رحیم و مالک یوم الدین انتخاب فرموده بودند ابتیاع نمودند. خلاصه این سروها فعلاً بواسطه شبکه آهنین محصور گشته و نهال‌های سرو درخت‌های قطور کهنی گشته‌اند. یک روز در التزام خدمت مبارک به اطراف سروها رهسپار شدیم قضیه را به عرض رسانیدم حضرت ولی امرالله تبسم کنان فرمودند تمام این مطالب را بنویس و به خط خود به من بده که در محفظه آثار بیادگار بماند زیرا اهمیّت تاریخی دارد..."

خلاصه، بعد از اینکه عرش اطهر به عکا رسید مستوراً عن الکل در بیت عبدالله پاشا که در آن وقت در اجاره حضرت عبدالبهاء بود در زاویه اطاق حضرت ورقه مبارکه علیا۶۲ مدّتی به ودیعت ماند و سپس به حیفا منتقل شد.

بنای مقام اعلی

می‌دانیم که بالاتر از بنای مقام اعلی چندین درخت سرو روی یک خط دایره شکل غرس شده است. پس از اینکه حضرت بهاءالله دستور خرید این محل را به حضرت عبدالبهاء صادر فرمودند، میرزا محمدعلی، غصن اکبر، دست بکار شد ولی موفق نگردید. میرزا بدیع‌الله موضوع را به عرض حضرت بهاءالله رساند. فرمودند به او بگو تمشیت این کار به عهده غصن اعظم است.

حضرت عبدالبهاء در مورد خرید زمین مورد توجه حضرت بهاءالله در لوحی که خطاب به آقا میرزا آقا افنان نازل شده چنین می‌فرمایند:

"... جمال‌قدم و اسم اعظم روحی لاحبائه الفدا در وقتی که در حیفا تشریف داشتند موقعی را در جبل کرمل بکرات و مرات تعریف فرمودند که آن محل بسیار باصفا و لطافت و نضارت و نظارت است و امر فرمودند که آن محل را به هر قسم است بگیرند بسیار بسیار میل مبارک به گرفتن آن محل بود. چهار سال پیش به هر وسیله بود آن محل گرفته شد و جزئی ترتیبی داده شد و مهیا گشت..."

آقا حسین اقبال نیز ضمن یادداشتی که در بارهٔ احضار خود به حضور حضرت بهاءالله بجا گذاشته است، از قول حضرت عبدالبهاء می‌نویسد: "جمالقدم و اسم اعظم با اشاره اصابع مبارک مقامی را در کوه کرمل اشاره فرمودند که آن زمین خریداری شود و محل استقرار عرش مطهر حضرت اعلی در آن زمین بنا شود."

بهر حال، حضرت عبدالبهاء که بر حسب بشارت زکریای نبی۶۳ بانی هیکل خداوند خواهند بود، به محاذات اقدامات لازم برای ابتیاع زمین فوق الذکر، طرح زیر

بنای مقام اعلی را بر اساس فصّ نگین اسم اعظم۶۴ طبق جدول زیر که مشتمل بر نه خانه است، با توجه به ارزش عددی حروف تهجی در کلمات "آدم" و "حوا" به ترتیبی که توضیح داده می‌شود احتساب و سپس ترسیم نموده و جای استقرار رمس اطهر را در خانه وسط (شماره ۵) تعیین فرمودند.

۴	۳	۸
۹	۵	۱
۲	۷	۶

۱- در کلمهٔ "حوا"، حرفهای حـ وـ ا به ترتیب دارای ارزش عددی ۸-۶-۱ هستند که جمع آن با عدد ۱۵ برابر می‌شود.

۲- جمع اعداد جدول فوق از هر طرف، چه عمودی، چه افقی و چه مورب مساوی با عدد ۱۵ یعنی حوا است.

۳- در کلمه "آدم" حرفهای اـ دـ م به ترتیب دارای ارزش عددی ۱- ۴- ۴۰ هستند که جمع آن با عدد ۴۵ برابر می‌شود.

۴- در کلمه "باب" حرفهای بـ اـ ب به ترتیب دارای ارزش عددی ۲- ۱- ۲ هستند که جمع آن با عدد ۵ برابر می‌شود.

۵- در کلمهٔ "بهاء" حرفهای ب- ه- ا- ء به ترتیب دارای ارزش عددی ۲- ۵- ۱- ۱ هستند که جمع آن با عدد ۹ برابر می‌شود.

۶- حاصل ضرب عددهای ۵ مساوی باب و ۹ مساوی بهاء برابر ۴۵ یعنی ارزش عددی کلمهٔ "آدم" است.

و حضرت باب می‌فرمایند: "انا حیّ فی الافق الابهی" یعنی: "من به نام بهاء(الله) زنده هستم."

حضرت عبدالبهاء در سال ۱۳۱۷ هجری قمری که هنوز انقلاب مملکت عثمانی آغاز نشده بود و سلطان عبدالحمید بر وساده قدرت تکیه داشت مشغول بنای مقام اعلی در کوه کرمل شدند. در این وقت ناقضین عهد و میثاق امر الهی و علی رأسهم ناقض اکبر به کمک و مساعدت بعضی از متنفذین و ارکان دولت سعایت‌ها نمود و گزارش‌های خلاف به دربار عثمانی فرستاد بطوری که از باب عالی هیئتی برای تحقیق و تفتیش به ارض اقدس آمد که آن بنا و قلعه‌ای را که می‌گفتند حضرت عبدالبهاء برای مخالفت با دولت آل عثمان بنا کرده‌اند بازرسی کنند. پس از رسیدگی بر همه ثابت شد که تمام گزارش‌ها مبنی بر اعمال غرض‌های خصوصی منافقین و ناقضین بوده است.

از ایادی امرالله طرازالله سمندری شنیدم که در وقت بازرسی بنای مقام اعلی

که تازه شالوده آن ریخته شده بود رئیس هیئت تفتیشیه دست روی آن شالوده گذاشته و گفته است "چخ متین دُر" یعنی خیلی محکم است و حضرت عبدالبهاء گفته او را تکرار کرده فرموده بودند "افندی، چخ متین در."

حضرت عبدالبهاء از میرزا آقا افنان (نورالدین) که در آن زمان در پورت سعید زندگی می کرد و همچنین از میرزا عبدالحسین افنان که هر دو از ثابتین بر عهد و میثاق و ثابت و راسخ بر امرالله بودند، دعوت فرمودند که برای کمک و همکاری در خدمات مربوط به ساختمان مقام اعلی به حیفا بروند. در این باره الواح زیر از قلم مبارک به افتخار نامبردگان نازل گردیده است:

هوالابهی یزد حضرت افنان سدره مبارکه جناب آقا میرزا عبدالحسین علیه بهاء الله الابهی

هو الابهی

ای فرع ملیح سدره مبارکه الهیه شکر کن حضرت احدیت را که موفق بر اعظم مواهب الهیه گشتی و به هیچ منعی ممنوع نشدی و به هیچ سدی مسدود نگشتی و آن موهبت عظمی ثبوت و رسوخ بر میثاق الله است که اگر در هر دمی چون یم بشکرانه این نعم موج زنی البته از عهده برنیائی. حال بشارتی به تو دهم که چشمت روشن گردد و جانت گلشن شود و آن این است که جمال مبارک به کرات و مرات در حیفا محلی را که در جبل کرمل در نهایت لطافت و صفا بود امر به احباب فرمودند که بگیرید و اظهار مسرّت از آن محل می فرمودند که در نهایت نضارت و صفاست و بهترین مواقع این جهات و اطراف وفی الحقیقه بنظر نمی آید که در سایر جهات عالم نیز نظیرش باشد، باری چهار سنه پیش محض مقام مبارک حضرت اعلی روحی و حقیقتی و ذاتی و کینونتی لتربته الفداء٦٥ خریده شد و حاضر گشت بعد سفارش به رنگون مرقوم شد که یک صندوق مرمر منبت در نهایت ظرافت یک پارچه و یک صندوق از بهترین خشب هندوستان مهیا نمایند و بفرستند در شش ماه قبل آن دو صندوق به مشقت و تفاصیلی زیاد وارد حیفا گشت ولی هیچ نفسی نمی دانست که این صندوق ها بجهت چه مقامی است همچو گمان می نمودند که بجهت روضه مبارکه است. باری جناب آقا میرزا اسدالله را مخصوص از اینجا با چند نفر ارسال نمودیم رفتند در کمال احتیاط و احترام و احتشام بدون آنکه نفسی جز آقامیرزا اسدالله بداند حتی همراهان گمان نوشته جات نمودند عرش عظیم جسد مطهر و هیکل مقدس روحی و ذاتی لتربته الفدا را با کمال خضوع و خشوع با تخت روان وارد ارض شام نموده و با واپور وارد ارض مقدس نمودند دیگر معلوم است که چه روحانیتی و سروری رخ نمود حال در جبل کرمل محلی که از پیش گرفته شده و مهیا شده و جمالقدم روحی لاحبائه الفدا همیشه توصیف آن را فرموده بودند و امر بگرفتن آن

نموده بودند و در جمیع کتب انبیا تعریف آن واقع و بشارت واضح مشغول به بنیان مقام مقدس هستیم تا ارادهٔ الهیه چه تعلق گیرد لهذا شما باید با ما به خاک کشی و سنگ کشی در آن مقام مشرف شوید و بزودی بهر قسم باشد حاضر گردید و به این شرافت کبری موفق شوید هذا خیر لک من عبادة الثقلین.٦٦ و ورقه مقدسه حضرة جده و ورقه مقدسه والده و سایر ورقات مقدسات از افنان را تکبیر ابدع ابهی ابلاغ نمائید. و البهاء علیک یا من ثبت علی المیثاق.٦٧ ع ع

پورتسعید حضرت افنان سدره مبارکه جناب آقا میرزا آقا علیه بهاء الله الابهی
البشارة محرمانه

هو الابهی

ای فرع جلیل سدره مقدسه مبارکه، جمال قدم و اسم اعظم روحی لاحبائه الفدا در وقتی که در حیفا تشریف داشتند موقعی را در جبل کرمل بکرات و مرات تعریف فرمودند که آن محل بسیار باصفا و لطافت و نضارت و نظارت است و امر فرمودند که آن محل را بهر قسم است بگیرند بسیار بسیار میل مبارک به گرفتن آن محل بود چهار سال پیش بهر وسیله بود آن محل گرفته شد و جزئی ترتیبی داده شد و مهیا گشت پس سفارش مخصوص به رنگون داده شد و مکاتیب متعدده مرقوم گشت و نقشه صندوقی از رخام آن صفحات که در جمیع جهات معروف است کشیده شد و ارسال گشت و به مشقت زیاد یک پارچه منبت اتمام شد و به وسائط چندی حمل به اینجا گشت و البته در بین راه در ورود به بعضی از شهر ها چه شد مسموع آن جناب گشته خلاصه با صندوقی از بهترین خشب هندوستان چندی پیش وارد گشت و یک سال قبل از اینجا جناب آقا میرزا اسدالله را مخصوص فرستادیم تا آنکه با تخت روان جسد مطهر و هیکل مقدس و عرش عظیم روحی لتربته الفدا را از ایران با کمال توقیر و خضوع و خشوع و احترام با چند نفر احباب حمل نموده وارد ارض مقدس نمودند حال در جبل کرمل مشغول به بناء مقام مقدس هستیم و انشاءالله شما را نیز می‌خواهیم تا با ما در سنگ و گل کشی در آن مقام مقدس مبارک شریک و سهیم گردید و اقتباس فیوضات غیرمتناهیه نمائی و به این شرف اعظم موفق گردی و هذه بشارة لا تقابلها سلطنة الملک و السموات٦٨ فی الحقیقه چنان سرور و حبوری دست داده که وصف نتوانم زیرا آن عرش مقدس بسیار مورد اهانت اهل ظلمت شده بود الحمد لله بعون و عنایت جمال‌قدم چنین اسباب فراهم آمد که در نهایت عزت جمیع اسباب مهیا گشت که محل حیرت کل خواهد شد و البهاء علیک علی افنان السدرة المقدسة هناک.٦٩ ع ع

ضمناً حضرت عبدالبهاء به سید مصطفی رومی که در رنگون می‌زیست

هجری در حینی که بهائیان امریک بواسطه مندوبین نقشه بنای مشرق الاذکار را در عالم غرب می‌ریختند این واقعه تاریخی عظیم تحقق یافت."

میرزا منیر زین نیز در شرحی که به زبان انگلیسی راجع به استقرار عرش حضرت باب در جبل کرمل به دست حضرت عبدالبهاء نگاشته است می‌نویسد:

"صبح یکشنبه حضرت عبدالبهاء با عائله مبارکه و عده‌ای از احباء از عکا به جانب حیفا عزیمت فرمودند در امتداد ساحل در بین راه عکا و حیفا در این ایام بنای کوچکی موجود است که از طرف حکومت برای مراقبت راه اختصاص یافته. هیکل مبارک در همین نقطه وسط صحرا توقف کرده و مختصر خوراکی صرف فرمودند و پس از یک ساعت و نیم به حیفا وارد شدیم چند نفر از احباء می‌دانستند که از نه سال قبل عرش اطهر حضرت رب اعلی جلّ ذکره الاعلی در نقطه‌ای که حظیرة القدس کوه کرمل واقع شده مخفی و محفوظ است.

یک هفته پیش از عید نوروز هیکل مبارک دو نفر از احباء را به حیفا فرستادند تا لوازم جشن عید را فراهم نمایند. نه سال قبل یکی از احبای رنگون هندوستان صندوق بزرگی از مرمر به حیفا فرستاد که در اطراف آن اسم اعظم نگاشته شده بود. این صندوق بالاخره برای حفظ عرش مبارک حضرت اعلی بکار برده شد. عرش اطهر که شصت سال تمام محفوظ مانده بود آخر کار بواسطه هیکل مبارک مرکز عهد الهی در جبل کرمل استقرار یافت. چند هفته قبل بیست نفر از رجال صندوق مرمر مزبور را به جبل کرمل بردند و هیکل مبارک وسائل لازمه را تهیّه فرموده بودند و آن صندوق با آلات و وسائل موجوده که قبلاً تهیّه شده بود در قسمت تحتانی مقام مبارک قرار گرفت. انجام این امر مهم منوط به تأییدات متتابعه ملکوت ابهی بود هرچند برحسب ظاهر بوسیلهٔ اشخاص صورت گرفت ولی همه حیران بودند که چگونه این کار سخت به این آسانی انجام یافت. قسمت تحتانی ضریح مبارک با یک چراغ روشن شده بود هیکل مبارک مرکز میثاق منتظر بودند تا جمیع وسائل و مقدمات آماده گردد آنگاه عمامه و تاج مبارک را از سر برداشتند و کفش‌های مبارک را بیرون آوردند هرچه بخواهم وقایع جاریه را مجسم کنم نمی‌توانم ناچارم که واقعه را ساده بیان کنم. مولای محبوب ما گیسوان مشکبوی مبارکش در اطراف سر مبارکش در حرکت و قلب جهانی را به آن موی پریشان ساخته بود. رخسار هیکل مبارک بسیار روشن و نورانی و نهایت عظمت و شهامت از طلعت مبارک آشکار بود با این حالت هیکل مبارک وارد آرامگاه عرش اطهر شدند زانو زدند جسد مطهر حضرت باب را با دست مبارک خود در میان صندوق مرمر قرار دادند آنگاه سر خود را به کنار صندوق تکیه داده گریستند گریستند، گریستند همه احبا با هیکل مبارک گریستند آن شب ابداً خواب به چشم مولای محبوب ما نیامد، انتهی."۷۳

حضرت ولی امرالله در توقیع نوروز ۱۰۸ بدیع به این بیان احلی ناطق:

"ای ستایندگان اسم اعظم، چه مقدار رفیع است شأن و منزلت این ودیعهٔ ربّانیه و چه بلند است مقام این هیکل اعز صمدانیه که بدار آویخته و بخون آغشته و به هزار گلوله مشبّک گشته و در این ضریح منوّر مطابقاً لما اراده المحبوب در مقابل قبلهٔ اهل بهاء و روضهٔ مبارکهٔ علیا مطاف ملاء اعلی مدینهٔ منورهٔ بیضا آرمیده. و از سمت یسارش مقام حضرت ایلیا و از یمینش اتلال جلیل حضرت عیسی و در خلفش مسجد اقصی واقع گشته اقلام از وصفش عاجز و عقول از ادراک قوهٔ مکنونه نافذه و سیطرهٔ غالبهٔ محیطه‌اش قاصر. در بیان تأثیر و نفوذ تراب منتسب بآن مضجع منوّر از قلم میثاق در حین تسمیهٔ ابواب خمسهٔ آن مقام مقدس در لوحی مخصوص این کلمات دریّات نازل "هذا ما الهمنی تراب مطاف ملاء الاعلی"۷۴ این حقیقت ازلیه و نقطهٔ اولیه و مظهر وحدانیّت الهیّه همچنانکه در عوالم غیبیّه بفرمودهٔ حضرت رب البریه مطاف ارواح مرسلین است در عالم کون نیز مرکزیّت مقام اعلایش ثابت و محقق و رمس معطّرش بظاهر ظاهر مرکز دوائر تسعهٔ ناسوتیه واقع. دائرهٔ اولی کرهٔ ارض عالم ادنی و در قلب این کره ارض اقدس قلب العالم و قبلة الامم لانه و آشیانهٔ انبیاء و در قلب این ارض کرم الله کوه خدا جبل الرب مقام حضرت ایلیا و در قلب این جبل حرم اقدس اراضی متسعهٔ موقوفهٔ آن مقام مقدس و در قلب این حرم فردوس ابهی و جنة علیا حدائق وسیعهٔ متعدّدهٔ تابعهٔ آن مقر اسنی و در قلب این فردوس بنیان بدیع رفیع البناء مقام اعلی و در قلب این مقام که بمنزلهٔ صدف است لؤلؤ لالا قدس الاقداس ضریح مطهّر که حجرات آن در یوم میثاق تشیید گشته و در قلب این ضریح و گوهر گرانبها مقر اعزّ اسنی و در قلب این مقر تابوت مقدس که بفرموده حضرت عبدالبهاء در قرآن مصرّح و کتاب‌الله به آن بشارت داده. و در قلب این تابوت سکینة الله رمس معنبر منوّر معطّر رب اعلی و نقطهٔ اولی. تعالی تعالی اسمه العلی العالی الاعلی. تعالی تعالی شأنه الأعظم الارفع الاسنی. تعالی تعالی مقرّه الابدع الامنع الاسمی. تعالی تعالی رمسه الاطهر الاقدس النّافذ فی کل الاشیاء تعالی تعالی امره الاعزّ الاکبر المهیمن علی من فی الارض و السماء."۷۵

دو واقعهٔ مهم مقارن استقرار عرش

در روز نوروز آن سال که حضرت عبدالبهاء رمس حضرت باب و میرزا محمدعلی زنوزی را در کوه کرمل مستقر ساختند، دو واقعه عظیم در دنیای بهائی در شرق و غرب عالم روی داد:

یکی خبر اقدامات محفل روحانی شیکاگو برای طرح بنای مشرق الاذکار آن شهر و دیگری واقعهٔ دلخراش شهادت نوزده نفر از بهائیان نیریز به دست شیخ ذکریای

سرکوهی و به تحریک و اغوای سید عبدالحسین لاری در نیریز.۷۶

حضرت شوقی ربانی در این خصوص می‌فرمایند:۷۷

"استخلاص تاریخی و غیرمنتظر حضرت عبدالبهاء از سجن چهل ساله عکا ضربت شدیدی بر آمال و اغراض ناقضان میثاق وارد ساخت و آن ثله نفاق را که پس از افول نیر آفاق بهدم بنیان مرصوص و مخالفت مرکز منصوص کمر بسته بودند مرةً اخری دچار خذلان و خیبت آمال گردانید حال پس از آزادی طلعت عهد سبحانی ضربت ثالثی بر آن قوم پر لوم وارد آمد ثعبان مبین از آستین مرکز عهد حضرت رب العالمین خارج شد و حبال اوهام و تسویلات و تسویفات آن عصبه غرور را ببلعید یعنی همان قوه غالبه محیطه که غصن اعظم ابهی را به حفظ حقوق و اختیارات منصوصه الهیه موفق ساخت و به استقرار شریعت ربانیه در خطه امریک تأئید نمود و بر سلطان جابر خصم الد آئین نازنین فائق و غالب آورد وجود مبارکش را ظهیر و نصیر گردید تا در بحبوحه بلایا مقام مقدس اعلی یکی از بدیع ترین و شاخص ترین مشروعات ایام قیادت خویش را علی رغم ناکثین پیمان و هادمین امر حضرت رحمن مرتفع و رمس اقدس و هیکل امنع الطف حضرت نقطه اولی را از ارض طا به ارض میعاد منتقل نماید مکرر از فم اطهر مرکز میثاق مسموع گردید که می‌فرمودند انتقال آن جسد منور به صفح جبل کرمل و تأسیس مقامی شایسته و مجلل برای حفظ آن ودیعه الهیه و استقرار آن امانت رحمانیه به دست مبارک در آرامگاه ابدی خود یکی از مآرب و مقاصد مقدسه ثلاثه‌ای بود که آن منادی ملکوت از آغاز دوره خدمت و رسالت خویش در مد نظر داشته و اجراء آن را از اعظم وظائف مبرمه محتومه خود می‌شمرده است. این است که تحقق این مقصد اعز اسنی را می‌توان یکی از مشروعات مهمه و تأسیسات و حوادث جسیمه قرن اول بهائی محسوب داشت."

سرانجام بعد از اینکه عرش حضرت باب در مقر اصلی خود استقرار جست، لوح زیر از قلم حضرت عبدالبهاء به افتخار محفل روحانی طهران نازل گردید:

"طهران حضرات اعضای محفل روحانی علیهم بهاء الله الابهی

هو الله

ای یاران الهی بشرت کبری اینکه هیکل مطهر منور مقدس حضرت اعلی روحی له الفدا بعد از آنکه شصت سال از تسلط اعداء و خوف از اهل بغضا همواره از جائی به جائی نقل شد و ابداً سکون و قرار نیافت به فضل جمال ابهی در یوم نیروز در نهایت احتفال با کمال جلال و جمال در جبل کرمل در مقام اعلی در صندوق مقدس استقرار یافت هذا هو المرقد الجلیل و هذا هو الجدث المطهر و هذا هو الرمس المنور۷۸ لهذا قلوب احبای الهی جمیعاً مستبشر و به شکرانه این الطاف

الهیه جمیع به ستایش و نیایش اسم اعظم پرداختیم. اگر چنانچه من بعد کسی روایتی یا حکایتی نماید که اثری از هیکل مقدّس در جای دیگر است کذاب است قد افتری علی الله۷۹ این تنبیه بجهت آن است که مبادا من بعد شخص لئیمی را غرض و مرضی حاصل شود روایت حکایتی نماید که دلیل بر آن باشد اثری از آن هیکل مکرم در جای دیگر است فانتبهوا یا احباء الله لهذا الامر العظیم۸۰ و چون چنین تأئید و توفیقی رسید که به عنایت جمال مبارک جبل کرمل ای جبل الرب یعنی باغ الهی زیرا کرم به معنی باغ و ئیل خدا است این مواهب حاصل شد و الرّبُّ بهاءُ کرمل منصوص کتب ربانی ظاهر گشت لهذا امید چنان است که به میمنت این امر عظیم امرالله در اطراف و اکناف جلوه دیگر نماید و طلوع و اشراقی عظیم فرماید و هذا من فضل ربّی۸۱ این تأئیدات و توفیقات از فم مطهر جمالقدم موعود بود الحمدلله به حیّز حصول رسید فاشکروا الله علی هذه النعمة العظمی و الموهبة الکبری التی شملتنا اجمعین من ربّ العالمین.۸۲"

حضرت عبدالبهاء با اشاره به افتخاری که احبای نی‌ریز به آن نائل شده‌اند می‌فرمایند:

"ای یاران عبدالبهاء در این ایام بحسن القضاء و تأیید رب السموات العلی و توفیق ملکوت لایری هیکل مقدّس حضرت اعلی در جبل کرمل حیفا در مقام معلوم استقرار یافت لهذا قربانی لازم و جانفشانی واجب احبای نی‌ریز از این جام لبریز سرمست شدند و به چوگان همت گوی سبقت از این میدان ربودند هنیئاً لهم ثمّ مریئاً هذا القدح الممتلاء الطافح بصهباء محبت الله و علیهم بهاءالله الابهی شاید من بعد از اهل نقض و نفاق افترائی زنند و کذب و بهتانی بر زبان رانند و گویند که هیکل مکرم را مقامی دیگر یا جزئی از اجزاء در موقعی دیگر یاران الهی بدانند که صرف بهتان است و کفر و نعاق و نفاق. آن جسد مبارک مصلوب در کوه کرمل بتمامه استقرار یافت ولی اشرار آرام نگیرند یقین است بهتان زنند و ادعا نمایند که ما آن جسد مبارک را در بردیم یا نقل کردیم یا جزئی از اعضاء به دست آمد یا اجنه از دست ثابتین ربودند جمیع این اقوال کذب و بهتان است و آنچه حقیقت است بیان گردید و علیکم البهاء الابهی. ع ع "

نزول لوح کرمل

میرزا آقا جان خادم‌الله در بارهٔ نزول لوح کرمل می‌نویسد:

"تفصیل لوح ما نزل فی الکرمل اینکه آن مقر منظر اکبر واقع بعد از ورود و نزول جمالقدم جلّ اجلاله در آن محل منیف وقت نهار رسید سفره طعام حاضر و در حضور مبسوط گشت طعام گذارده شد بغتتاً امر فرمودند که قلم را بگیر و به قوت

و عظمت جهرتاً به صوت جلی آیات الله نازل و رهبنهٔ آن محل واقف و سامع تا به مقامی که ثبت شده رسید بر حسب ظاهر چون نهار گذارده شده بود و حاضرین منتظر فرمودند حال بگذار بعد تمام می‌کنیم و بعد هم که از حیفا توجه به عکا فرمودند مکرر در قصر فرمودند لوح کرمل تمام نشد یک وقتی بیاور تمام کنیم. در ظاهر قصور این عبد بود که لوح مبارک ناتمام ماند و در باطن و جلّ احاطته و علمه عالم که بچه سبب معلق و ناتمام ماند و بچه باید تمام شود چه که اشاراتی که در لوح نازل و نسبتش بالله از قبل در کتب مرسلین و آیات بدیعه منیعه و کتاب الله مبین ثابت و محقق دیگر القدرة له و العلم عنده.۸۳"

اگرچه بر حسب نوشته میرزا آقا جان در روز مذکور لوح کرمل ناتمام ماند ولی بعداً در عکا آن توقیع منیع که منظور کلی از نزول آن را در زیر می‌خوانیم کامل گردید.

این لوح مهیمن متعالی که در صفح جبل کرمل از فم اطهر جمالقدم مخاطباً لمقامه العظیم نازل گردیده است مبشر بشارات عظیمه و علو و امتناع و عظمت ظهور جمال ابهی و حضرت رب اعلی در عالم وجود است و هم چنین اشاره به تأسیس مقام عظیم بیت العدل اعظم الهی و استقرار راکبین سفینهٔ حمرا و متمسکین به عروهٔ وثقی و بانیان نظم عظیم و جهان آرای جمال ابهی در عالم غبرا بر حسب بشارتی است که مبشر ظهور اعزّ اسنی در کتاب بیان عربی مخاطباً للملل و الامم نازل فرموده‌اند: "طوبی لمن ینظر الی نظم بهاءالله و یشکر ربّه فانّه یظهر و لا مردّ له من عند الله" و ارتفاع سراپرده وحدت عالم انسانی و اجتماع ملل و نحل عالم در ظل خیمه یکرنگی جمالقدم و ایجاد صلح و سلام در بین امم می‌باشد و نیز بشارت به ظهور و بروز نبوات مظاهر مقدسه قبل در این جهان است.

در این لوح مبارک به مدینة الله که از آسمان نازل گردیده و کعبة الله اشاره می‌فرمایند که مقصود از مدینة الله و کعبة الله مقام عالی و متعالی حضرت اعلی است.

از قلم معجز شیم حضرت ولی امرالله ارواحنا لوحدته الفدا این کلمات دریات را در توقیع مبارک نوروز ۱۱۱ بدیع می‌خوانیم:

"و شبهه‌ئی نبوده و نیست که مقصود از این سفینه که در آخر این لوح مذکور، سفینه احکام است نه سفینه امرالله که ملاحش شارع اعظم جمال اقدس ابهی و رکابش کافه اهل بها و اصحاب سفینه حمرا که بشارتش را نقطه اولی در کتاب قیوم اسماء در سنه اولای عهد اعلی بلغت فصحی و به لحنی ملیح و دلربا داده، قوله ما احلی بیانه و ما ابهی عزه و ذکره: و لقد خلق الله فی حول ذلک الباب بحورا من ماء الاکسیر محمراً بالدهن الوجود و حیواناً بالثمرة المقصود و قدر الله له

سفنا من یاقوتة الرطبة الحمراء و لا یرکب فیها الاّ اهل البهاء باذن الله العلیّ و هو الله قد کان عزیزاً حکیما. مقصود در این لوح عظیم که فی الحقیقه کاشف اسرار الهیه و بشارت دهنده دو تأسیس عظیم و جلیل و خطیر که یکی روحانی و دیگری اداری در مرکز جهانی آئین بهائی است سفینه‌ئی است که راکبینش رجال بیت عدل اعظم که بر طبق وصایای متقنه مرکز عهد اتم و اقوم مصدر تشریع احکام غیر منصوصه‌اند و این احکام در این دور بدیع از این جبل مقدس جریان یابد همچنانکه در عهد حضرت کلیم شریعة الله از صهیون جاری و ساری گشت و این جریان سفینه احکام اشاره باستقرار دیوان عدل الهی که فی الحقیقه دارالتشریع است و شعبه‌ئی از مرکز جهانی اداری بهائیان در این جبل مقدس محسوب و در بنائی مخصوص در قرب دارالآثار بین المللی که حال وقت تأسیس آن است در نقطه‌ئی مشرف بر این مراقد شریفه منوره و در جوار مقام اعلی استقرار خواهد یافت."[۸۴]

الواح، اسناد و مکاتیب

۱- جواب ملک قاسم میرزا به نامه امیر کبیر
۲- فتوای قتل حضرت باب از طرف شیخ الاسلام تبریز

۱- جواب ملک قاسم میرزا به نامه امیر کبیر

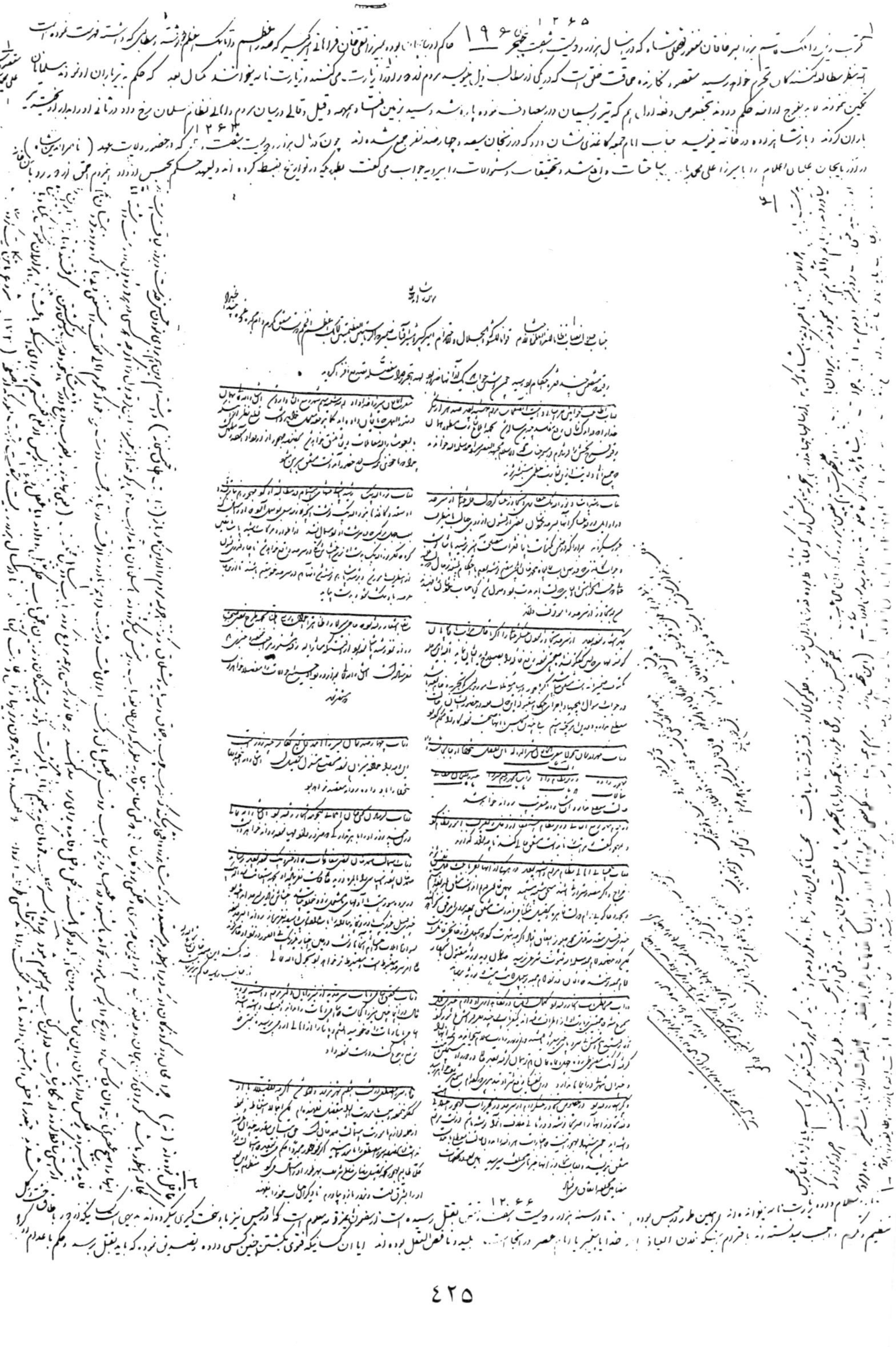

[illegible]

۲- فتوای قتل حضرت باب از طرف شیخ الاسلام تبریز

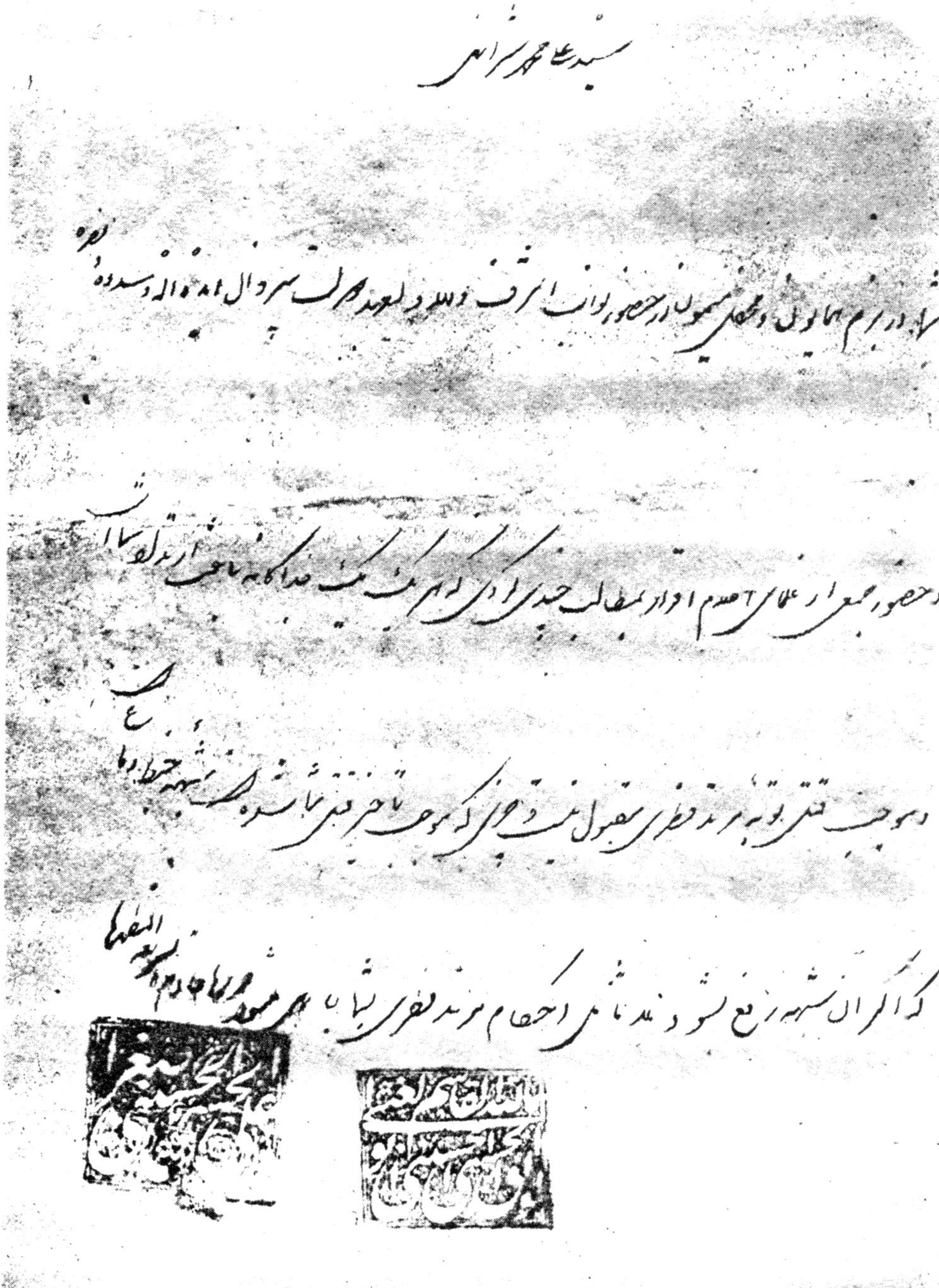
سید علی محمد شیرازی

شما در بزم همایون و محفل میمون در حضور نواب اشرف والا ولیعهد دولت بی زوال ایده الله و سدده و نصره و در حضور جمعی از علمای اعلام اقرار بمطالب چندی کردید که هر یک جداگانه باعث ارتداد شماست و موجب قتل توبه مرتد فطری مقبول نیست و چیزی که موجب تاخیر قتل شما شده است شبهه خبط دماغ است که اگر آن شبهه رفع شود بلاتامل احکام مرتد فطری بشما جاری

رونویس فتوای قتل حضرت باب

سید علی محمد شیرازی

شما در بزم همایون و محفل میمون در حضور نواب اشرف والا ولی عهد دولت بی زوال ایده الله و سدّده و نصره و حضور جمعی از علمای اعلام اقرار به مطالب چندی کردی که هریک جداگانه باعث ارتداد شماست و موجب قتل، توبهٔ مرتدّ فطری مقبول نیست و چیزی که موجب تأخیر قتل شما شده است شبههٔ خبط دماغ است که اگر آن شبهه رفع شود بلا تأمّل احکام مرتد فطری بشما جاری می‌شود. حرره خادم الشریعة المطهرة

(سجع مهر)	(سجع مهر)
ابوالقاسم الحسنی الحسینی	علی اصغر الحسنی الحسینی

یادداشتها

۱- اشاره به قرآن مجید، سوره الحشر، آیه ۲، مضمون فارسی: به دست خود خانه‌هاشان را ویران می کنند.

2- The Dawn-Breakers, pp.430-458.

مطالع الانوار، صفحات ۴۴۸-۴۳۳.

تاریخ قرن بدیع، قسمت اول، صفحات ۲۳۳-۲۳۰.

3- Lt- Col. Farrant

4-The Babi and Baha'i Religions, 1844-1944, pp.100-101.

5- Lt- Col. Sheil (Justin).

6- Lord Palmerston

7- The Babi and Baha'i Religions, 1844- 1944, p. 102.

8- Sir Mountstuart E. Grant Duff.

9- The Babi and Baha'i Religions, 1844-1944, pp. 104-105

10- Sir Henry Rawlinson.

11- Mr. Ronald Thompson.

12- Renan.

13- Les Apotres.

۱۴- یادداشتهای خطی رفعت الملک، کتابخانه دانشگاه کمبریج، انگلستان. (اصل این نامه را در قسمت الواح و مکاتیب می خوانیم).

15- Mochenin.

16- The Babi and Baha'i Religions, 1844-1944, p. 75.

۱۷- دالگوروکی در گزارش مورخ ۲۷ مارس ۱۸۴۹ خود می نویسد:
"بطوری که اظهار شده ملک قاسم میرزا دستوری محرمانه دریافت نموده که رهبر فرقه متعصب (باب) را که در قلعه‌ای نزدیک ارومیه محبوس است اعدام کند ولی حاکم آذربایجان از اجرای این فرمان امتناع ورزیده چون می‌ترسیده که مردم در شهر بلوا کنند. شکی نیست که چنین اقدامی مردم را جسورتر و خطرناکتر می‌نمود."

۱۸- حمزه میرزا بیست و یکمین پسر عباس میرزا نایب السلطنه بود. او از بدایت جوانی و ابتدای جلوس محمد شاه بر تخت شاهی، با محمد شاه همراه بود و سمت سرپرستی فوج خاصه را در طهران داشت و در قزوین و زنجان نیز حکومت کرد. در واقعه خراسان و طغیان حسن خان سالار او فرمانده سپاه بود که با حسن خان مقابله کرد و غالب آمد.

در همان احوال شورش مسلمانان در مشهد بر علیه بابی‌ها پیش آمد و به تحریک ملایان میرزا عبدالله خوئی که از طرف حاجی میرزا آقاسی متولّی آستان قدس بود کشته شد. حمزه میرزا ملا حسین باب الباب را به اردوی خودش دعوت کرد و ملا حسین از ملا محمدعلی قدوس اجازه خواست و به این ملاقات رفت.

عبدالعلی خان مراغه‌ای فرمانده توپخانه در اردوی حشمت الدوله بود. او حشمت‌الدوله را متذکر ساخت که مبادا در حضور ملا حسین اسائه ادبی کند و او با کمال احترام و ادب باب‌الباب را پذیرفت و بوسیله او از ظهور و عظمت مقام حضرت باب خبر گرفت. از این روی بود که در تمامت عمر هیچ اقدام سوئی بر علیه بابی‌ها به عمل نیاورد.

۱۹- حضرت باب در اسفار دیگر هر وقت گذارشان به کهنه شهر می‌افتاد در منزل میرزا لطفعلی پیشخدمت که در شیراز به همراهی جناب وحید آمده بود و ایمان آورد وارد می‌شدند. میرزا لطفعلی به خدمه و نوکرهایش اجازه نمی‌داد که به خدمات خصوصی حضرت باب بپردازند و او شخصاً مبادرت می‌نمود مثل گستردن سفره ناهار و شام و یا آوردن چای و آفتابه و لگن برای دستشوئی قبل و بعد از تناول غذا که از رسوم زندگی اشرافی در آن ایام بود.

۲۰- تاریخ معین السلطنه، نسخه خطی.

۲۱- درکه (درک) به معنی در کوچک و ارسی نوعی پنجره بوده که درِ آن از پائین به بالا جابجا می‌شده است.

۲۲- لفظ عام در مقابل سیّد و به مفهوم کسانی که به پیغمبر اکرم نسبت نداشتند معمول بوده است.

۲۳- قرآن مجید، سورة الاسری، آیه ۷۲. مضمون فارسی: ... هرکه در این جهان نابیناست آخرت نیز نابینا خواهد بود...

۲۴- مقاله شخصی سیاح، جلد ۱، صفحات ۶۰-۵۱.

۲۵- حضرت عبدالبهاء در ضمن نطقی در روز ۱۶ ژانویه ۱۹۱۶ در حیفا می فرمایند:

"میرزا تقی خان امیرنظام اگر این شقاوت را نکرده بود آدم باکفایتی بود دو سال ایران را اداره کرد. کارها نمود ولی آخر به جزای عمل بدش گرفتار شد. خودش هم گفته بود که این گرفتاری های من برای آن است که به این طایفه تعرض کردم و در موقعی که خواستند او را بکشند گفته بود "به شاه بگو من بجهت خاطر تو از حق و خلق هر دو گذشتم آخر جزای من این بود."

۲۶- نبیل از قول حاج علی عسکر یکی از احبای تبریز چنین می‌نویسد: "بعد از غروب آن اجساد مبارکه را از میدان سربازخانه بیرون دروازه حمل نمودند و در کنار خندق گذاشتند و چهل نفر سرباز را چهار قسمت کرده در دور آنها از چهار سمت چاتمه زدند و بنوبت مشغول کشیک شدند و مأمور بودند که سه شبانه روز آن اجساد طاهره را بهمین منوال مواظبت نمایند. چون آن شب اول به روز رسید قونسل از جانب دولت روس در تبریز بود با یک نفر مصوّر به خندق رفته امر نمود که مصوّر

به همان نحو که افتاده بودند با سیاه قلم در صفحه بزرگی تصویر آن دو جسم مبارک را برداشت و به منزل خود مراجعت نمود و جناب حاجی علی‌عسکر همان یوم نسبت قرابتی که با پیشکاران قونسل داشتند آن تصویر را زیارت نمودند و ذکر کردند که تا بحال به احدی ذکر نکرده‌ام حال به تو می‌گویم که در موقعش ذکر نمائی و از جانب من یادگار گذاری و فرمود آن تصویر بنوعی درست برداشته شده بود که من به محض مشاهده وجه مبارکشان را شناختم در پیشانی و خدّین و شفتین آثار رصاص نبود و لب‌های مبارکشان متبسّم بود ولکن اعضاء مانند خانه زنبور مشبک و دو دست حضرت انیس در دور جسد مبارک و سرش در پائین سینه مبارک بود مثل اینکه هیکل انور را در آغوش گرفته بودند و بعد از مشاهده منزل رفتم و در اطاقی در را به روی خود بستم و سه شبانه روز گریستم و غرق دریای حیرت نشستم نه زنده بودم نه مرده، نه در چشمم اشک بود و نه در جسمم حرکت بعد از سه روز در را کندند و مرا در آن حالت نیمه جان یافتند."

۲۷- محمدعلی فیضی در کتاب نقطه اولی می‌نویسد حسین میلانی، ولی به احتمال نزدیک به یقین حاجی احمد میلانی صحیح است.

۲۸- قرن بدیع، قسمت اول، صفحات ۲۵۸-۲۴۷.

۲۹- حاج میرزا حسن فسائی در کتاب فارس نامه ناصری، گفتار اول، صفحه ۳۰۸ می نویسد:

"در شب بیست و پنجم ماه رجب این سال (۱۲۶۹) پانزدهم اردی‌بهشت جلالی که آفتاب در سیزدهم درجه و چهل و شش دقیقه ثور بود نزدیک به یک ساعت پیش از طلوع صبح صادق در شهر شیراز زلزله شدید بیامد و چندین صد خانه را ویران و چندین هزار را شکسته نمود و چندین هزار نفر در زیر عمارات خرابه بماندند و بمردند. بیشتر مدارس و مساجد خراب گشت و عموماً محتاج به تعمیر گردید.

30- Dr. Cormick..

31- Rev. Benjamin Labaree.

32- Rev. J. H. Shedd.

۳۳- این اظهار نظر صحیح نیست زیرا سید حسن را حضرت باب قبلاً مرخّص فرموده بودند و سید حسین بر حسب فرمان مبارک حضرت باب را انکار کرد و از کشته شدن نجات یافت و بعداً در سال ۱۸۵۲ میلادی در قضیه رمی شاه به شهادت رسید. شخص ثانی میرزا محمدعلی زنوزی بود.

34- Anitchkov.

35- The Babi and Baha'i Religions, 1844- 1944, p. 77.

36- The Babi and Baha'i Religions, 1844- 1944, pp. 77- 8.

37- George Alexander Stevens.

38- The Babi and Baha'i Religions, 1844- 1944, p. 76.

39- The Babi and Baha'i Religions, 1844- 1944, p. 78.

40- Richard Stevens.

41- The Babi and Baha'i Religions, 1844- 1944, p. 78.

۴۲- در زیرنویس صفحه ۷۸ کتاب The Babi and Baha'i Religions, 1844- 1944 می خوانیم: اگرچه کتب تاریخ بهائی شهادت باب را روز ۲۸ شعبان ۱۲۶۶ مطابق با ۹ ژوئیه ۱۸۵۰ می نویسند ولی در چند منبع دیگر من جمله ناسخ التواریخ آن را یک روز قبل ذکر می کنند.

43- The Babi and Baha'i Religions, 1844- 1944, p.79.

44- The Babi and Baha'i Religions, 1844- 1944, p. 79.

45- The Babi and Baha'i Religions, 1844- 1944, p. 79.

46- Ferrier.

47- The Babi and Baha'i Religions, 1844- 1944, p. 76.

48- Wilfred Scawen Blunt.

49- The Future of Islam.

50- The Babi and Baha'i Religions, 1844- 1944, pp. 79-80.

51- M.de Gobineau. Religions of Asia.

52- Owen Tweedy. Cairo to Persia and Back.

53- The Babi and Baha'i Religions, 1844- 1944, pp. 80-81.

54- Roy Shepheard- Walwyn.

55- Lady Sheil (Lt. Col.Sheil's wife).

56- The Babi and Baha'i Religions, 1844- 1944, p. 75.

57- The Babi and Baha'i Religions, 1844- 1944, p. 73.

۵۸- مطالع الانوار، صفحه ۸-۵۰۴.

۵۹- این خانه بعدها به ملکیت شاهزاده عبدالحسین میرزا فرمانفرما بیرون آمد. وی هنگام حکومت خویش در شیراز از اهمیت آن محل از نظر جامعه بهائی اطلاع حاصل کرد. بنابر این و به صرافت طبع خانه را به امر تقدیم کرد. حضرت عبدالبهاء در لوح زیر که به اعزاز محفل روحانی شیراز نازل شده است می فرمایند:

شیراز اعضای محفل روحانی علیهم بهاء الله الابهی

هو الله

ای مقربان درگاه کبریا نامه شما رسید ورقه‌ای که جوف بود بسیار سبب سرور گردید که آن شخص محترم چنین اقدامی فرمود و چنین انفاقی نمود آنچه در مدت حیات همّت فرمودند و مجری داشتند و مبذول کردند جمیع فراموش می شود این امری است طبیعی ولکن این همّت که تعلق به ماوراء الطبیعه دارد هرگز فراموش نخواهدشد و الی الابد در مرور قرون و اعصار مشام ها را نافه مشکبار نثار خواهد کرد زیرا این قضیه در ظل وجه واقع کل من علیها فان و یبقی وجه ربک ذوالجلال و الاکرام۵۹-۱ و همچنین سبب عزت ابدیه در دو جهان خواهد گشت سلیل جلیل ایشان در پاریس ملاقات شد و نهایت الفت حاصل گشت فی الحقیقه شایان و سزاوار و بزرگوار است و همچنین ملاحظه نمائید که قوه امرالله چگونه در ظهور و بروز است

که همچنین شخص جلیلی از برای چنین موقعی که آن جسد معطر یک شب دو شب در آنجا امانت گذاشته شده بود این جسد مطهری که از خوف و اهانت اعداء پنجاه سال ممکن نشد در جائی قرار یابد زیرا اعداء در صدد بودند و اگر بدست اعداء افتاده بود آتش می‌زدند حال به مقامی رسیده که چنین نفس محترمی در موقعی که رائحه‌ای از آن جسد معطر وزیده چنین جانفشانی می‌نمایند و هذا من فضل ربی فاعتبروا یا اولی الابصار۵۹-۲ و علیکم البهاء الابهی، عبدالبهاء عباس، ۱۰ رجب ۱۳۳۸، حیفا.

۵۹-۱- قرآن مجید، سورة الرحمن، آیه ۲۷- ۲۶. مضمون فارسی: آنچه در این عالم وجود دارد فانی می‌شود جز وجود خدای صاحب جلال و کرامت که باقی می‌ماند.

۵۹-۲- مضمون فارسی: و این از فضل خداوند است. عبرت بگیرید ای صاحبان چشمها.

۶۰- قرآن مجید: سورة الحاقه، آیه ۱۷، مضمون فارسی: و روزی که عرش الهی بوسیلهٔ هشت ملک مقرب حمل می‌شود.

۶۱- حسین اقبال پسر ارشد آقا محمد مصطفی بغدادی است. اصل مرقومه نامبرده به زبان عربی بوده و ترجمه قسمتی از آن در نشریه اخبار امری شماره دوازدهم، شهر البهاء - شهر الجلال ۱۰۷ بدیع (فروردین ۱۳۲۹ شمسی) به طبع رسیده است.

۶۲- بارها از زبان جده و عمه‌ام شنیدم که می‌گفتند:

در اوایل سال ۱۳۱۸ هجری قمری که برای تشرف به حضور حضرت عبدالبهاء به ارض اقدس رفته بودند، هنگام مراجعت به ایران به منظور وداع به حضور حضرت ورقه مبارکه علیا مشرف شدند در حالی که می‌دانستند آخرین باری است که فیض زیارت آن مخدره کبری در عالم غبراء نصیبشان می‌شود. از این رو از دوری و هجران و غصه و حرمانی که بر آنها مستولی شده بود شدیداً نالان و گریان و هراسان بودند. حضرت ورقه علیا آنها را به صبر و قرار و سکون و اصطبار تسلیت داده فرموده بودند: محزون نباشید متأثر نگردید الحمد لله افتخار زیارت جمالقدم را داشته‌اید و ماه‌ها در ظل مبارک از فیض لقا مستفیض شده‌اید و الحال به حضور حضرت عبدالبهاء مشرف شده در ظل عهد و میثاق الهی ثابت و مستقیم هستید و تند باد حوادث و امتحانات در ایمان شما رخنه ننموده است چون از سلاله افنان و از منتسبین به حضرت اعلی هستید و به عزم خدمت در بیت مبارک عازمید، می‌خواهم هدیه‌ای به شما بدهم که در عالم شبیه و مثالی ندارد و شما را به موهبتی نائل گردانم که نصیب همه کس نمی‌شود.

در اطاق مبارک درگاهی بود که جلو آن پرده‌ای آویخته بودند؛ پرده را به کنار کشیدند و پارچه سفیدی که بر روی جعبه‌ای افتاده بود برداشتند و در جعبه را

گشودند. در داخل آن جعبه، جعبه کوچک دیگری بود که پارچه سبز رنگی آن را پوشانده بود. فرمودند محتوای این جعبه رمس مطهر حضرت رب اعلی است که به اراده حضرت عبدالبهاء در این اطاق گذاشته شده است و احدی از آن آگاه نیست. این مطلب را نزد خودتان نگاه دارید. ما آن جعبه مبارکه را زیارت نمودیم و مرخص شدیم. (نویسنده)

۶۳- زکریا در باب ششم از کتاب خود، آیات ۱۲ و ۱۳ می‌فرماید: "... بگو یهوه صبایوت چنین می‌فرماید و می‌گوید: اینک مردی که به شاخه (غصن) مسمّی است و از مکان خود خواهد روئید و هیکل خداوند را بنا خواهد نمود پس او هیکل خداوند را بنا خواهد نمود و جلال را متحمّل خواهد شد و بر کرسی او جلوس نموده حکمرانی خواهد کرد و بر کرسی او کاهن خواهد بود و مشورت سلامتی در میان هر دوی ایشان خواهد بود."

۶۴- حضرت عبدالبهاء در لوحی به افتخار آقا سید نصرالله از سادات خمس راجع به رمز نگین اسم اعظم می‌فرمایند:

"و اما شروح مسیو انژل من ۶۴-۱ در خطوط فص نگین اسم اعظم هرچند به درجه‌ای مقارن حقیقت است ولی باید که تعمق زیاد نمایند و تدبر کلی فرمایند زیرا مرکب از دو "باء" است و چهار "ها". شرح "با" در تفسیر بسم الله الرحمن الرحیم مرقوم گردیده بسیار مفصل است در این نامه نگنجد رجوع شود به آن. تکرار "باء" اشاره به مقام غیب و شهود است و اما چهار "هاء" که ارکان اربعه بیت توحید است و عددش متمم عشره است زیرا یک با دو سه، سه و سه شش، شش و چهار ده و اشاره به این مقام در آیه قرآن است که می‌فرماید "و اتممناها بعشر"۶۴-۲ باری "ها" را عدد پنج است و این "هاء" هاء هویت و حقیقت رحمانیه است در عدد پنج که عدد باب است ظاهر و آشکار است لهذا در فص نگین اعظم "باء" با "هاء" ترکیب شده است و همچنین اسم اعظم از آن نقش ظاهر و عدد اسم اعظم نه است. چون نه را که عدد بهاء است در باب که عدد پنج است ضرب نمائید نه پنج است که چهل و پنج گردد و همچنین پنج را که عدد باب است در نه ضرب کنی که عدد بهاء است چهل و پنج است و این عدد با عدد آدم مطابق است و همچنین مفردات نه را چون جمع کنی چهل و پنج است، یک و دو سه، سه و سه شش، شش و چهار ده، ده و پنج پانزده، پانزده و شش بیست و یک، بیست و یک و هفت بیست و هشت، بیست و هشت و هشت سی و شش، سی و شش و نه چهل و پنج. و همچنین چون عدد باب را جمع کنی پانزده گردد. یک و دو سه، سه و سه شش، شش و چهار ده، ده و پنج پانزده مطابق عدد حوا است و موافق حدیث "انا و علی ابوا هذه الامة".۶۴-۳ مقصد از آدم حقیقت فائضه متجلیه فاعله است که عبارت از ظهور

اسماء و صفات الهیه و شئونات رحمانیه است و حوا حقیقت مقتبسه مستفیضه مستنبئه منفعله است که منفعل بجمیع صفات و اسماء الهیه است. باری این ادنی رمزی از ترکیب اسم اعظم در فص نگین رحمانی است.

و همچنین ملاحظه کنید که سطوع ثلاثه عالم حق و عالم امر و عالم خلق است که مصادر آثار است. عالم حق مصدر فیض جلیل است و عالم امر مرآت صافیه لطیف که مستنبإ از شمس حقیقت است و عالم خلق مصدر اقتباس انوار است که بواسطه وسیله کبری المستفیضة من الحق و المفیضة علی الخلق۶۴-۴ حاصل گردد. باری باء حقیقی که حقیقت کلیه است چون در مراتب ثلاثه از ذروه اعلی تا به مرکز ادنی نزول و تجلی کرد جامع و واجد جمیع عوالم شد و در افق عزت قدیمه دو کوکب نورانی ساطع و لامع گردید کوکبی از یمین و کوکبی از یسار و این رمز عظیم دو شکلی است که در یسار و یمین اسم اعظم در فص نگین محترم ترسیم گردیده و رمز از ظهور جمال ابهی و حضرت اعلی است و هرچند دو شکل یمین و یسار بصورت ستاره است ولی اشاره به هیکل انسانی است که عبارت از سر و دو دست و دو پا است و علیک البهاء الابهی. ع ع

64-1- Angelman.

۶۴-۲- قرآن مجید سورة الاعراف، آیه ۱۴۲. مضمون فارسی: و تمام کردیم آن را با ده (شب) دیگر...

۶۴-۳- مضمون فارسی: من و علی ابوین این امت هستیم.

۶۴-۴- مضمون فارسی: گیرنده فیوضات الهی و رساننده فیض به مردم.

۶۵- مضمون فارسی: روح من، حقیقت من، ذات و کینونت من فدای تربت او باد.

۶۶- مضمون فارسی: این برای تو بهتر از عبادت ثقلین است.

۶۷- مضمون فارسی: بهای الهی بر تو که ثابت بر عهد و میثاق هستی.

۶۸- مضمون فارسی: این بشارتی است که سلطنت زمین و آسمان با آن مقابله نمی کند.

۶۹- مضمون فارسی: بهاء بر تو و افنان سدره مقدسه که در آنجا هستند.

۷۰- توقیعات مبارکه، توقیع نوروز ۱۱۱ بدیع، صفحات ۳-۵۲۲.

۷۱- مضمون فارسی: خداوند کرمل مقدس را که در آن آیة الکرسی نازل شده است، مکرم بدارد (که) عرش مولای ما، نقطه اولی در آن استقرار یافته است آن وجود مقدس و طاهری که مظهر عدل و مصدر بخشش است. در مجاورت روضه مبارکه حضرت بهاءالله این مقام رفیع بنا شده است. الهام دهنده ارواح به قلب من الهام نمود که تاریخ آن بنا را حظیرة القدس بنویسم.

۷۲- در اصطلاح به معنای "بر خلاف میل" بکار برده می شود.

۷۳- متن انگلیسی: مجله نجم باختر، مجلد یازدهم، شماره نوزدهم، صفحه ۳۱۶، سال ۱۹۳۱ میلادی. متن فارسی: رحیق مختوم، جلد دوم، صفحات ٦-۱٦۴.

۷۴- مضمون فارسی: این چیزی است که تراب مطاف ملاء اعلی (مقام اعلی) به من الهام نمود.

۷۵- توقیعات مبارکه، صفحات ۹-۳٦۷.

۷٦- لمعات الانوار، جلد دوم، صفحات ۹۰-۵۱ و نیریز مشکبیز صفحات ۷-۱۴۲.

۷۷- کتاب قرن بدیع، قسمت سوم، صفحات ۷-۱۴۵.

۷۸- مضمون فارسی: این همان مرقد جلیل است و این همان جسم مطهر است و این همان رمس منور است.

۷۹- مضمون فارسی: همانا به خدا افترا بست.

۸۰- مضمون فارسی: ای احبای الهی به این امر عظیم متوجه باشید.

۸۱- مضمون فارسی: و این از فضل خدای من است.

۸۲- مضمون فارسی: پس شکر کنید خداوند را برای این نعمت عظیم که عنایت فرموده و این موهبت بزرگی که از طرف خدای عالمیان شامل حال جمیع ما گردید.

۸۳- مضمون فارسی: قدرت و علم از آن اوست.

۸۴- توقیعات مبارکه، صفحات ۵٦۲-۵٦۰.

فصل دوازدهم
آثار حضرت باب

بیان حضرت بهاءالله در بارهٔ آثار حضرت باب

حضرت بهاءالله در باره آثار منزله از قلم حضرت باب می فرمایند:

"... چشم امکان چنین فضلی ندیده و قوه سمع اکوان چنین عنایتی نشنیده که آیات بمثابه غیث نیسانی از غمام رحمت رحمانی جاری و نازل شود چه که انبیای اولوالعزم که عظمت قدر و رفعت مقامشان چون شمس واضح و لائح است مفتخر شدند هرکدام به کتابی که در دست هست و مشاهده شده و آیات آن احصا گشته و از این غمام رحمت رحمانی اینقدر نازل شده که هنوز احدی احصا ننموده چنانچه بیست مجلّد الآن بدست می آید و چه مقدار که هنوز بدست نیامده و چه مقدار هم که تاراج شده و بدست مشرکین افتاده و معلوم نیست چه کرده اند."[۱]

اشارهٔ حضرت باب در بارهٔ آثار خود

حضرت باب خود در خلال یکی از الواح به آثاری که از سال ۱۲۶۰ تا ۱۲۶۲ هجری قمری از قلم حضرتش نازل شده است، اشاره ای به این مضمون می فرمایند:[۲]

" آنچه در شهور مختلفه از سال ۱۲۶۰ تا ۱۲۶۲ نوشته ام اینست: چهار کتاب و ده صحیفه که هر یک از آنها حجتی است در پرستش ذات غیب منیع الهی و من آنها را به اسامی آل الله ذکر می کنم:

اول کتاب احمدیه در شرح سوره حمد.

دوم کتاب علویه (تفسیر سوره بقره) که شامل هفتصد سوره است که هر کدام از سور را هفت آیه تشکیل می دهد.

سوم کتاب حسنیه که شامل پنجاه قسمت از آیات الهیه است.

چهارم کتاب حسینیّه (تفسیر سوره یوسف) که شامل صد و یازده سوره است و

هر سوره شامل چهل و دو آیه و هریک از آن آیات برای اهل عالم دلیل و حجت کافی است.

پنجم صحیفه فاطمیه که شامل چهارده باب در اعمال دوازده ماه می‌باشد.

ششم صحیفه علویه شامل چهارده دعا در جواب نود و دو سئوال که در مراجعتم از مکه در ماه رمضان نازل شده است.

هفتم صحیفه باقریه که در چهارده باب در تفسیر حروف بسم الله الرحمن الرحیم نازل گردیده است.

هشتم صحیفه جعفریه که شامل چهارده باب در شرح دعا برای ایام غیبت می‌باشد.

نهم صحیفه موسویه که شامل چهارده باب در جواب دو نفر از بندگان خداست در اراضی حرمین.۳

دهم صحیفه رضویه شامل چهارده باب در ذکر چهارده خطبه نازل گردیده است.

یازدهم صحیفه جوادیه شامل چهارده باب در جواب چهارده سؤال در مسائل لاهوتیه.

دوازدهم صحیفه هادیه شامل چهارده باب در جواب چهارده سؤال در مسائل جبروتیه.

سیزدهم صحیفه عسکریه شامل چهارده باب در جواب چهارده مسئله ملکوتیه.

چهاردهم صحیفه حجتیه شامل چهارده دعای قدوسیه که در بدایت امر نازل شده و منسوب به امام عدل است. تمام آنها مشتمل است بر چهارده نسخه موجوده در این کتاب مع صحیفه مشهوره که در آخر آن چهارده مکتوب از اولیا آمده و تماماً در این کتاب ذکر شده است.

و اما آنچه که نازل شده بود و در راه حج به سرقت رفت تفصیل آن در صحیفه رضویه مذکور گردید و حفظ آن بر هرکس که آنها را پیدا کند واجب است.

خوشا به حال آن کسی که آثار منزله از قلم مرا حفظ کند و با بهترین خط آنها را تسوید نماید. قسم به حق آن کسی که آیات خود را بر من مکرم می‌دارد، حرفی از آن آیات در نزد من عزیزتر از ملک دنیا و آخرت است..."

امحاء و تاراج آثار حضرت باب

میرزا حبیب الله افنان در تاریخی که به نام "تاریخ امری فارس" از زمان بعثت حضرت باب به بعد نگاشته است، می‌نویسد:

"حسین خان حکم می‌کند هرگاه در خانه احدی یک سطر نوشته‌جات بخط حضرت یا عبارات بدع یافت شود آن خانه را خراب خواهم کرد و هر کس که مؤمن

و مفتون بود گرفته بضرب چوب و اذیت آنچه می‌توانست اخذ می‌نمود آدم بسیار بدنفس و موذی می‌بود. شرح حال او را حضرت اعلی روح ما سواه فداه در خطبه قهریّه برای حاجی میرزا آقاسی بیان می‌فرمایند مراجعه شود میزان اعمال و افعال و شرارتش بدست می‌آید که چقدر پلید و عنود بود. باری مرحومه جدّه[۴] رحمة الله علیها ذکر می‌کردند پس از صدور حکم حسین خان هر کس هر اندازه نوشته‌جات تحصیل کرده بود بقچه بقچه می‌آوردند در دالان طولانی منزل حاجی میرزا ابوالقاسم می‌انداختند و می‌رفتند یک سمت حیاط تقریباً این نوشته‌جات بود که روی هم گذارده شده بود تمام روی کاغذهای ترمه بزرگ بخط چلیپا مرقوم شده بود که هرگاه یک صفحه آن الآن موجود بود کرورها ارزش داشت تماماً تفاسیر، خطب، مناجات و مطالب علمیّه بود. خدمت حضرت خال عرض نمودند که این نوشته‌جات را چه کنیم می‌فرمایند این ها کلام خدا است بی‌احترامی نمی‌شود کرد بشوئید و آبش را در چاه بریزید می‌فرمودند چهار طشت بزرگ گذارده من و والده مبارک و حرم و عیال اخوی حاجی میرزا ابوالقاسم مثل اینکه رخت بشویند چهار نفر نشسته نوشته‌جات را در طشت می‌ریختیم و می‌شستیم و آبش را با کاغذهای مچاله شده در چاه خانه خال اعظم ریختیم."

تحریف در آثار حضرت باب

از همان بدایت ظهور که آثار قلمی حضرت باب انتشار یافت و نسخ آن به دست معاندین و مخالفین شریعت بابی افتاد بنای تحریف و اساس تبدیل در آنها گذاشته شد. دشمنان بابیّت کتب و الواح منزله را در نهایت غدر و حیلت با کلماتی سست و عباراتی بی‌معنی و مستهجن تحریف کردند و در میان مردم انتشار دادند و لب به سخره و استهزاء گشودند تا به این ترتیب مردم را از گروش به دیانت بابی باز دارند. این عمل مخصوصاً در شیراز که علماء و ملاها بصورت جدی‌تری در صدد تضییع امر و تخدیش اذهان نفوس بودند انجام گرفت.

حضرت باب در ضمن لوحی که از مسقط به اعزاز حاجی میرزا سید علی خال اعظم نازل شده است می‌فرمایند:[۵]

"ظاهر در شیراز دزدی‌هائی خودشان کرده مثل آن سوره فرستاده باشند می‌گویند صحیفه از ادعیه برداشته شده[۶] الآن دو ورقه دعا بر استعجال نوشته که مضمون و عبائرش در هیچ دعائی نیست."

و در همین لوح (صفحه ۶۴) می‌فرمایند:

"خود شما هم همیشه قرآن خوانده‌اید بقدر تلاوت لحن تمیز می‌دهید بحق خداوندی که جانم بر ید اوست که اگر جمیع اهل ارض جمع شوند بر اینکه یک آیه

بیاورند عاجز خواهند شد اگر هم چیزی بیاورند کلمات مسروقه خواهد بود نه این است که از لسان ایشان بر فطرت جاری شود چنانچه در صدر اسلام فصحای اعراب ادعا نمودند و آخر روسیاه و خجل شدند حقیر شرح سورهٔ یوسف را در چهل روز که هر روزی بعضی از آن می‌نوشتم اتمام نمودم و هر وقت بخواهم هرچه بنویسم روح‌الله مؤید است مثل صحیفه‌ای که فرستادم یک شبانه روز منتها نوشتم هرکس از علماء مدعی آن است بسم‌الله."

حضرت باب در موارد عدیدهٔ دیگر ضمن الواح و تفاسیر مختلفه با اشاره به موضوع سرقت از آیات قرآنی از علماء خواسته‌اند که هرکدام می‌توانند قلم بر کاغذ گذارند و همانند آنچه از قلم حضرتش جاری شده است تحریر نمایند و دعوی خود را به ثبوت برسانند. در این باره با مضمونی به صورت زیر می‌فرمایند:۷

"آنهایی که می‌گویند کلمة الله آیات خود را از قرآن می‌گیرد کفر ورزیده‌اند. بگو ای مردم از خدا بترسید. اگر می‌توانید، یک سوره همانند این آیات بیاورید. بگو اگر بخواهیم می‌توانیم در هر حرفی آیاتی مثل آیات قرآن نازل کنیم..."

در مورد رعایت قواعد موضوعه دستوری حضرت باب آنها را قواعد شیطانیه نامیده و اشاره نموده‌اند که آیات منزله در آثار ظاهره همه من عندالله و بر نهج فطرت نازل شده است و می‌فرمایند در قرآن مجید در سیصد مورد لسان رسول اکرم بر نهج فطرت تکلم فرموده است که با قواعد دستوری زبان عرب مخالفت دارد و اضافه می‌فرمایند:۸

" اگر نکته‌گیری در اعراب و قرائت یا قواعد عربیه شود مردود است زیرا که این قواعد از آیات برداشته می‌شود نه آیات بر آنها جاری می‌شود و شبهه‌ای نیست که صاحب این آیات نفی این قواعد و علم به آنها را از خود نموده بلکه هیچ حجتی نزد اولی‌الالباب از عدم علم به آنها و اظهار این نوع آیات و کلمات اعظم‌تر نیست."

در مقدمه همین مطالب می‌فرمایند:

"هرگاه کسی تصور در ظهور این شجره نماید بلاریب تصدیق در علوّ امر الله می‌نماید زیرا که از نفسی که بیست و چهار سال از عمر او گذشته و از علومی که کل به آنها متعلم می‌گشته متعرّی بوده و حال باین نوع که تلاوت آیات می‌نماید بدون فکر و تأمل."

و در جای دیگر با مضمونی به صورت زیر می‌فرمایند:۹

"و چون مطلبی بر خلاف قواعد باطله شیطانیه که در دست شماست از قول ذکر (باب) بشنوید آیات الهی را مردود ندانید زیرا ملک از آن خداست و هر نوع که بخواهد در آن تصرف می‌کند..."

میرزا ابوالفضل گلپایگانی می نویسد:۱۰

"بیشتر سبب انتشار و شهرت این مسئله در میان اهل ایران که می گویند کلمات باب تماماً العیاذ بالله غلط و مخالف قواعد نحو و صرف و لغت است دو منشاء است اول کلمات سخیفه همین یحیی ازل بود که بدون مبالات عبارات عربیّه بیان را با کلماتی از خودش مرکب می نمود و چون بالکل از معرفت علوم ادبیّه بی بهره بود همه غلط و رکیک می شد و آنها را به اسم اینکه کلمات رئیس طایفه بابیّه است نشر می داد و خلق از لفظ بزرگ طائفه بابیه نقطه اولی عز اسمه الاعلی را گمان می نمودند این بود که شهرت یافت که عبارات باب همه العیاذ بالله غلط است و ثانی کلماتی بود که اعداء امرالله خود عمداً و رکیک می ساختند و به اسم اینکه این ها کلمات باب است در میان خلق شهرت می دادند."

علاوه بر نمونه هایی که ذکر گردید، مطالب مشابه دیگری نیز در همین باب در الواحی مانند صحیفه عدلیه، رساله ذهبیّه و لوح حاج محمدکریم خان کرمانی می خوانیم.

گذشته از آنچه گفته شد، در صدر امر و دوران رسالت حضرت باب مشکلات و تضییقات برای پیروان آن حضرت بقدری شدید و تحمل ناپذیر بود که از ترس بروز بلایا و ظهور ضوضاء نفس را به نفس نمی رسانیدند و از ترس وقایع مدهشه برای ملاقات یکدیگر و تلاوت آیات و الواح در نیمه های شب دور از چشم آشنا و بیگانه به بیغوله ها و سردابها پناه می بردند و با نور ضعیف شمعی که در تنورها می افروختند بزحمت صفحه ای را می خواندند. این موانع کار را بر کتّاب و نسّاخ نیز صعب و مشکل می نمود، زیرا غالباً امکان اینکه اثری را تماماً و مکملاً استنساخ و آن را با اصل مقابله نمایند وجود نداشت و چه بسا که حرف، کلمه یا جمله ای را از قلم می انداختند و در بعضی موارد دیگر پیداست که نسخه بردار سواد کافی برای اینکه عبارات را صحیح و دقیق بنویسد نداشته است. به این جهات است که منقصتی در بعضی از آثار حضرت باب دیده می شود.

در اینجا تذکر این موضوع لازم بنظر می رسد که در مطالعه و قرائت آثار منزله از قلم حضرت باب باید به چند نکته مهم و اساسی توجه داشت. اول اینکه عموم آثاری که از قلم حضرت باب نازل شده همه بر سبیل فطرت و بدون تأمل و سکون قلم نازل گردیده و به بعضی از قواعد موضوعه که از مبتدعات و مصنوعات افکار بشری است اعتنایی نشده است. به این معنی که آنچه بر قلب اطهر نازل می شده از لسان و قلم حضرتش جاری می گردیده است. دوم اینکه در دو کتاب آسمانی تورات و انجیل که مطالب آن سالها پس از حیات حضرت موسی و حضرت مسیح جمع آوری شده است کوچکترین اشاره ای به این مورد که حرفی یا عبارتی از

لسان آن دو مظهر ذات الهی بر سبیل فطرت صادر شده باشد وجود ندارد. لکن قرآن مجید در زمانی نه چندان دور از ارتحال رسول اکرم جمع آوری شد و بالطبع آیات منزله از لسان اطهر هنوز در خاطره ها باقی بود، بنابر این در موارد عدیده و مواقع کثیره بعضی از لغات و یا افعال که بر مبنای فطرت ذکر و نازل گردیده بود، با قواعد متعارف که منبعث و ناشی از افکار بشری است مطابقت نداشت.

باری، در هر جامعه ای لغت و کلام و طرز بیان جنبه فطری دارد و عامه مردم به آن لغات تکلم می کنند و مقصود یکدیگر را درک می نمایند و از مراعات قوانین موضوعه دستوری که اهل ادب و لغت ساخته و پرداخته اند فارغ می باشند.

به هرحال، آنچه در ایام تشرف نگارنده به حضور مولای توانا حضرت ولی امرالله روحی لوحدته الفدا، راجع به آثار منزله از قلم حضرت اعلی در ذهنم باقی مانده است مضمونی به صورت زیر است که فرمودند:

"می دانید تمام آثار حضرت اعلی از تحریف مصون نمانده قسمتی را ازلی ها تحریف نموده اند و قسمتی را علمای اسلام که بنا بر این به آنها نمی توان اعتماد نمود."

اما آثاری هم وجود دارد که از تصرفات ایام و تحاریف اهل غل و عدوان محفوظ و مصون مانده است. متأسفانه از این آثار، چه آنها که به خط حضرتش نوشته شده و چه آنها که بوسیله کاتبین یا نسخه برداران فراهم گردیده و در اختیار است، فهرست کامل و دقیقی تنظیم نشده زیرا در گذشته، امکان چنین کار عمیقی وجود نداشته است. لیکن مسلم است که در آینده این مهم انجام خواهد گرفت.

حال، با توجه به مقدورات نگارنده در جمع آوری آثار منزله از قلم حضرت باب و با در نظر گرفتن اهمیّت و شأن نزول آنها، فهرستی به ترتیب زیر ارائه می شود:

آثـــار

کتب:

۱- بیان فارسی

این کتاب که در سجن ماکو نازل گردید، ناظر به من یظهره الله بوده و امّ الکتاب دور بیان و ناسخ احکام شرایع قبل است. در کتاب بیان مقام مظهریت، رسالت و قائمیت حضرت باب رسماً اعلان شده است. در مقدمه کتاب می فرمایند: "در آن وقت که عود کل قرآن شد و بدء خلق کل شیء در بیان شد مقر نقطه که مرکز ربوبیت بوده بر ارض باسط (ماکو) بود."

نکته دقیق دیگری که به آن اشاره شده است این است که "کل آثار نقطه

مسمی به بیان است"[11] ولیکن آنچه در السن و افواه نفوس اعم از آشنا و غیرآشنا شهرت دارد دو کتاب بیان فارسی و بیان عربی است که به این نام خوانده می شود. مسئله مورد توجه این است که کتاب بیان همه بر نهج فطرت و بصورت وحی نازل گردیده است یعنی بدون فکر قبلی آنچه بر قلب مبارک الهام می شده بر روی کاغذ می آمده است. در تحریر این کتاب موضوعی که مطمح نظر منزل آن قرار گرفته است و در هیچیک از کتب تشریعی ادیان و مذاهب دیگر به چشم نمی خورد، موضوع نظم و ترتیبی است که در تقسیم بندی آن داده شده است به این معنی که کتاب به نوزده واحد و هر واحد به نوزده باب تقسیم شده است حاصل ضرب این دو رقم مساوی عدد ۳۶۱ است که ارزش عددی آن معادل عبارت "کلشیئی" می باشد و رقم نوزده که حضرت باب آن را واحد قرار داده اند، مساوی تعداد حروف جمله "بسم الله الرحمن الرحیم" است. این جمله مصدر جمیع سور قرآن کریم بجز یکی نیز می باشد.

در کتاب بیان فارسی در آغاز هر واحد و هر باب جوهر مطالبی که در آن واحد یا باب می آید بنحو ایجاز به زبان عربی نازل شده ولی توضیح و تفسیر به زبان فارسی است. روش و سیاق تحریر مستدل، مهیمن و بدیع است و در عین حال زبان آن ساده و نزدیک به فهم محققانی است که به تحقیق و تجسّس در بارهٔ این ظهور بدیع علاقه مندند.

بطوری که گفته شد، حضرت باب برای تحریر کتاب تقسیم بندی نوزده واحد و هر واحد نوزده باب را در نظر داشته اند ولی فقط تا باب دهم از واحد نهم که قسمتی از آن به خط خود حضرت باب است در اختیار پیروان حضرتش قرار گرفته است. در هیچ یک از مدارک موجود در بارهٔ بقیه آن صحبتی به میان نیامده است.

کتاب بیان فارسی بوسیلهٔ ازلی ها در ۳۲۸ صفحه و با ملحقاتی در ۱۶ صفحه به قطع ۱۷ در ۲۴ سانتی متر در حدود سالهای ۱۳۲۴ و ۱۳۲۵ هجری شمسی در ایران به چاپ رسید.

۲- بیان عربی

این کتاب نیز بر سیاق و نهج کتاب بیان فارسی و با همان تقسیمات تنظیم و تنسیق یافته و تا باب یازدهم آن بصورت کامل در دست است. روش نگارش این کتاب که به نام کتاب "جزا" نیز نام برده شده است، ساده و روان است.

در این کتاب هم به سال ظهور حضرت بهاءالله اشاره شده است[12] و هم به احکام مختلفه ای از جمله زیارت بیت مبارک و امر به ضیافت نوزده روزه. در همین کتاب خطاب به شیخ عابد[13] نحوهٔ تنبیهات در مکتب را نیز تشریح می فرمایند.

کتاب بیان عربی نیز بوسیله ازلی ها به قطع رقعی کوچک در ۶۲ صفحه در حوالی سالهای ۱۳۲۷ تا ۱۳۲۹ هجری شمسی در اصفهان (ایران) به چاپ رسیده و

به دو صفحه که به خط مبارک حضرت باب است مزیّن شده است.

لازم به یادآوری است که در کتاب بیان فارسی بیش از سیصد مورد و در کتاب بیان عربی در هشتاد مورد ذکر "من یظهره الله" به میان آمده است و ثمرهٔ هر حکم را عدم احتجاب از ذات مقدس او بیان فرموده اند.

۳- الفهرست

کتاب الفهرست با شهادت به حقانیت و مظهریت رسول اکرم و ائمه اطهار و عظمت مقام حضرت فاطمه زهرا علیها التحیة و الثناء و نیز به حقّیّت ابواب ظاهریه در مذهب شیعه مثل شیخ احمد احسایی و سید کاظم رشتی آغاز می گردد و پس از اینکه به روز تولد مبارک و اسامی والدین و اجداد خویش اشاره می فرمایند، فهرستی از آثار منزله را که از تاریخ پنجم جمادی الاول سال ۱۲۶۰ هجری قمری الی پنجم جمادی الثانی ۱۲۶۱ نازل گردیده ارائه می نمایند.

موضوع قابل توجه دیگر در این کتاب این است که دستور می فرمایند کتاب الفهرست در اول هر یک از آثار مبارک گذاشته شود و چون بعداً کاتبین آن را به آغاز رساله بین الحرمین اضافه کرده اند، بعضی به شبهه افتاده و تصور نموده اند که کتاب الفهرست جزئی از رساله مذکور است.

متن اصلی کتاب الفهرست هشت صفحه رقعی کوچک است که با دو صفحه جدولی که شامل فهرست آثار است بالغ بر ده صفحه می شود.

اسامی آثاری که در جدول ضمیمه کتاب از آنها نام برده شده به قرار ذیل است:

۱- تفسیر سوره یوسف در ۱۱۱ سوره به تعداد آیاتی که در سوره یوسف در قرآن مجید نازل و هرکدام از این سور که به نام خاصی نامیده شده شامل ۴۲ آیه است.

۲- صحائف مشتمل بر چهارده دعا با اسامی مختلف .

۳- الواح منزله به نام نفوس مختلفه مشتمل بر بیست و دو فقره.

۴- صحف مشتمل بر چهارده صحیفه به اسامی مختلف.

۵- خطب مشتمل بر ۸ خطبه که به نام محلی که در آن نازل شده است نامگذاری گردیده است.

۶- تفسیر "بسم الله" که شامل ۱۰۷۰ باب است.

۷- تفسیر "بقره" که شامل ۳۷۳۰ باب می باشد.

۸- کتاب روح شامل ۷۰۰ سوره است.

۹- رساله بین الحرمین شامل ۷ باب، تعداد ابیات ۱۱۷۰ نوشته شده است.

۱۰- صورت آثار مسروقه مشتمل بر نه اثر.

۴- قیوم الاسماء یا احسن القصص

قیوم الاسماء تفسیری است بر سورهٔ یوسف، دوازدهمین سوره نازله در قرآن مجید که مشتمل بر صد و یازده آیه می باشد. این کتاب به تصریح حضرت بهاءالله "اول و اعظم و اکبر جمیع کتب"۱۴ نازله از قلم حضرت باب است. حضرت باب تفسیری به صورت یک سوره مستقل و با نام مشخصی برای هر کدام از آیه های سوره یوسف نوشته اند. بنا بر این قیوم الاسماء دارای صد و یازده سوره و هر سوره چهل و دو آیه می باشد. انتخاب رقم چهل و دو ناظر به رؤیایی به این مضمون است که حضرت یوسف می فرماید:

"ای پدر، خواب دیدم که یازده ستاره، خورشید و ماه به من سجده کردند۱۵."

حضرت باب از "لی" با احتساب ارزش عددی حروف آن، رقم چهل را استخراج و با دو کوکب شمس و قمر جمع فرموده و تعداد هر سوره را چهل و دو آیه قرار داده اند. بنا بر این، مجموع آیات این اثر بالغ بر ۴۶۶۲ آیه است که معادل ۹۳۶۲ بیت باشد.

این تفسیر را از این لحاظ قیوم الاسماء نامیده اند که ارزش عددی کلمه "قیوم" با "یوسف" مطابقت داشته و برابر ۱۵۶ است.

اسم قیوم الاسماء برای این تفسیر اسم انتخابی منزل آن کتاب است که در بسیاری از آثار مبارکه به آن اشاره فرموده و ناظر به قیومیّت ظهور بدیع "من یظهره الله" می باشد.

هنگام تشرف نگارنده به حضور حضرت ولی امرالله نوزده آیه از آیات کتاب قیوم الاسماء را انتخاب فرمودند که در حضور مبارک تلاوت نمایم. سپس فرمودند ملاحظه کنید که هیکل مبارک آرزوی شهادت در سبیل جمال مبارک را می فرمایند. در این کتاب هر جا قرة العین را زیارت می کنید منظور هیکل مبارک حضرت اعلی و هر جا اسم قیوم را مشاهده می نمائید مقصود حضرت بهاءالله می باشد.

این کتاب به زبان عربی و بر سیاق قرآن نازل شده و حضرت باب در کتاب دلائل سبعه۱۶ علت نزول آن را به این صورت، چنین بیان می فرمایند:

"و باحکام قرآن در کتاب اول حکم فرمود تا آنکه مردم مضطرب نشوند از کتاب جدید و امر جدید و مشاهده کنند که این مشابه است با خود ایشان لعل محتجب نشوند و از آنچه برای آن خلق شده اند غافل نمانند."

سورهٔ اول این تفسیر که سورة الملک نامیده شده است در لیله پنجم جمادی الاول سنه ۱۲۶۰ قمری در بیت مبارک در حضور باب الباب نازل شده و نزول تمام آن متناوباً چهل روز به طول انجامیده است.

مطالبی که در این تفسیر بحث شده شامل توحید، تفرید ذات غیب منیع

لایدرک، خطابات، بشارات، انذارات و احکام می باشد و به صورت زیر طبقه بندی می شود:

۱- تفسیری تأویلی از سوره مبارکه یوسف راجع به ظهور موعود منتظر دیانت اسلام و بشارات قلم اعلی نسبت به آتیه امر.

۲- اصول عقائد و تعالیم دینی و تصحیح و تکمیل معارف اسلامی.

۳- تائید احکام منزله در قرآن مجید و تسهیل و تطهیر اضافات و اجتهادات آن.

۴- اظهار امر جدید با اصطلاحات و تعبیرات و اشارات مخصوصه.

۵- بشارات صریحه به ظهور بعد (ظهور من یظهره الله).

و نیز خطابات مهیمنی به ملوک و سلاطین، امراء، وزراء، علماء، تجار و منتسبین هیکل مبارک و بالاخره جمیع اهل عالم که در آنها همه را به نصرت امر دعوت فرموده اند و هم چنین احکام منزله برای تمحیص مؤمنین که مشابهت تام به احکام فقهی اسلامی دارد.

این تفسیر در بدشت بتوسط حضرت طاهره به زبان فارسی ترجمه و در جمع بابی ها خوانده شده است.

۵- کتاب الروح

این صحیفه به زبان عربی و در مراجعت حضرت باب از سفر مکه بر روی کشتی نازل شده است. در لوح علماء به کتاب الروح اشاره شده است.[۱۷]

سور این کتاب غالباً بالغ بر هشت الی ده سطر است. لکن این تعداد در کلیه سور کلیت ندارد یعنی بعضی از سوره ها کوتاه تر و بعضی مفصل تر نازل شده است به این ترتیب که تعداد سطور در مفصل ترین سوره بالغ بر ۵۸ سطر و در کوتاه ترین آن سه سطر می باشد.

تعداد سوره های باقی مانده از این کتاب بالغ بر ۴۵۶ سوره است که بطور تقریب دو سوم از مجموع سور منزله را تشکیل می دهد.

در این کتاب از عظمت ظهور بدیع و اهمیّت آیات و بشارات به قرب ظهور و نزدیک بودن قیامت و همچنین اشارات ضمنی به احکام الهی صحبت به میان آمده است و مطالب آن همه خطابات عمومی است که کل را به ایمان و اطاعت از شریعت بابی دعوت می نماید. کتاب الروح با مطلع زیر آغاز می گردد:

"بسم الله الرحمن الرحیم سبحان الذی نزل الکتاب فیه حکم کل شیئی هدیً من عند الله لقوم یسمعون."

۶- پنج شأن

کتاب پنج شأن در اواخر ایام حیات حضرت باب در چهریق نازل گردیده و تا

کنون نسخه کامل آن به دست نیامده است. بطوری که از قسمتهای موجود مستفاد می‌شود، اصل آن به نوزده واحد تقسیم و هرکدام با یکی از اسماء الهی آغاز می‌شود. در حال حاضر تنها دوازده واحد از کل کتاب با عناوین: بسم الله الاله الاله_ بسم الله الاوحد الاوحد_ بسم الله الاحد الاحد_ بسم الله الاحیّ الاحیّ_ بسم الله الاقوم الاقوم_ بسم الله الابهی الابهی_ بسم الله الاجلل الاجلل_ بسم الله الاجمل الاجمل_ بسم الله الانور الانور_ بسم الله الاقدم الاقدم_ بسم الله الاقرب الاقرب_ بسم الله الاعلم الاعلم، در دو قسمت عربی و فارسی بوسیله ازلی‌ها جمع‌آوری و به چاپ رسیده است. هر یک از واحدهای مذکور شامل پنج باب با موضوعات کلی آیات، مناجات، خطب و تفاسیر است. باب پنجم در همین مواضیع ولی به زبان فارسی نگاشته شده است.

لحن نازله در این کتاب بر اساس تعریفی است که در کتاب بیان در باره شئون خمسه آیات آمده است و هر یک از ابواب پنجگانه معرف یکی از شئوناتی است که در آن باب مطرح شده است. مطالب منزله، در موضوع توجه خاص به ظهور من یظهره‌الله، اشارات استدلالی و مفاهیم اصولی در باره ظهور مظاهر مقدسه الهیه و علوم و معارف فلسفی و دینی بطور اعم می‌باشد.

۷- کتاب الاسماء (اسماء الله چهار شأن)

این کتاب کمیاب که به زبان عربی نازل شده است، حجیم‌ترین و مفصل‌ترین اثر از آثار منزله از قلم حضرت باب می‌باشد و محتملاً حدود چهار برابر قرآن مجید است. این کتاب در آذربایجان و بعد از کتاب بیان نازل گردیده است. تقسیمات آن برابر ارزش عددی کلمه "کلشیئی" یعنی بر اساس نوزده واحد و نوزده باب است.

هر یک از ابواب نوزده‌گانه در وصف اسمی از اسماءالله نازل و به چهار قسمت با عناوین متمایز آیات، مناجات، خطب و صور علمیه تقسیم شده و با آیه‌ای شبیه به اسم "بسم الله الارفع الارفع" که در بارهٔ معرفت اسم الله الرفیع است، آغاز می‌گردد. به علاوه، هریک از ابواب مذکور به ایام و هریک از واحدها به شهور مرتبط است ولی این ارتباط به روزها و شهور معین تخصیص داده نشده است.

مطالب مهم و عمده منزله در این سفر عظیم اغلب در ذکر "من یظهره‌الله" و اشاره به ظهور اوست.

مخاطبین کتاب نفوس مختلفه اعم از مؤمن یا غیر مؤمن می‌باشند.

۸- دلائل سبعه

این کتاب در اواخر دورهٔ سجن ماکو و بعد از نزول کتاب بیان به اعزاز یکی از کبار اصحاب حاج سید کاظم رشتی، در اوایل سال ۱۲۶۴ هجری قمری نازل شده است. این کتاب که موضوع آن در اثبات ظهور بدیع است، بر اساس حقیقت و اولویت

وحی الهی و عطای اطمینان قلب و ایقان خاطر به حقیقت ظهور نگاشته شده است و در واقع مشتمل بر دو کتاب یکی به زبان عربی و دیگری فارسی است. کتاب فارسی شامل ۷۲ صفحه و کتاب عربی دارای ۱۴ صفحه می باشد.

هیچ کدام از این دو کتاب مشابه با کتاب بیان یا قیوم الاسماء به واحدها و ابواب تقسیم نشده بلکه هفت دلیل عقلی و نقلی در اثبات شریعت بیان در آن مطرح گردیده است، بشرح زیر:

۱- اعظمیت آیات در مقایسه با بقیه معجزات.

۲- عدم امکان انزال آیات بتوسط خلق به شهادت تاریخ اسلام.

۳- نزول آیات از جانب شخصی امّی و تمایز آیات و عدم امکان خلق در تبیین و انزال آیات و استدلال به اینکه تمام حروف و کلماتی که آیات الهی به آن نازل می شود در اختیار آحاد و افراد بشر است و هیچکدام جز مظهر ظهور قادر بر اتیان آیات نمی باشد.

۴- اکتفا به دلیل آیات در قرآن و ردّ بقیه معجزات اقتراحی.

۵- عدم استدلال در قرآن بدلیلی غیر از آیات بر حقانیت رسول الله.

۶- انحصار دلیل به آیات برای هدایت مردم به اسلام در زمان حاضر.

۷- لزوم ابطال مدعی باطل از جانب خداوند تعالی.

کتاب فارسی با مطلع: "بسم الله الافرد الافرد الحمد لله الذی لا اله الا هو الافرد الافرد" و کتاب عربی با مطلع: "قل اللهم انک انت فرّاد السموات و الارض و ما بینهما" آغاز می گردد.

۹- اثبات نبوت خاصه

نزول این رق منشور در اصفهان به خواهش منوچهرخان معتمدالدوله صورت گرفت. این صحیفه بدون تقسیم بندی به فصول و ابواب و با حجم تقریبی ۵۱ صفحه رقعی به زبان عربی نازل گردیده است، موضوع آن مباحث فلسفی کلامی اسلامی است و نیز از مبانی اصالت مظاهر مقدسه الهیه و اثبات نبوت رسول اکرم صحبت فرموده و به علاوه در تجلیل و احترام از معتمدالدوله سخن گفته اند. مطلع این اثر مبارک چنین است:

"بسم الله الرحمن الرحیم الحمد لله الذی جعل طراز الواح کتاب الاذن طراز النقطة التی عیّنت بعد ما شیّئت و قدّرت قبل ان قضیت و اذنت حین ما اجلت و احکمت."

رسائل:

۱- رسالهٔ فروع ادعیه

این رساله که به زبان عربی نازل شده است به ده باب منقسم می گردد و حجم

تقریبی آن ۲۲ صفحه رقعی است.

مطالب منزله در این رساله در آداب عبادات مثل وضو، نماز، روزه و امثال آن است.

۲- رسالهٔ ذهبیه

این رساله کوتاه که به زبان عربی و در حدود ۱۷ صفحه می‌باشد، با عبارت زیر آغاز می‌گردد:

"بسم الله الرحمن الرحیم الحمد لله الواحد الاحد الفرد القهار الصمد الوتر الدائم الجبار و الحی القیوم المتعال المختار و المقتدر العادل الغفار الذی خلق بامره جوهریات الاسرار للمقرّبین من الابرار."

خطابات استدلالی این رساله که در سال ۱۲۶۲ هجری قمری به افتخار میرزا ابوالقاسم متخلص به راز معروف به میرزا بابا مرشد طریقه ذهبیه نازل شده است، متضمن نکات فلسفی و اعتقادی است که همه به استناد شواهد قرآنی و اخبار و احادیث مرویّه از ائمه اطهار نگاشته شده است و حضرت باب ضمن اتمام حجت به مخاطب، امر خود را رسماً اظهار نموده و حقیقت ظهور مبارک را اثبات فرموده‌اند و عقاید عرفا و حکما را در بعضی از مسائل عرفانی که مدلول به استدلالات آنهاست مردود دانسته‌اند.

۳- رسالهٔ فی السلوک الی الله

در این رساله تاریخ نزول آن ذکر نشده است ولی از اشاره‌ای که به آقا سید کاظم رشتی در آخر توقیع فرموده‌اند برمی‌آید که زمان نزول قبل از اظهار امر مبارک بوده است. زبان رساله "فی السلوک الی الله" عربی و حجم تقریبی آن در حدود سه صفحه می‌باشد و به شماره ۶۷ از صفحات ۱۴۸-۱۴۵ در محفظه ملی آثار مبارکه ثبت است و چون رساله با عبارت "یا سائل التّقیّ" آغاز می‌گردد، به اغلب احتمال می‌توان حدس زد که مخاطب ملا تقی هراتی است.

این اثر مبارک با مطلع "استقم یا سائل التّقیّ فی مقام التّوحید قال الله تعالی انّ الّذین قالوا ربّنا الله ثمّ استقاموا تتنزّل علیهم الملائکة ... و اعلم انّ الطّرق الی الله بعدد انفاس الخلائق..." شروع می‌شود و مطالب منزله در آن که با شواهد متعدد از آیات قرآنی و احادیث اسلامی عنوان شده عبارتند از توضیحاتی در بارهٔ: هدف از دین و شرایع و احکام، ارکان اربعه توحید، نبوت و ولایت، مقام آل‌الله، ذکر اصول اعتقادی از قبیل وحدت دین، انقطاع از ماسوی الله، اصول اخلاقی و روش زندگانی، رعایت اصول اعتدال و بهره‌بری از حیات، تقوی و پرهیزگاری، تأکید در بارهٔ محبت، تحمل دوست و دشمن و نزدیکان، احتراز از غفلت و اشتغال به امور دنیوی، نهی و نفی عادات رذیله و شهوات نفسانیه.

۴- رسالة فی السّلوک الی الله تعالی

زبان این رساله که نسخه خطی آن در محفظه ملی آثار به شماره ۹۸ از صفحات ۱۲۲-۱۱۱ ثبت است عربی و حجم تقریبی آن ۱۱ صفحه می باشد.

این رساله با مطلع "بسم لله الرحمن الرحیم الحمد لله الذی تعالی بذاتیة ذاتیة ذاتیته عن وصف المجردات و کنهها و الحمد لله الذی تقدس بکینونیة کینونیة کینونیته عن نعت المادیات و حقائقها و الحمد لله الذی تعظم بنفسانیة نفسانیة نفسانیته عن ذکر الموجودات و ما یمکن فی رتبتها..." آغاز می گردد و خطاب به سید ابوطالب حسیناوی برادر حاجی سیدجواد کربلائی است که از بابی های عراق بوده است.

مطالب منزله در بارۀ مسائل دقیق عرفانی و اخلاقی، مفهوم انقیاد به امر حق و مقام حق الیقین و تحقق میزان، جنت و نار در نفس انسانی، اکسیر ابیض یعنی اخلاق، ضرورت اطاعت و تمکین از اوامر الهی، تطبیق ظاهر به باطن، تطبیق اعمال با توجهات قلبی، اهمیت و مرجعیت عقل، تذکر و توبه و اینکه انسان در هر دم و آن خلق جدید می شود، تذکر و قبول بدا، توحید در تمام مراحل علم و عمل، سعی وصول به مقام تسلیم و رضا از همه کس و همه چیز می باشد و بالاخره به وصول به مقام عجز و فقر اشاره شده است چه که در خزائن امر الهی تمام این صفات و نعتها موجود است.

۵- رسالة غنا

این اثر مبارک که با مطلع "بسم الله الرحمن الرحیم الحمدلله الذی تقدس بقدس قیّومیته عن نعت الجوهریات و ما یشابهها و الحمد لله الذی تَفَرّد بتفرّد ازلیته عن وصف الذاتیات و ما یعادلها" شروع می شود، با حجم تقریبی بیش از ۲۵ صفحه به اعزاز سلطان الذاکرین نازل شده است.

خطبۀ توحیدی این رساله به زبان عربی و متن آن به زبان فارسی نازل گشته است اما برای نقل احادیث مأثوره از ائمه اطهار قلم مبارک به زبان عربی متکلم است.

مطالب منزله در آن عبارتند از: بیان مقدمات فلسفی و عرفانی در باره مراتب سبعه خلق، ظهور مظاهر مقدسه الهیه در هر زمان، وجود انسانی و نیز تفکیک انواع غنا و موسیقی بر مبنای احتراز از فجور و اعمال لغو، تائید استفاده از الحان خوش در تلاوت آیات الهی و همچنین ذکر مظاهر و محامد آن در وقت مناجات به درگاه خدای تعالی.

٦- رسالة بین الحرمین (صحیفه بین الحرمین)

این رساله در شب ول محرم سال ۱۲٦۱ هجری قمری در بین راه مکه و مدینه در جواب اسئله میرزا محیط و سید علی کرمانی به زبان عربی نازل شده

است و حجم تقریبی آن در حدود ۷۵ صفحه می‌باشد.

مقدمه رساله در اظهار امر حضرت نقطه و در مقام قائمیت است و با مطلع زیر:

"بسم الله الرحمن الرحیم ان هذا کتاب قد نزل علی الارض المقدسة بین الحرمین من لدن علیّ حمید ثم قد فصلت علی ید الذکر هذا صراط الله فی السموات و الارض علی دعاء السائل فی سبع آیاتٍ محکمات باذن الله علی قسطاس مبین" آغاز می‌گردد.

مطالب منزله در این رق منشور به ترتیب زیر آمده است:

باب اول در اتمام حجت به میرزا محیط و حاجی سید علی کرمانی.

باب دوم در موضوع تثلیث و تربیع و مفهوم و معانی حقیقی طلسمات.

باب سوم در پاسخ و پرسش مربوط به نجوم و اجرام سماوی.

باب چهارم خطاب به میرزا محیط و اشاره به اتمام حجت با وی در جوار منبر و مقام در جلو درب کعبه در شهر مکه.

باب پنجم در آداب و سلوک با خلق و ادعیه و مناجات.

باب ششم در بارۀ ادعیه مخصوصه.

باب هفتم در آداب زیارت مرقد حضرت حسین ابن علی و ادعیه و مناجات.

صحائف:

۱- صحیفۀ مخزونه

این صحیفه که مشتمل بر چهارده مناجات و دعا می‌باشد بمناسبت ایام متبرکه و اعیاد در شریعت مقدّس اسلام نازل شده و لحن آن مشابه ادعیه حضرت سیدالساجدین در صحیفه سجادیّه می‌باشد و بالطبع در بارۀ توحید، تحمید، تعظیم و تکریم ذات رب مجید و نیز رجای رحمت و عنایت فضل و عطا از درگاه خداوند یکتا است.

این اثر مبارک در شیراز قبل از بعثت و به اغلب احتمال مقارن با نزول تفسیر سوره بقره نازل گردیده است. مقدمه این صحیفه با عبارات زیر شروع می‌شود: "ان هذه الصحیفة العظیمة المخزونة قد انزلها الله سبحانه من عنده الی حجته محمد ابن الحسن علیهما السلام و لقد اخرجها الحجة بقیة‌الله صاحب الزمان علیه السلام الی بابه الاکبر لتکون حجة الله علی العالمین من لدی الذکر بلیغة و هو الله قد کان بکل شیئی شهیدا و کفی بالله و بالحجة لعبده علی الحق بالحق نصیرا".

آیه اول نخستین مناجات آن چنین است

"بسم الله الرحمن الرحیم الحمد لله الذی هو کائن قبل کلشیئی و لا یکون شیئی معه و کان موجوداً حین لا وجود لشیئی لدیه الذی قد قصرت افئدة العارفین

منیع لایدرک آغاز می‌شود و سپس به حقیقت انبیاء الهی از بدو آفرینش و علوم لدنی که از جانب خداوند به آنها اعطا گردیده است اشاره می‌شود. حضرت باب طی مراحل ترقیات روحانی نوع بشر را با عوالم روحانی در ادیان الهی مقایسه و می‌فرمایند احکام و دستورات در ادیان مختلفه بر حسب مقتضیات و ادراکات انسانی نازل می‌گردد.

در این صحیفه از حوادث اولیه ظهور حضرت رسول اکرم، مسئله معراج و بالاخره تقسیم حزب شیعه به شعب و مسالک گوناگون و اینکه هیچ کدام از این فرق به حقیقت امر واقف نبوده‌اند، بحث می‌شود. حضرت باب ظهور خود را با در دست داشتن جمیع علوم الهی که من عند الله به ایشان عطا شده است و نیز احتجاج به نزول آیات از قلم مبارک، استدلال می‌فرمایند.

تفاسیر:

۱- تفسیر هاء

این تفسیر به زبان عربی و به اغلب احتمال در شیراز نازل گردیده است و مخاطب آن به موجب مکتوبی که در دست است آقا سید یحیی وحید است. حجم تقریبی آن ۳۶ صفحه رقعی است.

مسائل مطروحه در آن همه در توحید و یگانگی پروردگار عالمیان و مقام پیغمبر اکرم می‌باشد. این تفسیر متضمن خطبه و خطابات استدلالی در بارهٔ مسائل فلسفی و کلامی و استشهاد به احادیث و اخبار مرویه از رسول اکرم و ائمه اطهار است و بعلاوه در بارهٔ اظهار امر و استدلال به حقانیت ظهور مبارک بر اساس نزول آیات، مناجات، خطب و مسائل علمی و کلامی بحث شده است.

این تفسیر چنین آغاز می‌گردد:

"بسم الله الرحمن الرحیم الحمد لله الذی جعل طراز الواح الابداع طراز الالف[۲۰] القائم بین الحرفین الذی لاح و اشرق بما استشقق و استنطق."

۲- تفسیر سرّ الهاء

این تفسیر که به زبان عربی و در شیراز نازل گردیده است، به نام تفسیر "الفین" نیز نامیده شده و به اعزاز آقا سید یحیی وحید با عناوین "یا ایها الانسان"، "یا ایها الخلیلُ" "یا ایها الجلیل" در جواب سئوال او در تفسیر "دعاء ابو لُبید مخزومی" عز نزول یافته است.

حضرت باب در ضمن این تفسیر می‌فرمایند: "اننی نحکم ما فصّلت فی نسخة الفین فی تفسیر الهاء لیبطل کلّ شبهات العلماء." حجم تقریبی این اثر در حدود ۲۴ صفحه و مطالب منزله در آن همه مباحث کلامی، شواهد آثار اسلامی، احادیث مرویه ائمه اطهار، ادعیه و بعضی از اشعار حکما و علمای اسلام می‌باشد.

این تفسیر با عبارت:

"بسم الله الرحمن الرحیم الحمد لله الذی تقدس بقدس کینونیته عن عرفان اعلی مجردات اللاهوت و من یشابهها" شروع می‌شود و از اهمیّت و کیفیت نزول آیات الهی من عندالله و عجز کل از اتیان به آن بیانات بحث فرموده و به اینکه صدور آیات و نزول بینات و سایر شئون همه از قلم و اثر حجت الهی است اشاره می‌فرمایند و بعلاوه با توجه به تأیید مقامات عالم وجود، در بارهٔ طریق سلوک الی الله و اثر آیات الهی و عظمت ایام ظهور گفتگو می‌نمایند.

۳- تفسیر سورهٔ کوثر[۲۱]

تفسیر کوثر به زبان عربی در سال **۱۲۶۲** هجری قمری در شیراز به اعزاز آقا سید یحیی وحید نازل شده است و حجم آن در حدود **۲۲۶** صفحه رقعی است.

خطابات مستقل و مجزا از یکدیگر در این تفسیر همه استدلالی در بارهٔ ابلاغ امر مبارک، تبیین میزان حقیقت و اتمام حجت به اهل عالم است و ضمناً بصورت اشاره و تلویح در مورد مقام و ظهور حضرت نقطه اولی و بر اساس نقل شواهد از احادیث راجع به این مسئله بحث فرموده‌اند.

مطالب منزله در این تفسیر با عبارت زیر آغاز می‌گردد:

"بسم الله الرحمن الرحیم الحمدلله الذی جعل طراز الواح کتاب الفلق فی کل ما فتق و استفرق و استنطق طراز اوّل الذی لاحت و اضائت..."

۴- تفسیر سورهٔ والعصر[۲۲]

تفسیر والعصر به زبان عربی در پائیز سال **۱۲۶۲** هجری قمری هنگامی که حضرت باب در منزل میرزا سید محمد سلطان العلماء امام جمعه اصفهان اقامت داشتند، بر حسب خواهش وی نازل گردید.

حجم تقریبی آن **۷۵** صفحه بوده و مطالب بحث شده مستقلاً و جدا از یکدیگر همه فلسفی و کلامی و راجع به عوالم وجود، ذات و صفات الهی، مقام و رسالت و عائله خاندان رسول اکرم می‌باشد.

مطلع این اثر مبارک به عبارت زیر موشّح است:

بسم الله الرحمن الرحیم الحمد لله الّذی تجلّی للممکنات بظهور آثار ابداعه فی ملکوت الامر و الخلق..."

نسخه‌ای از این تفسیر با خط مرحوم آقا میرزا عبدالرحیم اصفهانی در اختیار نگارنده است.

۵- تفسیر سوره بقره

این تفسیر به زبان عربی و قبل از بعثت حضرت باب در شیراز نازل شده است. نسخ متعدد آن با حجم تقریبی **۲۹۵** صفحه با خطوط مختلف در دست است و

نسخه‌ای از آن تحت شماره ۶۰۱۴ در محفظه ملی آثار نگهداری می‌شود. این تفسیر در واقع دارای دو قسمت اصلی است. یکی تفسیر سوره فاتحه[۲۳] و دیگری تفسیر سوره بقره[۲۴] که از جمع ۲۸٦ آیه آن تنها تا آیه ۱۴۱ و هریک بصورت کاملاً مفصل تفسیر شده است. تفسیر این سوره بر اصول متداول تفاسیری که علماء اسلام سور قرآن کریم را تفسیر نموده‌اند انجام گرفته است و در آن موعود اسلام ورای عقاید و افکار سنتی حزب شیعه اثبات و معرفی شده است و بعلاوه از عظمت مقام رسول الله و آله الطاهرین بحث و از آنها تجلیل گردیده است و همچنین از عظمت مقام حضرت امیرالمؤمنین گفتگو به میان آمده و بر ولایت مطلقه آن حضرت تأکید شده است.

مطلع این اثر مبارک چنین است:

"بسم الله الرحمن الرحیم الحمد لله الذی تجلی للممکنات بطراز النقطة المنفصلة عن لُجّة الابداع لها بها الیها."

و سپس فاتحه تفسیر را با عبارات زیر آغاز می‌فرمایند:

"اللّهمّ انک لتعلم فی یوم الذی اردت انشاء ذلک الکتاب قد رأیت فی لیلتها بانّ ارض المقدّسة قد صارت ذرة ذرة و رفعت فی الهواء حتی جائت کلها تلقاء بیتی ثم استقامت ثم جاء خبر فوت الخلیل العالم الجلیل معلمی رحمة الله علیه من هناک و قد اخبرت بعض الناس قبل الخبر بنومی فصلی الله علیه بجوده انا لله و انا الیه راجعون و لا حول و لا قوة الاّ بالله و الحمد لله رب العالمین."

٦- تفسیر سوره توحید[۲۵]

از سیاق عبارات منزله در این تفسیر بر می‌آید که در شیراز نازل شده است. حجم تقریبی آن ۱۲ صفحه و زبان آن عربی است.

در این تفسیر نیز هر کدام از آیه‌ها بصورت مستقل و جدا از یکدیگر تفسیر شده است. مطالبی که مورد بحث قرار گرفته است همه استدلالی و با استشهاد به مدارک اسلامی است. حضرت باب در تفسیر این سوره به تنزیه و تقدیس ذات خدای تعالی پرداخته و سپس مقام و مرتبت حضرت رسول اکرم و آله المکرم علیهم الصلوة و السلام را توجیه و بصورت ضمنی اشاره به اسرار ظهور مبارک و مراتب آن فرموده‌اند.

این تفسیر با مطلع زیر شروع می شود:

"بسم الله الرحمن الرحیم الحمد لله الذی ینزل الامر فی الکتاب علی قدر غیر معدود فاشهد ان لا اله الاّ الله کما هو اهله و مستحقّه."

۷- تفسیر حدیث جاریه فی علم الغیب

حدیث جاریه داستانی منقول از حضرت امام جعفر صادق علیه السلام است و

در آن به اینکه ائمه عالم به غیب نیستند اشاره شده است و می‌گوید که عالم بودن به علم غیب مخصوص ذات الهی است. در کتاب الحجه۲۶ این داستان را از قول احمد ابن محمد که او نیز از محمد ابن الحسن و عباد ابن سلیمان و پدرش سدیر نقل قول می‌کند، چنین تعریف می‌نمایند:

"من و ابوبصیر و یحیی بزاز و داود ابن کثیر در حضور امام مشرف بودیم وقتی که از حضور حضرتش مرخص شدم امام غضبناک بود و فرمود"یا عجباً لاقوام یزعمون انّا نعلم الغیب و ما یعلم الغیب الاّ الله عز و جل لقد هممت بضرب جاریة فلانة فهربت منی فما علمت فی ای بیوت الدار هی."

مضمون بیان مبارک این است که "جای تعجب است بر مردمی که خیال می‌کنند که ما علم غیب داریم در صورتی که دانستن غیب خاص خدای عز وجل است. چنانچه من تصمیم گرفتم که کنیزم فلان را تنبیه و تأدیب کنم و او از دست من گریخت و ندانستم که در کدام یک از اطاقهای خانه مخفی شده است."

این حدیث بصورتی که نقل شده ناقص است زیرا اول و آخر آن افتاده است. حضرت نقطه اولی بر اساس مفاهیم فلسفی و کلامی اشاراتی نموده و از آن حدیث رفع تناقص فرموده‌اند و اساساً مطالب منزله از مسائل ظاهری و محسوس به مرحله استدلالی و معقول کشیده شده است.

از اشارات موجود در این تفسیر برمی‌آید که جا و محل نزول آن شیراز و قبل از بعثت بوده است.

زبان تفسیر عربی و مطالب آن در تبیین و توضیح حدیث منقول از امام صادق است که در باره احاطه و اطلاع ائمه هدی بر علم غیب و معارف کتاب الهی بیان شده است.

این تفسیر با عبارت زیر آغاز می‌شود:

"بسم الله الرحمن الرحیم بسم الله تعالی فاقول مستعیناً بالله فی تفسیر بعض احادیث المرویّ فی الکافی فی ذکر علم الغیب ... قصد علیه السلام عن هذه الکلمات اظهار علوّ مقامه و جلالته."

۸- تفسیر ایقغ

تفسیر ایقغ تفسیر دعایی است که بمنظور حفظ سلامت نازل گشته و بصورت دایره تحریر یافته است. محل نزول این دعا چهریق و زبان آن عربی است.

مقدمه این توقیع در تحمید ذات باری تعالی و بیان عظمت حق و احاطه او بر همه اشیاء به کلمه "کن" و امتناع مقام او از عرفان خلق و نعت آیه سلطنت او در کل شیئی است و هر کس را که خداوند توفیق به قرائت این دعا عنایت فرماید باید دایره موصوفه را با خود نگاه دارد و در ۱۹ روز که شروع آن شب پنجم از ماه

باشد تا آخر روز ۲۴ از همان ماه آن را از خود دور نکند. سپس حضرت باب مقرر فرموده اند که بعد از نماز فریضه اسامی هفتگانه زیر:

حیّ، واحد، قائم، جبّار، فطّار، نوّار و قهّار هر یک نوزده بار خوانده شود و پس از فراغت از قرائت ارکان سبعه، دعای مخصوص (دعایی که روی دایره نوشته شده است) تلاوت گردد. حضرت باب وعده اجابت و قبول حق را تضمین فرموده اند.

متن دعا با عبارت زیر آغاز می شود:

"بسم الله العلی العظیم رب انی اسئلک بکل اسم هو لک ... فی سبیل محبتک کن فیکون..." و با تأیید بر اینکه آنچه در آسمانها و زمین است مطیع امر اوست و نیز اینکه (ذات باری تعالی) بدون استحقاق می بخشد و بفضل خود عطا می کند و فضل او بر کل شیئی شامل است ادامه داده در خاتمه سلام و درود از جانب حق بر بندگان خالص و مخلص نثار و خداوند را مکرراً حمد می فرمایند.

هنگامی که لطفعلی میرزای شیرازی۲۷ حسب الامر مبارک عازم شیراز بود وی را مأمور فرمودند که از روی این توقیع پنج نسخه بردارد و به پنج نفر از ابطال اصحاب یعنی باب الباب، قدوس، وحید، عظیم و حاج سیدجواد کربلایی تسلیم نماید. لطفعلی میرزا در کتاب تاریخی که به قلم وی نوشته شده است، می نگارد باب الباب را که در راه سفر به مازندران بوده است در "ده ملا" ملاقات و توقیع را به وی داده است.

۹- شرح خطبه طتنجیّه

تفسیر خطبه طتنجیّه تفسیری است از حضرت امیر که حاج سیدکاظم رشتی بر آن تفسیر مفصلی نوشته است.

۱۰- تفسیر والصّافات.

۱۱- تفسیر دائرة الجنّة.

۱۲- تفسیر "من عرف نفسه فقد عرف ربّه" که بیان آن از حضرت رسول اکرم است و بوسیله حضرت باب و سپس توسط حضرت بهاءالله در ایّام بغداد تفسیر شده است.

۱۳- تفسیر دعای صباح

۱۴- تفسیر لیلة القدر- که در تفسیر آیه "لیلة القدر خیر من الف شهر"۲۸ نازل شده است.

۱۵- تفسیر آیه نور- که در تفسیر آیه "الله نور السموات و الارض مثل نوره کمشکوة فیها مصباح المصباح فی زجاجة الزجاجة کانها کوکب درّیّ...۲۹" در قرآن مجید آمده است.

۱۶- تفسیر باء "بسم الله الرحمن الرحیم"- که در ابتدای جمیع سور قرآن کریم بجز یک سوره (سورة التوبه) نازل شده است می فرمایند: "باء" رمزی از بهاءالله و اسم اعظم الهی است.

این تفسیر که شامل ۱۵۷ آیه می باشد در طول راه مسقط به بوشهر نازل شده است و با جمله زیر شروع می گردد:

"بسم الله الرحمن الرحیم الحمدلله الذی جعل طراز مشیّته جلال ازلیّته التی علت و رفعت بعد ما اخترعت قبل ما بدعت فاستنطقت فتنطقت جلت و تعالت دامت و استضائت دارت و استبانت فهی هی ساجدة علی عرشها ناطقة ببهاء منشئها."

۱۷- تفسیر وجه- این تفسیر بر تفسیر عبارت "نحن وجه الله" نازل شده است. حضرت باب در اینجا کلمه "وجه" را که با حساب حروف جُمل (تهجی) برابر عدد چهارده می شود در شأن چهارده معصوم دوره اسلام علیهم الصلوة و السلام بحث فرموده اند.

۱۸- تفسیر حدیث کمیل یا تفسیر حدیث الحقیقه- حدیثی است از حضرت امیرالمؤمنین علی ابن ابیطالب در جواب کمیل ابن زیاد نخعی در بارهٔ توحید که حضرت باب آن را تفسیر فرموده اند.

تواقیع :

۱- توقیع هیاکل. این توقیع که به این نام نامیده شده، از سجن چهریق به اعزاز آقا میرزا اسدالله دیان خوئی نازل گردیده است. حجم تقریبی این توقیع که متضمن پنج توقیع در شئون خمسه و همه بر سیاق آیات، مناجات، خطبه و صور علمیه است، بالغ بر ۴۳ صفحه می باشد. زبان چهار فقره از این توقیعات عربی و یک فقره آن فارسی است. مطالب این توقیعات درباره "اسم الله الاعلم" واحد دوازدهم از کتاب پنج شأن می باشد.

عمده مضامین نازله در این توقیع محاسبات و تطبیقات عددی و حرفی راجع به ظهور من یظهره الله و توجیهات اصولی و بنیادی دیگری به همین کیفیّت در بارهٔ حقایق ظهور مظاهر الهی می باشد. علاوه بر آن استخراج اسماءالله از نظام حروف ابجد است که در چهار چوب جداول مخصوصی صورت گرفته است.

کشف رموز منزله در این لوح خالی از اشکال نیست؛ چنانچه مرحوم حاج محمدابراهیم شیرازی مشهور به مبلغ که در زمره ابطال دیانت بهایی است در این باره از حضور حضرت بهاءالله پرسش نمود و در جواب او لوحی به همین نام نازل گردید و معضلات لوح نازله از قلم حضرت نقطه اولی توضیح داده شد.

عبدالحمید اشراق خاوری در کتاب محاضرات در صفحات ۲۹۳ تا ۳۰۸

توضیحات کافی در این مورد داده است.

توقیع هیاکل با عبارات زیر آغاز می‌گردد:

"بسم الله الاعلم الاعلم بالله الله العلم العلم انّنی انا الله لا اله الاّ انا کنت من اول الذی لا اول له علاّماً مقتدراً اننی انا الله لا اله الاّ انا لاکوننّ الی آخر الذی لا آخر له علاماً مقتدراً..."

۲- هیکل، توقیعات متعددی که به نام هیکل وجود دارد به صورت و در شکل هیکل انسان تحریر شده و نگارنده تنها به چهار فقره از آن دست یافته است که در زیر به ترتیب، عبارات آغازین هرکدام ذکر می‌گردد:

- توقیع اول که اصل آن در کتابخانهٔ بریتانیا تحت شماره **Or. 6887** نگهداری می‌شود با عبارت: "و لله ملکوت السموات و الارض و ما بینهما یبدع ما یشاء بامره انّه علی کل شیئی قدیرا..."

- توقیع دوم با عبارت: "بسم الله الامنع الاقدس شهد الله انّه لا اله الاّ هو له الخلق و الامر یحیی و یمیت ثم یمیت و یحیی و انّه هو حی لا یموت فی قبضته ملکوت کل شیئی یخلق ما یشاء بامره انّه کان علی کل شیئی قدیرا..."

- توقیع سوم با عبارت: "بسم الله الامنع الاقدس شهد الله انّه لا اله الاّ هو قل کلٌ له ساجدون. شهد الله انّه لا اله الاّ هو قل کلٌ له عابدون..."

- توقیع چهارم با عبارت: "قل ما شاء الله بهاء الله لله ربّ السموات و ربّ الارض ربّ العالمین..."

ضمناً به نام و شکل هیکل، ادعیه بسیاری نازل شده است که در زیر عنوان ادعیه از یکی از آنها نام برده می‌شود.

۳- کتاب الواحد مجموعه ۱۹ توقیع است که ۱۸ فقرهٔ آنها به اعزاز هر یک از حروف حی نازل شده است.

۴- توقیع حاجی محمدکریم خان ملقب به کریم اثیم (این شخص خود را رکن رابع می‌دانست و بر علیه حضرت باب و دیانت بابی چند ردیه نوشت).

۵- توقیع به علماء اصفهان.

۶- توقیع به علماء تبریز که در آن دو بار مورد خطاب قرار گرفته‌اند؛ یک بار بعد از تعزیر آن حضرت از چهریق و بار دیگر در زمان و از محلی که مشخص نیست.

۷- توقیع به مجید پاشا سلطان عثمانی.

۸- توقیعات به محمد شاه قاجار نازله از بوشهر، اصفهان، سیاه دهن، ماکو و چهریق.

۹- توقیعات به حاجی میرزا آقاسی نازله از بوشهر، ماکو و چهریق.
۱۰- توقیع ملا حسن گوهر.
۱۱- توقیع شیخ خلف.
۱۲- توقیع شریف مکه.
۱۳- توقیع شیخ سلیمان مفتی مسقط.
۱۴- توقیع حاجی سلیمان خان شهید.

علاوه بر توقیعات مذکور در فوق از سه توقیع دیگر که در راه مکه نازل گردیده نیز یاد شده است که اطلاعی از آنها در دست نیست.

ادعیه

چون تعداد ادعیه و زیارتنامه‌هایی که از قلم حضرت باب نازل شده است، بیشمار و عدد قطعی آنها معلوم نیست، در اینجا به ذکر اسامی چند فقره به ترتیب زیر اکتفا می‌شود:

۱- ادعیه ایام هفته (دعوات الاسبوع)

دائره محفظه آثار در ارض اقدس فهرستی تهیه نموده که در آن از دو مجموعه ادعیه مربوط به ایام هفته نام برده شده است.

- مجموعه اول متجاوز از ۲۳ صفحه و مجموعاً دارای هفت دعا به زبان عربی برای هفت روز هفته می‌باشد.

مطالب منزله در این ادعیه با اشاره به معارف اسلامی متضمن مفاهیم و مطالب توحیدی در تسلیم، تحمید و تمجید ذات باری تعالی و در زمینه عجز و نیاز به درگاه قاضی الحاجات است.

مطلع مجموعه اول در دعای مخصوص روز شنبه چنین است:

"بسم الله الرحمن الرحیم الحمد لله الذی خلق السموات والارض بامره ثم الذین آمنوا بالله و آیاته الی الله یحشرون اللّهمّ انک انت الله الفرد الاحد الصمد الحیّ القیوم."

- مجموعه دوم شامل نه دعا متضمن دعای مخصوص هفت روز هفته بعلاوه دو دعا یکی خاص روز قبل و دیگری خاص روز بعد از آخر هفته می‌باشد بدین معنی که در روزهای شنبه و جمعه دو فقره دعا تلاوت می‌شود.

دعای روز شنبه با این عبارت "اللّهمّ انی اسئلک باسمک یا کائن" و دعای خاص روز قبل از هفته (جمعه) با عبارت "و لاشهدنک یا الهی هذا یوم الجلال بانک انت جلال الجلالین" شروع می‌شود.

۲- دعای یوم العرفه نازله در مکه.

۳- دعای یوم الاضحی نازله در مکه.
۴- دعای تاسع شهر ربیع الاول (یوم ولادت حضرت رسول اکرم).
۵- دعای عید فطر.
٦- دعای فی یوم الجمعه (دعای خاص روز جمعه شامل چندین فقره می باشد).
۷- دعای لیله عاشورا.
۸- دعای یوم القدر.
۹- دعای لیلة الخامس من جمادی الاولی (لیله بعثت حضرت باب).
۱۰- دعای لیلة النصف من شهر شعبان.
۱۱- دعای لیلة الثالثة و العشرین من شهر رمضان (لیله ارتحال حضرت امیرالمؤمنین).
۱۲- دعای توسل.
۱۳- دعای رفع حاجات (به فقرات متعدد).
۱۴- دعای فی التحمید.
۱۵- دعای ختم قرآن.
۱٦- دعای الحروف و زیارتها (منظور حروف حی می باشد).
۱۷- دعای خلاصة الدعا.
۱۸- دعای هیکل (به فقرات متعدد).
۱۹- دعای حفظ.

زیارتنامه ها:

۱- حضرت عبدالعظیم.
۲- حضرت امام حسین.
۳- شهدای مازندران.
۴- حضرت قدوس.
۵- حضرت باب الباب.
٦- حضرت رسول اکرم و آله الطاهرین.
۷- والد و بستگان حضرت باب.

آثار مسروقه

بطوری که در بعضی از آثار اشاره شده است، صحائف، تفاسیر، خطب و ادعیه

زیر جزء آثاری است که در راه مکه به مدینه در منزل ثالث به سرقت رفته است:

۱- صحیفه خمس عشر دعاء شامل پانزده فقره دعا.

۲- صحیفة الحج شامل بر چهارده باب در آداب زیارت مکه و اجرای مراسم آن.

۳- شرح قصیده حمیریه از حضرت امیرالمؤمنین که حضرت باب آن را تفسیر فرموده اند و مشتمل بر چهل سوره و هر سوره شامل چهل آیه است.

۴- شرح سوره بقره.

۵- شرح و تفسیر سوره احزاب.

۶- تفسیر آیة الکرسی مشتمل بر دویست سوره و هر سوره دوازده آیه.

۷- خطب سبعة و العشر.

۸- دعای مصباح شامل صد آیه.

۹- خطبه اثنا عشر.

سایر آثار

علاوه بر آنچه تا به حال ذکر آنها گذشت، فتوکپی دو مجموعه خطی در اختیار نگارنده این سطور می باشد. مجموعه اول به خط آقا سید حسین کاتب و حاوی توقیعات منزله در ماکو و چهریق و مشتمل بر ۲۶۰ توقیع است. این توقیعات به افتخار بعضی از حروف حی، ابطال و رجال بابیه مثل وحید، عظیم، حجت زنجانی، شیخ سعید هندی، آقا سید احمد یزدی، سرهنگ عبدالعلی خان مراغه ای، آقا سید احمد پسر سیدرشتی معروف به آقازاده، حاجی سید جواد کربلایی، حرم مبارک، والده، جده، خالهای حضرت باب و سایرین و حتی من یظهره الله نازل شده است. در مجموعه دوم که آن نیز به خط یکی از کاتبین می باشد، فهرست حدود ۱۵۰ لوح و توقیع نظیر الواح مجموعه اول داده شده است.

غیر از این دو مجموعه احتمالاً مقداری از الواح به خط حضرت باب در دست ازلیها که خود را بابی می خوانند وجود دارد که تا به حال فقراتی از آنها را به چاپ رسانده اند. علاوه بر این، مقادیر قابل ملاحظه ای از آثاری که به خط خود حضرت باب است در کتابخانه ها و موزه های بزرگ دنیا موجود می باشد که تعداد آنها مشخص نیست.

نمونه خط و طرحهای ترسیمی حضرت باب در آثار مختلف:

۱- از کتاب بیان عربی
۲- از تفسیر کوثر
۳- توقیع هیکل (شماره ۱)
۴- توقیع هیکل (شماره ۲)
۵- توقیع هیکل (شماره ۳)
٦- توقیع هیکل (شماره ۴)
۷- دعای حفظ
۸- یکی از الواح، خطاب به اهل عالم

۱- نمونه از کتاب بیان عربی

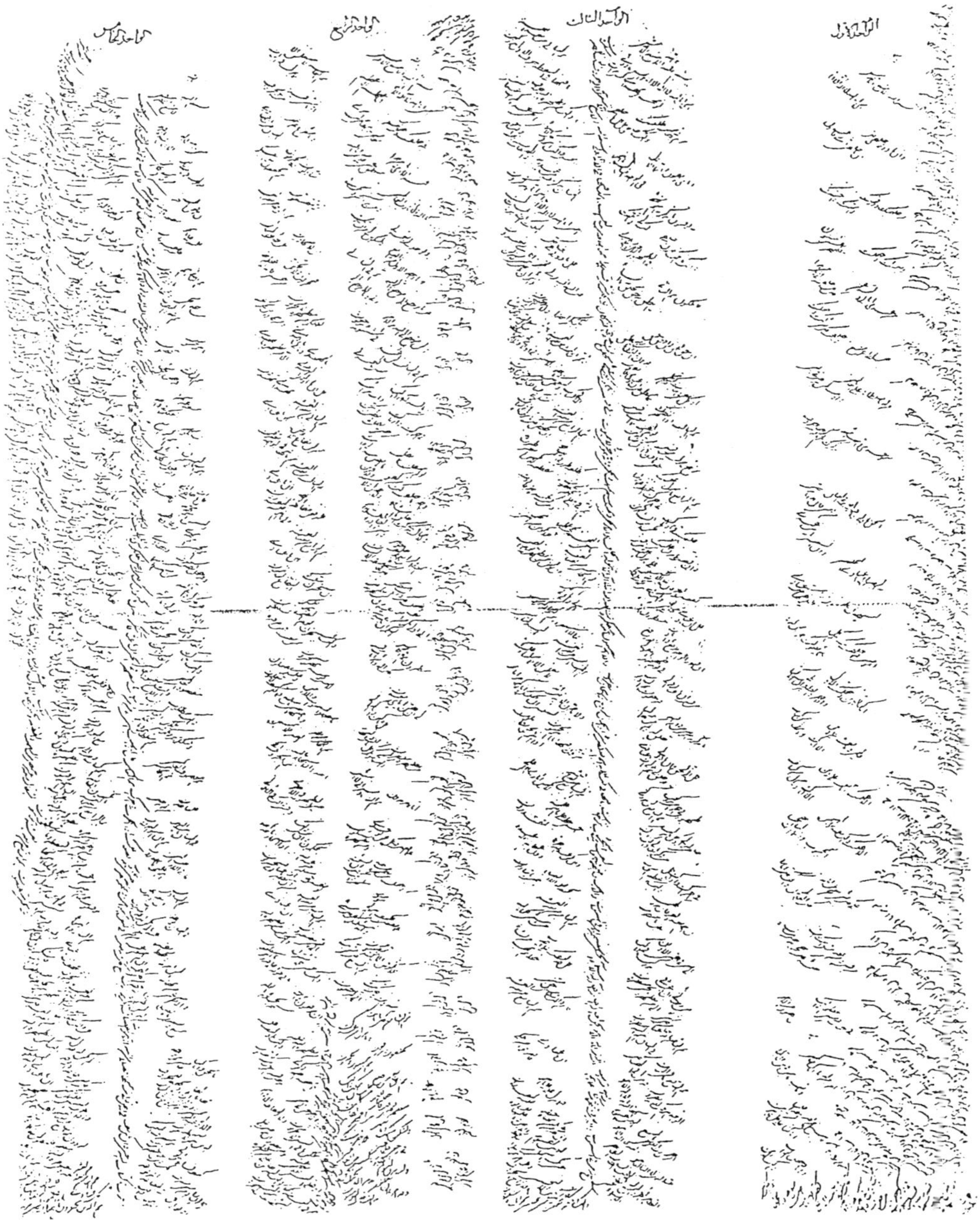

۲- نمونه از تفسیر کوثر

٣- توقيع هيكل (شماره ١)

۴- توقیع هیکل (شماره ۲)

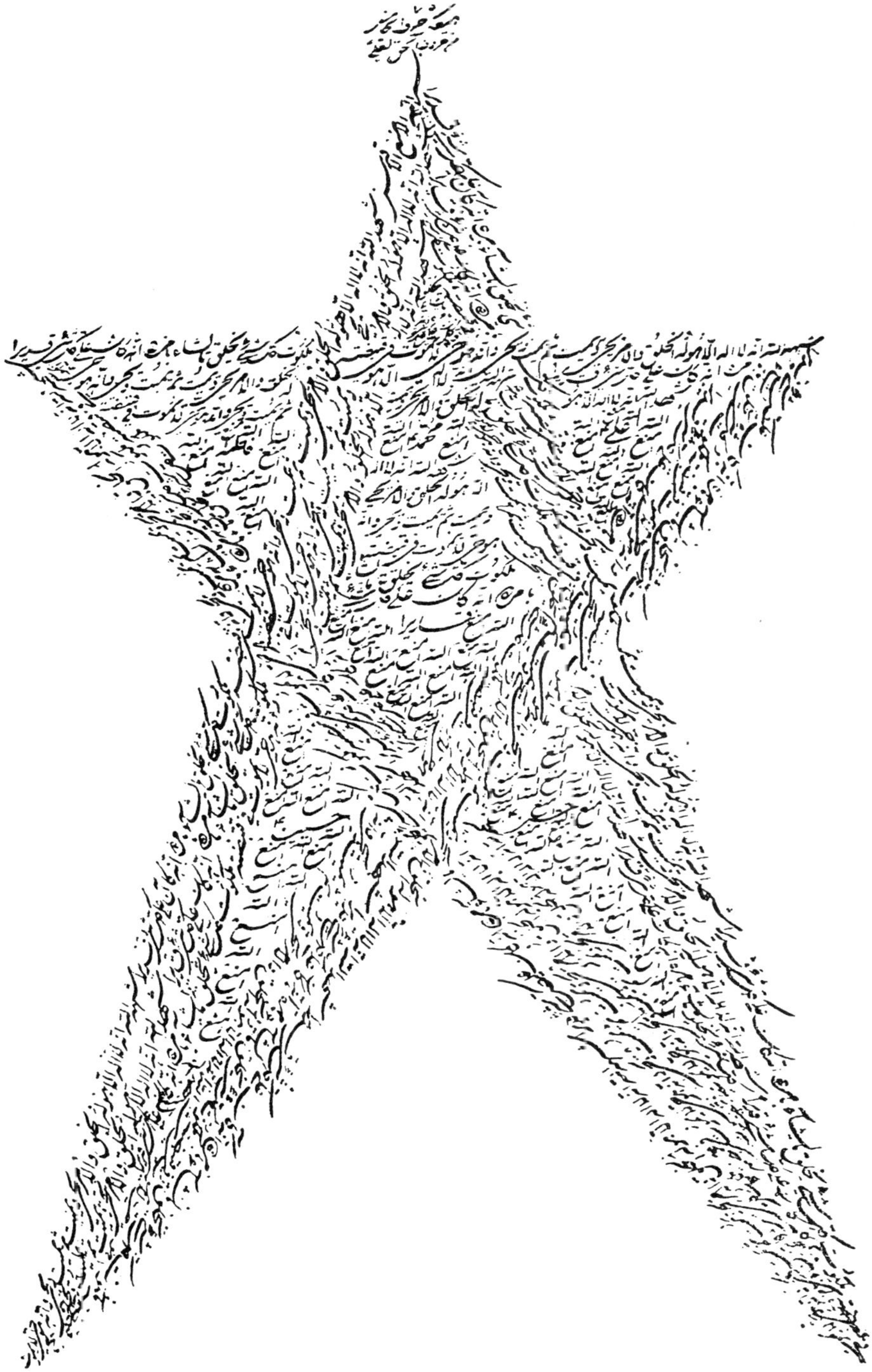

۵- توقیع هیکل (شماره ۳)

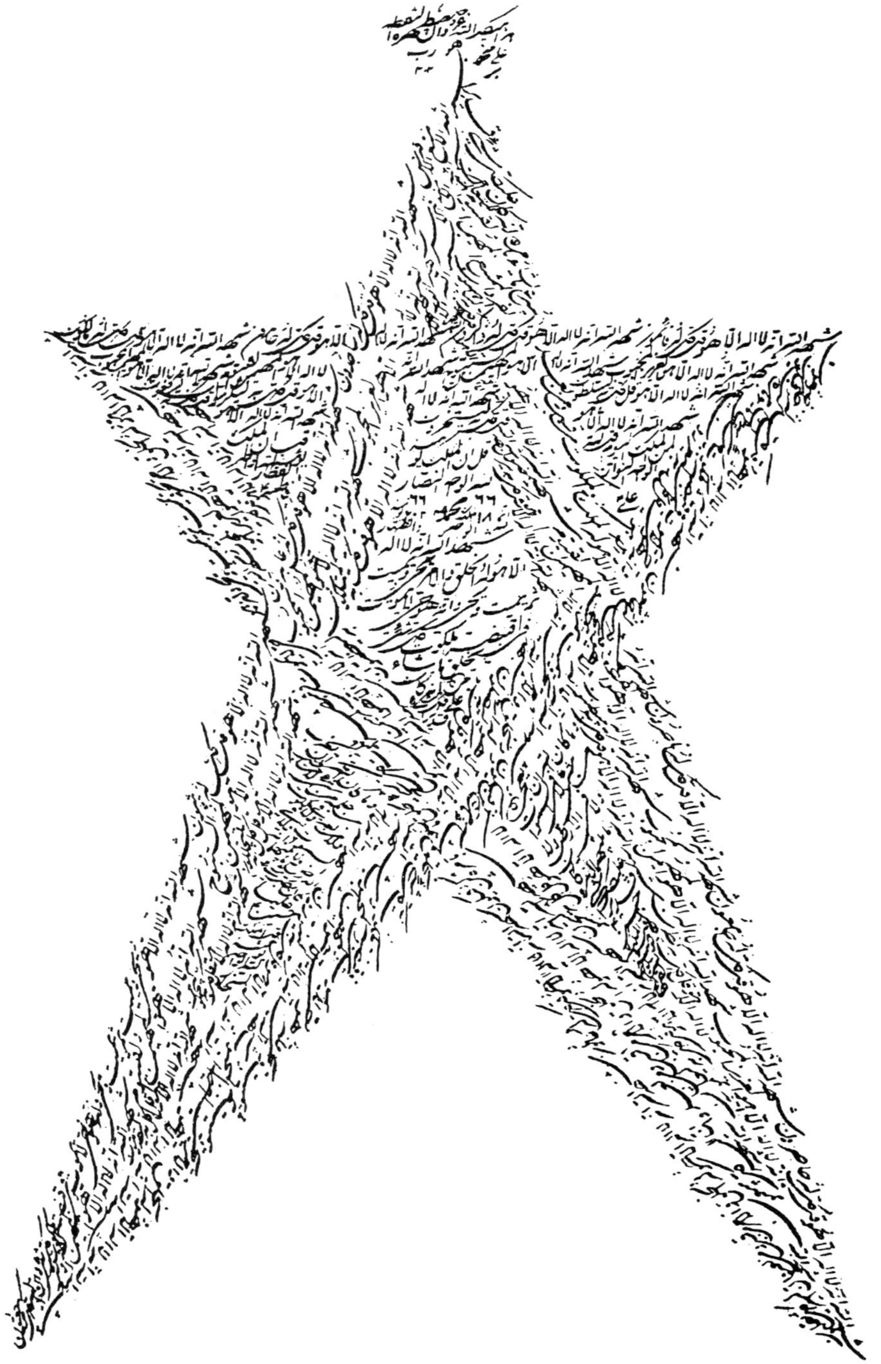

٦- توقیع هیکل (شماره ۴)

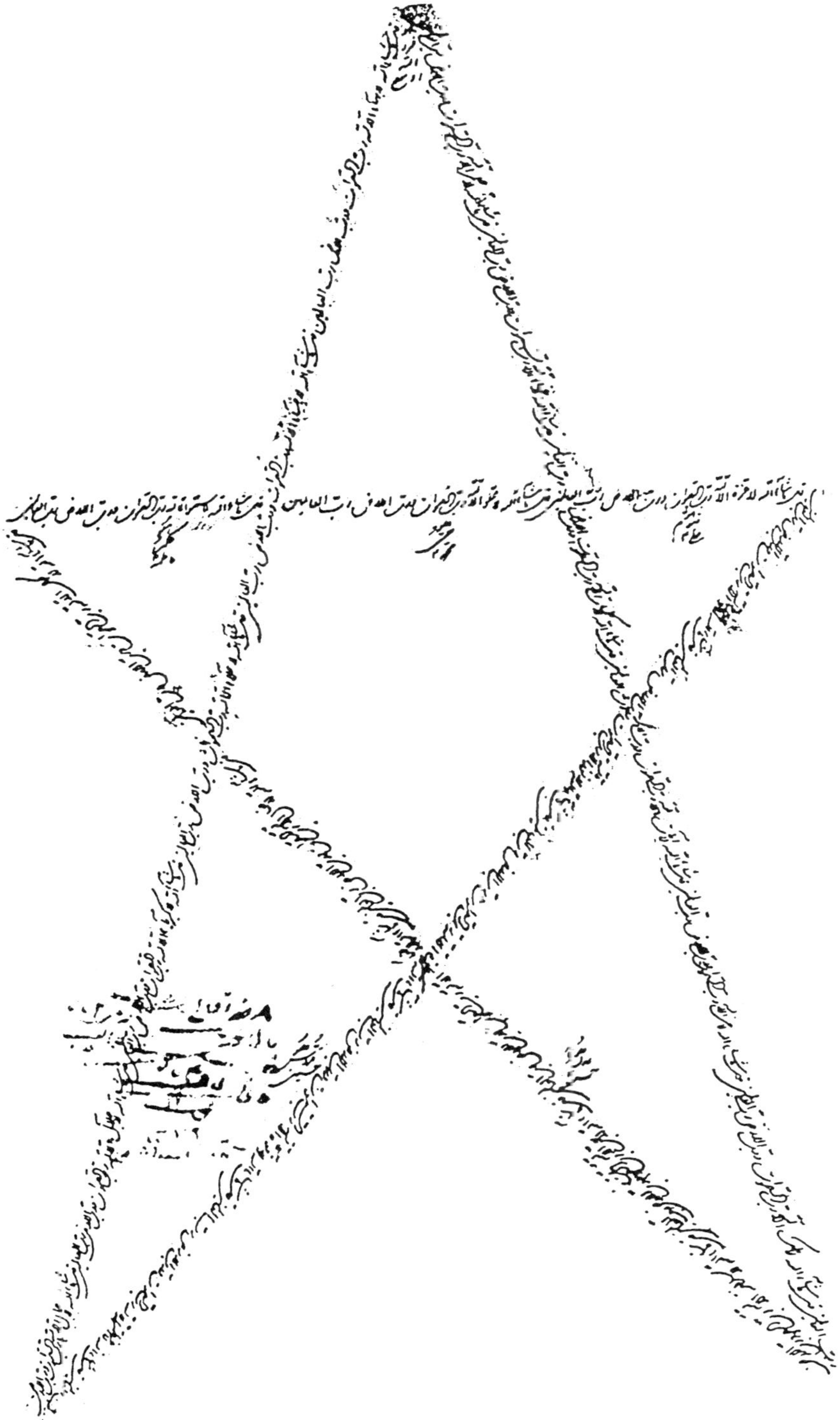

٧- دعای حفظ

۸- یکی از الواح، خطاب به اهل عالم

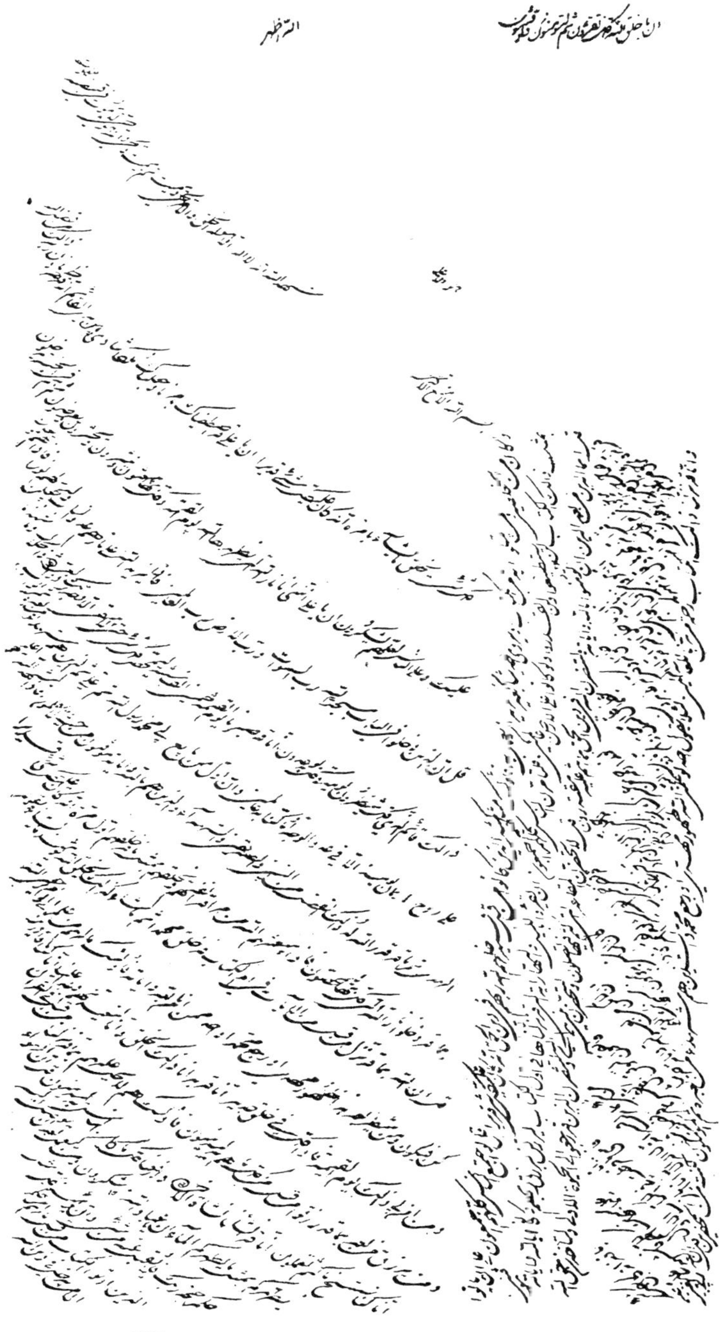

یادداشتها

۱- کتاب ایقان، چاپ مصر، صفحه ۱۶۸.

۲- متن عربی قسمتی از لوح مبارک در بارۀ آثار منزله از قلم اعلی بر گرفته از خطبة الذکریّة "و لقد فصل فی ذلک الکتاب کل ما خرج من یدی من سنة ۱۲۶۰ الی سنة ۱۲۶۲ من شهرها بما مضی من نصفه هو اربعة کتاب محکم و عشر صحیفة متقنة التی کل واحد منها یکفی فی الحجّیّة علی العبودیّة لمن فی السموات و الارض و انا ذا اذکر اسمائها باسماء آل الله منزلها لیکون حنیفاً فی البیان و مذکوراً فی التّبیان. الاولی کتاب الاحمدیّة فی شرح جزو الاوّل من القرآن و تفسیر سورة حمد الثانی کتاب العلویة و هو الذی قد فصّل فیه سبع ماة سورة محکمة التی کل واحد منها سبع آیات و الثالث کتاب حسنیة و هو الذی قد فصّل فیه خمسین کتاباً محکمة بالآیات القاهرة و الرابع کتاب الحسینیة فی شرح سورة یوسف علیه السّلام المفصّلة بمأة و احدی عشر سورة محکمة التی کل واحد منها اثنی و اربعین آیة التی کل واحد منها تکفی فی الحجّیة لمن علی الارض و ما تحت العرش لو لم یتغیر و کفی بالله شهیدا و الخامس صحیفة الفاطمیة و هی مرتبة باربعة عشر باباً فی اعمال اثنی عشر شهراً فی کتاب الله و السادس صحیفة العلویة و هی مرتبة باربعة عشر دعاء فی جواب اثنتی و تسعین مسئلة التی قد فصلت بعد رجعی عن الحج فی شهر الصیام و السابع صحیفة الباقریة و هی مرتبةً باربعة عشر باباً فی تفسیر احرف البسمله و الثامن صحیفة الجعفریة و هی مرتبة باربعة عشر باباً فی شرح دعائه علیه السلام فی ایام الغیبة و التاسعة صحیفة الموسویّة و هی مرتبة باربع عشر باباً فی جواب اثنین نفس من عباد الله قد قضت فی ارض الحرمین و العاشر صحیفة الرضویة و هی مرتبة باربعة عشر باباً فی ذکر اربعة عشر خطبة غرّا الناطقة عن شجر الثناء لا اله الاّ هو العزیز المنان و الحادی عشر صحیفة الجوادیة و هی مرتّبة باربعة عشر باباً فی جواب اربعة عشر مسئلة لاهوتیّة و الثانی عشر صحیفة الهادیة و هی مرتّبة باربعة عشر باباً فی جواب اربعة عشر مسئلة جبروتیة و الثالث عشر صحیفة العسکریة و هی مرتبة باربعه عشر بابا فی جواب اربعة عشر مسئلة ملکوتیة و الرابع و العشر صحیفة الحجّتیة و هی مفصلة باربعة عشر دعاً قدوسیة التی قد ظهرت فی بدء الامر و تنسب الی امام العدل لکل ذلک اربعة عشر نسخة مبارکة موجودة فی ذلک الکتاب مع صحیفة المشهورة فی آخره فی اربعة عشر کتاباً من اولیاء العباد کل ذلک مکتوب فی ذلک الکتاب و امّا ما خرج من یدی و سرق فی سبیل الحج قد ذکر تفصیله فی صحیفة الرضویة فمن وجد منه شیئاً وجب علیه حفظه فیا طوبی لمن استحفظ کل ما نزّل من لدیّ بالواح طیبة علی احسن خطّ فو الذی اکرمنی آیاته حرف منها اعزّ لدیّ من ملک الآخرة و الاولی و استغفر الله ربّی

عن التحدید بالقلیل و سبحان الله رب العرش عما یصفون و سلام علی المرسلین و الحمد لله رب العالمین.

۳- این رساله که بین راه مکه و مدینه نازل شده و به رساله بین الحرمین نیز شهرت یافته است در جواب اسئله میرزا محیط و سید علی کرمانی است.

۴- بی‌بی زهرا بیگم خواهر حرم حضرت باب.

۵- مجموعه الواح حضرت باب، منتشر نشده، صفحه ٦٧.

٦- صحیفه مخزونه شامل ادعیه حضرت باب است که پیش از اظهار امر نازل گردیده است و علماء ادعا کرده‌اند که مطالب آن از ادعیه حضرت سجاد برداشته شده است.

۷- برگرفته از لوح علماء نازله در چهریق. متن عربی:
ولقد کفر الذین قالوا انّ کلمة الله یأخذ من القرآن آیاته قل یا ایها الملاء اتقوا الله و اتوا بسورةٍ من مثله ان کنتم علی اخذ الآیات من ام الکتاب لقادرین قل لو شئنا لننزل فی کل حرفٍ مثل آیات القرآن و ان الله ربک لقوی عزیز.

۸- بیان فارسی، باب اول، واحد دوم.

۹- قیوم الاسماء، سورة الطیر، آیه سی‌ام. متن عربی: و اذا سمعتم قولاً من الذکر الاکبر علی الحق الخالص من غیر القواعد الباطلة الشیطانیة فی ایدیکم فلا تردوا الحق فانه الملک لله یتصرف کیف شاء کما شاء و هو الله قد کان علیماً حکیماً.

۱۰- رسائل و رقائم میرزا ابوالفضل گلپایگانی، صفحات ۸-۲۸۷.

۱۱- کتاب بیان فارسی، واحد سوم، باب هفدهم.

۱۲- بیان عربی، واحد ششم، باب پانزدهم. متن عربی: "ولتراقبن فرق القائم و القیوم ثم فی سنه التسع کل خیر تدرکون."

۱۳- بیان عربی، واحد یازده، باب ششم.

۱۴- ایقان، چاپ مصر، صفحه ۱۸۰.

۱۵- قرآن مجید، سورهٔ یوسف، آیه ۴. "یا ابت انّی رأیت احد عشر کوکباً و الشمس و القمر رأیتهم لی ساجدین."

١٦- دلائل سبعه، صفحات ۳۰-۲۹.

۱۷- متن عربی: "ثمّ اتلوا کتاب الروح الّذی قد نزّلناه علی البحر فی رجع الذکر فی سبع مأة سورة محکمة آیات بیّنات من باطن القرآن تنزیل من لدن علیّ حکیم."

۱۸- از خطبه منزله در جده نسخه دیگری در دست است که کاتب می‌نویسد: "خطبة فی بوشهر لحضرة الباب" در حالی که مطالب آن با نسخه‌ای که به "خطبة فی جدّة" شهرت دارد دقیقاً یکی است.

۱۹- منظور از "مشرق صبح ازل" ظهور مظهر الهی است.

۲۰- شیخ احمد احسائی با اشاره به کلمه "واو" و احتساب ارزش عددی حروف "و"ـ "ا"ـ "و" (شش_ یک_ شش) می‌نویسد منظور از الف مابین دو حرف "و" ظهور قائم و از "و" طرفین منظور شش ظهور الهی قبل و بعد از قائم است.

۲۱- سوره کوثر صد و هشتمین سوره قرآن مجید است و دارای ۳ آیه می‌باشد. از تفسیری که حضرت باب بر این سوره نوشته‌اند، چند صفحه به خط مبارکشان در آرشیو مرکز جهانی بهائی موجود است.

۲۲- سوره والعصر صد و سومین سوره در قرآن مجید و مشتمل بر ۳ آیه می‌باشد.

۲۳- سوره فاتحه اولین سوره قرآن مجید و شامل ۷ آیه است.

۲۴- سوره بقره دومین سوره از قرآن مجید و دارای ۲۸۶ آیه می‌باشد.

۲۵- سورهٔ توحید یا سوره فاتحه اولین سوره قرآن مجید است که تفسیر آن یک بار در مقدمه "تفسیر سوره بقره" و بار دیگر بصورت مستقل و با مضمون متفاوت زیر عنوان "تفسیر سورهٔ توحید" آمده است.

۲۶- کتاب الحجه، جلد اول، صفحه ۲۵۷.

۲۷- محمدعلی ملک خسروی مؤلف تاریخ شهدای امر در صفحه ۲۷۳ از مجلّد سوّم تاریخ مذکور نوشته است که لطفعلی میرزا از اعقاب نادر شاه افشار و در زمره شاهزاده‌های نادری است، ولی با تحقیقاتی که نگارنده به عمل آورد، محقق گردید که مشارالیه از احفاد حسینعلی میرزا فرمانفرما والی فارس و از شاهزاده‌های قاجار بوده است.

لطفعلی میرزا در شیراز به حضرت باب ایمان آورد. هنگامی که در چهریق مشرف بود دستور یافت که به شیراز مراجعت کند و بعضی الواح را به بابیهای شیراز برساند. وی پس از تسلیم سواد تفسیر ایقغ به باب‌الباب با همراهان ملا حسین به سمت مازندران شتافت و در محاربات قلعه طبرسی شرکت جست؛ بعد از خاتمه کار قلعه، او و ملا صادق مقدّس به پسر یکی از مقتولین سپرده شدند تا وی با کشتن آنها خون پدر را تلافی نماید؛ ولی او با اصرار مادر، خواهر و بستگان خویش آنها را آزاد نمود. لطفعلی میرزا به طهران آمد و در واقعه رمی شاه گرفتار شد و به شهادت رسید.

۲۸- قرآن مجید، سوره القدر آیه ۳. مضمون فارسی: شب قدر از هزار ماه بهتر است.

۲۹- قرآن مجید، سورة النور، آیه ۳۵. مضمون فارسی: خداوند نور است در زمین و آسمانها مثل نوری است که در مشکوة ظاهر است و مانند چراغی می‌باشد که آن چراغ در میان شیشه‌ای متلألأ است مثل ستاره درخشان.

فصل سیزدهم
دورهٔ فترت

مقدمه

با نزول آیات الهی بعد از ظهور حضرت باب و در طول حیات حضرتش، آنان که در ظل شریعت بابی درآمده بودند، در درک حقایق و مبانی اسرار مرموزه قرآن کریم نسبت به ظهور بعد و اخبار و احادیث مرویّه از ائمه اطهار به درجه‌ای از کمال رسیدند که حجبات غلیظه و موهومات عتیقه و خرافاتی که در طول هزار سال در قلوب و افکارشان ریشه دوانیده و جزء معتقدات مذهبی آنان شده بود بکلی از میان رفت. جامعه تازه پا گرفته بابی به همّت فضلا و علماء و دانشمندان صدر امر از گمراهی و بی‌خبری نجات یافتند و این معنی محقق شد که با ظهور حضرت باب و نزول کتاب بیان ادیان سابقه نسخ و احکام منزله در کتب قبل منسوخ گردیده است و خداوند تعالی شرعی جدید و احکامی تازه برای پیروان شریعت اسلام آورده و قوانین گذشته تغییر یافته است؛ چنانچه حضرت طاهره در بدشت در اجتماع بابیها پرده از رخ برگرفت و رسماً انفصال شرع بیان را از شریعت اسلام اعلام داشت. اگر چه در آن روز بعضی از بابیها متزلزل شدند و از امر کناره گرفتند ولیکن بذر استقلال و حاکمیت امر بدیع در قلوب زرع شد و موجودیت آن نهضت عظیم روحانی اعلان گردید و فصل اکبر واقع شد.

اما شهادت حضرت باب که تنها ملاذ و مرجع مؤمنین به خویش بودند و نیز کشتار بی‌امان و خانه‌براندازی آن جمع بیگناه موجب تشتت و تفریق پیروان شرع قویم گردید و قاطبه بابیان، پریشان و سرگردان، مأیوس و حیران به گوشه‌ای پناه بردند و حتی چند نفری از معتقدات خود گذشته محروم و مخذول به کنج انزوا خزیدند.

بابیهای مؤمن و ثابت قدم بر این عقیده استوار شدند که باید در خدمت به امرالهی قائم و راسخ بوده و از هیچ پیشامدی بیم و هراس نداشته باشند و هیچ مانعی را عایق اعلان و انتشار و تبلیغ امر ندانند ولو اینکه به قیمت جانشان تمام شود، زیرا برحسب مبانی دیانت اسلام اعتقاد داشتند که اگر بخاطر اثبات عقایدشان به مقام شهادت برسند در راه حق شهید گردیده و اجر اخروی نصیب آنها شده است و نیز اگر دشمنی را بکشند به درجات رفیعه در عالم بعد مفتخر خواهند شد. گروهی دیگر معتقد بودند که سلطنت قاجاریه رجعت خلافت آل سفیان است و علمائی که برای حفظ ریاست و زعامت خود به گمراهی مردم مشغولند و دست به کشتار نفوس می‌گشایند همان شریح قاضی و سنان ابن عنس و شمر و خولی هستند که امروز به این لباس بیرون آمده و جویندگان راه حقیقت را از شناسائی و معرفت مظهر ظهور باز می‌دارند. بعضی نیز که از عهده اجرای قوانین و احکام مشکله کتاب بیان برنمی‌آمدند راه خیره‌سری پیش گرفتند و گفتند چون با ظهور حضرت باب و نزول کتاب بیان حکم نسخ شریعت اسلام به عالم عرضه شده است دیگر انجام فرائض وجوبی ندارد و تا به این حد تجاوز نمودند که گفتند کسر حدود شده است و مناهی و محرمات حلال گردیده است و باوجود اینکه در کتاب بیان می‌خواندند و می‌دیدند که احکام محرمات در آن کتاب به مراتب مشکلتر و شدیدتر از احکام قرآن است، ولی مرتکب هرگونه مناهی می‌شدند.

این قبیل افکار در بین جوامع بابی در هر شهر و دیار آن چنان رسوخ یافت و قوّت گرفت که هرکس بر اساس درک و فهم خود رأیی می‌زد و نظری مخصوص اظهار می‌داشت. در این میان سفر یکسالهٔ حضرت بهاءالله به عراق و غیبت وجود مبارک هم از طهران به حرمان و افسردگی شدید بابیهای ایران افزود و به از هم گسیختگی پیروان شرع بیان بیشتر کمک کرد و بالاخره کار این تفرق و تشتت به آنجا رسید که بعضی از علماء بابی خود را موعود کتاب بیان خواندند و دعوی من یظهره اللهی نمودند و در جلب نظر آنانی که در جستجوی ملجأ و پناهی بسر می‌بردند توفیق حاصل نمودند. اما دیدیم که آن قوم پراکنده و پریشان با آداب و اخلاق الهی گرد هم آمدند و به فرمودهٔ حق " به یاری باری شمشیرهای برنده حزب بابی به گفتار نیک و کردار پسندیده به غلاف راجع"[1] گردید و به حقیقت ظهور موعود کتاب مستطاب بیان پی بردند.

بخش اول: مدعیان ظهور من یظهره الله موعود بیان

الف- بیانات حضرت باب، حضرت عبدالبهاء و حضرت ولی امرالله

- حضرت باب در کتابهای بیان فارسی، عربی و نیز لوح من یظهره الله می فرمایند:

بیان فارسی

"ملخص این باب آنکه مدّ نظر بیان نیست الا بسوی من یظهره الله."۲

"ملخص این باب آنکه ظهور الله در هر ظهور که مراد از مشیّت اولیه باشد بهاءالله بوده و هست که کلشیئی نزد بهای او لا شیئی بوده و هستند."۳

"و اگر کسی درک یک شأن از شئون من یظهره الله را نماید بهتر است از اینکه درک کند کل شئون بیان را."۴

"مراقب باش ظهور من یظهره الله را که اگر شنوی ظهور او را و بقدر اینکه بگوئی بلی تأمل نمایی در نار هستی چه قبض روح شوی چه در حیات باشی."۵

بیان عربی

"اذا تسمعن ذکر من یظهره الله باسم القائم و لتراقبنّ فرق القائم و القیوم ثم فی سنة التسع کل خیر تدرکون."٦

لوح من یظهره الله

"لو تعزلنّ فی القیمة الاخری من فی البیان حین الذی تشرب اللبن من ثدی امک باشارة من یدیک لکنت محموداً فی اشارتک ولو انّه لا ریب فیه لتصبرن تسعة عشر سنة لتجزی من دان به فضلاً من عندک انک کنت ذا فضل عظیما."۷

- حضرت عبدالبهاء در این باره می فرمایند:۸

"بعد از شهادت حضرت باب **۲۵** نفر۹ ادعا کردند که مظاهر حق اند یعنی هر یک من یظهره الله موعود می باشند و جمال مبارک به یکی از ایشان فرمودند اگر دریاهای سرور را می نوشیدی نباید کسی بر لبانت اثری ببیند. او متنبه شد و زمین را با محاسن و مژگانش جاروب کرد و سبب غفلتش این بود که در عالم رؤیا جنّتی دید و از آن پرسید گفتند بهشت موسی است و جنتی دیگر بزرگتر از آن دید گفتند این جنّت عیسی است و جنتی دیگر از آن محمد اکبر از دوم و چهارم را برای حضرت باب اکبر از سوّم بود و جنّت پنجم را دید که اکبر از کل بود و آن جنت حضرت خودش بود رؤیا را حقیقت می پنداشت و خود را از اهل مراقبه و کشف انگاشت."

- حضرت ولی امرالله در این خصوص می فرمایند:۱۰

"غفلت و جسارت بابیان بمقامی رسید که بیست و پنج نفر از آنان بشهادت

مرکز عهد و میثاق الهی جسورانه ادعای مقام من یظهره اللهی و موعودیت بیان را نمودند و اوضاع و احوالشان بدرجه ای تباه و منفور گردید که دیگر جرئت عبور در معابر و حضور در مجامع را نداشتند. کرد و عجم در سبّ و لعن این جمع و اهانت به امر الهی از یکدیگر سبقت می جستند."

ب - شرح حال مدعیان

اسماعیل، شیخ

بعد از واقعه طبرسی محمدقاسم عبادوز که از آن معرکه نجات یافته بود به اصفهان آمد و طلبه ای از طلاب اصفهان را به نام شیخ اسمعیل تبلیغ نمود. این مرد بقدری منجذب و مفتون ظهور حضرت باب و جانبازی بابیها در قلعه طبرسی گردید که دیگر سر از پا نمی شناخت. اما، متدرجاً افکار واهی در مخیله اش راه یافت و خودش را محمد رسول الله خواند و محمدقاسم را ظهور علی ابن ابیطالب بیان کرد و بر این عقیده ثابت بود که خود، من یظهره الله موعود در کتاب بیان است. در آن اوقات ملاباقر حرف حی نیز در اصفهان بود چون حضرت اعلی به او وعده زیارت من یظهره الله را داده بودند با خود می اندیشید که شاید شیخ اسماعیل همان نفس موعودی است که بشارتش را حضرت باب به او داده اند.

سید بصیر و حاجی میرزا جانی کاشی هم در همان اوان به اصفهان رسیدند و با شیخ اسمعیل نیز هم صحبت شدند. روزی شیخ اسمعیل با محمد قاسم عبادوز به بازار اصفهان درآمدند و محمد قاسم به لحن مرتفع ندا برداشت که "قد ظهر محمد رسول الله" مردم بر آنها شوریدند و در آن وقت چراغ علی خان نوائی (زنگنه) که در اصفهان حکومت داشت فرمان داد تا هر دو[۱۱] را سر بریدند.[۱۲]

بصیر هندی، سید

سید بصیر هندی مدعی مقام من یظهره اللهی توسط شیخ سعید حرف حی در شهر مولتان هندوستان از ظهور حضرت اعلی خبر گرفته و ایمان آورده بود. او مردی فاضل و دانشمند و عالم به رموز و اسرار نازله در قرآن کریم و اخبار و احادیث مرویّه از ائمه طاهرین بود و با وجود نابینائی از عهدهٔ تحریر و نوشتن برمی آمد.

او برای تشرف به حضور حضرت باب سر از پا نشناخت و هنگامی به شیراز آمد که حضرت باب در سجن ماکو محبوس بودند. لذا به طهران عزیمت کرد و چون از اقامت حضرت بهاءالله در نور مطلع شد به مازندران رفت و مدّتی از محضر مبارک کسب فیض نمود و وقتی شنید که حضرت اعلی به چهریق تبعید شده اند با

پای پیاده به آن صوب شتافت و مدتی در حضور مبارک بسر برد و پس از دریافت دستور از حضرت باب، چهریق را ترک نمود و به طهران رفت. بعدها سفری به کاشان کرد و بالاخره باتفاق حاجی میرزا جانی کاشی به اصفهان رسید. وی هنگام واقعه شهادت حضرت باب در طهران اقامت داشت.

سید بصیر در اصفهان بود که واقعه شهادت شیخ اسماعیل و محمد قاسم عبادوز از بقیة السیف قلعه طبرسی پیش آمد. وی بعد از این واقعه به اتفاق حاجی میرزا جانی به کاشان مراجعت نمود و از آنجا عازم سلطان آباد شد و بعد از مدّتی توقف در آن شهر به ملایر رفت. ایلدرم میرزا پسر فتحعلیشاه برای سرکوبی اکراد در حوالی ملایر چادر زده بود؛ سید بصیر بمناسبت آشنائی قبلی که با ایلدرم میرزا داشت بر او وارد شد و او مقدمش را گرامی داشت و به او احترام بسیار گذاشت. سید بصیر بعد از چند روز در ضمن صحبت از محمد شاه بدگوئی کرده و در باره تبعید و حبس حضرت باب او را تقبیح نمود. ایلدرم میرزا از آن تقریر به غضب آمد و دستور داد زبانش را از قفا بیرون آوردند و به شهادتش رساندند.

نبیل اعظم از قول شیخ شهید مازگان آورده که سید بصیر در فصل تابستان با علما و عرفائی که در قمصر اقامت داشتند و آنهایی که از آنجا عبور می‌کردند ملاقات می‌نمود و به بحث و گفتگو می‌پرداخت و همه را متقاعد و منقاد می‌ساخت. بارها دیده شد که با آیات قرآنی در اثبات امر بدیع استدلال می‌نمود. وقتی علماء منکر می‌شدند با وجود نابینایی شواهد را از روی قرآن نشان می‌داد و موجب حیرت همگان می‌گردید. در این حال، مخالفان او را ساحر می‌خواندند.

خویی، میرزا اسدالله

یکی دیگر از اعاظم رجال بابیه که مدعی مقام من یظهره اللهی شد و خودش را صاحب الهامات غیبی دانست میرزا اسدالله خویی بود که حضرت باب او را به "دیان" ملقب فرمودند. او مردی تحصیل کرده بود که از معارف اسلامی بهره وافر داشت۱۳. در اوقاتی که حضرت نقطه اولی به چهریق تبعید شدند، او از ادعای آن حضرت خبر گرفت و بنحو اعتراض عریضه‌ای به حضور مبارک عرض کرد. در جواب او توقیعی نازل شد که او را بکلی منقلب نمود و در صورتیکه جمیع وسائل سفر برایش میسّر بود، با پای پیاده از خوی به چهریق شتافت. پس از تشرف نور ایمان وجودش را مشتعل ساخت. وی از حضور مبارک از حروف مقطّعه قرآن کریم سئوال کرد. در جوابش لوحی به اسم لوح هیاکل نازل گردید که درک آن برای آنان که در حد دیان نیستند صعب و مشکل است. مرحوم حاج محمد ابراهیم شیرازی که از مبلغین بنام و رجال نامدار جامعه بهائی بود از حضور حضرت بهاءالله استدعا نمود

که معضلات و تفسیر آن لوح کریم را بیان بفرمایند. در جواب او لوحی به نام لوح هیاکل واحد (حروفات)۱۴ نازل شده است که در دست است. میرزا اسدالله دیان در حدود خوی و سلماس و ارومیه پیروان نسبتاً زیادی پیدا کرد و از آن جمله میرزا علی اکبر ابن عمّ حضرت اعلی بود.

پیروان دیان به دیّانیه شهرت یافتند و از او تبعیت می کردند. بالاخره دیان به امید اینکه با میرزا یحیی ملاقات کند سفری به بغداد کرد زیرا ازل خودش را وصی حضرت باب و مروج کتاب بیان معرفی کرده بود. میرزا یحیی در بغداد او را نپذیرفت. دیان از نحوۀ عمل و رفتار او رنجید و محبتش نسبت به وی از میان رفت و با پی بردن به عدم شایستگی او متوجه شد که لایق مقامی به آن صورت که مدعی بود نیست. بعد از آن او به حضور حضرت بهاءالله رفت و ثابت شد و سر تعظیم به آستان مقدّسش خم نمود.

نبیل زرندی می نویسد:

"حضرت بهاءالله کتاب قیوم الاسماء را به من عنایت کرده فرمودند این کتاب را نزد دیان که تازه از عجم آمده ببر و بگو شنیده ایم شما هم ادعای من یظهر اللهی کرده ای و حضرت اعلی برهان آن نیر آفاق را آیات قرار داده اند، این کتاب را به لسان آیات شرح بنویس. بنده نزد او رفتم... ذکر نمود چندی پیش برای من حالتی پیدا شد بعضی چیزها نوشتم ولی بعد از آن از من آن حالت سلب شد و الآن به نقطه فرقان عاملم و چیز دیگر در دست ندارم. برخاستم و به حضور مبارک مراجعت نمودم و جواب را معروض داشتم، چیزی نفرمودند تا روز بعد صبح برای چای احضار فرمودند. در بیت مبارک در کنار باغچه ای که پر از گل و ریحان بود قالیچه گسترده و جمال قدم جالس بودند و جمعی از احباء نیز مشرف بودند. بعد از چای حضرت کلیم معروض داشتند که دیان آمده می خواهد مشرف شود و توقع عنایت دارد. اجازه دادند آمد اذن جلوس فرمودند، نشست عرض نمود از آنچه نسبت به من داده شد تائبم شاهد باشید. جمال مبارک چیزی نفرمودند. بنده به او گفتم چون بعضی به شما گرویده اند لازم است این را که می گوئید بنویسید تا سبب اصلاح حال آنها بشود. بعد قیام فرمودند و بعضی اقوال از طرف دیان منتشر شد. بعضی در صدد اذیت او بودند جمال مبارک او را حفظ فرمودند تا عازم کربلا شد."

دیان از جمله دلدادگان و ارادتمندان حضرت بهاءالله شد و این گرایش او به حضرت بهاءالله بر میرزا یحیی سخت گران آمد و موجب حقد و حسد بیشتر او شد و دیان را ابوالشرور خواند و به میرزا محمد مازندرانی دستور داد که وی را به قتل برساند. میرزا محمد او را بعنوان میهمانی به خانه خود برد و در نهایت کینه و دشمنی خون او را به خاک ریخت.

حضرت بهاءالله می فرمایند[۱۵]:

" کتاب مستیقظ را بخوان که در آن کتاب مرشدت میرزا یحیی فتوی بر دم جمیع نفوس مقدّسه[۱۶] داده چنانچه نفسی را که منصوصاً نقطه اولی روح ماسواه فداه حرف ثالث (مؤمن به) من یظهره الله[۱۷] نامیده به فتوای آن ظالم شهید شده."

و در جای دیگر می فرمایند:[۱۸]

"... در بارهٔ اسم الله الدیان میرزا اسدالله اعظم از آن نازل،[۱۹] بیانات نقطه بیان را ملاحظه کن که جمیع اسماء الهی را به او راجع فرموده اند و تفصیل این در کلماتی که از مشرق اصبع رحمان اشراق فرموده موجود و همچنین عبد حاضر لدی العرش بعضی الواح در این امور مبسوط نوشته اند ملاحظه کن لعل تتذکر فی نفسک و تخرق احجاب التقلید بقدرة ربک المقتدر العزیز الحمید[۲۰] و همین اسم مذکور را که نقطه بیان دیان فرموده که اعظم اسماء الهی است شما الیوم دنی می خوانید و ابوالشرور می نامید و مرشد شما میرزا یحیی تصریحاً من غیر تلویح در کتاب سجّین خود که به مستیقظ معروف است فتوای قتل آن مظلوم را داده و هم چنین نفوس دیگر را بروید و بخوانید تا مطلع شوید که بر مظاهر حق چه وارد شده و هم چنین نقطه اولی به او مرقوم فرموده انک انت ان یا حرف الثالث المؤمن بمن یظهره الله[۲۱] و این مقامی است که سبقت داشته بر کل مقامات و بعد بیانی در این مقام فرموده اند که از تلویح کلمات الهی چنان مستفاد می شود که به لقاءالله در ظهور بعد فائز می گردد و آن هیکل قدم او را به او می شناساند چنانچه بین یدی حاضر شد و لسان الله به او متکلم. مجملی از تفصیل او اینکه هنگامی که میرزا یحیی فتوای قتل او را نوشت حضرت ابهی از عراق هجرت اختیار فرموده بودند و قریب دو سنه بود که ابداً احدی از ایشان اطلاع نداشت و چون رقم قتل از نزد مرشدت ظاهر شد میرزا محمد نامی مخصوص رفته به آذربایجان که آن مظلوم را شهید نماید. ابی الله عما اراد لیتمّ القول فیما ذکر فی اللوح[۲۲]. و اسم مذکور از آذربایجان آمده و جمیع اصحاب بر قتلش ایستادند از عرب و عجم و این در وقتی بود که حضرت ابهی مراجعت فرموده بودند و در عراق تشریف داشتند. به قسمی امر شدید شد که یومی از ایام جمال ابهی از اول طلوع فجر تا قریب به عصر یک یک از اصحاب را که در صدد اذیت آن بیچاره بودند طلبیده و نهی بلیغ فرمودند و بعد از دو یوم اسم مذکور بین یدی حاضر و آنچه از مفتریات که نسبت به او داده بودند از خود سلب نموده و قسم یاد نمود که آنچه نسبت به این عبد داده اند کذب صرف است و جمال ابهی کمال ملاطفت به او فرمودند و به آنچه در لوح ثبت بود فائز شد و به منزل خود راجع گشت بعد از چند یوم نفس مذکور[۲۳] او را فریب داده و از کاظمین آورده قرب خانه مرشدت آن بیچاره را شهید نمود فوالله در شهادت او غباری

در عراق مرتفع گشت و بقسمی ظلمت فرو گرفت که روز به شب تبدیل شد و در اسواق سراج برافروختند و جمیع اهل عراق خائفاً مضطرباً متزلزلاً صیحه یا الله برآوردند و ندا می‌نمودند چه از اناث و چه از ذکور که از سفک دم این مظلوم است که این بلیّه بر عراق نازل شده و مرشد مستشعر نشد و از نوم غفلت بیدار نگشت والله به ظلمی او را شهید نمودند که آسمان‌ها بفزع و نوحه و ندبه درآمدند معذلک متنبه نشده نفسی را که حضرت اعلی روح ما سواه فداه او را فرد الاحد نامیده و هم چنین مظهر الاحدیه و اسم الله الدیّان خطاب فرموده در الواح ناریه خود به حقارت او را می‌نامند و تا حال احدی از مشرکین او را نشناختند چه که ستر رحمان حائل بود."

شیخ عظیم، ملا علی

ملا شیخ علی ملقب به عظیم که از بابیان اولیه خراسان بود بوسیله باب الباب ایمان آورد و بعد از تصدیق از مشهد به شیراز آمد و مورد توجه و عنایت مخصوص حضرت باب قرار گرفت و همواره در سفر و حضر ملازم حضور مبارک بود.

او خودش را سلطان منصور خواند و دعوی من یظهره اللهی کرد و جماعتی از بابی‌های طهران از او تبعیت کردند. او طهران را مرکز اقامت خود قرار داده بود و در مواقع مناسب به شهرهای نزدیک طهران مسافرت کوتاهی می‌کرد. از جمله اسفار او سفری بود که به کاشان کرد و برحسب نوشته حاجی میرزاجانی کاشی با سید بصیر اعمی هندی مواجه شد و بر اساس ادعای مشابهی که آن دو نفر باهم داشتند بین آنها درگیری شدیدی بروز کرد و آن مباحث و مشاجرات با میانجی شدن حاجی میرزا جانی تا حدی تخفیف یافت و شیخ عظیم به طهران مراجعت کرد.

حاجی میرزا جانی کاشی شرح رویارویی ملا شیخ علی عظیم با سید بصیر هندی را ضمن مکتوبی به برادرش حاج محمداسمعیل ذبیح چنین نوشت:

به مطالعهٔ جناب اخوی‌ام برسد در نجف اشرف

هو الفتان الجمیل

مولانا هرگاه اجمال از مفصل شرح احوالات ازمنه ماضیه حقیر را بخواهید مطلع گردید آن است که در ماه شعبان جناب بصیر تشریف بارض کاف آورده و جناب عظیم نیز تشریف داشتند قبل از تشریف آوردن جناب بصیر شنیدیم که ایشان صاحب ظهورات گردیده‌اند و مدعی مقام سرّ حسینی هستند و لسان ایشان به قرائت آیات مفتوح گردیده و آیات ایشان را نیز بجهت من آورده بودند ولی حقیر چندان ملتفت نشدم تا زمانی که خود ایشان تشریف آوردند در مجلس اول قدری در بیان علم توحید صحبت داشتیم و مرا گمان این بود که از ایشان اعلم هستم بعد از آنکه

قدری تعمل (تأمل) نمودم یافتم که ایشان لطائف توحید را بهتر از این جانب برخورده اند و سیر ایشان نیز در احوالات سیری بیشتر هست و صاحب جذب و اشراق هستند. حقیر نظر به انصاف و صدق طلب خود نتوانستم انکار فضل و رفعت مقام ایشان را نمایم و دوست نداشتم که محتجب باسم و رسم خویش گردم و لهذا اقرار به ربوبیت ایشان و عبودیت خود نمودم و از اشراقات جذبات نفحات محبت ایشان دماغ دل تر و جسم فؤاد را روحی حاصل بود من بعد از آنکه مقارنه نیّرین اعنی حضرت بصیر و جناب عظیم گردید حضرت بصیر به جذبه محبت اشراق نمودند و جناب عظیم به نائره قهر چونکه ضدیّت ظاهره در بین ظاهر شد سرّ امر مختفی گردیده و فتنه شدید و امتحان عظیم گردید تا زمانی که تشریف داشتند حقیر برزخ حکمتی بودم که دو بحر با یکدیگر تداخل نکنند و به یک قسمی گذشته. بعد از تشریف بردن جناب عظیم آتش محبت قدری در ارض کاف شعله‌ور گردیده ضعفای از اهل محبت بر خود ترسیده ۲ توقیع فتنه بدست جهال آن ارض رسید و صحبت اختلاف ظاهر گردید در مدت پنج ماه که عدد هاء هویت بوده باشد صحبت نمودیم و توجه کردیم تا آنکه کینونت ناری بعضی را به نور مبدّل ساختیم و یک نفر از اشراق نور فؤادش مشتعل شده حفظ خود را نتوانست نمود و اسرار در بازار گفت تا سر داد و یک نفر دیگر هم در او فانی شد و یک نفر دیگر هم مظلوم شهید گردید ولی چند نفر از شیاطین اهل بیان لاجل اهوای نفس خود مُمد شده این آتش را افروختند و جان خبیث خود را و روح طیبه بعضی را سوختند لعن هم (لعنهم) الله و العذاب خلاصه حضرت خداوند علی اعلی حقیر را بنحو عزت و سرور محفوظ داشته در هفتم این شهر وارد کاشان شدیم و احباب را دیدن نموده قدری ایشان را نیز بحال آورده و رفع اختلاف را از گوش های ایشان نمودیم الحال لله الحمد اختلافی نیست ولی این رشته سر دراز دارد مختصر بدانید که غیر شخص موحد در نار حجبات جهل و فریب خود معذب هست الی یوم التوحید و این همه اختلافات نیز از جهت تربیت ایشان هست والاّ انّ الله غنیّ عن العالمین جمیعا.[۲۴]

علاّو، سید

سید علاّو نیز در بغداد مدعی مقام من یظهره اللهی شد و جمعی از معاریف بابیه عراق از جمله حاج سید جواد کربلائی و شیخ سلطان از او تبعیت کردند. وقتی جمال قدم به بغداد رفتند، او به حضور آمد و درک فیوضات روحانی نمود و از افکار و دعاوی باطله خود برائت حاصل کرد.

غوغا، میرزا عبدالله

میرزا عبدالله متخلص به غوغا شاعری مورد تکریم و احترام در دستگاه

میرزا عبدالله غوغا

حاجی ملّا علی کنی

شاهزاده های قاجار و ندیم و مؤانس آنها در جلوت و خلوت بود.۲۵ برای اولین بار اسم امر و ظهور حضرت باب را از زبان ملا حسین باب الباب در چمن رادکان شنید۲۶. او در آن وقت ملازم و منادم حمزه میرزای حشمت الدوله بود و ملا حسین که برحسب دعوتی که از او شده بود به اردوی حشمت الدوله رفته بود، به تبلیغ غوغا همّت گماشت و او نیز به دیانت بابی گروید و بعداً مدعی مقام من یظهره اللهی شد.

در اوقاتی که در کرمانشاه در خدمت دستگاه حکومت عمادالدوله بود نبیل اعظم گذارش به کرمانشاه افتاد و میرزا عبدالله را ملاقات کرد. غوغا او را از سفر بغداد منع کرد و به او گفت از طرف میرزا یحیی صورتی انتشار یافته که یک نسخه از آن به دست من رسیده است. ازل می خواهد شما و من و چند نفر دیگر از احباب را به قتل برساند.

حضرت بهاءالله می فرمایند:۲۷

"... دیگر نمی دانم که میرزا غوغا چه ارتکاب نموده که باین قسم بغضش در قلوب امثال او جا گرفته بشأنی که در رسائل در ردّ او می نویسند. بسا از نفوس اند که در غلبات ذوق و شوق کلماتی می گویند ایشانهم سخنی ذکر نموده اند دیگر نباید باین شدّت در صدد هتک حرمت عباد باشند."

قطب نی ریزی، میرزا حسین

یکی دیگر از مدعیان مقام مظهریت میرزا حسین قطب نی ریزی بود که زعامت بابی های نی ریز را داشت و خودش را مستظهر به تأییدات و الهامات حضرت باب می پنداشت و به اغلب احتمال حدوث جنگ ثانی در نیریز که بعد از واقعه شهادت حضرت وحید اتفاق افتاد معلول دعوی و ادعای او بوده است.

قمی، حاج میرزا موسی

از نفوس دیگری که بعد از شهادت حضرت باب و قبل از اظهار امر علنی حضرت بهاءالله ادعای من یظهره اللهی نمود حاجی میرزا موسی قمی بود که خیالها در سر می پرورانید و بلند پروازی می کرد و خود را دارای مقامات عالیه کشف و شهود و موعود کتاب بیان می خواند. در اوقاتی که حضرت بهاءالله در بغداد بودند مشرف شد و مورد عنایات جمال ابهی قرار گرفت و در حق او کمال عنایت مبذول گردید. او نیز تائب شد و به سهو و غفلت خویش پی برد و در او حالت جذبه و شوری پدید آمد که سر از پا نمی شناخت و آرزویش این بود که حضرت بهاءالله به او خدمتی رجوع فرمایند که به جبران مافات قیام کند و اعمالش مورد رضایت خاطر مبارک واقع شود. نبیل می نویسد:

"در ایام اقامت در قم از حاجی میرزا موسی قمی شنیدم که می‌گفت در کتاب بیان تفکر می‌کردم دیدم همه از من یظهره‌الله حکایت می‌کند پیش خود تفکر کردم دیدم ازل هیچ شباهتی به امر آن شمس حقیقت ندارد و این شخص حکایت از طلعت اعلی نمی‌نماید در این بین صدای دیان را از آذربایجان و صدای ملاهاشم را از کاشان شنیدم تفرّس در آنها کردم چیزی نیافتم یک شب بغتتاً در خودم حالتی پیدا شد و اننی انا الله گویان اهل ادیان را بخود دعوت نمودم کار به جائی رسید که جمعی نراقی و تفرشی به من مؤمن شدند.

این حاجی با آقا عظیم و میرزا نصرالله تفرشی به بغداد آمد مشرف شد و منجذب گشت و نمی‌دانست چه کند بالاخره صائم شد و مصمم شد که افطار نکند تا جان تسلیم نماید و چندین شبانه روز بی‌قوت ماند چون نزدیک به موتش رسید جمال قدم یک ظرف حلوا باتفاق یکی از احباء برای او فرستادند وقتی خادم رسید که در حال نزع بود به او پیام مبارک را عرض کرد و حلواها را به او خورانید و شفا یافت بعد جمال قدم احبا را از این اعمال نهی فرمودند."

کاشی، حاجی ملا هاشم

در کتاب بدیع نیز به اسامی چند نفر دیگر که دعوی من یظهره‌اللهی نمودند اشاره شده است. از جمله از قول حاجی میرزا مهدی گیلانی می‌فرمایند:۲۸ "علاوه دیان و میرزا غوغا و شیخ اسماعیل و حاجی ملا هاشم هم ادعای این امر نمودندِ و ادعای آنها باطل شده."

نویسنده این سطور از شرح احوال حاجی ملا هاشم کاشی اطلاع کافی و جامعی ندارد همین اندازه گفته شده است که در کاشان در منزل حاجی میرزا جانی حضرت باب را ملاقات کرد و بابی شد.

حضرت بهاءالله می‌فرمایند: "ای غافل بدان که آن نفوس عندالله مردود نبوده و نخواهند بود... و از جمله آن نفوس که نوشته یکی جناب ملا هاشم است و عرائضی که از او بمقر عرش آمده الآن موجود و جز خضوع کبری از او امری ظاهر نشده."۲۹

میلانی، حسین

حسین میلانی که پیروانش او را حسین جان خطاب می‌کردند و به اسمش سجده می‌نمودند یکی دیگر از مدعیان مقام من یظهره‌اللهی بود. مشارالیه مردی فصیح الکلام و منجذب و مفتون حضرت اعلی بود. او خودش را مظهر ظهور حسینی که بعد از ظهور قائم آل محمد باید ظهور کند، می‌دانست. وی از نفوسی بود که در

قضیه رمی شاه به شهادت رسید. شرح اقدامات حسین میلانی در قضیه رمی شاه بصورت مشروح خواهد آمد.

واقعه قتل حسین میلانی در روزنامه وقایع اتفاقیه۳۰ چنین منعکس شده است:

"حسین میلانی را که از توابع اسکو است و آن ملاحده او را به لقب امام همام ابا عبدالله الحسین ملقب کرده بودند سربازان افواج نیزه پیش کرده با سر نیزه جسد خبیث او را پنجره‌وار مشبک و بدرک فرستادند."

نبیل زرندی، ملا محمد

ملا محمد نبیل زرندی نیز با ادعای من یظهره اللهی به جد تمام قیام نمود و رجال و ابطال بابیه را دعوت به تبعیت از خود کرد.

در کتاب تاریخ استاد علی اکبر یزدی، معمار و بنای مشرق الاذکار عشق آباد، داستان ابلاغ دعوی نبیل زرندی را به ملا محمد قائنی نبیل اکبر، حضرت بهاءالله و شیخ ابوتراب اشتهاردی در اشعاری که با ابیات زیر آغاز می گردد، می خوانیم:

ای محمد سوی ما معراج کن ترک هر آئین و هر منهاج کن
ای بهایت بر بهای حق دلیل خیز و جان اندر ره ماکن سبیل۳۱
ای اسیر خاک تن ای بوتراب آن بنائی را که دیدی شد خراب

مسلم است که این مثنوی خیلی مفصل بوده و بعدها نبیل آن را از میان برده است. نبیل زود متوجه خطای خود شد و به حضور حضرت بهاءالله در بغداد مشرف گردید و تائب شد. او محاسن خود را برید و عتبه بیت مبارک را با ریش خود جاروب کرد و از افکار باطله خود انابت جست و با جان و دل تا آخرین دم حیات وجودش را وقف خدمت به امر الهی نمود و مورد عنایات و الطاف حضرت بهاءالله قرار گرفت. او به امر هیکل مبارک به تمام نقاط ایران مسافرت کرد و احبا را در خدمتگزاری و وفاداری به امر الهی تشویق و تحریض نمود. ظهور جمال قدم موعود کتاب بیان را به بابیان ایران بشارت داد و به امر حضرت بهاءالله و به نیابت از ایشان بیوت مبارک شیراز و بغداد را زیارت کرد و مناسک حج بجا آورد. در آن ایام شداد و عذاب، نبیل سرگشته تلال و قفار و راه های سخت و مخوف و ناامن ایران بود و راه ها را غالباً با پای پیاده می پیمود و از شهری به شهری سفر می کرد تا الواح و پیام‌های حضرت بهاءالله را به اهل بهاء ابلاغ نماید.

حضرت بهاءالله در ضمن لوحی او را "نبیل اعظم" خطاب فرموده اند. این لوح با خط حضرت عبدالبهاء مرقوم گردیده و در اردستان در منزل آقا میرزا فتحعلی فتح اعظم به دست نبیل رسیده است. نبیل اسفار عدیده به بغداد رفت و به حضور حضرت بهاءالله مشرف شد و در وقت سرگونی آن حضرت به اسلامبول ملتزم رکاب بود و از

اسلامبول مأمور ملاقات احبای ایران شد. او در ایام رضوان در باغ نجیبیه در بغداد مشرف بود. او که ایام بعثت حضرت بهاءالله را درک کرده بود، اغلب وقایع تاریخ را به زبان شعر و در قالب مثنوی سروده است.

بعد از اینکه نبیل وظائفی را که در ایران به عهده داشت انجام داد عازم ادرنه شد و از ادرنه به مصر رفت و در قاهره به سعایت میرزا حسین خان قنسول ایران به حبس افتاد و بعد از قاهره به زندان اسکندریه منتقل شد و پس از استخلاص به آناطولی تبعید گردید و از آنجا به قبرس رفت، از سرگذشت بهایی‌های آنجا خبر گرفت و بالاخره خود را به عکا رسانید.

او بغیر از خدمات زائد الوصفی که مجدانه در سبیل امر الهی انجام داد، موفق به تألیف تاریخی۳۲ از رویدادها و وقایع امری شد. این کتاب از امهات کتب تاریخی دیانت بهائی است و مورد توجه و راهگشای مورخین امر می‌باشد.

نبیل اعظم در اواخر ایام حیات حضرت بهاءالله چند سالی مقیم عکا و هنگام صعود مبارک مشرف بود. آن رزیّه کبری در وجود او تأثیری عظیم گذاشت و او را چنان اندوهگین و محزون ساخت که بیش از چهل روز بعد از آن واقعه صبر و تحمل نتوانست. عریضه‌ای به حضور حضرت عبدالبهاء عرض کرد و استدعای عفو ذنوب و بخشایش معاصی خود را نمود و به آقا میرزا محمود کاشی داد که به حضرت عبدالبهاء تقدیم کند. گفته شده است که تقدیم این نامه به این نیّت بود که اگر تا سه روز جوابی عنایت شد به هر خدمتی که حضرت عبدالبهاء رجوع فرمایند، قیام کند و اگر جوابی نرسید خودش را در دریا غرق سازد. از اتفاق حامل عریضه فراموش کرد نامه نبیل را به حضرت عبدالبهاء تقدیم کند و نبیل بعد از سه روز انتظار چون جوابی دریافت نداشت تصور نمود که رجایش مقرون به اجابت نیست بنابراین خود را در دریای عکا غرق کرد. او ضمن ابیاتی که سروده است به گناه خویش اشاره نموده و از حضرت عبدالبهاء طلب عفو می‌نماید. بیت زیر گویای تاریخ این حادثه یعنی سال ۱۳۱۰ هجری قمری می‌باشد.

"باز کن بر قلب محرومم طریق　　　اندر این سال غریقم کن غریق"۳۳

بخش دوم: من یظهره‌الله، موعود کتاب بیان

مسئله زعامت جامعه بابی

نبیل زرندی می نویسد:

"در ایامی که حضرت باب در چهریق حضور داشتند ملا عبدالکریم قزوینی مشرف شد و به حضور حضرت باب عرض کرد من اوضاع طهران را خوب نمی‌بینم احباب از هر طائفه و طبقه از غریب و بومی لیلاً و نهاراً به جناب بهاء۳۴ مراوده می‌کنند و ایشان محور امور دوستان هستند و با مخالفت علماء و خصومت حاج میرزا آقاسی مواجه هستند باید فکری کرد که از ضر معاندین محفوظ بمانند. فرمودند امر ایشان با خالق کائنات است و دیگری مداخله نمی‌تواند و هرچه مشیّت عالیه الهیه اراده فرماید انجام خواهد شد اما از حدوث حوادث و مخاطرات و دسائس معاندین باید جلوگیری کرد چون در کتاب بیان مصرحاً ذکری از وصی و خلیف نشده است شما بعد از مراجعت به طهران با جناب بها ملاقات و مذاکره کنید و بر حسب میل ایشان هرکس را انتخاب کردند به من بنویسید تا موقتاً اقدام کنم."

ملا عبدالکریم در مراجعت به طهران با حضرت بهاءالله که در آن اوقات به میرزا حسینعلی بها شهرت داشتند این موضوع را در میان گذاشت. بعد از مشاورات با ملا عبدالکریم چون شخص اجنبی را مصلحت ندیدند میرزا یحیی ازل برادر ناتنی خودشان را که در آن وقت بیش از شانزده سال نداشت برای مراجعه بابی‌ها معرفی نمودند و حضرت باب آن پیشنهاد را تأئید فرمودند و میرزا یحیی زعامتی پیدا کرد و مورد توجه و مرجع بابی‌ها قرار گرفت. این فقره در بین بابیان اشتهار پیدا کرد و از این روست که می‌بینیم بابیان دوره بیان به او با دیده احترام ناظر بودند و در اوراق باقی مانده از آنان ظاهر است که با چه مجد و احترامی وی را می‌ستوده‌اند فی المثل در مکاتیب باقی مانده از میرزا علی اکبر پسر عموی حضرت باب نسبت به میرزا یحیی اظهار ادب و احترام فراوان شده است. اما، با وصف این، میرزا یحیی او را در بغداد به دست عوامل خود به شهادت رساند و وی را اجهل الجهلاء خواند.

در خاطرات بدیع بشروئی (ذیل جمعه ۷ آپریل ۱۹۱۶) بیانات شفاهی حضرت عبدالبهاء نقل شده که در جواب سئوال جناب آقا سید یحیی که چطور شد ازل سر کار آمد فرمودند: "وقتی که حضرت اعلی در خطر عظیم بودند انظار همه متوجه به جمال مبارک بود، لهذا آقا میرزا عبدالکریم قزوینی که حضرت اعلی او را میرزا احمد فرمودند چنین صلاح دید که کاری بشود که جمال مبارک محفوظ بمانند و به حضور حضرت اعلی عرض کرد. این بود که اشاره شد که شما یکی از برادران خود را اختیار کنید. لهذا یحیی را اصطفا نمودند و در تربیت او کوشیدند و روزی شش صفحه مشق به او می‌دادند و خط او بسیار خوب شده بود و الواح از لسان او نازل

می‌فرمودند. اگر کسی الواح او را با آنان که بعد از خروج از ظل مبارک نوشته مقایسه کند می‌بیند که چنین است."

در الواح مبارکه حضرت بهاءالله نیز در این خصوص بیاناتی آمده و از جمله در لوح حاجی نصیر قزوینی می‌فرمایند: "اول این امر از جمیع مستور بوده و احدی مطلع نه جز دو نفس واحد منهما الذی سمّی باحمد استشهد فی سبیل ربّه و رجع الی مقرّ القصوی و الآخر الذی سمّی بالکلیم کان موجوداً حینئذ بین یدینا."

اگرچه میرزا یحیی بر حسب مواضعه قبلی فیما بین حضرت باب و جناب بها مرجع بابیان معرفی شد ولی در حقیقت این جناب بها بود که مورد توجه امناء دولت و رجال مهمّه عالم امر قرار داشت و بار سنگین امور دیانت بابی را به دوش می‌کشید. چنانچه خواهیم دید در واقعه رمی شاه جناب بها بود که مسجون گشت و ثقل ثقیل زنجیر قره‌کهر و سلاسل را چهار ماه به گردن خویش تحمل کرد و در دخمه‌ای که نه نور داشت و نه هوا و مملو از کثافات و حشرات بود در قید سلاسل و اغلال ماند نه میرزا یحیی.

تبعید حضرت بهاءالله به کربلا و بازگشت به طهران

امیر کبیر بعد از خاتمه وقایع مازندران، نی‌ریز و زنجان و به شهادت رساندن حضرت باب و قلع و قمع بابی‌ها در هر جا و به هر صورت که ممکن بود، از بروز مخاطرات احتمالی از طرف بابی‌ها تا حدی آسوده خاطر شد ولی در باطن معتقد بود که همهٔ آن حوادث با راهنمائیها و تحت تعلیمات حضرت بهاءالله به وقوع پیوسته است و مصمم بود که به ترتیبی این فعالیت‌ها را متوقف کند، زیرا در همان اوقات موضوع سفر ناصرالدین شاه به اصفهان در شرف وقوع بود و امیرکبیر می‌بایستی در التزام رکاب شاه باشد و از اینکه به ظن خود حضرت بهاءالله مجدداً دست بکار شوند و در مدت غیبت او از مرکز مملکت دولت را در تنگنای حوادثی دیگر قرار دهند شدیداً هراسناک بود. بنابر این، ایشان را طلبید و اظهار داشت که مسلماً واقعه طبرسی و زنجان به راهنمائی و تعلیم شما صورت گرفته است چون بدون مساعدت و معاضدت شما چند نفری که تمام عمرشان را در گوشه مدارس به بحث و فحص مسائل دینی گذرانده‌اند تا این اندازه قدرت و توانائی نداشتند که دست به شمشیر ببرند و با آن شجاعت و تهور بی‌نظیر در میادین محاربه با قوای دولتی بجنگند، و از هیچ چیزی نهراسند و بجان طالب مرگ باشند. گرچه نتوانستم مدرکی بدست بیاورم که اقدامات و تعلیمات شما را مدلل نماید و به ثبوت برساند ولی به صحت گفته‌هایم سخت معتقدم.

به هر حال چون موکب شاهی در شرف حرکت به اصفهان است و اغلب ارکان

دولت و خود من هم در التزام رکاب هستیم مصلحت در این است که شما چندی در طهران نباشید و برای زیارت اعتاب مقدّسه به کربلا بروید. پس از مراجعت از اصفهان در نظر دارم مقام امیر دیوانی را از شاه برای شما درخواست کنم. باوجود اینکه امیرکبیر مؤدبانه و با زبانی ملایم درخواست می‌کرد ولی در حقیقت قصدش تبعید حضرت بهاءالله از ایران بود.

حضرت بهاءالله در جواب گفتند من مطلقاً طالب و مایل به خدمات دولتی نیستم ولی چون به زیارت اعتاب مقدسه راغب هستم پیشنهاد شما را می‌پذیرم و به همین مناسبت پس از چند روز به عزم عراق طهران را ترک نمودند.

در ضمن، حضرت بهاءالله اطلاع داشتند که فیما بین بابی‌های عراق اختلاف شدید وجود دارد و گروهی که در کاظمین اقامت دارند از سید علاّو که او نیز دعوی من یظهره اللهی داشت تبعیت می‌کنند و بعضی با او اختلاف دارند و در نتیجهٔ این قبیل تعارضات و از هم گسیختگی‌ها غالب مجالس و محافل آنها با مناقشات و مجادلات مواجه می‌شود. بنابر این آن سفر را برای رفع این گونه اختلافات پذیرفتند.

حضرت بهاءالله در طول یک سال اقامت خود در عراق در حل همهٔ مشکلات و اختلافات توفیق حاصل نمودند و علاّو را بر اشتباهات خود واقف نمودند و سایرین از جمله شیخ سلطان، حاج سید جواد کربلائی و برادرش سید ابوطالب را از نصایح مشفقانه برخوردار فرمودند ولی متأسفانه در ایران نیران اختلاف بین بابی‌ها شعله‌ور شد. هرکس را هوائی در سر و خیالاتی در کمون بود. تضاد افکار و عدم وجود راهنما و سرپرستی بصیر و لایق موجب تشتت جمع احباب شده بود و میرزا یحیی که خودش را وصی و نایب مناب حضرت اعلی معرفی می‌کرد گذشته از اینکه گفتارش در میان بابی‌ها بی‌اثر بود خود را هم مخفی نگاه می‌داشت و بالاخره هم به نور و کجور رفت.

مقارن عزیمت حضرت بهاءالله به کربلا، ملا عبدالکریم قزوینی نامه‌ای خطاب به حاج سید جواد کربلایی می‌نگارد۳۵ که مطالب آن را با اظهار خلوص و ارادت و اهمیّت وجودی وی آغاز می‌نماید و سپس تأکید می‌کند که احباب رعایت ادب و احترام را نسبت به مولای حنون و بزرگوار خویش بنمایند و در حضور مبارک ساکت و صامت بوده و تا سئوالی نفرمایند لب به جواب گشوده نشود. زیرا گفتگوهایی که منجر به افشای هویت وجود مبارک گردد تحت شرایط آن روز مقتضی نبوده است.

محتوای این نامه مشخص می‌دارد که ملا عبدالکریم از بدو امر به عظمت مقام حضرت بهاءالله پی برده و حضرتش را موعود کتاب بیان (من یظهره الله) می‌دانسته است.

سرانجام گفتگوها و مسائل مابه الابتلاء بسیار بعضی از رجال بابیه را بر این

عقیده استوار داشت که اگر حضرت بهاءالله به ایران مراجعت نکنند شیرازهٔ امر حضرت باب بکلی از هم گسیخته خواهد شد. از این رو عرائضی به حضور مبارک عرض کردند و استدعای مراجعت ایشان را نمودند.

نامه‌ای از سلیمان خان شهید خطاب به حاج سیدجواد کربلائی در دست است که نه فقط در آن اشاره به ضرورت مراجعت حضرت بهاءالله به ایران شده است، بلکه خود او نیز از حضور مبارک رجای معاودت به ایران را نموده است.۳۶ او در قسمتی از نامه می‌نویسد:

"اگر جناب آقائی آقا میرزا حسین علی بهاء تشریف دارند به عرض و سلام عبودیت محضر مبارک ایشان مصدع اوقات شریفشان هستم نهایت جسارت را نمودم عریضه‌ای از قبل نوشته بودم انشاءالله به محضر ایشان رسیده است از همه امورات خاطر جمع گشته... باید خیلی زود تشریف فرما شوند حضرات رفقا بحمدالله... دارند هنوز نقلی وارد نشده امیر نظام بحمدالله تمام شد معزول ابدی گردید. الآن در باغ فین کاشان محبوس است. میرزا آقاخان اعتمادالدوله وزیر و صدراعظم گردید انشاءالله امورات بهتر نظم خواهد گرفت البته جناب ایشان باید خیلی زود تشریف فرما شوند که وجود مبارک ایشان مثمر ثمر است."

به هر حال، حضرت بهاءالله بعد از یک سال دوری از مملکت و احبای الهی به طهران بازگشتند. در وقت ورود به طهران اعتمادالدوله برادرش جعفرقلی خان را مأمور میهمانداری و پذیرائی از حضرت بهاءالله نمود. او در افجه در باغ شخصی خودش وسائل پذیرائی فراهم ساخت و ایشان به باغ تشریف بردند. وجوه احبا مثل جناب عظیم و حاج میرزا حسن خراسانی و ملاعبدالکریم قزوینی گاه بگاه مشرف می‌شدند و از بیانات و نصایح مبارک محظوظ و متذکر می‌گردیدند.

رمی شاه و قتل عام بابیها بوسیله عمال دولت

بعد از شهادت حضرت باب، چند نفر از بابیان کم تجربه و نادان به خیال خونخواهی از ستمی که بر ایشان رفته بود بدون مشورت و توجه به نصایح زعمای قوم در فراهم آوردن وسایل قتل ناصرالدین شاه همداستان شدند و همانطور که در تاریخهای مختلف خوانده‌ایم، اقدامات آنها که خودسرانه و از روی غفلت محض انجام شده بود، بی‌نتیجه ماند.

پس از وقوع این حادثه جعفر قلی خان مهماندار جناب بهاء هراسان نزد ایشان رفت و از قول میرزا آقا خان استدعا نمود که جناب بهاء خودشان را پنهان کنند. ایشان خواهش او را نپذیرفته و بلافاصله به منزل میرزا مجید خان آهی منشی سفارت روس و شوهر خواهر خود به زرگنده رفتند و روز بعد به قصد ملاقات میرزا

آقاخان اعتمادالدوله به سمت اردوی شاهی عزیمت فرمودند. اما در میان راه به دست مأمورین حاجب‌الدوله گرفتار شدند.

نبیل از جناب کلیم داستانی را که با رمی شاه ارتباط پیدا می‌کند بصورت زیر روایت کرده است:

میرزا حسن خراسانی که سیدی جلیل القدر و عالمی فاضل بود، اوصاف جمال مبارک را از میرزا احمد ازغندی شنیده بود و به همین دلیل به طهران آمده در محله سرچشمه ساکن شده و با کسی مراوده نمی‌کرد. مقارن ورود او به طهران جمالقدم از کربلا به طهران عز نزول فرمودند. حاج میرزا حسن به زیارت ایشان رفت و از تشرف و فیض حضور بسیار مسرور شد و به امید تشرف دیگر در طهران ماند.

روزی میرزا حسن به ملاقات من آمد و گفت که جناب عظیم با لباس مبدل به خانه او رفته و استدعای ملاقات با من را کرده است. من ناچار با حاجی میرزا حسن به دیدن جناب عظیم رفتم. جناب عظیم به من قسم داد که در باب حسین میلانی ذکری نفرمائید تا من به دیدن او بروم بلکه بتوانم او را متذکر نمایم یا اقلاً نفوسی را که از اطراف آمده‌اند متفرق نمایم. گفتم رفتن شما صلاح نیست و مثمر ثمری نخواهد شد. از من نشنید و رفت.

روز دیگر قضیه رمی شاه پیش آمد و قیامتی برپا شد. باز جناب حاجی میرزا حسن آمد که جناب عظیم شما را به حضرت اعلی قسم داده‌اند که یک دفعه دیگر بروید و با ایشان ملاقات کنید. ناچار رفتم و جناب عظیم را با حاجی محمد رضای اصفهانی ملاقات کردم چون مرا دیدند گریستند و ذکر نمودند دیشب منزل حسین میلانی رفتم، اول مرا راه نمی‌دادند، بعد که وارد شدم اذن جلوس ندادند و استهزاء نمودند و نگذاشتند که با خان (سلیمان) و میرزا احمد ملاقات کنم. شب را در مسجد بسر بردم و صبح شهر را منقلب دیدم گویا صادق فساد کرده معلوم نیست چه واقع شده است. حال می‌خواهیم به پای خود به مقتل برویم زیرا یقین است که همهٔ ما را خواهند گرفت و به انواع عذابها خواهند کشت. حاجی محمدرضا هم در کمال شوق و اشتیاق در آن خیال بود. من گفتم من و میرزا باقر حاضریم و کشته شدن را از ماندن به ذلت دوست‌تر می‌داریم. قرار بر این شد که از حضرات خبر برسد و ما هم به مشهد فدا حاضر شویم و گفتم با آنکه از اول با شما نبودم و به خیالات شما بهیچوجه صحه نگذاشتم بلکه نهی نمودم معهذا از برای شهادت حاضرم. چون از آنجا بیرون آمدم پیغام جمال مبارک رسید که "من دستگیر شدم تو باید خودت را حفظ کنی".

در واقعه رمی شاه سی و شش نفر از بابی‌های مظلوم به دست عمال حکومت و درباریان به فجیع‌ترین وضعی به قتل رسیدند.۳۷

کاپیتان فون گومونز۳۸ افسری از اهالی اطریش که در خدمت دولت ایران بود ظلم و ستم وحشیانه‌ای را که در تابستان سال **۱۸۵۲** میلادی بر شهدای بابی وارد آمد در نامه‌ای۳۹ به یکی از دوستان خود تشریح می کند.

واتسن مورخ انگلیسی در باره بابی کشی در طهران نوشته است:۴۰

"پس از آنکه توطئه بابی ها کشف شد ابتدا ده تن از عمّال آنان را به قتل رسانیدند و بعضی از ایشان را با شدیدترین زجرها کشتند و شمع های روشن در بدن دو سه تن از آنها جای دادند و بعد از آنکه فدائیان مزبور را مدّتی زجر دادند آنها را بوسیله تیرکی دو نیمه کردند. الزام قصاص را پیشکار شاه از جانب او انجام داد و مغز یکی از توطئه کاران را تار و مار کردند...

مدت کوتاهی بساط رعب گستردند و احدی از سوء ظن در امان و از احتمال اینکه بابی است مصون نبود... صدراعظم... تدبیری به سرش آمد که هریک از تبهکاران را به یکی از دستگاه های دولتی بسپارد و بدین ترتیب چند تن از وزیران شاه نقش جلادی برعهده گرفتند. وزیر امور خارجه، وزیر مالیه، پسر صدراعظم، آجودان کل قشون، رئیس ضرابخانه هرکدام تیر اول را رها ساختند و یا ضربت شمشیر را در پیکر کسی که به دستگاههای متعدد آنها اختصاص یافته بود وارد کردند. توپخانه، پیاده نظام، توپخانه شترسواران۴۱، سوار نظام هر کدام حصه‌ای برای قربانی می داشتند و حتی پزشک قابل ستایش فرانسوی شاه دکتر کلوکه۴۲ مجبور شد وفاداری خود را مانند افراد دیگر درباریان به اثبات برساند ولی وی عذر خواست و به شوخی گفت در دوره طبابت خود بقدری از مردم را کشته که دیگر حاضر نیست با آدم کشی دیگری بر تعداد آنها بیفزاید."

توقیف جناب بهاء، سجن سیاه چال و اظهار امر خفی

در لوح شیخ۴۳ از قلم حضرت بهاءالله می خوانیم:

... و بعد از توجه حکایت حضرت سلطان ایده الله تبارک و تعالی واقع۴۴ و در آن ایام امور منقلب و نار غضب مشتعل جمعی را اخذ نمودند از جمله این مظلوم را لعمرالله ابداً داخل آن امر منکر نبودیم و در مجالس تحقیق هم عدم تقصیر ثابت معذلک ما را اخذ نمودند و از نیاوران که در آن ایام مقر سلطنت بوده سر برهنه و پای برهنه پیاده با زنجیر به سجن طهران بردند چه که یک ظالمی سواره همراه کلاه از سر برداشت و بسرعت تمام با جمعی از میرغضبان و فراشان ما را بردند و چهار شهر در مقامی که شبه و مثل نداشت مقر معین نمودند. اما سجن که محل مظلوم و مظلومان بوده فی الحقیقه دخمه‌ای تنگ تاریک از آن افضل بوده و چون وارد حبس شدیم بعد از ورود ما را داخل دالانی ظلمانی نمودند از آنجا از سه پله

سراشیب گذشتیم و بمقری که معین نموده بودند رسیدیم اما محل تاریک و معاشر قریب صدو پنجاه نفس از سارقین اموال و قاتلین نفوس و قاطعین طرق بود. مع این جمعیّت محل منفذ نداشت جز طریقی که وارد شدیم اقلام از وصفش عاجز و روائح منتنه اش خارج از بیان و آن جمع اکثری بی لباس و فراش. الله یعلم ما ورد علینا فی ذاک المقام الانتن الاظلم۴۵.

و در ایام و لیالی در سجن مذکور در اعمال و احوال و حرکات حزب بابی تفکر می نمودیم که مع علو و سمو و ادراک آن حزب آیا چه شده که از ایشان چنین عملی ظاهر. یعنی جسارت و حرکت آن حزب نسبت به ذات شاهانه و بعد این مظلوم اراده نمود که بعد از خروج از سجن بتمام همّت در تهذیب آن نفوس قیام نماید و در شبی از شب ها در عالم رؤیا از جمیع جهات این کلمه علیا اصغا شد. انا ننصرک بک و بقلمک لاتحزن عمّا ورد علیک و لاتخف انک من الآمنین سوف یبعث الله کنوز الارض و هم رجال ینصرونک بک و باسمک الذی به احیا الله افئدة العارفین.۴۶ و چون مظلوم از سجن خارج حسب الامر حضرت پادشاه حرسه الله تعالی مع غلام دولت علیه ایران و دولت بهیّه روس به عراق عرب توجه نمودیم و بعد از ورود باعانت الهی و فضل و رحمت ربانی آیات بمثل غیث هاطل نازل و به اطراف ارض ارسال شد و جمیع عباد را مخصوص این حزب را به مواعظ حکیمانه و نصایح مشفقانه نصیحت نمودیم و از فساد و نزاع و جدال و محاربه منع کردیم تا آنکه از فضل الهی غفلت و نادانی به بر و دانائی بدل گشت و سلاح به اصلاح و در ایّام توقف در سجن ارض طا اگر چه نوم از زحمت سلاسل و روائح منتنه قلیل بود ولکن بعضی از اوقات که دست می داد احساس می شد از جهت اعلای رأس چیزی بر صدر می ریخت بمثابه رودخانه عظیمی که از قلّه جبل باذخ رفیعی بر ارض بریزد و بآن جهت از جمیع اعضاء آثار نار ظاهر و در آن حین لسان قرائت می نمود آنچه را که بر اصغاء آن احدی قادر نه."

لیدی بلامفیلد از زبان حضرت ورقه علیا با مضمون زیر می نویسد:۴۷

"از در خانه ما کسی مأیوس بر نمی گشت و در مهمانخانه ما بر روی همه کس باز بود. همواره زنهای فقیر نزد مادرم می آمدند و از مسائل مختلفهٔ زندگی اندوهبار خویش صحبت می داشتند و مادرم با نهایت محبت و مهربانی آنها را اندرز می داد و نصیحت می فرمود بطوری که مردم پدرم را پدر فقرا و مادرم را آرامش بخش و مسلی خاطر خطاب می کردند و از اینرو زنان و اطفال خردسال با خوشحالی در محضرش حضور می یافتند و از محبتهایش برخوردار می شدند.

روز سوء قصد به جان شاه درست به خاطر دارم من در آن وقت شش ساله بودم. پدرم در نیاوران در خانه ییلاقی خودش بود دهاتی هائی که در آن قریه زندگی

می‌کردند همه مورد اشفاق مخصوصه پدرم قرار داشتند. ناگهان یکی از نوکرهای ما با عجله و با ترس و هراسی زائدالوصف به حضور مادرم آمد و گفت: آقا، آقا دستگیر شده‌اند. من الآن دیدم که ایشان را با پای پیاده از فرسنگ ها راه می‌آورند. وای، ایشان را کتک زده بودند. می‌گفتند که آقا را به فلک بسته و شکنجه داده‌اند. پاهاشان خونین بود. کفش در پا نداشتند و کلاه به سرشان نبود و لباسشان را پاره کرده بودند و گردنشان زیر زنجیر بود.

مادر بیچاره‌ام رنگ باخت و ما بچه ها که بشدت ترسیده بودیم با وحشت زار می‌زدیم.

علی الفور هرکس که در خانه ما بود اعم از دوستان و بستگان و خدمه با وحشت و اضطراب فرار کردند. تنها یک نفر از نوکرهای مرد اسفندیار و یک کلفت پهلوی ما ماندند. خانه شاهانه ما و چند منزل کوچکی که در جوار و مرتبط با آن خانه بزرگ بود به طرفة العینی غارت شد.

آقا میرزا موسی عمویم (برادر ابوینی حضرت بهاءالله) که همواره به ما محبت می‌فرمود به مادرم کمک کرد تا توانست با سه طفل خردسالش فرار کند و پنهان شود. مادرم توانست مقداری از جواهرات خود را درببرد و بعداً به فروش برساند و برای تهیّه وسائل و غذای پدرم به زندانبانان بپردازد و بقیه را برای مخارج بعدی نگاه دارد. در آن اوقات ما در یک خانه کوچک که فاصله زیادی با زندان نداشت زندگی می‌کردیم.

میرزا یحیی از شدّت ترس و وحشت به مازندران گریخت و پنهان از همه زندگی می‌کرد. آه از آن زحمات و بلایائی که در خور توانائی هیچ زنی نبود و مادر مهربانم در آن ایام تحمل می‌نمود.

من بعدها فهمیدم که قبل از اینکه او مادر بشود خداوند این قدرت را به او عطا کرده بود که بتواند تحمل هر بلائی را بنماید.

زندانی که پدرم در آن محبوس بود جای مخوفی بود. هفت پله از روی زمین می‌خورد تا به پائین برود در آنجا تا قوزک پا در کثافات و نجاسات فرو می‌رفت و حشرات موذیه آزار می‌دادند. در چنین محل نفرت‌انگیزی چهل نفر از بابی‌ها با عده‌ای از قاتلین و قطاع الطریق محبوس بودند. پدر بزرگوارم چهار ماه تمام در این دخمه سیاه همراه با پنج بابی دیگر در زیر زنجیری سنگین گرفتار بودند. شما خودتان این وضع دردناک را می‌توانید تصور کنید. با هر حرکتی زخم گردن پدرم و هم زنجیرانش عمیقتر و عمیقتر می‌شد در آن وضع خواب و راحتی بهیچوجه امکان نداشت. مادرم با زحمات زیاد مقداری غذا و آب به زندان می‌فرستاد.

در آن وضع و حال بابی‌ها هیچوقت از شکنجه و مرگ اندیشه نمی‌کردند و

شهادت را تاج افتخار برای حیات و زندگی خود می‌دانستند و شب و روز برای رسیدن به این فوز عظمی دعا می‌کردند.

هر روز صبح یک یا چند نفر از آن دوستان شجاع و فداکار را به طرق مختلف به شهادت می‌رساندند.

متعصبین مذهبی، مخالفان خود را به کفر و زندقه متهم می‌ساختند و آنها را بابی می‌خواندند و همینکه کسی به این اتهام گرفتار می‌آمد بوسیله میرغضب به قتل می‌رسید و گاه اتفاق می‌افتاد که متهم به دست تودهٔ مردم کشته می‌شد.

قصاب، نانوا، کفاش و نعل‌بند با همان وسائلی که به کارش اختصاص داشت متهم را شکنجه می‌کرد و در هر فرصت و مجالی که پیدا می‌شد او را با کمال قساوت به قتل می‌رساند. آنها وقتی می‌دیدند که آن ارواح مجرده و نفوس منقطعه بی‌ترس و هراس به استقبال مرگ می‌روند و در آن حال به تلاوت مناجات مشغول می‌شوند و از خدا می‌خواهند که آنها را ببخشاید و شهادتشان را قبول فرماید، بیشتر خشمگین می‌شدند و بیشتر قساوت به خرج می‌دادند.

لکن عامه مردم از دیدن این مناظر هولناک بر تنفرشان از آن اعمال افزوده می‌شد و آن اعمال شیطانی را تقبیح می‌کردند. من خوب به خاطر دارم که با شنیدن صدای وحشت بار طبل اعدام ما سه نفر به مادرمان می‌چسبیدیم و او نمی‌دانست که مقتول شوهر مورد پرستش اوست یا شخص دیگری و تا شب یا صبح روز بعد فرا نمی‌رسید مادرم از واقعیت و زنده بودن پدرم آگاه نمی‌شد.

او هنگامی که برای کشف واقعیت تصمیم می‌گرفت به خطرات احتمالی آن برای خانواده نمی‌اندیشید. خوب به یادم می‌آید که در آن روزگار تیره از شدّت وحشت و هراس خمیده شده بود. من در حالی که غصن اطهر، برادر دو ساله خود را در آغوش داشتم از شدت ترس می‌لرزیدم و همیشه فکر می‌کردم که شاید مادرم دستگیر شود و دیگر به خانه برنگردد.

عمویم میرزا موسی که او نیز پنهان شده بود از جرئت و تهوری که مادرم به خرج می‌داد، حدس می‌زد که برای او مخاطراتی ایجاد شود.

برادرم عباس برای انجام این امور مادرم را همراهی می‌کرد. ما با کمال دقت به اخباری که عمه پدرم می‌آورد و مادرم برای عمویم تعریف می‌کرد گوش می‌کردیم. عمه پدرم با میرزا یوسف که یکی از اتباع دولت روسیه و با قنسول آن دولت دوست بود ازدواج کرده بود.

ما این مرد شریف را بمناسبت نسبت سببی که با ما پیدا کرده بود عمو خطاب می‌کردیم. او هر روز مترصد بود تا ببیند چه کسی را برای اعدام انتخاب کرده‌اند و با این خبر که پدرم انتخاب نشده نگرانی های شدید مادرم را تسکین

می‌داد. او ضمن توجه به این نکته که ارتباطش با دولت روسیه اطرافیان را تحریک نکند، ما را در دو اطاق کوچک در نزدیکی زندان جا داده بود و در رساندن غذا به پدرم کمک می‌کرد.

خلاصه در آن روزگار مرگبار هیچیک از دوستان و یا اقربای ما بجز زوجه میرزا یوسف جرئت ملاقات با مادرم را نداشت.

یکی از وقایع شگفت‌انگیز اینکه هنگام قرائت احکام قتل در دربار قنسول روس برخاست و بی‌محابا حاضران را مخاطب قرار داد و گفت:

"به من گوش فرا دارید مطالب مهمّی دارم که باید به شما بگویم." صدایش اوج گرفت رئیس و مرئوس مبهوت ماندند که چه جواب بدهند. او گفت: "آیا با اینهمه ظلم هنوز انتقام کافی گرفته نشده است؟ آیا اینهمه کشتارها برای این بی‌گناهان کافی نیست؟ آیا از این تهمت ها و افتراهای بی‌اصل و دروغ کدام یک از شما آگاهید؟ آیا این هرزگی و درنده‌خوئی‌هائی که با زجر و شکنجه اعمال می‌شود برای رضایت شما کافی نیست؟ تا چه حدی می‌توان با تصورات واهی و دروغین این محبوسین عالیقدر را در نقشه احمقانه تیراندازی به شاه دخیل دانست؟ آیا بر شما معلوم نیست که با آن طپانچه ضعیف حتی یک پرنده قابل کشتن نیست؟ از این ها گذشته دیوانگی پسرک مجرم روشن است. شما خوب می‌دانید که این اتهام نه تنها دروغ محض است بلکه بطور ملموس و آشکارا مضحک است. خلاصه آنکه این اعمال باید خاتمه پیدا کند.

من تصمیم گرفته‌ام که برای حفظ حیثیت دولت روسیه نسبت به گرفتاری این مرد بی‌گناه و شریف (حضرت بهاءالله) اقدام کنم. پس مستحضر باشید که اگر یک مو از سر او کم شود برای مجازات و تنبیه شما رود خون در این شهر براه می‌اندازم.

شما باید بخوبی بدانید که تا چه حد به این اخطاریه توجه کنید. در این مورد مملکت من پشت سر من است.

در همان شب این داستان بتوسط میرزا یوسف به اطلاع مادرم رسید و به عمویم میرزا موسی پیام فرستاد که چه وقت از محل اختفا خارج شود. لازم به گفتن نیست که من و برادرم با چه اشتیاقی به آن مطالب گوش می‌دادیم و چگونه از شدّت سرور و شادمانی گریه می‌کردیم. بعد از آن واقعه شنیدیم که از ترس تهدیدات قنسول روسیه شاه دستور داده است که پدرم را از زندان مستخلص کنند بشرط آنکه او و خانواده‌اش در ظرف مدّت ده روز طهران را ترک کنند.

چه بگویم از سروری که از تشریف فرمائی پدرم به ما دست داد. آه از آن بلایائی که در ظرف مدّت چهار ماه بر او گذشته بود و او را تا آن حد ناتوان و

بیمار ساخته بود.

در آن اوقات جمال مبارک از صدمات و بلیات وارده کمتر صحبت می‌فرمودند. اما ما علائم فشار زنجیری که به گردن داشت و جای زخمهایی را که در اثر فلک بر پاهای مبارکش باقی مانده بود می‌دیدیم و می‌گریستیم.

جمال مبارک بعضی اوقات از ثبات و استقامت و علاقه و ایمان دوستان صحبت می‌فرمودند و می‌گفتند که چگونه مرگ را استقبال می‌کردند و با شادمانی و سرور در زیر دست میرغضبان تاج وهاج شهادت را بر سر می‌گذاشتند. شکوه و عظمتی که از پیروزی نمایان و ظاهر بود نسبت به اهانتها، خواری ها و درد و المی که بر آنها وارد می‌آمد خیلی ناچیز بود. از تحمل مشقات دوره زندان در وجود مبارک یک گونه دگرگونی روحانی و معنوی که سخت اعجاب انگیز بود، دیده می‌شد.

ما معنای انوار تازه‌ای که وجود مبارک را در بر گرفته بود در سالهای بعد درک نمودیم و دانستیم که دلیل آن انبعاث مقدّس چه بوده است."

تبعید به بغداد

بعد از ثبوت عدم دخالت حضرت بهاءالله در قضیه سوء قصد به شاه، ترتیب استخلاص حضرتشان به شرط اینکه با عائله مبارک از طهران خارج شوند، داده شد.

سفیر دولت روسیه از حضور مبارک استدعا نمود که اگر اراده فرمایند وسایل حرکتشان را به روسیه فراهم نماید ولی حضرت بهاءالله تقاضای او را نپذیرفتند و مصمم به عزیمت به بغداد شدند. شرح مشکلات و رنج این سفر را لیدی بلامفیلد از زبان حضرت ورقه علیا چنین تعریف می‌کند:۴۸

"حالا مشکلات بیشمار دیگری در پیش بود. مادرم نه تجربه سفر داشت و نه امکان مالی؛ دولت هم بهیچوجه وسیله‌ای برای تبعیدیان فراهم نمی‌کرد. ناچار مادرم با فروش جواهرآلات و اشیاء نفیس خود چهار صد تومان به دست آورد و تاحدی وسایل آن سفر وحشتناک را تدارک دید. پدرم شدیداً ناخوش احوال و مریض بود و هنوز اثر شکنجه‌هایی که در زندان دیده بود برطرف نشده بود. هیچ کدام از دوستان و نزدیکان جرئت کمک و همراهی با ما را نداشت و احدی جز جده مادرم با ما خداحافظی نکرد. هنگام خروج، مادرم موافقت کرد که طفل دوساله خود، میرزا مهدی را که خیلی ظریف و ضعیف هم بود به مادربزرگش بسپارد، در حالیکه این امر برای او سخت گران و غم‌انگیز بود.

بالاخره ما عازم آن سفر مخوف و پردردسر شدیم. در طول راه برای استراحت گاهی در بیابان چادر می‌زدیم. هوا بشدّت سرد و سطح زمین از برف پوشیده بود.

حفاظت ما از سرما با نداشتن وسیله بسیار مشکل بود. مادرم بر تخت روانی که بر پشت قاطر همواره از این طرف به آن طرف می‌افتاد سوار بود. این گرفتاری فقط شش هفته قبل از تولد کوچکترین پسرش پیش آمد. او هرگز لب به شکایت باز نکرد. فکر او همیشه در راه محبت، دلسوزی و همدردی با دیگران دور می‌زد و از کمک و یاری به دیگران مضایقه نمی‌کرد."

به هر حال، حضرت بهاءالله و عائله مبارکه هنگامی به بغداد رسیدند که بعضی از بابیان از فرط اضطراب و تزلزل به گوشه‌ای پناه برده و کنجی اختیار کرده بودند و بعضی دیگر با سوء رفتار و عدم سلوک شایسته سبب حقارت و بیمقداری آن جمع سرگردان شده بودند.

حضرت ولی امرالله با اشاره به وضع متشتت بابیان در عراق می‌فرمایند:۴۹

"حضرت بهاءالله پس از ورود به بغداد مدینه‌ای که شاهد موفقیت های عظیمه و انجذابات روحانیّه طاهره بوده از بین هموطنان هیکل اطهر مقیم آن ارض جز یک نفس احدی را به امر الهی مقبل نیافتند. در کاظمین نیز که سکان آن اغلب از اهالی ایران بودند عده معدودی مشاهده می‌شدند که خود را باین امر نسبت داده و در ستر و خفا به نهایت خوف و هراس می‌زیستند. گذشته از تقلیل عدد مؤمنین انحطاط و تدنّی شدیدی نیز در روش و سلوک بابیان رسوخ نموده و مراتب غفلت و عما و جسارت و خطای آن حزب بدرجه‌ای رسیده بود که اراده مبارک در ایّام مسجونیت ارض طا بنحوی که هیکل اطهر بنفسه المقدس در رسالهٔ ابن ذئب بیان فرموده بر آن تعلق گرفت که بعد از خروج از سجن بتمام همت در تهذیب آن نفوس قیام نماید."

با توجه به شرایطی که وجود داشت، پس از چند روزی که از ورود به بغداد گذشته بود رأی هیکل مبارک بر این قرار گرفت که به کاظمین رفته و در آنجا سکونت فرمایند، ولی چون کاظمین از اماکن متبرکه و محل ایاب و ذهاب زائرین ایرانی بود، با در نظر گرفتن اشتهار حضرت بهاءالله در آن مکان و ایجاد مسائل احتمالی، میرزا ابراهیم خان قنسول ایران که ضمناً از دوستداران حضرت بهاءالله بود مصلحت در این دید که از حضرتشان استدعا کند تا به بغداد مراجعت فرمایند.

حضرت بهاءالله در کتاب بدیع۵۰ در بارهٔ بابیان عراق می‌فرمایند:

"بعد از مقدمه ارض طا نار حبّ الهی در کل قلوب مخمود و سراج ودّش در افئده عارفین خاموش چنانچه در سنین اولیه که در عراق وارد شدند ابداً هبوب ارياح امر از جهتی نوزیده و نفحات قمیص محبت رحمن از شطری استشمام نشده بشأنی امر صعب بوده که کل قلوب مضطرب و اکثری از نفوس متزلزل و اگر هم در بعضی از دیار بعضی انفس معدوده بوده مخمود و محتجب و مستور تو انصاف ده که در

مقابل اعداء که ایستاد آن وقت نه عزتی بود و نه نفوسی تا ریاست محقق شود لذا بنفسه وحده در عراق ساکن و چون در نظر اهل عراق این طایفه حقیر و بیمقدار بودند بشأنی که جز لعن و سب و شتم از احدی نسبت باین طائفه مذکور نمی شد لذا احدی مراوده نمی نمود تا از کوثر بیان معارف الهی و سلسبیل حکم نامتناهی ربانی مرزوق شود محض مخالطه مدتی به قهوه۵۱ که در یم شط واقع بود تشریف بردند تا آنکه در آن محل با بعضی از اهل عراق گفتگو شد و بعد بنای مراوده گذاردند و بشأنی امرالله معزز شد که کل بثناءالله ناطق و بشطر مقصود مایل گشتند."

بعد از استقرار در بغداد، باب بیت مبارک گشوده شد و مکاتبات فیما بین حضرت بهاءالله و بعضی رجال بابی آغاز گردید و حضرتشان به تعلیم و تنبّه و بیداری یاران اقدام فرمودند و آنها را به اجراء تعالیم کتاب بیان و تمسّک به آثار مبارکه حضرت باب تشویق نمودند. آمدو شدها و خضوع و خشوعی که از ارادتمندان حضرت بهاءالله ظاهر بود و نیز احسان و التفاتی که نسبت به جمیع واردین به حضور مبارک معمول می گردید سبب شد که حضرتشان در میان یار و اغیار به ملجاء و ملاذ و رئیس و مقتدای طایفه بابیه شهرت پیدا کنند.

بابیان متشتت و متفرق ایران که از نداشتن مقتدا و راهنما بعضی به مدعیان مقام من یظهره اللهی پیوسته و به انتظارات خود دست نیافته بودند، راهی بغداد شدند به این امید که ملجأی بیابند و پناهی بجویند. این گروه بنا بر سابقه ذهنی از زعامتی که به میرزا یحیی داده شده بود به او متوجه شدند، اما مأیوس و سرخورده باز گشتند. اشتهار حضرت بهاءالله آنها را به خود جلب نمود و سبب ایجاد روزنه ای از امید شد. تشرف به حضور مبارک و درک فیض از عوالم روحانی ایشان چشم و گوش دلشان را باز کرد و موجب گردید که به عدم قابلیت میرزا یحیی معتقد شده و خود به خود منجی واقعی و موعود بیان را بشناسند.

میرزا یحیی صبح ازل

میرزا یحیی ازل به استناد لوحی به خط حضرت باب ادعای وصایت آن حضرت را نمود۵۲ در حالیکه در لوح مذکور هیچ اشاره صریحی به مسئله وصایت و انتخاب جانشین نشده است.

مضمون لوح مبارک چنین است۵۳:

"خداوند بزرگ اعظم از هر بزرگی

این لوحی است از طرف خداوند مهیمن قیوم به خداوند مهیمن قیوم

بگو پیدایش همه از خداوند است و همه به او راجع می شوند

این لوح از طرف علی قبل محمد خطاب به کسی است که اسمش با اسم وحید

معادل است بگو همه از نقطه بیان ظاهر شده‌اند ای‌کسی که به نام وحید نامیده شده‌ای حفظ کن هرچه که در بیان نازل و به آن امر شده است زیرا تو صراط خداوند بزرگ هستی." سجع مهر مبارک

میرزا یحیی بر مبنای استنباطی که از مفهوم این لوح نموده است، در کتاب مستیقظ که نوشته اوست در بارهٔ تکالیف خود بعنوان جانشین صحبت کرده و بر خلاف نص صریح کتاب بیان که فرموده‌اند: به هرکس که مدعی مقامی است جسارت نشود و او را به حال خود واگذارید، آنان را که مدعی مقام "من یظهره اللهی" شده بودند طرد کرد و به قتل چند نفر از جمله میرزا اسدالله خویی (دیان) و آقا سید ابراهیم خلیل تبریزی دستور داد و بعضی دیگر را به بهانه‌های گوناگون یا به قتل رسانید و یا با القابی چون ابوالشرور، طاغوت، جُبْت و ابوالدواهی نام برد و به آنها لعنت فرستاد. وی در کتاب مستیقظ با چنین مضمونی می‌نویسد:۵۴ "بگو خداوند لعنت کند آنهایی را که در امر خدای تو فساد می‌کنند که یکی از آنها آن هندی کور و همراهان او می‌باشند. اینها همه از مشرکین‌اند و بگو لعنت کند خداوند آن کسانی۵۵ را که در طهران فساد می‌کنند."

میرزا یحیی در بارهٔ کسانی که مدعی مقام "من یظهره اللهی" شده‌اند، در نامه‌ای با این مضمون می‌نویسد:۵۶ ... یکی از این مدعیان آن کور هندی۵۷ است که از راه راست به دور افتاده است. یکی عبدالکریم۵۸ در ارض تا (تبریز) است که هرگز راستگو نبود، یکی دیگر کسی به اسم اسد۵۹ است که از نادانان بوده و غفلت بر او مستولی است و باید استغفار کند. آن دیگری شخصی است که در ارض خا (خراسان) مدعی شد لیکن توبه کرد.۶۰ دیگری حسین میلانی است که دارای شهوت عظیم است و باید استغفار کند. و بعد علی اکبر۶۱ در بغداد است که از نادان نادانتر است و نیز حسین۶۲ نامی در هندوستان است.

همانطور که می‌دانیم میرزا یحیی پس از تبعید حضرت بهاءالله به بغداد، به آن صوب عزیمت کرد و در حالیکه خود را از انظار مخفی نگاه می‌داشت به مزاحمتها ادامه می‌داد. حضرت ولی‌امرالله در بارهٔ وی می‌نویسند:۶۳

"میرزا یحیی پس از شهادت حضرت اعلی چنان مضطرب و پریشان گردید که امر الهی از صفحه ضمیرش رخت بر بست و چندی از خوف جان به لباس درویشی در جبال مازندران پناهنده شد و رفتار و حرکاتش در صفحات نور موجب گردید که اغلب نفوس که در ایام اقامت حضرت بهاءالله در آن حدود در اثر همم و مساعی موفوره مبارک بشرف ایمان فائز شده بودند تزلزل حاصل کردند حتی بعضی از آنان بصفوف دشمنان پیوستند مشارالیه چندی هم به رشت رفت و در اطراف و ضواحی گیلان در حال تقیه و استتار می‌زیست تا به کرمانشاه عزیمت نمود و برای اینکه خود را از

انظار مستور و از آفات و صدمات محفوظ نگاه دارد در خدمت شخصی بنام عبدالله قزوینی درآمد و بفروش امتعه کارخانهٔ وی مشغول گردید تا هنگامی که جمال اقدس ابهی در اثناء حرکت بعراق از آن شهر مرور فرمودند میرزا یحیی اظهار تمایل نمود که در ملازمت هیکل اقدس بسر برد ولی در بیت جداگانه باشد تا بتواند بطور ناشناس در بین ناس محشور و بکسب و کار مشغول گردد و برای تأمین این منظور مبلغی وجه از هیکل مبارک اخذ و چند عدل پنبه خریداری کرده بلباس عرب از طریق مندلیج خود را به بغداد رسانید و در سوق ذغال فروشان که یکی از محلّات پست آن شهر بود استقرار یافت و عمامه‌ای بر سر نهاد و باسم حاج علی لاص فروش بشغل جدید مشغول گردید."

میرزا یحیی که با اغوای سید محمد اصفهانی به خصومت با موعود بیان کمر بسته بود به نصایح مشفقانه و تعالیم حکیمانه حضرت بهاءالله توجه ننمود و تحت تأثیر تسویلات نفسانی در راه خویش پیش رفت و به اشد بغضا به مجادله با مؤمنین به آن حضرت پرداخت و شهرت داد که مرآت ازلی مظلوم واقع شده است و در نتیجه این وساوس قلوب احبا را مکدر ساخت و آنها را به تعرض بر علیه جمال مبارک برانگیخت. به این مناسبت بود که حضرت بهاءالله جمیع امور را به او واگذاشتند و خود متنکراً و بدون اینکه احدی از احباب و حتی افراد خانواده مبارک مستحضر بشوند با ابوالقاسم همدانی از بغداد خارج شدند و به کوههای کردستان عراق توجه فرمودند.

میرزا یحیی در بغداد شیرازهٔ اموری را که در نتیجه مساعی حضرت بهاءالله نضجی گرفته و سامانی یافته بود از هم گسیخت و کار بدخواهی را به آنجا رساند که در ادرنه به حضرت بهاءالله زهر خورانید و آب مصرفی بیت مبارک را مسموم کرد؛ ولی با تمام اینها، در حالیکه جمال اقدس ابهی اعمال ناروای او را ستر و گناهانش را اغماض می فرمودند، ناچار به فصل شدند. نزدیکانش از او رو برگرداندند تا آنجا که پسر ارشدش به مسیحیت گرائید.۶۴

حاج میرزا هادی دولت آبادی که از اعظم نواب میرزا یحیی بود در طهران علی رؤوس الاشهاد حضرت اعلی را لعن کرد و سیدعلی محمد دولت آبادی پسرش در شرح حالی که از خودش باقی گذاشته است، به صراحت می‌نویسد و دعا می‌کند که خداوند کشور ایران را از وجود بابی‌ها پاک و منزه کند. او می‌نویسد:۶۵

"... شنیدم چند نفر بابی را کشته‌اند تصور کردم این هم بازی است بر حسب اتفاق از میدان شاه عبور کرده جنازه یکی از آنها را دیدم که به قاپق آویخته و سر او را بریده بودند از دیدن او وحشتی کردم و مدتها حالت ضعف قلبی داشتم که شب‌ها وحشت می‌کردم و کمتر از اطاق بیرون می‌آمدم و تا امروز که چهل سالی از

عمرم گذشته دیگر نه بصورت مرده توانسته‌ام نگاه کنم و نه کشته دیده‌ام و با وجود اینکه فردای آن روز معلم مهربانم بر من مدلّل داشت که واجب القتل است و بحکم شرع کشته شده و دانستم که وجود این طایفه ضاله ملعونه منشاء هزار گونه فتنه و فساد شد و باید خاک ایران از وجود آنها پاک شود ولی آن حالت خون‌آلودگی جامه او را بر سر بریده که بنظر می‌آورم هنوز هم متأثر می‌شوم."

نویسنده این سطور در یکی از اسفاری که به ژنو رفته بود در ملاقاتی که با آقای سید محمد علی جمال‌زاده داشت صحبتی از این مقوله پیش آمد. معزی الیه از نحوه برخورد حاج میرزا هادی دولت آبادی با حضرت باب در منزل امام جمعه اصفهان از قول حاجی میرزا یحیی پسر او اظهار می‌داشت:

"وقتی حضرت باب در منزل امام جمعه متوقف بودند، پدرم که بعضی از آثار باب را دیده بود، علاقه داشت که با وی ملاقات کند و با وجود اینکه با امام جمعه میانه خوبی نداشت برای دیدار باب به منزل او رفت. پدرم می‌گفت وقتی وارد شدم دیدم نوکرهای امام جمعه دست به سینه در حیاط ایستاده‌اند. پرسیدم آقا کجا هستند؟ اطاقی را نشان دادند. وقتی خواستم وارد شوم متوجه شدم که امام جمعه با شمشیری که در دست داشت در کناری ایستاده است. در جواب سلام من گفت: در حضور آقا مؤدب باش و تفوّه به کلامی نکن. به اطاق وارد شدم و با کمال ادب و احترام در حضور حضرتش نشستم و سئوالاتم را مطرح کردم. حضرت باب همه را با لحن آیات جواب فرمودند. در این حال زانوهای مبارک را بوسیدم و عقب عقب از اطاق خارج شدم."

علاوه بر این موضوع سید محمد علی جمال‌زاده با اشاره به مسئله جانشینی میرزا یحیی ازل گفت: هنگامی که میرزا یحیی ازل در قبرس وفات نمود حاجی میرزا یحیی دولت آبادی در ژنو بود به او پیشنهاد کردند که جانشینی ازل و زعامت ازلی‌ها را قبول کند و به قبرس برود ولی او نپذیرفت و قبول نکرد و به طهران مراجعت نمود.

عزیمت حضرت بهاءالله به سلیمانیه

هنگامی که حضرت بهاءالله به کردستان رسیدند در غاری در کوه سرگلو که مسافت چندانی با سلیمانیه نداشت متوقف گردیده و لیلاً و نهاراً به راز و نیاز به درگاه حضرت بی‌انباز پرداختند و به نزول مناجاتها۶۶ و ادعیه گوناگون اشتغال جستند. در طول مدت اقامت حضرتش در این مکان که به حدود یک سال و نیم رسید، تنها برای استحمام به سلیمانیه می‌آمدند.

حضرت بهاءالله برای جلوگیری از اطلاع احبا و افراد عائله مبارک از محل

سکونتشان خود را درویش محمد ایرانی خواندند و با احدی تماس حاصل نفرمودند. این بی‌خبری سبب رنج روحی و فکری جمع احباء و علی الخصوص خانواده مبارک شد.

در اوقاتی که حضرت بهاءالله در سرگلو بودند یکی از شیوخ سلیمانیه که در آن حوالی باغی داشت و گاه‌گاهی به آن باغ سر می‌زد، روزی هنگام استراحتش در آنجا در عالم رؤیا حضرت رسول اکرم را زیارت کرد که به او فرمودند. "به کوه سرگلو برو و انوار ذات کردگار را مشاهده کن." همینکه از خواب برخاست عازم سرگلو گردید و در آن حوالی به گردش و تجسّس پرداخت. ناگاه صدای مناجاتی به گوشش رسید به سمت صدا روانه شد و جمال قدم را دید و به حضور مبارک شتافت و داستان خوابی را که دیده بود عرض کرد. جمال مبارک به او فرمودند "ای شیخ تعجب منما". از آن ملاقات در شیخ حالت جذبه و انجذابی حاصل شد و از حضور مبارک خواهش کرد اجازه فرمایند که گاه‌گاهی مشرف شود و مقداری نان به حضورشان ببرد. رجای او قبول شد و این موضوع در سلیمانیه زبان به زبان گشت و این که درویشی از اهالی ایران به اسم درویش محمد در کوه های سرگلو به ریاضت مشغول است انتشار یافت. بنابر این بعضی از شیوخ و عرفا قصد ملاقات نمودند و اولین کسی که تشرف حاصل کرد شیخ اسمعیل از شیوخ طائفه خالدیّه بود. وی در نتیجه اصغاء مطالب عرفانی و بیانات مبارک شدیداً متأثر شد و ارادت بهم رسانید. سپس از ایشان خواهش کرد که در سلیمانیه در خانقاه او ساکن بشوند. حضرت بهاءالله رجای او را پذیرفته و از غار کوه سرگلو به حجره‌ای که در خانقاه مذکور گرفتند نقل مکان فرمودند.

داستان ذیل را نبیل زرندی در عکا برای پدر و پدربزرگم میرزا حبیب و آقا میرزا آقا افنان (نورالدین) تعریف کرده است:

"در اوقاتی که جمال مبارک در سلیمانیه تشریف داشتند جوان مفلوکی به اسم ابراهیم آقا از اهالی سنندج در خانقاه شیخ اسمعیل درس می‌خواند و بعضی اوقات برای تهیه غذا فرمانی از حضرت بهاءالله می‌برد. روزی در پشت حجره مبارک صدایش به گریه بلند شد جمال قدم بیرون آمده به او توجه فرمودند و از او پرسیدند چرا گریه می‌کند. عرض کرد امروز در مکتب خانه معلمم تمام اطفال را بجهت اینکه مشقشان را خوب نوشته بودند تشویق کرد و مرحبا گفت و من چون بد می‌نویسم تأدیبم کرد و خفیفم نمود. حضرت بهاءالله فرمودند قلم و دواتت را بیاور و یک مصرع از اشعار ملای روم را بصورت سرمشق برایش مرقوم فرمودند و فرمودند از روی این سرمشق بنویس خطت خوب می‌شود. آن پسر از روی خط مبارک مشق کرد و مشقش را به هم مکتبی‌های خودش نشان داد و مفاخرت می‌نمود که از روی این

تعلیم نوشته‌ام و خوشتر می نویسم.

این داستان نیز در سلیمانیه شهرت یافت و فضلا و دانشمندان سلیمانیه که غالباً از عرفا و پویندگان راه حقیقت بودند به حضور مبارک مشرف شدند و از حضور مبارک مسائل عرفانی اسلامی را سئوال می کردند و جواب کافی می شنیدند.

شیخ محیی‌الدین که از فحول عرفاء و علمای سلیمانیه بود و شیخ عثمان مقتدای طریقه نقش بندیه و شیخ عبدالرحمن رئیس طایفه قادریّه باتفاق شیخ اسماعیل همه روزه به حضور حضرت بهاءالله می رسیدند.

یکی از آنها از حضور مبارک رجا کرد که قسمتی از معانی مستورهٔ کتاب فتوحات مکیه۶۷ را تفسیر و تبیین فرمایند. هر روز یکی از آنها در حضور مبارک فصلی از آن کتاب را می خواند و حضرت بهاءالله تفسیر می‌فرمودند و همه از بیان آن معانی اظهار بشاشت و سرور می کردند. روزی یکی از شیوخ تقاضا کرد که قصیده تائیه ابن فارض۶۸ را با همان سجع و قافیه استقبال و تفسیر نمایند. حضرت بهاءالله خواهش او را پذیرفتند و مرتجلاً قصیده‌ای در حدود دو هزار بیت سرودند، ولی بعداً فقط صدو بیست و هفت بیت۶۹ آن را که به قصیده عز ورقائیه معروف است انتخاب فرمودند و بقیه را معدوم ساختند و فرمودند انتشار بقیه فعلاً مقتضی نیست."

مشایخ دیگری که در فواصل دورتر زندگی می کردند بوسیله مکاتبه بعضی از مسائل عرفانی را که از درک آنها عاجز بودند سئوال می کردند و جواب می گرفتند.

حضرت بهاءالله با ترتیبی که گذشت، در سلیمانیه بسر می بردند ولی متأسفانه تجری و خودسری و تدنی اخلاق و ردائت اطوار در میان بابی‌ها رو به تزاید می رفت تا آنجا که هر عمل زشت و خلاف قانونی را که در بغداد اتفاق می‌افتاد به این طایفه نسبت می دادند و در نتیجه این گروه کوچک مورد تحقیر و توهین قاطبه اهالی بغداد و بخصوص شیعیان آن محل قرار گرفته و به کمال ذلت و حقارت روزگار می گذراندند. شیعه‌های بغداد در کوچه و بازار و ملاء عام به آنها سنگ و چوب پرتاب می کردند و با ناسزاگوئی مرتد و نجسشان می خواندند.

بعضی از اعاظم بابیه از جمله شیخ ابوتراب اشتهاردی، حاج سید جواد کربلائی، شیخ حسن زنوزی، حاج میرزا حسن رشتی، شیخ سلطان کربلائی و آقا محمد مصطفی بغدادی که در نزد عموم مردم به نام پیروان حضرت باب شهرت داشتند بمنظور حفظ حیثیت خود و جامعه بابی از خانه خارج نمی‌شدند. بابیانی هم که از ایران به بغداد می آمدند مأیوس و مخذول برمی گشتند و ملجاء و پناهی نمی یافتند.

در مجموعهٔ خاطرات بدیع بشرویی می خوانیم:۷۰

"امروز لله الحمد و المنّه صحت مبارک خوب بود و تب نیامد. عصر تشرف

نفوس به محضر انور متواصل بود و غروب احبا را احضار نموده از جمله بیانات مبارکه این بود:

"جمال مبارک از بغداد تشریف برده بودند و هیچ خبری نبود. احبائی نبود مگر در کاظمین از اعراب حاجی عبدالمجید مرحوم هم در کاظمین بود و یک دو سه نفر دیگر لکن چنان خوف مستولی شده بود که وصف ندارد هیچکس از احبا جرئت نمیکرد در توی سرداب ذکر این امر را بکند. میرزا یحیی هم اکثرش را در سوق الشیوخ و بصره و طرف نجف به کفش فروشی مشغول بود. جرئت نمیکرد با نفسی از احبا معاشرت کند و جرئت نمی کرد خبر از خودش بدهد یک دفعه می دیدید از نجف آمده و در محله عربها در باب الحلّه خانه ای گرفته این هم آقا عمو۷۱ می دانست ماها نمی دانستیم میرزا آقاجان هم می دانست از بس که خوف داشت که مبادا کسی بفهمد. یأس فرو گرفته بود. از ایران هم هیچ خبری نبود حتی دو نفر جوان میلانی از آذربایجان آمدند به بغداد از احبا بودند که بلکه خبری بگیرند هرچه گردیدند که یک نفر پیدا کنند پیدا نکردند تا آنکه در خانه را خبر گرفتند آمدند در خانه را زدند کسی در خانه نبود آقا عموهم بیرون بود. من آمدم در خانه را باز کردم در دالان نشستند یک فصل مشبعی گریستند و رفتند دیگر بدتر از آن ایام ایامی نمی شود. بعد از اینکه جمال مبارک مراجعت فرمودند در را باز کردند بزرگان کردستان چه از پاشاوات چه از علماء که حضور مبارک مشرف شده بودند این ها آمدند به بغداد بعضی شان بساحت اقدس مشرف و سبب شهرت علم مبارک شدند این ها پیش همه ذکر کردند که وقتی که تشریف آوردند به سلیمانیّه کسی ایشان را نمی شناخت حتی اسم مبارک درویش محمد بود در خانقاه سلیمانیّه منزل فرمودند بعد چنان علماء و فضلاء منجذب علم و عرفان جمال مبارک شدند که کل اذعان می کردند که این شخص مظهر علم لدنّی است و علم ظاهری باری جمال مبارک پرده را دریدند و واضحاً مشهوداً مثل آفتاب در افق عراق طالع شدند بکلی حال منقلب شد. احبائی که بودند و کسانی که از ایران آمدند جمیعاً در نهایت سرور. باری این مدّت باوجود آنکه هر روزی خطر قتل از برای کل بود چه که ناصرالدین شاه متصل مخابره می کرد و ایلچی ایران دائماً می کوشید بعد از او هم میرزا حسین خان۷۲، حضرات علماء در کربلا اعلان جهاد کردند هیچ شبی امید صبح نبود باوجود این خوب ایامی بود فی الحقیقه احبای الهی هیچ در این عالم نبودند در روی ارض مشی می کردند و هرچند جسمشان در زمین بود لکن جانشان در ملاء اعلی سیر می کرد..."

خواندیم که حضرت بهاءالله در وقت روانگی از بغداد، یکی از احباء مخلص به نام آقا ابوالقاسم از اهالی همدان را انتخاب کردند و به کردستان عزیمت فرمودند. بعد از مدتی آقا ابوالقاسم با اجازه از حضور مبارک به همدان رفت و پس از فروش

ضیاع و عقاری که داشت عازم مراجعت به سلیمانیه شد. ولی در ضمن راه به دست مأموران محافظ خود زخمی شده صعود نمود.

این خبر به ایران رسید و در روزنامه‌ای که در طهران منتشر می‌شد درج گردید.

حضرت عبدالبهاء در بارهٔ چگونگی کسب اطلاع از محل سکونت مبارک در ارتباط با همین قضیه در ضمن بازگو کردن خاطرات زمان نوجوانی خود می‌فرمایند:۷۳

"ابداً از جمال مبارک خبری نداشتیم حاجی فرجی کحال در بغداد بود خودش می‌گفت سه هزار چشم کور کردم تا کحال شدم به کارگذاری می‌رفت و برای ایرانیان اخبار می‌آورد و در آن ایّام روزنامه طهران را که اول روزنامه ایران بود توسط چاپارچی ماهی یک بار به کارگذاری می‌آوردند و چون آقاعمو روزها به قهوه ۷۴ صالح که در طرف بغداد کهنه بود می‌رفتند می‌نشستند مرا هم می‌بردند ایرانی ها هم می‌آمدند. روزی حاجی فرج حکایت کرد که در روزنامه نوشته‌اند آقا ابوالقاسم همدانی بسلیمانیه آمد در اورامان حاکم آنجا حسینعلی خان سلطان او را شب میهمان کرد و بعد برای امنیّت او چند سوار همراهش روانه کرد سوارها او را براه کج می‌برند و بالای کوه می‌برند سرش را می‌برند و بر جسدش سنگ می‌چینند و اموالش را می‌برند. اهل دهات نزدیک چون از آنجا می‌گذرند خون را مشاهده می‌کنند و پس از تجسس نعش را از زیر خاک در می‌آورند می‌بینند که هنوز جان دارد چه که گلویش بتمامه بریده نشده بود می‌برند به ده و گلویش را می‌دوزند آن مقتول نمی‌توانست حرف بزند لکن فهماند کاغذ و قلم بیاورند آوردند. شرح حال خود را نوشت که من آقا ابوالقاسم تاجر همدانی هستم در اورامان من را حسین علی خان سلطان میهمان کرد آدمها به همراهی من فرستاد آنها در راه این کار را کردند و اشیائم را بردند.

حال مجازات می‌خواهم و اشیاء را مسترد دارند که در کوه گلو به درویش محمد ایرانی تسلیم بدارند و من بعد از دیدن ایشان مراجعت به ایران کرده و بازهم بدیدن ایشان می‌رفتم و هر نوع که بخواهند در اشیایم معمول دارند، مختارند.

ما چون این قضیه را شنیدیم دانستیم که این درویش محمد جمال مبارک است من و میرزا آقاجان ختم "یا الله المستغاث" که دو هزار و یک بار است گرفتیم من در اندرون و او در خانه خود. بعد از حاجی فرج پرسیدیم که در سلیمانیه ایرانی کسی هست گفت حاجی عباس نامی هست بتوسط حاجی فرج به آن حاجی عباس نوشتیم او نوشت: "این درویش فاضل کامل که نوشتید در کوه گلو ساکن است و بواسطه اشرار رفتن بآنجا ممکن نیست هفته‌ای یک بار برای حمام بشهر می‌آیند لذا شیخ

سلطان۷۵ و آقا محمدجواد خطاب عزیمت به سلیمانیه کردند و در آنجا تفتیش کردند و نشانی جستند و بالاخره دانستند که در کوه گلو تشریف دارند و رفتن بآنجا ممکن نیست. آنقدر صبر کردند تا تشریف آوردند مشرف شدند التجا کردند راضی نشدند آنها گفتند ما هم مخالف رضی مبارک نمی‌کنیم اما از حضور مبارک هم مرخص نمی‌شویم."

هنگامی که شیخ سلطان عازم سلیمانیه بود به حضرت عبدالبهاء عرض کرد اگر خدا خواست به حضور مبارک مشرف شدم بدون وجود مبارک مراجعت نخواهم نمود.

شیخ سلطان و آقا محمدجواد در خانقاه خالدیّه مشرف شدند ولیکن نتوانستند قصد اصلی خودشان را معروض دارند و عرض کردند به قصد تشرف به حضور مبارک این راه را طی کرده‌ایم. چند روزی که گذشت یک شب که شیخ سلطان و آقا محمدجواد مشرف بودند حضرت بهاءالله از اعمال بابی‌ها اظهار انزجار و تنفر فرمودند و از آنچه در بغداد می‌گذرد لب به شکوه گشودند و فرمودند من این کربت و غربت را تحمل کردم که میرزا یحیی هر اقدامی که می‌تواند بکند و میدان کار را برای او باز گذاشتم و در این جا در ظرف این چند روزه دیده‌اید که این اکراد که خیلی بعید هستند چه ارادتی بهم رسانیده‌اند که آنی دوری از حضور من را تحمل نمی‌توانند کرد.

شیخ سلطان با چشمی اشکبار دامان مبارک را گرفت و بوسید و عاجزانه الحاح و اصرار کرد که اگر رجای من و احباء و بستگان را نپذیرید ما در این جا توقف می‌کنیم و مسلم است که احبای عراق به ما می‌پیوندند و هرگز به بغداد نخواهیم رفت.

جمال قدم التماس‌ها و التجاهای شیخ سلطان را قبول فرمودند و فرمودند: "اهل بیان خیلی بی‌استعداد هستند و منهمک در اهواء نفسانی و افکار شیطانی خود هستند و ابداً توجهی به حضرت اعلی ندارند" و فرموده‌اند "بوالله الذی لا اله الاّ هو اگر بملاحظه این نبود که شریعت مقدس حضرت اعلی دستخوش اهواء نفسانی این قوم پر لوم می‌شد و دماء مظهر مظلوم آفاق و پیروان عزیزش هدر می‌رفت هرگز به بغداد مراجعت نمی‌کردم و لیکن وفای به حضرت اعلی من را برمی‌انگیزد که رجای شما را قبول کنم و به بغداد مراجعت می‌کنم با وجود اینکه واضحاً و مشهوداً می‌بینم که چه صدمات و بلیاتی در پیش است."

با شیوخ سلیمانیه وداع فرمودند و آنان که از این مباعدت و مفارقت متهیّج و متحیّر و سر بگریبان می‌گریستند و رجا می‌نمودند که به توقف خود ادامه دهند همه را تسلیت فرمودند و قلوب آنها را تسکین دادند و به آنها فرمودند هر یک از

شما ملاقات من را طالب بودید به بغداد بیائید و بپرسید خانه درویش محمد برادر میرزا موسی بابی کجا است من را ملاقات خواهید نمود و تأکید فرمودند که مجتمعاً به بغداد نیایند که موجب حقد و حسد غیر مؤمنین شود و منفرداً به بغداد بیایند.

در حدود چهار ماه یا بیشتر طول کشید که حضرت بهاءالله در معیّت شیخ سلطان و آقامحمد جواد به بغداد رسیدند.

حضرت بهاءالله یک روز و یک شب قبل از تحویل سال به روز نوروز به حوالی بغداد رسیدند و آن روز و شب را در باغهای اطراف بغداد بسر بردند و روز نوروز به بیت مبارک وارد شدند.

بدیع بشروئی در خاطرات خود می‌نویسد۷۶: "... بعد از سفر سلیمانیه کلمات مکنونه نازل شد." علاوه بر این، بعد از ورود به بغداد الواحی چند نیز به اعزاز بعضی از بستگان مؤمن خویش نازل فرمودند.

در اینجا لوحی را که خطاب به مریم۷۷ عز نزول یافته است می‌خوانیم.

قوله تعالی:

"هو المحزون فی حزنی

ای مریم مظلومیتم مظلومیت اسم اولم را از لوح امکان محو نموده و از سحاب قضا امطار بلا فی کل حین بر این جمال مبین باریده اخراج از وطنم سببی جز حبّ محبوب نبوده و دوری از دیارم علتی جز رضای مقصود نه. در موارد قضایای الهی چون شمع روشن و منیر بودم و در مواقع بلایای ربانی چون جبل ثابت در ظهورات فضلیه ابر بارنده بودم و در اخذ اعدای سلطان احدیه شعله فروزنده شئونات قدرتم سبب حسد اعدا شد و بروزات حکمتم علّت غل اولی البغضا هیچ شامی در مقعد امن نیاسودم و هیچ صبحی براحت از فراش سر برنداشتم قسم بجمال حق که حسین بر مظلومیتم گریست و خلیل از دردم خود را بنار افکند اگر درست مشاهده نمائی عیون عظمت خلف سرادق عصمت گریان است و انفس عزّت در مکمن رفعت نالان و یشهد بذلک لسان صدق منیع ای مریم از ارض طا بعد از ابتلای لایحصی بعراق عرب بامر ظالم عجم وارد شدیم و از غُل اعداء بغلّ احبا مبتلا گشتیم و بعد الله یعلم ما ورد علیّ تا آنکه از بیت و آنچه در او بود و از جان و آنچه متعلق باو گذشته فردا واحدا هجرت اختیار نمودم و سر بصحراهای تسلیم نهادم بقسمی سفر نمودم که جمیع در غربتم گریستند و جمیع اشیاء بر کربتم خون دل باریدند با طیور صحرا مؤانس شدم و با وحوش عرا مجالس گشتم و چون برق روحانی از دنیای فانی گذشتم و دو سنه او اقل از ماسوی الله احتراز جستم و از غیر او چشم برداشتم که شاید نار بغضا ساکن شود و حرارت حسد بیفسرد ای مریم اسرار

الهی را اظهار نشاید و رموزات ربانی را اجهار محبوب نه و مقصود از اسرار کنوز مستوره در نفسم مقصود است لاغیر تالله حملت ما لا یحمله الابحار و لا الامواج و لا الاثمار و لا ما کان و لا ما یکون در این مدّت مهاجرت احدی از اخوان و غیره استفساری از این امر ننموده بلکه خیال ادراک هم نداشته مع آنکه اعظم بود این امر از خلق سموات و ارض فوالله نفسی فی سفری لیکون خیرا من عبادة الثقلین با اینکه آن هجرت حجتی بود اعظم و برهانی بود اتمّ و اقوم بلی صاحب بصر باید تا بمنظر اکبر ملاحظه نماید بی‌بصر از حسن جمال خود محروم است تا چه رسد بجمال قدس معنوی ظلّ از مظلّ چه ادراک نماید و مشتی گل از لطیفه دل چه فهم کند تا آنکه قضای الهی بعضی از عباد روحانی را بفکر غلام کنعانی انداخت با دسته مکاتیب از همه جا و همه کس در جستجو افتادند و در کهف جبلی نشان از این بی‌نشان یافتند و انّه لهادی کلّشیئی الی صراط قدس مستقیم قسم بآفتاب حقیقت صمدانی که از حضور واردین این مهجور مسکین مبهوت و متحیّر شد بقسمیکه از ذکر آن این قلم عاجز و قاصر است شاید که قلم حدیدی از خلف عالم قدم بیرون خرامد و خرق استار نماید و اسرار را بصدق مبین و حق یقین اظهار نماید و یا یک لسانی ببیان آید و لئالی رحمانی را از صدف صمت بیرون آورد و لیس هذا علی الله بعزیز باری ختم اسرار را ید مختار گشود ولکن لا یعقل الاّ العاقلون بل المنقطعون تا آنکه نیر آفاق بعراق راجع شد نفسی چند مشاهده شد بیروح و پژمرده بلکه مفقود و مرده حرفی از امرالله مذکور نبود و قلبی مشهود نه لهذا این بنده فانی در مراقبت امرالله و ارتفاع او بقسمی قیام نمود که گویا قیامت مجدداً قائم شد چنانچه ارتفاع امر در هر شهری ظاهر و در هر بلدی مشهود بارتفاعی که جمیع ملوک بمدارا و سلوک عمل نمودند. ای مریم قیام این عبد در مقابل اعدا از جمیع فرق و قبائل سبب ازدیاد حسد اعدا شد بشأنی که ذکر آن ممکن و متصور نه کذلک قدر من لدن عزیز قدیر. ای مریم قلم قدم می‌فرماید که از اعظم امور تطهیر قلب است از کلّ ماسوی الله پس قلبت را از غیر دوست مقدس کن تا قابل بساط انس شوی ای مریم از تقیید تقلید بفضای خوش تجرید وارد شو دل را از دنیا و آنچه در اوست بردار تا بسلطان دین فائز شوی و از حرم رحمانی محروم نگردی و بقوت انقطاع حجاب وهم را خرق کن و در مکمن قدس یقین درآ ای مریم یک شجر را صدهزار ورق و صد هزار ثمر مشهود ولکن جمیع این اوراق و اثمار بحرکتی از ارياح خریف و شتا معدوم و مفقود شوند پس نظر را از اصل شجره ربّانیه و غصن سدره عزّ وحدانیه منصرف منما ملاحظه در بحر نما که در محل خود بسلطان وقار و سکون ساکن و مستریحست ولکن از هبوب نسیم اراده محبوب بیزوال امثال و اشکال لایحصی بر وجه بحر ظاهر و جمیع این امواج مغایر و مخالف مشاهده می‌شوند و حال جمیع ناس باامواج مشغول و از

اقتدار بحر البحار که از هر حرکت او آیات مختار ظاهر محجوب گشته‌اند ای مریم بانفس رحمن مؤانس شو و از مجالست و مجانست شیطان در حفظ عصمت منان مقر گیر که شاید ید الطاف الهی تو را از مسالک نفسانی بفضای عزّ ابهائی کشاند ای مریم از اظلال فانیه بشمس عزّ باقیه راجع شو وجود جمیع اظلال بوجود شمس باقی و متحرک بقسمی که اگر در آنی اخذ عنایت فرماید جمیع بخیمه عدم راجع شوند زهی حسرت و ندامت که نفسی بمظاهر فانیه مشغول شود و از مطلع قدس باقی ممنوع ماند ای مریم قدر این ایام را دانسته که عنقریب غلام روحانی را در سرادق امکانی نه بینی و در جمیع اشیاء آثار حزن ملاحظه نمائی فسوف تضع انامل الحسرة بین انیابکم و لن تجدوا الغلام ولو تجسّسوا فی اقطار السموات و الارض و کذلک نزّل الامر من ملکوت عزّ علیّا بلی زود است که انامل وجود را از حسرت غلام در دهان بینی و در تمام آسمانها و زمینها تفحص نماید و بلقای غلام فائز نشود. باری امر بمقامی منتهی شد که این عبد اراده خروج از بین یأجوج نموده متفرد از کل جز نسوانی که لابد باید با عبد باشند حتی خدمه حرم را هم همراه نمی‌برم تا بعد خدا چه خواهد غلام حرکت می‌نماید در حالتیکه معینم قطرات دموع من است و مصاحبم زفرات قلب و انیسم قلمم و مونسم جمالم و جندم توکّلم و حزبم اعتمادم کذلک القینا علیک من اسرار الامر لتکوننّ من العارفین. ای مریم جمیع میاه عالم و انهار جاریه آن از چشم غلام است که بهیئت غمام ظاهر شده و بر مظلومیت خود گریسته باری این جان و سر را فی ازل الآزال در راه دوست دادیم و هر چه واقع شود بآن راضی و شاکریم وقتی این سر بر سر سنان بود و وقتی در دست شمر وقتی در نارم انداختند و وقتی در هوایم معلق آویختند و کذلک فعلوا بنا المشرکون. باری ای مریم این لوح را بناله بدیعیّه و گریه ربیعیّه نام نهادیم و نزد تو ارسال داشتیم تا براحت نوحه نمائی و در حزن با جمال قدم شریک باشی و دیگر آنکه چون جناب بابا در سنه اولیه در حضور بودند بر بعضی از امور مطلعند انشاءالله روح القدس صدق و یقین بر لسان او نطق می‌نماید و برشحی از قضیّهٔ غلام عالم می‌شوید." انتهی

تحریکات بر ضد حضرت بهاءالله در بغداد

عوامل دولتی

در بدو ورود حضرت بهاءالله به بغداد میرزا ابراهیم خان تبریزی جنرال قنسول ایران در عراق بود. وی به حضرت بهاءالله ارادت می‌ورزید و با دید مساعد با بابیان رو به رو می‌گردید. ولی متأسفانه پس از مدت کوتاهی وفات نمود و به جای او میرزا محمد لواسانی از اهالی نور که با حضرت بهاءالله سابقه آشنایی داشت به

سمت قنسول ایران به بغداد آمد. او نیز همانند همکار قبلی خود عرض ارادت و اخلاص می‌نمود و در ترویج امور و رفع مشکلات احباء می‌کوشید. مدّت این آرامش نسبی چندان طولی نکشید زیرا میرزا بزرگ خان قزوینی به مقام کارگزاری دولت ایران منصوب گردید. او که نسبت به حضرت بهاءالله و جمع بابیان با دیده دشمنی و عداوت می‌نگریست تصمیم گرفت که به هر ترتیبی شده هیکل مبارک را به دولت ناصرالدین شاه تسلیم کند. از این رو با شیخ عبدالحسین طهرانی ملقب به شیخ العراقین همراه شد و به مصطفی پاشا والی بغداد گفت چندین نفر از اتباع ایرانی از ایران فرار کرده در بغداد ساکن شده‌اند، اجازه بدهید که آنها را به ایران برگردانم. پاشا گفت چه اشکالی دارد که این کار را نمی‌کنید؟ گفت مساعدت شما لازم است. پاشا از اینکه او با آن شوکت و قدرت عاجز از تبعید آنها است پرسید مگر اینها اشخاص مهمّی‌اند؟ میرزا بزرگ خان اسم حضرت بهاءالله را برد. مصطفی پاشا گفت واعجبا چگونه کسی را که فحول علماء و فضلا به علم و فضلش گواهی می‌دهند فراری می‌خوانید؟ وجود ایشان مایه افتخار ایران است. متوجه باشید که ازین به بعد در اینجا جای ذکر این گونه مطالب نیست. میرزا بزرگ خان خائباً خاسراً از حضور پاشا بیرون رفت. امّا بغض و کینه او و دشمنی شیخ عبدالحسین در حدی نبود که بتوانند آرام بگیرند.

میرزا بزرگ خان متوالیاً گزارشهای دروغ و بی‌اساسی را که با کمال بغض و عناد نسبت به حضرت بهاءالله و بابی‌ها تهیه می‌کرد برای میرزا سعیدخان وزیر امور خارجه ایران می‌فرستاد.

در ضمن شیخ عبدالحسین شایع کرده بود که خواب دیده است در بالای سراپرده عظیمی که برپا بوده است آیت الکرسی را با خط انگلیسی نوشته‌اند و ناصرالدین شاه با شمشیر به آن آیات اشاره نموده و آنها را می‌خوانده است. شیخ گفته است که این کار بابی‌ها است که آیه قرآن را با خط غیر عربی نوشته‌اند شاه جواب داده است: با همین شمشیر ریشه بابی‌ها را بیرون می‌آورم.

شیخ خواب دیگر خود را چنین تعریف کرده بود:

خواب دیدم شاه من را به طهران احضار کرده در بین راه یک نفر بابی شیشه خونی در دست داشت و بر روی من پاشید. پس من حتماً به دست بابی‌ها کشته می‌شوم. یکی از مریدان او که تصور می‌کرده است می‌تواند از محضر حضرت بهاءالله برای آموختن رموز کیمیا استفاده کند، در یکی از روزهای تشرفش این دو خواب را نقل می‌کند. حضرت بهاءالله می‌فرمایند خواب اولش رؤیای صادقه است سراپرده‌ای را که در عالم رؤیا دیده است، سراپرده امر الهی است که محیط است بر او و شاه و آیة الکرسی همان کلام الهی است که امروز به بیانی دیگر ذکر می‌شود

ولی خواب ثانی وی کذب است. زیرا ما اهل بیان را از آلودن دست به خون مردم منع کرده‌ایم. نه شاه او را احضار می‌کند و نه از کربلا خارج می‌شود. او به ذلت و خسران مبتلا خواهد شد.

مرید شیخ پس از اصغاء فرمایش حضرت بهاءالله نزد شیخ برگشته اظهار می‌دارد بهتر است یک جلسه با ایشان گفتگو نمائی اگر حق است معارضه نکنی. اگر باطل است از روی بصیرت حکم جاری کنی. شیخ می‌گوید می‌ترسم ایشان برای صحبت حاضر نشوند. شیخ عبدالحسین قبول می‌کند که با حضور شاگردانش این ملاقات انجام شود. وقتی از حضرت بهاءالله دعوت شد فرمودند همین الساعه او را خبر کنید از حالا تا ده روز هر وقت در هر جا معین کند من حاضرم زیرا این کار خیر است و در کار خیر تأخیر جائز نیست. همینکه پیام مبارک را به شیخ عبدالحسین بردند شیخ عذر آورد و حاضر به ملاقات نشد.

حضرت بهاءالله در لوحی۷۸ که به نام شیخ عبدالحسین نازل شده است، از جمله بیانی باین مضمون می‌فرمایند که ای حسین، ای غافل شکاک تو به زیارت حسین می‌روی و حسین را به قتل می‌رسانی.

بی مناسبت نیست که دو نمونه از نامه‌های میرزا سعید خان وزیر امور خارجه به میرزا حسین خان مشیرالدوله سفیر کبیر ایران در دربار عثمانی را بخوانیم:۷۹

او می‌نویسد:

"جنابا بعد از اهتمامات بلیغه که در قلع و قمع فرقه ضاله خبیثه بابیه از جانب دولت علیه به آن تفصیل که آن جناب می‌دانند بتقدیم رسید الحمد لله ریشه آنها بتوجهات خاطر همایون سرکار اعلیحضرت قویشوکت شاهنشاه جمجاه دین پناه روحنافداه کنده شد. مناسب و بلکه واجب این بود که بر احدی و فردی از آنها ابقاء نشود خاصه که در قید و بند دولت هم گرفتار شده باشند ولی از اتفاق و سوء تدبیر پیشکاران سابق یکی از آنها که عبارت از میرزا حسینعلی نوری است از حبس انبار خلاص و برای مجاورت عتبات عرش درجات مرخصی حاصل کرد و روانه شد و از آن وقت تا حال چنانکه آن جناب اطلاع دارند در بغداد است و اگر چه او هیچوقت در خفیه از افساد و اضلال سفهاء و مستضعفین جهال خالی نبوده و گاهی به فتنه و تحریک قتل هم دست می‌زد مثل مقدمه جناب فضائل نصاب آخوند ملا آقای دربندی که زخم‌های منکر بقصد کشتن به او زدند و تقدیر در بقای ... رفته او مساعدت نمود و چند قتل دیگر که اتفاق افتاد ولیکن کارش به اینطور که حالا هست بالا نگرفته بود و اینقدر که این روزها شنیده می‌شود مرید و متابع بدور خود جمع نکرده بود و جرئت آن نداشت که اظهار ما فی‌الضمیر خود کرده در اوقات تردد و آمد و شد و مکث در خارج منزل خود آدم های مسلح از جان گذشته همراه داشته

باشد و خود را محاط این جمع جانباز نماید. علاوه بر اطلاعاتی که بوسائل عدیده بتوسط معتبرین و ثقات حاصل شده بود کاغذی هم از عالیجاه مقرب الحضرت العلیه میرزا بزرگ خان کارپرداز دولت علیه مقیم بغداد به نواب شاهزاده والاتبار عمادالدوله حکمران کرمانشاهان و مضافات و عریضه‌ای نیز از نواب معزی الیه بحضور مراحم ظهور اقدس همایون رسید که این اطوار میرزا حسینعلی را در نظرها محسوس و مشاهده می‌نمود با وصف اینها از برای دولت علیه دلیل کمال غفلت و بی‌احتیاطی بود که از این اوضاع وخیم العاقبه صرف‌نظر کرده در صدد چاره و رفع آن بر نیاید

اری تحت الرماد و میض ناره و یوشک ان یکون لها ضرام

زیرا که حالت و طبیعت این گروه گمراه در ممالک دولت علیه و جسارت و اقدام آنها بر امور خطرناک بارها به تجربه رسیده معیّن است که این دین مستحدث باطل خبیث را بر دو چیز هائل گذاشته‌اند یکی دشمنی و خصومت فوق‌الغایه نسبت به دین و دولت اسلامیه و دیگری بی‌رحمی و قساوت خارج العاده نسبت به آحاد این ملت و گذشتن از جان خودشان برای ظفر یافتن باین مطلوب نحس و این بدیهی است که بحمدالله تعالی از حسن نیّت و صفای عقیدت اولیای دولتین مراتب دوستی و یک جهتی میان دو دولت قوی شوکت اسلام به جائی رسیده است که در نفع و ضرر سمت مساوات بهم رسانده‌اند چگونه می‌شود که اولیای عظام آن دولت بعد از استحضار از این مراتب در تدابیر لازمه رفع آن از موافقت و همراهی متحدانه خود با اولیای این دولت علیه دریغ و مضایقه نمایند لهذا دوستدار بر حسب امر قدر قدرت همایون سرکار اعلیحضرت شاهنشاه ظل‌الله ولینعمت کل ممالک محروسه ایران روحی فداه مأمور شد که مراتب را بتوسط چاپار مخصوص باطلاع آن جناب رسانیده مأموریت بدهد که بلادرنگ از جنابان جلالت مآبان صدراعظم و ناظر امور خارجه آن دولت وقت خواسته مطلب را بطوری که دوستی و مواحدت دولتین علیتین اقتضا و اوصاف نیک‌خواهی و عقل متین جنابان معزی الیهما دعوت نماید به میان بگذارد و در اطراف آن دقت و تعمق وافی بکار برد و رفع این مایهٔ فساد را از مثل بغداد جائی که مجمع فرق مختلفه و نزدیک بحدود ممالک محروسه است از کمال خیراندیشی و بی‌غرضی ایشان بخواهد. این مسئله در نظر اولیای دولت مسلم است که نباید میرزا حسینعلی و خواص اتباع او را در آنجا گذاشت و میدان خیالات فاسده و حرکات محتمله آنها را وسعت داد از دو کار یکی به نظر اولیای این دولت مناسب می‌آید باین معنی که اگر اولیای دولت عثمانی در این ماده مهمّه موافقت کامله با اولیای این دولت می‌کنند بی‌آنکه ملاحظهٔ شخصی آن مفسدین بی‌دین را نمایند و در این بین که پای مصلحت دولت بمیان آمده است حرف خارج از مسئله چنانکه مأمول و متوقع است بهیچوجه بمیان نیاورند بهتر این است که حکم صریح به جناب نامق پاشا

والی ایالت بغداد بدهند و از اینطرف هم حکم به عهده نواب حکمران کرمانشاهان صادر شود که میرزا حسینعلی و هر چند نفر از اتباع و خواص او را که بانی و اساس فساد هستند بطوری که مقتضی می‌شود گرفته در سرحد بدست گماشتگان نواب معزی الیه تسلیم نمایند و دولت آنها را در جائی از داخله خود که مناسب می‌داند بقراول و مستحفظ نگاه داشته نگذارد که شرارت و فتنه آنها سرایت نماید و اگر بالفرض اولیای آن دولت در عمل بشق اول بهر ملاحظه‌ای که باشد تأمل داشته باشند دیگر از این معنی چاره و گریزی نیست که هرچه زودتر قرار بدهند که آن مفسد و چند نفر خواص او را از بغداد بجای دیگر از داخله ممالک عثمانی که دسترس بحدود ما نداشته باشد جلب و توقیف نمایند که راه فتنه و فساد آنها مسدود شود آن جناب در این باب اقدام و اهتمامی بکند که لایق این حکم مؤکد همایون و مأموریت چاپار مخصوص باشد و هرچه زودتر قرار خود را بدهد تا از آن قرار بعرض پیشگاه اقدس همایون اعلی روحنا فداه برسد. تحریراً فی ۱۲ ذی‌حجة الحرام ۱۲۷۸."

میرزا سعید خان از این وحشت که مبادا در اجرای فرمان ناصرالدین شاه تعلل شود و عایقی پیش آید به همان تاریخ مکتوب اول مکتوب دیگری به میرزا حسین خان سفیر کبیر ایران به اسلامبول نوشت و بعضی از اسناد دیگر را که از کارگذار ایران در بغداد دریافت داشته بود برایش فرستاد. او در این نامه می‌نویسد:

"جنابا در کاغذ مفصل جداگانه اگر چه اسم از کاغذ عالیجاه میرزا بزرگ خان به نواب عمادالدوله و عریضه نواب معزی الیه بحضور اقدس همایون برده شد لیکن از فرستادن اصل یا سواد آنها قیدی نرفته است باین جهت که آن کاغذ مفصل بطوری است که اگر شما صلاح بدانید می‌توانید برای جنابان فؤاد پاشا و عالی پاشا قرائت نمائید. اگر صریح از فرستادن اصل یا سوادهای مزبور قید می‌شد شاید شما نمودن آن کاغذها را مصلحت نمی‌دانستید حالا کلیّه منوط بصوابدید خودتان است اصل نوشتجات مزبوره در جوف پاکت است بعد از ملاحظه تأمل خواهید کرد مقصود این است که انشاءالله چنانکه امر و فرمایش مؤکّد همایون در رفع و دفع این اشرار یا بگرفتن و تسلیم کردن به گماشتگان نواب والاتبار عمادالدوله و یا بدور کردن از عراق عرب بجائی که شما صلاح بدانید شرف صدور یافته است به شایستگی و زودی انجام پذیرد. تحریراً فی ۱۲ ذی حجة الحرام ۱۲۷۸."

عوامل روحانی در کربلا و نجف (حکم جهاد)

در همان اوانی که شاه و وزیر خارجه و سفیر ایران در اسلامبول و نیز کارگزار ایران در بغداد به انواع حیل و مکر در صدد تبعید یا شهادت حضرت بهاءالله بودند

شیخ عبدالحسین و سایر علماء در کربلا و نجف مصمم شدند که بر علیه حضرت بهاءالله و بابی‌ها حکم جهاد صادر نمایند و برای به دست آوردن این فتوی جمیع علما را به کاظمین فراخواندند. از جمله این افراد یکی شیخ مرتضی انصاری اعلی الله مقامه بود. وقتی او به کاظمین رسید و از تصمیم و نیّت دعوت کنندگان مستحضر گردید با آن جمع همرهی نکرد و به کربلا مراجعت نمود.

ایادی امرالله جناب بالیوزی می‌نویسد:۸۰

"سالها بعد، در آگوست سنه ۱۹۱۹ حضرت عبدالبهاء برای احبائی که در بیرونی بیت مبارک در حیفا گرد آمده بودند وقایع ایام گذشته را تعریف می‌کردند. یک شب در باره توطئه‌های شیخ عبدالحسین و میرزا بزرگ خان صحبت می‌فرمودند. دکتر لطف‌الله حکیم سخنان مبارک را یادداشت می‌کرد و با آنکه موفق نشد همه آنها را کلمه به کلمه قید کند ولی یادداشت‌های او روی هم رفته نسخه صحیحی از خاطرات سرکار آقا را از ایّام گذشته تشکیل می‌دهد. شمه‌ای از آن خاطرات مبارک بشرح زیر است:

"وقتی که مجتهدها و ناصرالدین شاه شیخ عبدالحسین را به عراق فرستادند او از اول ورود بنای مخالفت و تحریکات بر علیه جمال مبارک را گذارد. همه مجتهدین را در کاظمین جمع نمود و قرار بر جهاد گذاردند و از والی تقاضای کمک کردند ولی والی به آنها جواب داد که در این کار دخالت نخواهد کرد. بنابر این آنها شروع به نامه‌نویسی به بغداد نمودند. جمع کثیری از ایرانیان و عرب های شیعه در بغداد گرد آمدند و در این شهر احساسات شدیداً به غلیان آمده بود. آنگاه به دنبال شیخ مرتضی در کربلا فرستادند و فریاد وادینا بلند کردند و از او خواستند که به بغداد بیاید. شیخ مرتضی در راه بغداد دچار حادثه‌ای شد که پس از آن خود را به کنار کشید و از آنها خواست که دست از سرش بردارند. از آنجائی که او خودش شخصاً موضوع را تحقیق نکرده بود از داخل شدن در آن صرفنظر نمود و توسط زین العابدین خان فخرالدوله برای جمال مبارک پیغام فرستاد که "من نمی‌دانستم و اگر فهمیده بودم نمی‌آمدم و اکنون برای شما دعا می‌کنم."

کسانی که در کاظمین جمع شده بودند قرار گذاردند که دو روز دیگر بما حمله کنند. عده ما جمعاً چهل و شش نفر می‌شد. قویترین مردان ما آقا اسدالله کاشی بود که قمه‌اش حتّی وقتی روی شالش بسته می‌شد تا روی زمین می‌رسید. در آن ایام در بغداد مردی به نام سید حسن شیرازی۸۱ می‌زیست که گرچه از مؤمنین نبود ولی مرد بسیار خوبی بود و یک روز صبح زود وقتی جمال مبارک از منزل خارج شده بودند آقاسید حسن به در خانه آمد در زد. مستخدم سیاه پوست ما در را باز کرد. آقاسید حسن سراسیمه وارد خانه شد و پرسید آقا کجا هستند جواب دادم به

کنار رودخانه رفته‌اند. او گفت چه می‌گوئید. من به او چای تعارف کردم و گفتم بر خواهند گشت او گفت "آقا، دنیا دارد زیر و رو می‌شود. قیامت شده. آقا می‌دانید که دیشب جلسه‌ای در حضور شیخ عبدالحسین و قنسول گرفته بودند و با والی نیز نوعی به توافق رسیده‌اند. چطور است که جمال مبارک به کنار رودخانه رفته‌اند. آنها خیال دارند فردا حمله را آغاز کنند."

در حینی که او داشت برایم تعریف می‌کرد که چه اتفاق افتاده است جمال مبارک از در وارد شدند آقا حسن فوراً می‌خواست نگرانی خود را ابراز کند ولی جمال مبارک فرمودند: "بگذارید راجع به مطالب دیگر حرف بزنیم." و شروع به صحبت فرمودند. بالاخره آقا سید حسن اصرار ورزید که درد دلش را بگوید ولی جمال مبارک فرمودند این ها هیچ فایده‌ای ندارد و به این صورت آقاسید حسن برای نهار ماند و سپس بخانه‌اش رفت.

عصر آن روز جمال مبارک از خانه خارج شدند احباب در اطرافشان حلقه زده بودند. در بین آنها دو نفر به نام های حاج عبدالحمید و آقامحمد جواد اصفهانی وجود داشتند که افرادی دورو بودند. جمال مبارک به بالا و پائین قدم می‌زدند و سپس رو بجمع احبا نموده فرمودند: "آیا خبرها را شنیده‌اید. مجتهدها و قونسول دست بدست هم داده و بیست هزار نفر جمع کرده‌اند بر علیه ما حکم جهاد داده‌اند." آنگاه آن دو شخص ریاکار را مخاطب قرار داده فرمودند "بروید به آنها بگوئید که قسم به خدای یگانه دو نفر را خواهم فرستاد که آنها را تا کاظمین عقب برانند. اگر جرئت دارند بیایند." آن دو نفر بسرعت رفتند و آنچه را شنیده بودند برای آنها بازگو کردند و بعد می‌دانید چه شد؟ همه آن جمع متفرق شدند."

حضرت عبدالبهاء در جای دیگر می‌فرمایند:

"وقتی علماء از هر لحاظ مأیوس شدند و خواستند خودشان را وجیه‌الملّة بنمایانند ملا حسن عمو را که آدمی نیک نفس و در عداد علمای کربلا بود به حضور حضرت بهاءالله فرستادند و چند سئوال بوسیله او تقدیم کردند و جواب خواستند. ملاحسن بوسیله زین العابدین خان فخرالدوله اجازه خواست و مشرف شد و اسئله علما را مطرح کرد و نسبت بهر سئوالی جواب کافی دریافت نمود و عرض کرد علماء باین حرفها قانع نمی‌شوند و معجزه می‌خواهند. جمالقدم فرمودند هرچند که این اعمال در شأن اولیاء و انبیای الهی نیست ولیکن حضرات متفق شوند آنچه رأی آنهاست بر روی کاغذ بنویسند و مهر کنند که اگر مقصودشان حاصل شد دیگر جای حرف نیست و اگر نشد بطلان ما ثابت می‌شود.

شیخ گفت دیگر حرف تمام شد و رفت به علما پیغام داد آنها هرچه می‌خواهند بنویسند و مهر کنند ولی آنها سر زیر بار نبردند. ملاحسن توسط فخرالدوله پیغام داد

که من خجالت می‌کشم دیگر مشرف شوم و عازم ایران شد. در کرمانشاه عمادالدوله حاکم آنجا را ملاقات کرد و مطالبی اغراق آمیز ضمیمه مشاهدات خودش از جمال مبارک ذکر کرد و نیز در طهران در منزل میرزا سعید خان نیز همین مطالب را ابراز نمود که مثلاً وقتی از اطاقی به اطاق دیگر می‌روند پرده خودش کنار می‌رود و باغچهٔ حیاط بیرونی چه نوع میوه‌ها و گلها دارد و از این قبیل. آقا میرزا رضاقلی در منزل میرزا سعید خان بود آن مطالب را شنید و بحضور عرض کرد. ولیکن شیخ عبدالحسین و میرزا بزرگ خان متوسل به نامق پاشا شدند که جمالقدم و احبا را توقیف و به ایران اعزام دارد.

حضرت بهاءالله مراتب را به میرزا سعیدخان مرقوم فرمودند ولی او جوابی نداد. لذا چاره کار را منحصر به این دیدند و به بعضی از احبا دستور فرمودند که تبعیت دولت عثمانی را قبول کنند و نامق پاشا با این درخواست ها موافقت کرد و بعضی از احباب ترک تابعیت دولت ایران را کردند و این دستور مبارک از این لحاظ بود که اگر واقعه‌ای واقع شود و میرزا بزرگ خان از آن طریق توفیقی حاصل نماید عده‌ای از احباب بتوانند در بغداد مقیم شوند.

اما حضرت بهاءالله عموم مؤمنین را طوری تربیت نموده بودند و اعمال و رفتار آنان را زیر نظر داشتند که در جمیع شئون حفظ حیثیت و اهمیّت دولت ایران رعایت شود از این لحاظ بر همه معلوم بود که بندگان آستان حضرت بهاءالله مرتکب اعمالی نمی‌شوند که منافی با حیثیت ایرانی بودنشان باشد.

روزی عباس میرزا ملک‌آرا برادر ناصرالدین شاه استدعا کرد که بحضور حضرت بهاءالله بیاید. جمال‌قدم اذن نفرمودند و فرمودند آمدن تو بمنزل من موجب حقادت شیخ عبدالحسین و میرزا بزرگ خان می‌شود و به طهران می‌نویسند که تو که مدعی تاج و تخت سلطنت هستی با ما رابطه حاصل کرده‌ای و این برای تو خوب نیست و اسباب زحمتت می‌شود.

در یکی از روزهائی که حضرت بهاءالله در خارج شهر در مزرعه وشاش بودند عباس میرزا خبر گرفت که وجود مبارک در آن مزرعه تشریف دارند او با لباس مبدل به عنوان شکار به آنجا رفت و از حضرت بهاءالله استمداد کرد که بصورتی به تخت و تاج ایران دست یابد. حضرت بهاءالله او را اندرز دادند و نصیحت فرمودند که در کار خود صادق باشد و به تاج و تخت ناصرالدین شاه احترام گذارد و به وفاداری خودش نسبت به برادرش شاه ایران پای‌بند باشد و دلالتش نمودند. او از آن به بعد اقدام به مخالفت با حضرت بهاءالله و بابی‌ها نمود ولیکن من حیث المجموع کاری از او ساخته نبود."

مقدمات تبعید از بغداد به اسلامبول

عید نوروز سال ۱۲۷۹ هجری قمری فرارسید و حضرت بهاءالله برای شرکت در مراسم برگزاری ایام عید و ملاقات دوستان به مزرعه خوش آب و هوای وشاش که در اجاره آقا میرزا موسی کلیم بود و در حوالی دجله قرار داشت، تشریف بردند.

سراپرده مبارک نصب شد و همه احبا رخصت تشرف حاصل نمودند. در همان ایام لوح ملاح القدس نازل شد و احبا از مطاوی آن لوح مبارک دریافتند که وقایعی تازه در پیش است ولی بر آنها معلوم نبود که چه واقع خواهد شد. چون روز پنجم نوروز فرارسید جمال قدم امر فرمودند سراپرده ها جمع شود و احبا به بغداد مراجعت نمایند.

در آن احوال که احباب مشغول جمع آوری وسایل بودند، مأموری از طرف نامق پاشا والی بغداد از راه رسید و عریضهٔ والی بغداد را تقدیم نمود. او در نهایت خضوع به عرض رسانده بود که چون ایام عید است و تجدید دیدار لازم، استدعا دارم به این منظور به سرایه حکومتی تشریف بیاورید. حضرت بهاءالله خواهش او را پذیرفتند و وعده ملاقات را به روز بعد موکول فرمودند ولی پیام فرستادند که من هیچوقت به سرایه حکومت عثمانی نرفته‌ام و ترجیح می دهم که در مسجد جامع السّرایه، مجاور به سرایه حکومت این ملاقات حاصل شود.

نبیل می گوید: وقتی سراپرده ها را جمع می کردند جمالمبارک فرمودند "بساط ما هم در بغداد مثل این چادرها پیچیده شد."

می دانیم که عمال دولت ایران از ارسال گزارشهای ناروا دست برنمی داشتند و سبب می شدند که خاطر ناصرالدین شاه، بخصوص با تجربه هایی که از مدافعات بابیها در طبرسی و زنجان و نیریز داشت، از جانب حضرت بهاءالله آسوده نباشد و با ارسال نامه های متوالی از سلطان عبدالعزیز بخواهد که آن حضرت و سایر بابیهای ایرانی را در مرز ایران به مأمورین سرحدی تحویل دهد. سلطان عبدالعزیز بناچار از والی بغداد خواست که حضرت بهاءالله را احضار و به ایشان تکلیف کند که از بغداد خارج شوند و به هر نقطه از خاک عثمانی غیر از شهرهایی که نزدیک مرز ایران واقع اند هجرت نمایند.

نامق پاشا با اینکه بر سلامت نفس و علوّ شأن و رفعت مقام حضرت بهاءالله واقف بود و می دانست که همه گفته ها، تهمت و ترهاتی است که از طرف دشمنان حضرت بهاءالله شایع شده است، مع الوصف با خود می اندیشید که مبادا این مطالب تا مقداری صحیح باشد. بنا بر این فکر کرد که اگر حضرت بهاءالله منفرداً برای ملاقات تشریف بیاورند تمام آن شایعات و گزافه گوئی ها ناشی از اغراض معاندین است و اگر با آن جماعتی که همیشه به دنبال دارند همراه باشند احتمالاً

آنچه گفته شده است صحت دارد و شاید ایشان در خیال خروج بر علیه دولت باشند.

حضرت بهاءالله در روز موعود که قصد دیدار والی را داشتند امر فرمودند عموم بابی‌های شاغل بر سر کارهایشان بروند و از اول صبح تا غروب در دکاکین خود مشغول باشند و به بقیه هم دستور فرمودند که بهیچ عنوانی از خانه‌هاشان خارج نشوند و خود، آقامحمد رضای کرد را همراه برداشته و از جسر عبور فرموده و به مسجدی که میعادگاه مبارک بود وارد شدند و آقامحمد رضا را نزد نامق پاشا فرستادند و ورود خودشان را به اطلاع او رسانیدند.

نامق پاشا معاون خود کُهیا افندی را به مسجد فرستاد و آقامحمد رضا در دالان مسجد جمالقدم را که در شبستان مسجد در حال مشی بودند به کهیا نشان داد و خودش در کنار در ورودی مسجد بایستاد.

کهیا افندی با در دست داشتن پنج مکتوب و در حقیقت حکم سلطان عبدالعزیز دائر بر اخراج جمال مبارک و تابعین ایشان از بغداد، به حضور مبارک رسید و با نهایت ادب و کرنش پیام نامق پاشا را مبنی بر عدم اعتقاد وی به صحت گزارشهای قنسول ایران به شاه، به عرض رسانید و آن پنج فرمان را که متوالیاً از طرف سلطان عبدالعزیز به بغداد رسیده بود تقدیم کرد و گفت صدور این احکام پی در پی همه در نتیجهٔ غدر و حیلت قنسول بغداد و سفیر کبیر ایران است. ناصرالدین شاه از سلطان عبدالعزیز خواسته ست که شما و سایر من تبع شما را در سرحد ایران تحویل عمادالدوله بدهد ولی سلطان در جواب گفته است که حضرات میهمانهای ما هستند و ما میهمان را گرامی و محترم می‌داریم، نهایت این است که از ایشان بخواهیم که از بغداد به نقطه دیگری که در مرز ایران نباشد انتقال جویند. چون این احکام متوالیاً رسیده است، برای من ایجاد تکلیف کرده و ناچار به نوشتن جواب هستم. علیهذا، استدعا دارم نظر خودتان را اعلام فرمائید تا ترتیب سفر از طرف دولت داده شود. حضرت بهاءالله فرمودند به والی بغداد بگوئید که من ابداً راغب به توقف در بغداد نیستم و مایلم به اسلامبول بروم پرداخت مخارج سفر هم در این وقت که دولت مقروض است لازم نیست و راضی نیستم که چنین تحمیلی بر بودجه دولت بشود. عرض شد این موضوع فرمان سلطان است و اگر رد فرمائید توهین و عدم اعتنا به اراده سنیّه تلقی می‌گردد. حضرت بهاءالله فرمودند اگر ممکن بود که به تنهائی سفر کنم هم الآن از دروازه معظم خارج می‌شدم و به اسلامبول می‌شتافتم ولکن چون جماعتی از افراد خانواده و حرم همراه هستند برای تهیّه وسائل سفر یک ماه مهلت لازم است. خواهش حضرت بهاءالله پذیرفته شد و مبلغی هم که معلوم نیست در چه حدودی بوده است به حضور تقدیم گردید. حضرت بهاءالله علی‌الفور در حضور فرستاده نامق پاشا همه را بین فقرا و ضعفا تقسیم کردند و تمامی وجوه

اعطائی سلطان را به من له الحق بخشیدند.

در وقت خروج هیکل مبارک از بغداد مردم از هر طبقه و صنف، رجال، اشراف، علما و ادباء و بسیاری از ایرانیان از جمله شاهزادگان قاجار که به بغداد تبعید شده بودند از شهر تا کنار دجله هیکل مبارک را مشایعت و با چشمانی اشکبار اظهار تأسف و حرمان نمودند.

دوستداران حضرت بهاءالله در عراق

حضرت بهاءالله در طول اقامت خویش در بغداد ضمن تشویق و ترغیب بابیان به تعدیل رفتار و تهذیب اخلاق، آنها را به رعایت اصول و مبادی تعالیم منزله و اوامر متقنه در کتاب بیان متوجه می‌فرمودند و در حالیکه با خصومتها و دشمنی‌های سرسختانه اولیای امور دولت ایران و ارباب عمائم مقابل و روبرو بودند، تمام وقت و فکرشان را به تنظیم و تنسیق امور بابیان مصروف می‌داشتند: باوجود همهٔ این مشکلات باب بیت مبارک بر وجه علما، عرفا و فضلایی که از ایران یا نقاط مختلف عراق و کردستان به حضور مبارک می‌شتافتند مفتوح بود و هر کس در حد استعدادی که داشت از خوان فضل و نعمت حضرتش نصیب می‌برد و از فرصت استفاده کرده در اخذ جواب سئوالات و مشکلات خود می‌کوشید.

حضرت بهاءالله در این مدّت یعنی قبل از اظهار امر علنی رساله "هفت وادی" را در جواب شیخ محیی‌الدین قاضی خانقین و رساله "چهار وادی" را به اعزاز شیخ عبدالرحمن کرکوکی در بیان دقایق توحید و عرفان و مقام عرفا نازل فرمودند. علاوه بر این کتاب "ایقان" در جواب اسئله حاجِ میرزا سید محمد خال و لوح کل الطعام به افتخار حاج میرزا کمال الدین نراقی عزّ نزول یافت.

همهٔ بزرگانی که به حضور حضرتش مشرف می‌گردیدند در عظمت مقام والای هیکل مبارک متفق القول بوده با خلوص نیت ارادت می‌ورزیدند و در نتیجه، آنجا که مصلحت ایجاب می‌کرد از هیچگونه کمک و مساعدت نسبت به جمع بابیان مضایقه نمی‌کردند.

بعضی از این فضلا و دانشمندان، بعد از اینکه به حضور می‌رسیدند و جواب اسئله خویش را دریافت می‌کردند، راهی جز اعتراف به حقانیت حضرت بهاءالله در برابر خویش نمی‌یافتند و امر مبارک را تصدیق می‌نمودند. بی مناسبت نیست که در اینجا، مختصری در بارهٔ چند نفر از این اشخاص بخوانیم:

حاجی میرزا کمال الدین نراقی

همانطور که گفته شد، چون عده معدودی از بابیان میرزا یحیی ازل را جانشین حضرت باب می‌پنداشتند، به هوای کسب فیض از محضر وی به بغداد می‌شتافتند و

مأیوس معاودت می کردند. از جمله آنان یکی حاجی میرزا کمال الدین نراقی است که از میرزا یحیی تفسیر کل الطعام را که ناظر به آیه منزله در قرآن کریم است، تقاضا نمود. میرزا یحیی از دریافت این درخواست به این دلیل که چرا محل سکونت او فاش شده است، خشمگین شد ولی آقا میرزا موسی کلیم حامل نامه سئوالیه به وی گفته بود که چون عده‌ای از بابیان او را زعیم خود می دانند، ناچار مشکلاتشان را از او می پرسند. وقتی آن تفسیر به حاجی میرزا کمال الدین رسید، دانستنی های خود را افضل و ارجح تشخیص داد و تصمیم گرفت که همان تقاضا را از حضرت بهاءالله بنماید. نبیل می نویسد حضرت بهاءالله در ظرف دو ساعت لوح کل الطعام را نازل فرمودند و حاجی میرزا کمال الدین پس از زیارت آن به آستان جمال ابهی خاضع شد.

نبیل در یک مثنوی مفصل که شرح تمام وقایع بغداد را در بر می گیرد، ابیاتی هم در بارهٔ چگونگی درخواست حاجی میرزا کمال الدین برای تفسیر کل الطعام دارد که در زیر می خوانیم:

سال بعد حین جمالش بی کلام — جلوه کرد از مشرق دارالسلام
جملهٔ ذرات را رقاص کرد — بذل رزق جان به عام و خاص کرد
چون کمال الدین سوی بغداد شد — از لقاءالله ز هجر آزاد شد
گفت با خود با چنین شاه بهی — نام یحیی را نبینم فرهی
لیک از بهر سکون جان و دل — تا برون آیم بکلی زآب و گل
یک سئوالی اول از یحیی کنم — بعد از آن هم از شه ابهی کنم
بعد از آن در فرق آن هر دو جواب — بنده را از شه شناسم از صواب
خواست شرح آیه کل الطعام — در یکی نامه ز یحیی اهتمام
نامه را دست کلیم الله سپرد — چون کلیم الله سوی یحیاش برد
رنگ خود را باخت یحیی از هراس — کز مکانم مطلع گشتند ناس
یک ورق بنوشت بعد از چند روز — گفت لیکن زو نهان دار و بسوز
بعد تأخیرات و تعویق زیاد — چونکه موسی برکما ل الدینش داد
بعد خواندن آتشش افسرده شد — طبعش اندر حق او بی پرده شد
عرض حالش را همان ساعت کلیم — برد بر دربار خلّاق علیم
شاه ابهی خواست ازلطف و وداد — در همان حین خامه و لوح و مداد
از جواهرهای جان بیتی هزار — بر ورق فرمود از احسان نثار
یک بهی تفسیر بر کل الطعام — کرد نازل طلعت رب الانام

شمس جهان

یکی دیگر از مریدان میرزا یحیی که از محضر او ناامید و مأیوس شده به

جمال اقدس ابهی روی آورد، زنی شاعره بود که در ردیف اعاظم و بزرگان نساء ایران به شماره می آمد. نام وی شمس جهان و شهرتش "حاجیه شاهزاده خانم" بود. حضرت بهاءالله او را "ورقة الرضوان" خطاب و الواحی به اعزازش نازل فرمودند. وی دختر عباس میرزا و خواهر محمد شاه و عمه ناصرالدین شاه بود و در اشعاری که می سرود "فتنه قاجار" تخلص می کرد.

شمس جهان وقتی از عدم امکان ملاقات با میرزا یحیی آگاه شد در دریایی از غم و اندوه فرو رفت و سپس چگونگی مسافرت خود را در جستجوی ازل و بالاخره تشرف به حضور حضرت بهاءالله را در منظومه ای که تعداد ابیات آن به سیصد بیت می رسد و در بحر رمل سروده شده است، تشریح می نماید. او می گوید: میرزا یحیی در برابر الحاح و اصرار من برای ملاقات با او به فرستاده ام گفته بود که شاید شمس جهان در صدد به دست آوردن و کشتن من است و تا او در این شهر و دیار بسر می برد خیال من آرام نخواهد بود. شمس جهان می گوید:

چونکه بشنیدم در آن دم آن خبر — دست خود بنواختم بر فرق سر
از قرینه او نمی داند که من — ز عشق او آواره گشتم از وطن
من گمان بردم که او باشد یقین — ز اولیا و باخبر از آن و این
من ندانستم چنین است ای عزیز — دوست رااز دشمن او ندهدتمیز
صد هزاران حیف از یک آه من — که برای او کشیدم در زمن

و بالاخره، پس از شرح اضطرابها و نگرانیهای خویش می گوید:

یک شبی با ناله و آه و فغان — بر خدا نالیدم از مردم نهان
کای خدا من طالب تو بوده ام — حال فهمیدم که ره گم کرده ام
گرنبی گفتم تو بودی مقصدم — گر ولی جستم توبودی مطلبم
گر ازل را خواستم کردم گمان — مظهر تو هست خلّاق زمان
کل مقصودم تویی از ماسوی — یک نظر برمن بینداز ای خدا
آنقدر از جان کشیدم آه و درد — تا خدا برحالت من رحم کرد

چون شب به سحر رسید، صدای دق الباب به گوش آمد. میرزا آقاجان بود که به این مژده بشارت می داد:

گفت فرموده بها در این زمان — خود برو درمنزل شمس جهان
گو که گشتی ناامید از هرکسی — التجا آورده ای بر ما بسی
آنچه دیشب گفته ای بشنیده ام — گریه ها و زاریت را دیده ام
یک به یک اظهارکرد او مطلبم — عقل من حیران شد وبیخود شدم

شمس جهان در ادامهٔ کلام می گوید فی الفور به حضور حضرت بهاءالله مشرف شدم و جواب آنچه را در سر می پروراندیم شنیدم و سر تعظیم به آستانش سپردم و

موعود و محبوب رب اعلی را شناختم.

شمس جهان پس از شش ماه توقف در بغداد حسب الامر مبارک به ایران مراجعت نمود. در سر راه به کرند، کرمانشاه، همدان، نراق و کاشان رفت و سرانجام به طهران رسید. او در هریک از این شهرها با دوستان دیدار کرد و از اسرار الهی که بر خلق پنهان و بر او مکشوف بود سخن راند. در کرمانشاه با سیدمحمد اصفهانی برخورد نمود و با او به گفتگو نشست ولی معتقد شد که "بر سیه دل چه سود خواندن وعظ". در نراق با حاجی میرزا کمال‌الدین ملاقات کرد و او را همدرد خویش یافت:

با هم آهی از دل پرخون زدیم　　　زآب چشم خویش بر جیحون زدیم

حاج سید محمد مجتهد

حضرت عبدالبهاء در مذاکرات شفاهی ذکری از حاج سید محمد مجتهد می‌فرمایند که در مجموعه خاطرات بدیع بشروئی به تاریخ هفدهم جون ۱۹۱۵ به صورت زیر یادداشت شده است:

"بعد از میرزا محیط سید محمد برادر میرزا علی نقی مجتهد مشهور از مشاهیر مجتهدین بود از کربلا آمد به بغداد. رفت در خانه حاجی جعفر دولت آبادی منزل کرد. حاجی جعفر و حاجی خلیل دولت آبادی دو برادر بودند از مشاهیر تجار بغداد لاکن نهایت عداوت را داشتند. میرزا حسنی بود ملقب به گل گلاب از احباب برادر حاجی عبدالمجید مرحوم، مشهور به این اسم بود لکن با جمیع خلق معاشر بود. اگر کسی به او معاشر می‌شد متهم به این اسم نمی‌شد. خلاصه این سیدمحمد مجتهد طباطبائی میرزا حسن گل گلاب را دید گفت می‌خواهم حضور مبارک مشرف شوم ولی هیچکس خبر نداشته باشد جز من و تو یعنی اغیار خبر نگیرند. نصف شب من و تو می‌رویم و بحضور مشرف می‌شویم لکن این شرط را ذکر نکرد که حتی ملازمان آستان مقدس و منتسبین خبر نگیرند. گفت اغیار ملتفت نشوند. میرزا حسن آمد حضور مبارک عرض کرد. فرمودند بسیار خوب نصف شب از بعد از مغرب تا صبح هر وقت بیاید. باری در خانه حاجی جعفر دولت آبادی شام خورد و بعد از شام گفت من یک جائی می‌خواهم بروم شب نشینی می‌روم و برمی‌گردم. سئوال کردند کجا؟ گفت یک جایی. شب آمدند و با میرزا حسن گل گلاب مشرف شدند سئوالاتی کرد از حضور مبارک. شفاهاً جواب شفاهی شنید و اقرار و اعتراف کرد که این از جمله حجّت قاطع است ابداً محل توقف نیست. آن شب تا سحر در حضور مبارک بود و سئوال می‌نمود و جواب می‌فرمودند. بعد وقت سحر مرخص شدند رفتند بخانه دیدند حاجی جعفر با برادرش حاجی خلیل هنوز نشسته‌اند و منتظرند زیرا حاجی سید

محمد طباطبائی بسیار مجتهد محترمی بود. گفتند آقا شما کجا بودید تا بحال ما نخوابیدیم و منتظر شما بودیم گفت حقیقتش این است من وقتی می‌رفتم از شما مکتوم داشتم اما حالا تکلیف من این است که آشکار کنم. گفت من رفتم حضور مبارک تا گفت حضور، حضرات استیحاش کردند. شما هم. گفت بلی حضرات، پیش از آنکه بساحت اقدس مشرف شوم روایات بسیار شنیدم ولی وقتی که حضور مبارک مشرف شدم هر سئوالی کردم جواب داده شد ولی تحقیقات من برای شما میزان نمی‌شود شما خودتان بروید و مجاهده کنید. واجب است بر شما واجب دینی است. حضرات بسیار استیحاش کردند... خلاصه اینکه آقا سید محمد در هر جائی که نشست گفت فی‌الحقیقه حقیقت‌جو هستند. بعد از خروج از حضور مبارک آقا میرزا حسن گل‌گلاب از او سئوال کرد که جناب مجتهد چه دیدید. گفت محل حرف نیست. بر خلاف آنچه شنیدم. گفت چه می‌شنیدید گفت حسب المسموع چنین می‌دانستم که حتی اطاق مبارک یک گوشه‌اش شراب، یک گوشه‌اش بنگ و یک گوشه‌اش تریاک است لکن لازمه ذمه خود می‌دانستم که تحقیق کنم لکن دیدم بساط تقدیسی که ملاء اعلی افتخار می‌کنند از کمال و تقدیس و تنزیه حیران ماندم که مسموعات چنان و حقیقت چنین."

شیخ مرتضی انصاری[۸۲]

بدیع بشرویی در یادداشتهای خود چنین ادامه می‌دهد:[۸۳]

"آقا سید محمد ... صبح از خانه بیرون آمد رفت به کاظمین علیهم السلام و از آنجا به کربلا و از کربلا به نجف. در نجف رفت در مجلس درس شیخ مرتضی. مرحوم شیخ مرتضی قاعده‌اش این بود که سادات را محترم می‌داشت در مجلس درس آقا سید محمد را بالای دست خودش نشاند. بعد از تعارفات رسمیّه آقا سید محمد گفت جناب شیخ عرضی داشتم، گفت بفرمائید. گفت من رفتم به زیارت کاظمین علیهم السلام و از آنجا به بغداد رفتم و بحضور ایشان رفتم چونکه جمال مبارک را در بغداد ایشان می‌گفتند طلبه که حاضر بودند بغتتاً زبان ملامت به آقا سید محمد گشودند که شما هم آقا بابی شده‌اید. شیخ مرتضای مرحوم تغیر کرد. گفت حضرات چرا اینطور بهیجان (آمده) و چرا اعتراض می‌کنید. اول اینکه شماها رفتید به آنجا؟ تحقیق کرده‌اید، تجسس کرده‌اید، چگونه انکار و استیحاش می‌کنید با وجود اینکه دیناً بر شما لازم است که تجسس کنید بعد تصدیق یا تکذیب و ثانیاً از کجا فهمیدید که جناب آقا سید محمد به آنجا رفته است بابی شده بعد نگاه به آقا سید محمد کرد گفت هرچه می‌خواستید بفرمائید گفت جناب شیخ من هنوز تفوّه کلمه‌ای نکرده اینطور بر من هجوم می‌کنند پس چگونه خواهد شد اگر صحبت بدارم

وقتی دیگر تنها خدمت شما می‌رسم و عرض می‌کنم آنچه کرد شیخ مرتضی که بگوئید گفت با وجود این هیجان نمی‌گویم... مرحوم شیخ مرتضی ابداً تعرض به این امر نکرد و کلمه‌ای ضد این امر بر زبان نراند. همیشه می‌گفت که من تجسّس باید بکنم تحقیق باید بکنم. هنوز تجسس نکرده‌ام هرکس باید بنفسه تجسس کند باری این صحبت مختصر آقا سید محمد در مجلس شیخ مرتضی سبب انتباه آقا میرزا علی نقی مجتهد سمنانی شد جناب میرزا علی نقی به تجسس افتاد از نجف مخصوص برخاست و به بغداد آمد بحضور مبارک مشرف شد مؤمن و موقن شد ثابت و مستقیم شد هر شبهه‌ای داشت عرض کرد و جواب شنید مراجعت به نجف کرد یکسر بمنزل شیخ مرتضی و میدانید که شیخ مرتضی مقتدای پنجاه ملیون شیعیان بود رئیس کل بود از قضای اتفاقی شیخ ناخوش بود در بستر خوابیده بود چشم شیخ این اواخر ضعیف شده بود از میرزا علی اصغر مجتهد سئوال کرد که کیست گفت:

ما طبیبانیم و شاگردان حق　　　بحر قلزم دیده ما را فانفلق

این شعر مثنوی را خواند شیخ مرتضای مرحوم بجهت مطایبه گفت پس خوب بود نبض ما را می‌دیدید. میرزا علی نقی گفت:

آن طبیبان طبیبی دیگرند　　　که بدل از راه نبضی پی برند
ما طبیبان فؤادیم و مقال　　　یعنی اعمال صالحه و بیان حقایق

مختصر این است جناب شیخ من رفتم بغداد و به حضور ایشان مشرف شدم و حجت برمن بالغ شد و بشما عرض می‌کنم واجب است بر شما فوراً تحقیق این امر بکنید. شیخ در جواب گفت بلی من خیلی آرزو دارم که در توحید کار بکنم ولکن مجال نمی‌یابم انشاءالله مجال خواهم یافت و در توحید کار خواهم کرد به این عنوان توحید گفت. میرزا علی نقی گفت جناب شیخ معلوم شد که تا بحال از توحید خبر نداشتید خندید بسیار لکن از آن ناخوشی فوت شد خدا رحمتش بکند بسیار شخص باانصافی بود مرکزش مهم بود چنین شخصی در چنین مرکزی چنین انصاف بدهد خیلی است..."

شیخ مرتضی انصاری بزرگترین مرجع شیعیان جهان در کربلا بود. در مکتب او تلامیذ بسیاری درس خواندند و به مقام اجتهاد رسیدند. از جمله آنها یکی ملا محمد قائنی نبیل اکبر بود که از اجله بهائیان دور ابهی بشمار می‌رفت و دیگری حجة الاسلام میرزای شیرازی که به دیانت بهایی ایمان داشت ولی مصلحت نمی‌دید که عقیده خود را برملا سازد. وی پس از صعود شیخ انصاری زعامت قوم شیعه را در دست گرفت. حضرت بهاءالله و حضرت عبدالبهاء شیخ انصاری را به علو مقام و عظمت روح ستوده اند.

اظهار امر علنی - ایام رضوان

نبیل زرندی داستان ایام رضوان را با مضمون زیر بیان می نماید:

بعد از ظهر روز سه شنبه سی و دوم نوروز مطابق با سوم ماه ذیقعده ۱۲۷۹ هجری قمری و ۲۲ آپریل ۱۸۶۳ میلادی حضرت بهاءالله بر قفّه سوار و از دجله عبور فرمودند. وقتی به خشکی رسیدند موقع نماز عصر بود و بانگ الله اکبر از جمیع مساجد به عنان آسمان می رفت. هنگام وداع، آشنا و بیگانه از مفارقت هیکل مبارک اشک تحسر می ریختند. حتی اطفال خردسال رنج دوری را با زاری و بیقراری نشان دادند از جمله این کودکان یکی علی پسر حاج میرزا کمال الدین نراقی بود که به اقدام مبارک افتاد و دامان حضرت بهاءالله را گرفته تضرع نمود بطوری که جمیع حاضرین منقلب شدند و حضرت بهاءالله او را نوازش فرموده و مورد عنایت قرار دادند.

باغ نجیبیه برای اقامت موقت آماده و وسایل سفر به آنجا منتقل شده بود. در محل تقاطع چهار خیابان آن باغ که فضایی وسیع بود سراپرده ها را افراشته و مسیر مبارک را با گل پوشانده بودند. گلهایی که در جلو خیمه ها و در طول راه ریخته شده بود به زیبایی محوطه می افزود. از روز بعد احبا دسته دسته مشرف می شدند. هیکل مبارک به بعضی که متأهل نبودند امر می فرمودند که شب را در باغ بمانند و بیشتر از فیض لقا بهره مند گردند.

هر روز صبح مقادیر زیادی گل جلو سراپرده محل توقف مبارک خرمن می کردند بطوری که وقتی احبا برای صرف چای به حضور مبارک می رسیدند از این طرف خرمن گل آن طرف پیدا نبود. احبائی که مرخص می شدند مقداری گل به عنوان هدیه دریافت کرده برای اهل بیت می بردند. روز نهم اهل بیت مبارک به باغ وارد شدند.

نبیل اعظم ادامه داده می گوید در شب نهم رضوان بنده در رضوان توقف نموده از نفوسی بودم که حول خیمه مبارک کشیک می دادم. قریب به سحر از خیمه بیرون تشریف آوردند و از کنار محل استراحت بعضی از احباب عبور فرمودند و در مهتاب کمرنگ در خیابانهای پر گل مشی نموده بیاناتی می فرمودند و مرغان بوستان و بلبلان گلستان نیز در تغنی بودند. در وسط یک خیابان توقف فرموده فرمودند ملاحظه کن که این بلبل ها که محبت به این گلها دارند چگونه از سرشب تا صبح از عشق نمی خوابند. دائم در تغنی و سوز و گدازند پس چگونه می شود که عاشقان معنوی و سودائیان گل روی محبوب حقیقی در خواب باشند.

سه شب که بنده در حول خیمه مبارک بودم هر وقت که از نزدیک سریر مبارک عبور می نمودم می دیدم که هیکل مبارک بیدار هستند و هر روز از صبح تا

شام از کثرت آمد و شد نفوس از بغداد آنی لسان مبارک ساکت و صامت نبود و در اظهار امر بی‌پرده جملاتی که مصداق کلمه حضرت اعلی "ینطق فی کل شأن بانّی انا الله العزیز المحبوب از لسان اطهر نازل."

همه روزه جماعتی از اعاظم بغداد اعم از علماء و سادات و اعضاء حکومت و صاحبان مناصب دسته دسته مشرف می‌شدند هم از خوان نعمت مبارک مرزوق بودند و هم از فیوضات روحانی سلطان ربوبیت مستفیض و بهره‌مند می‌گردیدند. از جمله این نفوس ابن آلوسی مفتی بغداد بود که مشرف شد و در حالی که می‌گریست به نفوسی که موجب عزیمت حضرت بهاءالله از بغداد شده بودند نفرین می‌کرد. وقتی به او گفتند مسبب اصلی ناصرالدین شاه است گفت "والله ما هو ناصرالدین بل مخذل الدین."

روزی بعد از ظهر نامق پاشا با دو نفر دیگر به باغ آمدند و مشرف شدند و در حضور مبارک چای و شیرینی صرف نمودند و نامق پاشا نماز عصر را در پشت سراپرده مبارک تلاوت نمود و عذر بسیار خواست و عرض کرد آنچه لازم است بفرمائید تا تقدیم گردد. فرمودند چیزی لازم نیست، دوستان ما را رعایت کن و در حقشان به محبت سلوک نما. او دست قبول بر سینه نهاد.

به هر حال حضرت بهاءالله آن دوازده روز ایام توقف مبارک را در باغ نجیبیه به اسم "اعظم اعیاد" و "رضوان" نامیدند و خودشان را در مقام من یظهره‌اللهی و موعود کتاب بیان به عالم معرفی فرمودند. احبایی که در آن روزها به بغداد آمده و تشرف حاصل می‌کردند، بشارت اظهار امر حضرت بهاءالله را درست بر طبق وعده حضرت باب یعنی پس از نوزده سال از بعثت حضرتش اصغا می‌نمودند، ولی این ابلاغ امر به احبای ایران و عراق به صورت رسمی هنگامی صورت گرفت که حضرت بهاءالله در ادرنه تشریف داشتند.

در طول ایام رضوان الواح مختلفی به خط مبارک به اعزاز ابطال رجال بابی نازل و به هرکدام از شهرهای ایران ارسال گردید. از جمله لوحی خطاب به آقا میرزا آقا افنان در شیراز با مطلع: "اسمع ما نلقیک حمامة الفراق حین الذی یسافر عن شطر العراق..."

نبیل اعظم اضافه می‌کند که وقتی نامق پاشا کثرت ایاب و ذهاب شیوخ و اعاظم بغداد را در باغ نجیبیّه مشاهده نمود معروض داشت که به فریجات نقل مکان فرمایند تا از ازدحام واردین آسوده شوند. جمالقدم قبول فرمودند و مهیّا شدند و در آن ایام قمر در عقرب از بروج فلکیّه بود و حسب اخبار منجمین و بعضی احادیث مأثوره از مسلمین سفر با چنان اوضاع محمود نیست و او (نامق پاشا) احساسات رقیقه داشت و جمالقدم را ولیّ زمان و دارای علوم ظاهره و باطنه می‌دانست و

متعجب و متحیر شد که چگونه در وقت قمر در عقرب حرکت می‌فرمایند و امر نمود که هنگام سوار شدن و خروج مبارک چند گلوله توپ شلیک شود تا وی از حرکتشان مطلع گردد. حضرت بهاءالله ظهر روز یکشنبه چهل و سوم عید نوروز مطابق با چهاردهم ذیقعده ۱۲۷۹ از رضوان قدم بیرون نهادند در این حال والی به تقویم رجوع کرد و متوجه شد که در همان ساعت قمر از برج عقرب خارج شده و این قضیه موجب حسن عقیده و ارادتش گشت مکرراً نزد خواص خود اظهار مسرت نمود و گفت که شکر خداوند که به زیارت چنین شخص مقدّسی فائز گشتم. در مدّت حکمرانی نامق پاشا در عراق با وجود سعایت معاندین اندک سوء ادب از وی صادر نشد.

عزیمت حضرت بهاءالله به اسلامبول

ورود به اسلامبول

چون اراده مبارک تعلق گرفت که ظهر دوازدهم رضوان از باغ نجیبیه عزیمت فرمایند، بعد از وداع با احبا و سایر دوستداران بر اسب کهر تقدیمی آقا میرزا فتحعلی فتح اعظم که مسعود یا سعود نام داشت سوار شده رو به فریجات حرکت فرمودند و در حالیکه اهل بیت مبارک نیز با کجاوه و عماری ایشان را همراهی می‌کردند دو ساعت بعد از ظهر به قصر بزرگی که در آنجا بود وارد شدند و تا جناب کلیم وسائل سفر را از بغداد تهیّه و به فریجات حمل نماید، مدّت یک هفته در آن قصر اقامت فرمودند.

آقا رضا قناد شیرازی که ملازم رکاب مبارک بود، می‌نویسد:

"در آن روز بجهت آزمایش اسب‌ها اسب تازی شد و سواری ممتاز جمال قدم را تماشا کردیم در مدت دوازده سنه که در عراق اقامت فرمودند با اینکه همیشه اسب حاضر بود حسب میلشان هرکجا که می‌رفتند سوار دراز گوش رهوار می‌شدند در طریق سفر غالباً سوار کجاوه می‌شدند و حاجی محمود لگام می‌گرفت و در اطراف کجاوه مبارک همیشه میرزا آقاجان و محمد ابراهیم امیر نی‌ریزی پیاده می‌رفتند. حضرت بهاءالله در طول راه در کجاوه جالس می‌شدند. تنها وقتی بحدود شهرها می‌رسیدند سوار اسب سعودی می‌شدند و حضرت عبدالبهاء بجای ایشان در کجاوه می‌نشستند.

مجموعاً پنجاه شتر در زیر بار و بنه بودند و هفت زوج هودج به غیر از اسبی که حضرت بهاءالله سوار می‌شدند دو اسب دیگر نیز بود و دو رأس الاغ که حضرت غصن اطهر و میرزا محمدعلی سوار می‌شدند."

میرزا یحیی که در بغداد پریشان و پنهان بود از اول قصد داشت به هندوستان

یا حبشه برود ولی همینکه دید جمالقدم با شکوه و جلال حرکت می‌فرمایند و خطر رفع شده است تغییر عقیده داد و از حضور مبارک استدعا کرد که چه بکند؟ فرمودند تمام آثار مبارک حضرت اعلی را که نزد توست منتشر کن و چون کسی تو را نمی‌شناسد به ایران برگرد و مشغول تبلیغ شو و یا در بغداد توقف کن و با احبای ایران در مکاتبه باش؛ ولی او تمکین نکرد و حاج محمدکاظم خراسانی را که از حیث قیافه شبیه وی بود به سفارت فرستاد و گذرنامه یا تذکره‌ای به اسم میرزاعلی کرمانشاهی برای خودش تهیه کرد. اما عیال و اولادش را با کاروان حضرت بهاءالله همراه نمود و خودش متنکراً به موصل رفت و به انتظار حضرت بهاءالله ماند.

در صلاحیه که سر راه سلیمانیه و کرکوک است حاکم و محترمین شهر استقبال نمودند و در اربل چون روز ورود هیکل مبارک مصادف با عید قربان بود به افتخار ایشان و همراهان ضیافتی شایسته ترتیب دادند که در آن جوادخان کارگزار ایران نیز حضور داشت. بعد به موصل تشریف بردند و سه روز در آنجا متوقف شدند.

نبیل می‌نویسد در وقتی که جمال قدم و ملتزمین رکاب مبارک در راه سفر بودند در بغداد شایع شد که قافله‌ای را که در معیّت حضرت بهاءالله طی طریق می‌کرد دزد زده و صدمات بر هیکل مبارک و همراهان وارد شده است. نبیل اعظم و ملا احمد ملایری باتفاق آقا حسین مستخدم حاج میرزا کمال‌الدین نراقی با عجله خود را به قافله رسانیده و در روز چهاردهم محرم سال ۱۲۸۰ هجری قمری دو منزل از دیاربکر گذشته به اردوی مبارک رسیدند. در دامنه کوهی با صفا سراپرده‌های مبارک مرتفع بود. آقا محمد حسن از حرم بیرون آمد. نبیل اعظم سواد اشعاری را که ساخته بود به او داد که تقدیم نماید.

دیگر از وقایعی که در این سفر اتفاق افتاد این بود که وقتی شهر سامسون از دور پیدا شد میرزا آقا جان عرض کرده بود کوه و جنگل‌ها پیموده شدند و حال دیگر باید از روی دریا بگذریم استدعا دارم لوحی نازل شود امر فرمودند قلم و کاغذ حاضر کند و همانطور که در کجاوه سوار بودند تغنی می‌فرمودند و میرزا آقاجان می‌نوشت. در آن لوح که باسم لوح هودج یا لوح سامسون معروف شد از وقایع آتیه خبر می‌دهند.

مدّت توقف مبارک در سامسون یک هفته بود کشتی‌های کوچک می‌آوردند که جمال قدم و همراهان سوار شوند ولی قبول نمی‌کردند تاکشتی بزرگ دولت عثمانی رسیدو با آن کشتی حضرت بهاءالله و جمیع همراهان به سمت اسلامبول به راه افتادند. این کشتی در روز اول ربیع الاول ۱۲۸۰ هجری قمری مطابق ۱۶ اوت ۱۸۶۳ میلادی در بندر اسلامبول لنگر انداخت. نماینده نامق پاشا و شمسی بیگ مدیر

مهمانخانه با کالسکه به بندر آمدند و حضرت بهاءالله و همراهان را به مسافرخانه وارد نمودند ولی بعد از چند روز از طرف دولت عثمانی خانه ویسی پاشا را که قصری مجلل بود اجاره نمودند و حضرت بهاءالله و همراهان به آن خانه انتقال یافتند.

اوضاع احبا در اسلامبول

مسلمانها شایع کرده بودند که دولت عثمانی بابی‌ها را در سرای ویسی پاشا حبس کرده است. حضرت بهاءالله برای اثبات عدم صحت این شایعه خود برای اداء نماز به مسجد سلطان محمد فاتح تشریف بردند و به احبا امر فرمودند که برای تفرج در غایت ادب و سکون و وقار به شهر و اطراف اسلامبول بروند. سپس حضرت بهاءالله نیز بنفسه المقدس سوار شدند و در حالی که حضرت عبدالبهاء و جناب کلیم در رکاب مبارک بودند به مقبره ایوب انصاری تشریف بردند و آقا میرزا موسی و احبای دیگر به بیگ اوغلی رفتند. از قضای اتفاق چند روز بعد نبیل زرندی، سید محمد اصفهانی، حاج میرزا احمد کاشی، محمد صادق اصفهانی و آقا میرزا موسی کلیم از آن حوالی عبور می‌نمودند. عکاس به اصرار خواهش کرد که عکسی از آنها بگیرد. این عکس در کتاب بهاءالله، شمس حقیقت، چاپ اول، صفحه ۲۶۰ منتشر شده است.

حاج میرزا حسین خان مشیرالدوله سفیر کبیر ایران مأمور بود که وسائلی فراهم سازد که دولت عثمانی را بر علیه حضرت بهاءالله و احبائی که همراه بودند برانگیزاند و ایجاد فساد نماید. در بغداد شجاع‌الدوله پسر علیشاه و نوه فتح‌علی شاه همواره نسبت های دروغ به حضرت بهاءالله و بابی‌ها می‌داد و همه را با آب و تاب به عرض نامق پاشا می‌رساند چون حسادت و کینه‌توزیش بر همه کس واضح و سبب نفاق و آشوب می‌گردید او را با راتبه مختصری از بغداد به اسلامبول اعزام داشتند ولی وقتی دید که دولت تا چه حد در حق حضرت بهاءالله و اتباعشان احترام قائل می‌شود، شکایت به دولت برد که با من که از ابناء ملوکم چنین خوار و زبون رفتار می‌شود و حتی برای مخارج ضروری پول کافی دریافت نمی‌کنم و در برابر به اشخاصی که هیچ سمتی ندارند این همه احترام می‌گذارند. نماینده دولت در جواب گفت دولت به قصد و نیت تو چه در بغداد و چه در پایتخت دولت عثمانی واقف است و می‌داند که مرتکب اشاعه دروغ و تهمت های ناروا می‌شوی و عظمت و بزرگی افندی هم بر دولت مشخص است ایشان مخارج یومیه را خود تحمل می‌کنند؛ حتی از طرف دولت مراجعه شد که هرچه مصروف است تقدیم شود قبول ننمودند و شأن و مقام ایشان در حدی است که جمیع اعناق در حضورش خاضع است. وقتی شجاع‌الدوله از دریافت کمک مأیوس شد به حضور حضرت بهاءالله رفت و توبه و انابه نمود و حضرت بهاءالله نسبت به او تفقد و مهربانی فرمودند و از او درگذشتند.

در این ضمن واقعه تأسف‌آور درگذشت ساذجیّه خانم، صبیّه جمال‌قدم پیش آمد که او را در قبرستانی در نزدیکی دروازهٔ ادرنه در اسلامبول دفن نمودند.

جمال قدم بعد از تمشیت امور ملازمین، بیاناتی شدید و مهیمن خطاب به سلطان عثمانی و ارکان دولتش نازل و به شمسی بیگ دادند که در باب عالی به عالی پاشا تسلیم نماید و بگوید این لوح۸۴ من عندالله است شمسی بیگ در بازگشت از سرایه حکومتی به جناب کلیم عرض کرده بود، "نمی‌دانم در آن پاکت چه نوشته شده بود که عالی پاشا خیلی متغیر شد و با لحنی شدید گفت مثل این است که پادشاه مقتدری به آدم محقر و ناچیزی دستور و فرمان می‌دهد و طوری برافروخته شده بود که من خودم را از اطاق بیرون کشیدم."

وقتی این مطلب به حضور مبارک عرض شد فرمودند: "آنچه وکلای دولت قبل، قبل از نزول این لوح بر ما وارد آوردند صرف ظلم و اعتساف بود ولی بعد از مطالعه این لوح که بصورت اتمام حجت بر آنها بود آنچه بتوانند در حق ما عمل کنند ذی حق هستند" و از اندرون به بیرونی تشریف آورده با حالتی افروخته با نهایت تکدر خاطر از اعمال باب عالی و سفیر ایران بیاناتی فرمودند. احبای الهی آن شب را تا صبح نخوابیدند و لوح "سبحانک یا هو یا من هو هو یا من لیس احدٌ الاّ هو" و لوح "از باغ الهی" را با جذبه و شور با لحن مرتفع تلاوت نمودند نزدیک سحر حضرت عبدالبهاء از حرم به بیرونی تشریف آوردند. یکی از احبا این بیت را خواند:

ز در درا و شبستان ما منور کن　　　دماغ مجلس روحانیان معطر کن

هنوز مصرع دوم تمام نشده بود که جمال مبارک تشریف آوردند و فرمودند "چون دیدم انجمن دوستان به ذکر محبوب عالمیان دمساز است ما نیز خواستیم همراهی کنیم."

روز بعد آقا میرزا موسی را به اداره حکومتی فرستادند و پیام دادند که هر اراده‌ای دولت در حق من دارد حاضرم و از احدی جز خدای متعال استعانت نمی‌جویم.

مدتی گذشت و حضرت بهاءالله ابداً و مطلقاً با اولیای امور تماس نگرفتند. روزی کمال افندی که به زبان فارسی مسلط بود از طرف دولت به حضور مبارک آمد و عرض نمود در این جا رسم است هرکس که وارد می‌شود به پاس احترام دولت و ملت در روز سوم ورودش با شیخ الاسلام و وزیر امورخارجه و صدر اعظم دیدن و ملاقات می‌کند و مطالب خودش را به اطلاع آنها می‌رساند تا انجام دهند. شاید وجود مبارک از قوانین این مملکت مستحضر نبوده‌اند؟ فرمودند: "رسم و قاعده من چنین است که نزد حکام و رؤسا نمی‌روم و هرکس که با من کاری دارد به منزل می‌آید و چون مسافرت از بغداد تنها و بصرف اطاعت از دولت بود لذا کاری ندارم و به جائی آمد و شد نکردم."

مشیرالدوله در عین حالی که بزرگ منشی و استغنای طبع جمالقدم و همراهان را می‌ستود و عقیده داشت که ایشان موجب مفاخرت ایران هستند و مثل سایر شاهزادگان توقع و انتظاری ندارند، مع الوصف این عدم توجه را بهانه ساخت و به اولیای دولت با غدر و حیلت گوشزد کرد که ایشان با قوانین هیچ مملکتی سازش نمی‌کنند و رأی خودشان را تنفیذ می‌نمایند و با همین رویه با دولت ایران هم سازش نکردند و در این جا هم با میل و اراده خودشان عمل می‌کنند.

بالاخره، فؤاد پاشا وزیر امور خارجه و عالی پاشا صدراعظم امپراطوری عثمانی با مشیرالدوله هم رأی شدند که بمناسبت آن بی‌اعتنائی که به ارکان دولت و اعضاء سفارت ایران کرده‌اند به ادرنه تبعید شوند.

برادر زن مشیرالدوله به حضور آمد و از طرف مشیرالدوله پیغام آورد که نظر به کثرت ملتزمین رکاب مبارک، دولت و مشیرالدوله چنین نظر دادند که به ادرنه که دور از مرکز خلافت عثمانی و دور از سفارت ایران است تشریف ببرند.

حضرت بهاءالله فرمودند ما زحمتی برای دولت عثمانی و دولت ایران نداریم و از فردا به همراهان تکلیف می‌کنم که هرکس به کار و کسبی مشغول شود. او پیام مبارک را به اطلاع مشیرالدوله رسانید و روز بعد مراجعت نمود و عرض کرد دولت عثمانی مایل است تا دو و یا سه روز دیگر حرکت نمائید و به این صورت حکم دولت عثمانی ابلاغ شد.

تبعید حضرت بهاءالله از اسلامبول به ادرنه و قطع رابطه با ازل

نبیل می‌نویسد که در همین حال، حاج میرزا صفا به منظور تقدیم گزارشی به مشیرالدوله، خدمت حضرت بهاءالله مشرف شد و از چگونگی تصمیمی که در بارهٔ عزیمت به ادرنه اتخاذ فرموده بودند سئوال نمود. حضرت بهاءالله با اشاره به فعالیتهای سوء مشیرالدوله فرمودند:

"از قول من به او بگو اگر خیرخواه ایران هستی فکری کن که سبب علو دولت باشد نه پریشانی رعایای سلطنت در این سنوات متوالی که این همه مظلومان را کشتید و آواره بلاد عالم ساختید چه نتیجه دیدید جز اینکه این طایفه در عالم منتشر شدند. وجودی که مبدء این امر بود در تبریز به دار آویختید و جسد منورش را تیرباران کردید باز امرش متوقف نماند و چون انتشار امرش را دیدید از ترس من را به عراق و بعد به اسلامبول و حال به ادرنه می‌فرستید و بعد از آنجا هم به جای دیگر خواهید فرستاد. دست خدا در کار است اینقدر بدانید که اگر جمیع دول اتفاق نمایند و مرا با جمیع دوستانم شهید کنند این شعله از اشتعال باز نخواهد ماند و این امر جمیع عالم و امم را احاطه خواهد نمود."

به هر حال، هنگامی که حکم تبعید رسماً و بصورت جدّی ابلاغ گردید و مأمورین حکومتی سرما و یخبندان شدید راهی را که در پیش بود به آقا میرزا موسی کلیم گوشزد کرده کروسه‌های باری و سواری را برای حرکت آماده نمودند، حضرت بهاءالله همراهان را احضار فرموده جمعی را امر به مراجعت به ایران فرمودند و بعضی را دستور فرمودند که به بغداد مراجعت نمایند و از جمله به نبیل زرندی امر شد به ایران برود.

آقا میرزا آقای منیب را به عراق اعزام داشتند، تا عدم لیاقت و سوء اعمال مخالفین و حسودان را به سمع احبای عراق برساند و بابی‌ها را مستعد استماع و زیارت آثار منزله از قلم حضرتش بنماید؛ و چون کم کم نتیجه اعمال و افکار ازل ظاهر می‌شد مخصوصاً احبا را متوجه سازد که از میرزا یحیی تجنّب جویند و میر محمد مکاری۸۵ و آقا سید حسین کاشی و حاج محمد باقر مخمل‌باف را امر به سکونت در بغداد فرمودند. اسب سواری خودشان را به آقا محمدعلی جلودار بخشیدند و به او امر فرمودند که در اسلامبول بماند. ضمناً از شمسی بیگ خواستند که آقا محمد علی و بعضی از احبا را چندی در میهمانخانه‌اش پذیرائی کند.

نبیل می‌نویسد که جمال مبارک در روز حرکت به سمت ادرنه وی را احضار فرموده و لوحی را که روز قبل نازل شده بود عنایت فرموده و فرمودند چون به عراق رسیدی آن را به اصحاب بده تا تلاوت نمایند. یکی از مضامین این لوح این بود که مثل این قوم مثل فرعون است با آنکه با تمام جهد در اضمحلال موسی کوشید علی رغم او حق متعال حضرت را از بیت او مبعوث فرمود و به دست آنها آن حضرت را تربیت کرد. بعد فرمودند انشاءالله بعد از ورود به ادرنه دلها آرام خواهد جست و الواح الهیّه به همه جا ارسال خواهد گردید. حضرت بهاءالله به نبیل اعظم می‌فرمایند یقیناً همه مضطربند و از او می‌خواهند که به ایران مسافرت نماید و احباب را ملاقات نموده تسلی بدهد و بالاخره از راه آذربایجان به اسلامبول بیاید و حضرتش را از ورود خود آگاه سازد تا به آنچه مقتضی است عمل گردد.

بالاخره، روز چهارم کالسکه برای سواری حضرت بهاءالله و عائله مبارکه حاضر شد و پس از صدوده روز اقامت در اسلامبول، در حالی که علی بیگ یوز باشی مأمور دولت همراه بود به سمت ادرنه عزیمت نمودند و با تحمل شدائد بسیار در طول این سفر، روز دوشنبه غره ماه رجب سال ۱۲۸۰ هجری قمری مطابق با دوازدهم دسامبر ۱۸۶۳ میلادی به ادرنه وارد شدند.

نبیل اعظم می‌گوید:

اندر چل و هشت۸۶ آن صفابخش زمین

در شهر کبیر۸۷ چارمه گشته مکین

در شهر رجب وارد ارض سر[88] شـــد
گردید ادرنه رشک فـردوس بریـن

در ادرنه الواح مهیمنهٔ بسیاری از کلک اطهر نازل می‌شد که از آن جمله‌اند: لوح نقطه، لوح سیاح، لوح احمد، لوح حاجی میرزا کمال نراقی، لوح آقا میرزا موسی حرف بقا و سایر الواح دیگر.

نزول این الواح و ارتباط حسنه‌ای که بین جمال قدم و اولیای حکومت برقرار شده بود، موجب حقد و حسادت بیشتر میرزا یحیی گردید و با تحریکات سیدمحمد اصفهانی بالاخره غیض و قهر او برملا و در سرّ سرّ به تخدیش اذهان احباء و خرابکاریهای دیگر مشغول شد تا آنجا که فعالیتهای سوء او به مسموم نمودن حضرت بهاءالله انجامید.

نبیل می‌نویسد که در ادرنه حضرت بهاءالله خانه‌ای برای آقا میرزا موسی کلیم و میرزا یحیی اجاره فرموده بودند که آن دو با هم زندگی می‌کردند و هیکل مبارک نیز گاهگاهی به آن منزل تشریف می‌بردند. وقتی میرزا یحیی رقیت و عبودیت خالص احبا را می‌دید که اقدام مبارک را می‌بوسند بهم برمی‌آمد و وجهش متلون می‌گردید و لیکن زبان به عرض جسارت نمی‌گشود و در عین حال از آقا میرزا موسی هراس داشت که شاید اعمال اورا به عرض مبارک برساند. میرزا یحیی آنچه حضرت بهاءالله می‌فرمودند تصدیق می‌نمود.

روزی حضرت بهاءالله قسمت‌هائی از لوح ملوک را که خطاب به سلطان عبدالعزیز و وزرای اوست تلاوت می‌فرمودند. میرزا یحیی عرض نمود که شاید بهتر بود که می‌فرمودید "ایها العزیز قد جئناک ببضاعة مزجاة من لدی‌الله المهیمن القیوم."[89] حضرت بهاءالله فرمودند اگر چیزی خواستم به او بنویسم می‌نویسم "قد جئتک ببضاعة قویّة."[90] میرزا یحیی از این بیان رنگش را باخت و چیزی نگفت. او توقع داشت هرچه می‌گوید جمال قدم گفته‌اش را تصدیق نمایند. به این مناسبات بود که در صدد از میان بردن حضرت بهاءالله برآمد.

در سفری که شیخ سلمان به ادرنه رفته بود معنی این شعر شیخ سعدی را از میرزا یحیی خواست:

دوست نزدیکتر از من به من است — این عجب‌تر که من از وی دورم
چه کنم با که توان گفت که دوست — در کنار من و من مـــهجورم

این شعر ترجمه و مضمون این آیه مبارکه قرآن مجید است که می‌فرماید: "نحن اقرب الیه من حبل الورید."[91] میرزا یحیی تفسیری نامتناسب و بی‌ربط در جواب شیخ سلمان نوشت که حتی آنهائی که با او رابطه نزدیک داشتند مثل میرزا احمد کاشی و سید محمد اصفهانی زبان به سخره او گشودند.

در همان ایام بود که محل سکونت حضرت بهاءالله تغییر یافت. در جوار خانه جدید منزلی هم برای میرزا یحیی اجاره نمودند و آقا میرزا موسی در خانه دیگری منزل گرفت. در آن اوان سورة الاصحاب نازل شد. حضرت بهاءالله در این لوح امر مبارک را بی‌پرده و صریح اعلان فرمودند. علاوه بر این لوح، لوح دیگری از قلم اعلی عز نزول یافت که در آن به نفاق و نعاق ناعقین و خصومت معرضین اشاره فرمودند. بعد از نزول این الواح جمعی از احبا را مأمور ابلاغ امر مبارک و ظهور جهری من یظهره الله و موعود کتاب بیان به بابی‌های ایران و عراق فرمودند.

اعلان امر مبارک در ایران، زلزله در ارکان عالم انداخت و موجب تحریک عرق عصبیّت ملاها گردید بطوریکه به مقاومت برخاستند. در ناحیه عراق عجم (اراک کنونی) خون جمعی از احباب را ریختند و کمر بر اضمحلال امر بستند. در اصفهان گروهی از احبای نجف‌آباد را به فتوای شیخ باقر نجفی ملقب به ذئب و سید محمد حسین امام جمعه ملقب به رقشا شهید نمودند و به انواع شکنجه و آزار معذب داشتند. در ادرنه مزاحمتها و فعالیتهای سوء میرزا یحیی و مغوی او سید محمد اصفهانی به اوج رسید و وقتی مسلم شد که او جز تحقیر و اهانت به امرالله قصد دیگری ندارد، جمال‌قدم پرده از کارش برداشتند و بطورکلی با او مراوده نفرموده و از احبا خواستند تا ارتباطشان را با وی قطع نمایند.

اما، در میان آن همه بدخواهی و مزاحمت، یکی از اعمال میرزا یحیی مآلاً به سود امرالله تمام شد و سبب گردید که توجه جمعی را به حقانیت حضرت بهاءالله جلب کند. موضوع از این قرار بود که سید محمد اصفهانی اظهار نمود برای تمیز حق از باطل، جناب ازل حاضر است با بهاءالله مباهله کند تا حق از باطل تمیز داده شود. میر محمد مکاری این خبر را شنید و به توسط آقا میرزا محمدقلی به عرض حضرت بهاءالله رسانید. جمال‌قدم فرمودند من برای اتمام حجت بر جمیع خلق تقاضای آنها را می‌پذیرم. قرار شد روزی را معین کنند و جمالقدم به مسجد سلطان سلیم تشریف ببرند و ازل هم حاضر شود و با هم مباهله کنند و از طرف سیدمحمد و ازل روزی معیّن گردید و این مطلب در بین یار و اغیار و قاطبه مردم اشتهار یافت. حضرت بهاءالله در روز معین و وقت مقرر در معیت میر محمد مکاری به محل معهود رفتند و میرزا یحیی تمارض کرد و در مسجد حاضر نشد اطرافیان و مردمی که مجتمع شده بودند بواسطه این بدقولی و خدعه از اطراف او متفرق شدند و فصل اکبر واقع گردید.

در لوح منزله به اعزاز حاجی میرزا عبدالحمید شیرازی بتاریخ شهر صفر ۱۳۰۹ هجری قمری می‌خوانیم:

"قل اذکروا یوم المباهلة فی ارض السرّ اذ خرج مشرق الالهام من افق البیت

متوجّهاً الی بیت الله مالک الرقاب وردنا فیه و لم یرد فیه احد دونی اذاً اشرق نیّر الامر و ظهر جمال القدم من غیر ستر و حجاب. قل یا قوم هل یقدر احد ان یقوم معه فی مضمار الحجة و البرهان لا و نفسه الرحمن کذلک انزلنا الآیات و اظهرنا البیّنات لتقوم علی نصرة امر ربّک بقدرة و سلطان."

غلبه امرالله بر مآرب اعداء

خواندیم که دشمنان امر الهی که همه در اوج قدرت بودند آرام نمی‌گرفتند و می‌کوشیدند تا به هر وسیله‌ای که ممکن باشد حضرت بهاءالله را از پای درآورند و امرالله را منعدم و نابود سازند. ناصرالدین شاه از یک طرف با کمال اصرار از سلطان عبدالعزیز می‌خواست که یا حضرت بهاءالله و پیروانشان را به ایران اعزام دارد یا به نقاط بعیده تبعید کند و از طرف دیگر در ایران با نهایت قساوت و بی‌رحمی بر قتل و محو بابی‌ها کمر بسته بود. در این خصوص فرامینی۹۲ به خط وی در دست است که به عمال و حکام خود در شهرهای مختلف کشور دستور می‌دهد تا به حبس و توقیف و دستگیری و زجر و عذاب بابی‌ها اقدام کنند.

به شهادت تاریخ و اسنادی که از مستشرقین، نویسندگان ایرانی و مأموران دول خارجی باقی است می‌بینیم که وزراء و ارکان دولتی چه در داخل و چه در خارج ایران هریک بنحوی در ریختن خون بابی‌های مظلوم دست داشتند و علماء و وعّاظ در تمامی مدن و دیار بر رؤوس منابر از هر لعن و طعن و تهمت و افترائی در حق این طایفه مضایقه نمی‌نمودند و فتوای قتل نفوس و نهب و غارت اموالشان را صادر می‌کردند. حتی در حق نساء و اطفال خردسال و شیرخوار با کمال قساوت و بغضاء قیام می‌نمودند تا آنجا که به جای پستان مادر شیر سماور جوشان را به دهان کودکان شیرخوار می‌گشودند.

این مسائل و مشکلات تا سالها بعد ادامه یافت و به آنجا منتهی شد که جمال بروجردی چاره‌ای اندیشید و از حضرت عبدالعظیم تلگرافی به ناصرالدین شاه مخابره کرد و از او خواست که علماء را حاضر کند تا در حضور او در باره دیانت بهایی بحث و گفتگو نمایند و در صورتی که علماء مجاب شوند دست از ظلم و عدوان بر علیه بهائیان بردارند. ناصرالدین شاه پس از دریافت این تلگراف امین السلطان را مأمور نمود که با تدابیر لازم بروجردی و یاران او را به دام اندازد. اجرای این دستور به حبس و زجر و گرفتاری عده‌ای از بهائیان منجر شد. در همین حال احتمالاً بعضی از درباریان خیرخواه یا نزدیکان شاه که از آن همه آزار و اذیّت نسبت به بهائیان به تنگ آمده بودند بوسیلهٔ اهل حرم شاهی عریضه‌ای به شاه تقدیم کردند مبنی بر اینکه تعداد بهایی‌ها در سراسر پایتخت بالغ بر چهل پنجاه هزار نفر است و

همه معتقد و متمسک به آئین خود بوده و از زجر و حبس و قتل نمی‌هراسند و عملاً ثابت کرده‌اند که هر بلایی را به جان مشتاق می‌باشند. بنابر این، بهتر است اعلیحضرت دستور دهند تا همان رعایتی که در حق یهودیان، ارامنه، هندوها و زردشتیان در ایران معمول می‌گردد در حق اینها هم که صاحب یک طریقه و مذهب مخصوص به خودشان هستند مرعی شود.

اصل یا مدلول نامهٔ ناصرالدین شاه به دست ملا علی کنی اعلم علمای وقت در ایران رسید و او نظر خود را در مورد اعطای آزادی به بهایی‌ها ابراز نمود. با خواندن عین نامه ملا علی به ناصرالدین شاه۹۳ متوجه می‌شویم که اعلم علمای ایران و مجتهد من جاز له الحکم تا چه حدی نسبت به شریعت بهایی و امر الهی بغض و کینه داشته و حقایق را تحریف می‌کرده است.

در پایان این بخش بجاست نگاهی کوتاه به دورهٔ فترت بیندازیم. در آغاز این دوره علاوه بر مشکلاتی که از طرف دشمنان خارجی برای حضرت بهاءالله ایجاد می‌شد، وضع بابی‌ها در داخل خود جامعه نیز پریشان و به شدت متشتت بود. بابی‌هائی که خود را در عداد مدعیان محبت به حساب می‌آوردند، چنان در هیماء غفلت و جهالت سرگردان و در افکار و اهواء نفسانی مستغرق بودند که بکلی از صراط مستقیم و منهج قویم دور افتاده و از اصول و مبادی امر الهی مهجور مانده بودند. چنانچه حضرت بهاءالله می‌فرمایند:۹۴

"...اعمال این حزب در اول ایام نعوذ بالله منکر فی الحقیقه انسان نمی‌توانست حمل نماید..."

و بالاخره آثار اقدامات دامنه‌دار و مداوم حضرت بهاءالله در اصلاح اخلاق و رفتار و هدایت بابیها روز بروز نمایانتر گردید و خیره‌سری ها و خودرائی ها به تمکین و اطاعت تبدیل شد. در بیت مبارک بغداد احتفالات بابیها همه شب مستدام و برقرار بود و آن روح عصیان و نافرمانی که سالیان طولانی در اعماق قلب و روح آنان ریشه دوانده بود با نزول آیات و صدور الواح به مهر و محبت به نوع انسان تبدیل گردید. بطوریکه حضرت بهاءالله فرمودند:۹۵

"در اوایل امر اعمال بقسمی منکر مشاهده می‌شد که هر بصیری به حق پناه می‌برد و هر سمیعی در لیالی و ایام به عجز و ابتهال نجات می‌طلبید تا آنکه از فضل و عنایت به تحریر و بیان فی الجمله اعمال شنیعه به اعمال طیبه و اخلاق غیرمرضیّه به مرضیه تبدیل گشت."

حضرت بهاءالله فریداً وحیداً با قوّتی الهی و قدرتی ملکوتی و تأییدی آسمانی به تقویت روحانی و اصلاحات اخلاقی آن گم‌گشتگان وادی حیرت پرداختند و در ظرف مدت ده سال توقف در دارالسلام بغداد آن قوم پریشان و پراکنده را در ظل کلمه

واحده و سراپرده یگانگی بیرون آوردند و معنی کسر حدود را که غالب بابی‌ها به آن قائل بودند به فرمان "انا امرناکم بکسر حدودات النفس و الهوی لا بما رقم من القلم الاعلی" مبدل ساختند و سطح عرفان و ایمان بابیان سرکش و مسلح به آلات حربیه را آنچنان به مقام بلوغ و کمال در عوالم عرفان و تزکیه نفس و رعایت آداب و اخلاق مرضیه و حفظ شئون و مدارج عالیه انسانی رسانیدند که در میدان فدا دست قاتل را بوسیدند و مواعظ و نصایح مبارک را به جان خریدند و زهر هر بلائی را به کمال سرور و ابتهاج نوشیدند و جان و مال و اهل و عیال را در راه خدا در نهایت تسلیم و رضا فدا نمودند و خم به ابرو نیاوردند و لب به شکوه و شکایت نگشودند. حیات جدید یافتند و به جهان جاودان شتافتند و موعود منصوص دو کتاب بیان و کتاب قیوم اسماء را که نفس مقدّس حضرت اعلی آرزوی شهادت در سبیل امرش فرموده و به جمله "یا بقیة الله قد فدیت بکلّی لک" تکلم فرموده است را شناختند و بظهور من یظهره‌الله که ظهورش را حضرت باب در نوزدهمین سال بعد از بعثت خود بشارت داده بودند سر تعظیم خم کردند و با نزول یک جمله منزله در لوح دنیا که می‌فرماید "به یاری باری شمشیرهای برنده حزب بابی به گفتار نیک و کردار پسندیده به غلاف راجع" دست از هر عملی که مرتکب بودند کشیدند و جان در سبیل جانان فدا نمودند. جامعه بهائی در عالم موجود شد و انوار ساطعه مقدّسه‌اش در سراسر عالم پرتو افکند و کتب و آثار الهیه‌اش به بیش از هشتصد زبان از السنه عالم ترجمه و منتشر گردید و بیش از پنج میلیون نفر از بندگان درگاهش در سراسر عالم با الوان مختلفه علم وحدت عالم انسانی را به دوش گرفتند و صلح عمومی را مشافهة و علی رؤوس الاشهاد به عالم و عالمیان، به سلاطین و وزراء و رؤساء جمهور و کافه نفوس اعلان نمودند و نوع بشر را به ظل خیمه وحدت و یکرنگی حضرت بهاءالله دلالت کردند و بیت العدل اعظم الهی را در عالم وجود تأسیس نمودند.

اسناد و مکاتیب

۱- نامه حاجی میرزا جانی کاشی به برادرش حاج محمداسماعیل ذبیح (به خط حاجی میرزا جانی کاشی)

۲- نامه ملا عبدالکریم قزوینی خطاب به حاج سید جواد کربلائی

۳- نامه سلیمان خان شهید به حاج سید جواد کربلائی

۴- گزارش نسقچی باشی و دستورات ناصرالدین شاه

۵- دستور ناصرالدین شاه به نسقچی باشی و اسامی احبایی که گرفتار شده‌اند

٦- دستور دیگر ناصرالدین شاه به نسقچی باشی

۷- دستور مجدد ناصرالدین شاه به نسقچی باشی

۸- یادداشت ناصرالدین شاه به علاءالدوله

۹- جوابیه ملاّ علی کنی به ناصرالدین شاه

۱- مکتوب حاجی میرزا جانی کاشی به برادرش حاج محمد اسمعیل ذبیح (به خط حاجی میرزا جانی کاشی)

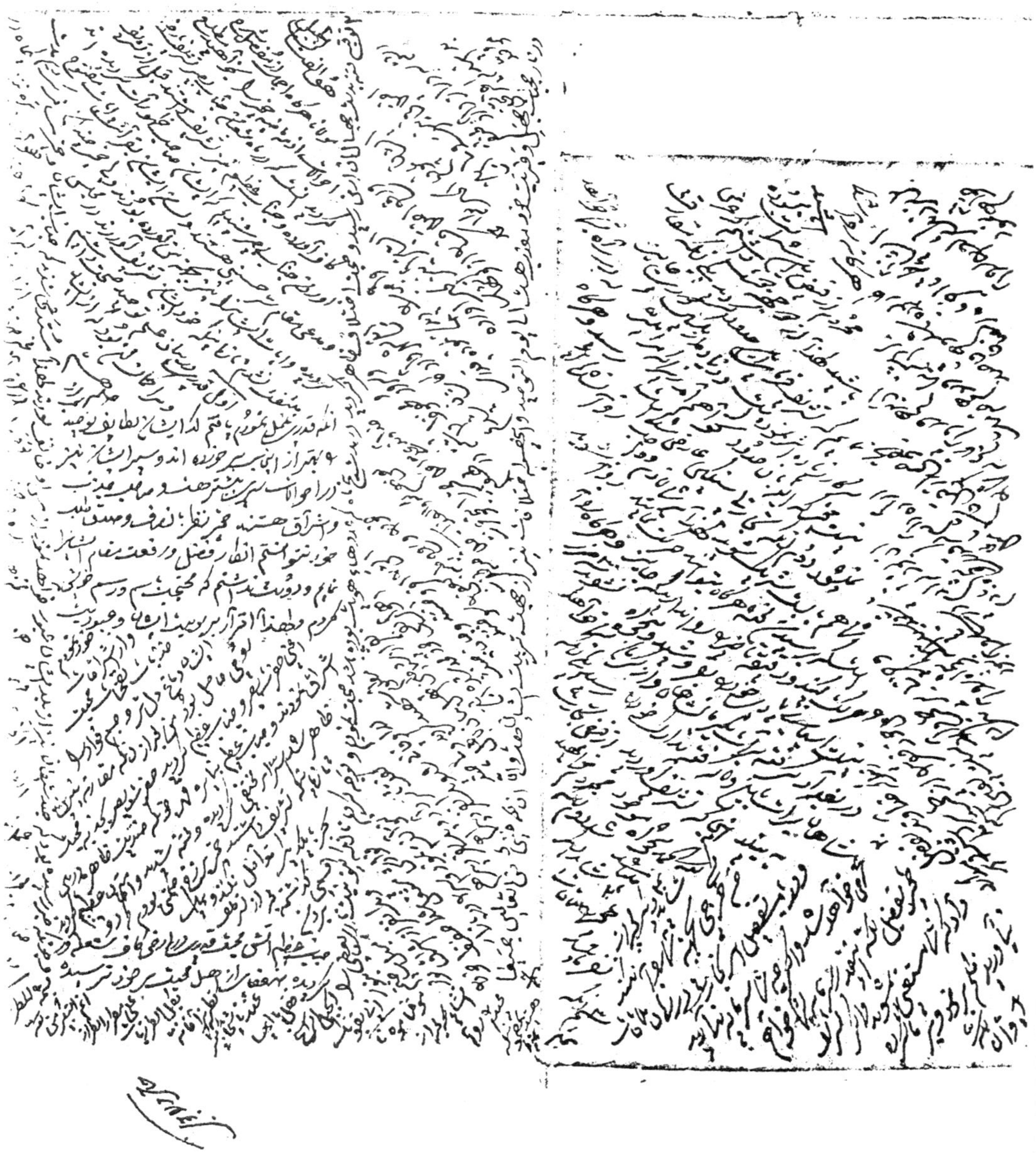

۲- مکتوب ملا عبدالکریم قزوینی خطاب به حاج سیدجواد کربلایی

رونویس:

بسم الله الحیان القویم

استجود من جوده الاعلی کل من فی ملکوت الابهی فتجلل بنعت ما یتألهون ثم تجمّل بوصف ما یتزیّنون ثمّ تعظّم بثناء ما یتعالیون فانور کل اراضی المقبلة الی قمُص طلعة شمس ... من حیث ما یتنوّرون فبهم ملأت الارض و السموات اشراقات العرش... و الکل یوقنون فجود انک اللهم یا مجوّد المجودین جوّدنا باجوادک الابهی بلا استحقاق فوق ما تجود علی المتجودین فانک انت الاجود الجواد الجواد الاعلی ممّا یرون الناس فی المستجودین.

عریضه بیست و پنج یوم قبل را در جوف کتاب بیان ارسال خدمت صاحب مهربان حاجی عبدالمطلب شد امید رسیده عرض شده بود که امر فرمایند از روی آن نسخه اهل خط از ... ... استکتاب نمایند و سایر اخبارات از جزئی و کلّی در خدمت حضرت ابهی اهل الملک و الملکوت بل اجل من اهل الجبروت و اللاهوت منه البهاء علی نفسه البهاء هست بسمع مبارک خواهد رسید ولیک استدعا آنکه قدغن فرمایند احباب را که شیوهای (شیوه‌های) سابق را در حق ایشان از تحقق فتن بر احباءالله و اولیائه ترک نمایند و از اسباب حزن در باره آن جناب که بسیار لطیف طبعند احتراز نمایند چند صباحی که در آن صفحات تشریف دارند طوری نمایند که غبار کدورت مشاهده ننمایند و بر طبق رضای ایشان که الحق حقیقت رضاءالله است رفتار نمایند و سبب تحقق اسباب بعد عن لقاءالله و احتجاب باغلال و قیود حائلة بین العباد و رب الارباب زیاده از این نگردند فانا قد ظلمنا انفسنا بما ... و نتوسل من بعد ذلک بجود الله الاکمل الاتم الاسنی لعل ... ...

سیدی چون در سالف زمان نظر باستشمام ناپخته‌گی (ناپختگی) از واردین بر حیاض تسلیم و اطاعت محبوب آقا سید حسین را بامرالله مأمور که برسانند کتمان امر مکتوم را که خداوند جل و عز مخزون در اغطیهٔ غیب خود الی الآن محفوظ نموده مع‌ذلک خلاف مقصود هویدا گشته از مترددین بدان جهت جز اسباب انکشاف چیزی مشهود نشد و بدین جهت امناءالله محزون و مخزون بل کاد ان یظهر ما لا یتحمله الاکوان فوق ما لا یتحمله الامکان بل مرئی شد که خلاف مقصود از ساکنین بیت محبت بظهور خواهد رسید و شرعوا فی ارسال الکتب و نحوه من اسباب الانکشاف لهذا مسارعت در ذکر مؤتفکات لا یمنعه اجود اجود (؟) الله علی ...۹۶ نموده که اولاً بکل فی الکل برسانند که زیاده از این در مقام افشاء امر برنیایند چند زمان سکوت را متصف شده که ان الله یحب الیوم ذلک لما انّ اولیائه بذلک یستبرکون و ثانیاً استدعا آنکه در ازمنه توقف حضرت بزرگوار حامل منه الیه البهاء و الثناء فبهائه کل فی الارض و السموات لیستبهئون طوری حرکت نمایند که آزرده‌گی

(آزردگی) در طبع لطیف جناب ایشان از حرکت احباب بهم نرسد که نعوذ بالله من غضبه به پخته گی (پختگی) و وقار و دائماً ملاحظه رضای جناب ایشان بنمایند که امکان وقوف از برای ایشان در آن امکنه بوده لعل الله یرزقنا ما هو المقصود الاولین و المنظور الآخرین فی قبل الحین و بعد الحین و حین حین و فی کل حین بسیار عجب است که خداوند جواد جل ... بجود و فضل و کرم خود کل را ترقی می دهد بمشعر فؤاد و با وجود این آثار تخیلات انفسیّه بظهور می رسد این مشهودات که افشاء اسم و وصف اسباب ظهور فتنه است چرا اعتنا بدان نمی نمایند و بساکنین در ظل لا یعلمون این حکم عظیم را نمی رسانند برسل قبل واردات یومیه را رسانیدند تا استخلاص از حجبات از برای این دور فی الجمله بهمرسید این ها مشهودات را نمی رسانند بل اعتنا بما یأتمرون نمی نمایند فکیف یتمنّون ظهور ما وعده المقربون و کلاً یقال لهم کل الدّین هو النصرة فهم فی سر المنتظره (؟) لا یبذرون بل سوی الاطاعة و التسلیم یؤمرون کل ... یخلقون حاشاک فکیف ... در نهایت افسرده گی (افسردگی) و غایت اعتزال عن الکل عرض شد بحق خداوند که از سوز دل شکایت بساحت جود مجوّد اهل الجواد نمودم که تسکین قلب حاصل آید زیاده عرضی جز تکبیر و بهاء بحاضرین محضر انور و طائفین حول بیت منجودین یکایک ... ندارم و الحمد لله رب العالمین یا کریم.

۳- مکتوب سلیمان خان شهید به حاج سید جواد کربلائی

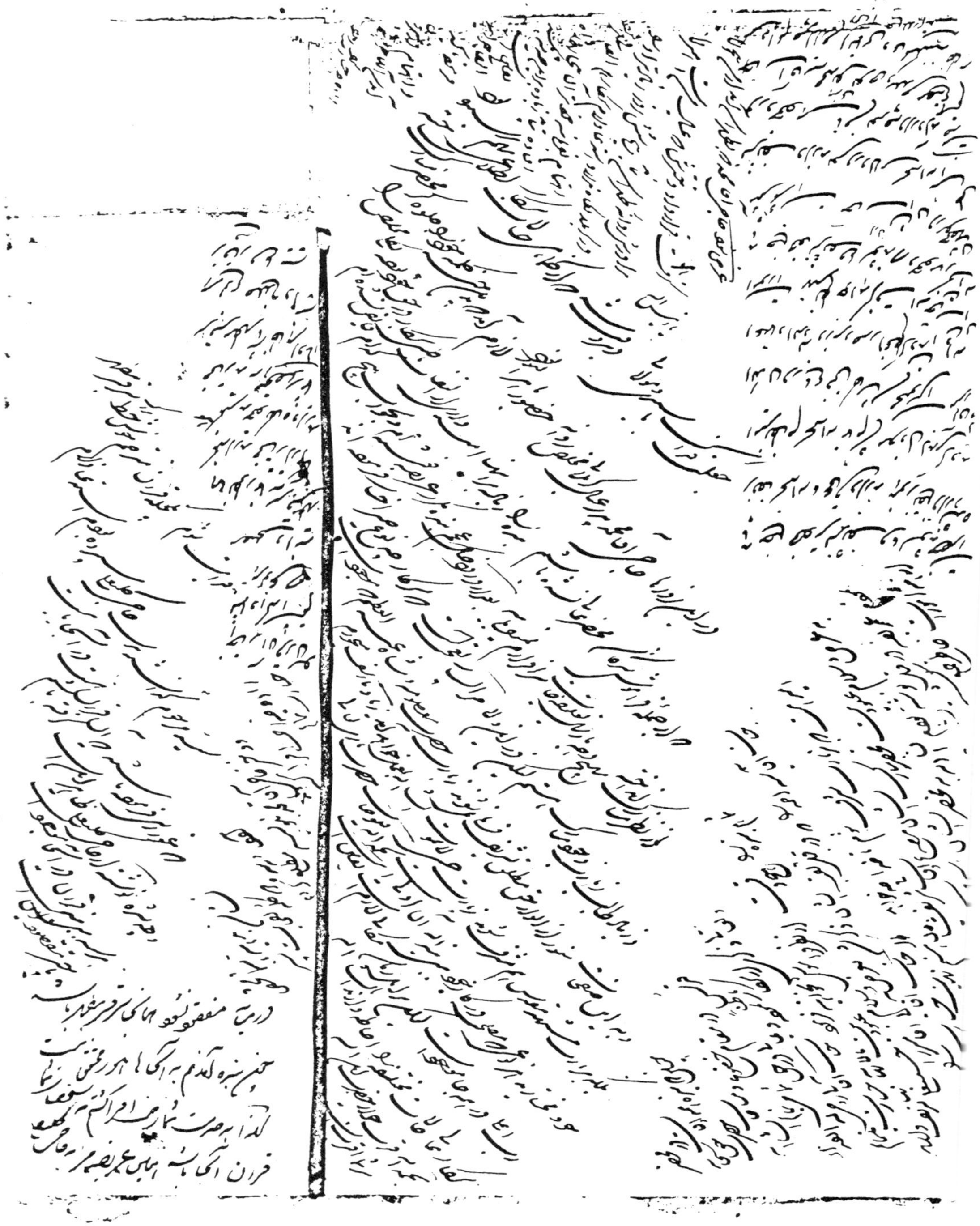

۴- گزارش نسقچی باشی و دستورات ناصرالدین شاه به خط وی

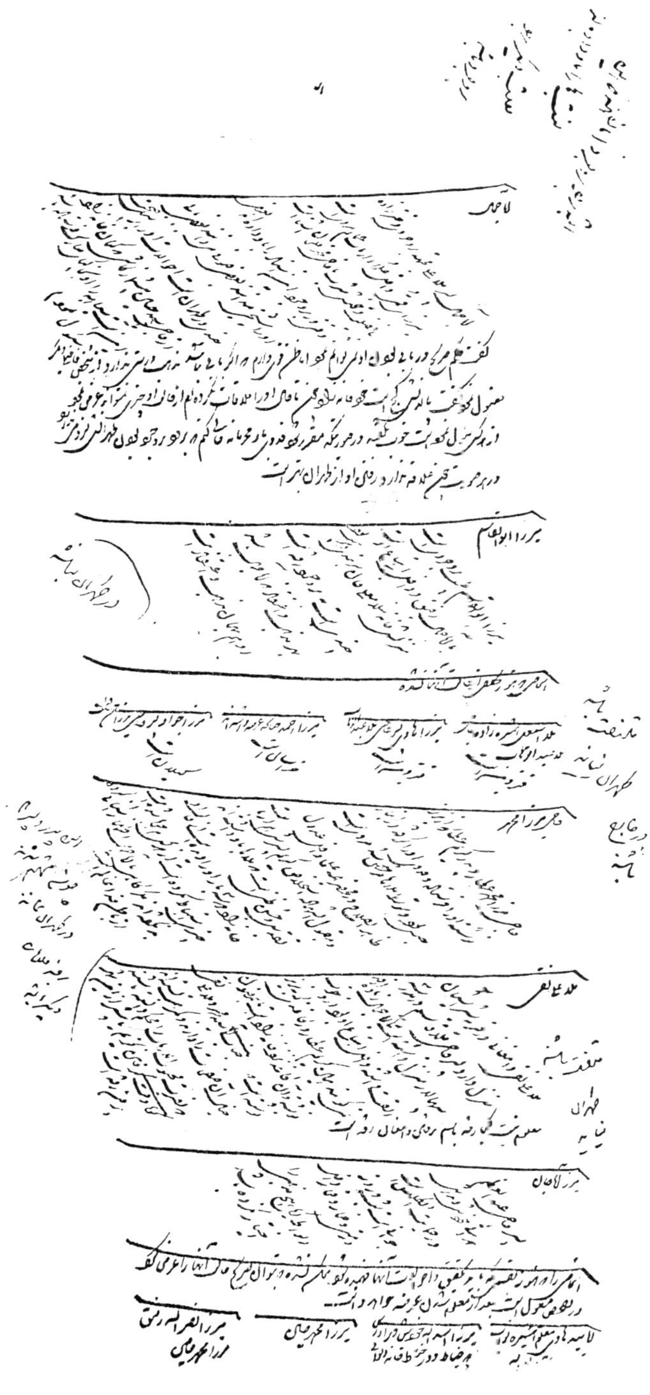

رونویس:
۱- آقا جمال- آقا جمال پسر ملا علی مجتهد بروجردی دخترزاده میرزای قمی داخل علماء و ارباب عمائم مردی است بافضیلت و خوش مشرب با حاجی محمدقلی خان آشنا است وقتی در بروجرد این اسناد را به او داده‌اند بعضی او را شیخی می‌دانند بعضی صوفی می‌دانند بعضی بابی چندی در طهران است احوالات او را بر سبیل صحت از حاجی سید حسین کاشی که گمان خانه‌زاد این است سیاهه را او به خاک‌پای مبارک فرستاده باشد سئوال نمودم گفت حکم صریح در بابی بودن او نمی‌توانم نمود اما ظن قوی دارم که اگر بابی نباشد مذهب درستی ندارد. از شخص فاضلی دیگر منقول نمود گفت پالانش کج است خود خانه‌زاد چون تا حال او را ملاقات نکرده‌ام از حالت او چیزی نمی‌تواند عرض نمود از هر کس سئوال نموده است خوب نگفتند در صورتی که مقرر شود فدوی به او محرمانه حالی کنم که برود بروجرد بودن طهرانش لزومی ندارد در هر صورت چون علاقه ندارد رفتن او از طهران بهتر است.
در حاشیه ناصرالدین شاه می‌نویسد: "البته برود بروجرد اما نفهمد که این نسبت‌ها را به او داده‌اند بعلت دیگر برود بروجرد باشد."
۲- میرزا ابوالقاسم- میرزا ابوالقاسم طبیب بروجردی است. با آقا جمال رفیق و داخل اتباع اوست منزلش خانه غلامعلی خان سربندی و سرتیپ بود چندی است به بروجرد رفته است بهر مذهب و اعتقاد که آقاجمال باشد او هم به همان مذهب و اعتقاد است.
در حاشیه ناصرالدین شاه می‌نویسد: "در طهران نباشد."
۳- اشخاصی که هنوز تحقیقی در حالت آنها نشده.
۱- ملا اسمعیل همشیرزاده حاجی ملا عبدالوهاب قزوین است.
۲- میرزا هادی پسر حاجی ملا عبدالوهاب قزوین است.
۳- میرزا احمد چنانچه عرضه داشته‌اند خراسان است
۴- میرزا جواد پسر حاجی میرزا حسن ... گیلان است.
در حاشیه ناصرالدین شاه می‌نویسد: "ملتفت باشید طهران نیایند. در خارج باشند."
۴- حاجی میرزا محمد- حاجی میرزا محمدعطار و پدر کریم عطار که از تبریز نوشته او را فرستاده و فدوی او را گرفته در انبار حبس بود و بتوسط ملاها مرخص شد مردی است ظاهر الصلاح در محضر همه علما داخل عدول و مقبول الشهاده استخلاص کریم پسرش هم از بابت تقدس و حسن ظنی است که ملاها به او داشته‌اند خانه زاد دو سه بار او را دیده است از حالت او چیزی استنباط نکرده است از هر کس هم جویا شده است بد نگفته‌اند مگر گاهی با آقاجمال اظهار آشنائی

کرده از باطن خدا عالم است.
در حاشیه ناصرالدین شاه می‌نویسد: "این پدر و پسر هم چون متهم شدند در طهران نمانند بروند ولایت دیگر باشند."
۵- ملا علی نقی- ملا علی نقی دامغانی در قریه شیرآشیان منزل دارد پسر حاجی ملا قاسم در مدرسه سپهسالار منزل داشته است با آقا جمال زیاده از حد الفت داشته داخل اتباع او بود از او خوب نمی‌گویند همین کریم عطار در کاغذی که به تبریز نوشته و آن کاغذ نزد خانه‌زاد است به این مضمون نوشته است که جناب آقا سید محمد و ملا علی نقی خیال آن صفحات را دارند و کمر همت بسته‌اند که نصرت محبوب الارباب را محکم داشته باشند. گویا وقت گرفتن کریم یا پیش از این شهر بیرون رفته است معلوم نیست کجا رفته به اسم رفتن دامغان رفته است.
در حاشیه ناصرالدین شاه می‌نویسد: "ملتفت باشید طهران نیاید."
٦- میرزا آقا جان- پسر حاجی عبدالعظیم هراتی خودش و پدرش در حمایت انگلیس است جوانی است شب و روز در مستی و خمار و قمار داخل الواط گویا هیچ مذهبی را اختیار نکرده باشد.
۷- اشخاصی را که هنوز بقسمی که باید تحقیق و احوالات آنها فهمیده شود ممکن نشده که بتوان صریح حالات آنها را عرض کرد در تفحص مشغول است بعد از معلوم شدن عرضه خواهد داشت.
- آقا سید هادی معلم همشیره نواب...الدوله
- میرزا اسدالله خودش و برادرش که خیاط و در خیاط خانه دیوانی
- میرزا محمدحسین
- میرزا نصرالله رفیق میرزا محمدحسین

۵- دستور ناصرالدین شاه به نسقچی‌باشی به خط وی و صورت اسامی احبائی که گرفتار شده‌اند

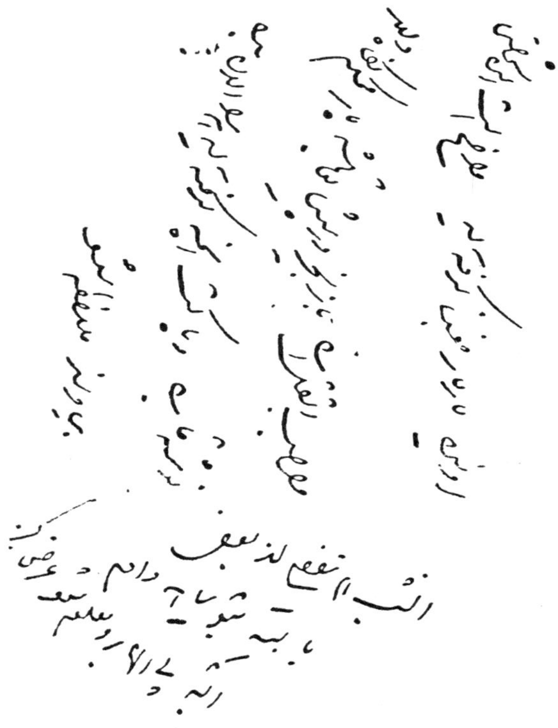

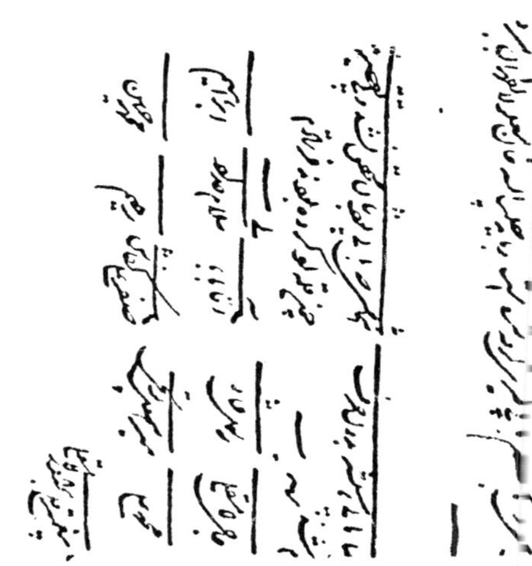

رونویس:
اشخاصی که به اسم بابی گیری گرفته شده است و باید حبیب‌الله خان مغلولاً به طهران ببرد (قسمتی از این سند در سوادبرداری حذف شده است.)
اینها بابی هستند بدون حرف ... هشت نفر (به خط سیاق نوشته شده)
...... حاجی امام‌قلی - رسول قناد- محمدعلی- میر اسمعیل توپچی- پیغمبرقلی برادر امامقلی- (اسم سه نفر دیگر معلوم نیست.)
در زیر این قسمت ناصرالدین شاه می‌نویسد: "ببرند به انبار."
اشخاصی که بابی بودنشان محقق نشد و بی‌تقصیرند چون قلمداد کرده بودند فرستادم شش نفر.
آقا بابا- سلام حداد- ابراهیم- صفرعلی کفاش- رحیم- محمدحسین
در زیر این قسمت ناصرالدین شاه می‌نویسد: "مرخص کنید."

دستخط ناصرالدین شاه
نسقچی‌باشی روزنامه رسید از گرفتن بابی بسیار خوشم آمد آفرین بسیار بسیار خوب گرفته‌اید واضح است این شخص واجب‌القتل است با زنجیر در پیش تو باشد بسیار محکم نگاه‌دار نوشته‌جات و پاکت آنچه گرفته‌اید همه را الآن بده بیاورند ملاحظه شود.
آن شب هم تفصیلی از بعضی بابیه به تو سیاهه دادم البته پی آنها برو معلوم شود عرض کن.

۶- دستور دیگر ناصرالدین شاه به نسقچی باشی به خط وی

نسقچی باشی

عریضه رسید در رفتن شمعدان آتش‌بازی [illegible]

حکم نوشته شد مستوفی که از [illegible] قرار معمول دارد

روزنامه هم رسید ملاحظه شد اما روزنامه‌ها [illegible]

در این روزها بعضی دیگر هم آدم بیراه که بگیرند روزنامه [illegible]

[illegible]

رونویس:

نسقچی باشی

عرائضت رسید در فقره تحقیقات اشخاص بابی‌ها حکم نوشته شد ملاحظه کرده از همان قرار معمول دار. روزنامه‌ها رسید اطلاع حاصل شد البته روزنامه‌ها را زود زود بنظر برسانید. در آن دو جای معین دیگر هم آدم پیدا کرده بگذارد روزنامه ...

به معمار باشی بگو البته زود بازدید تعمیر مسجد شاه را بکند بنظر برساند.

(سطر آخر خوانده نمی‌شود.)

۷- دستور مجدد ناصرالدین شاه به نسقچی باشی به خط وی

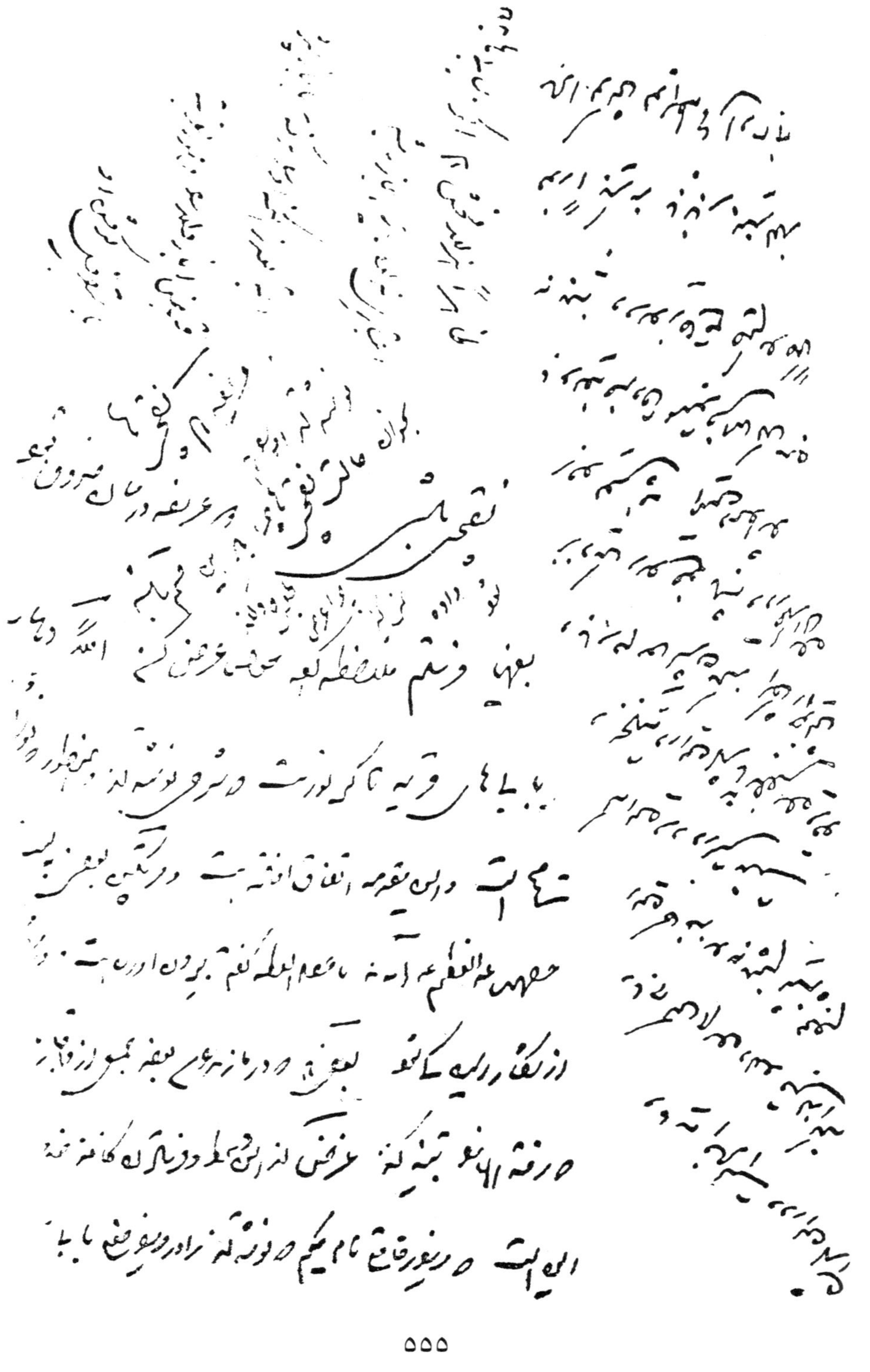

رونویس:

نسقچی باشی

دو عریضه در میان صندوق بود بعینها فرستادم ملاحظه کرده جواب عرض کن اولاً در باره بابی‌های قریه تاکر نور است که شرحی نوشته‌اند و همینطور که نوشته‌اند صحیح است و این مقدمه اتفاق افتاده است و مرتکبین بعضی به بست حضرت عبدالعظیم ع آمدند به اعتضاد السلطنه گفتم بیرون آورده است که در مراجعت از شکار رسیدگی شود بعضی هم که در مازندران بودند جمعی از قاجارها که رفته‌اند آنها را تنبیه کنند. غرض از این دستخط و فرستادن کاغذ صندوق این است که میرزا رضاقلی نام حکیم که نوشته‌اند برادر میرزا حسینعلی بابی ... و مایه افساد است و در این شهر است و با هر کسی هم راه دارد قبل از اینکه این کاغذ را ببینم شنیده بودم که این مرد درستی نیست و بی‌جهت در این شهر به آزادی راه می‌رود و با مردم معاشرت می‌کند آشکارا خویش نزدیک میرزا حسینعلی باشد و در طهران راه برود یعنی چه. همین دستخط را با عریضه صندوق به مستوفی الممالک بده به بیند (ببیند) و میرزا رضاقلی حکیم را حکماً فوراً بگیرند به انبار بیندازند مبادا گوش به واسطه‌های او بدهند ظاهراً هزار فحش هم اگر به بابی‌ها بدهد اعتباری ندارد باید در انبار باشد.

البته بعد از اینکه او را گرفته به انبار بردید قبض انباردار را گرفته بفرستید با تفصیل گرفتن او عریضه‌ای هم نسقچی‌ها نوشته‌اند او را هم بخوان حالت نسقچی‌ها چرا باید این قسم باشد طلبی که دارند چرا عرض نمی‌کنی داده شود.

۸- یادداشت ناصرالدین شاه به علاءالدوله به خط وی

رونویس:

علاءالدوله

بعضی نوشته‌جات و آیات قرآن مجعوله بابی‌ها که از جیب این‌ها درآمده بود فرستادم بخانند (بخوانند) اگر انکار بکنند این نوشته‌جات را نشان بدهید.

۹- جوابیه ملا علی کندی (کنی) به ناصرالدین شاه (صفحهٔ اوّل)

شرف عرض اعلیحضرت رسید   پس از اطلاع بر مضمون دستخط مبارک

اعلی در باب طایفه ضاله مضله و پریشان و نگرانی داشتن قلب مبارک قبله عالم

به انتظام و اصلاح مهام خلق که ودایع پروردگارند و محترم داشتن خاطر مهر

مظاهر همایون اعلی را که با ایشان چه نوع سلوک و الطاف نمایند

ضلالت را از ارادات و اذیت ایشان را که چگونه تحمل نفرمایند اگرچه خود طرف خطاب

و سؤال و جواب در این باب نبوده ولیکن چون عرض خدمت دینی و دولت

فقیر است که بعقیده ناقص خود در اصلاح این فساد صلاح دانست بعرض

برساند و در این باب در سه مقام عرض می‌رسد مقام اول در آنکه از

فقرات دستخط مبارک مفهوم می‌شود که تشویش و اضطراب و نگرانی

خاطر همایون اعلی در طریق رفع فساد و دفع طایفه ضاله مضله

از آن است که از کنار و گوشه بعرض رسانیده‌اند که این طایفه در هر بلدی و

مملکتی بلکه در خود دارالخلافه جمع زیادی شده‌اند بلی هزار جمعیت هزار   از

رونویس:
"بشرف عرض اعلی می‌رساند که پس از اطلاع بر صورت دستخط مبارک اعلی در باب طایفه ضاله مضله و پریشان و مشوش داشتن قلب مبارک قبله عالم که انتظام و اصلاح مهام خلقی که دوایع (؟) پروردگارند و متحیر داشتن خاطر مهر مظاهر همایون اعلی را که با ایشان چه نوع سلوک و اطفاء نائره ضلالت و آزار و اذیت آنها را بچه نحو بفرمایند، اگرچه خود طرف خطاب و سئوال و جواب در این باب نبوده ولیکن محض خدمت دین و دولت فقراتی که بعقل ناقص خود در اصلاح این فساد صلاح دانست بعرض می‌رساند و در این باب در سه مقام می‌نویسد. مقام اول در آنچه از فقرات دستخط مبارک مفهوم می‌شود که عمدهٔ اضطراب و تشویش خاطر همایون اعلی در طریق رفع فساد و افساد طایفه ضاله مضله از آن است که از کناره گوشه بعرض رسانیده‌اند که این طایفه در هر بلدی و مملکتی بلکه در خود دارالخلافه خیلی زیاد شده‌اند به سی هزار چهل هزار از اجتماع این‌ها در دارالخلافه عرض کرده‌اند. آنچه منشاء این عرض است دو چیز است یکی همان است که از ابتداء ظهور این فئه مقارن بلکه قبل اقبل رهی (؟) مایه این فساد مکرر شنیدم و همه جا مذکور می‌شد که این طایفه زیادند و این مطلب را خود این طایفه بزبان انداخته‌اند بلحاض (بلحاظ) دو غرض شخصی خودشان یکی ترغیب جهل و ضعفاء العقول و مردم اراذل و الواط و اشرار در التحاق و انتساب بایشان و غرض دیگر عظم خود و توعید و تهدید دیگران بلکه اضافه اولیاء دولت که پای پی (پاپی) این‌ها نشوند و این کسرت بر روی خود واندارند و دولت اعتنائی نفرمایند ایشان بمقاصد فاسدهٔ خود نائل شوند و یکی دیگر محتمل با آنها که از رجال یا مخدرات دولت چند نفری که خیلی رقت قلب دارند که ابداً راضی به قتل یا قطع بعضی از اعضاء یا حبس احدی نمی‌شوند بلکه استماع این گونه اخبار بواسطه ترحم و رقت قلبی که دارند خیلی متأذی و متأثر می‌شوند بخاک پای مبارک این عرض بی‌اصل را کرده باشند اما از این غافل که

ترحم بر پلنگ تیز دندان ستمکاری بود بر گوسفندان

مسلماً ارحم الراحمین ارحم الراحمین است و مسلماً حضرت خاتم الانبیاء و خاتم الاولیاء و الاوصیاء بعد از خداوند متعال اراف بعباد و ارحم از جمیع بوده‌اند اگر آن قتل ها و قطع ها نبود هیچ قواعد دینداری و خداپرستی بما نمی‌رسید و اگر امور مقرره در حدود و تفسیرات در شریعت نرسیده بود نه این دین پایدار و نه نظمی برقرار. خداوند متعال می‌فرماید ولکم فی القصاص حیواة یا ولی (اولی) الالباب حصن و حفظ دما او النساب و فروج و اعراض و اموال همه بسته بحدود و سیاسات بنحوی تأکید در این امر شده است که فرموده‌اند لاشفاعة فی حد ابداً کسی مأذون

نیست در باب ترک اجزاء احدی یا تأخیر آن شفاعتی کند خیر این خبر کذب صرف کذب و کذب صرف است هیچ نیستند در کجا بودند این جماعت کثیره در طبرستان و خراسان و زنجان و یزد و کرمان در آن جنگها کجا بودند و کجایند در این حبس‌ها و می‌خواستند پنجاه نفر بروند در سر راه آقا جمال را بگیرند و آقا محمد قائینی را نگاه دارند در بیرون بیرقی برپا کنند چرا نکردند این مزخرفات چه چیز است نسوان عریضه بدهند که این‌ها چه قدرند امر عقول و بزرگان به تصدیق کاذب نسوان برسد یعنی چه یکی از ایشان را بخواهید که سی هزار هیچ سیصد نفر تعداد کند یا قرینه صدق که باب افتراء و احتمال تعرض مسدود باشد. مقام دویم در تهذیب و ... شقوقی که قبله عالم اشاره به تقبیح و اختیار آن فرموده پس عرض می‌شود اما شق اول که بکلی صرف نظر از اینها فرموده و هیچ اسمی از این طایفه برده نشود اولاً معایب آن را خود قبله عالم بیان فرموده و البته همین کمال آمال این طایفه است که رفته رفته تقویتی جویند و این دورغ (دروغ) سی چهل هزار نفر شدن خود را بعد از آنکه آزادی مطلق دیدند براستی برسانند حال که به محض قول اینکه عده ایشان فلان قدر است رفع آن بر دولت صعب باشد تا بالیقین و فعلیت بقدر این عدد شدن ایشان چگونه میتوان دفع کرد و حفظ دین و دولت نمود. از وقتی که اینها بنای خروج بسیف گذاردند همه همت و قصد ایشان تصاحب دولت و سلطنت است که با سلطنت رواج این ملت و طریقت بدهند و خود احقر در جواب مسئله که از بهاء ایشان سئوال شده است دیدم نوشته و سئوال کرده‌اند از زمان فرج ایشان از این محنت و ذلت معین فرمایند در جواب نوشته است که زمانی که شمشیرهای ما از غلاف کشیده شود. معلوم است این در مقابل اولیای دولت است والا در مقابل رجال ملت کشیدن قلمتراش از قلمدان کافی بلکه زیاد است. اما اینکه بقول خودشان اینها هم مثل ارامنه و یهود یا هندو و مجوس باشند چه عیبی دارد این عبارتی است بظاهر سهل و آسان و سراپا عیب و نقصان و این بقول استدلالیان قیاس است مع الفارق. اولاً کجا ارامنه در مقام و یهود در مقام تهور و مجوس در مقام و هندو در مقام شبیه اهل اسلام‌اند چه کار بکسی کی کجا کسی را از این دین به آن ادیان برده‌اند چنانچه اینها هرچه برده‌اند از ما برده‌اند چه نمیروند از آنها جمعی باین دین در بیاورند و ثانیاً این‌ها با دولت ما کار دارند سلطنت را می‌خواهند تصاحب کنند و دولت مقصود دارند از خروج از بابت ادعای مهدویت کلیه یا شخصیه و بابیت و شیخیّت و مرید و مرادی بودن سرمشق دارند تواریخ دیده‌اند در همان اوقاتی که آن تهور و جسارت و جرأت در شمیران نموده خدا می‌داند در ده روز قبل از این از کنار و گوشه آنقدر شنیدم که همین‌ها ... نوبت دولت ما رسیده چنین و چنان خواهیم کرد و ولایت را قسمت کرده بودند حکومت هر جائی را به کسی قرار

داده بودند.

مقام سیم در کیفیت علاج و دفع ایشان این فقره بچند قسم متصور است اول قتل هرکس از ایشان که دستگیر شوند باعتقاد احقر اگر در عرض شش ماه پنجاه نفر از ایشان کشته شود دیگر احدی خیال .... شما ننماید ثانی نفی ایشان از این بلد به بلاد همجوار از غیر دین اسلام با تعهد بحفض (بحفظ) ایشان یا بردن ... ثالث اینکه در جائی قلعه محکمی بنا شود و جمعی مستحفض (مستحفظ) بر در آن قلعه مقرر شود دیگر دفع قلعه که هیچ نتوانند از این قلعه بیرون بیایند معمارها دستور العمل می‌دهند رابع آنکه اینها را ناقص الاعضاء کرد و ول کرد هر کجا بخواهند بروند باینطور چون از زبان ایشان اضلال و ترهات گوئی و خیلی مقاصد القا می‌شود زبان ایشان را قطع کنند و از دست ایشان بکلمات و غیر و ذلک ضلال و کاغذپرانی و مفاسد دیگر علاوه اعمال آلات حرب و قتل صادر می‌شود دو انگشت سبابه و اصابع دیگر دست را نیز قطع کنند که از اذیت و شرارت و اضلال ایشان مردمان در امان و دولت و ملت آسوده خاطر باشند بهمین طور راه بروند و در روزنامه‌ها و اعلان نامه‌ها اعلان فرمایند که احدی با اینها نشست و برخواست (برخاست) نکند اگر بغیر حاجت کسی با احدی از اینها راه برود و خصوصیّت کند حالت او هم بهمین طور خواهد بود خامس اینکه تبعیض فرمایند بر حسب صلاح و احوال اشخاص بعضی را مقتول و بعضی منفی و مسدود و بعضی محبوس و جمعی به نقص النفس و نقص الاعضاء.

حاجی ملا علی کندی

یادداشتها

۱- دریای دانش، چاپ سوم، دهلی نو، هندوستان، ۱۹۸۵، صفحه ۸۶ (برگرفته از لوح دنیا).

۲- بیان فارسی، باب الثالث از واحد الثالث.

۳- بیان فارسی، باب الخامس و العشر از واحد الثالث.

۴- بیان فارسی، باب الثامن از واحد الرابع.

۵- بیان فارسی، باب الحادی و العشر از واحد الثامن.

۶- بیان عربی، باب پانزدهم از واحد ششم. در اصطلاح بابیه قائم حضرت باب و قیوم من یظهره الله (حضرت بهاءالله) می باشند. در اینجا منظور ظهور خفی جمال مبارک در زندان سیاه چال است که نه سال بعد از بعثت حضرت باب اتفاق افتاد.

۷- مجموعهٔ الواح حضرت باب، به خط آقا سید حسین کاتب، صفحه ۲۲۰.

۸- اسرارالآثار، جلد چهارم، صفحه ۳۰۴.

۹- از مجموع ۲۵ نفری که مدعی مقام من یظهره اللهی شدند، نویسنده فقط به اسامی و مختصری از شرح احوال یازده نفر دسترسی پیدا نمود.

۱۰- قرن بدیع، قسمت دوم، صفحه ۱۰۸.

۱۱- روزنامه وقایع اتفاقیه، پنجشنبه ۹ ربیع الاول ۱۲۶۸ هجری قمری. "اصفهان: چند نفر از بی خردان و فرومایگان اشرار اصفهانی بقوت خیالات باطله و بحکم وساوس شیطانی براه ضلالت و گمراهی افتاده ادعاهای بزرگ می نمودند از جمله دو نفر از آنها یکی ادعا می کرد که من العیاذ بالله پیغمبر آخر الزمانم و دیگری ادعا می کرد که من معاذالله علی ابن ابیطالب سید الوصیین هستم علمای اصفهان کلاً فتاوی شرعیه قطعیه نوشتند که اینها واجب القتل هستند عالیجاه چراغعلی خان نایب الحکومه اصفهان کیفیت را با فتاوی علمای اصفهان به اولیای دولت قاهره عرض کرده و به اعلیحضرت پادشاهی معروض داشتند چون این دو نفر فساد در دین انداخته و بحکم شریعت مطهّره واجب القتل بودند حکم همایون به عهده نایب الحکومه اصفهان داده شده مقرر فرمودند که آنها را در اصفهان به قتل شرعی برساند او هم در میدان نقش جهان اصفهان آن دو نفر را به قتل شرعی رساند تا مایه عبرت دیگران شود."

۱۲- ظهور الحق، جلد دوم، صفحه ۴۷۶.

ناسخ التواریخ، جلد سوم (تاریخ قاجاریه)، صفحه ۱۳۴.

حقایق الاخبار ناصری، صفحه ۲۵.

۱۳- دیان از جمله خوشنویسان دوره خود بود. خط او مشابهتی تمام با خط حضرت باب داشت. از روی لوحی که حضرت باب در اظهار و اثبات مقام قائمیت خود نازل

فرموده اند به همان شیوه و بصورت چلیپا سوادی برداشته است که تشخیص خط او از خط حضرت باب بسیار مشکل است.

۱۴- محاضرات، صفحات ۳۰۸- ۲۹۳.

۱۵- کتاب بدیع، صفحه ۸۹. (کتاب بدیع به قلم مبارک حضرت بهاءالله در جواب نامه‌ای نوشته شده است که حاج میرزا مهدی گیلانی به تحریک سیدمحمد اصفهانی در جانبداری از میرزا یحیی ازل به آقامحمدعلی اصفهانی(تنباکو فروش) نوشت. آقامحمدعلی این نامه را به حضرت بهاءالله داد. حضرتشان در ظرف سه روز، روزی دو ساعت کتاب بدیع را نازل فرمودند.)

۱۶- اشعار چاپ نشده از ملامحمد نبیل زرندی در بارهٔ احکام قتل مدعیان من یظهره اللهی

آنکه خود را خواند مرآت بیان که برائت جست از ذات بیان
هر کسی این اسم را بر سر نهاد نام خود یک روزه من یظهر نهاد
زود فتوی داد اندر کشتنش هم به سبّ و هم بخون آغشتنش
دفتر مستیقظ را رو ببین کاین بیان از بهر تو گردد متین
حضرت دیان که در اعلای عال بود صاحب رتبه و عز و جلال
آنچه نازل گشته اندر شأن او از بشیر طلعت جانان او
صد یکش در حق آن مرآت شوم نامده نازل ز اوصاف رسوم
بلکه فرموده به دیان این چنین در کتاب پنج شأن آن شاه دین
که به پرواز آمده این تازه طیر در هوای روح او را بخش سیر
در کف لطف خود او را بر پران این وصیت کرد هم بر دیگران
بر وحید اکبر و اسم عظیم هم باسم اصدق و اسم کریم
جمله را کرده مربی بهر او تا مگر تریاق گردد زهر او
آنکه آنش شأن و اینش منصب است بین چسان زو در میان تاب و تب است
حضرت دیان به امرش کشته شد هیکل پاکش به خون آغشته شد
هم علی اکبر که قلبش ساده بود شاه اعلی را همی عم زاده بود
کشت در دارالسلامش بی گناه که چرا برده به دیان او پناه
هم ابوالقاسم و هم اشخاص چند جملگی مقتول از آن دل پرگزند
هم حریم نقطه را در ارض صاد خواست تا بغداد با صدگون فساد
خود تصرف کرد یک ماه تمام بعد از آن دادش بآن نسل حرام
که رسولش اعور و دجال خواند وصف او را از لسان صدق خواند
گفت چاه ارض صادش مسکن است نسل شیطان است و او هم بامن است
گرچه دزدی و گدائی می کند لیک دعوی خدائی می کند

اعور است آن کافر رب السماء　　نیست اعور رب محبوب شما
خوش حریم نقطه را کرد احترام　　که به بخشیدش بآن نسل حرام
زود از دجال ملعون یک پسر　　سوی نیران رفت و شد خاکش بسر
گر به نقطه نسبتش بودی تمام　　جانب شیراز رفتی بی کلام
در پناه عصمت اعلی حریم　　ماندی اندر حفظ خلاق کریم
لیک چون او طینتش ناپاک بود　　کهربای کفر چون کاهش ربود

۱۷- منظور میرزا اسدالله دیان خویی است.

۱۸- کتاب بدیع، صفحات ۵-۱۰۲.

۱۹- در ایّامی که حضرت باب در چهریق مسجون بودند به چهل نفر از علمای بیان امر فرمودند که دلایل ظهور بدیع را از روی آیات قرآن اثبات نمایند. حضرت باب از میان استدلالیه آن چهل نفر استدلالیه دیان را بیشتر از همه پسندیدند.

۲۰- مضمون فارسی: که شاید در نفس خود متذکر گردی و پرده‌های تقلید را به قدرت خالق یکتا بسوزانی.

۲۱- مضمون فارسی: ای حرف ثالث مؤمن به من یظهره الله.

۲۲- مضمون فارسی: خداوند از آنچه او اراده کرد ابا نمود تا کامل شود آنچه در لوح ذکر شده است.

۲۳- منظور میرزا محمد مازندرانی است.

۲۴- مضمون فارسی: والاّ خداوند از جمیع عالم و عالمیان مستغنی است. (اصل نامه حاجی میرزا جانی کاشی در قسمت اسناد و مکاتیب آمده است.)

۲۵- متأسفانه از آثار غوغا هیچ نسخه‌ای به دست نیامده است. اما عکس وی در کتابخانه مرکز مطالعات خاور میانه در دانشگاه آکسفورد، انگلستان موجود است.

۲۶- محلی است در چهار فرسخی (تقریباً ۲۴ کیلومتر) مشهد.

۲۷- کتاب بدیع، صفحه ۲۶۱.

۲۸- کتاب بدیع، صفحه ۱۹۸.

۲۹- کتاب بدیع، صفحه ۲۵۸.

۳۰- اخبار مندرج در نمرهٔ ۸۲ (روز پنجشنبه دهم ماه ذیقعده سال ۱۲۶۸ هجری قمری).

۳۱- تاریخ استاد علی اکبر یزدی، خطی (به خط نویسنده)، صفحه ۸۸.

۳۲- قسمتهایی از این کتاب که مربوط به دوره بابیه است بوسیله حضرت ولی امرالله به انگلیسی ترجمه و توسط عبدالجلیل بیک سعد به عربی برگردانده شده است. ترجمه فارسی تلخیصی از متن عربی است که توسط عبدالحمید اشراق خاوری فراهم شده.

۳۳- با احتساب حروف تهجی در کلمه "غریق" یعنی غ = ۱۰۰۰، ر = ۲۰۰، ی = ۱۰ و ق = ۱۰۰ رقم ۱۳۱۰ که سال صعود نبیل است به دست می آید.
۳۴- بدیع بشروئی در خاطرات خود ذیل شنبه ۱۹ جون ۱۹۱۵ از قول حضرت عبدالبهاء می نویسد: "رشح عما در سنه شصت و هفت نازل شد. شهرت جمال مبارک به "بهاءالله" آنوقت شد."
۳۵- اصل و رونویس را در قسمت اسناد و مکاتیب زیر شماره ۲ می خوانیم.
۳٦- مکتوب سلیمان خان شهید به حاج سید جواد کربلایی در قسمت اسناد و مکاتیب در ردیف ۳ آمده است.
۳۷- روزنامه وقایع اتفاقیه در شماره های ۸۱ و ۸۲ خود به تاریخ روزهای پنجشنبه سیم و دهم ذیقعده ۱۲٦۸ هجری قمری شرح وقایع را با قید نام هرکدام از شهدا و محل شهادت و نام قاتلین ثبت کرده است. همین مطالب در کتاب "تاریخ شهدای امر" نیز زیر عنوان وقایع طهران در مجلّد سوّم، صفحات ۳۱۵-۲۵٦ آمده است.
38-von Goumoens
۳۹- "بهاءالله شمس حقیقت"، صفحات ۱۱-۱۰۸.
۴۰- تاریخ ایران دورهٔ قاجاریه، چاپ سوم، فصل چهاردهم صفحات ۹٦-۳۷۸.
۴۱- در آن زمان اصطلاح "زنبورک خانه" بکار برده می شد.
42- Cloquet
۴۳- لوح مبارک خطاب به شیخ محمدتقی مجتهد اصفهانی معروف به نجفی، صفحات ۱٦-۱۴.
۴۴- اشاره به موضوع رمی شاه است.
۴۵- مضمون فارسی: خدا می داند که در آن مقام (زندان) عفن تاریک چه بر ما گذشت.
۴٦- مضمون فارسی: از آنچه بر تو وارد آمد نهراس و محزون مباش. ما تو را یاری می نمائیم. بزودی خداوند رجالی را برای پیروزی امر تو مبعوث می فرماید.
47-The Chosen Highway, pp.40-45
48-The Chosen Highway, pp.45-46
۴۹- قرن بدیع، قسمت دوم، صفحات ۲-۷۱.
۵۰- کتاب بدیع، صفحات ۸-۳۰۷.
۵۱- قهوه خانه.
۵۲- میرزا یحیی این لوح را به خط خود رونویسی کرده برای پروفسور براون فرستاد و وی آنرا ضمن ملحقات تاریخ جدید (تاریخ میرزاحسین همدانی) به چاپ رساند. علاوه بر این، ازلیها نیز در همین اواخر این لوح را در کتابی زیر عنوان "قسمتی از الواح خط نقطه اولی و آقا سید حسین کاتب" چاپ و منتشر کرده اند.

صفحات ۷۱-۳٦٦ و در مائده آسمانی، جلد چهارم، باب نهم، صفحات ۳۴-۳۲۹ آمده است.

۷۸- متن عربی لوح شیخ عبدالحسین نازله از قلم حضرت بهاءالله:
"ان یا حسین تزور الحسین و تقتل الحسین یا ایها الغافل المرتاب انا اردنا حضورک فی العراق و جعلنا الاختیار بیدک فی ایّ محلّ ترید لتحضر و تظهر لک البرهان انک قبلت و اذا جاء المیقات هبت الارياح انک فررت یا ایها الذباب آتینا بیتاً قرّر فیه الاجتماع ما وجدناک یا ایها المشرک بالله مرسل الارياح لمّا رأیت عجز نفسک اعتذرت یا ایها المکّار ما اردنا لقائک الاّ لیتمّ حجة الله علیک و علی من حولک لعل تسکن نار البغضاء فی صدرک و صدور الذین کفروا برب الارباب..."

۷۹- کتاب حضرت بهاءالله تألیف محمدعلی فیضی، صفحات ۵۲-۱۴۸.

۸۰- بهاءالله شمس حقیقت، صفحه ۹-۱۸۷.

۸۱- سید حسین صحیح است.

۸۲- حضرت عبدالبهاء در صفحات ۱۲-۵ تذکرة الوفا از شیخ انصاری یاد می فرمایند.

۸۳- خاطرات بدیع بشروئی، پنجشنبه هفدهم جون ۱۹۱۵، صفحات ۹-٦۸.

۸۴- این لوح به نام لوح سلطان عبدالعزیز و وزراء خوانده شده است.

۸۵- میرمحمد مکاری در ردیف شاگرد مکاریانی بود که در دوره تجارت حضرت باب موفق به انجام خدماتی شد و به دیانت بابی گروید و چون مورد عنایت هیکل مبارک بود مبلغی برای سرمایه کار به او اعطا فرمودند. وی با جلب اعتماد تجار در شهرهای مختلف در داخل و خارج ایران به کار خود ادامه داد و بعدها در ظل امر جمالقدم قرار گرفت. او در وقت عزیمت جمال ابهی به اسلامبول به بغداد رسید و از پنجاه شتری که در اختیار داشت برای حمل اسباب و اثاث حضرت بهاءالله استفاده کرد و در رکاب مبارک به اسلامبول رفت.

۸٦- اشاره به سن حضرت بهاءالله هنگام تبعید به ادرنه است.

۸۷- حضرت بهاءالله اسلامبول را "مدینه کبیره" خوانده اند.

۸۸- حضرت بهاءالله ادرنه را "ارض سرّ" نامیدند زیرا که اسرار و رموز امر الهی و ظهور مبارک از این شهر گوشزد عالمیان شد.

۸۹- اشاره به قرآن مجید، سورهٔ یوسف، آیه ۸۸. مضمون فارسی: ای عزیز، ما با بضاعتی ضعیف از نزد خدای مهیمن قیوم آمده ایم.

۹۰- مضمون فارسی: به تحقیق من با بضاعتی قوی آمدم.

۹۱- قرآن مجید، سورهٔ ق، آیه ۱۵.

۹۲- گزارشها و فرامین در قسمت اسناد و مکاتیب در ردیفهای ۴، ۵، ٦، ۷ و ۸

آمده است.

۹۳- نامه ملا علی کندی (کنی) را در قسمت اسناد و مکاتیب زیر ردیف ۹ می خوانیم.

۹۴- اقتدارات، صفحه ۸.

۹۵- اقتدارات، صفحه ۲۱.

۹٦- منظور از "اجود اجود الله" حاجی سید جواد کربلائی است. بنا بر این مضمون عبارت اینست که ذکر اکاذیب حاج سید جواد را از درک حقیقت باز نمی دارد.

ضمیمهٔ ۱

شرح حال چند نفر از اشخاصی که به مناسبت از آنها نام برده شده است

شیخ محمد معروف به شیخ عابد

در کتب معتبری مثل فارسنامه ناصری تألیف فسائی و آثار عجم تألیف فرصت‌الدوله در باره اوضاع و احوال شهر شیراز و نیز حسب و نسب رجال و بزرگان و علمای آن و بخصوص آنانی که همزمان با دوران حضرت باب بوده‌اند مطالبی آمده است ولی متأسفانه اسمی از مرحوم شیخ معلم معروف به شیخ عابد که مردی فاضل و دانشمند و به تقوی و پرهیزگاری مشار بالبنان بوده است به میان نیامده و ذکر خیرش مسکوت مانده است. معزی الیه بعناوین شیخ عابد، شیخ معلم، شیخ انام در شهر شیراز شهرت داشته است. والد نگارنده این سطور از قول ملا فتح‌الله ضمن اشارتی کوتاه و مختصر در وصف او چنین می‌نگارد:۱

"در زمانی که حضرت را به مکتب آوردند من نزد شیخ انام در قهوه اولیاء که از تکایای عتیق شیراز است تلمذ می‌کردم (این تکیه در وسط معموره ولی مخروبه و آثار قبور و لوح‌های سنگی قبور کهنه موجود و چند اطاق و ایوان دائر می‌داشت). جناب فضائل مآب شیخ عابد در آنجا مکتب‌داری و معلمی اطفال نجباء و اعیان و تجار و متشخصین را می‌نمود. مردی بود بلند بالا و محاسن بلند همیشه با وقار و از پیروان مرحوم شیخ احمد احسائی و سیدکاظم رشتی و در زمره آقایان و ملایان شیراز بود. من آنوقت برسم خلیفه (مبصر) در خدمت شیخ بودم اگر کسی می‌خواست طفلش را نزد ایشان به تدریس و تعلیم بسپارد باید قبلاً ایشان را ملاقات کند و یا بواسطه مکتوب و یا شخص محترمی شیخ را مستحضر سازد زیرا اطفال همه کس را قبول نمی‌کرد بخصوص اطفال کسبه بازاری را بواسطه بی‌ادبی و کثافت لباس نمی‌پذیرفت."

مطلب دیگری که از احوال شیخ عابد نوشته شده داستانی است که آقا میرزا ابوالفضل گلپایگانی۲ از قول حاج سید جواد کربلائی نقل کرده است:

"آنچه در کیفیت تبلیغ و تصدیق شیخ معلم از مرحوم حاج سید جواد شنیدم بر این گونه است:

می‌فرمودند شیخ معلم مردی فاضل و در انواع علوم آن وقت متتبع بود و به تعلیم چند نفس از ابناء نجبای شیراز اشتغال می‌نمود. این استاد در آن ایام در سفر بود پس از مراجعت و استماع حوادث ظهور، وی نیز در صدد چون و چرا برآمد از حضرت اذن طلبیدم که با او در مجلسی ملاقات و گفتگو نمائیم. پس از صدور اذن و تعیین وقت و محل انعقاد مجلس چون اعضائی که موعود بودند همه حاضر شدند و از در گفتگو درآمدند، مقرر شد که لوحی از آن حضرت که در جواب اسئله علمیه به لغت عربیه صدور یافته بود تلاوت شود. من عرض کردم آقایان عادت ما چنین است که در حین تلاوت کتاب سخن نمی‌گوئیم و به کاری جز استماع مشغول نمی‌شویم هرکس می‌خواهد قلیان بکشد و یا چای تناول نماید قبل از شروع به قرائت به این امور اشتغال جوید و اگر در اثنای قرائت اعتراضی بخاطرش رسید بگذارد بعد از فراغ بیان فرماید. خلاصه عهد محکم گرفته شد که البته کسی در اثنای تلاوت لوح تکلم ننماید و یکی از حاضرین به قرائت مشغول شد. من در صورت شیخ نظر می‌کردم دیدم لون او متغیر می شود و از رنگی به رنگی می‌گردد دانستم در حال هیجان است ظاهر است که عبارتاً او معناً بعضی اعتراضات و ایرادات بنظر او می‌آید و برحسب عهد که از تکلم ممنوع است لذا لون او متغیر می‌گردد چون چند صفحه از لوح تلاوت شد دیدم لون او بحالت اصلی برگشت و آرام یافت دانستم که شک او زائل شد و اعتراضات او منحل گشت. هنوز لوح ختام نیافته بود که اشک از چشمانش جاری شد و انکارش به اقرار و اعتراضش به اعتراف تبدیل یافت."

حضرت باب در آثار خود نیز از شیخ معلم نام می‌برند و خطاب به او می‌فرمایند:

"قل ان یا محمد معلمی فلا تضربنی قبل ان یقضی علیّ خمسة سنة ولو بطرف عین فان قلبی رقیق رقیق و بعد ذلک ادبنی و لا تخرجنی عن حد وقری و اذ اردت ضرباً فلاتتجاوز عن الخمس و لاتضرب علی اللحم الا و ان تحلّ بینهما ستراً.[۳]"

شیخ عابد[۴] در ماه رجب سال ۱۲۶۳ هجری قمری در شهر شیراز به عالم بقا صعود فرمود و در مقبره دارالسلام در جنوب شهر مذکور مدفون گردید.

ناظران در خانهٔ کعبه هنگام اظهار امر علنی حضرت باب

در وقتی که حضرت باب ادعای خود را علناً و آشکارا در جلو خانه کعبه به میرزا محیط کرمانی ابلاغ می‌نمودند بعضی از اهالی مدن و قراء مختلفه ایران حضور داشتند و آن مطالب را شنیده و آن واقعه را بعنوان ارمغان به شهر و دیار

خود برده‌اند. از این گروه بعضی در سلک پیروان شریعت بابی درآمده و در سبیل معتقدات خویش هر مشقت و زحمتی را تحمل نموده و تا پای جان خود ایستاده‌اند و بعضی به مخالفت برخاسته و راه خصومت و دشمنی را تا آنجا پیموده‌اند که دست و دامانشان به خون پیروان دیانت بابی آلوده گردیده است.

اشخاص زیر از جمله نفوسی هستند که در مکه حضور داشته و دعوی حضرت باب را مشافهتاً استماع نموده و اغلب به شرف ایمان هم فائز گردیده‌اند.

۱- حاج ابوالحسن شیرازی معروف به بزاز

حاج ابوالحسن که مردی پرهیزگار بود در بازار وکیل شیراز حجره بزازی داشت. او دارای ثروتی متعارف و معمول بود. نه صاحب آن مکنت و مال بود که در عداد تجار درجه اول شیراز محسوب شود و نه آن طور کم‌مایه و بی‌بضاعت بود که احتیاج به دیگران داشته باشد. همین قدر معلوم است که در آن برهه از زمان آن قدر استطاعت مالی داشت که بتواند برحسب فرامین و شعائر دیانت اسلام به زیارت مکه برود.

مشارالیه که از بوشهر تا جده در یک کشتی با حضرت باب سفر می‌نمود، در مکه حاضر و ناظر مباحثات حضرت باب با میرزا محیط کرمانی بوده است و ادعای ایشان را با گوش خود شنیده است ولیکن در شهر مکه در آن همهمه و جنجال که هرکسی به فکر انجام مراسم و مناسک حج بود، در این اندیشه فرو نرفت که در موضوع دعوی حضرت باب تعمق و تحقیق کند اما نفس ادعا آن چنان در نظرش عظیم جلوه کرده بود که از فکر آن خارج نمی‌شد و توجه داشت که ادعائی به این عظمت آن هم از زبان تاجری جوان از همشهریان خود که او را بخوبی می‌شناخت، نمی‌توانست آن چنان ساده و بی‌اساس باشد.

حاج ابوالحسن بعد از اجرای مناسک حج به شیراز معاودت کرد و به کار و کسب خود مشغول شد تا وقتی که اعلان رسمی و علنی ظهور حضرت باب در شیراز بواسطه ملاصادق مقدّس ابلاغ گردید و بلوای مردم و سروصدای ملاها بر علیه حضرت باب اوج گرفت و اتهامات خصمانه آخوندها زبانزد مردم شد و هرکس به عنوانی لب به مخالفت و اهانت گشود. مشارالیه که مدّت دو ماه شب و روز در یک کشتی با حضرت باب مسافرت می‌کرد و شاهد و ناظر اعمال و رفتار و زهد و تقوای حضرت باب بود درک می‌کرد که آن اتهامات و اسنادهای برخلاف واقع دلیلی جز سوء نیّت علما ندارد و می‌دانست که همهٔ آن اکاذیب و جعلیات و در نتیجه به هیجان آوردن مردم ناشی از خصومت و دشمنی آنهاست.

روزی که حضرت باب به مسجد وکیل احضار شدند و در برابر اجتماع مردم و علماء بر عرشه منبر علی رؤوس الاشهاد در اثبات اظهارات و ادعای خود بیان

مطلب نمودند نحوۀ اظهاراتشان سبب جلب اطمینان خاطر عده‌ای از نفوس حاضر در آن اجتماع عظیم گردید و در نتیجه به پیروی از حضرت باب گردن نهادند. از آن گروه یکی مرحوم حاج ابوالحسن بزاز بود که در آن روز به حقانیت ادعای حضرت باب اعتراف کرد و در ردیف اعاظم بابی‌های شیراز درآمد.

زمانی که حاج ابوالحسن به گروه بابیها پیوست تعداد معدود پیروان آن دیانت در شهر شیراز، در کمال احتیاط و استتار زندگی می‌نمودند. کار این احتیاط به آنجا می‌رسید که بابیان نه فقط از وجود یکدیگر بی‌اطلاع می‌ماندند، بلکه مردانی که قلباً بابی شده بودند، نمی‌توانستند معتقدات قلبی و منویات باطنی خود را حتی با خانواده‌های خویش در میان بگذارند.

حاج ابوالحسن از نفوسی بود که بعد از گروش به دیانت بابی در تبلیغ همسر خود نیز موفق شد. همسر حاج ابوالحسن بعد از تصدیق با خانواده حضرت باب ارتباط و آمیزش خانوادگی برقرار کرد. مشارالیها از اقارب و خویشاوندان نزدیک و مورد احترام شیخ ابوتراب امام جمعه شیراز بود و در ایام حیاتش خدماتی لایق و ارزشمند به عائله حضرت باب نمود.

در میان علماء شیراز شیخ ابوتراب تنها کسی بود که از حضرت باب پشتیبانی می‌نمود. وی به دفعات در استخلاص حضرت باب از دست اهل عدوان کوشید.

در اوقاتی که حضرت باب در حبس عبدالحمیدخان داروغه گرفتار و مسجون بودند همین خانم یعنی زوجه حاج ابوالحسن بود که بدون رادع و مانع به اندرون امام جمعه می‌رفت و طلب اعانت می‌کرد و او را برمی‌انگیخت تا استرحاماً در استخلاص حضرت باب کوشش کند. در بعضی از ملاقات های او با مرحوم امام جمعه بی‌بی زهرا بیگم خواهر حرم حضرت باب که زنی فصیح و بلیغ بود او را همراهی می‌نمود. بی‌بی زهرا بیگم پیوسته انیس و جلیس و غمخوار حرم حضرت باب بود.

بعد از اینکه بیت مبارک شیراز در سال ۱۲۷۴ هجری قمری از تصرف غیر بیرون آمد حاجی ابوالحسن و حرم محترمش در بیت حضرت باب سکونت اختیار نمودند و مشارالیها در همان مکان مقدّس به عالم بقا عروج نمود. وی از خود دو پسر خردسال باقی گذاشت که بعدها آن دو از لحاظ امور ملکی و ملکوتی صاحب احترام و عنوان شدند.

تا وقتی که زوجه حاج ابوالحسن در قید حیات بود مشارالیه از حمایت و همراهی امام جمعه برخوردار بود و با بضاعتی مزجاة در شهر شیراز به کار و کسب اشتغال داشت ولی بعد از وفات آن مرحومه شیخ ابویحیی امام جمعه وقت دست از همراهی برداشت و بطوری آن مرحوم مورد اذیت و آزار مردم کوچه و بازار قرار گرفت که شبانه دو طفل خردسال خود را که یکی هفت ساله و دیگری پنج ساله بود

برداشت و راهی کوه و بیابان شد. روزها را در مغاره کوه‌ها و شکاف سنگها می‌گذرانید و شب ها راه می‌پیمود تا با زحمت زیاد خودش را به خرامه۶ به فاصله یکصد و بیست کیلومتری شیراز رسانید و دو سالی را متنکراً در دهات بلوک کربال بسر برد تا امنیّتی در شیراز به دست آمد و توانست معاودت نماید.

در این بار در بازار معروف به سوق حاجی اسدبیگی (بازار حاجی) شیراز حجره‌ای کوچک و محقر بازکرد و به کار خرازی اشتغال جست. وی هرگز از ضر دست و زبان مردم بازار در امان نبود و کاسبی او کفاف معاشش را نمی‌داد و نمی‌توانست مرفه زندگی کند. معروف است که صبایای حضرت حجة زنجانی که برای خرید بعضی از لوازم به حجره حاجی ابوالحسن می‌رفتند از طریق مطایبه و مزاح به وی می‌گفتند اگر تنخواه مورد لزوم را به قیمت ارزان نفروشد به مردم می‌گویند که حاجی بابی است و چون آنان در چادر بودند حاجی ابوالحسن آنها را نمی‌شناخت. هنگامی که این لطیفه به گوش حضرت حرم رسید، تبسم فرموده آنها را از مزاحمت منع نمودند.

حاج ابوالحسن در زمان سالخوردگی زندگانی آرام و بی‌دغدغه‌ای داشت. وی در اواخر ایام حیات عنصری حضرت بهاءالله به اتفاق جناب عندلیب به عکا رفت و به توفیق زیارت و ملاقات با حضرت بهاءالله نائل شد. حاج ابوالحسن هنگام صعود مبارک مشرف بود و بعد از آن واقعه نیز تا مدّت دو ماه در شهر عکا زندگی کرد و مورد الطاف حضرت عبدالبهاء قرار گرفت.

اشتهار حاج ابوالحسن به بهائی بودن موضوعی نبود که در شهر شیراز از کسی پنهان باشد و چون قبل از سفر عکا دست از کسب و کار کشیده بود، در مراجعت اوقات را به عبادت و مصاحبت با بهائی‌ها و دوستانش می‌گذرانید. وی با وجود کهولت و ناتوانی در تمام فصول سال روزهای جمعه را به زیارت بیت مبارک حضرت باب می‌رفت و تا حوالی ظهر در آن مکان مقدّس به تلاوت مناجات و دعا می‌پرداخت.

در سال ۱۳۲۰ هجری قمری در یکی از روزهائی که حاج ابوالحسن از زیارت بیت مبارک مراجعت می‌کرد در بین راه به دست سیدعلی اکبر فال اسیری و اعوانش که از مسجد بیرون آمده بودند گرفتار شد. همراهان سیدعلی اکبر آنقدر این مرد معمر و ناتوان را با چوب و چماق مصدوم و مجروح ساختند که بیهوش شد و سپس جسد خسته و نیمه‌جانش را به داخل گودالی که در آن حوالی بود انداختند. برحسب تصادف یکی از فراش‌های محمدرضا خان قوام الملک که از آن راه عبور می‌کرد حاجی ابوالحسن را شناخت؛ او را به دوش گرفت و به خانه رسانید. شدت همین جراحات سبب صعود وی به ملکوت ابهی گردید.

از یراعه فضل حضرت بهاءالله و حضرت عبدالبهاء الواح عدیده۷ به اعزاز حاج

ابوالحسن که مورد عنایت فراوان بود نازل شده است.

۲- حاج ملا یوسف

دیگر از مردم ایران که در سال ۱۲۶۰ هجری قمری به زیارت مکه مشرف شدند حاجی ملایوسف از مردم همدان و از علماء طریقه شیخیه بود که در شهر مکه از دعوی حضرت باب اطلاع حاصل کرد و با ایشان ملاقات نمود و به دیانت بابی گروید.

حاج ملایوسف در قریه گرچاقه نیم فرسخی۸ شهر همدان زندگی می‌کرد ولی برادرش ملا آقابابا که او نیز در سلک علما و ملاها بود در شهر همدان سکونت داشت و صاحب عنوان بود.

حاج ملایوسف در مراجعت به همدان برادرش ملا آقابابا و بستگانش را به دیانت بابی تبلیغ کرد. وقتی حضرت طاهره از بغداد به قزوین می‌رفت در سر راه در همدان در منزل همین ملا آقابابا وارد شد و میهمان او بود.

ملا آقابابا و پسرش ملاعبدالله در محاربه قلعه طبرسی به شهادت رسیدند. پسر دیگر ملا آقابابا ملاعلی بود که با بنی اعمامش ملاهاشم و ملاشعبان اولادهای حاجی ملایوسف در شهر همدان زندگی می‌کردند و فامیل اعظمی های همدان که بعضی در ایران و بعضی در خارج از ایران هستند از اعقاب و اولادهای همین حاج ملایوسف و ملا آقابابا می‌باشند.

۳- حاج محمد رضا جواهرچی اصفهانی

دیگر از نفوس مهمّه عالم امر که در مکه به حضور حضرت اعلی مشرف شد و به شرف ایمان فائز گردید حاجی محمدرضا جواهری از اهالی اردستان است که فرزندانی مؤمن و خدوم از خود به جای گذاشت.

حاجی محمدرضا در بغداد به کار خرید و فروش جواهر اشتغال داشت و سرمایه و مکنتی لایق اندوخته بود. سال قبل از بعثت حضرت باب در بغداد در عالم رؤیا دید که حضرت باب به حجره او تشریف آورده فرمودند من تاجری از اهل شیراز هستم و می‌خواهم باتفاق به زیارت روضه سیدالشهدا مشرف شویم. حاجی محمدرضا عرض می‌کند من گرفتار امور حجره هستم و فرصتی ندارم. می‌فرمایند همه را بگذار که از آن فیض بی‌بهره نباشی. او حجره را رها می‌کند و در حضور مبارک به زیارت ضریح حضرت حسین می‌رود اما متوجه می‌شود که برخلاف همیشه که آن مقام مقدّس مملو از جمعیّت بود خلوت و احدی جز خودش و هیکل مبارک در آنجا نیست، حاجی محمدرضا چنان تحت تأثیر موقعیت قرار گرفت که وقتی حضرت باب به تلاوت زیارتنامه مشغول شدند، از فرط تضرع و توجه، زمام اختیار از دست بداد. بعد از تلاوت زیارتنامه حضرت باب می‌فرمایند نه اینکه تصور کنی من تاجری از

اهل شیرازم؛ من قائم آل محمدم و عمامه خود را بالازده و می‌فرمایند یکی از علائم قائم آل محمد خال هاشمی است که در گوشه پیشانی او است. حاج محمدرضا به زیارت ناصیه مبارک صیحه‌ای زده از خواب بیدار می‌شود و تصمیم می‌گیرد که در آن سال به زیارت مکه معظمه مشرف شود و از اتفاق آن سنه مصادف با ۱۲۶۰ هجری بوده است که حضرت باب نیز به طواف بیت‌الله تشریف برده بودند. در آن سال روز عید اضحی مصادف با یوم جمعه بود که در اسلام آن را حج اکبر می‌نامند. حاجی محمدرضا در مکه مشرف شد و به فوز ایمان فائز گشت و در رکاب مبارک به ایران مراجعت نمود و از آنجا از راه دریا به بغداد رفت. در بغداد با اعاظم بابیه که در اثر تبلیغ ملاعلی بسطامی و قرة‌العین به شرف ایمان مشرف شده بودند مرتبط و نزدیک شد و بعد از عزیمت حضرت طاهره به قزوین او نیز بساط تجارت بغداد را بربست و به کاشان و اصفهان آمد. حاجی محمدرضا در وقایع و حوادث جسیمه که بر احبای الهی وارد می‌آمد از آشامیدن کؤوس بلایا و رزایا بی‌بهره نمی‌ماند. او در وقت رمی شاه از کاشان به طهران رسید و در همان حین ورود مأخوذش داشتند و بلافاصله او را با طناب خفه نموده به شهادتش رسانیدند.

پسر او به اسم محمدجواد و دامادش میرزا مؤمن نمونه‌ای از خلوص و ایمان و مظهری از مظاهر استقامت و عرفان بودند. میرزا مؤمن در عهد جمال ابهی و طلعت میثاق بی‌پروا در تبلیغ امر الهی ساعی و کوشا بود و مورد توجه و عنایت حضرت عبدالبهاء قرار داشت. حضرت عبدالبهاء او را به سفری تبلیغی به هند و برما اعزام فرمودند. وی در برما با جناب آقا سید مصطفی رنگونی و جلال‌الدین رومی در نشر و اعلاء کلمة‌الله و انتشار امر الهی مشارکت می‌نمود. او از مال دنیا خانه‌ای در طهران داشت که به حضور مبارک تقدیم کرد. حضرت عبدالبهاء فرمودند این خانه به اسم مسافرخانه احبا باید باقی باشد و لوحی نیز در این خصوص به اعزازش نازل فرمودند.

از اعقاب میرزا محمدجواد خاندان بنانی که از معاریف دیانت بهائی می‌باشند باقی مانده است. همه افراد این خاندان به خدمات شایسته موفق بوده و در ظل امر الهی هستند.

۴- حاج محمدعلی قزوینی

در تاریخی که به قلم متصاعده به ملکوت ابهی طرازیه خانم سمندری (فرهادی) باقی است می‌خوانیم که حاج اسدالله فرهادی[۹] که از پیروان طریقه شیخیه بود انتظار داشت که در سال ۱۲۶۰ هجری که سال حج اکبر بوده است قائم آل محمد در مکه دعوی خویش را علناً اظهار بنماید و در همان حال شایعاتی از گوشه و کنار به گوش او می‌رسید که جوانی از طائفه سادات در مکه مدعی قائمیت آل محمد

شده است.

در میان مردمی که در آن سال از قزوین به زیارت مکه مشرف شده اند تاجری به اسم حاجی محمدعلی بوده است. این تاجر مرجع تحقیق حاج اسدالله جد طرازیه خانم نویسنده این تاریخ می باشد.

طرازیه خانم می نویسد:

"موضوع این است که در سنه ای که حج اکبر بوده حضرت نقطه اولی روح ماسواه فداه در مکه تشریف داشتند یک نفر از تجار قزوین حاجی محمدعلی نام به زیارت خانه مکه فائز بوده است. سابقاً در بین مردم شیوع داشته که جوانی سید شیرازی در خانه کعبه ادعای قائمیت فرموده حاجی اسدالله که این مطلب را شنیده بود منتظر می ماند تا وقتی که حاجی محمدعلی مراجعت می کند، روزی به برادرزاده خود آقامحمدجواد می فرماید برخیز برویم دیدن حاجی این مطلب را تحقیق نمائیم. بعد از ورود و تعارفات معمولی از حاج محمدعلی استفسار می نماید هم چو قصه ای شنیده ایم تو چه دیدی؟ حاجی می گوید بلی سیدجوانی در خانه کعبه به لسان عربی بیاناتی می فرمود من دور بودم نشنیدم چه می گوید. مردم گفتند آفتاب عربستان به سرش خورده مجنون شده حاجی می گوید "حاجی محمدعلی حکایت ایله شکایت ایلمه" (حکایت کن نه شکایت). آن کسی را که تو گفتی من به او ایمان آوردم به غیر خودش احدی قادر بر این کلمه نیست برخاسته مراجعت به منزل می نماید به اهل بیتش بشارت می دهد قائم آل محمد ظاهر شده و بر حقیقت امور جز من احدی آگاه نیست."

۵- حاج سیدعلی کرمانی

از دیگر اشخاصی که همراه میرزا محیط کرمانی به زیارت مکه مکرمه مشرف شده بود حاج سیدعلی کرمانی است که او نیز از تلامیذ سید رشتی بود. او در مکه به لقای حضرت باب تشرف حاصل کرد و کتباً سئوال هائی نمود. در جواب او لوحی[۱۰] نازل شد که در مدینه به او تسلیم گردید. این لوح مبارک مفصل است و متأسفانه تمامی آن بدست نیامد که در این کتاب آورده شود.

۶- حاج سلیمان خان[۱۱]

در میان اشخاصی که در مکه به شرف ایمان فائز شدند و مقام قائمیت حضرت باب را گردن نهادند، یکی حاج سلیمان خان شهید بود که در مدینه لوحی به اعزازش نازل شد.[۱۲] مشارالیه در دیانت بابی مقامی بس والا و ارجمند داشت و به خدمات مهمّه توفیق حاصل نمود. او در واقعه رمی شاه به شدیدترین وضعی به مقام شهادت رسید.[۱۳]

به غیر از نفوسی که ذکر آنها در فوق آمده است اشخاص دیگری در آن سال

در مکه حضور داشته و ندای الهی را از فم اطهر اصغاء نموده‌اند، ولی متأسفانه شرح احوال آنها مجهول مانده است.

شیخ ابوتراب امام جمعه

اصل و تبار وی از امامی های شیراز از مردم عربستان است. اولین کسی که از این خانواده به شیراز آمد و رحل اقامت افکند شیخ حسین معروف به جزائری بود که از حجاز رخت سفر بربست و شهر شیراز را مقر سکونت خود قرار داد. او و پسرش شیخ محمد به تبلیغ و ترویج مذهب شیعه امامیه پرداختند. هر دو نفر از وعاظ طلیق اللسان و مطلع بر اسرار قرآن و احادیث ائمه اطهار بودند. از شیخ محمد که به شیخ مفید نیز شهرت داشت دو رساله به اسامی درّه نجفیّه در اثبات ولایت حضرت امیرالمؤمنین و رساله اربعین در اثبات امامت خاصه باقی است. شیخ مفید در سال ۱۱۹۸ هجری قمری بدرود حیات گفت و پسرش شیخ عبدالنبی به جای او نشست.

شیخ عبدالنبی اولین کسی است که مقام امامت جمعه شیراز را احراز نمود و به زهد و ورع و تقوی و پرهیزگاری شهرت داشت و گذشته از اینکه امام جمعه شهر بود به کارهای مردم از قبیل تحریر قباله‌جات و رتق و فتق امور مردم شیراز اشتغال داشت. او در سال ۱۲۲۹ هجری قمری در شیراز وفات نمود و پسرش شیخ ابوتراب به جای او نشست.

شیخ ابوتراب در ردیف علماء و فضلاء شیراز قرار گرفت و به حسن خلق و پاکی طینت و نیکوکاری شهرت داشت و از بدایت عمر هر افتاده‌ای را دستگیر و هر بیچاره‌ای را معین و یاور بود و در دستگاه حکام فارس قرب و منزلتی بسزا داشت و هرگز در صدد تکفیر و تحقیر کسی برنیامد و مثل سایر ملاها فراش و نسقچی نداشت و حکمی که منجر به قتل و یا قطع روزی کسی بشود صادر ننمود. در صورتی که حکمش مطاع و فتوایش جاری بود، مطمح نظرش بر اساس آیات و منزولات قرآن کریم بود. تا آنجا که مقدور و میسّر بود از بینوایان شفاعت می‌کرد و ناتوانان را دستگیری می‌نمود و غالباً اشخاصی که به ناحق گرفتار سیاست حکام جابر آن ایام می‌شدند از برکت زبان و قلمش امان می‌یافتند و بقدر وسع و طاقت خوان نعمتش گسترده بود. او در دوره زندگیش ضیاع و عقاری تحصیل نمود و تولیت بعضی از موقوفات اشراف و اعیان شیراز را نیز به دست آورد.

در سال ۱۲۵۶ بر خلاف میل و رغبت باطنی ناگزیر گردید با جماعتی از علماء و بستگان به سفری که دو سه سال طول کشید برای شکایت از فریدون میرزا حاکم فارس به طهران برود.

در سال ۱۲۵۹ که مورد الطاف و محبت های محمدشاه قرار گرفت با فرمان شاهی در مقام امامت جمعه به همراهی میرزانبی خان قزوینی به شیراز آمد و در بین مردم و در دستگاه حکومت از مقامی بالاتر و والاتر برخوردار شد و جمیع امور با شور و رأی او انجام می‌گرفت و حکام و عمّال دولتی تخلف از رأی او را روا نمی داشتند.

او نسبت به حضرت باب و بستگان ایشان نهایت لطف و مدارا را مرعی می‌داشت و چنانچه در احوال آن حضرت خواندیم در هر مورد پناه و ملاذ آن ستمدیدگان بود و با صفای باطن و حسن رأفت و انسان دوستی کامل به یاری آنان می‌شتافت. شیخ ابوتراب به سال ۱۲۷۲ هجری قمری در شیراز درگذشت و پسرش شیخ ابویحیی به جای پدر نشست. شیخ ابویحیی نیز از جمله نفوسی است که در سبیل محبت به بهائیان مظلوم و محافظت و نگاهداری آنها از شر اعداء و دشمنان بانفوذ کوشش فراوان کرد. از جمله در واقعه سال ۱۳۲۱ هجری قمری که آن مذبحه کبری در یزد اتفاق افتاد و مردم شیراز به تحریک و اغوای سیدعلی اکبر فالی دکاکین و بازارها را بسته مهیای فساد بودند، با تدابیر شیخ ابویحیی آن انقلاب متشکل متفرق گردید.

سلطان عبدالمجید[۱۴]

سلطان عبدالمجید پسر سلطان محمد دوم و مادرش بزم عالم یکی از خانم‌های برجسته در امپراطوری عثمانی بوده است. او در ماه شعبان ۱۲۳۸ هجری قمری مطابق با اپریل ۱۸۲۳ میلادی چند روز بعد از فوت پدرش با مساعی ابراهیم پاشا به مقام خلافت رسید و برای اولین بار با توافق قوای ترک و بدون دخالت دولت فرانسه امپراطوری دولت عثمانی را قبضه نمود.

از جمله وقایع مهمی که در دوران خلافت او به وقوع پیوست موضوع خط شریف یا خط همایون در قرارداد گل‌خانه بود و بعد از آن موضوع جنگ کریمه که در ۱۸۵۵ شروع شد و با داوری دولت فرانسه بر اساس معاهده پاریس در ۱۸۵۶ میلادی خاتمه پذیرفت.

منظور از خط همایون همان معاهده پاریس است که اسم دیگر آن "عثمان‌لی" و بطور عموم به معنی تاریخ محاربه یا راهنمای تاریخ می‌باشد که در جنگ سیلیستریا[۱۵] در بلغارستان و شط دانوب در ماه جون ۱۸۵۴ میلادی اتفاق افتاد.

در بوزنیا[۱۶] و در کردستان و در مونته نگرو[۱۷] و در لبنان مرتدهای سوری و لبنانی اقدام به جنگ کردند و دیگر صحبتی از بلغارستان و آلبانی در میان نبود.

بعد از فراغ و سرکوبی مخالفین مجلس قانون گذاری سلطان عبدالمجید در

ایالات و ولایات آن امپراطوری در نحوه اداره امور کشور تغییرات مهمّی داد.

قانون تجهیز ارتش و تأسیس مدارس دخترانه و پسرانه به اسامی دارالمعرفة در سال ۱۸۴۹ از اقدامات مهمّه او بود اما تأسیس مکتبه عثمانی را در پاریس به سال ۱۸۵۵ میلادی می‌توان به حساب ولخرجی های او گذاشت.

سکه‌های طلای او به اسم مجیدی که هرکدام معادل ایاستر[۱۸] بود در تمام قلمرو عثمانی رایج گردید. مشارالیه به بنای مریضخانه و قصور سلطنتی نیز دست زد. از جمله قصر باغچه دلمه سرایه را در سال ۱۸۵۳ میلادی بنا نمود و به تعمیر و مرمت قطعات متلاشی شده مسجد ایاصوفی به توسط اوساتی[۱۹] پرداخت و در سال ۱۸۴۹ به تنظیم و بایگانی اوراق و اسناد سلطنتی که در دربار عثمانی بی‌سابقه بود اقدام نمود. این کار به سال ۱۸۶۵ میلادی انجام پذیرفت. اولین بنای تئاتر و نمایش خانه به نام "قصرآئینه" را بوسیله ن. ستینیان[۲۰] شروع کرد. بعلاوه اولین سالنامه به اسم کتاب سال شاهنشاهی در عهد او تأسیس گردید.

در زمان فرمانروائی او کلمه "شاهزاده" هنگام ذکر اسامی خاندان سلطنتی به "افندی" تبدیل شد.

سلطان عبدالمجید اولین خلیفه عثمانی بود که با زبان عربی آشنائی داشت و فرانسه را به خوبی می‌دانست. او مردی دقیق و آراسته و دارای قلبی رؤف و مهربان بود ولکن بواسطه اعتیاد به مسکرات سلامتیش مختل شده بود.

او اگر چه آدمی هوس‌باز و خیال‌پرور بود اما بواسطه اقداماتی که نسبت به حفظ و وقایت پناهندگان هنگری و عدم تسلیم آنها به مملکت اطریش نمود احترامی جهانی برای خود کسب کرد. مشارالیه در ماه ذی‌حجه ۱۲۷۷ هجری قمری مطابق با جون ۱۸۶۱ میلادی فوت شد و در حوالی مسجد سلطان سلیم مدفون گردید.

حسین خان آجودان باشی

حسین خان آجودان باشی وقتی به حکومت فارس انتخاب شد به لقب صاحب اختیار نیز ملقب گردید او اصلاً مغول و از طائفه اتوزیکی است که اجدادش در دوران سلطنت پادشاهان صفوی به ایران آمده و در مراغه مسکن گزیدند. مشارالیه در اردوکشی های عباس میرزا به روسیه شرکت کرد و هنگامی که محمدشاه به هرات لشکر کشید با نفرات زیر فرمانش به کمک وی رفت و مورد محبت او قرار گرفت و به درجه سرتیپی ارتقاء یافت و چون ترک زبان بود حاجی میرزا آقاسی نیز از او حمایت می‌کرد.

محمد شاه در سال ۱۸۳۹ میلادی حسین خان نظام‌الدوله را به عنوان سفیر فوق‌العاده دولت ایران به اسلامبول فرستاد تا با پادرمیانی باب عالی اختلافات بین

ایران و انگلستان را مرتفع سازد و از وزارت خارجه انگلستان بخواهد که مک‌نیل را معزول نمایند.

حسین خان نظام‌الدوله در اسلامبول سعی کرد تا به وسیله سفیر دولت روسیه با وزارت خارجه انگلیس رابطه‌ای پیدا کند که او را به عنوان سفیر مخصوص دولت ایران در یک مقام رسمی بپذیرند ولی وزارت خارجه انگلیس استنکاف کرد بناچار به اطریش رفت و مترنیخ صدراعظم اطریش را واسطه قرار داد خواهش او هم به سردی تلقی شد. مشارالیه از وین به پاریس رفت و در آنجا عده‌ای از افسران پیاده نظام فرانسوی را برای خدمت در ارتش ایران استخدام کرد و راهی ایران ساخت که موجب ناخرسندی محمدشاه گردید.

حسین خان بدون اینکه وزارت خارجه انگلیس او را به رسمیت بشناسد به عنوان یک فرد عادی از پاریس به لندن رفت و بعد از درخواستهای مکرر موفق شد تنها برای یک بار و در یک مدت کوتاه با لرد پالمرستون[۲۱] در وزارت امور خارجه انگلیس ملاقات کند. اما، وی نه فقط هیچیک از تمنیاتش را قبول نکرد بلکه او را با قراردادی در نه ماده که همه به ضرر و خسران ایران بود روانه طهران ساخت.

حسین خان در بازگشتش به ایران دچار خشم و غضب محمد شاه شد او را به فلک بستند و چوب زیادی به او زدند بطوری که مدتی مفلوج و خانه‌نشین بود.

یکی دیگر از خلافکاری‌های حسین خان در آن سفر کلاهبرداری از تاجری فرانسوی است که به شرح زیر به آن اشاره شده است[۲۲]:

نامه میرزا آقاسی به میرزا حسین خان حاکم شیراز سپتامبر **۱۸۴۵** (در بدحسابی حاکم).

"مقرب الخاقانا، فرزندا، مهربانا:

از قراریکه عالیجاه، مجدت و نجدت همراه، زبدة الاعاظم العیسویه، دوست مهربان غراف سرتیژ، فرستادهٔ دولت بهیه فرانسه اظهار داشت، در اوقاتی که آن فرزند مهربان در فرانسه بوده است، برحسب نوشته، مبلغ ده هزار تومان به رسم قرض از یک نفر از تجار آن دولت بهیه گرفته و الحال تنخواه استقراضی را رد نکرده است.

با وصف اینکه اعلیحضرت قدر قدرت قضا شوکت شاهنشاهی خلدالله ملکه و سلطانه از راه شمول عاطفت و مرحمت، جمیع مخارج این سفر را قبول فرموده، کارگزاران دیوان همایون به آن فرزند کارسازی نمودند، نباید تنخواه رعیت آن دولت فخیمه را نرسانده و در عهدهٔ تعویق گذارد و از این راه کارکنان آن دولت بهیه از آن فرزند شکایت نمایند.

من از راه پدر فرزندی، هرگز راضی به این معنی نخواهم شد که آن فرزند بد معامله قلم برود. اگر فی الحقیقت آن فرزند مبلغ مزبور را مقروض است و حجتی

سپرده است، قرار درستی در این باب بگذارد که تنخواه رعیت آن دولت بهیه برسد و زیاده در عهده تعویق نماند. اگر مقروض نیست و حجتی نسپرده است، چرا موافق قاعده جواب نمی‌گوید؟ البته از قراریکه نوشته شده است یا تنخواه استقراضی(را) برساند و یا اگر سخن حسابی در مقابل دارد بنویسد که به عالیجاه معزی الیه جواب گوید.

زیاده چه تأکید نماید.

همه حالات و مهمات را اظهار دارد."

همانطوری که قبلاً اشاره شد حسین خان بعد از معاودتش به ایران به مناسبت خبط و خطاهای سیاسی که در مأموریتش به اروپا مرتکب شده بود مورد تعرض و تنفر محمد شاه قرار گرفت، ولی بعد از چندی با وساطت حاجی میرزا آقاسی در سال ۱۲۵۶ هجری قمری به حکومت یزد منصوب شد و در اواخر سال ۱۲۶۰ به جای میرزا نبی‌خان قزوینی امیر دیوان حاکم ایالت فارس شد و به شیراز آمد.

در دوره میرزا نبی خان قزوینی در تمامی ایالت فارس هرج و مرج شیوع یافت و امنیت شهر شیراز و بلوکات و نیز طرق و شوارع مختل گردید. عدم لیاقت و کاردانی امیر دیوان به آن حد رسید که اراذل و اوباش شهری علناً نسبت به حیثیت و نوامیس مردم جسارت و در روز روشن آنها را برهنه می‌کردند. بالاخره مردم به ستوه آمدند جمعی از رجال شیراز به قیادت حاج میرزا علی اکبر قوام الملک و محمدقلی خان ایل بیگی قشقائی به شکایت به طهران رفتند و از محمد شاه خواستار عزل امیر دیوان شدند. محمد شاه با صلاح اندیشی و پادرمیانی حاجی میرزا آقاسی حسین خان آجودان باشی را که در شدّت عمل و قساوت قلب شهرت داشت به حکومت فارس برگزید و به همراهی عزیزخان مکری و چهار فوج سرباز شقاقی به شیراز اعزام داشت. حسین خان به محض ورود به شیراز چند نفر از سرکرده‌های محلات مختلف را که نافرمانی و گردنکشی کرده بودند بکشت و بعضی را مقید و محبوس ساخت و شهر متشنج شیراز را منظم و منسق نمود و با بعضی از رجال فارس و کافه آخوندها و علما از در دوستی برآمد؛ چنانچه دیدیم برای تحبیب و ارضای خاطر علماء و ارعاب مردم نسبت به ملا صادق مقدّس و قدوس و ملاعلی اکبر اردستانی با چه شدت عملی رفتار کرد.

حسین خان مردی مقتدر ولیکن سودجو، کلاش و طماع بود چنانچه نمونه کارهای خلاف او را از قبل دیدیم.

چون به پیروی از اقدامات حاجی میرزا آقاسی احداث و تعمیر قنوات و نهرکشی از رودها و چشمه سارها کار روز شده بود و بر بسیاری از مهام امور پیشی گرفته بود هر حاکمی که به شهری وارد می‌شد اول سراغ قنوات منطمسه را می‌گرفت و به

آبادانی آنها دست می‌برد و طرفی می‌بست. حسین خان نیز چون به شیراز رسید اطلاع حاصل کرد که در صد کیلومتری مغرب شیراز چشمه شش پیر قرار دارد که دارای آب فراوانی است و به فکر افتاد که آن آب را به شیراز بیاورد. بهر نحو که بود توانست حاجی میرزا آقاسی را راضی کند که به اسم آب رسانی و آبادانی شهر شیراز از محمدشاه اجازه بگیرد که مالیات سه سال ایالت فارس را به این منظور تخصیص دهد تا آن آب را با احداث جداول و حفر راهروهای زیرزمینی به صورت قنات به شیراز برساند. محمدشاه این پیشنهاد را که مورد تأئید حاجی میرزا آقاسی بود پذیرفت و مالیات فارس کلاً و جزئاً در اختیار نظام‌الدوله قرار گرفت که در آن حیف و میل ها شد و به عناوین مختلف از اعیان و اشراف اخاذی‌ها بعمل آمد و بالاخره آبی را که با ساز و نقاره به شیراز آورد، آب قنوات نهر اعظم بود نه آب شش پیر.

حاج میرزا حسن فسائی در ذکر وقایع سال ۱۲۶۴ هجری قمری می‌نویسد:۲۳

"... بفرموده نظام‌الدوله در خارج دروازه باغ شاه شیراز (خیابان زند) هریک از اعیان فارس باغی احداث نمودند و چهار خیابان از دروازه شهر تا مسافتی به پهنای سی ذرع بساختند و دیوارهای چهار خیابان را از مبداء تا منتها با گچ و آجر طاق‌نما نمودند و بر سر چهار راه آن خیابان حوض وسیع بنا نهادند و چهار مناره سنگی در چهار کناره آن حوض گذاشتند پس چندین خیمه و خرگاه و سراپرده در پیرامون آن حوض برپا نمودند و تمثال مبارک شاهنشاه را در صدر بارگاه گذاشتند و در روز چهارم ماه شعبان آن سال تمام اعیان ملت و ارکان دولت را به عنوان ضیافت دعوت نمودند و در شب پیش از این روز آب شش پیر را در خندق نهر اعظم انداخته که روز چهارم آن ماه وارد حوض چهار خیابان گردد و در آن روز تمامی بزرگان وارد خیمه‌ها گشته به آئین حضور پادشاهان رفتار نموده علماء و سادات در پیشگاه تمثال مبارک هریک بقدر رتبه خود برنشست و ارباب مناصب با لباس نظام و شمشیر و وزرا و ارباب قلم و ضابط بلوکات حاضر گشته هر نفری وجه نقدی به عنوان پیشکش تقدیم حضور مبارک تمثالی نموده سرهای خاضع و گردنهای خاشع به خاک کریاس بارگاه مالیدند و جناب نظام‌الدوله از جانب سنی الجوانب تمثال مبارک از حال هریک از ملازمین مجلس سامی پرسشی نمود پس توپخانه مبارکه و دو فوج سرباز با طبل و شیپور به استقبال آب شش پیر روانه داشتند و چهار جانب حوض را فرش انداخته چون مردمان سلام از حضور تمثال همایون رخصت یافته در اطراف حوض نشستند و در بین آواز طبل و شیپور که به استقبال آب رفته بودند بلند گشته آب شش پیر وارد حوض گردید پس طعام حاضر نموده اهل مجلس که چهار پنج هزار نفر بیشتر بودند صرف نمودند. و از غرائب آنکه این مهمانی و ورود آب بر اهالی فارس بلکه

ممالک محروسه ایران نامبارک افتاد و دیگر باره آن آب به شیراز نیامد."

قاآنی که شاعری درباری بود و در آن اوقات در شیراز می‌زیست چندین قصیده مفصل در مدح و منقبت حسین خان و آوردن این آبی که به شیراز نرسیده سروده است که در دیوان او به چاپ رسیده است.

حاج میرزا آقاسی سعی داشت تا آنجا که بتواند حکام ایالات و ولایات ایران را از مردم آذربایجان که با او هم زبان بودند و اعتماد بیشتری به آنها داشت انتخاب کند باین خیال که شاید روزی به کارش آیند و هرکدام را که به حکومت ایالت و ولایتی می‌فرستاد او را مطلق‌العنان می‌گذاشت و هیچگاه آنان را مورد مؤاخذه قرار نمی‌داد و آنان نیز از هیچ نوع اجحاف و تعدی در حق مردم بی‌پناه مضایقه و دریغ نمی‌نمودند.

خبر مرگ محمدشاه در روز ۱۱ شوال سال **۱۲۶۴** هجری قمری به شیراز رسید. حسین خان روز اول را بر رسم معمول به عزا نشست و تمام شهر تعطیل شد و در روز دوم در مجلس عزا خطبه بنام ناصرالدین شاه بخواند و سکه های زیادی به اسم ناصرالدین شاه ضرب نمود و به رسم تقدیمی به دربار ارسال داشت ولی اقداماتش مقبول امیرکبیر واقع نگردید و مورد توجه شاه و اتابک قرار نگرفت.

مهدی بامداد می‌نویسد[۲۴]:

"پس از فوت محمدشاه در بسیاری از ایالات و ولایات از قبیل خراسان، فارس، کرمانشاه و لرستان انقلاب و آشوب روی داد و مردم بر حکام و دست نشاندگان حاج میرزا آقاسی از قبیل جمشیدخان ماکوئی حاکم بروجرد و محب علیخان ماکوئی حاکم کرمانشاه شورش کرده و آنان را با وضع بسیار افتضاح‌آوری از شهر بیرون کردند."

در شیراز هم حسین خان نظام‌الدوله به واسطه اجحافات و مظالم کمرشکنی که در دوره حکومتش در فارس بر مردم این منطقه تحمیل کرده بود دچار مخالفت و سرگرانی کافه رجال و اهالی شیراز قرار گرفت و باوجود اینکه عزیزخان مکری سردار کل با افواج شقاقی و آذربایجانی و شانزده عراده توپ به هواخواهی او ایستادگی کرد و با مردم شیراز از در جنگ و دعوا درآمد و بالاخره منجر به کشته شدن جمعی از مردم بی‌گناه و تخریب قسمت‌هائی از شهر و سردرب بنای مسجد وکیل گردید. حسین خان باز هم دست از اخاذی برنداشت و مبلغی به عنوان تهیّه ملزومات سفر از محمدقلی خان ایل بیگی قشقائی دریافت داشت و در ارگ کریم خانی حصاری شد تا اینکه احمدخان نوائی نایب ایشک آغاسی باشی به شیراز آمده او را مقید و محبوس داشت و با افتضاح تمام به طهرانش فرستاد.

حسین خان بعد از این واقعه دیگر به خدمتی مأموریت نیافت و بقیت عمر را در زاویه خمول و مذلت با تنگدستی و فاقه گذرانید و در سال **۱۲۸۳** هجری قمری

فوت شد.

موژان مؤمن می نویسد۲۵:

حسین خان آجودان باشی نظام الدوله اولین فردی بود که با سید باب از در خصومت درآمد او در مقام حاکم شیراز باعث مجازات بی رحمانه ای بر تعدادی از بابی ها شد که گزارش آن در روزنامه تایمز چاپ لندن نوشته شده علاوه بر آن سبب شد که باب را از بوشهر در حال توقیف به شیراز بیاورند موقعی که باب اظهاراتی کرد که خوشش نیامد به یکی از ملتزمین حضور دستور داد که سیلی به صورت باب بزنند.

لایارد در باره حسین خان چنین می نویسد۲۶:

بعداً معلوم شد که حسین خان آدم ناصالحی بوده است او متهم شده بود که مقرری و هزینه و مخارج چند افسر فرانسوی را حیف و میل کرده است. این افسران را موقعی که حسین خان در پاریس سفیر بود تشویق و ترغیب کرده بود که برای تعلیم سپاهیان به خدمت شاه درآیند او خرج سفر معتنابهی از دولت برای مسافرتهایش گرفته بود اضافه بر اینکه در مسیر مسافرتش اهالی شهرها و دهات مخارج توقف و سفر او را مجاناً تأمین می کردند. چون به علت ولخرجی هایش در پاریس و لندن به شدت مقروض شده بود و سرپرست املاکش نیز نتوانسته بود که بقدر کافی پول برای مخارج زندگی او تأمین کند سرپرست را متهم به اختلاس کرد و متصدی امور املاکش را حبس کرد و بیرحمانه ترین شکنجه ها را بر او معمول داشت تا آنجا که پسر شش ساله او را مجبور کرد که با آهن پدر خودش را داغ کند و همسر او را به فراش هایش داد و آن سرپرست املاکش در زیر شکنجه جان داد.

موقعی که محمدشاه در سال ۱۸۴۸ فوت کرد حسین خان برای تملق گوئی و چاپلوسی و بخاطر اینکه او اولین فردی باشد که درآمدی برای دولت به پایتخت ارسال نموده باشد خود را به قرض انداخت ولی هیچ فایده ای نبرد زیرا وقتی که به تحریکات حاج میرزا علی اکبر قوام الملک و محمدقلی خان ایل بیگی قشقائی مردم شیراز بر علیه او برخاستند و او را در ارگ محبوس نمودند هیچ کمک و مساعدتی از مرکز به او نشد و برعکس میرزا تقی خان حاکم جدیدی را بجای او به حکومت فارس منصوب کرد. وقتی که حاکم جدید بهرام میرزا (عموی ناصرالدین شاه) در ایالت فارس آرامش برقرار کرد بازهم مشکلات و دردسرهائی که حسین خان ایجاد کرده بود خاتمه نیافت.

در گزارش مورخ ۳۰ ژانویه ۱۸۴۹ فارانت می خوانیم۲۷:

"شاهزاده بهرام میرزا به اتفاق ایلخانی فارس به شیراز وارد و علی الفور به هرج و مرج شدیدی که در شهر رایج بود خاتمه داد. حاکم قبلی حسین خان که با

مشاکل متعددی مواجه بود با کمال صبر و حوصله به کار خود ادامه داد و شاهزاده نیز با او خوشرفتاری کرد ولی سپاهیان او را زندانی خود کرده و مطالبه حقوق قبلی خویش را نمودند. او بدهکاری های بسیار زیادی دارد و اگر دولت نسبت به جمع آوری مالیات و پولی که او قبلاً به خزانه دولت فرستاده بود برنیاید او و تعدادی از افراد بطور قطع نیست و نابود خواهند شد.

دولت به حسین خان برای پرداخت وجه به صدراعظم قبلی و نیز برای مخارج سپاهیان و سایر هزینه های دولت که او با بهره سنگینی قرض نموده بدهکار است حال با صحبتی که با امیر کبیر کرده ام این طور به نظر رسید که دولت قصد دارد تمام قروض او را که در فارس قرض کرده و پرداخت نشده است بدهد."

حسین خان فی الواقع نیست و نابود شد و بقیه عمر را در سرتاسر مملکت از جائی به جای دیگر می رود تا بار دیگر مورد توجه قرار گیرد در سال ۱۸۵۰ شیل[۲۸] کوشش کرد به نمایندگی از هندی های تبعه دولت انگلیس در ایران با دولت ایران میانجی گری کند. این افراد مبلغ زیادی از حسین خان طلب داشتند.

کنسولگری انگلیس در تبریز گزارش داد که محال است بتوان چیزی از حسین خان دریافت کرد. حسین خان ورشکسته و هم به شدت مریض است دولت ایران هم حاضر نشد قروض اورا که در دوره حکومت او در شیراز بوجود آمده بود بپردازد یا قبوضی را که حسین خان از حاج میرزا آقاسی در دست داشت پرداخت کند.

نبیل اعظم می نویسد:

"در اوقاتی که حضرت بهاءالله در بغداد بودند حسین خان عریضه ای مبنی بر ندامت از گناهان قبل و توبه و انابه به حضور مبارک عرض کرد و درخواست عفو نمود که عزت سابقش را به او برگردانند و به حکومت فارس برقرار شود ولی حضرت بهاءالله جوابی به او ندادند حسین خان اسیر بدبختی بود تا اینکه وفات یافت."

علمای امضاء کننده فتوای قتل حضرت باب در شیراز

۱- شیخ حسین ناظم الشریعه

شیخ حسین ناظم الشریعه پسر شیخ علی قطیفی و از اعراب جزیرة العرب است که در اواخر حکومت حسینعلی میرزا فرمانفرما به شیراز آمد و به جمع ملاها راه یافت و بتدریج بواسطه جرئت و جسارتی که داشت در عداد علمای صاحب نفوذ شیراز بیرون آمد. مشارالیه مثل سایر همقطارهایش از تحصیلات عالیه دینی بهره ای نداشته ولی ماجراجوئیهای وی سبب شده بود که در بعضی از کارهای دولت مداخله نماید و موجب شود که سودجویانی اطراف او را گرفته از نفوذش سوء استفاده کنند و نسبت به حقوق و اموال مردم تجاوز نمایند.

حاجی میرزا حسن فسایی زیر عنوان "مجهول الممالک"۲۹ در موضوع تصرف غاصبانهٔ مشارالیه از ملکی از موقوفات مدرسه منصوریه شیراز شرحی نگاشته و در جای دیگر۳۰ ضمن شرح احوال اعیان محله اسحق بیگ می نویسد:

" و از اجلّه و اعیان معدودین در شماره علمای این محله است عالی جناب مقدّس القاب فضائل انتساب حاجی شیخ حسین ناظم الشریعه مشهور (به ظالم) پسر شیخ علی احسائی یا قطیفی است. اگر القاب آن جناب را به آنچه سزاوار است نویسم بسبب ظلمی که بر من نمود و شمه‌ای از آن را در صفحه اول و دویم از گفتار اول این فارس نامه ناصری نگاشتم ارباب مرض اهل غرضم گویند و اگر به اوصاف متشرعین و اهل علمش نگارم متحمل الکذب رأس کل خطیئه شوم همین بس است که او را تا به این لقب خواندند مردمان بی دین به خط و مهرش اموال مسلمانان را به ستم و اشتلم بردند همه را به گواهی اهل مملکتی نگاشتم که لا یحبّ الله الجهر بالسوء من القول الاّ من ظلم.۳۱"

در ایام قدرت و نفوذ او که مردم شیراز از شدت جفاکاری ها و ناسخ و منسوخ نوشتن های او به جان آمده بودند اشعاری مبتذل و رکیک که قلم از ذکر آنها شرم دارد، از زبان او ساخته بودند و زبان به زبان در میان مردم کوچه و بازار می گشت.

او از دشمنان سرسخت حضرت باب بود و بیش از همه علماء در براندازی بابی ها پافشاری می کرد و از هیچ دشمنی و خصومت و جسارت و اهانتی فروگذار نمی کرد. می گویند وقتی که فتوای قتل حضرت باب را علمای شیراز مهر نمودند و به صاحب اختیار تسلیم نمودند حسین خان گفت اگر در اجرای فرمان قتل این سید میرغضب ها عذر آوردند و متعذر شدند که ما دست به خون ذریه رسول و اولاد فاطمه نمی آلائیم چه کسی مرتکب چنان عملی خواهدشد؟ شیخ حسین چاقوی قلمتراشش را بیرون آورده و گفته بود خودم با همین چاقو او را خواهم کشت و بالاخره هم در راه ارضاء شقاوت و خونخواری خویش، دست خود را به خون بابیان و بهائیان مظلوم آغشته نمود.

پرفسور براون۳۲ از قول سرهنگ محمدحسن خان یا سرهنگ زین العابدین خان (اسم نمی برد کدامشان) پسر میرزا عبدالله خان نوری نوه میرزا نعیم می نویسد:

" در شیراز مردی موسوم به ناظم العلماء۳۳ یافت می شد ولی چون مرد ظالمی بود او را باسم "ظالم" می خواندند۳۴ و این مرد نسبت به باب کینه مخصوصی نشان می داد و هنگامی که باب را نزد حسین خان حکمران فارس بردند ناظم العلماء قلمتراش خویش را بیرون آورد و فریاد زد "هرگاه شما حکم قتل او را صادر نکنید من او را با این قلمتراش خواهم کشت" و وقتی که باب را به طرف اصفهان بردند او در قفای باب به راه افتاد و گفت من از تعقیب او صرفنظر نمی کنم مگر اینکه خودم

حکم قتل او را به موقع اجرا گذارم و او را با دست خود مقتول کنم ولی حکمران اصفهان او را برگرداند و گفت اگر روزی حکم قتل او صادر شد میر غضب هست و احتیاجی به تو ندارد."

این شخص در اواخر ایام حیاتش مبتلا به جنون شد بطوری که او را حبس کردند و وجودش برای خانواده‌اش غیرقابل تحمل بود. وی به سال ۱۳۰۱ هجری در وبای عام بدرود زندگی گفت.

۲- شیخ مهدی کجوری

شیخ مهدی کجوری از مردم مازندران در سال ۱۲۵۷ هجری قمری به شیراز آمد و صاحب محراب و منبر و مال و مکنت شد و در سال ۱۲۹۳ در همین شهر درگذشت.

حضرت بهاءالله در لوحی به افتخار آقا میرزا آقا افنان می‌فرمایند: "اینکه در باره حرف شین میم۳۵ علیه ما علیه و رجوع او به اسفل سین مرقوم فرموده بودند تلقاء وجه عرض شد فرمودند کل به محلشان راجع خواهند شد انه لهو المنتقم الآخذ العلیم الحکیم."

۳- ملا محمدعلی محلاتی

ملا محمدعلی محلاتی در سال ۱۲۶۰ هجری از محلات به شیراز آمد و در این شهر متوطن گردید و در سال ۱۲۸۴ درگذشت. او نیز از ملاهائی است که دستش به خون بابی‌ها و بهائی‌ها رنگین و آلوده است و به فتوای او بود که چندین نفر را در شیراز به شهادت رسانیدند. از تمامی خانواده او تنها مرحوم آقامیرزا ابوالفضل محلاتی شمی عرفانی داشت و بکلی از تظاهر و ریاکاری برکنار بود و در یکی دو مورد مستقیم و غیر مستقیم از بهائیان شیراز حمایت نمود و در تاریخ دیانت بهائی نام نیکی از خود بیادگار گذاشت.

معتمدالدوله، شرح زندگانی و خدمات او

از جمله رجال دوره قاجاریه که در اثر اقدامات نیک خود در دیانت بابی و بهایی صاحب قدر و منزلتی شده‌اند، یکی هم منوچهرخان معتمدالدوله است. شرح زندگانی و کاردانیهای او علاوه بر آنچه که در تواریخ و سایر کتب مربوط به دوران قاجاریه نوشته شده در دو کتاب۳۶ مستقل دیگر تألیف آقا علی رشتی و میرزا محمدعلی بهار نیز آمده است. مؤلفین این دو کتاب اجداد معتمدالدوله را از سلالهٔ سلاطین ساسانی معرفی کرده و می‌نویسند که آنها در شهری به نام شهریار در حوالی ایروان و بایزید و قارص حکومت و فرمانروائی داشته‌اند و بعد از هجوم اعراب و استقرار دیانت اسلام از آنجا کوچیده و به تفلیس پایتخت گرجستان پناه برده و مستقر

گشته‌اند و چون در فنون مملکت‌داری و اداره امور سیاسی ورزیدگی و تجربه کافی داشته‌اند به دستگاه حکومت راه یافته و نسلاً بعد نسل به مقامات عالیه کشوری و لشکری رسیده‌اند و مشیر و مشار حکام گرجستان بوده‌اند و سلاطین صفویه نیز آنان را تقویت نموده و از آنان پشتیبانی می‌کرده‌اند. در سال ۱۲۰۹ هجری قمری که آقا محمدخان قاجار به قفقازستان و گرجستان تاخت و تفلیس را تصرف نمود خانمان آنها را برانداخت و منوچهرخان را به اسارت به ایران آورد و برای اینکه باز به خیال گردنکشی و طغیان نیفتد وی را مقطوع‌النسل نمود.

رشتی از پنج پشت اجداد منوچهرخان نام می‌برد که مهمترین آنان میرزا گرگین ممکیان است که از ابطال و شجاعان زمان خود بوده و در گرجستان نفوذ و قدرت کامله داشته است و نیز از پسرش میرزا سهراب که جد چهارم منوچهرخان است یاد می‌کند و می‌نویسد که بواسطه احاطه علمی وی به چندین زبان مختلف به لقب انگلبو که در زبان گرجی به معنی صندوقچه لغات است ملقب و مشهور بود.

معتمدالدوله پس از ورود به طهران در حرمخانه شاهی زندگانی تازه خود را شروع کرد و چون دارای لیاقت و کفایت و حسن درایت کافی بود مورد تفقد و مرحمت فتحعلیشاه قرار گرفت و در دستگاه سلطنت او تقرب حاصل کرد و به سمت ایچ آقاسی باشی (خواجه‌باشی) ارتقاء یافت و امور حرمخانه سلطنتی و کلید مخازن و ثروت بیداد آقامحمدخان به او سپرده شد و او طوری با قدرت و احاطه کامله عمل کرد که حتی پسران فتحعلیشاه بدون اذن و اجازه او حق ورود به اندرون را نداشتند.

کاردانی و کفایت و رزانت او سبب شده بود که در بعضی موارد فتحعلیشاه با او به مشاوره بپردازد و رأیش را بپذیرد و او را به مقام ایشک آقاسی باشی که شغلی در ردیف رئیس تشریفات یا وزیر دربار است ترقی دهد. فتحعلیشاه اسم او را از جهان سوز به منوچهر تبدیل کرد و لقب خان به وی اعطا نمود و به پیشکاری یحیی میرزا چهل و سومین پسر خود او را به گیلان اعزام داشت و از آن پس به منوچهرخان گرجی معروف شد. در یکی از قصائدی که در مدح او سروده‌اند این ابیات را می‌خوانیم:

میرسپهر آستان راد منوچهرخـــان   آنکه به گیتی نمود رایت جودآشکار
طوف به کاخ فرش داده همی آسمان   بوسه به خاک درش داده همی روزگار

منوچهر خان در دوران حکومتش به پیشکاری یحیی میرزا در گیلان توانست در مدت کوتاهی امور آن سرزمین را انتظام بخشد و جمیع امور را منظم و منسق سازد و دست اجامر و اوباشی که در آن حدود به تقویت بعضی از متنفذین و علماء زندگی را بر مردم سخت کرده بودند از ظلم و تعدی کوتاه نماید و با قاطبه مردم به عدل و نصفت رفتار کند و نیز آثار آبادانی های زیادی برای رفاه مردم و کاروانیان از خود به

یادگار بگذارد که یکی از آنها پل منجیل است.

علاقه مندی و ابراز خدمات صادقانه و مدیریت منوچهرخان در اداره امور حکومت گیلان توجه مخصوص فتحعلیشاه را نسبت به او بیشتر برانگیخت و در حق او نسبت به سایر فرمانروایان و حکام ایالات و ولایات ایران امتیازی بیشتر قائل بود.

منوچهرخان در دوران زمامداریش در گیلان نیز از قشون روسیه که به سواحل بحر خزر قصد تجاوز داشتند جلوگیری بعمل آورد و در سال ۱۲۴۴ هجری قمری که میرزا عبدالوهاب معتمدالدوله متخلص به نشاط فوت شده بود فتحعلیشاه آن لقب را به انضمام تمثالی از خودش که به احجار کریمه مزین بود به او بخشید و از آن به بعد به لقب معتمدالدوله ملقب گردید. به مناسبت صدور این فرمان تمام شهرهای گیلان را آذین بسته و چراغان نمودند و شعرا مدیحه ها سرودند و پیشکشی‌ها تقدیمش کردند.

میرزامحمدعلی بهار ضمن قصیده‌ای می‌سراید:

حضرت معتمدالدوله منوچهر که نیست
نه نظیرش به ضمیر و نه معینش به قران

لقب معتمدالدوله جز او را تهمت
نسبت معتضدالمله جز او را بهتان

صبرمن در غم اوصحبت سنگ است وسبو
مهر او با دل من الفت ماه است و کتان

بعد از واقعه جنگ روسیه و ایران که منجر به شکست ایران و از دست دادن ولایات شمالی و پرداخت غرامات کمرشکن گردید بالاخره با پا درمیانی وزیر مختار انگلیس سر جان مک دونالد کنی یر۳۷ قرارداد مصالحه و ترک مخاصمه بین دولتین ایران و روسیه منعقد گردید و برای پرداخت هشت کرور تومان غرامت جنگ فتحعلیشاه منوچهرخان را که به رزانت رأی و حسن درایتش اعتماد داشت انتخاب کرد تا حامل آن مبلغ از طهران به آذربایجان باشد و نیز در بعضی از امور و مشاورات لازم با عباس میرزا همکاری نماید.

معتمدالدوله بعد از انجام مأموریتش به گیلان برگشت و کماکان در حکومت گیلان برقرار بود تا در سال ۱۲۵۰ هجری قمری که واقعه فوت فتحعلیشاه در اصفهان پیش آمد و محمد میرزا در تبریز با همیاری و حسن تدبیر قائم مقام به تخت شاهی جلوس کرد و برای به دست گرفتن زمام امور عازم طهران شد.

منوچهرخان با دوهزار سوار و چندین فوج پیاده در حدود سلطانیه به حضور محمدشاه رسید "مبلغی در حدود چهل هزارتومان تقدیم نمود و در التزام رکاب او به طهران آمد۳۸" و نیز اسبی خجسته نام به محمدشاه تقدیم کرد که محمدشاه را ممنون

ساخت و آن تقدیمی را به فال نیک گرفت.

محمدشاه در بدایت سلطنتش به مخالفت شدید اعمام و بستگانش که هرکدام داعیه سلطنت داشتند گرفتار شد و مهمترین آنان که سلطنت او را تهدید می‌کردند طغیان و عدم اطاعت حسینعلی میرزا فرمانفرما در شیراز و حسنعلی میرزا شجاع‌السلطنه در کرمان پسران بلافصل فتحعلیشاه بودند که هر دو برادر برای براندازی محمدشاه قیام کردند و لشکر به طهران کشیدند. محمدشاه منوچهرخان معتمدالدوله را مأمور سرکوبی آنان کرد و سر لیندزی بتیون۳۹ فرمانده توپخانه را در اختیار او قرار داد.

نفرات معتمدالدوله با سپاهیان فرمانفرما و شجاع السلطنه در صحرای بین شهرضا و ایزدخواست بهم رسیدند و جنگ سختی بین طرفین درگرفت و از طرفین متخاصمین عده‌ای مقتول و مجروح گشتند و بالاخره فرمانفرما و شجاع السلطنه به سمت شیراز فرار کردند.

منوچهرخان به دنبال آنها به شیراز تاخت۴۰ و هر دو برادر را در ارگ کریم خانی که معقل فرمانفرما بود اسیر کرد و با احترام تمام هر دو را با تخت روان با یک فوج سرباز به سرپرستی منصورخان فراهانی به طهران اعزام داشت فرمانفرما در طهران به مرض وبا درگذشت و شجاع السلطنه را کور کرده به اردبیل تبعید نمودند و او نیز در سال **۱۲۶۵** هجری قمری بدرود زندگی گفت.

واقعه شیراز و خبر فوت فتحعلیشاه و شهرت انقلاب شهرهای ایران در بین طوائف و ایلات بیشتر تأثیر گذاشت و منطقه فارس را مغشوش و منقلب ساخت. معتمدالدوله که از محمدعلیخان ایلخانی قشقائی که با فرمانفرما قرابت نسبی داشت و میرزا محمدفسائی چشم می‌زد و احتمال می‌داد که شاید از ناحیه آنها اغتشاش بروز کند هر دو نفر را به طهران تبعید نمود و طوائف و ایلات قشقائی و عرب و بهارلو که در حقیقت تمام فارس از ترک‌تازی آنان مصون نبود و دست‌اندازی به قراء و قصبات و ایجاد اغتشاش و سرقت در راه‌ها از کارهای روزمره و معمول آنان بود، همه را به جای خود نشانید و ولی‌خان ممسنی را که در مدت **۳۶** سال حکومت فرمانفرما در فارس سر به اطاعت نیاورده بود گرفتار و تنبیه کرد و چون در همان اوقات نیز اعراب خوزستان و لرهای لرستان و طوائف کلهر و گوران در حوالی کرمانشاهان سر از اطاعت دولت بیرون برده و طغیان نموده بودند، از فارس مأمور سرکوبی آنان شد و آن مناطق را منظم و امنیّت داد و کلانتران و رؤسای طوائف کلهر و گوران را طوری در زیر فشار قرار داد که متوسل به علماء شدند و آقامحمدجعفر و آقاعبدالله که از مجتهدین نامی کرمانشاه بودند قرآن به دست به شفاعت رفتند.

در اصفهان نیز ناامنی فراهم شد و اجامر و الواط شهری که مستظهر به پشتیبانی ملاها و متنفذین محلی بودند دست تجاوز به مال و منال و عرض و ناموس مردم گشودند. محمدشاه که در آن اوقات در کار لشکرکشی به سمت هرات[41] بود انتظام امور اصفهان را به معتمدالدوله تفویض کرد و در حدود سال **۱۲۵۴** هجری قمری حکومت اصفهان نیز جزء ابوابجمعی او گردید.

معتمدالدوله در بدو ورودش به اصفهان با ملایمت و وفق و مدارا با طغیانگران مواجه شد و با نصیحت و اندرز کوشید که امنیّت را برقرار کند ولی اجامر و اوباش دست از هرزگی برنداشتند و از بی‌حرمتی و جسارت نسبت به اموال و نوامیس مردم مضایقه ننمودند و به امید حمایت و تقویت علماء و بعضی از متنفذین شهری سرتمکین فرود نیاوردند در این وقت معتمدالدوله دست به تیغ برد و عده‌ای را که مرتکب قتل و هتک ناموس مردم شده بودند به قتل رسانید و جمعی را نیز تبعید و محبوس ساخت و نظمی کامل در اصفهان بوجود آورد بطوریکه محمدشاه بعد از مراجعت از هرات قصد دیداری از اصفهان کرد و معتمدالدوله تا کاشان به استقبالش شتافت و مقصرینی که جرم هریک مشخص و معلوم بود و در بند داشت به محمدشاه تسلیم کرد و او حکم قتل همه آنها را صادر نمود.

بی‌مناسبت نیست که در اینجا به نظرات گوناگون دیگری هم که در بارهٔ منوچهرخان معتمدالدوله اظهار شده است توجه کنیم:

۱- سر هنری لایارد[42]

لایارد که به دلیل گرفتار آمدن و محبوس شدن محمدتقی خان رهبر شورشیان بختیاری دوست و دستیار خود به دستور منوچهرخان از وی واهمه داشت، در بارهٔ وی می‌نویسد:

"در جوانی به خدمت دولت درآمد و به علت کفایت و کاردانی فوق‌العاده به مقامات بالا رسید و چندین سال مورد توجه خاص شاه بود و چون یکی از باکفایت‌ترین مأموران ایرانی بود به حکومت ایالت مهم اصفهان منصوب گردید. در آن وقت اصفهان شامل نواحی قبیله‌نشین لر و بختیاری که افراد آن خودسر و وحشی بودند و نیز اعراب نیمه مستقل دشتهای بین کوههای لرستان و دجله بود. منوچهرخان بخاطر شقاوت مورد تنفر و ترس بود ولی همگی اذعان داشتند که حاکمی عادل بود و از ضعفا در برابر زورگوئی اقویا دفاع می‌کرد. شهرتی وافر در ابداع طرق مختلف مجازات و شکنجه داشت که آنهم در میان افراد ناباب ایجاد رعب و وحشت می‌کرد."

لایارد در مورد حالات خصوصی، قیافه و اندام معتمدالدوله چنین می‌نویسد:

"معتمد با مشخصات معمولی افراد خواجه صورتی صاف، بی‌رنگ و بدون

ریش داشت. صدایش تیز، نازک و زنانه بود. قامتی کوتاه، چهارشانه و گوشت آلود با اندامی نامتناسب و حرکاتی کند داشت. قیافه اش مانند اهالی گرجستان با سیمائی خسته و بدون آرامش و عاری از حرکت و بی روح بود. او ملبس به لباس معمول در ایران بود. کتی نیمه بلند از بهترین پارچه (ترمه) کشمیر در برداشت و خنجری خمیده با دسته جواهرنشان در شال دور کمرش قرار داده بود. ما را در کمال ادب پذیرفت و چند کلمه ای مؤدبانه در باره ملت انگلیس گفت."

۲- هنری استرن و پ. ه. اشترن شوس[۴۳]

این دو نفر میسیونر که در سال **۱۸۴۶** میلادی از اصفهان دیدن کرده اند در بارهٔ منوچهرخان چنین می نویسند:

"٦ مارس- به ملاقات معتمدالدوله حاکم رفتیم. حضرت ایشان در کمال محبت ما را پذیرفتند. با چای، قهوه، میوه و انواع و اقسام شربت های مختلف از ما پذیرائی کردند. برای مدتی با حضرت ایشان بودیم. در ضمن با متمتع شدن از میهمان نوازی ایشان از ما سئوالات مختلفی نمودند از قبیل اینکه: آیا نبوت حضرت محمد را حضرت موسی و سایر پیغمبران پیشگوئی کرده بودند؟ مطالبی که در کتاب دوم تورات، سفر تثنیه فصل هیجدهم، آیه **۱۵** آمده است، اشاره به چه شخصی است و سئوالات متعدد دیگری که توضیح داده شد. این مطالب را اشاره ای نزدیکتر به ظهور حضرت محمد می دانست تا حضرت مسیح و در تأئید اظهاراتش دو بحث مختلف پیش آورد. اول اینکه از عبارت "از برادر تو" بنظر منوچهرخان باید منظور اسماعیل برادر اسحق و جد حضرت محمد باشد. دوم اینکه چون در این آیه می گوید"همچو من" بنظر می رسد که مقام حضرت مسیح بالاتر از حضرت موسی بوده است ولی چون می گوید "از میان تو" لذا تفسیر اولی صحیح نیست چون در ملکوت الهی به حضرت محمد مقام و منزلتی بالاتر از حضرت مسیح داده شده است. لذا این دلائل بحث اولی را خنثی می کند. منوچهرخان گفت موقعی که ما فارسی را خوب یاد گرفتیم خوشحال می شود که با ما در باره این مسائل دوباره صحبت کند. ازاو پرسیدیم که آیا کلیمی ها که مسیحی می شوند مورد اذیت و آزار قرار می گیرند؟ جواب داد هیچکس جرأت اذیت و آزار کلیمی ها را به صرف قبول مسیحیت ندارد. ضمناً اضافه کرد که قصد داشت جلسه ای با ملا های کلیمی در حضور خود او ترتیب دهد که با ما در این باره بحث کنند."

این دو نفر که در وقت فوت معتمدالدوله در اصفهان بوده اند مشاهدات خود را در گزارشی که به ریاست کلیسای یهودی لندن می دهند می نویسند: "ضمن اظهار تأسف خود را موظف می دانیم که واقعه فوت معتمدالدوله حاکم اصفهان را به اطلاع شما برسانیم. در حقیقت اولین دیدارمان از این محل مورد محبت فراوان او قرار

گرفتیم و بدین سبب متأسفیم که یکی از رفقا و پشتیبانان خود را اگر چه مسلمان بود از دست داده‌ایم. به علت سرماخوردگی شدیدی که عارضش شده بود روز یکشنبه ۲۱ ماه جاری طرف عصر بدرود حیات گفت.

در مدّت نه سالی که حاکم اصفهان بود مردم از چنان رفاه و آسایشی برخوردار بودند که نسل حاضر مشابه آن را به خاطر نمی‌آورد. از مرگ او مسیحیان و یهودیان هردو عزادار هستند.

قسمت عمده جمعیت این شهر را مردم رذل و بدنام تشکیل می‌دهند اما بواسطه تدبیر خردمندانه و اجرای عدالت و انصافی که او مرعی می‌داشت همه سر تمکین داشتند اما در حال حاضر همه دست به اسلحه برده اند حتی محترمین مسلمان را نیز مضطرب و بیمناک کرده‌اند.

مسیحیان با مرگ این حاکم عالی مقام بزرگترین دوستانشان را از دست داده‌اند زیرا سالیان دراز از آسایش و فراغتی که در دوره حکمرانی او نصیبشان شده بود برخوردار بوده‌اند.

با وضع حاضر نه فقط ما قادر نیستیم از منازلمان خارج شویم حتی نمی‌توانیم نوکرهایمان را هم برای تهیّه قوت لازم به خارج بفرستیم.

ارامنه که شغلشان ایجاب می‌کند به شهر بروند همه کتک خورده و لخت شده برمی‌گردند. سکنه جلفا همه شب در انتظار هجوم اجامر هستند به بعضی از خانه‌ها ریخته و آنها را غارت کرده‌اند در واقع نمی‌توان گفت که دامنه اعمال رذیله حضرات تاچه اندازه وسعت خواهد یافت.

تنها دو حاکم توانسته‌اند اصفهان را بنحو مطلوبی اداره کنند حتی اگر حاکم خوبی هم انتخاب شود مدّت زمانی لازم است تا مجدداً امنیّت در این کشور بی‌قانون برقرار گردد."

اهم شعرایی که در مدح معتمدالدوله اشعاری سروده‌اند:

گفتیم که میرزا محمدعلی بهار در کتاب مدائح المعتمدالدولة العلية از هفتاد شاعری که در مدح معتمدالدوله شعر سروده‌اند، نام برده است. از اهم این شعرا می‌توان از قاآنی، نشاط و وصال شیرازی نام برد.

وصال شیرازی که مادام العمر به مدح و قدح کسی زبان نگشود و دامان استغناء طبع و علو فطرت و حسن طویتش از لوث هرگونه پیرایش و گرایش پاک و در امان مانده است، در تمام دیوانش تنها در غزل زیر در یک بیت اسمی از ممدوح می‌آورد و آن اختصاص به معتمدالدوله دارد. وی می‌گوید:

چمن شکفت زلطف صبا و فیض سحاب
بخواه مطرب خوش‌خوان بیار باده ناب

عرق به عارض ساقی و قطره بر رخ گل
اشارتی است که باید روان بر آتش و آب

هوای باغ روان پرورد چو بوی بهشت
خروش رعد غم از دل برد چو بانگ رباب

بیارخانه به باغ ای بهارخانه بباغ
چه قانعی ز تماشای گل به بوی گلاب

نه ممکن است همه روزه گل بعشرت کوش
مکن درنگ که ایام می‌رود به شتاب

می مغانه به بانگ نی و چغانه کشیم
که لاله جام برآورد و مرغ زد مضراب

فتوح سامعه را دل ز آب میکده یافت
که باد میکده معمور خانقاه خراب

دلا به مدرسه سالوس و اهل وسوسه چند
به بوستان گذر و وصل دوستان دریاب

به رهن باده شد و در بهای مطرب رفت
باین امید که سجاده بود و بود کتاب

وصال وقت سحر خواب در گلستان چند
که گل ز زمزمه عندلیب جست زخواب

بپای خیز و به خلوت نشین و باده بنوش
ثنای معتمدالدوله گوی از هر باب

علاوه بر وصال شیرازی، آقامیرزا رضاقلی برادر ناتنی حضرت بهاءالله که به نغمه تخلص می‌کرده است نیز در وصف معتمدالدوله قصیده‌ای با مطلع زیر سروده است:

ای طعنه‌زده لعل تو بر در و گهر بر
وی خنده زده قند تو بر تنگ شکر بر

عنایت حضرت عبدالبهاء نسبت به منوچهر خان معتمدالدوله

از قلم حضرت عبدالبهاء به اعزاز منوچهر خان معتمدالدوله زیارتنامه‌ای نازل شده است.۴۴ بدیع بشرویی در یادداشتهای جمعه ششم آگوست ۱۹۱۵ خود از زبان حضرت عبدالبهاء می‌نویسد:

"معتمدالدولهٔ اصفهان، منوچهرخان خیلی بنا کرد در اطراف طهران خیلی ده داشت جمیع این عمارات این بنیانها این املاک جمیعاً رفت. همه‌اش ویران شد اثری نماند لکن در مدینة‌الله یک خشت گذاشت آن خشت باقی ماند خراب نمی‌شود چند

با او طریق محبت پیش گرفته و از لباس درویشی به لباس ملائی درآورده و او را تکلیف به تربیت میرزا موسی خان گماشت حاجی نیز قبول این معنی نموده مشغول تدریس بود و گاهی بخدمت نایب السلطنه بتوسط میرزا بزرگ می رسید و فی الجمله معروف بود. بعد از وفات میرزا بزرگ و وقوع نزاع در میانه برادران، میرزا ابوالقاسم و میرزا موسی خان، پسران میرزا بزرگ در منصب وزارت و تسلط میرزا ابوالقاسم ولد ارشد او با کسان میرزا موسی خان نقار ورزیده و مایه ترغیب و تحریض میرزا موسی خان در امر وزارت حاجی مزبور را دانسته بدستیاری حاجی علی عسکر خواجه بسبب علاقه‌ای که حاجی مزبور در قریتین گروس و قرا آغاج من محال سرآب تبریز پیدا کرده بود سیصد تومان مال دیوان بر حاجی باقی نویسانده و محصل مطالبه بر او گماشته بود. چون امیرخان قاجار از امرای بزرگ و خال نایب السلطنه مرحوم بود و بحکومت مملکت خوی سرافراز و با میرزا ابوالقاسم قائم مقام در کمال بی صفائی می بود حاجی مشارالیه خود را از چنگ محصل گریزانده به خوی رفته و بخدمت سردار رسیده یک دو سال بود که در آن ولایت می بود در این وقت نایب السطنه مرحوم به سردار حکم تعیین معلمی فرمود سردار حاجی مشارالیه را معروض خاطر مبارک ساخت و بجهت معرفت سابقه قبول این معنی را فرمود در آن اوقات مشغول به تدریس و تعلیم امیر زادگان ملتزم رکاب گردید و بعلاوه مواجب مرحمت شده در سلک معلمان برقرار آمد."

جهانگیر میرزا در ادامه کلام با مضمون زیر چنین می نویسد۴۷:

"بعد از خاتمه جنگ گنجه و عبور از ارس فتحعلیشاه در جنگلی در حوالی رودخانه ارس در آنجائی که مصب رود به دریا است چادر زده بود و به احضار نایب السلطنه فرمان داد و نایب السلطنه بهمراهی محمدمیرزا_ بهرام میرزا_ آصف الدوله و سپهدار عازم اردوی شاهی شدیم و چندین روز بود که غذائی به دست نیامده و همه گرسنه بودیم و نایب السلطنه با قطعه‌ای نان خشک قناعت می نمود.

در بین راه در محلی اطراق کردیم. محمدمیرزا از من خواست تا مطبوخی فراهم سازم و من برای تهیّه دیگ و برنج از تفنگ چی های دماوندی که در آن حدود بودند استمداد کردم و آنان نیز استعانتی نمودند. در این بین سواری بنظر رسید که رو به اینطرف می آید چون نزدیک رسید معلوم شد که جناب حاجی میرزا آقاسی است که جلو (دسته جلو) اسبش را دزدیده‌اند و ریسمانی را به طرز افسار کرده بر سر اسبش بسته است و یک حقه رکابش پاره شده و دوالی از عوض رکاب گذاشته و قجری اسبش را نیز برده‌اند و گل و لای تا سینه حاجی رسیده از دور فریاد می زند و می آید که از گریبان این ملای حلواخور چه می خواهید باری باین هیئت رسید و دیگ را بار کرده دید رو باین دعاگوی دولت کرده قسم یاد نمود که اگر حال مرخصی

مرا از نایب السلطنه حاصل نکنید دیگر ترک خدمتگذاری کرده از خانه بیرون نخواهم آمد و سه روز است گرسنه‌ام تا از این پلو مرا سیر نکنید شما را بحل نخواهم کرد باری از نایب السلطنهٔ مرحوم مرخصی برای او حاصل آمد و پادشاه مرحوم را فی الجمله الفتی و معرفتی در این سفر به حاجی پیدا شد."

"چون نایب السلطنه مرحوم وارد تبریز شد و زمستان بمیان آمد بخیال اینکه آسودگی در این زمستان برای طرفین خواهد بود زندگانی می‌شد در این اوقات حاجی میرزا آقاسی در خدمت شاه مرحوم راه یافته میرزا نصرالله اردبیلی را که معلم پادشاه مرحوم بود به بی‌ربطی و سرشکستگی از امر تعلیم در نظر نایب السلطنه جلوه داد و نایب السلطنه حاجی را اذن دادند که هفته‌ای یک دو بار بخدمت پادشاه مرحوم رسیده متوجه امور تعلیم ایشان نیز بود.

حاجی در این اوقات دخل کلی در مزاج پادشاه مرحوم بهم رسانید و از طریق فرمان و معرفت و خداشناسی و زهد و ورع چنان برآمد که در خدمت پادشاه مرحوم محقق شد که یکی از اولیاءالله است و از آنجائی که طینت مبارک پادشاه مرحوم مایل باخذ کمالات صوری و معنوی بود حاجی مذکور را در این باب مصدق داشتند و تخم محبت او را در خاطر شریف کاشتند و پادشاه مرحوم نیز مبنای خود را بر زهد و ورع گذاشته چنان شد که در اکثر اوقات لیل و نهار به نان و سرکه قلیلی در آن ایام قناعت می‌فرمودند و از مأکولات و ملبوساتی که از ولایت فرنگ می‌آوردند مجتنب شدند و از آن تاریخ مادام الحیات قند روسی میل نفرمودند، و ملبوس از اقمشه فرنگ بدون شستن نمی‌پوشیدند و رفته رفته این اخلاق از ایشان بظهور آمد و نایب السلطنه دانست که این احوالات از اثر سلوک حاجی می‌باشد و بعضی امور را که با سلطنت ظاهر منافی میدانستند مثل ترک سیاسات و سایر اسباب ملک‌داری از شاه مرحوم نمی‌پسندیدند باین جهت گاهی به پادشاه مرحوم عنایت فرموده باکل لحوم و دسوم پادشاه مرحوم را مضطر می‌ساختند."

دوست و دشمن در نکوهش از اعمال و افعال و عدم نزاکت و لیاقت او هرکدام بنحوی سخن گفته‌اند.

میرزا جعفر خورموجی چنین می‌گوید۴۸:

"در ماه صفر سال **۱۲۵۱** قمری سانحه پرملال قائم‌مقام روی داد. شب شنبه سلخ شهر صفر آن سید عالی شأن شهید بروضه رضوان و درجات جنان خرامید و صدارت عظمی به حاجی میرزا آقاسی که سابقاً به تعلیم امیرزادگان می‌پرداخت مفوض شد. از این صدارت کار مملکت بخسارت رسید. امور ملکی مختل گشت و حقوق دیوانی لم یصل ماند."

مهدی بامداد می‌نویسد:۴۹ "بنا به گفتهٔ مؤلف ناسخ التواریخ در جلد دوّم تاریخ

قاجاریه صفحه ۳۳۲: "و پادشاه او را قطب فلک شریعت و طریقت می‌دانست و با او بحسن عقیدت و صفای نیّت می‌زیست و مصدر کشف و کرامت می‌شمرد." هنوز ایامی مدید نگذشت که حاجی برای صورت و سیرت عجیب و غریبش منفور خاص و عام و انگشت‌نمای بین الانام گشت. چه از طرفی دارای صورت و قیافه‌ای غیرمأنوس بود و از طرف دیگر خوئی آتشین و متجاسر و احساس متلون و متغیر و لسانی غلیظ و شتام و حالی ناملایم و بی‌آرام داشت و بسا اوقات در اثناء ملاطفت و تفقد حالش دگرگون، چشمانش از غایت خشم پرخون، رحمت و شفقتش مبدل به شتم و استعمال کلمات قبیحه وقیحه می‌گشت و در مجمع اعاظم دولت و ملت همینکه بر یکی از امراء و علماء غضب می‌کرد فرمان می‌داد کلاه یا عمامه‌اش را از سر برداشته بیرون می‌انداختند و با کلماتی وقیح و اشاراتی فضیح ... تفوه می‌کرد."

در دوره سلطنت محمدشاه که بحدود چهارده سال طول کشید حاجی میرزا آقاسی فعال مایشاء بود و در فکر و اندیشه و رأی و اراده محمدشاه نفوذ کلی داشت. بطوریکه محمدشاه هیچ امری را بدون مشورت با او انجام نمی‌داد و هیچ حکمی را صحه نمی‌گذاشت. او بقدری در محمدشاه نفوذ داشت و روح و فکر او را تسخیر کرده بود که اگر بعضی از عمال دولت از راه خیرخواهی و مآل اندیشی تذکراتی به شاه می‌دادند او آن مطالب را با حاجی در میان می‌گذاشت و حاجی میرزا آقاسی آنان را مورد سیاست قرار می‌داد از این رو هیچکس جرئت نداشت که معایب کار صدارت او را به شاه گزارش دهد.

وقتی محمدشاه در حال احتضار بود او را به بالین خودش طلبید ولی چون دانسته بود که شاه در حالت نزع است به سراغ او نرفت و وقتی واقعه فوت محمدشاه پیش آمد بر جنازه‌اش حاضر نشد. از اول قصد داشت با کمک تفنگچی ها و سوارهای ماکوئی که در خدمت داشت در مقابل مهاجمان که از طرف دشمنانش ترتیب داده شده بود مقاومت کند ولی آنها او را رها کردند.

به قناسل روس و انگلیس متوسل شد از آنها هم اعتنائی ندید به فکر افتاد که به استقبال ناصرالدین میرزا به تبریز رود و شب به یافت‌آباد ده خودش خواست وارد شود رعیت هایش او را راه ندادند بناچار فراراً خودش را به زاویه حضرت عبدالعظیم رسانید و متحصن شد تا وقتی که ناصرالدین شاه از تبریز به طهران رسید و او را اجازه داد که به کربلا برود.

بعد از یکسال در سال ۱۲۶۵ هجری قمری در کربلا فوت نمود.

بامداد می‌نویسد که این صوفی صافی و منقطع از عالم فانی در ظرف مدت چهارده سال صدارتش ۱۴۳۸ قریه ششدانگ را مالک شد.۵۰

ملک قاسم میرزا

ملک قاسم میرزا روز چهارشنبه دوم شهر جمادی الاولی ۱۲۲۲ هجری قمری متولد شده. وی بیست و چهارمین پسر از پسران فتحعلیشاه قاجار است. او بعد از به سلطنت رسیدن ناصرالدین شاه در ماه سپتامبر ۱۸۴۸ میلادی به حکومت تبریز رسید، لیکن در ماه جون ۱۸۴۹ حمزه میرزا به جای او فرمانروای آذربایجان شد و ملک قاسم میرزا به حکومت ارومیه منصوب گردید. او در مقام حکمرانی بود که حضرت باب از آن شهر گذشتند.

هرجا و در هر اثری نامی از ملک قاسم میرزا برده شده است، همه او را به بزرگی و دانائی و فضل و کمال و شفقت و رأفت نسبت به قاطبه مردم ستوده‌اند. در میان شاهزاده‌های قاجار دیده نشده است که کسی با وجود در دست داشتن قدرت و شوکت، حکمرانی و حکومت به اندازه او مورد مدح و ستایش نفوس داخلی و خارجی واقع شده باشد. هما ناطق می‌نویسد۵۱:

"دیگر شاهزاده‌ای که زیر دست همان زن مادام دولا مارینیر۵۲ پرورش یافت عموی شاه ملک قاسم میرزا حاکم ارومیه بود.

ملک قاسم میرزا به گواهی همگان فرانسه را به حد کمال می‌دانست هم او بود که گشایش مدارس اروپائی را مشوق شد فرنگیان را به ارومیه کشانید و با رفتار و آداب فرنگی مآبانه‌اش حیرت اروپائیان را برانگیخت. جمله اروپائیانی که در این دوره از ایران گذشته‌اند از دانش و دانش‌پروری او یاد کرده‌اند آوازه شهرتش حتی در عثمانی هم پیچید."

فلاندن۵۳ نوشت ملک قاسم میرزا "یکی از برجسته‌ترین مردان مشرق زمین است چه از نظر افکار بلندش و معلوماتش و چه از نظر توجهی که به دانش اروپائی دارد. شش زبان می‌داند فرانسه را به حد کمال، انگلیسی، روسی، ترکی، عربی، هندی. او یکی از سر سخت‌ترین حامیان آموزشگاه‌های اروپائی است۵۴". کنت دو سیرسی۵۵ هم نوشت "از حسن تصادف این شاهزاده زبان فرانسه را خیلی خوب حرف می‌زد او نیز همانند بسیاری از فرزندان فتحعلیشاه فرانسه را از زن فرانسوی یاد گرفته بود. او برای آنچه از فرنگستان می‌آید دلبستگی زیادی داشت و چه مرد نیک سرشت و چه با حسن قلب بود. هرچه از آن شاهزاده جوان مهربان به نیکی یاد کنیم کم گفته‌ایم. یاد او با بهترین یادبود‌های من از ایران همراه است."

حاج معین السلطنه تبریزی می‌نویسد که ملک قاسم میرزا از علم طب اطلاع کامل داشت و مردم مستمند را مجاناً معالجه می‌کرد و به دفعات اتفاق افتاده است که در منطقه تحت فرمان او در حالی که سواره می‌گذشت از او استدعا می‌شد که مریضی را عیادت کند او بدون اینکه در بند شئون ظاهره و سطوت و صولت

حکومت باشد منفرداً به عیادت آن مریض می‌رفت و از مریض عیادت می‌نمود و از صاحبان مریض تفقد و دلجوئی می‌کرد و مخارج دارو و غذای مرضای محتاج را از جیب کرم و فتوت خودش پرداخت می‌نمود.

نادر میرزا می‌نویسد۵۶:

" ملک قاسم میرزا به سال ۱۲۶۴ از هجرت فرزند خان کبیر را مخاطبه فرمان فرما کرد این شاهزاده از خانواده بیگلربیگی ارومیه از اول زندگی با برادر کهتر ملک منصور میرزا به ملازمت نایب السلطنه بود جوانی بلند قامت و خلیق و زبان‌آور لغت فرانسه و انگلیس نیک آموخته بود که بدان روزگار از ایرانیان کسی نمی‌دانست و نزد برادر محترم بود فرزندان نایب السلطنه او را عموجان گفتند و این لغت بر نام غالب آمد."

کست۵۷ در گزارش خودش در باره ملک قاسم میرزا می‌نویسد۵۸:

"هیچ شخصیت آسیائی مانند او شیفته هنر و آداب و خلقیات ما اروپائیان نیست و آنگاه که در ارومیه حکومت می‌کرد آن سرزمین را به گلستان ایران تبدیل کرد."

کلنل استوارت توضیح می‌دهد که من به اتفاق الیس و سر اچ. بتیون۵۹ برای شکایت از بیگانگان نیم‌وحشی پیش او رفتیم. حضرت والا ملک قاسم میرزا آدم خوش‌سیمائی است ولی مردی عادی بنظر می‌رسد. این شخص را که من تعریف می‌کنم تنها فردی از خاندان سلطنتی است که به عباس میرزا شباهت دارد او یکی از شاگردان مادام مارینیر بوده است و با زبان فرانسه نسبتاً فصیحی صحبت می‌کند و مانند اروپائی ها از روی تفکر و اندیشه حرف می‌زند.

لباسی را که امروز پوشیده بود عبارت بود از یک سرداری آبی رنگ با یک جفت سردوشی افسران دریائی انگلیس و شلواری کمرنگ.

لازم نیست که بگویم در این لباس چقدر خوشگل و زیبا بود بمانند یک ببر صحرائی. مادر ملک قاسم میرزا از خانواده‌ای نجیب از ایل افشار است و پدر مادرش از قدرتمندترین سران آن ایل به حساب می‌آید.

آقا میرزا محمدعلی انیس

آقا میرزا محمدعلی زنوزی که حضرت باب او را انیس خوانده‌اند از مردم زنوز یکی از دهستانهای تابع شهرستان هرند در ایالت آذربایجان است.

پدرش آقامیرزا عبدالوهاب در لباس اهل علم بود و در دوران جوانی بدرود حیات گفت و از خود دو پسر به اسامی میرزا عبدالله و میرزا محمدعلی باقی گذاشت و مادرش با آقاسیدعلی زنوزی که او نیز در عداد علمای شهیر تبریز بود

ازدواج نمود و خواه نخواه آقا میرزا محمدعلی و برادرش تحت تربیت و تعلیم شوهر مادرشان قرار گرفتند و تلمّذ نمودند. آقامیرزا محمدعلی هرگز واجبات دین را ترک نکرد و غالب اوقات را به عبادت و اطاعت و صوم و صلات می گذرانید.

فاضل مازندرانی با مضمونی به صورت زیر می نویسد[۶۰]: وقتی که حضرت باب را به تبریز آوردند آقا میرزا محمدعلی به ملاقات ایشان شتافت و جلسات عدیده ملاقات کرد و اسئله مختلفه پرسش کرد و جواب شنید تا اینکه نامه‌ای به حضرت باب نوشت و تقاضا نمود که آیه "یا من دلّ علی ذاته بذاته[۶۱]" را که یکی از آیات منزله در دعای سحر از حضرت امیرالمؤمنین علی ابن ابیطالب است تفسیر فرمایند. در جواب او شرحی بلیغ و مفصل مرقوم داشتند در این وقت ایمان آورد و اطمینان قلب حاصل نمود و محبّی صادق و مؤمنی مستقیم و ثابت شد تا آنجا که جان در سبیل جانان فدا نمود و وجود عنصریش با وجود حضرت باب در میدان سربازخانه تبریز هر دو را به یک میخ آهنین بستند و هدف رصاص کین و بغضاء قرار دادند و با شلیک هفتصد و پنجاه گلوله آن اجساد مطهّره را تیرباران نمودند و آنطور آن دو وجود مقدّس با هم ممزوج شدند که انفکاک ممکن نبود. او از فراش‌باشی وزیر نظام خواهش کرد او را طوری بیاویزند که سرش مقابل سینه حضرت باب قرار گیرد و می گویند در آن احوال گفت "ارضیت منّی یا مولای".

حضرت بهاءالله در رتبت و شأن و منزلت مقام او بیاناتی با این مضمون می فرمایند[۶۲]:

ما در این مقام به یاد می آوریم محمد قبل علی را، آن کسی که گوشتش با گوشت مولایش ممزوج گشت و خونش با خون او و جسدش با جسد او و استخوانش با استخوان خداوند عزیز و بخشنده اش. قلم اعلی شهادت می دهد که او به مقامی فائز شد که احدی به آن مقام فائز نشد و بر او وارد شد آنچه که بمانند آن را هیچ گوشی نشنید. بر او باد بهاء من و بهای ملکوت و جبروت من و بهاء اهل دیار عدل و انصاف."

آقا میرزا محمدعلی بعد از اینکه ایمان آورد بی تاب شد و صبر و قرارش نبود و اعتقادات خود را علی رؤوس الاشهاد بیان می کرد بطوری که او را به جنون منسوب کردند و شوهر مادرش وی را به عنوان دیوانه در خانه اش توقیف کرد و اجازه نمی داد که بیرون برود. در آن احوال در عالم رؤیا حضرت باب را زیارت نمود که به او بشارت داده بودند در جمیع عوالم تو با من هستی و در او حالت وجد و سروری ایجاد شد و بکلی احزان حاصله در قلب و وجودش زائل گردید. از قضا در همان ایام شیخ حسن زنوزی به دیدن او رفت. او داستان خوابش را برای شیخ حسن تعریف نمود و اظهار مسرت و سرور بی پایان کرد. شیخ حسن به او گفت این مطلب

را پنهان بدار و به کسی اظهار نکن تا میقات آن برسد.

شیخ حسن که از جمله بابی‌های ثابت و راسخ در دیانت بابی بود و با آقا سیدعلی زنوزی سابقه هم شهری گری و دوستی و الفت داشت به ملاقات او رفت و به او خبر داد که آقامیرزا محمدعلی سلامتش عود کرده و قلبش مسرور و خرسند است. آقا سیدعلی او را از حبس مستخلص گردانید.

بالاخره در وقتی که برای مرتبه سوم حضرت باب را به تبریز می آوردند تا شهید کنند میرزا محمدعلی بی‌تابانه خودش را به زندان آن حضرت در ارگ علیشاه رسانید و دیگر انفکاک حاصل ننمود.

فاضل مازندرانی نوشته است در آن اوقات که او در حضور حضرت باب بود آقا سید علی سابق‌الذکر به اصرار مادر میرزا محمدعلی نامه‌ای به او نوشت و به او تذکر داد که تا وقت از دست نرفته است توبه کند و از اعتقادی که دارد برائت حاصل نماید تا سبب و اسباب استخلاصش را فراهم سازد. او در جواب شوهر مادرش در کنار همان کاغذ نوشت "من رند و عاشق آنگاه توبه استغفرالله استغفرالله."

وقتی بستگان آقامیرزا محمدعلی از برائت او از معتقداتش مأیوس شدند میرزا عبدالله برادر بزرگترش نامه‌ای به او نوشت و او را به ارواح اولیاء و انبیا قسم داد که به حال دو طفل صغیر و مادر پیر و عیال مظلوم و مهجور خود ترحم نماید و از اعتقادی که دارد و راهی که رفته است توبه کند و او در جواب نامه برادرش شرح زیر را نوشت۶۳:

"هو العطوف

قبله گاها احوالم بحمدالله عیبی ندارد لکل عسر یسر اینکه نوشته بودید این کار عاقبت ندارد پس چه کار عاقبت دارد باری ما که از این کار رضایت‌مندی داریم بلکه شکر این نعمت را نمی‌توانیم بجا آریم و منتهای امر کشته شدن در راه خدا است و این زهی سعادت و قضای خداوندی بر بندگان جاری خواهد شد. تدبیر تقدیر را بر نمی‌گرداند ماشاءَالله کان لا حول و لا قوة الاّ بالله. قبله گاها آخر دنیا مرگ است کلّ نفس ذائقة الموت اجل محتوم که خداوند عزّ و جلّ مقدر فرموده است اگر مرا درک کرد پس خداوند خلیفه من است بر عیال من و توئی وصی من هرطور که موافق رضای الهی است رفتار خواهید و هرچه بی‌ادبی و خلاف مراسم کوچکی نسبت به آن جناب صادر شده عفو فرمائید و طلب حلیّت از همه اهل خانه از برای من بنمائید و مرا به خدا بسپارید حسبی الله و نعم الوکیل. انتهی"

در روز شهادتش خواهرش فرزند دو ساله‌اش را به سربازخانه برد و چندین بار پایش را بوسید و با چشمی گریان او را به پیغمبر و قرآن قسم داد که لااقل تقیه کن که در شریعت اسلام در موقع ضرورت ممدوح است و امر امام صادق است و به من

و مادر و زن و فرزندت ترحم نما به خواهرش اینطور گفته است:

"گر تیغ بارد در کوی آن شاه گردن نهـــادم الحکم لله"

من آرزو داشته‌ام که به این روز برسم خدا را شاکرم که به این نعمت مرزوق شدم تو صبور و شکیبا باش عنقریب اشخاصی ظاهر می‌شوند که ما را حمد و ثنا گویند و به جای قومی که فتوی به قتل ما داده و می‌دهند در راه محبت ما جانفشانی خواهند نمود.

میرزا محمدعلی را هم با حضرت باب برای فتوای قتل بردند. ملا محمد ممقانی به فراشباشی گفته بود این پسر دیوانه است و بر دیوانه حرجی نیست که موجبات استخلاص او را فراهم سازد ولی آقامیرزا محمدعلی در جوابش گفته است آخوند تو دیوانه شده‌ای که فتوای قتل قائم آل محمد را صادر می‌کنی و به سفک دم آن مظلوم عالم دست می‌آلائی. ملا محمد عصبانی شد و فتوای قتل او را هم امضاء کرد.

ضمیمهٔ ۲

الواح، مکاتیب و اسنادی که برای نخستین بار در این کتاب منتشر شده اند

فصل چهارم

۱- مکتوب حضرت باب به خال اصغر
۲- لوح به اعزاز ملاحسن گوهر
۳- لوح به اعزاز سلطان عبدالمجید سلطان آل عثمان
۴- لوح به اعزاز خال اکبر
۵- لوح به اعزاز خال اکبر
٦- لوح به اعزاز شیخ سلمان آل عصفور
۷- رساله خصائل سبعه
۸- لوح به اعزاز ملاصادق مقدس
۹- لوح خطاب به محمد شاه قاجار
۱۰- لوح به اعزاز شریف سلیمان شریف مکه
۱۱- مکتوب خال اکبر به والده و همشیره
۱۲- کتاب العلماء

فصل پنجم

۱- نامه حاج میرزا سید محمد خال اکبر به حاج میرزا سید علی خال اعظم
۲- نامه خال اکبر به حاجی عبدالحسین
۳- دو قسمت از یادداشتهای حاج وکیل الدوله
۴- نامه محمد خان مأمور دستگیری حضرت باب
۵- مکتوب حضرت باب به خال اعظم از کنارتخته
٦- نامه ملا علی اکبر اردستانی به حضرت باب
۷- مکتوب حضرت باب به حرم مبارک

فصل ششم

۱- لوح به اعزاز ملا عبدالخالق یزدی (که در آن به دلایل عدم عزیمت به کربلا اشاره شده است)
۲- نامه میرزا بابای ذهبی

۳- نامه آقا سید حسین کاتب
۴- نامه حاجی میرزا ابوالقاسم مورخ بیستم رمضان ۱۲۶۲ ه. ق.
۵- نامه حاجی میرزا ابوالقاسم مورخ هشتم ذیعقده ۱۲۶۲ ه. ق.
٦- نامه خال اصغر به خال اکبر
۷- وصیت نامه حضرت باب
۸- سورة الرضوان

فصل هفتم

۱- نامه آقا سید حسین کاتب به خال اصغر
۲- لوح به اعزاز خال اعظم
۳- یادداشت دکتر سعید خان کردستانی
۴- نامه خواستگاری دختر خانمی برای ازدواج با میرزا یحیی ازل
۵- نامه ملا عبدالکریم قزوینی در بارهٔ تدفین آقا سید کاظم زنجانی
٦- نامه آقا سید حسین کاتب در بارهٔ تدفین آقا سید کاظم زنجانی
۷- لوح به اعزاز آقا محمدحسین اردستانی

فصل هشتم

۱- نامه وحید به حاج میرزا سید علی خال اعظم (به ضمیمه سواد فرمان محمد شاه دائر به تبعید حضرت باب به ماکو)
۲- قسمتی از لوح نازله در سیاه دهن به اعزاز محمد شاه قاجار

فصل نهم

۱- یادداشتهای ملا محمد نوری از دستورالعملهای شفاهی حضرت باب
۲- نامه آقا سید یحیی وحید به خال اعظم و بستگان
۳- نامه آقا میرزا هادی پسر سید مهدی طباطبائی به خال اصغر
۴- نامه ملا شیخ علی عظیم خطاب به بستگان حضرت باب و آقا میرزا احمد والد آقا سید حسین کاتب
۵- نامه آقا سید حسین کاتب از ماکو به خال اصغر
٦- نامه ملا عبدالکریم قزوینی به خال اعظم
۷- لوح نوروز
۸- مکتوب حضرت باب خطاب به ملا نوروز علی

فصل دهم

۱- نامه ملا احمد ابدال مراغه‌ای
۲- نامه اول ملا عبدالکریم قزوینی
۳- نامه دوم ملا عبدالکریم قزوینی
۴- نامه آقا سید حسین کاتب
۵- لوح نازله خطاب به محمد شاه از چهریق
٦- فرمان ناصرالدین شاه خطاب به علاءالدوله
۷- لوح قهریه خطاب به حاجی میرزا آقاسی (متن کامل)
۸- نامه آقا سید حسین کاتب به خال اصغر
۹- نامه خال اصغر از یزد به خال اعظم در شیراز
۱۰- نامه حاجی محمد نقشینه فروش اصفهانی

فصل یازدهم

۱- جواب ملک قاسم میرزا به نامه امیرکبیر

فصل دوازدهم

۱- نمونه خط نزولی حضرت باب از تفسیر کوثر
۲- توقیع هیکل، شماره ۱ (کتابخانه بریتانیا، مجموعه خطی آثار حضرت باب و بهاءالله، پرونده Or. 6887)
۳- توقیع هیکل، شماره ۴

فصل سیزدهم

۱- نامه حاجی میرزا جانی کاشی به محمد اسماعیل ذبیح
۲- نامه سلیمان خان شهید به حاج سید جواد کربلائی
۳- گزارش نسقچی باشی و دستورات ناصرالدین شاه
۴- دستور ناصرالدین شاه به نسقچی باشی و اسامی احبایی که گرفتار شده‌اند.
۵- دستور دیگر ناصرالدین شاه به نسقچی باشی
٦- دستور مجدد ناصرالدین شاه به نسقچی باشی
۷- یادداشت ناصرالدین شاه به علاءالدوله
۸- جوابیه ملا علی کنی به ناصرالدین شاه

یادداشتها

۱- تاریخ امری فارس، نسخه خطی.
۲- کشف الغطاء، صفحه ۸۲.
۳- بیان عربی، واحد ششم، باب الواحد من بعد عشر.
۴- حضرت نقطه اولی، صفحه ۱۷۸.
۵- این دو پسر یعنی میرزا محمدعلی خان و میرزا محمدباقر خان دهقان در تاریخ دیانت بهائی و دوره میثاق از مقام والائی برخوردارند.
۶- خرامه دهی در بلوک کربال از محال فارس است.
۷- برای نمونه متن یک لوح نازله از قلم حضرت بهاءالله در اینجا نقل می‌شود (مجموعه الواح بهائیان شیراز، لجنه استنساخ الواح، صفحه ۱۸۱):

ش جناب حاجی ابوالحسن علیه بهاء الله

هو الاقدس الاعظم العلی الابهی

قد کنت مذکوراً لدی العرش فی کل سنة الی ان بلغت السنون الی هذه السنة التی فیها حبسوا اولیائی الذین نطقوا بثنائی و اعترفوا جهرةً بما انزله الله فی ام الکتاب بذلک ناحت کتب الله و ذرفت عیون الذین بهم قرت الابصار ان المظلوم یذکرک اذ احاطته الاحزان من کل الجهات. قل انّ حزنه اظهاراً لعنایته و ابرازاً لفضله لعمرالله لو اراد لیأخذ الکل بکلمة من عنده انه لهو المقتدر العزیز المختار. انک شربت رحیق الوحی کوباً بعد کوب و کأساً بعد کأس کل ذلک من فضلنا علیک ان ربک لهو العزیز الفضّال طوبی لمن شرب قدح ثنائی و کوثر عرفانی انه من اعلی الخلق فی الزبر و الالواح البهاء علیک و علی الذین تمسکوا بحبل الیقین معرضین عن الظنون و الاوهام.

۸- هر فرسخ برابر شش کیلومتر است.
۹- حاجی اسدالله در قضیه قتل حاجی ملاتقی برغانی در حال نقاهت و کهولت دستگیر و به زنجیر کشیده شد. سپس وی را با پای پیاده بر روی برف از قزوین به طهران آورده شهید نمودند.
۱۰- قسمتی از متن عربی لوح حاج سید علی کرمانی منزله از قلم حضرت باب.

الحاج سید علی کرمانی فی المدینة

بسم الله الرحمن الرحیم

قد قرئت کتابک هذا فاستمع لماذا القی الیک باذن الله فانّ ذکر اسم ربک لهو الحق یهدیک الی صراط مستقیم و انه لعلیّ علی کلمة عظیم لایحیط بعلمه الاّ من شاء ربک انه علی کل شیئی قدیر فاستقم علی الدین کانک بین یدی الله قد کنت علی قسطاس مبین و ان کلمة البدع قد قضت بالحق فان الله ما جعل فی ذلک الیوم دون

ذکر اسم ربک هذا شاهداً و نصیراً و اعمل لله کان الله لم یخلق دونک خلیلاً و انصر کلمة ربک فان للناصرین حسن المقام عند ربک قد کان مقضیاً... ان الذین یبایعون ذکر اسم ربک فانهم یبایعون الله یدالله فوق ایدیهم و کفی بالله علیّ ناصراً و شهیداً...

۱۱- در تاریخ امر از سه نفر به نام سلیمان خان اسم برده شده است:

اول- سلیمان خان پسر یحیی خان مخاطب لوح مبارک. شرح شهادت و خدمات وی گذشته از اینکه مفصلاً در تواریخ امر آمده است، در گزارشهای نمایندگان دول خارجی و از جمله در روزنامه تایمز لندن درج شده است.

دوم- سلیمان خان صائن قلعه‌ای که از ارادتمندان سید رشتی بود و بعد از ارتحال او به سلک پیروان حاجی محمدکریم خان کرمانی پیوست. او با دیانت بابی مخالف بود و محرک قتل پسرش رضاقلی خان که بابی و سپس بهایی شد، گردید.

سوم- سلیمان خان افشار شاهسون که در محاربات بابیها در قلعه طبرسی و زنجان مشارکت داشت و مأمور آوردن حضرت باب از چهریق به تبریز بود.

۱۲- متن عربی لوح نازله به اعزاز حاج سلیمان خان

الحاج سلیمان خان فی المدینه

بسم الله الرحمن الرحیم

ان هذا کتاب قد سطرت من ید الذکر هذا علیّ حکیم و انّه لعلیّ علی صراط مستقیم و انّ ربّک یعلم غیب السموات و الارض و ما من شیئی الاّ قد فصّلناه فی کتابک هذا لوح حفیظ و ما شئت اذ شئت الاّ و قد فصل الله حکمه و لکنّ الناس لا یعلمون و ان ربک لو شاء لیقضی ما قد سئلت فی سرّک ولکنّ الله کره علیک الشأن فی نفسک انه لا اله الاّ هو حکیم علیم ذلک من انباء اللوح ننزّل الیک لتذکر الله ذکراً کثیراً و لتکوننّ فی صراط ربک هذا علی یقین مبین و تعالی الله ربک عما یقول الظالمون علواً کبیرا.

۱۳- مضمون فارسی گزارش روزنامه تایمز، چهارشنبه سیزدهم اکتبر ۱۸۵۲ میلادی، لندن، انگلستان در بارهٔ شهادت حاج سلیمان خان و طاهره:

چند روز پیش نقل کردیم که به ناصرالدین شاه پادشاه ایران حمله‌ای شده بود. امروز گزارش رسید که متهم به این کار حاج سلیمان خان است که بلافاصله توقیف شد و بدنش را سوراخ سوراخ کرده و به اصطلاح ایرانیان شمع آجین نمودند یعنی با چاقو در گوشت و پوست او سوراخهائی ایجاد کردند و در هر سوراخی شمعی فرو بردند و آنها را روشن نمودند که نتواند فوراً جان بدهد و او را با آن بدن مجروح و شمع های سوزان به کوچه و بازار کشیدند و سپس به خارج دروازه شهر برده بدنش را به دو پاره شقه نموده به دروازهٔ شهر بستند.

قرة العین را که شاعره‌ای شهیر از مردم قزوین است و در عداد ابطال بابیّه

می‌باشد و قبل از این واقعه مسجون بود شهید نمودند.
باید خاطرنشان کرد که صدمه وارده بر شاه از آن حمله فقط جراحتی سطحی بر کتف وی بود. معذلک این عقوبت‌ها و انتقام‌های متعدد را از این طایفه می‌کنند.
۱۴- ترجمه از: دائرة المعارف اسلام، جلد اول (A-B)، از انتشارات بریل، لیدن؛ لوزاک، لندن، ۱۹۶۰ میلادی، صفحات ۷۴ و ۷۵.

15- Silistria
16- Bosnia
17-Montenegro
18- Iaster
19- Ossati
20- N. Stinian
21- Lord Palmerston

۲۲- ایران در راه‌یابی فرهنگی ۱۸۴۸-۱۸۳۴، صفحه ۲۶۷.
۲۳- فارسنامه ناصری، گفتار اول، صفحات ۳۰۱-۳۰۰.
۲۴- شرح حال رجال ایران، جلد دوم، صفحات ۲۰۸ و ۲۰۹.
۲۵- دیانت بابی و بهایی ۱۹۴۴-۱۸۴۴، صفحه ۱۷۱-۱۶۹.

26- Layard, Early Adventures, vol. 1, p. 357.
27- Farrant
اسناد وزارت امور خارجه دولت انگلیس، گزارش شماره ۶ فارانت به پالمرستون، پرونده F0 60-144، سی‌ام ژانویه ۱۸۴۹ میلادی.
28- Sheil
۲۹- فارسنامه ناصری، گفتار اول، صفحات ۱ و ۲.
۳۰- فارسنامه ناصری، گفتار دوم، صفحه ۲۴.
۳۱- مضمون فارسی: خداوند دوست نمی‌دارد که علناً در بارهٔ اعمال بد نفوس صحبت شود، جز آنها که ظلم کردند.
۳۲- یک سال در میان ایرانیان. فصل چهاردهم تحت عنوان" دنبالهٔ یزد" صفحات ۴-۳۶۲.
۳۳- ناظم الشریعه صحیح است.
۳۴- شهادت آقا میرزا آقای رکاب ساز به فتوای او انجام شد.
۳۵- منظور شیخ مهدی کجوری است.
۳۶- الف_ رشتی، آقا علی. مدایح معتمدیه. کتابخانه برلین، آلمان، خطی.
ب_ بهار، میرزا محمدعلی. مدائح المعتمدالدولة العلیه. کتابخانه بریتانیا، شماره ثبت: Or. 4511 قطع رقعی، خطی.
این کتاب که به خط نستعلیق نوشته شده است، در سال ۱۲۵۹ هجری قمری در اصفهان به اتمام رسیده و در آن از هفتاد نفر شاعر که به مناسبتهای مختلف

مدایحی به نام معتمدالدوله سروده‌اند یاد شده و شرح احوال مختصر هرکدام در مقدمه شعرشان ذکر گردیده است. متن کتاب با نثری پیچیده و مغلق به تقلید از تاریخ وصاف و درّه نادری نگاشته شده و مؤلف آن در هر مورد از آوردن کلمات مسجّع و مقفی و نقل اشعاری به مناسبت فروگذار نکرده است.

37- Sir John McDonald Kennier

۳۸- شرح حال رجال ایران، جلد چهارم، صفحه ۱۶۰.

39- Sir Lindesay Bethune

۴۰- فارسنامه ناصری، گفتار اول، صفحات ۹-۲۸۸.

۴۱- شرح حال رجال ایران، جلد چهارم، صفحه ۱۶۲:

"بی‌نظمی و اغتشاش اصفهان و شورش اهالی بر حکام بیشتر برای این بود که محمدشاه در این سال برای گرفتن هرات به یکی از چهار شهر خراسان عزیمت نمود علمای اعلام به تحریک بیگانه مردم را به شورش وادار نمودند که دولت از گرفتن هرات منصرف گردد."

42- The Babi and Baha'i Religions, 1844-1944. p. 168

43- The Babi and Baha'i Religions, 1844-1944. pp.163-9

۴۴- متن عربی زیارتنامهٔ معتمدالدوله:

زیارت سید الصدور و فخرالوزراء معتمدالدّولة القاهرة حضرت منوچهرخان علیه الرحمة و الرضوان

هو الله

علیک التحیة و علیک الثناء و علیک الصلوة و علیک البهاء یا سید الوزراء و مليک الامراء و شمس الصّدور و بدرالبدور و امیر اقلیم الاثیر و الجالس علی سریر المجد الاثیل اشهد بانک آمنت بالله و ایقنت بآیات الله و خضعت لمظهر انوار الله و خشعت لمطلع وحی الله و انجذبت بنفحات الله و حمیت مشرق نورالله و حفظت مرکز الهدی عن شرّ الاعداء الّذین نبذوا التقوی و اخذوا الهوی و ماخافوا من الله و اهانوا مطلع آیات الله انت الذی ما حجبتک الحجبات عن مشاهدة الآیات البیّنات و ما منعتک کنوز الغنی عن السّلوک فی الطریقة المثلی طوبی لک یا ذاالشهامة الکبری بشری لک یا صاحب الرّتبة العلیا انک انت السّعید فی الملاء الاعلی و انّک انت المجید فی الملکوت الابهی انّک انت المنعوت بلسان اهل التّقوی و انّک انت الممدوح فی السن اصحاب الهدی طوبی لمن زار مرقدک المنوّر طوبی لمن قبّل جدثک المطهّر طوبی لمن تمسّک بضریحک المعطّر طوبی لمن شمّ ترابک المعنبر طوبی لمن خدم رمسک الذی فاق المسک الاذفر طوبی لمن یوقد السّراج فی رواقک الرّفیع طوبی لمن یزیّن مضجعک البدیع لعمرالله انّه لمن الفائزین و فی جنّة الخلد لمن الخالدین. ع ع.

۴۵- تاریخ نو، صفحات ۱۴-۱۳.

۴۶- برادر میرزا ابوالقاسم قائم مقام.
۴۷- تاریخ نو، صفحات ٦٢ و ٦۴.
۴۸- حقایق الاخبار ناصری، صفحه ۲۵.
۴۹- شرح حال رجال ایران، جلد دوم، صفحه ۲۰۵.
۵۰- شرح حال رجال ایران، جلد دوم، صفحه ۲۰۷.
۵۱- ایران در راه‌یابی فرهنگی ۱۸۴۸-۱۸۳۸، صفحه ۱۰۵.

52- Madame de la Mariniere.

53- Flandin.

۵۴- ایران در راه یابی فرهنگی ۱۸۴۸-۱۸۳۸، صفحه ۱۰٦.

55- Comte de Sercey.

۵٦- تاریخ و جغرافیای تبریز، صفحه ۱۷٦.

57- Coste.

۵۸- ایران در راه یابی فرهنگی ۱۸۴۸-۱۸۳۸، صفحه ۱۰٦.

59- Sir H. Bethune.

٦۰- ظهورالحق، جلد سوم، صفحه ۲۷.
٦۱- مضمون فارسی: ای کسی که ذات خودت بر ذات خودت دلیل است.
٦۲- متن عربی برگرفته از لوح قاسم زنوزی منزله از قلم حضرت بهاءالله، مائده آسمانی، جلد چهارم، صفحه ۳۵۹ (همچنین محمدعلی فیضی، حضرت نقطهٔ اولی، صفحات ۹-۳۴۸).
"انا نذکر فی هذا المقام محمداً قبل علی الّذی امتزج لحمه بلحمه و دمه بدمه و جسده بجسده و عظمه بعظم ربه العزیز الوهاب. یشهد القلم الاعلی بانّه فاز بما لا فاز به احدٌ قبله و ورد علیه ما لا سمعت شبهه الآذان علیه بهائی و بهاء ملکوتی و جبروتی و اهل مدائن العدل و الانصاف."
٦۳- ظهور الحق، جلد سوم، صفحه ۲۹.

منابع تحقیق

کتابهای فارسی و عربی

ابن البلخی. **فارسنامه**. به اهتمام و تصحیح: گی لسترانج و ر. آ. نیکلسون. چاپ سوم، لندن، لوزاک و شرکاء، ۱۹۶۸ میلادی.

ابن بطوطه. **رحله ابن بطوطه**. ترجمه: محمدعلی موحد. بنگاه ترجمه و نشر کتاب (مجموعه ایران شناسی)، طهران، ۱۳۴۸ هجری شمسی.

اشراق خاوری، عبدالحمید. **قاموس ایقان**. جلد دوم، مؤسسه ملی مطبوعات امری، طهران، ۱۲۷ بدیع.

اشراق خاوری، عبدالحمید. **مائده آسمانی**. مؤسسه ملی مطبوعات امری، طهران، ۱۲۹ بدیع.

اصطخری، ابواسحق ابراهیم. **مسالک و ممالک** (قرون ۵ و ۶ هجری قمری). بنگاه ترجمه و نشر کتاب، طهران، ۱۳۴۰ هجری شمسی.

اعتمادالسلطنه، محمدحسن خان. **المآثر و الآثار**. چاپ دوم (سنگی) کتابخانه سنایی، طهران، بی تاریخ.

افضل الملک، غلامحسین. **مجموعه متون و اسناد تاریخی**، کتاب ششم (قاجاریه). به کوشش: منصوره اتحادیه (نظام وفا) و سیروس سعد زندیان. نشر تاریخ ایران، شماره ۷، چاپ اول، طهران، ۱۳۶۱ هجری شمسی.

افنان، حبیب الله (میرزا). **تاریخ امری فارس**. نسخه خطی، شیراز، ۱۳۰۶ هجری شمسی.

اقتداری، احمد. **خلیج فارس**. چاپ دوم، مؤسسه انتشارات فرانکلین، طهران، ۲۵۳۶ شاهنشاهی.

البلاذری، احمد ابن یحیی. **فتوح البلدان**. ترجمه: دکتر آذرتاش. چاپخانه خواجه، طهران، ۱۳۴۶ هجری شمسی.

امیرالمؤمنین، علی. **دیوان اشعار**. چاپ سنگی، مطبعه ناصری، بمبئی، ۱۳۱۵ هجری قمری.

باب (حضرت). **بیان عربی**. نسخه عکسی از دستنوشته، اصفهان، بین سالهای ۱۳۲۷ تا ۱۳۲۹ هجری شمسی.

باب (حضرت). **بیان فارسی**. چاپ سنگی، طهران، بی تاریخ.

باب (حضرت). **دلائل سبعه**. چاپ سربی، بی جا، بی تاریخ.

باب (حضرت). قسمتی از **مجموعه آثار**. خطی، بی تاریخ.

بارتولد، و. **تذکره جغرافیای تاریخی ایران**. ترجمه: حمزه سردادور. چاپ دوم،

طهران، ۱۳۵۸ هجری شمسی.
بالیوزی، حسن (موقر). **آشنایی ادوارد براون با دیانت بابی و بهایی**. یادداشتهای خطی، لندن، ۱۹۷۶ میلادی.
بالیوزی، حسن (موقر)، **بهاءالله شمس حقیقت**. ترجمه: مینو ثابت. جورج رونالد، آکسفورد، ۱۹۸۹ میلادی.
بامداد، مهدی. **شرح حال رجال ایران**. ٦ جلد، کتابفروشی زوار، طهران، ۱۳۴۵ هجری شمسی.
براون، ادوارد گرانول. **یک سال در میان ایرانیان**. ترجمه و حواشی : ذبیح‌الله منصوری. کانون معرفت، طهران، بی‌تاریخ.
بشروئی بدیع. **خاطرات حضور حضرت عبدالبهاء**. در سالهای ۱٦-۱۵-۱۹۱۴ خطی.
بنّا، علی اکبر (استاد). **تاریخ عشق‌آباد**. خطی، بی‌جا، شهر السلطان ۱۳۳ بدیع.
بهاءالله (حضرت). **آثار قلم اعلی**. جلد سوم، مؤسسه ملی مطبوعات امری، طهران، ۱۲۱ بدیع.
بهاءالله (حضرت). **اقتدارات** (مجموعه الواح). چاپ سنگی، بمبئی، تاریخ تحریر: رجب ۱۳۱۰ هجری قمری.
بهاءالله (حضرت). **کتاب بدیع**. چاپ ژلاتینی، بی‌جا، تاریخ تحریر: ۱۳ ربیع الاول ۱۲۸٦ هجری قمری.
بهاءالله (حضرت). **لوح خطاب به شیخ محمدتقی اصفهانی معروف به نجفی**. لجنه نشر آثار امری، لانگنهاین، ۱۳۸ بدیع.
بهاءالله (حضرت). **مجموعه آثار قلم اعلی**. نسخه عکسی از دستنوشته، لجنه استنساخ الواح، شماره ۵۱، شیراز، شهر الکمال ۱۳۳ بدیع.
بهاءالله (حضرت). **مجموعه الواح مبارکه**. چاپ مصر، ۲۵ جولای ۱۹۲۰ میلادی.
بیضاوی، قاضی ناصرالدین ابو سعید عبدالله ابن عمر. **انوار التنزیل و اسرار التأویل**. دو جلد. جلد اول، المنشی توالکشوان، هندوستان، ۱۲۸۲ هجری قمری.
پولاک، یاکوب ادوارد. **سفرنامه پولاک** (ایران و ایرانیان) ترجمه: کیکاوس جهانداری. چاپ اول، انتشارات خوارزمی، طهران، تیر ماه ۱۳٦۱ شمسی.
جهانگیر میرزا. **تاریخ نو**. به کوشش: عباس اقبال. انتشارات کتابخانه علمی، طهران، ۱۳۲۷ هجری شمسی.
حسینی فسائی، حسن (حاج میرزا). **فارسنامه ناصری**. چاپ دوم، کتابخانه

سنائی، طهران، بی تاریخ.

خورموجی، جعفر. **حقایق الاخبار ناصری** (تاریخ قاجار)، به کوشش: سید حسین خدیو جم. نشر نی، چاپ دوم، ۱۳۶۳ هجری شمسی.

دولت آبادی، علی محمد (سید). **خاطرات سید علی محمد دولت آبادی.** انتشارات ایران و اسلام، چاپ اول، طهران، ۱۳۶۲ هجری شمسی.

رازی، ابوالفتوح. **مجمع البیان.** کتابخانه مرعشی، قم، ۱۴۰۴ هجری قمری.

رأفت الملک. **یادداشتهای خطی.** شماره ثبت: Or. 1905، کتابخانه دانشگاه کمبریج، انگلستان. بی تاریخ.

ربانی، شوقی (حضرت). **توقیعات مبارکه.** لوح ۱۱۱ بدیع. مؤسسه مطبوعات امری، طهران، ۱۱۹ بدیع.

ربانی، شوقی (حضرت). کتاب **قرن بدیع.** قسمت اول (دوره حضرت باب)، قسمت دوم (دوره حضرت بهاءالله). ترجمه: نصرالله مودت. مؤسسه ملی مطبوعات امری، طهران، ۱۲۵ بدیع.

ربانی، شوقی (حضرت). **توقیع قرن** (نوروز ۱۰۱ بدیع). مؤسسه ملی مطبوعات امری، طهران، بی تاریخ.

روحانی نیریزی، محمدشفیع. **لمعات الانوار** (شرح وقایع نی ریز شورانگیز). مؤسسه ملی مطبوعات امری، طهران، ۱۳۰ بدیع.

زرکوب (شیرازی)، ابوالعبس احمد بن ابی الخیر. **شیرازنامه.** به تصحیح و اهتمام: بهمن کریمی. کتابخانه های احمدی و معرفت شیرازی، طهران، ۱۳۵۰ هجری شمسی.

زعیم الدوله، میرزا مهدی (رئیس الحکماء). **مفتاح باب الابواب.** انتشارات المنار، چاپ اول، قاهره، مصر، رجب ۱۳۲۱ هجری قمری.

ساسان پنجم. **دساتیر.** ترجمه: ماستر خدابخش. چاپ سنگی، بمبئی، بی تاریخ.

سایکس، پرسی (سر). **تاریخ ایران.** ترجمه: سید محمدتقی فخرداعی گیلانی. جلد دوم، چاپ سوم، مؤسسه چاپ و انتشارات کتاب (علمی)، بی جا، بی تاریخ.

سپهر، میرزا تقی (لسان الملک). **ناسخ التواریخ.** به اهتمام: جهانگیر قائم مقامی. جلد سوم (تاریخ قاجاریه)، انتشارات امیرکبیر، طهران، ۱۳۳۷ هجری شمسی.

سیاح، محمدعلی (حاج). **خاطرات حاج سیاح** یا دورهٔ خوف و وحشت. به کوشش: حمید سیاح. تصحیح از: سیف الله گلکار. انتشارات ابن سینا، طهران، ۱۳۴۶ هجری شمسی.

سیلوا فیگرآ، دون گارسیا. **سفرنامه.** ترجمه: غلامرضا سمیعی. چاپ اول، نشرنو،

طهران، ۱۳۶۳ هجری خورشیدی.

عبدالبهاء (حضرت). **الواح وصایای مبارکه**. محفل روحانی ملی بهائیان پاکستان، نوامبر ۱۹۶۰ میلادی.

عبدالبهاء(حضرت). **تذکرة الوفاء فی ترجمة حیات قدماء الاحبا**. ناشر: محمدحسین کهربائی، حیفا، جمادی الاولی ۱۳۴۲ هجری قمری.

عبدالبهاء (حضرت). **مجموعه مکاتیب**. نسخه عکسی از دستنوشته، لجنه استنساخ الواح، شماره ۵۲، شیراز، شهرالاسماء ۱۳۳ بدیع.

عزّاوی، عباس. **تاریخ العراق بین احتلالین**. جلد هفتم (العهد العثمانی الثالث ۱۲۴۷-۱۲۸۹)، ناشر شرکت التجارة و انطباعة المحدود، بغداد، ۱۳۵۷ هجری قمری.

عیسوی، چارلز. **تاریخ اقتصادی ایران در عهد قاجار**. (۱۲۱۵-۱۳۲۴ هجری قمری). ترجمه: یعقوب آژند. طهران، بی تاریخ.

فاضل مازندرانی، اسدالله. **اسرارالآثار**. چاپ اول، مؤسسه ملی مطبوعات امری، طهران، بی تاریخ.

فاضل مازندرانی، اسدالله. **امر و خلق**. جلد دوم، لجنهٔ نشر آثار امری به لسان فارسی و عربی، لانگنهاین، ۱۴۱ بدیع.

فاضل مازندرانی، اسدالله. **ظهورالحق**. جلد سوم، بی ناشر، بی جا، بی تاریخ.

فرصت الدوله (شیرازی)، سید محمد نصیر حسینی. **آثار العجم** (تاریخ و جغرافیای مشروح بلاد و اماکن فارس). به کوشش: علی دهباشی، نشر تاریخ و فرهنگ ایران زمین، شماره ۳، از انتشارات یساولی (فرهنگسرا)، طهران، بی تاریخ.

فیضی، محمدعلی. **حضرت نقطه اولی**. مؤسسه ملی مطبوعات امری، طهران، ۱۳۲ بدیع (آذرماه ۱۳۵۲ هجری شمسی) و لجنه ملی نشر آثار امری به لسان فارسی و عربی، لانگنهاین، ۱۴۳ بدیع (۱۹۸۷ میلادی).

فیضی، محمدعلی. **خاندان افنان**. مؤسسه ملی مطبوعات امری، طهران، ۱۲۷ بدیع.

فیضی، محمدعلی. **نی ریز مشکبیز**. مؤسسه ملی مطبوعات امری، طهران، ۱۳۵۲ هجری شمسی.

قرآن مجید (قرآن الکریم). ترجمه: الهی قمشه ای. کتابخانه سنائی و دارالقرآن الکریم، طهران، بی تاریخ.

گلپایگانی، ابوالفضائل. **رسائل و رقائم**. به کوشش: روح الله مهرابخانی. مؤسسه ملی مطبوعات امری، طهران، ۱۳۴ بدیع.

گلپایگانی، ابوالفضل. گلپایگانی، سیدمهدی. **کشف الغطاء**. چاپ سربی، تاشکند، بی تاریخ.

لمبتن، آن. ک. س. **سیری در تاریخ ایران بعد از اسلام**. ترجمه: یعقوب آژند، انتشارات امیرکبیر، طهران، ۱۳۶۳ هجری شمسی.

محمد فؤاد عبدالباقی. **المعجم المفهرس** لالفاظ القرآن الکریم. چاپ سوم، دارالمعرفه بیروت، لبنان، ۱۴۱۲ هجری قمری.

مدرسی (چهاردهی)، مرتضی. **شیخیگری و بابیگری**، چاپ دوم، چاپخانه فروغی، طهران، خرداد ماه ۱۳۵۱ هجری شمسی.

مقدسی، شمس الدین ابوعبدالله محمدبن احمد. **احسن التقاسیم فی معرفة الاقالیم**. ترجمه: شفیعی کدکنی، شماره ثبت در کتابخانه بادلین DS288-3MUQ ، آکسفورد ، انگلستان.

مقدسی، مطهر ابن طاهر. **آفرینش و تاریخ**. جلد چهارم، بنیاد فرهنگ ایران، طهران، ۱۳۵۰ هجری شمسی.

ملک خسروی، محمدعلی. **تاریخ شهدای امر**. مؤسسه ملی مطبوعات امری، طهران، ۱۳۰ بدیع.

منیره خانم (حرم حضرت عبدالبهاء). **تاریخ حیات و تشرف به ارض اقدس**. مطبعه اومانوت، حیفا، ۱۹۳۴ میلادی.

نادر میرزا (شاهزاده). **تاریخ و جغرافی دارالسلطنه تبریز**. اقبال، چاپ سنگی (افست) طهران، ۱۳۵۱ هجری شمسی.

ناطق، هما. **ایران در راه یابی فرهنگی ۱۸۴۸-۱۸۳۴**. مرکز چاپ و نشر پیام، لندن، ۱۹۸۸ میلادی.

نبیل زرندی، محمد. **مطالع الانوار**. ترجمه و تلخیص: عبدالحمید اشراق خاوری، مؤسسه ملی مطبوعات امری، طهران، ۱۳۴ بدیع.

نیبور، کارستن. **سفرنامه نیبور**. ترجمه: پرویز رجبی. چاپ اول، توکا، طهران، آبانماه ۱۳۵۴ هجری شمسی.

نیکلا، آ. ل. م. **مذاهب و ملل متمدنه** (تاریخ: "سید علی محمد معروف به باب"). ترجمه: علی محمد فره وشی (مترجم همایون). بی جا. بی تاریخ.

واتسن، رابرت گرانت. **تاریخ ایران دوره قاجاریه** (از ابتدای قرن نوزدهم تا سال ۱۸۵۸ میلادی). ترجمه: ع. وحید مازندرانی. چاپ سوم، انتشارات کتابهای سیمرغ (وابسته به مؤسسه امیرکبیر)، طهران، ۱۳۵۴ هجری شمسی.

هدایت (لله باشی)، رضا قلی خان. **روضة الصفا**. چاپ سنگی، انتشارات کتابخانه خیام، طهران، ۱۳۳۹ هجری شمسی.

همدانی، حسین (میرزا). **تاریخ جدید**. نسخه خطی، بی جا، بی تاریخ.

یعقوبی، احمد ابن ابی یعقوب "ابن واضح یعقوبی". **تاریخ یعقوبی**. ترجمه: دکتر

محمد ابراهیم آیتی، چاپ دوم، مجموعه ایران شناسی، شماره ۲۴، بنگاه ترجمه و نشر کتاب، طهران، ۱۳۴۷ هجری شمسی.

ـــ **حدود العالم من المشرق الی المغرب.** ترجمه دکتر منوچهر ستوده. انتشارات دانشگاه تهران، تهران، ۱۳۴۰ هجری شمسی.

ـــ **طبیب محبوب** (شرح زندگی دکتر سعید خان کردستانی). ترجمه: ج. م. رسولی و کیدی هـ. الن. چاپ دوم، انجمن بین‌المللی مسیحیان ایران، آن آربور، میشیگان، بی تاریخ.

کتابهای انگلیسی و فرانسوی

Balyuzi, H.M. **Edward Granville Browne and the Baha'i Faith**. George Ronald, Oxford, repr.1980

Balyuzi, H. M. **The Bab** (The Herald of the Days). Oxford, George Ronald, repr. 1974.

Blomfield (Lady)- Sitarih Khanum. **The Chosen Highway**. Baha'i Publishing Trust, Wilmette, Illinois, 1975, 5th ed.

Browne, E. G. **Materials for the Study of the Babi Religion,** Cambridge University Press, 1918, repr. 1961.

Curzon, G. N. **Persia and the Persian Question**. 2 vols. London, Longmans, Green and Co.,1892. Frank Cass & Co. Ltd., 1966.

Davies, Charles Edward. **A History of Province of Fars during the Late Nineteenth Century**. Oxford, 1984.

Davies, Charles Edward. **Qajar Rule in Fars Prior to 1849** A. D. (Research Paper), Oxford University, Oxford.

Gobineau, Comte de. **Les Religions et les Philosophies dans l'Asie Centrale**. Paris, 1865 et 1866.

Lorimer, J. G. **Gazetteer of the Persian Gulf, Oman amd Central Arabia.** 2 vols. Calcutta, 1915, repr. Farnlorugh, Hants and Shannon, Ireland: Gregg International Publishers Ltd. and Irish University Press, 1970.

Momen, Moojan (ed.) **The Babi and Baha'i Religions 1844-1944. Some Contemporary Western Accounts**. George Ronald, Oxford, 1981.

Moore, Thomas. **Lalla Rookh (An Oriental Romance)**. Longman, Brown, Green & Longmans, London, 20th ed., 1942.

Nabil-i-A'zam (Muhammad-i-Zarandi). **The Dawn-Breakers. Nabil's Narrative of the Early Days of the Baha'i Revelation**. Wilmette, Illinois: Baha'i Publishing Trust, 1932; repr. 1974.

Ouseley. **Ouseley Travels**. London, 1819.

Pinkerton, John. **Voyages and Travels**. vol. 1. The Ninth, London, 1811.

(Pietro Della Valle's Travels in Persia.Letters: IX. X. XI. and XII. \ Letters: XIII., XIV. and XV.).

روزنامه‌ها و نشریه‌های ادواری

آهنگ بدیع. شماره مسلسل ۳۴۳، سال سی و دوم (شماره فروردین و اردیبهشت)، چاپ طهران.

پری و فردوس. ترجمه: حسن موقر بالیوزی. مجله یغما، شماره یکم، سال هفتم، طهران.

تحقیقی در بارهٔ سرزمین، مردم، فرهنگ، حکومت و اقتصاد ایران. مجله ایرانشهر، جلد دوم، نشریه شماره ۲۲ کمیسیون ملی یونسکو در ایران، چاپخانه دانشگاه تهران، ۱۳۴۳ هجری شمسی.

کلانتر، محمد (میرزا). **روزنامه کلانتر**. چاپخانه احمدی، شیراز، بی تاریخ.

وقایع اتفاقیه. روزنامه (اخبار داخله ممالک محروسه پادشاهی)، دارالخلافه طهران، اصفهان.

ـ شماره پنجم، جمعه سوم جمادی‌الاول مطابق سال ایت ئیل ۱۲۶۷ هجری قمری.

ـ شماره هشتاد و یکم، پنجشنبه سوم ذیقعدة الحرام مطابق سیچقان ئیل ۱۲۶۸ هجری قمری.

The Times. Mahometan Schism. p. 3, col. 6, London, Wednesday, November 19. 1845.

در فهرست حاضر، پیش‌اسم‌ها مانند "آقا"، "حاجی"، "ملّا"، "میرزا" و نظائر آن پس از نام اشخاص آورده شده‌اند. امّا عناوینی نظیر "خان" و "میرزا" بعد از نام اشخاص، در جای خود آمده‌اند.

اسم‌های کوچک منفرد (مثلاً "محمّد") قبل از اسم‌های کوچک مرکّب (مثلاً "محمّد علیّ") آمده‌اند، و از این روش حتّی زمانی که کلمه و لقبی به دنبال اسم کوچک منفرد آمده نیز پیروی شده است.

در چند مورد در متن کتاب، به یک شخص تنها با ذکر لقب وی اشاره شده است. در این موارد لقب مورد نظر در فهرست اعلام ثبت شده و حتّی الامکان سعی شده اسم کوچک این افراد نیز ذکر گردد. در مواردی که نام کوچک و لقب افراد هر دو در متن کتاب آمده (مثلاً "منوچهر خان معتمدالدّوله") لقب مورد نظر بعد از اسم کوچک و در داخل پرانتز درج شده است. این القاب جداگانه نیز در فهرست آمده‌اند و در ذیل آنها به نام فرد مربوطه ارجاع شده است.

در الفبائی کردن اعلام، الف و لام تعریف منظور نشده است و "ء" (یا "ئ") معادل "ا"، "ؤ" معادل "و" و "ة" معادل "ه" تلقّی شده است.

فهرست اعلام

THE BÁBÍ DISPENSATION: THE LIFE OF THE BÁB

Oneworld Publications
185 Banbury Road
Oxford, OX1 7AR
England

ISBN 1-85168-255-4

The Publishers gratefully acknowledge the valuable research and editorial assistance provided by Mr Siyamak Zabihi-Moghaddam in the preparation of this book.

Printed and bound in the United Kingdom
by Bell & Bain Ltd, Glasgow

ʻAhd-i Aʻlá
Zindigáníy-i Ḥaḍrat-i Báb

The Bábí Dispensation
The Life of the Báb

Abu'l-Qásim Afnán

ONEWORLD
OXFORD